金商道

The positive thinker sees the invisible, feels the intangible, and achieves the impossible.

惟正向思考者，能察於未見，感於無形，達於人所不能。── 佚名

橋水基金應對
債務危機的原則

瑞・達利歐 RAY DALIO

橋水基金創辦人、《原則》作者——著

陳儀——譯

大債
危機

PRINCIPLES
FOR
NAVIGATING

BIG DEBT
CRISES

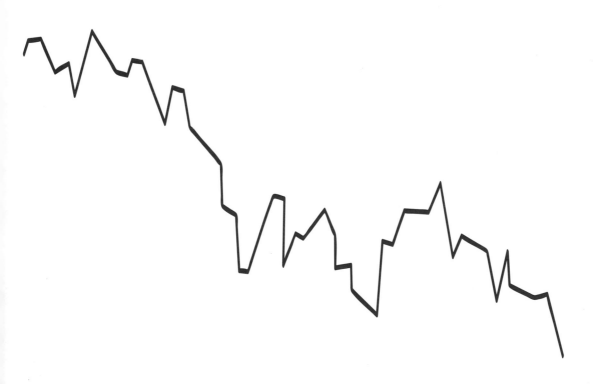

目錄

非本國通貨債務危機（通常造成通貨膨脹型去槓桿歷程） 493

謝詞

　　我要向橋水投資公司過去與現在的夥伴致上最大的謝意，感謝他們這一路走來與我並肩作戰，共同設法了解市場，並一起在現實世界驗證我們對市場的體悟。這是一個值得歌頌的職涯歷程，不僅因為我們做的是一件非常有意義的工作，也因為我們之間培養了意義非凡的關係，更因為我們透過這個彌足珍貴的合作歷程所總結的理解和原則，讓我們每個人的人生都變得極度充實與豐富。

　　這些了不起的夥伴包括和我共事了幾十年的 Bob Prince、Greg Jensen 與 Dan Bernstein；我目前的投資研究團隊（尤其是 Steven Kryger、Gardner Davis、Bill Longfield、Anser Kazi、Danny Newman、Michael Savarese 和 Elena Gonzalez Malloy）；我過去的研究團隊（尤其是 Brian Gold、Claude Amadeo、Bob Elliott、Mark Dinner、Brandon Rowley 和 Jason Rogers），和多年來其他曾在研究領域和我共事的許多人。我也要感謝橋水研究公司的許多其他領導者，包括 Jason Rotenberg、Noah Yechiely、Larry Cofsky、Ramsen Betfarhad、Karen Karniol-Tambour、Kevin Brennan、Kerry Reilly、Jacob Kline、Avraam Sidiropoulos、Amit Srivastava，以及我們最寶貴的前同事——2018 年不幸過世的 Bruce Steinberg。

前言

在 2008 年金融危機十週年之際，我為了傳達個人成功因應這場危機的經驗而撰寫這本書，因為我已研究出一個有助於了解所有債務危機發展的典型「模型」（template）。我希望能經由本書和這個「模型」的分享，降低未來再次發生債務危機的可能性，同時讓世人了解應如何更善加管理這類危機。

身為投資人，我的視角自然和多數經濟學家與政策制訂者不同，畢竟我的工作是要針對未來的可能經濟變化進行各式各樣的市場操作；札札實實的投資盈虧壓力使我不得不聚焦在驅動資本流向的相對價值與潮流。因為資本的流向正是驅動這些週期的根本力量。在試圖安然度過這些週期的過程中，我漸漸發現，身為一個全球宏觀型（global macro）投資人，最痛苦與最快樂的事，分別是經由錯誤與正確的投資決策，為世人提供教科書上所欠缺的實務教誨。

多年來，我反覆受到各種有生以來未曾遭遇過的事件衝擊，這驅使我跳脫個人的淺薄經驗，到更浩瀚的歷史尋找答案。我深入檢視歷史上所有的大型經濟與市場波動，並以虛擬實境的方式，身歷其境般地體驗這些大型波動。透過那個方式，我必須假裝對後來發生的歷史事件一無所知，並以這個假設前提來進行虛擬市場操作。在作法上，我依照時間順序，詳細探討各個歷史個案，並逐日與逐月地體驗每一個個案的事態發展。這個方法讓我獲得更宏觀且更深入的眼界，那絕非透過個人有限的親身經驗所能比擬。在個人的實際經歷部分，我仔細檢視 1966 年至 1971 年全球貨幣體系（布列敦森林協議〔Bretton Woods〕）逐漸腐朽及最終瓦解的歷程、1970 年代通貨膨脹泡沫的興起與它在 1978 年至 1982 年間的破滅、1980 年代的拉丁美洲通貨膨脹型經濟蕭條、1980 年代末期的日本泡沫及它在 1988 年至 1991 年間的破滅、導致「科技泡沫」在 2000 年破滅以及引發 2008 年龐大去槓桿化歷程（Great Deleveraging）的這幾個全球債務泡沫；而在虛擬體驗部分，則是透過歷史個案研究，體驗了西元五世紀羅馬帝國的崩潰、美國 1789 年的債務重整、1920 年代德國的威瑪共和、1930 年至 1945 年間殃及許多國家的全球大蕭條（Great Depression）與戰爭等，不勝枚舉。

　　我出於好奇心以及需要，努力去了解造成那些事件的各種因果關係，除了希望能釐清那些事件的運作模式，當然更希望未來能藉此安然度過類似的事件。我發現，仔細檢視每一類型經濟現象（例如商業週期、去槓桿化歷程）的許多個案，並歸納出各類個案的平均狀況後，自然能看清每一類經濟現象的因果關係；進一步檢視各種現象的因果關係，讓我得以歸納出每一類經濟現象的「模型」——即典型的發展模式——例如典型的商業週期、典型的大型債務週期、典型的通貨緊縮型去槓桿化歷程（deflationary deleveraging）、典型的通貨膨脹型去槓桿化歷程（inflationary deleveraging）等等的發展模式。接著，我仔細觀察每一類經濟現象中的每一個個案之間的差異（例如每一個商業週期與典型商業週期之間的差異），從而釐清造成不同個案之差異的導因。最後，將每個「模型」串連在一起後所產生的化繁為簡效果，讓我得以精簡但透徹了解每一個個案；因為此時呈現在我眼前的，只剩下幾組重複不斷發生但類似的個別事件，而非眾多繁雜的單一事件；打個比方，這時的我就像一個經驗豐富的醫師——在醫師眼中，特定類型疾病的每一個個案，其實都只是「患了同一種疾病的另一個病人」。

　　少了橋水投資公司（Bridgewater Associates）眾多了不起的夥伴相助，我不可能研究並開發出這個「模型」。這個「模型」讓我們得以更善加因應各種前所未見的風暴，就像曾研究過百年難得一見的洪水或傳染病的人，絕對比較有能力預見那類災難的到來，也更能做好妥善的應變措施。具體來說，我們利用對這些模型的理解來建構各種電腦決策系統，當中詳列了每一種可能事件的明確因應方式。這個方法讓我們受益良多。舉個例子，早在 2008 年金融危機爆發前八年，我們就已建構一套「蕭條測量器」（depression gauge）程式，這套程式的設計是為了回應諸如 2007 年至 2008 年發生的那類發展（從 1929 年至 1932 年後，該類發展未再發生）。幸好有這個程式，我們才得以在其他所有人都痛苦沈淪之際，交出亮麗的成績單。

　　我在這份研究報告不會深入說明橋水投資公司的詳細決策系統，不過，我將分享以下事物：

　　1）我歸納出來的「典型大型債務週期」「模型」；2）「三個代表性個案研究」的詳細探討，包括 2007 年至 2011 年的美國——含「大衰退」（Great Recession）、1928 年至 1937 年的美國——涵蓋一次通貨緊縮型蕭條，以及 1918 年至 1924 年的德國——涵蓋一次通貨膨脹型蕭條，以及 3）「48 個個案研究概

覽」，當中包含過去一百年來發生的多數大型債務危機。[1] 我保證，如果你願意不厭其煩地一一了解上述三個段落所闡述的觀點，必能以非常不同於過往的方式來看待這些大債危機。

　　對我來說，日復一日不斷貼近觀察經濟和市場或其他所有事物，就像站在一場成形中的冰風暴，隨時有數以百萬計的資訊襲來，而我必須即時綜合歸納那些繁雜的資訊，並適當加以回應。只要比較第一部（最綜合歸納／模型版）和第二部（最細節版）以及第三部（以曲線圖形式來呈現 48 個個案的版本）所傳達的內容，就可了解我所謂「被資訊冰風暴襲擊」和「以更綜合歸納後的方式來看待周遭所發生的繁雜事務」是什麼意思。只要認真比較，就會注意到這些個案的發展模式，基本上都和典型個案中所描述的發展模式如出一轍，不過，你也能透過比較，察覺到不同個案之間的差異，進而深思這些差異為何會存在，以及如何解釋這些差異。這個思考的過程有助於增進你對這一切的了解。總之，歷經這個學習過程，一旦下一場危機來臨，你將更有能力從容應對。

　　我必須聲明，我知道每個人的觀點勢必各有差異，而我個人的觀點只是眾多觀點之一，但我認為，將我們的觀點提出來一起討論，有助於增進你我對真相的理解，而這正是我分享這份研究的目的。

1　第三部開頭也編入了一份經濟用語詞彙表，另外，我建議上 www.economicprinciples.org 收看我製作的一段生動影片——〈經濟機器如何運作〉（How the Economic Machine Works），影片中概述了本研究涵蓋的諸多概念。

第一部
典型的大債危機

第 1 章
典型的大型債務危機

我對信用與債務的個人看法

由於我們將頻繁使用到「信用」（credit）與「債務」（debt）兩個詞語，所以，一開始，我想先說明這兩者的定義以及它們的運作方式。

「信用」就是購買力的給予。而若想取得這項購買力，就必須拿「返還信用的承諾」來交換，那個承諾就是「債務」。**當然，就其本身而言，「藉由提供信用來賦予購物能力」是好事一件，而不讓人擁有購物與做好事的能力，則有可能是壞事**。舉個例子，如果可用於經濟發展的信用非常稀少，經濟發展空間就會非常小，那是壞事。畢竟唯有債務人無力還款，債務才會產生問題。換句話說，「**快速的信用／債務成長究竟是好事或壞事？**」答案取決於那些信用創造了什麼，以及債務是如何返還（**也就是償債的方式**）。

就定義來說，對財務負責的人幾乎都不喜歡背負過多債務。我非常能理解那種觀點，因為我也擁抱這樣的價值觀。[1] 我一生都強烈偏好儲蓄，即使是在身無分文的時候，我一樣厭惡借錢，因為我感覺不值得為了獲得背負債務的好處而承擔相關的風險，而這樣的觀點一脈相承自家父。也因此，我一向和認同「少債優於多債」的人為伍。不過，我後來漸漸體會到，少債不見得真的優於多債，尤其是就整個社會而言（個人就不同了），因為為整個社會制訂政策的人掌握了個人所沒有的許多控制手段。我透過個人的經驗和研究體會到，**信用／債務成長率過低，也可能造成和信用／債務成長率過高類似的不良經濟問題或甚至更糟糕的問題——而這些問題的代價都和「錯失機會」有關**。

大致上來說，**由於信用既能創造購買力，也會創造債務（還款的義務），所以，是否值得擁有較多信用，取決於借來的錢是否被用在有效率的用途、能否產生**

---

1 我厭惡債務到幾乎未曾背負任何型態的債務，即使是購買人生第一間房子時，我也沒有動用債務。成立橋水時我也沒有舉債，而且，到目前為止，我依舊熱愛存錢。

足夠償債的收入。如果經由舉債而產生的收入足以償債，就代表資源獲得良善的配置，放款人和貸款人都雙雙獲得經濟上的利益。如果那些收入不足以償債，貸款人和放款人將雙雙無法獲得滿足，一旦出現這種情況，代表資源很可能配置不當。

不過，針對全體社會進行這項評估時，應該要同時考量第二層（間接）的經濟狀況以及第一層（直接）的經濟狀況，才不致做出偏頗的判斷。舉個例子，很多財政保守主義者認定為了教育或低效率基礎建設而舉債對社會有害。儘管這樣的觀點不公允（因為教育其實能讓孩童變得更有生產力，同時能降低社會上的犯罪率與監禁成本），卻有可能導致政府分配到孩童教育及替換低效率基礎建設等高成本效益用途的資金／信用不足。

我必須澄清，能創造足夠經濟利益來還債的信用／債務本身是好事。不過，有時候當中的利弊得失並不是那麼顯而易見。如果放款審核標準太過嚴格（要求達到幾乎所有貸款人都確定會還款的標準），雖然可能有助於減少債務問題，卻會導致經濟發展空間過度受限。如果放款審核標準能寬鬆一點，就能換來較大的發展空間，不過，放款審核標準愈寬鬆，就會造成愈嚴重的債務問題，最終甚至徹底抹除信用可能衍生的所有利益。讓我們進一步檢視這個問題以及其他幾個和債務與債務週期有關的常見疑問。

問題：「發生呆帳」相對「完全不仰賴債務來支應支出所需的資金」，哪一個的代價較高？

假定你是政策制訂者，你選擇興建一套要價 10 億美元的地鐵系統。你利用舉債的方式取得興建地鐵的所有財源，而你預期未來這套地鐵的收入將足以償還這筆債務；但天不從人願，最後的經濟結果比你原先的預期差很多——地鐵的實際收入只有預期收入的一半。這時，必須將 50% 的債務予以沖銷。這個結果代表你當初不該興建這條地鐵嗎？

用另一種方式來問這個問題：地鐵系統的造價是否比最初的經費高 5 億美元？或者以年度來分析，假定這個地鐵系統的使用年限是二十五年，它的造價是否每年多出 2%？如果以這個方式來看待，你可能會評斷，以 10 億美元的成本來興建這套地鐵系統，遠比不興建地鐵系統好。

為了讓你了解那類問題對整個經濟體系的可能意義，請參考以下分析：「大約 40% 的貸款金額無法收回」才算是真正糟糕的債務損失。而那些呆帳總計大約等於未清償貸款總額的 20%，所以，損失大約等於總債務的 8%。而整個經濟體系的

總債務大約等於所得（例如國內生產毛額〔GDP〕）的 200%，所以，債務損失大約是 GDP 的 16%。如果那筆成本被「社會化」（socialized，也就是由全體社會透過財政和／或貨幣政策負擔）並分十五年加以攤銷，那大約會等於每年攤銷 1%，這就是可忍受的範圍。如果不分年加以攤銷，這筆成本當然就高得令人難以忍受。基於那個原因，**我要強調，背負鉅額債務的下方風險，高度取決於政策制訂者是否有意願和能力分期處理呆帳所造成的虧損。我親身經歷過與研究過的所有個案都適用這個道理。而政策制訂者的這項意願與能力，則取決於兩個要素：1）債務是以政策制訂者能掌控的通貨來計價嗎？2）政策制訂者對債權人與債務人之間的互動行為是否有影響力？**

問題：債務危機是否完全無法避免？

綜觀歷史，只有少數紀律嚴謹的國家未曾發生過債務危機。那是因為放款活動的執行本來就或多或少會有瑕疵，而且週期對人類心理的影響（衍生泡沫，最終崩潰）更經常會導致極端不良的放款行為發生。儘管政策制訂者通常會努力「做正確的事」，卻還是經常犯下放任信用過度寬鬆的錯誤，因為寬鬆信用的「近利」（促使經濟較快速成長）似乎證明這樣的政策立場是正確的。何況就政治考量來說，允許寬鬆信用環境（例如提供擔保、放寬貨幣政策）通常比緊縮信用更討喜一些。而那就是造成大債週期反覆發生的主要原因。

問題：為何債務危機呈現週期性？

我發現每當我開始討論週期，尤其是長期的大型週期，很多人就會猛翻白眼；我猜如果我談論占星術，應該也會得到類似的反應。基於那個理由，我要強調，我所謂的「週期」，**其實是指一系列順著邏輯發生且會以特定型態重複發生的事件。**在一個市場經濟體系，經濟的週期受信用的擴張與緊縮所驅動，而信用的擴張或緊縮，都有完全符合邏輯的理由。不過，雖然各個週期的型態很類似，但事件的發生順序並非注定精準重複，週期的延續時間也不盡然完全相同。

且讓我們用非常簡單的方式來說明這些錯綜複雜的事情。每次你借錢，幾乎都會創造一個週期。當你購買一項超出個人財力所及的東西，代表你的支出超過你的收入——也就是入不敷出。這時你不僅是向你的放款人借錢，也是向未來的你自己借錢。實質上來說，你創造了未來的一個時間點，在那個時間點，你的支出必須低於你的收入，唯有如此，你才有能力還錢給放款人。「借錢、支出大於收入，以及未來不得不將支出控制在收入以下」的型態，很快就會像一個週期，對個人來說如

此，對全國經濟體系亦然。總之，「借錢」這個行為啟動了一系列會自動發展且可預測的事件。

如果你知道怎麼玩「大富翁」遊戲，應該就很了解信用週期對整體經濟體系的影響。在遊戲剛開始時，每個玩家手上都有很多現金，只有些許的房地產，所以，將現金轉為房地產是有利可圖的。隨著遊戲不斷進展，每個玩家一定會收購愈來愈多住宅和旅館，這時，如果你不幸停留在擁有很多住宅和旅館的玩家的房地產上，你將需要愈來愈多的現金以支付停留的租金。這時，有些玩家會為了籌措必要的現金，而被迫用折扣價賣掉手上的房地產。所以，在遊戲剛開始的階段是「房地產為王」，但到遊戲的末期階段，則變成「現金為王」。最會玩這個遊戲的高手，都懂得如何隨著遊戲的進展而持有適當的房地產／現金組合。

現在，且讓我們想像，如果允許銀行承作放款並收受存款，大富翁遊戲的玩法將會如何演變。一旦銀行可從事存放款業務，玩家就能向銀行借錢購買房地產，而且，他們也不會放任現金閒置，而是會把現金存在銀行賺利息；而當玩家把錢存到銀行，銀行又會有更多錢可用來放款。再想像這個遊戲的玩家能以信用（換言之，承諾在未來的某一天將連本帶利還款）來買賣彼此的房地產。如果用這個方式來玩大富翁遊戲，它就會變成一個幾乎能完美表現人類經濟體系運作方式的模型。這時，透過債務（返還信用的承諾）取得並花費在旅館支出的金額，將快速擴大到現有貨幣數量的好幾倍。漸漸的，擁有旅館的債務人將不再有足夠的現金可支付租金與償還債務。此時銀行也會陷入困境，因為銀行存款人為因應日益上升的現金需求，會急著到銀行提款，而在此同時，又會有愈來愈多債務人拖欠債務，這一來一往之間，銀行遂面臨入不敷出的窘境。如果此時未採取任何干預作為，銀行和債務人將雙雙破產，經濟體系也會陷入衰退。長時間下來，隨著這些擴張與衰退週期反覆發生，引爆大型長期債務危機的條件就會日趨成熟。

放款自然而然會創造一些自我強化（self-reinforcing）的上升波動，而那些波動總有一天會反轉，形成自我強化的下降波動，當然，下降波動也總有一天會再反轉向上。在上升期間，放款活動促使支出及投資向上發展，而支出與投資又進而對所得及資產價格構成支撐；增加的所得和上漲的資產價格，又會對貸款行為形成進一步的支撐效果，並使一般人花費在商品與金融資產的資金繼續增加。實質上來說，世人藉由貸款行為，將支出及所得水準推高到經濟體系的恆定生產力成長率以上。當上升週期接近高峰位置時，一般人會無限上綱地預期經濟成長將永遠高於其長期

趨勢線，放款人也會根據這樣的樂觀預期心理從事放款活動，問題是，那樣的期望不可能成真，因為所得最終必有低於貸款成本的一天。

經濟成長明顯受債務融資型固定投資、房地產與基礎建設活動支撐的經濟體系，特別容易受大型的週期性起伏影響，那是因為那類資產的耐用年限較長，所以，該類資產的建築活動不可能永續維持快速的成長。舉個例子，如果一個國家需要優質的住宅，而且也陸續興建了那樣的住宅，那麼接下來，它興建更多住宅的需求自然而然會降低。隨著住宅支出降低，住宅部門對經濟成長的影響也會降低。假定你某一年花了 1,000 萬美元興建一棟辦公大樓（聘請工人、購買鋼鐵和水泥等）。待這棟大樓完工，你的支出將降到每年零元，你對工人和建築材料的需求將會降到零。從那個時間點開始，成長、所得和償債的能力，都將取決於其他非建築活動的需求。這種類型的週期是新興經濟體常見的週期，因為新興經濟體需要興建非常多建築物（在這類經濟體，受債務融資型房地產、固定投資及基礎建設等支出驅動的強勁成長過後，緊接而來的將是受需求趨緩驅動的衰退，而需求的趨緩導因於債務負擔逐漸變成嚴屬挑戰）。

新興國家經濟體系的所得相對變化所造成的競爭力變化，會使其週期性變得更加顯著。典型來說，這類經濟體擁有非常廉價的勞動力，但基礎建設非常落後，所以，他們會大規模興建基礎建設、創造出口榮景，並進而享受所得的上升。不過，因出口而獲得的經濟成長率，會隨著人民所得水準的上升而自然趨緩，因為此時他們的工資在國際上的競爭力會漸漸下降。這類週期的例子非常多（例如日本過去 70 年間的經驗）。

在「泡沫」時期，不切實際的期望與莽撞的放款行為，將導致呆帳達到臨界點。到了某個階段，銀行業者和中央銀行官員將清楚察覺到問題的嚴重性，於是，泡沫開始洩氣。泡沫形成的典型警訊之一是「愈來愈多貸款被用來償債」，想當然耳，貸款人開始「以債還債」，他的負債一定會變得愈來愈沈重。

當貨幣與信用成長開始遭到緊縮和／或放款審核標準開始趨於嚴格，信用成長率和支出就會趨緩，屆時將發生更多和償債負擔有關的問題。這個時間點已接近債務週期上升階段的峰頂。由於中央銀行體察到信用成長過快、過於危險，於是開始緊縮貨幣政策，以期遏制信用的成長，而貨幣政策的緊縮將加快週期的下降速度（儘管這個情況遲早會發生，只是稍微晚一點）。無論央行出手與否，一旦償債的成本開始大於可借來支付各種開銷的金額，上升週期就會反轉。此時不僅新的放款

活動將會趨緩，債務人承受的還款壓力也會上升。而債務人陷入困境的跡象愈明顯，新放款活動就會更縮減，於是，支出與投資活動將漸漸趨緩，並導致所得成長降低更多，資產價格也隨之下跌。

　　而一旦貸款人無力向放款機構履行他們的償債責任，放款機構本身也會漸漸無力向它們自身的債權人履行償債的責任。所以，若要改善這樣的狀況，政策制訂者必須優先處理放款機構的問題。通常採用最高財務槓桿以及最集中放款給已破產之貸款人的放款機構，將承受最極端的壓力。這類放款機構也最可能經由連鎖效應，連累信用良好的買方與經濟體系各個層面。通常這類放款機構是銀行，不過，隨著信用體系變得愈來愈多元，目前早已有各式各樣的放款機構應運而生，像是保險公司、非銀行信託業者、經紀─交易商，甚至特殊目的工具（special purpose vehicles）等，不勝枚舉。

　　因這些種類的債務週期而衍生的兩大長期問題是：

　　1）**債務人未正常償債而產生的損失**。當債務人未能遵守正常償債承諾，有可能導致每期收付金額減少和／或債務帳面價值減損（write down，亦即同意本金還款金額可低於原始貸款金額，又譯為債務減記）的情況發生。如果你原本預期年度償債金額可達帳面債務金額的 4%，但債務人最終只還 2% 或 0%，就會發生每年略微虧損的情況；然而如果藉由提列減損來降低債務的帳面價值，那麼提列債務減損那一年的損失就會大很多（例如 50%）。

　　2）**放款減少，因此使得未來利用放款取得之資金來支應的支出減少**。即使在債務危機解決後，已負債累累的實體未來也不可能發生和危機前一樣的支出水準。這個現象隱含值得深思的寓意。

問題：是否只要妥善管理，多數債務危機就不會變成大麻煩？

　　有些債務週期像是道路上的坑洞，還算溫和，但有些債務週期非常極端，最後以崩潰收場。我們將在這份研究報告檢視最極端的債務週期，也就是過去一百年間曾導致實質 GDP 降低 3% 以上的債務週期。根據我對這些週期以及政策制訂者可用手段的作用的觀察，我相信，若引發危機的債務是以本國通貨計價，幾乎每個債務危機個案都有可能透過政策制訂者的善加管理來解決。原因是，在處置本國通貨計價的大規模債務時，政策制訂者有較大的彈性可將那些大型債務問題所衍生的有

害後果，分段延展到未來慢慢解決，讓大問題化為稍微小一點的問題。因債務危機而起的真正嚴重經濟問題，都是發生在政策制訂者尚未採取必要行動將債務加以延展並分段處理以前。即使是歷史上最大的債務危機（例如1930年代的大蕭條），都在當局採取正確的調整手段後逐漸消退。根據我對這些個案的觀察，最大的風險並非來自債務本身，而是來自a）政策制訂者基於缺乏知識和／或權限而未能採取正確作為；b）因進行調整而衍生的政治後果，即在協助某些人的過程中傷害到其他人的政治後果（進行調整的初衷是為了降低我在這份研究中提到的這些風險）。

儘管這麼說，我還是要重申：1）當債務是以外國通貨而非本國通貨計價，一國的政策制訂者將比較難以採取延展並分段處理債務問題的手段；以及2）只要善加管理，債務危機確實是能解決的，但這個事實並不代表債務危機不會對某些人造成極端高的代價。

政策制訂者能否善加處置債務危機，關鍵在於：政策制訂者是否深刻了解如何善用他們的可用手段、是否擁有採取必要手段的權限、是否知道每年要延展並分段處理多高比率的負擔，以及是否清楚誰將從中受惠、誰將因此受害，和受惠與受害的程度等，從而實現令人滿意的政治與其他影響。

政策制訂者可用四種類型的手段，壓低「債務與償債負擔」水準相對償債所需之「所得與現金流量」水準的比例：

1）　撙節（即減少支出）。
2）　債務違約／重整。
3）　中央銀行「印鈔票」並收購資產（或提供擔保）。
4）　將擁有多餘貨幣與信用的人手上的貨幣與信用轉移給較匱乏的人。

上述每個類型的手段會對經濟體系產生不同的影響。某些手段會衍生通貨膨脹壓力並提振經濟成長（例如「印鈔票」），某些則會帶來通貨緊縮壓力並使債務負擔降低（例如撙節與違約）。創造「美好的去槓桿化歷程」（beautiful deleveraging，在降低債務／所得比率的同時，通貨膨脹與經濟成長率也不致過低，維持在可接受的水準，我稍後將詳細解釋）的關鍵，就是在上述四類手段中找到一個正確的平衡點。在這個令人滿意的情境下，經濟活動與金融資產價格改善，並一步步將名目所得成長率引導回到名目利率之上，而在此同時，債務相對所得的比

率也逐漸降低。

不同手段的受益者及受害者各有差異，每個手段耗費的時間也不一樣。所以，政策制訂者常為了該選擇哪種手段來解決危機而陷入艱困的政治處境，最後落得吃力不討好的下場──即使他們最終善加解決了債務危機，也幾乎沒有人對他們心懷感激。

典型長期／大型債務危機的發展模式

我是根據個人對 48 個大債週期（這些週期包含所有導致大型國家實質 GDP 降低超過 3%，即我將之稱為「經濟蕭條」的債務危機個案）的研究，歸納出以下這個模型。為了更一目了然，我把受債務危機影響的國家歸納為兩組：1）以外國通貨計價的債務不多的國家，及未經歷通貨膨脹型蕭條的國家；2）外幣計價債務龐大的國家，及經歷通貨膨脹型蕭條的國家。由於外債金額與通貨膨脹水準的相關性高達 75%（這不意外，因為當一個國家的外幣計價債務很多，就容易引發通貨膨脹型的經濟蕭條），所以，把外幣計價債務較多的國家和經歷通貨膨脹型蕭條的國家歸類為同一組是合理的。

通常爆發債務危機的原因是：債務與償債成本的增加速度，超過償債所需之所得的成長率，因而引發去槓桿化歷程。雖然中央銀行可藉由降低實質與名目利率的方式來緩解一般的債務危機，但當那些手段不再有效，普通的債務危機就會演變成嚴重的債務危機（也就是經濟蕭條）。典型來說，一個長期債務週期是由許多短期債務週期（即商業週期）所組成，因為每一個短期週期的債務／所得比率的週期性高點與週期性低點，都會比前一短期週期的週期性高點或低點高一些，直到利率的降低不再能繼續刺激債務成長為止。下頁圖是美國自 1910 年以來的債務與償債負擔（包含本金和利息）狀況。從這張圖形可注意到，有時即使債務增加，利息支出還是維持不變或甚至下降，也因如此，償債成本的上升幅度低於債務增加幅度。那是因為中央銀行（以這個例子來說是指聯邦準備理事會〔Federal Reserve，以下簡稱聯準會〕）藉由降低利率來支持債務融資型的經濟擴張，直到降息無法繼續產生刺激效果時為止（因為利率已降到 0%）。一旦到達那樣的狀態，去槓桿化歷程就會展開。

儘管這張圖已呈現了清晰的整體狀況，我還是必須聲明，這張圖還有兩個不

足：1）它並未能傳達構成這幾項總額的不同實體（譯注：如金融機構、政府機關等）之間的差異，而不同實體的狀況是務必了解的重要環節；2）這張圖只呈現所謂的「債務」（debt），所以並未反映諸如退休金與醫療照護責任之類的「負債」（liabilities），而後者的規模比前者大得多。若要衡量一個國家是否脆弱，就必須了解這些重要的細節層面，只不過那類議題多半已超出本書的範疇。

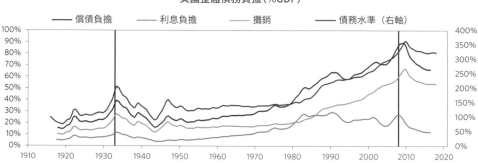

美國整體債務負擔(%GDP)

我們對週期的觀察

在闡述這個模型時，我們將聚焦在經濟蕭條前那段期間、經濟蕭條期間，以及經濟蕭條谷底出現後的去槓桿化期間。由於債務危機可分為兩大類：通貨緊縮型與通貨膨脹型（多半取決於一國的外幣債務多寡），所以我們也將個別加以檢視。

各圖形中的各階段統計數字，是採 21 個通貨緊縮型債務週期個案與 27 個通貨膨脹型債務週期個案的平均值，起算點是蕭條期谷底出現前五年及谷底出現後七年。

值得注意的是，從很多方面來說，長期債務週期看起來和短期債務週期很相似，只不過長期的週期比較極端，那是因為長期週期的債務負擔比較高，也因為這類週期的問題較無法透過貨幣政策有效解決。大致上來說，短期債務週期會造成小顛簸（小型的熱潮和衰退），而大型長期債務週期則會衍生巨大的熱潮和衰退。過去一個世紀以來，美國曾經歷兩次長期債務危機，一次是在 1920 年代的狂熱期至 1930 年代的大蕭條期間：另一次則是發生在 2000 年代初期的熱潮至 2008 年展開的金融危機期間。

在短期的債務週期，支出只會受限於放款人的授信意願與貸款人動用信用的意

願。當信用可輕易取得，經濟就會擴張；當信用無法輕易取得，經濟就會衰退。信用的可取得與否，則主要受中央銀行控制。中央銀行通常能藉由寬鬆利率以重新提振週期的方式，帶領經濟體系走出衰退。但長期來看，每個短期週期的谷底和峰頂結束時的經濟活動都會比前一個週期多，債務也會比較多。為什麼？因為人類將經濟活動與債務推高了──人類天生有借錢來擴大消費（而非還債）的傾向。這是一種人類本性。所以，長期而言，債務的成長率一定高於所得成長率，而這造就了長期債務週期。

在長期債務週期的上升階段，即使一般人背負的債務愈來愈多，放款人還是會肆無忌憚地授信，原因是這個流程會朝上方自我強化：上升的支出會使所得及淨值（net worth）增加，貸款人也因而有了進一步借錢的資格和能力，而借到更多錢後，貸款人就會購買更多東西，支出更多金額等等。此時幾乎每個人都願意承擔更多的風險。通常這個時期開發出來的新型態金融中介機構和新型態金融工具，都不受監理主管機關監督及保護，所以，那些機構相對得以用較高的報酬率來吸引投資人、採用更高的財務槓桿，同時承作流動性（liquidity）風險或信用風險較高的貸款。由於此時信用浮濫，貸款人的支出通常超過其財力所能承受，表面上看，他們過得繁榮順遂。而樂在享受這個美好時光的放款人也愈來愈自鳴得意，最後甚至得意忘形。不過，債務的增長率不可能持續高於償債所需之貨幣與所得的增長率，所以，前述放縱作為將導致放款人一步步被債務問題包圍。

當與債務成長相對的所得成長達到極限，上述流程就會逆轉。此時資產價格開始下跌，債務人無力償債，投資人會因此受到驚嚇且趨於謹慎，並開始出脫手上的貸款（譯注：債權）或不再展延貸款。這將進而引發流動性問題，一旦流動性問題發生，一般人將開始縮減支出。由於一個人的支出等於另一個人的所得，於是，所得也會隨支出減少而降低，而所得的降低又導致一般人的信用等級進一步下降。另一方面，資產價格的下跌使銀行業者遭受進一步的擠壓，而債務償還金額的持續上升又導致支出進一步降低。股票市場崩盤，而隨著極度短缺信用與現金的企業力求降低各項費用，失業率將上升，社會情勢因而變得愈來愈緊張。總之，整個情勢開始朝反方向不斷循環，最終陷入一種難以修正且不斷自我強化的惡性經濟衰退。這時債務負擔已經過大，必須設法降低。在經濟衰退時期，當局可以藉由降低利率與增加流動性等方式來放鬆貨幣政策，進而達到提升放款能力與誘因的目的，但等到經濟陷入蕭條期，利率多半已降無可降，因為此時利率已達到或接近零，所以當局

已無法用平常的對策來增加流動性／貨幣。

這就是造成長期債務週期的動態。從有信用以來，這樣的週期就存在——最早可追溯到羅馬時代。即使是舊約全書都說明每五十年勾銷一次債務的必要，而勾銷債務的那一年就被稱為大赦年（Year of Jubilee）。一如多數戲劇化事件，這個情況不斷在歷史上反覆發生。

記得嗎？貨幣有兩個用途：它既是交易的媒介，也是保值品。而由於貨幣有這兩種用途，所以它為兩種人「效勞」：1）為了換取「生活必需品」而想取得貨幣的人，他們通常是藉由工作來取得貨幣；以及 2）透過貨幣的價值來儲存財富的人。在歷史上，這兩種不同的族群分別有很多不同的稱呼——例如第一種人被稱為勞工、無產階級和「窮人」，而第二種人被稱為資本家、投資人和「富人」。基於簡化的目的，我們將稱第一種人為無產階級—勞工，第二種人為資本家—投資人。無產階級—勞工藉由出售他們的時間來賺取貨幣，而資本家—投資人則藉由「放款」給想要使用他們的錢的其他人來賺取貨幣；資本家—投資人放款時會要求貸款人接受以下交換條件：a）將在未來償還一筆高於貸款（loan，這是債務工具之一）的金額的承諾；b）企業的一部分所有權（我們稱之為「權益」〔equity〕或「股票」）或另一種資產（如房地產）。這兩個族群及政府（負責設定規則），都是這場大戲裡的主角。雖然通常這兩個族群都能受惠於貸款和放款，但有時候則會發生其中一方因這種交易而獲益，另一方則因此吃虧的現象。債務人和債權人之間，尤其容易發生這樣的狀況。

一個人的金融資產是另一個人的金融負債（即交付貨幣的承諾）。當金融資產的索償權（claims）相對地比可用來償付那些債權的貨幣高太多，就勢必會發生大型的去槓桿化歷程。此時，為支出活動提供資金的自由市場信用系統就會停止良性運作，而且通常會透過去槓桿化歷程，轉為反向運作，最後逼得政府不得不出手展開大規模干預——此時中央銀行會成為債務的大型買家（即最後放款人〔lender of last resort〕），而中央政府則成為支出與財富的重新分配者。一旦進入那樣的時期，債務就必須重整，才能促使債權人對未來支出（即債務）的索償權降到相對低於目前的索償權（即貨幣）的水準。

在歷史上，貨幣索償金額（債務）和貨幣供給金額（償債所需的現金流量）之間的這類根本失衡曾發生過很多次，而且每次都是透過先前討論的那四種手段的某種組合來解決。解決問題的過程會對所有參與者造成極大的痛苦，有時候甚至痛

苦到引發無產階級—勞工和資本家—投資人之間的惡戰。這兩個族群的戰爭有可能慘烈到傷害放款活動，或甚至使放款失去其合法性。歷史學家就表示，因信用創造（credit creation）而衍生的問題，是導致天主教信條及伊斯蘭教雙雙將高利貸（usury，放款取息）視為罪惡的原因。[2]

我們將在這份研究報告檢視引發大型債務危機的大型債務週期，並探討這些週期的運作模式，以及如何善加應對。不過，在開始討論債務週期與危機以前，我要先釐清兩種主要的大債危機：通貨緊縮型蕭條與通貨膨脹型蕭條的差異。

- 在**通貨緊縮型的蕭條時期**，政策制訂者會藉由調降利率來回應最初的經濟衰退。不過，當利率降到大約 0%，降息就不再是提振經濟的有效手段。於是，債務重整和撙節成了主要的手段，此時當局還不會以適度的經濟提振措施（尤其是印鈔票和通貨貶值）來平衡上述兩種手段。在這個階段，債務負擔（債務與償債支出約當所得的百分比）會上升，那是因為所得降低速度高於債務重整速度。債務還款行為原本會使債務存量降低，問題是，在這個時期，很多貸款人必須舉借更多債務來應付較高的利息成本。誠如先前提到的，如果一個國家無力承擔的多數債務是以本國通貨計價，它通常會發生通貨緊縮型蕭條，所以一旦債務問題最終演變成債務危機，會引發強迫出售（forced selling）和違約的狀況，但不會造成通貨或國際收支（balance of payments）問題。

- **通貨膨脹型蕭條**通常發生在仰賴外國資本流入的國家，這類國家因外國資本的流入而累積非常大量外幣計價債務，而這種債務無法貨幣化（monetized，即以中央銀行印製的貨幣來購買）。當外國資本流入趨緩，信用創造就會轉變為信用收縮。在通貨膨脹型去槓桿化歷程，由於資本撤出，放款活動和流動性遂趨於枯竭，在此同時，通貨則會貶值，並引發通貨膨脹。在通貨膨脹型蕭條時期，由於很多債務是以外幣計價，因此特別難管理，因為政策制訂者將比較沒有能力分段延展償債相關的痛苦。

我們將先從通貨緊縮型蕭條說起。

---

2 在整個中古世紀，基督教明訂教徒對其他基督教徒收取利息通常是不合法的，這也是猶太人在商業發展歷程中佔有重要地位的原因之一，因為他們能借錢給別人從事風險性商業投資，也為航海活動提供融資。不過，猶太人也常遭遇債務人無力償還貸款的情境。很多殘害猶太人的歷史情境都導因於債務危機。

第 2 章
典型通貨緊縮型
債務週期的各個階段

下圖追蹤了某個十二年期間的經濟體系總債務約當經濟體系總所得（GDP）的百分比變化，以及總償債支出金額相對 GDP 的百分比變化，從中可清楚見到某個典型長期債務週期的七個階段。

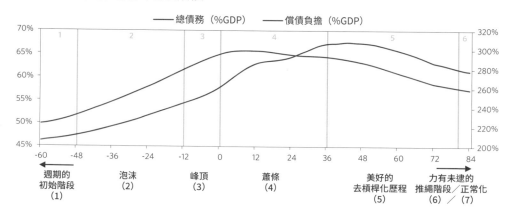

我將在這個段落納入由眾多通貨緊縮型去槓桿化個案的平均狀況繪製而成的「典型模式」曲線圖。[1]

1）週期的初始階段

在這種週期的初始階段，債務的成長速度低於所得成長速度，只不過，債務成長率也相當高。那是因為債務的成長被用來支應能創造高所得成長的活動。舉個例子，在這個階段，借來的錢可能流向企業擴張用途，這讓企業變得更有生產力，從而支撐企業營業收入的成長。這個階段的債務負擔偏低，資產負債結構相當健康，

---

[1] 典型模式的曲線圖對離群值（outlier）很敏感，尤其是各個個案差異甚大的通貨膨脹等指標。所以每一張曲線圖的資料都粗略排除了和平均值最不相關的三分之一個案。

所以，民間部門、政府和銀行業者都還有很大的空間可提高財務槓桿。不管是債務成長、經濟成長和通貨膨脹，都不會太熱，也不會太冷。這就是所謂的「金髮女郎」（Goldilocks）時期。

2）泡沫

在泡沫的第一個階段，債務增加速度開始高於所得成長，而且債務能創造愈來愈高的資產報酬和經濟成長。這通常是一個自我強化的流程，因為上升的所得、淨值和資產價值能提升貸款人的貸款能量。由於放款人是根據以下條件來決定其放款規模：1）貸款人的預估所得／償債現金流量，2）淨值／擔保品（這兩種價值會隨著資產價格的上漲而增加），以及 3）放款人自身的放款能力，因此這個階段會出現向上自我強化的現象。總之，在這個階段，所有項目都同步上升。雖然這一組條件無法永久維繫（畢竟債務成長率的增加速度快過所得〔未來將用於償債〕的成長率），但此時貸款人感覺自己很有錢，所以他們的支出金額將高於他們的所得，而且會以財務槓桿來高價購買資產。以下是這類情境的例子之一：

假定你一年的所得是 5 萬美元，而且擁有 5 萬美元的淨值。你擁有每年貸款 1 萬美元的能力，所以，儘管你的所得只有 5 萬美元，你還是擁有連續很多年每年花費 6 萬美元的能力。就全體經濟體系來說，貸款和支出的增加能促使所得增加，股票的評價和其他資產的價值也會上升，而這會讓一般人有更多的擔保品可用來抵押貸款。於是，一般人開始愈借愈多，但只要借錢的行為能促進經濟成長，貸款人就付得起那些債務。

在這個長期債務週期的上升波，交付貨幣的承諾（即債務負擔）相對整個經濟體系的貨幣供給以及債務人取得的貨幣和信用金額（透過所得、貸款和出售資產等管道取得）是上升的。這個上升波通常會延續幾十年，不過不同週期的上升波多多少少會有一點差異，差異的原因主要和中央銀行定期性的信用緊縮與寬鬆作為有關，這些作為屬於短期債務週期，而通常多數短期債務週期組合起來，就會形成一個長期債務週期。

長期債務週期可能長期延續的主要原因之一是，中央銀行漸進式降低利率，這會促使資產價格上漲，而那又進一步使一般人的財富增加——主要導因於降低利率對資產價格所產生的現值（present value）效果。在這種情況下，償債負擔不會上

升，而且會使透過信用購買的商品的月付款成本降低（譯注：例如利率降低，以房屋貸款購屋的每月還款金額自然較低）。不過，這樣的情況不可能永續。總有一天，償債支出會等於或大於債務人能貸到的金額，到時候，債務（即交付貨幣的承諾）相對可用來償債的現成貨幣數量就會變得過高。當交付貨幣的承諾（即債務）相對取得的貨幣與信用金額無法進一步增加，這個流程就會反向運作，去槓桿化歷程就會展開。由於貸款純粹只是一種讓人有能力提前花錢的管道，所以，在其他條件不變的情況下，原本每年支出 6 萬美元但所得只有 5 萬美元的人，此時必須將他的每年支出降到 4 萬美元，降低支出的年數必須等於他先前超支的年數，即一年花 6 萬美元的年數。

雖然以上所述有點過度簡化，但那就是驅使泡沫膨脹與洩氣的根本動態。

泡沫的開始：多頭市場

通常當一般人開始無限上綱地推斷一個有正當理由支撐的多頭市場將永遠延續，泡沫就開始形成。由於較低的利率使諸如股票和房地產等投資型資產變得更具吸引力，這類資產的價格將會上漲，另外，經濟狀況也會因低利率環境而好轉，並促使經濟及企業獲利成長、資產負債結構改善，各方舉借更多債務的能力也上升，總之，前述一切的一切證明，最初的多頭市場來得合情合理，因為那些因素都讓企業的價值水漲船高。

隨著資產價值上升，一般人的淨值和支出／所得水準也水漲船高。投資人、商人、金融中介機構和政策制訂者愈來愈自信滿滿，相信經濟將永續繁榮，而這樣的信心會對債務成長的流程形成強大的支撐力量。景氣榮景也會鼓勵不想錯過大好機會的新買家介入市場，新買家對泡沫的生成帶來推波助瀾的效果。由於政府提供的隱含性（implicit）或明確擔保會鼓勵放款機構從事莽撞的放款行為，所以此時常會發生不講求經濟效益的放款活動與泡沫。

隨著新投機者和放款人進入市場，加上大眾信心愈來愈高漲，授信標準也隨之降低。不僅銀行業者提高槓桿，多半不在監理機關管轄範圍內的新型態放款機構（這類非銀行放款機構被統稱為「影子銀行」體系）也陸續發展而成。這些影子銀行機構通常較不受政府保護傘保障。在這類時期，放款機構常會發明許多新型態的放款工具，也會進行很多財務工程。

放款人和投機者在極短的時間內輕鬆賺到很多錢，而由於投機者握有的權益價

值提升，他們可用的擔保品因而增加，故得以取得更多新貸款，就這樣，泡沫被進
一步強化。在這個時間點，多數人並不認為那是個問題；相反的，他們認為那些發
展只是經濟榮景的體現與確認。在週期的這個階段，各種事態通常會呈現良性循
環。以股票為例，上漲的股價會促使支出和投資活動增加，這又會使企業盈餘上
升，而企業盈餘的成長又會促使股價上漲，股價的上漲也會使信用利差降低，並鼓
勵更多的放款活動（因為擔保品的價值上升且盈餘增加），而更多的放款活動又會
提升支出與投資率等等。在那類時期，多數人認為這種資產是千載難逢的無上珍
寶，而且認為不持有這種資產的人都是坐失良機的傻瓜。這樣的動態使得各式各
樣實體不斷累積作多部位。大規模的資產一債務錯配（mismatches）於是增加；其
中，常見的資產一債務錯配型態包括：a）舉借短期貸款，承作長期放款（即借短
放長）；b) 舉借流動負債來投資非流動資產；以及 c）用借來的資金投資較高風險
的債券或其他高風險資產；和／或 d）為了賺取自以為是的利差，而舉借某項通貨
的貸款，再承作其他幣別的放款。在這個過程中，債務快速上升，償債成本上升速
度更快。從下圖便可一窺端倪。

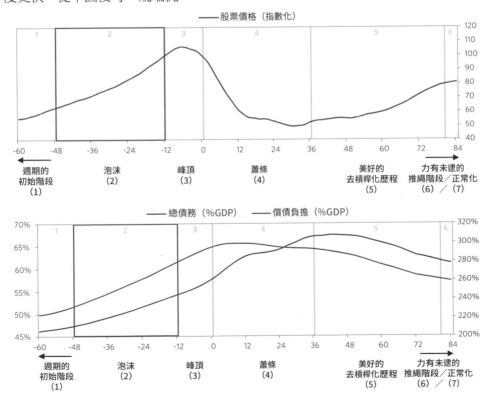

在市場上，每次一有共識形成，那些共識就會即刻反映在價格上，而市場參與者通常也相信未來的發展將和那些既定的共識一致，即使歷史經驗顯示未來的情況很有可能和他們的共識期待大不相同。換言之，人類（一如多數物種）本性傾向於跟隨群眾行動，而且會不恰當地過度看重近期的經驗。基於這些人性，加上共識觀點都已反映在價格上，所以一般人就傾向於產生「目前的狀況將長期延續」的外推（extrapolation）心理。

在那類時期，債務—所得比率都會以飆速上升。上圖是我們採納的通貨緊縮型去槓桿化個案（平均狀況）的債務約當 GDP 百分比的典型發展途徑。在典型的泡沫時期，債務約當 GDP 的百分比，會在三年左右的期間內平均上升 20% 至 25%。藍色的線條是長期債務週期的弧線，它是經濟體系在各個不同階段的總債務除以經濟體系總所得的數字繪製而成；紅色的曲線則是總償債支出金額相對總所得金額的數字描繪而成。

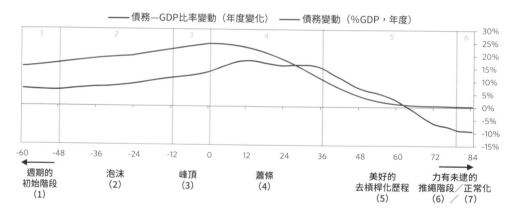

泡沫最可能發生在商業週期、國際收支週期和／或長期債務週期的高峰位置。在泡沫接近其峰頂時，經濟體系是最脆弱的，但此時一般人卻會感覺自己最有錢，並因此最樂觀。在我們研究的個案中，泡沫峰頂的總債務相對所得的水準，平均大約達到 GDP 的 300%。為了傳達幾個大略的平均數字，我們在下表列出了典型泡沫的某些關鍵指標：

泡沫時期的情況

	泡沫期間內的變化	範圍
1 債務成長速度高於所得成長	40%	14% 至 79%
債務快速成長	32%	17% 至 45%
所得高度成長但比債務成長得慢	13%	8% 至 20%
2 股票市場繼續大漲	48%	22% 至 68%
3 殖利率曲線（Yield curve）趨於平坦 　（短期利率—長期利率）	1.4%	0.9% 至 1.7%

貨幣政策的作用

在很多個案，**貨幣政策助長泡沫的效果高於它壓抑泡沫的效果**，尤其是在通貨膨脹與經濟成長維持良性水準且投資報酬率良好的時期。那類時期通常被解讀為生產力榮景，這種環境會強化投資人的樂觀心態，因而使用更高的財務槓桿來購買投資型資產。在那種狀況下，以通貨膨脹與經濟成長考量為重的中央銀行通常不願意適度緊縮貨幣。1980 年代末期的日本即是如此，而 1920 年代末期與 2000 年代中期的多數國家也是這樣的狀況。

這就是多數中央銀行政策的最大問題之一，換言之，由於中央銀行官員的目標不是通貨膨脹，或是通貨膨脹與經濟成長，也不是管理泡沫，因此，若通貨膨脹與實質經濟成長看起來不是太高，因央行政策而得以成長的債務，有可能會成為助長泡沫的資金來源。我個人認為，各國中央銀行真正應該鎖定的目標是債務成長——它們必須努力將債務成長率控制在可永續的水準，換言之，必須將之維持在所得成長跟得上償債負擔的水準，不管信用被用來購買什麼東西。中央銀行官員有時會推託，說泡沫太難以掌握，並強調央行的職掌並不是要評估與控制泡沫，而是要控制通貨膨脹與經濟成長。[2] 不過，貨幣和信用是歸央行控制，而一旦那些貨幣和信用轉化為不可能還得起的債務，勢必會對未來的經濟成長和通貨膨脹造成巨大影響。當泡沫破裂，就會發生最嚴重的經濟蕭條，所以如果一手製造債務導致泡沫不斷膨脹的中央銀行不設法控制泡沫，還有誰會做這件事？放任大型泡沫持續膨脹並進而坐視它破滅的過程，會造成極大的經濟痛苦，所以，漠視這些事端的政策制訂者實在太過輕率，我衷心希望他們未來能改變原本的觀點。

2　在美國，中央銀行並不會將這個償債負擔觀點對投資資產的影響列入考慮。舉個例子，泰勒法則（Taylor Rule）中找不到這個觀點。

　　雖然中央銀行通常會在通貨膨脹與經濟成長開始變得過熱之際，稍微緊縮貨幣政策並促使平均短期利率上升，但通常貨幣政策並不足以管理泡沫，因為泡沫是發生在經濟體系的某些部門，其他部門不見得發生。而由於中央銀行是從整體經濟體系的角度來思考它的政策，所以在泡沫時期，央行常會犯下過晚採取行動的毛病，貸款人也因而不會因償債成本上升而遭受過大的擠壓，因為此時央行還沒有積極提高利率。通常在這個階段，貸款人以更多借款（而非所得的成長）來支應利息支出的情況會愈來愈明顯，這也是趨勢無以為繼的明顯訊號。

　　這一切的一切都會在泡沫破滅之際反轉，而當初促使泡沫得以膨脹的那些連鎖關係，將會使下降趨勢變得自我強化。資產價格的下跌使採用財務槓桿的投機客的權益及擔保品價值降低，而這會導致放款人開始抽銀根。當放款人開始抽銀根，投機客將不得不拋售手上的資產，這又會促使價格進一步下跌。此外，放款人和投資人也會相繼「逃離」（抽回他們的貨幣）高風險的金融中介機構和高風險的投資標的，導致那些機構和標的面臨流動性問題。典型來說，受到影響的市場都很大且採用很高的槓桿，故其累積債務所產生的損失，將大到足以構成系統性威脅，意思就是，那些虧損將大到足以動搖整個經濟體系。

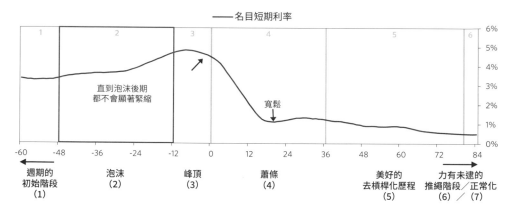

掌握泡沫

　　雖然每一個個案的具體情況都不盡然相同（例如泡沫的大小；泡沫是發生在什麼資產，如股票、住宅或其他資產；[3] 泡沫如何破滅等等），很多泡沫個案的相似處還是多於差異處，而且每一個泡沫都是導因於一些符合邏輯的因果關係，這些因果關係都是只要稍加研究就能理解的。因此只要有一份描繪泡沫如何形成的權威心智地圖（mental map），一定更能辨識出泡沫的存在。

　　為了在大債危機爆發前及時掌握它的可能發生，我習慣觀察所有大型的市場，並探究是否有哪些市場正處於泡沫階段，接下來，再研究如果那些泡沫破滅，將會影響到哪些領域。我不會在此詳細討論泡沫的運作過程，但還是要說明一下幾個最具代表性且可衡量的泡沫特質，包括：

1）目前價格相對傳統衡量指標而言顯得偏高。
2）目前的偏高價格已預先反映（discount）了未來進一步快速漲價的潛力。
3）市場情緒幾乎全面樂觀。
4）購買資產的資金來自高財務槓桿。
5）買方基於透過未來的價格獲得投機利益或免於受未來漲價趨勢傷害等目的而提前購買的情況非常嚴重（例如大量囤積存貨、簽訂遠期採購合約等）。
6）新買方（即原本未參與市場的買家）進入市場。
7）旨在提振經濟的貨幣政策有導致泡沫進一步膨脹的可能（以及緊縮政策有導致泡沫破滅的風險）。

　　誠如下頁表所示，根據我們的系統化衡量指標，過去的泡沫都曾出現上述多數或全部特質（N/A 代表數據不充分）。

3　在 2008 年美國爆發危機期間，一般人採高槓桿且以高價搶購的資產包括住宅和商業房地產、私募基金、較低等級的信用以及（程度上較輕微）掛牌交易的股票。而在美國大蕭條和日本去槓桿化歷程中，採高槓桿且以高價搶購的資產則包括股票和房地產。

將這個框架應用到過去的泡沫

	美國 2007年	美國 2000年	美國 1929年	日本 1989年	西班牙 2007年	希臘 2007年	愛爾蘭 2007年	韓國 1994年	香港 1997年	中國 2015年
1. 目前價格相對傳統衡量指標而言是否顯得偏高？	是	是	是	是	是	是	是	是	是	是
2. 目前偏高的價格是否已預先反映了未來進一步快速漲價的潛力？	是	是	是	是	是	是	是	是	是	是
3. 購買資產的資金是否來自高財務槓桿？	是	是	是	是	是	是	是	是	N/A	是
4. 買方／企業是否有提前購買的現象？	是	是	N/A	是	否	是	否	是	是	否
5. 是否有很多新參與者進入市場？	是	是	N/A	是	否	是	是	是	N/A	是
6. 市場情緒是否幾乎全面樂觀？	是	是	N/A	是	否	否	否	N/A	N/A	是
7. 緊縮政策是否有戳破泡沫的風險？	是	是	是	是	是	是	否	否	是	是

談到這裡，我希望強調，別妄想靠單一衡量指標來判斷債務危機是否來襲，這是錯誤的想法。整個經濟體系的債務相對所得的比率，或甚至整個經濟體系的償債支出相對所得的比率（這個比率更具參考性），固然都是有用的指標，但最終來說，光是參考其中一項指標並不夠。若想精準預先掌握債務危機，一定要觀察個別實體的明確償債能力，從平均數字無法看出這一點。更具體來說，如果一個經濟體系的債務或償債負擔相對其所得的比率平均值很高，但經濟體系各部門的債務分布狀況相當平均，而不是集中在某些部門或甚至集中在重要的實體，那麼高債務／所得比或高償債負擔／所得比的問題，就比較不那麼嚴重。

3）峰頂

當價格受到很多槓桿型買盤驅動，市場全面偏多，全面採用槓桿且價格超漲，就已相當接近反轉的時機。這也反映一個通則：當情況好到不能再好，但此時每個人還是相信情況會變得更好，市場的峰頂就已形成。

雖然不同峰頂的形成導因於不同的事件，但通常峰頂是發生在中央銀行開始緊

縮且利率開始上升時。以某些個案來說，緊縮是泡沫自己造成的，因為泡沫會使經濟成長率與通貨膨脹上升，最終引發產能限制的困擾；而以某些個案來說，緊縮則是受外部因素驅動。舉個例子，太過依賴向外部債權人貸款的國家，一旦債權人基於某個外部因素而抽回放款，那個國家就會陷入流動性吃緊的狀態。當外幣計價債務的通貨面臨該國貨幣緊縮政策的威脅，也可能促使外國資金抽回，而這種狀況的導因可能和國內經濟體系的情勢無關（例如某個準備通貨國的週期性情勢導致該通貨面臨流動性緊縮，或是金融危機導致該國的放款人抽回資金等等）。另外，當債務計價通貨的債務相對那一項通貨的所得上升，可能會引發特別嚴重的銀根緊縮問題。有時候，任何理由引發的意料外現金流量短缺，也可能引爆債務危機。

　　不管引發償債壓力的導因為何，都會對資產價格（如股價）造成傷害，而資產價格的下跌將導致放款人開始擔心可能無法順利向貸款人收回現金，這將衍生負面的「財富效果」（wealth effect）。[4] 而隨著新貸款被用於償債用途的比例升高，和／或貸款人的貸款未獲得展期（roll over），貸款人就會面臨極大的償債壓力，自然也會縮減他們的支出。過度樂觀看待未來現金流量假設而以槓桿在高價搶購投資性資產的人，常會落得這樣的下場。典型來說，這些類型的信用／債務問題大約會在經濟景氣抵達高峰的半年前浮現，最初是發生在最脆弱且泡沫最大的部門。這時，風險最高的債務人開始拖欠款項，放款人則體察到無法收回放款的可能性，並開始憂心忡忡。一旦放款人開始擔憂，信用利差就會上升，高風險放款活動也會逐漸降溫。接著會有愈來愈多人逃離高風險資產並轉向較低風險資產，並導致衰退的範圍逐漸擴大。

　　通常在峰頂的初始階段，短期利率的上升會導致短期利率和長期利率之間的利差（也就是因長期放款利率高於短期放款利率而多獲得的利息）縮小或完全消失，於是，放款的誘因降低，持有現金的誘因則上升。由於殖利率曲線趨於平坦或甚至反轉（也就是長期利率相對短期利率處於其最低檔），一般人在泡沫破滅前轉而持有現金的誘因就會上升，信用成長當然就會趨緩，並使得前述動態發生。

4　當一個人的財富減少，就會發生負「財富效果」，負財富效果會導致放款活動及支出減少。那是因為擔憂的負面心理和更惡劣的金融情勢，導致貸款人可用的擔保品減少，而擔保品減少自然導致放款減少。

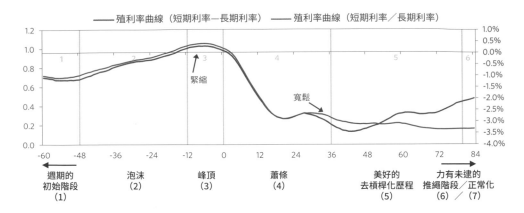

在峰頂的初始階段，信用體系的某些環節會先受創，不過，某些環節還是會保持健全狀態，因此，整體經濟並不會出現明顯趨弱的跡象。但中央銀行在持續提高利率與緊縮信用的同時，也埋下了經濟衰退的種子。央行緊縮政策的速度通常會在股票市場頭部出現前五個月達到最高點。不過，此時經濟還是會維持高速運轉，熱絡的需求甚至漸漸對生產活動的產能造成壓力。這時失業率通常處於關鍵低檔，但通貨膨脹則逐漸上升。短期利率的上升會使「持有現金」成為更吸引人的選項，而且，短期利率的上升會促使一般人用來折算資產未來現金流量的折現利率上升，高風險資產的價格相對則趨向疲軟，這又會進而使放款活動放緩。另外，短期利率的上升也會導致以信用購買的各種商品變得更加昂貴，從而使其需求降低。短期利率通常是在股票市場頭部出現前幾個月達到峰頂。

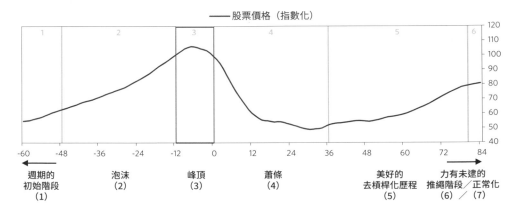

當財務槓桿使用程度愈高且價格愈高，為戳破泡沫而需採取的緊縮作為就愈少，而且，泡沫破滅後的崩潰會愈嚴重。若要了解後續經濟衰退的可能幅度，與其

試圖釐清政策緊縮強度，不如試著了解每個特定產業對緊縮政策的敏感度，以及相關的損失將以什麼方式擴大。而要釐清這些問題，最好的方法就是觀察經濟體系的每一個重要部門，以及這些部門的每一個大型參與者，而非觀察經濟體系的平均狀況。

　　在泡沫期剛結束時，資產價格波動所造成的財富效果，對經濟成長率的影響遠大於貨幣政策的影響，但一般人傾向於低估前者的影響。那是因為在泡沫破滅的初始階段，股價雖下跌，企業盈餘卻尚未降低，所以一般人常誤判下跌的股價代表買進的大好機會，因為此時的股價相對企業過去的盈餘與未來的期望盈餘而言會顯得便宜，問題是，他們並沒有考慮到未來的整體情勢會對企業盈餘產生多大的潛在負面影響。不過，反轉趨勢也會自我強化。隨著財富及所得先後降低，信用等級（creditworthiness）將漸漸惡化，而信用等級的惡化將會阻礙放款活動，放款的趨緩將進而傷害支出、使投資率（investment rate）降低，也讓「借錢購買金融資產」顯得不那麼吸引人。而這又進一步導致這項資產的基本面惡化（例如轉趨疲弱的經濟活動使企業盈餘同步令人失望），促使一般人拋售，並使價格每下愈況。總之，這一切的一切會對資產價格、所得和財富構成愈來愈沈重的下跌壓力。

4）「蕭條」

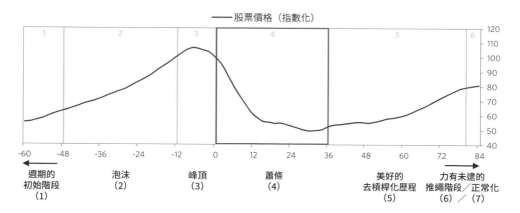

在正常的經濟衰退期（此時貨幣政策依舊有效），現有貨幣數量與償債所需的貨幣數量之間的失衡，可能可經由降低利率的方式來加以矯正，因為如果利率降得夠低，將能：1）製造正向的財富效果；2）提振經濟活動；以及3）紓解償債負

擔。但在經濟蕭條時期,這樣的情況不可能發生,因為這時的利率通常已降到接近0%,沒有繼續大幅降低的空間;此外,在通貨外流且本國通貨嚴重疲弱的個案,當局常基於信用或通貨風險考量而不過度調降利率,因此利率的下限反而稍高。

這就是經濟蕭條的公式。誠如先前的說明,這樣的情況曾在 1930 年至 1932 年經濟蕭條與 2008 年至 2009 經濟蕭條的初始階段發生。以獲得良善管理的個案(如2007 年至 2008 年的美國)來說,Fed 在極短的時間內快速降低利率,而且,它一察覺到降息沒有成效,便記取 1930 年代的教誨(當時 Fed 降息速度過慢,甚至基於美元和黃金連結的考量而緊縮貨幣政策),迅速採取其他能提振經濟的替代手段。

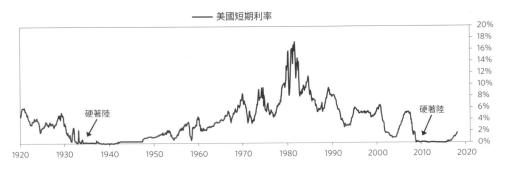

下圖是我們研究的 21 個通貨緊縮型債務危機的平均狀況 —— 利率急速降至0%。

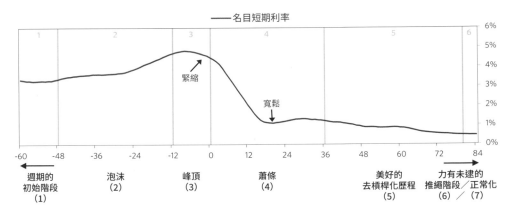

當經濟開始陷入蕭條,債務違約和重整等問題,將對各個不同的參與者造成雪崩般的打擊,尤其是使用財務槓桿的放款人(例如銀行)。這時,放款人和存款人的恐懼不斷加深(他們的恐懼絕非無的放矢),並導致通常沒有足夠現金的金融機

構面臨被擠兌的窘境，唯有仰賴政府保護傘保障的業者才能幸免於難。這時，降息已不足以產生效果，因為此時零風險資產的利率早已降到最下限，加上因信用利差擴大，風險型貸款的利率因而上升，那類債務的貸款人當然就愈來愈沒有償債能力。何況一旦放款機構遭遇流動性問題且面臨擠兌，就算央行調降利率，也幾乎於事無補。在週期的這個階段，整個局面主要受債務違約和撙節（即通貨緊縮的驅動力量）支配，政策當局尚未以足夠的通貨膨脹型提振措施——「印鈔票來解決債務」（即債務貨幣化）——來平衡違約和撙節的負面影響。

由於投資人不願意繼續放款，貸款人又急於籌措現金來應付債務相關支出，流動性，即出售投資標的以換取貨幣的能力（譯注：也稱變現性）成為一大疑慮。舉例來說，如果你持有一檔 10 萬美元的債務型投資工具，你原本可能以為能拿這項工具換回 10 萬美元的現金，再用這些現金去交換價值 10 萬美元的商品和服務。然而，由於金融資產的規模相對貨幣數量的比率過高，一旦時機轉趨惡劣，很多人就會急著將手上的金融資產變換為貨幣，以購買商品和服務，這時中央銀行若不緊急藉由印鈔票的方式提供充足的流動性，就得放任大量違約發生。

經濟蕭條可能導因於償債能力問題，也可能導因於現金流量問題，但蕭條本身也會引發這兩種問題。通常在這個階段，這兩種問題都普遍存在。根據會計與監理規定，所謂償債能力問題是指一個實體沒有足夠權益型資本（equity capital）來支持它的營運，換言之，當一個實體發生償債能力問題，代表它已「破產」，必須關門大吉。所以，在這個時刻，會計準則的影響重大，它攸關債務問題的嚴重程度。現金流量問題則是指一個實體沒有足夠的現金可滿足它的各項需要，那通常是因為它的放款人正向它抽回資金，也就是說，它被「擠兌」。即使一個實體擁有充足的資本，它還是有可能因為把權益資本投資到流動性不佳的資產，而發生現金流量問題。現金流量短缺會引起立即且嚴重的問題，所以，它不僅是多數債務危機的主要議題，也是誘發多數債務危機的導火線。

上述這兩類問題需要用不同的方法來因應。如果發生償債能力問題（即債務人沒有足夠的權益型資本），就可藉由以下方式來解決：a）提供足夠的權益型資本；或 b）修訂會計／監理規定（這麼做只是掩蓋問題，沒有解決問題）等。如果造成問題的債務是以本國通貨計價，政府能直接透過財政政策或間接透過靈巧的貨幣政策來達到上述目的。相似的，如果是發生現金流量問題，也能藉由財政與／或貨幣政策來提供現金或擔保，從而解決現金流量問題。

觀察 1980 年代與 2008 年債務／銀行危機之間的差異，就可了解這些動力的攸關性。在 1980 年代的那一場危機，「市價計值」（mark-to-market）會計法所衍生的問題較小（因為和那一場危機有關的貸款並不是每天在公開市場上交易的商品），所以，當時銀行業者償債能力所受到的衝擊，並不像 2008 年時那麼嚴重。而到 2008 年時，由於市價計值會計法所衍生的帳面虧損較大，所以銀行業者需要非常多資本挹注和／或擔保來改善其資產負債結構。這兩場危機的處置都相當成功，不過，不能用相同的方式來處置這兩場危機。

當週期進入「蕭條」階段（我所謂的蕭條是指嚴重的經濟衰退）時，當政者透過以往的經濟蕭條經驗所學會的保護措施（例如存款保險、提供最後放款人的財務支持與擔保，以及向具系統重要性的機構挹注資本，或甚至將這些機構國有化等）通常都已局部實施，而且也實現了一些成果，不過，這些措施一般還是不夠，因為人類並未真的參透債務危機的明確本質，過去曾成功解決問題的措施，不見得每次都能有效解決問題。通常這個階段的很多放款活動是發生在相對不受監理的「影子銀行體系」，或是透過隱含意料外風險且未受到充分監理的新工具進行，而政策制訂者因應這些新事實的成果，取決於他們本身作為政策制訂者的決策能力，以及政經體系是否充分授權他們採取最適當的作為。

某些人誤以為蕭條是心理現象：即擔心受怕的投資人將資金從較高風險的投資標的，轉移到較安全的投資標的（例如從股票和高收益型放款活動，轉移到政府債券和現金）。這樣的錯誤概念使人誤以為若能連哄帶騙地引誘投資人把資金轉回較高風險的投資標的，經濟狀況自然就會復原。這個想法嚴重錯誤的原因有二：首先，去槓桿化歷程的動態主要並非心理現象，這和一般人的想法相反。去槓桿化歷程多半是受信用、貨幣和商品及服務等的供需及這三者之間的關係所驅動，只不過，心理多多少少還是會產生一些影響，特別是因不同參與者的流動性處境而產生的心理面波動。儘管心理面會有影響，但如果每個人一覺醒來都把曾經發生的事忘得一乾二淨，大家的流動性處境還是相同，因為債務人根據義務必須交付的貨幣數量，依舊相對大於（而且過大）他們收到的貨幣數量，而政府也還是必須面對會產生相同結果的相同選擇，等等。

和這一點相關的是，如果中央銀行製造更多貨幣來緩解流動性短缺，將會使貨幣的價值降低，讓債權人的噩夢成為事實——即「收回的資金將比先前貸放出去的資金更沒有價值」。雖然某些人誤以為現有貨幣的數量並沒有改變，只是從較高風

險的資產轉移到較低風險的資產而已，但事實並非如此。一般人以為的貨幣其實是信用，而信用會在時機良好階段憑空出現，並在時機惡劣階段憑空消失。舉個例子，當你在一家商店用信用卡購物，你實質上等於是以一個「我一定會付錢」的承諾在購物。你和商店老闆因這個購物行為，共同創造了一項信用負債和一項信用資產。那麼，你要從哪裡取得這些貨幣？無處可拿。你創造了信用，而信用也會透過相同的管道消失。假定商店老闆認定你和其他顧客不會付錢給信用卡公司，信用卡公司因而不會付款給他，那麼，他就會認定他所擁有的信用「資產」實際上根本不存在——這項資產並沒有轉移到其他任何地方，而是憑空消失——而這樣的想法也是正確的。

　　誠如這個例子所暗示，去槓桿化歷程的重要環節之一是：一般人終於發現他們原本以為擁有的財富，只不過是別人對他們的付款「承諾」，而且此時做出那些付款承諾的人食言而肥，故他們「以為擁有的」財富也不復存在。當投資人基於籌措現金的目的而試圖將手上的投資標的變換為貨幣，就等於是在測試那些付款承諾會不會兌現，而如果承諾無法兌現，投資人就會恐慌「擠兌」，於是，證券將承受大量賣壓。想當然耳，此時遭受擠兌的實體——尤其是銀行（雖然多數仰賴短期集資管道的實體也一樣）——可能無法籌措到足以應付擠兌者需要的貨幣和信用，於是，債務違約將愈演愈烈。

　　債務違約和債務重整會對世人、尤其是採用財務槓桿的放款機構（例如銀行）造成重創，並在整個體系引發連鎖的恐懼反應。這些恐懼會不斷惡性循環，並導致眾人更急著搶奪現金，進而造成現金短缺（即流動性危機）。相關的動態發展如下：最初，透過所得和貸款行為進入債務人口袋的貨幣不夠債務人履行其責任；於是，債務人不得不變賣資產並縮減消費，才能籌措到足夠的現金來履行償債責任；這會導致資產價值降低，而資產價值的降低又導致擔保品價值下降，並接著使所得減少。由於貸款人的信用等級是根據：a）資產／擔保品相對其債務的價值（亦即它們的淨值），與 b）所得金額相對償債支出金額來判斷，而此時貸款人的淨值和所得下降速度超過債務減少速度，他們的信用度因而降低，放款人也更不願意借錢給他們。而這樣的動態將不斷自我強化（惡化）。

　　蕭條階段的主要現象是，減債（即違約和重整）與撙節措施等通貨緊縮型動力發生，但又未積極採行印鈔票（以降低債務負擔）的必要措施來加以平衡。由於一個人的債務等於另一個人的資產，所以，積極縮減那些資產的價值，將產生商品、

服務與投資型資產需求嚴重縮減的不利影響。要讓債務減損的提列達到效果，提列的減損幅度必須大到讓債務人還得起重整後的貸款。如果提列的幅度是 30%，債權人的資產也會降低 30%。這個幅度看起來很多嗎？實際上絕對不只如此，因為多數放款人也都採用財務槓桿（例如他們貸款購買資產），所以，30% 的債務減損對放款人淨值的影響，絕對不只是 30%。舉個例子，假定某個債權人的財務槓桿為 2：1，那麼，一旦債務減損 30%，它的淨值就會縮減 60%（換言之，這些債權人的資產是淨值的兩倍，故資產價值下跌對淨值的影響就會加倍）。[5] 由於銀行業的財務槓桿通常大約是 12：1 或甚至 15：1，所以一旦開始提列債務減損，銀行或整體經濟體系就會遭受極端大的傷害。

即使已局部沖銷債務，債務的負擔還是會隨著支出與所得降低而上升。債務水準相對淨值的比率也會上升，如下圖所示。隨著債務—所得比率與債務—淨值比率上升，加上可取得信用減少，信用緊縮的惡性循環自然就會變得向下自我強化。

家庭債務約當淨值的%

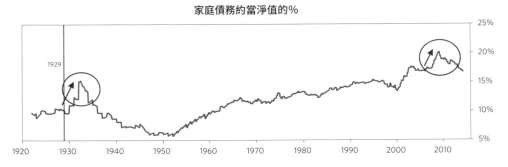

在蕭條時期，資本家／投資人的「實質」財富會大幅折損，因為他們的投資組合的價值將崩潰（股票價格通常會下跌大約 50%），薪資所得會降低，而且通常還要應付較高的稅率。在這種情況下，資本家／投資人會變得極端保守。通常他們會因此將資金轉移到海外（這是導致通貨貶值的因素之一）、逃漏稅，並希望透過高變現性且不依賴信用的投資標的（例如低風險的政府公債、黃金或現金）來換取一點安全感。

5　以下說明槓桿相關的數學演算。如果你的槓桿是 2：1，代表你的資產價值等於淨值的兩倍。以具體的數字來說，假定你持有 100 美元的資產，背負 50 美元的債務。在那種情況下，你的淨值將是 50 美元。這時，如果你的資產跌價 30%，你的資產就只剩 70 美元，但債務還是 50 美元，所以儘管你的資產只跌價 30%，此刻你的淨值卻只剩 20 美元，比一開始的 50 美元淨值少 60%。換言之，採用 2：1 的槓桿後，資產價格下跌對淨值的影響就會加倍（如果槓桿是 3：1，影響就會是三倍，依此類推）。

當然，在金融經濟體系受創的同時，實體經濟體系也無法幸免於難。由於此時貨幣政策的施展空間受限，失控的信用緊縮遂造成經濟和社會浩劫。所得大幅降低與嚴重的失業使勞工陷入苦海，原本在正常狀態下只要努力工作就有能力養家活口的人，在此時失去有意義的工作機會，並陷入不得不仰人鼻息的貧困窘境。屋主因不再有能力支付不動產抵押貸款（mortgage，以下簡稱房貸）而失去他們的房子，退休金帳戶的價值被一筆勾銷，為了子女大學費用而儲蓄的錢也難逃虧損。如果政策制訂者未能以充足的新型態貨幣提振措施來抵銷經濟蕭條的通貨緊縮力量，這類悲慘的景況有可能維持很多年。

經濟蕭條的管理

誠如先前所述，降低債務負擔的政策可分為四大類：1）撙節；2）債務違約／重整；3）債務貨幣化／印鈔票；4）財富轉移（也就是把有錢人的錢轉移給窮人）。如果政策制訂者能善加運用這些手段，就能減輕經濟蕭條的最惡劣影響，且善加管理已破產的放款人和貸款人以及經濟的狀況。不過，我們一定要體認到，上述每一種手段對經濟體系與信用等級的影響皆有不同。關鍵在於找出最適當的組合，讓通貨緊縮與經濟蕭條的動力和通貨膨脹與經濟提振的動力能達到平衡。

政策制訂者最初採用的手段組合（包含撙節、印鈔票與重分配等）通常都不正確。納稅人對債務人和金融機構的憤怒是可以理解的，畢竟不節制的債務人和金融機構是引發債務危機的始作俑者，也因如此，納稅人當然不希望政府用他們繳的稅金來紓困債務人與金融機構。政策制訂者也多多少少會認為，若不讓放款人和貸款人因其不當行為所造成的財富縮水而受一點教訓（這就是所謂的「道德風險」〔moral hazard〕考量），不節制的舉債行為勢必會再度發生，當然，這樣的想法也合情合理。基於上述種種原因，政策制訂者一開始通常不太情願提供政府支援，就算支援，步調也很緩慢，於是，減債和因此而產生的劇痛快速上升。政府愈慢在政策組合中加入有助於提振經濟的矯正措施，去槓桿化歷程就會愈險惡。[6]到最後，為了因應愈來愈險惡的情勢而疲於奔命的政策制訂者，只好選擇出面提供各式各樣的擔保、印製大量鈔票，並將大量債務貨幣化；問題是，這些遲來的作為又會

6　我並不是說減債和撙節等手段無法在去槓桿化的過程中產生有利的作用，事實上，這兩種手段都是有助益的 ── 不過除非以有助於通貨再膨脹的印鈔票、貨幣化與擔保等手段來加以平衡，否則減債和撙節會帶來巨大的痛苦，但又不足以修復經濟狀況。

把經濟帶向一個通貨再膨脹（reflationary）的去槓桿化歷程。所以，如果政策制訂者能及早且明快地採取適當的組合，蕭條的歷程將很可能相對會短暫一些（例如2008年美國危機後的短暫「蕭條」期）。如果政策制訂者的腳步不夠明快，蕭條期通常就會變得無端漫長（例如1930年代的大蕭條，或日本在1980年代末期的泡沫破滅後的「失落的十年」〔lost decade〕）。

再重申一次，管理債務危機的兩大障礙是：a）不了解如何善加處置債務危機；b）政策制訂者的權限受政治或法令等因素限制，以致無法採取必要的行動。換言之，**無知和權限不足的問題比債務本身更可怕**。成為一個成功的投資經理人固然非常困難，要成為一個成功的經濟政策制訂者，也幾乎一樣困難。身為投資人的我們只需要了解經濟機器如何運轉，並預測接下來將發生什麼事就好；政策制訂者就不同了，他們不僅要懂得投資經理人必須了解與必須做的事，還要設法讓一切作為產生美好的結果——換言之，他們必須知道要如何衝破重重政治阻礙，把該做的事做好、做滿。那需要非常高深的智慧、需要有勇於挺身而出的戰鬥意願，還需要敏銳的政治嗅覺——換言之，他們必須擁有一身高強的技藝，還要有實實在在的英雄氣概。有時候，政策制訂者雖具備其中所有特質，但工作上的箝制，還是常會導致他們功敗垂成。

接下來我將逐一說明這四類手段的意義，並描述經濟蕭條時期的政策制訂者通常會如何使用這些手段。

撙節

在蕭條階段，政策制訂者通常都會嘗試撙節手段，因為那是顯而易見的方法。讓闖禍並損人損己的人付出代價是天經地義的事。問題是，即使是極端嚴苛的撙節措施，都無法促使債務和所得回歸平衡，因為當一般人減少支出，所得勢必也會降低，在這種情況下，要促使債務／所得比率大幅降低，就必須進行更大幅度且帶來深刻痛苦的支出縮減。

而隨著經濟景氣衰退，政府收入通常也會降低。在此同時，外界對政府的要求卻會愈來愈多。於是，財政赤字通常會上升。到這個時間點，對財政負責的政府傾向於增稅。

但這兩種作為都是嚴重的錯誤。

「印鈔票」來止血並提振經濟

此時經常會發生放款機構遭「擠兌」的情事，尤其是未受政府擔保所保障的放款機構。一旦發生擠兌，中央銀行和中央政府必須決定應該保護哪些存款人／放款人免於虧損，應該支持哪些存款人／放款人正常運作，並判斷哪些機構具系統重要性，需要加以拯救，以及如何在確保金融／經濟體系最大安全和政府／納稅人最小成本的條件下，完成上述每一件任務。在那類時期，政府會對具系統關鍵性的金融機構提供各式各樣的擔保，而且，某些金融機構被國有化的情況也不罕見。但影響「印鈔票拯救經濟」的速度與成效的法律規定和政治因素通常很多。一旦選擇這個手段，拯救經濟體系所需的某些貨幣將來自政府（透過預算流程撥用），某些則來自中央銀行（透過「印鈔票」）。政府不可避免得雙管齊下，只不過，兩者在程度上各有不同。除了提供貨幣給某些重要的銀行，政府通常也會提供貨幣給某些他們認為具根本重要性的非銀行實體。

接下來，政策制訂者必須紓解信用緊縮情勢，以設法提振整體經濟。由於此時政府可能難以透過稅收與借錢等方式籌措足夠資金，所以中央銀行將被迫在以下兩難之間做出抉擇：1）「印更多鈔票」來購買本國政府債券；或 2）放任政府及其民間部門競逐有限的貨幣供給；由於第二個選項只會讓貨幣變得更加吃緊，因此，中央銀行勢必會選擇加印鈔票。

通常（雖然不是必然）中央銀行會以漸進擴大的方式來採取這類行動，換言之，除非一開始較溫和的行動未能矯正失衡並扭轉去槓桿化歷程，否則央行不會擴大行動規模。不過，通常初期的作為確實會帶來短暫的解壓期——壓力的略微解除會反映在金融資產的空頭市場反彈與較熱絡的經濟活動上。舉例來說，在大蕭條期間，股票市場曾出現六次大規模的空頭市場反彈（那個空頭市場的總跌幅達89%，六次反彈的幅度則介於 16% 至 48%）。這幾次空頭反彈走勢就是導因於政府為減輕根本失衡而採取的行動。如果管理得當，「印鈔票」、購買資產及提供擔保之類的政策調整，就足以將債務週期從蕭條／「險惡的去槓桿化歷程」階段，轉化為「美好的去槓桿化歷程」階段。下頁圖是美國 1930 年代與 2008 年實施「印鈔票」政策後所發生的狀況。

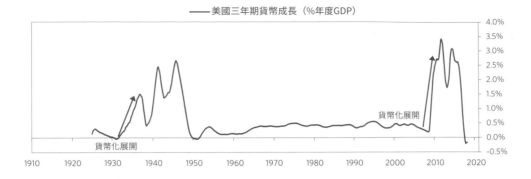

雖然極具經濟提振效果的貨幣政策是去槓桿化歷程中的關鍵環節,但通常光靠這項政策並不足以扭轉形勢。當具系統重要性的機構可能倒閉的風險一浮現,政策制訂者就必須立刻採取必要行動來維持這些實體的運作。所謂的必要行動是:

- **抑制恐慌並為負債提供擔保**。政府可以提高存款擔保額度及債券發行。中央銀行能向具系統重要性的機構(即一旦倒閉就會威脅到金融體系和/或經濟體系永續運作的機構)挹注大量資金。政府也偶爾能實施存款凍結措施,迫使流動性留在銀行體系,不過,這種措施有時反而會加重恐慌,所以通常不受青睞,不過,如果已經沒有其他任何辦法可提供貨幣/流動性,那卻是必要之惡。
- **提供流動性**。當民間部門的信用日益萎縮,流動性非常緊絀,中央銀行可藉由非常規的放款作業來擴大放款,例如接受更多種類的擔保品,或對更大範圍的金融機構放款等,用以確保金融體系的充足流動性。
- **支持具系統重要性的機構的償債能力**。第一步通常是先提供誘因鼓勵民間部門自行解決問題,具體的作法經常是支持破產銀行與健康銀行的合併,並藉由積極的監理手段,發出更多資本給民間部門。此外,政策制訂者還可以藉由調整會計準則,降低立即性的資本需求,達到維持償債能力的目的,為陷入困境的機構爭取更多時間來解決根本的問題。
- **鎖定具系統重要性之金融機構,推動其資本結構重整(Recapitalize)/國有化/虧損彌補**。當以上方法都不足以解決具系統重要性之金融機構的償債能力問題,政府就必須介入推動破產銀行的資本結構重整。防止危機進一步惡化的關鍵是穩定放款機構的狀況,以及維持信用供給。在這個節骨

眼，某些扮演金融體系管道之關鍵環節的機構可能並不賺錢，但因它們是金融管道的關鍵環節，失去它們可能會衍生不良的後果，所以還是有必要保住這類機構。失去這類機構猶如在經濟蕭條期間失去一個貨運港口（因為這個港口破產）。你當然希望這個港口能繼續營運，讓船隻可正常進出；而要達到這個目的，就必須想盡方法來保護這個港口──包括國有化、貸款或挹注資本等方法。

債務違約／重整

最終來說，現有呆帳的清理流程攸關未來的貨幣及信用流動，乃至經濟能否重返繁榮。政策制訂者的挑戰是如何在確保經濟與社會穩定的前提下，讓那個流程自動且有序地向前推展。在管理最為良善的個案中，政策制訂者都：a）迅速體察到信用問題的嚴重性；b）未一視同仁地挽救每一家機構，因為那會消耗太多資源。取而代之的，他們權衡利弊得失，允許已破產的機構倒閉並進入重整程序，當然，前提是那些機構的倒閉不能對其他信用等級良好的放款人與貸款人造成不利影響；c）創造或重建健全的信用流通管道，讓信用良好的貸款人未來能有順暢的借款管道；以及 d）在處理呆帳問題的同時，確保令人滿意的經濟成長與通貨膨脹情勢。更長期而言，政策制訂者最重要的抉擇是：政府是否願意為了矯正債務問題的根本導因而徹底改革整個體系？抑或只是為了讓眼前的債務負擔不致大到難以承受而選擇推動債務重整，將痛苦分散給一般大眾並延展到更長久的未來？

政策制訂者實施上述措施的速度通常不太明快。一開始，他們大都未能體察到問題的嚴重性，反而常執行一大堆不足以扭轉乾坤甚至無關痛癢的一次性政策。通常要過許多年或承受極多不必要的經濟痛苦後，政策制訂者才終於果斷採取行動。政策制訂者回應問題的明快度與積極度，是決定經濟蕭條的深度和長度的最重要因素之一。另外，這些政策的成本如何分攤給政府（這代表整個社會）、債券持有人（各種不同償債優先順序）、股票持有人及存款人等等，也是一個重要課題。

通常不具系統重要性的機構會被迫自行吸收相關的損失，而如果這些機構破產，當局會放任它們倒閉。清理這些機構的形式有很多種。很多個案（佔我們研究個案的 80%）的這類機構最終是和健康的機構合併。不過，在某些個案，這類機構的資產被清算或轉移到一家由政府成立的「資產管理公司」（asset-management company，以下簡稱 AMC），再由這家新公司分批處分那些資產。

　　某些個案的政策制訂者則是認定必須確保整個銀行體系的生存能力，因此對整個銀行體系實施全面的流動性與償債能力因應措施。近幾年，已開發國家常見的作法是為銀行即將發行的負債進行擔保。極少數個案則是由政府出資，進行所有銀行的資本結構重整，而不只是針對具系統重要性的機構進行資本結構重整。

　　政策制訂者會依照相當清晰的方針來保障不同的債權人：

- **小型存款戶優先獲得保障，所以蒙受的損失很少，甚至完全不會發生損失（幾乎每個個案皆是如此）。** 這種措施經常會被明確設定為銀行存款保險方案的一環。通常在危機爆發時，為了確保銀行的流動性，存款保障金額會提高（譯注：以避免擠兌造成的流動性緊縮）。即使是在沒有明確存款保險方案的個案，存款人通常還是會被政府列為優先保護對象。在我們研究的個案中，大約只有 30% 個案的存款人發生損失，而且，那些存款人的損失通常和外匯存款有關——存款人以低於市價的匯率進行幣別轉換而發生的損失。

- **在多數個案，當機構破產，無論它是否具系統重要性，權益（譯注：股東）、次優先債權和大型存款戶都吸收了一些虧損。** 多數已開發國家都會實施優先與次優先債券持有人保護措施，並進行權益資本結構的重新調整（這會稀釋現有股權持有人的利益）。

- **有時候，政策制訂者會優先保護國內的債權人，其次才保護外國債權人，尤其如果外國債權人的放款對象是民間部門，且其債權在資本結構上的償債順位較低**——特別是在存款保險計畫的可用資金降至較低水位時。不過，在此同時，政府最後通常還是會優先償還跨國性機構如國際貨幣基金（IMF）與國際清算銀行（BIS）等的貸款，因為這類公共實體實質上是陷入困境的國家的最後放款人，它們的支持對這類國家的未來攸關重大，因此，這些政府當然會設法先償還對它們的債務，以爭取它們的繼續支持。

　　通常在處理破產放款機構的同時，政府也會同步推動大量的監理改革，有些政府的改革步調僅屬溫和，但有些則會推動大刀闊斧的改革；當然，並非所有改革都能產生立竿見影的成效——有時候改革能讓情況漸入佳境，但有時卻導致情況更加惡化。相關的改革包括銀行業營運方式的變革（例如美國在 1930 年代開始實施的

存款擔保，或是在 2010 年實施的達德—法蘭克法案〔Dodd-Frank〕和伏克爾條款〔Volcker rule〕等）及勞動市場改革等，例如要求銀行改善授信標準、開放銀行體系競爭（包括外國銀行准入）乃至提供資本適足規定，以及取消對放款人的保護等。

　　政治生態是決定政策制訂者最終將推動什麼改革的關鍵。以某些個案來說，那類改革最後反而扭曲了民間部門的放款行為，信用的流向變得高度取決於市場導向的獎金制度，最終反而導致流向優質貸款人的信用額度受到限制，且／或提高未來爆發信用問題的風險。不過，在某些個案，相關改革確實改善了信用流動、保護了家庭部門，使未來再爆發債務問題的風險降低。

　　管理已破產放款人的資產或現有放款人的不良資產的方法主要有兩個：這些資產或許會被 a) 移轉給一個獨立的實體（如一家 AMC），由這個實體管理重整和資產處分事宜（約佔個案的 40%），或 b）繼續列記在原始放款機構的資產負債表上，由這家機構自行管理（約佔個案的 60%）。處分不良貸款的手段也有幾種：a）重整（例如透過展延貸款期間來解決）；b）以債換股的交換與資產沒收（asset seizures）；c）將貸款或資產直接轉售給第三方；以及 d）證券化（securitization）。

　　AMC 的使用通常能加速債務問題的處置，因為這個作法讓現有的銀行得以擺脫那些令人頭痛的問題，專心回歸放款業務，而且若採用 AMC，有助於將各家銀行的呆帳合併轉入一個有能力管理銷售及重整作業的中央化實體。將銀行的資產出售給 AMC，通常也是對銀行轉移資金的一種機制——即透過高於市場價格的訂價，對銀行業者輸送資金。AMC 通常是公共實體，它們的受託管理責任就是要在某個目標期間內（例如十年）將資產出清，同時將對納稅人造成的成本及對資產市場的干擾降到最低。為使變賣資產的市場干擾降到最低，AMC 會先設法出清破產機構的良性資產，再慢慢以時間換取空間，逐步管理並出清不良資產。某些個案的 AMC 背負著重整不良債務以降低債務負擔的明確目標。這些 AMC 的資金通常來自某種形式的直接或類政府債券發行，不過，有時候，法律、政治或集資上的限制可能會導致 AMC 難以辨識出哪些債務已成為呆帳，因而未能加以重整，在這種情況下，AMC 就難以達到理想的運作成效。

　　通常如果原始放款人是政府贊助的機構，這類原始放款人通常就能獲准自行管理其呆帳，而由於是政府出資，這類機構也比較類似公共的 AMC。以某些個案來

說，如果放款人的虧損不是太大、缺乏成立中央集權式 AMC 的技術專長，或是已經設立有效的清理機制時，當局可能會允許放款人將虧損繼續列記在資產負債表上。

另外，關於貸款人，具系統重要性及策略重要性及不具重要性的貸款人的處理方式，也有相對清晰的區隔，和放款人的情況很類似。

- 當貸款人具系統重要性或策略重要性，政策制訂者通常會採取一些行動來確保這些企業的實體不受損傷。一般來說，他們會透過債務重整，讓這類貸款人有能力繼續正常償債，另外，也可能透過以債換股、降低現有債務、調降利率或進行內部債務轉移（terming out，譯注：例如將資產負債上列記的短期債務轉列為長期債務）等行動，來保護這類重要貸款人。有時候，政策制訂者也會對這些貸款人提出一些新的放款計畫，確保它們能繼續取得流通性。通常成立 AMC 來管理呆帳的明確目標之一，就是要推動這個保護重要貸款人的流程。
- 至於不具系統重要性的貸款人，則通常會放任它們自行與民間放款人重整其貸款，或是放任它們破產並接受清算。
- 中央政府通常會採取一些行動，協助降低家庭部門的債務負擔。AMC 也可能採取特定措施來重整債務負擔，而不是直接針對那些貸款進行查封（foreclosure，譯注：又稱喪失贖回權），因為 AMC 的目標之一是要將收回價值（recovery value）最大化。

下表說明了上述政策行動在我們研究的 48 個歷史個案（第三部將詳細討論）中被採用的頻率。

管理債務問題時，各種手段的使用頻率（佔個案的%）		
流動性支援	緊急放款／流動性	88%
	銀行負債擔保	58%
	銀行假日／存款凍結	21%
解決償債能力	放款銀行重整／合併	81%
	資本結構重整	73%

管理債務問題時，各種手段的使用頻率（佔個案的%）		（續上表）
	國有化	60%
	由存款人負擔損失	29%
呆帳的處分	透過資產收購與轉移	44%
	透過中央集權化的資產管理公司	38%
主權違約／重整		35%
IMF 專案計畫		52%

財富重分配（redistributing）

在泡沫時期，財富差距將會擴大，而一旦進入艱困時期，享受較少特權的人會特別惱怒。一般來說，如果有錢人和窮人共享一套預算，而經濟又走下坡，勢必會發生經濟與政治上的衝突。在那樣的時期，左派和右派民粹主義都傾向於抬頭。人民和政治體系能否善加處置這個情勢，是整個經濟體系與社會能否順利渡過這種難關時期的關鍵。誠如下圖所示，如今美國的財富分配不均與民粹主義都逐漸上升，這和 1930 年代時的情況很類似。在這兩個個案，個人淨值最高 0.1% 的人口的淨值，大約等於底層 90% 人口的淨值總和。

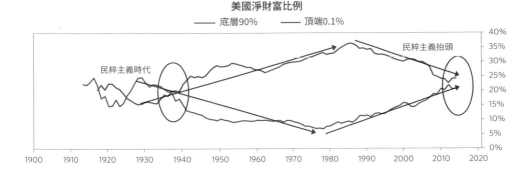

美國淨財富比例
—— 底層90%　　—— 頂端0.1%

在某些個案，向富人增稅變成吸引政治人物的選項，因為有錢人在經濟榮景時期賺得荷包滿滿——尤其是金融產業工作者——而且，一般人常會認為債務危機導因於那些人的貪婪；何況中央銀行收購金融資產的作為，也不成比例地讓有錢人受益，因為有錢人持有的金融資產較多。政治傾向大幅向左派靠攏的現象，通常會加速財富重分配的作為，而這大都會促使有錢人想盡辦法將錢轉移到能為他們提供保障的管道和處所，當然，這勢必也會對資產及外匯市場造成影響。有錢人轉移資金

的行為也可能在本地造成某種經濟「掏空」作用，因為當高所得者（也是高納稅者）逃離，整體稅收會減少，並使得這些地區的房地產價值大幅下跌、服務業活動減緩，整體經濟因而受創。

通常增加的稅賦來自所得稅、房地產稅和消費稅的提高，因為這些類型的稅賦最能有效籌措到收入。富人稅和繼承稅有時也會增加，[7] 只不過，這兩類稅賦能籌措到的資金通常很少，因為很多財富的變現性並不好，所以實務上很難對這類財富課稅；若執意課徵這類稅賦，納稅人就不得不出售變現性較高的資產來繳納稅金，這將進一步傷害到資本形成（capital formation）。無論如何，這種財富轉移的金額鮮少大到能對去槓桿化歷程產生有意義的貢獻（除非爆發「革命」，且有大量的財產被國有化）。

5）「美好的去槓桿化歷程」

以均衡的方式實施上述四種手段，使原本難以忍受的衝擊得以減輕，同時在債務降低與適度通貨膨脹的環境下創造正面的經濟成長，就是「美好的去槓桿化歷程」。更具體來說，當經濟提振措施（即「印鈔票」／債務貨幣化與通貨的官方貶值）足以抵銷通貨緊縮型去槓桿動力（撙節／違約），並促使名目經濟成長率回升到名目利率的水準以上，去槓桿化歷程就會趨於美好。重點在於提振措施的恰到好處——通貨膨脹不會因過多提振措施而上升，官方放手讓通貨貶值的幅度也不是太大，而提振措施也不致多到引發新一輪債務泡沫。

要消除通貨緊縮型蕭條，最好的方法就是由中央銀行提供足夠的流動性和信用支援，而中央政府也要根據不同實體對資本的需求，提供適度的流動性和信用。記得嗎？支出是以貨幣或信用等形式來進行。當債務相對過高於可用來償債的貨幣數量，導致新增的支出無法繼續以新增債務的資金來支應，就必須以新增貨幣的形式，應付那些新增的支出與減輕償債負擔。這代表中央銀行必須增加經濟體系的貨幣數量。

中央銀行可藉由接受更廣泛的擔保品（較低品質且較長期限）的方式，承作更多擔保放款來增加貨幣數量；另外也可藉由收購（貨幣化）低品質與／或較長期債

---

7   不同國家徵收富人稅的空間各有差異。舉例來說，美國認為這種稅賦是違憲的，不過，其他國家則允許這種稅賦存在。

務的方式來達到這個目的。這能帶來債務壓力減輕的效果。而如果央行增加的貨幣數量正確，就能在去槓桿化歷程中同步創造經濟正成長。所謂的正確數量是指足以a）抵銷信用市場崩潰所帶來的通貨緊縮衝擊；b）創造略高於名目利率的名目經濟成長率，在可容忍的範圍內延展去槓桿化歷程。

　　我的意思是，基本上，所得的成長必須高於債務成長。舉個例子：假定一個正在經歷去槓桿化歷程的國家的債務，所得比率為 100%。那代表那個國家的債務金額正好等於全國的一年總所得。現在想想看，那筆債務的利率是多少？假定是2%。如果債務是 100 元，利率為 2%，而且期間沒有償還任何本金，那麼，一年後，這筆債務就會變成 102 元。另一方面，若所得是 100 元，一年只成長 1%，一年後的所得會變成 101 元，換言之，債務負擔將從 100 ／ 100 上升到 102 ／ 101。所以如果不希望債務負擔較目前增加，名目所得成長率就必須高於名目利率，而且高愈多愈好（只要不高到會帶來難以接受的通貨膨脹和／或難以接受的通貨貶值幅度即可）。

　　很多人會問，印鈔票不會使通貨膨脹上升嗎？如果多印的鈔票正好抵銷減少的信用——即以這個通貨再膨脹動力來平衡通貨緊縮動力——就不會導致通貨膨脹上升。那絕對不只是理論，歷史上一次又一次的個案證明，事實的確是如此。記住，真正攸關重大的是支出。以貨幣來付款的 1 美元支出對物價的影響，和以信用來付款的 1 美元支出對物價的影響是相等的。中央銀行能藉由「印鈔票」手段，用增加貨幣數量的方式來彌補消失的信用。「印鈔票」的形式包括中央銀行收購政府證券和企業證券、股權或其他資產等非政府資產；當中央銀行出手收購各類資產，貨幣數量就會以極端快的速度成長，儘管此時信用與實體經濟活動還繼續萎縮。傳統的經濟學家將之視為貨幣流通速度（velocity of money）降低，但這兩種情況並不能相提並論。在央行印鈔票的時期，創造出來的貨幣將彌補被破壞的信用。如果印鈔票措施能在「取代信用」和「積極提振經濟」這兩個目的之間達到適當的平衡，就不會衍生通貨膨脹壓力。

　　不過，經濟提振措施也會遭到濫用。由於經濟提振措施的成效相對遠高於其他替代方案，所以，濫用經濟提振措施的風險絕對存在，而一旦遭到濫用，就會引發「險惡的通貨膨脹型去槓桿化歷程」（例如 1920 年代威瑪共和國的超級通貨膨脹，或是 1980 年代阿根廷與巴西的超級通貨膨脹）。關鍵在於避免印過多貨幣。如果政策制訂者能找到箇中的正確平衡點，去槓桿化歷程就不會那麼激烈。不過，

外幣債務與外國債權人佔比很高的國家（如威瑪共和國時期的德國和南美國家），就很難達到上述所謂的「適當平衡」，因為那種債務無法輕易貨幣化或重整。

印鈔票／債務貨幣化與政府擔保等手段，都是降息已失去作用的蕭條時期的必要對策，不過，在印鈔票數量受到限制、沒有資產可支持增印鈔票政策，或是難以輕易透過談判來協商債務負擔重分配的國家，這些工具並不太有價值。我們研究的所有去槓桿化個案（其中多數發生在過去一百年間），最終都出現大量創造貨幣、財政赤字及通貨官方貶值（相對黃金、原物料商品與股票貶值）的狀況。但不同個案的政策制訂者採用的手段組合都不太相同，通常最終的組合取決於那些國家的貨幣體系的本質。下圖傳達了 21 個通貨緊縮型去槓桿化個案的典型印鈔票途徑。鈔票的印製通常分為兩波：中央銀行一開始是先提供流動性給陷入困境的機構，接著再進行大規模的資產收購活動，以達廣泛提振經濟景氣的目的。

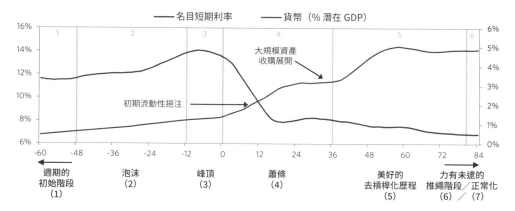

下圖是債務危機國相對其貿易夥伴的實質平均匯率，那反映出一國的通貨相對其貿易夥伴之通貨的強／弱度。

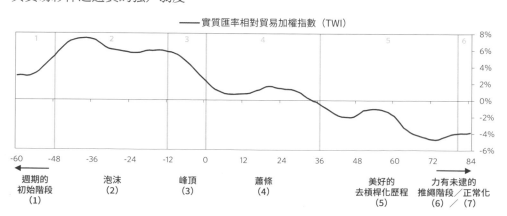

　　相較於採用法定貨幣制度（fiat monetary system）的國家，貨幣體系釘住黃金、原物料或外幣的政府，通常會被迫採用較緊縮的貨幣政策來保護本國通貨的價值。不過，由於債務緊縮的過程最後會變得極端痛苦，所以這些政府最終都會改變心意，打破本國通貨的上述連結關係，開始大印鈔票（換言之，它們不是放棄原本的制度，就是改變一單位貨幣可交換的商品數量／訂價）。舉個例子，在大蕭條時期，美元的價值（乃至貨幣數量）和黃金連結，當時美國暫時違背了「將以美元兌換黃金」的承諾，放手讓美元一次大幅貶值，而因此創造出來的更多貨幣，正是促使股票與原物料商品市場乃至經濟走出底部的關鍵。到了 2008 年金融危機爆發時，印鈔票、進行資產收購以及提供擔保等作為，比起大蕭條時容易實施，因為此時的貨幣體制已無需進行法律上的正式調整。下圖是黃金價格的典型發展途徑。在美國大蕭條時期，金價在羅斯福總統打破美元釘住黃金的政策後立即上漲，而在最近這場金融危機，Fed 的行動則是促使美元相對所有通貨──包括黃金──的價值降低。

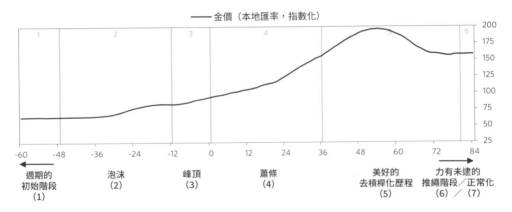

　　所有政策制訂者最終總是訴諸印鈔票的手段，那是因為撙節帶來的痛苦大於利益，大規模重整則會過快摧毀過多財富，而若沒有爆發革命，財富的移轉（將富人的財富移轉給窮人）規模勢必不可能夠大。另外，如果貨幣創造的規模和特質能抵銷信用收縮的規模與特質，印鈔票也不會引發通貨膨脹，它的作用只是消滅通貨緊縮。在以往的去槓桿化個案中，幾乎所有政策制訂者最初嘗試的其他途徑都無法產生令人滿意的結果，隨後他們才漸漸摸索出印鈔票的好處。歷史告訴我們，快速且處置得宜的印鈔票措施（例如 2008 年至 2009 年的美國）所創造出來的成果，遠遠優於過晚實施的印鈔票措施（例如 1930 年至 1933 年的美國）。

下表彙整了足以將經濟蕭條轉化為「美好的去槓桿化歷程」所需的典型印鈔票金額與通貨官方貶值幅度。平均來說，印鈔票的金額大約是每年 GDP 的 4%。另外，本國通貨兌黃金的最初官方貶值幅度大約是 50%，而赤字則是擴大到約 GDP 的 6%。平均來說，這種激進的經濟提振措施是在經濟陷入蕭條後約二至三年間開始實施，此時股票已下跌超過 50%，經濟活動降低大約 10%，失業率則上升到大約 10% 至 15%，不過，每一個個案的差異非常大。

我提供的這些數字都只是粗略的指標，因為每個個案的情境都非常不同。審視箇中差異（這些差異令人玩味，不過，已超過本書的範疇）便明顯可見，若能較快速推出較明智的貨幣與財政政策，將創造優於平均的成果。

政策回應

	平均	範圍
1 衰退的長度（月數）	55	22 至 79
2 匯率相對黃金的貶幅	-44%	-58% 至 -37%
3 貨幣創造高峰（% 年度 GPP）	4%	1% 至 9%
4 財政赤字高峰	-6%	-14% 至 -1%

再重申一次，要將去槓桿化歷程由險惡轉化為美好，關鍵在於平衡通貨膨脹與通貨緊縮動力。原因是，印太多鈔票也可能會導致局面演變成險惡的通貨膨脹型去槓桿化（我們稍後將詳細討論）。正確金額的經濟提振措施 a）能阻止通貨緊縮型信用市場崩潰；且 b）能使名目經濟成長率高於名目利率，高到足以紓解債務負擔，但又不至於高到促使投資人恐慌出脫債務型資產。

總而言之，在進行所有必要宣示並採取所有必要作為後，決定去槓桿化歷程是否管理良善的因素只剩下幾個。我將這些因素條列於下頁表。如果政策制訂者能透過常見的缺失吸取教誨，並了解美好的去槓桿化歷程的政策特質，就能免除非常多的痛苦。

	管理良善	管理不善
泡沫	• 中央銀行在管理政策時，會審慎考量債務的成長及債務成長對資產市場的影響。如果他們有能力防範泡沫的發生，自然也能阻止泡沫的破滅。 • 中央銀行利用宏觀審慎政策，目標式地限制正在形成泡沫的領域的債務成長，但允許未形成泡沫的領域的債務成長。 • 緊縮財政政策。	• 投機客和放款人對大型泡沫構成推波助瀾的影響，他們無限上綱地推斷過去的成功將會永遠延續，並舉借更多債務來支應其投資活動，而且中央銀行只一味聚焦在通貨膨脹和／或成長，未審慎考量投資型資產的債務泡沫，最後導致信用長期過於便宜。
峰頂	• 中央銀行透過廣泛的貨幣政策或精心挑選的宏觀審慎政策來壓抑泡沫，接著採取選擇性寬鬆政策（透過宏觀審慎政策）。	• 即使泡沫破滅很久，中央銀行還是繼續緊縮。
蕭條	• 中央銀行提供充沛的流動性，快速調降短期利率，最終達到0%，接著執行積極的貨幣化措施，使用積極的目標式宏觀審慎政策。 • 政府執行積極且具永續性的財政提振措施，直到情況反轉還是繼續維持寬鬆財政。 • 具系統重要性的機構得到保護。	• 中央銀行降息速度較為緩慢，雖提供流動性，但附加諸多限制，且過早恢復緊縮。它們也等到時機過晚才執行積極的貨幣化措施。 • 政府執行撙節政策，未同步適度寬鬆。 • 放任具系統重要性的機構受創或倒閉。
美好的去槓桿化歷程	• 透過資產收購或大幅度通貨貶值等足以促使名目經濟成長率回升到名目利率以上的積極貨幣化作為，促使通貨再膨脹。 • 為提振經濟而實施的宏觀審慎政策，目標式地保護具系統重要性的實體，並提振優質信用的成長。 • 允許不具系統重要性的機構有序地倒閉。 • 政策制訂者以債務貨幣化、通貨貶值與財政提振措施等通貨再膨脹的動力，平衡違約和撙節所造成的通貨緊縮動力。	• 最初的貨幣化腳步畏畏縮縮。資產收購規模較小，且多半只收購「類現金」工具，而非高風險資產，所以，這些收購手段並無法創造財富效果。 • 中央銀行的提振措施遭到財政撙節政策抵銷，甚至受害。 • 負債過多的實體也得到保護，儘管這些實體並不具系統重要性，而這些保護最終製造了一堆殭屍銀行，整個體系趨於麻痺。 • 當政策制訂者放任外界對本國通貨的信心崩潰，且印製過多貨幣，就會發生險惡的通貨膨脹型蕭條。

6）力有未逮的推繩階段

　　到長期債務週期的末期階段，中央銀行官員有時極端難以藉由經濟提振政策來刺激新的支出，因為此時調降利率與中央銀行收購債務型資產等措施都已失去效

果。在那種時期，經濟進入低成長與低資產報酬的時期，中央銀行不得不轉而採用其他形式的貨幣提振措施，以更直接提供貨幣與信用的方式來支持消費者。1930年代，面臨這類情境的政策制訂者發明了「推繩」（Pushing on a String）的用語來形容此時的政策無奈與難度，在這個階段，最大的風險之一是，如果相對通貨緊縮替代方案的規模，當局已印了太多鈔票／過度貨幣化，通貨官方貶值幅度也過大，就很可能會發生「通貨膨脹型去槓桿化歷程」。

　　為了更了解去槓桿化歷程中可能採用的不同類貨幣政策，我將那些政策歸類為三種不同風格，每個風格對經濟體系和市場的影響各有不同。

貨幣政策一

　　利率驅動型的貨幣政策（我稱之為貨幣政策一）是最有效的，因為它對經濟體系的影響最為廣泛。 當中央銀行調降利率，就等於是經由以下方式提振經濟：a）創造正向的財富效果（因為較低的利率能提高多數投資標的的現值）；b）讓人更容易以信用購買各種商品（因為月付款降低了），提高需求——尤其是利率敏感型商品，如耐久財和住宅；以及 c）降低償債負擔（能改善現金流量與支出）。貨幣政策一通常是應付債務危機的第一個選項，不過，當短期利率降到 0% 左右，這種貨幣政策的效果就會大打折扣，所以，中央銀行必須轉而訴諸第二類貨幣政策。

貨幣政策二

　　貨幣政策二就是當今所謂的「量化寬鬆」（Quantitative easing，以下簡稱QE，也就是印鈔票和購買金融資產，通常是債務型資產）。 這項政策是藉由影響投資人／儲蓄者的行為來達到目的，而不是影響貸款人／消費者的行為，因為這類政策是經由金融資產（尤其是對投資人／儲蓄者構成最大衝擊的債務型資產）的收購來實現它的驅動力量。當中央銀行購買一檔債券，它等於是拿現金向投資人／儲蓄者交換這檔債券，而手上有了現金的投資人／儲蓄者，通常就會用那些現金來購買他們認為更有吸引力的另一項金融資產。而他們使用那筆貨幣和信用的方式，會使這個世界變得非常不同：當他們把這些現金投資在能創造支出活動所需之財源的那類資產，就能提振經濟景氣；但當他們投資在不能達到這個目的的資產（例如金融資產），除非投資人／儲蓄者獲得非常大的市場利益，否則中央銀行提供的資金就難以透過涓滴效應，對整體支出造成影響（而且就算有產生影響，那些影響主要

也是來自享受到市場利益的人，未能享受到市場利益的人相對較不會有貢獻）。換言之，投資人／儲蓄者（即持有金融資產者）因 QE 而獲得的利益，絕對遠比未持有金融資產的人大，也因如此，QE 傾向於導致財富差距擴大。

雖然貨幣政策二的效果通常比不上利率調整的影響，但當風險和流動性溢酬（premium）非常大時，這類貨幣政策的效果是最好的，因為它能促使那些溢酬降低。當風險溢酬很大，中央銀行又挹注貨幣到經濟體系，實際的風險就會因有更多資金追逐報酬而降低，而這會激勵一般人購買有機會提供較高期望報酬的較高風險資產，並進而驅使那些資產的價格上漲，創造正向的財富效果。

但長期下來，採用 QE 來提振經濟的效果將會日益式微，因為隨著風險溢酬被壓低，資產價格被推升到難以進一步上漲的水準，財富效果就會消失。**換言之，當價格上漲且期望報酬降低，投資人因承擔風險而獲得的補償就會縮小，最後小到難以吸引投資人繼續追價，而買進意願的降低也會導致未來的報酬進一步降低**。事實上，這時的報酬—風險比率，甚至可能導致持有許多資產多頭部位的人變得較青睞報酬其差無比的資產——即現金。於是，QE 的成效將變得每下愈況。如果政策制訂者推出 QE 措施後，民間信用成長沒有上升，他們就會感覺自己像在推一條軟繩子，力有未逮。

在這個階段，政策制訂者有時會為了補償 QE 政策成效每下愈況的窘境，將更大量的債務予以貨幣化。雖然這麼做或許有一點幫助，但當貨幣化政策施行過久，會導致一般人質疑本國通貨的保值能力，而這是真正的風險所在。一旦人民開始質疑本國通貨的保值能力，就會將資金轉向替代通貨，例如黃金。多數經濟體系在這個階段面臨的根本經濟挑戰是：整個經濟體系對購買力的索償權大於經濟體系如期償還這些購買力的能力。

且讓我們用以下方式思考：市場上只有商品和勞務。金融資產是對這些商品及勞務的索償權。換言之，投資標的／資產的持有人（也就是資本家－投資者）相信自己能將手上的資產，轉化為可換取商品和勞務的購買力。在此同時，勞工期望能以他們對商品及勞務生產的一單位貢獻價值，換成對商品及勞務的購買力。不過，由於債務／貨幣／通貨都沒有內含價值（intrinsic value），而各方對債務／貨幣／通貨的索償權又大於這三者的實際購買力的價值，於是，這些索償權就必須貶值，或必須加以重整。換言之，當債務型負債／資產過多，就必須透過債務重整或貨幣化的方式，降低這些負債／資產的規模。在這個階段，政策制訂者傾向於採行貨幣

化措施，主要原因是這種對策具提振效果，不會造成收縮效果。不過，貨幣化實質上只是拿某一張借據（IOU，債務）去換另一張借據（新印製的貨幣）。整個情況其實有點類似龐氏騙局（Ponzi scheme）。由於整個經濟體系不可能生產足夠為所有借據擔保的商品和勞務，所以就會有人擔心人民可能不會永遠為了取得借據而工作。

低利率和低風險資產溢酬會對貨幣政策帶來一項結構性挑戰。當貨幣政策一（利率）和貨幣政策二（QE）都已達其極限，中央銀行就幾乎無法再透過這兩個管道創造提振效果，換言之，此時貨幣政策火力已不足。這通常會發生在長期債務週期的末期（例如 1937 年至 1938 年以及目前的美國），那可能會衍生「力有未逮——推繩」的結果。當這樣的情況發生，政策制訂者就必須尋找 QE 以外的對策，採用具貨幣政策三特質的新型態貨幣與財政政策。

貨幣政策三

貨幣政策三更直接將貨幣交給消費者，而不是透過投資人／儲蓄者（並鼓勵他們消費）的手間接交付。由於有錢人比窮人更沒有誘因花掉他們多得到的貨幣及信用，所以，當財富差距非常大且經濟狀況又很疲弱時，將支出機會導向較沒有錢的人，會產生比較好的效果。

邏輯和歷史告訴我們，各種提振支出的行動可畫成一張光譜，每一種行動對支出的控制效果各有差異。光譜的某一個極端是協同的財政與貨幣行動，在這個極端，財政政策制訂者直接透過政府支出來創造提振經濟的效果，或是間接藉由向非政府實體提供支出的誘因，來達到提振經濟的目的。而在光譜的另一個極端，中央銀行可以採用「直升機撒錢」對策，將現金直接交到國民手中，無需和財政政策制訂者協調。通常（但非絕對），當局會適當協同貨幣政策和財政政策，創造促使人民消費商品及勞務的誘因。中央銀行也可以透過宏觀審慎政策來發揮它的影響力，創造和財政政策類似的效果。基於簡化的目的，我將這個光譜整理如下，並逐一提供可供對照的具體歷史個案。

- **提高債務融資型的財政支出**。有時候，這項對策會搭配旨在購買財政部新發行的多數債券的 QE，同步進行（例如 1930 年代的日本、第二次世界大戰期間的美國，以及 2000 年代的美國和英國）。

- **提高債務融資型財政支出，但財政部並沒有增加債務**，因為：
  ── 中央銀行能印製鈔票來應付償債支出（例如 1930 年代的德國）。
  ── 中央銀行能放款給願意利用那些資金來進行各項經濟提振專案（例如中國在 2008 年放款給各開發銀行）的實體，而非政府。
- **省掉發行債券的麻煩過程，取而代之的，直接將新印製的貨幣交給政府花用**。過去的個案包括印製法定通貨（例如在帝制時代的中國、美國獨立革命、美國南北戰爭、1930 年代的德國，以及第一次世界大戰期間的英國），或是貶低強勢通貨（hard currency，譯注，又稱硬通貨，指國際信用等級較高、幣值穩定且匯率強勢的通貨）的價值（古羅馬、帝制時代的中國，十六世紀的英格蘭）。
- **印製鈔票並直接將現金轉移給家庭（即「直升機撒錢」）**。我們所謂的「直升機撒錢」，是指將貨幣直接導入消費者手中（例如大蕭條期間的美國退伍軍人紅利，帝制時代的中國）。

　　那筆錢可用幾種不同的形式導入消費者手中──幾個基本的形式包括發給每個人相同的金額，或是某種程度上多給予某些族群較多協助（例如發錢給窮人，而非有錢人）。這些錢可以一次性發放，也可以在一段期間內分批發放（或許類似基本收入〔basic income〕）。上述所有形式都可搭配鼓勵支出的誘因一併實施，例如如果一年內不消費，那些錢就會消失等配套措施。中央銀行也可以將這筆錢導向特定投資帳戶（例如退休金、教育或指定投資小型企業的帳戶），以實現能產生良性社會效應的支出／投資。另一個可能的政策制訂方法，是將 QE 政策衍生的報酬／資產分配給家庭，而不是分配給政府。
- **大規模的債務沖銷搭配大規模的貨幣創造（大赦年）**，如遠古時代的羅馬、大蕭條時期和冰島曾發生的狀況。

　　雖然我不會針對上述每一項旨在提振支出的行動表示意見，我還是要說，最有效的方法一定是財政／貨幣協同的方法，因為唯有這兩者協同，才能確保貨幣提供與支出行為的發生。如果中央銀行只是把貨幣交給人民（直升機撒錢），效果通常比不上附帶支出誘因的直升機撒錢。然而，有時候，貨幣政策制訂者確實難以和財政政策制訂者協同，而在那種情況下，他們會採取其他方法。

此外，請切記，有時候當局實施的政策並不盡然和上述幾個類別完全相同，真正實施的政策有可能隱含一種以上的政策元素。舉個例子，如果政府提供稅賦減免，那或許稱不上直升機撒錢，但實際的意義還是取決於這個稅賦減免的財源是什麼。政府也可以在不取得中央銀行貸款資金的情況下直接花錢——那就是透過財政管道進行的直升機撒錢。

中央銀行能影響整體經濟體系的信用成本和信用的可取得性，也能經由它們的監理權限，掌握影響金融體系特定環節的信用成本及信用可取得性的力量。這些政策就是所謂的宏觀審慎政策，這類政策特別適用於官方有意差別對待不同實體時，例如，政府想限制某個債務負擔過重的領域的信用，但又想提振經濟體系其他環節時，這個政策特別合宜；另外，政府想對某些目標實體提供信用而不廣泛對所有實體提供信用時，這個政策也很合宜。宏觀審慎政策有很多種不同的形式，每個形式對大債週期的七個階段，分具不同寶貴的意義。由於詳細解釋這種政策要花太多篇幅，所以，我們把相關的詳細解釋列在本書附錄裡。

7）正常化

經濟體系最後會回歸正常，不過，此時經濟活動和資本形成的復甦通常很緩慢，即使是在美好的去槓桿化期間。通常實體經濟活動要花大約五至十年（所以才會有「失落的十年」一詞出現）才能回到先前的高峰水準。而且，股價通常要花更久的時間——大約十年——才能回到先前的高點，因為投資人需要非常久的時間才能再次自在地承受持有股票的風險（即高股票風險溢酬）。

復甦的情況

	平均	區間
1　股票下跌的期間（月數）	119	60至249
2　GDP衰退的期間（月數）	72	25至106
3　經濟提振政策實施後債務—GDP比率的變化	-54%	-70%至-29%

以上所述就是通貨緊縮型蕭條的「模型」，我鼓勵你閱讀第二部有關美國2007年至2011年及1928年至1937年大型債務週期的詳細敘述，接著請檢視第三部的21個個案研究裡的彙整統計數據和圖表。

第 3 章
通貨膨脹型蕭條與通貨危機

　　我們在前文中檢視了典型的通貨緊縮型債務危機，我們是根據第三部所述的
21 個通貨緊縮週期的平均狀況，歸納出這個典型模式。接下來，我們將探討典型
的通貨膨脹型債務危機，這個典型模式是採 27 個最嚴重的通貨膨脹週期個案（如
第三部所說明）的平均狀況而來。我鼓勵你在檢視過這個「模型」後，進一步閱讀
第二部深入探討的德國威瑪共和國超級通貨膨脹個案，並將這場危機和這個段落說
明的典型模式做個比較。在進一步提出圖形和其他數據以前，請務必記得：

- 通貨和債務的目的有兩個：1）交易的媒介；以及 2）財富的保值品。
- 債務是某個人的資產，另一個人的負債。
- 債務是支付特定類型的通貨（例如美元、歐元、日圓或披索等）的一種承
  諾。
- 持有債務型資產的人期望將這些資產變換為貨幣，並進而用以交換商品及
  勞務，因此，他們非常清楚債務型資產購買力的折損率（即通貨膨脹）相
  對他們因持有這些資產而獲得的補償（即利率）的情況。
- 中央銀行只能創造他們有能力控制的貨幣與信用（舉例來說，Fed 只能創造
  美元計價的貨幣和信用，日本央行〔BoJ〕只能創造日圓計價的貨幣與信用
  等）。
- 長期下來，各國中央銀行和自由市場上的貸款人及放款人，通常會透過一
  種共生的關係，創造愈來愈大的債務型資產和債務型負債存量。
- 上述債務型資產與負債存量愈大，中央銀行官員設法平衡反向壓力以阻止
  那些存量在通貨緊縮型蕭條期或通貨膨脹型蕭條期崩潰的挑戰就愈大。
- 政策制訂者（控制貨幣政策與財政政策的人）通常能在債務危機爆發時適
  當平衡這些反向動力，因為他們掌握重新分配那些債務負擔的大權，能將
  那些債務負擔分段延展到未來慢慢解決。只不過，政策制訂者不見得每次
  都能善加平衡那些反向動力。

- 中央銀行通常會藉由「印」很多通貨（債務的計價通貨）的方式來紓解債務危機，這麼做可以提振一般人對投資資產和經濟體系的支出，也能讓這項通貨的價值變得更便宜（當其他條件不變）。
- 如果 A 通貨相對 B 通貨貶值的速度大於 A 通貨的利率，持有 A（弱勢）通貨計價債務（債券）的人將會虧錢。如果投資人預期那一項通貨將維持弱勢，且沒有更高的利率可作為補償，就會演變成非常危險的通貨動態。

最後一個動態——即通貨動態——就是引發通貨膨脹型蕭條的元凶。當一個人持有以較低報酬的通貨所計價的債券，他將因較低報酬的緣故而有動機賣掉這項債券，將資產轉進另一項通貨或非通貨財富保值品，如黃金。而當一個國家爆發債務危機且經濟情況非常弱勢，它的中央銀行通常就不可能藉由提高利率來補償本國通貨弱勢的負面影響，於是，資金將撤出這個國家，轉向較安全國家的通貨。當大量貨幣離開這個國家，並進而導致放款活動趨於停滯，中央銀行就面臨一個兩難的抉擇：是要放任信用市場繼續緊縮，還是要印鈔票——因為印鈔票能創造很多信用。儘管一般人都知道中央銀行會藉由利率與經濟體系流動性規模的調整，來管理通貨膨脹和經濟成長之間的得與失，但並不是多數人都知道，當貨幣流入一國的通貨／債務，它的中央銀行比較能善加管理本國通貨膨脹和經濟成長之間的得失，而當貨幣流出一國的通貨／債務，中央銀行在管理通貨膨脹與經濟成長的得與失時，就會遭遇比較多困難。那是因為如果通貨／債務的需求較多，將會促使通貨／債務的價格上漲，而在其他條件不變的情況下，那將促使通貨膨脹降低，經濟成長上升（假定中央銀行維持穩定的貨幣與信用數量）；當通貨／債務需求減少，則會發生相反的情況。一國通貨／債務需求的變化，會導致其通貨價值及其利率個別發生多大的變動，取決於中央銀行如何運用它的各種手段——我稍後將詳述。現在只要知道一件事就好：當資金流出某一項通貨時，如果實質匯率貶值幅度較大，實質利率的上升幅度就必須較少（反之亦然）。

在情勢趨於惡劣時（例如債務、經濟和／或政治問題造成的惡劣情勢），資本傾向於流出，而資本的流出通常會導致本國通貨大幅貶值。更糟的是，利用較強勢通貨的貸款來為弱勢通貨國家的經濟活動提供資金的人（譯注：例如借強勢貨幣，再將之放款給弱勢貨幣國家），將因此面臨債務成本急速上升的壓力，而那會導致較弱勢通貨相對較強勢貨幣進一步貶值。基於上述理由，**債務問題最嚴重的國家、**

背負大量外幣計價債務的國家，以及高度仰賴外國資本的國家的通貨通常最為弱勢。弱勢通貨是導致通貨膨脹在經濟蕭條期上升的根本因素。

通常當通貨與債務的價格大幅下跌到非常便宜的水準時，上述一切發展就會自然而然終結。更具體來說，這種擠壓力量將在下述情況出現時結束：a）債務違約和／或中央銀行創造足夠減輕這種壓力的貨幣；b）以其他方式放寬償債規定（例如債務償還期延長）；和／或 c）通貨貶值幅度遠遠超過通貨膨脹上升幅度，使得這個國家的資產及它銷售到世界各地的商品的價格變得極有競爭力，從而使該國的國際收支改善。不過，這些情況多半取決於政治。如果允許市場自然發展，相關的調整最終還是會完成，問題也會解決，但如果政治狀況極端惡劣，導致生產力被迫陷入一個自我強化的惡性循環，這個循環將可能延續非常久的時間。

哪些國家／通貨最容易因嚴重的通貨膨脹型去槓桿化歷程或超級通貨膨脹而受創？

通貨膨脹型經濟蕭條可能發生在所有國家／通貨，但較可能發生在以下國家：

- **沒有準備通貨的國家**（所以其他國家沒有持有該國通貨／債務作為保值品的偏好）。
- **外匯準備稀少的國家**（保護性緩衝太小，使得國家容易受資本流出傷害）。
- **背負高額的外債的國家**（注定容易因債務成本上升而受傷——債務成本上升導因於利率上升，或是債務人必須償還的通貨升值，或是美元計價的信用短缺，難以取得等）。
- **預算與／或經常帳赤字龐大且持續上升**（導致借錢或印鈔票來支應這些赤字的需求增加）。
- **實質利率為負的國家**（也就是利率遠低於通貨膨脹率），因實質利率為負，所以債權人並未因持有這個國家的通貨／債務而獲得適足的補貼。
- **有高通貨膨脹史且通貨總報酬為負**（一般人愈來愈不信任該國通貨／債務的價值）。

一般來說，上述幾種情況愈明顯的國家，通貨膨脹型蕭條的程度會愈嚴重。最

具代表性的個案是 1920 年代初期的德國威瑪共和國，我們將在第二部詳加檢視這個個案。如果你有興趣透過實際的個案研究了解一個國家為何會發生通貨膨脹型蕭條──而非通貨緊縮型蕭條，應該可以比較一下威瑪共和國和美國大蕭條及 2007 年至 2011 年的個案研究（美國的兩個個案也會在第二部討論）之間有何差異。

　　沒有顯著外幣債務的準備通貨國有可能發生通貨膨脹型蕭條嗎？雖然這類國家發生嚴重通貨膨脹型衰退的機率較低，但一樣有可能發生通貨膨脹型蕭條，不過，這類國家的通貨膨脹型蕭條的演變速度較慢，而且會出現在去槓桿化歷程的稍晚階段；而這種國家形成通貨膨脹型蕭條的理由是，到了這個階段，當局為逆轉通貨緊縮型去槓桿化歷程，已長期並重複濫用各種經濟提振措施，最終陷入通貨膨脹型蕭條。任何國家──包括擁有準備通貨的國家──多多少少都可能經歷資金撤出其通貨的情況，而一旦資金撤出，就會改變前述「通貨膨脹與經濟成長間的得與失」的嚴重程度。如果一個準備通貨國為了維持較強勢的經濟成長，而藉由大量印鈔票的方式允許通貨膨脹上升到遠比正常高的水準，就有可能進一步傷害外界對其通貨的需求，它的準備通貨地位就會動搖（例如導致投資人認為這項通貨已較無財富保值的作用），最後將它的去槓桿化歷程轉變為通貨膨脹型的去槓桿化歷程。

第 4 章

典型通貨膨脹型債務週期的各個階段

　　典型的通貨膨脹型去槓桿化歷程，包含和通貨緊縮型去槓桿化歷程相互呼應的五個貨幣與信用起落階段，不過，這兩種去槓桿歷程有很多重要的差異。過去幾十年間，我親身經歷過許多通貨膨脹型去槓桿化歷程，研究過的個案更多。基本上，通貨膨脹型去槓桿化歷程的演變，是到第四個階段才開始和通貨緊縮型去槓桿化歷程有明顯差異，而第四個階段就是經濟蕭條。

　　在這章中，我將和前文一樣，先檢視典型通貨膨脹型去槓桿化歷程的各個階段（這個經典模式是歸納 27 個通貨膨脹型去槓桿化個案的平均狀況而來，這當中的每一個個案都牽涉到非常多以外幣計價的債務）。接著，我將比較四個具體的超級通貨膨脹個案與這個典型模式的狀況，以便凸顯箇中差異。

1）週期的初始階段

　　在健康的上升期，有利的資本流動是良好基本面帶來的結果——換言之，由於國家具競爭力，因此擁有從事高生產力投資活動的潛力。在這個時點，債務水準很低，資產負債結構也很健康。那樣的環境將提振出口銷售，並進而促進外國資本流入，這些外國資本能為本國投資活動提供財源，而投資活動能創造優質報酬並帶來豐饒的經濟成長。

　　資本流動——在本國境內流動與不同國家之間的流動——通常是最重要且最需要觀察的流動，因為資本流動的起伏最大。隨著週期展開，債務和所得以相近的速度成長，而債券與股票市場表現也很強勁，這將使投資信心提升，且一般人經常是以借來的資金進行投資活動。民間部門、政府和銀行開始借錢，因為此時所得快速上升，各方的償債能力自然也水漲船高，所以在這些實體眼中，借錢理所當然。強勁的基本面和初期財務槓桿的使用，帶動整個國家的經濟邁向繁榮，並進而吸引更多資金流入。

　　當外界對某一國通貨的需求逐漸增加，這個正向的自我強化週期會變得更強健。如果該國通貨的價值低到足以形成吸引外國投資人的機會（通常外國投資人會放款給或投資那些有能力以較低成本生產商品並將商品銷售到外銷市場、以賺取外國通貨的企業，因為這些企業能透過這個產銷模式，讓那些外國投資人獲得優渥的報酬）或形成貿易出超（即出口海外的商品多於進口），它的國際收支就會轉正——換言之，該國通貨的需求就會大於它的供給。在這種情況下，央行的工作會變得比較輕鬆——即每單位通貨膨脹將能創造更多的成長——因為正面的資金流入可用來推升該國通貨的價值、調降利率，與／或提高準備金等，一切取決於中央銀行處置這些外來資金的方式。

　　在通貨表現強勢的這些早期階段，某些中央銀行會選擇進入外匯市場出售本國通貨，以換回被匯進本國的外幣，目的是為了防止本國通貨升值（從而防止匯率升值對經濟造成負面的影響）。如果央行選擇這麼做，它接著必須安排它購入的外幣的去處——亦即購買以那一項外幣計價的投資資產（通常主要是購買債券），並將這些資產記入所謂「外匯準備」（foreign-exchange reserves，譯注：又稱為外匯存底）的科目。外匯準備就像存款：外匯準備可用來縮小本國通貨在自由市場上的供需數量失衡，以緩衝外匯市場上的波動；另外，外匯準備也可用來購買看起來符合理想的投資標的，或能帶來策略性報酬的投資標的。累積外匯準備的過程能提振經濟，因為這個過程能紓解本國通貨的升值壓力，讓國家得以維持較強勁的外銷競爭力，同時將更多資金投入經濟體系。由於中央銀行需要創造更多貨幣來購買外國通貨，所以，累積外匯準備等於是增加本國通貨的數量，而這些本國通貨可作為購買資產（促使資產價格上漲）或放款的財源。

　　在這個時刻，本國通貨的總報酬將因以下兩個理由而頗具吸引力：a）想要購買這個國家的產品的人，必須賣出他們國家的通貨，購買這個國家的通貨；或 b）中央銀行將增加本國通貨的供給量，並賣出本國通貨來換取外國通貨，那會推高本國資產的本國通貨計價價格。所以，在這個時期，如果一個國家擁有有利的國際收支結構，就會引來淨資金流入，淨資金流入將促使本國通貨逐漸升值和／或外匯準備增加。貨幣的注入將對經濟體系帶來提振效果，並促使那個國家的市場上漲。所有投資這個國家的人都能透過通貨報酬（透過通貨價格變化與資產報酬差異兩項因素）與／或資產增值而賺錢。但隨著這項通貨升值愈多，資產價格增值幅度就愈來愈小。

2）泡沫

　　但隨著強勁資本流入、良好的資產報酬與強勁經濟情勢的良性自我強化週期持續向上發展，泡沫將會緩慢形成。在上升趨勢初始階段流入的資本能創造優良的報酬，因為這些資本被用於高生產力的投資活動，並促使資產價格上漲，而資產價格的上漲又吸引更多資本流入。但到了泡沫階段，愈來愈多人以舉債取得的資金來追高本國通貨和／或資產價格，這會導致各項投資標的的價格達到過高水準，難以繼續創造適足的報酬，不過，由於價格還在上漲，舉債與買進行為因而得以維持原本的熱度，債務增加速度也相對所得上升速度更快。

　　當大量資金流入（和／或停留在）一個國家／通貨，通常它的匯率會相當強勢，外匯準備也會增加，經濟則維持榮景——但有時候，如果通貨升值幅度過大，經濟成長率會略微放緩。這個上升趨勢傾向於自我強化，直到漲過頭後才開始反轉。這個趨勢會自我強化的原因是，資本的流入將驅使通貨升值，使得持有該通貨計價的資產顯得有利可圖（因此持有以其他通貨計價的負債也顯得有利），而且，資本的流入也可能衍生更多貨幣創造活動，並進而促使價格上漲更多。

　　不管是哪一種情況，在這些泡沫時期，對外國人來說，這些資產的總報酬（即以本地通貨計價的資產價格，加上通貨升值的報酬）非常具吸引力。不僅如此，這個國家熱絡的經濟活動會鼓勵更多外國資本流入，減少本國資金流出。漸漸的，這個國家成為熱門的投資選擇，而其資產終會變得超漲，債券與股票市場泡沫也逐漸形成。在泡沫階段，投資人相信這個國家的資產是不可多得的珍寶，不趕快投入的人是錯失良機的傻瓜；於是，從不涉足這個市場的人大量湧入。當市場變得全面偏多、全面採用財務槓桿且價格超漲，行情反轉的時機就已成熟。我們將透過以下幾個項目及後續其他敘述，說明泡沫膨脹過程中常見的某些主要經濟發展。

- 外國資本流入金額非常高（平均大約達 GDP 的 10%）。
- 中央銀行累積的外匯準備日益增加。
- 實質匯率被買盤推高，最後達到以購買力平價（purchasing power parity，以下簡稱 PPP）基礎而言超漲大約 15% 的水準。
- 股票大漲（平均在幾年內，由底部至高峰上漲超過 20%）。

此時各式各樣的實體都囤積大量結構性的偏多通貨部位，因為這麼做能獲得恆久穩定的報酬。由於這個國家享受了看似源源不絕的永續投資潮，促使多數參與者作多這個國家的通貨——只不過，通常這些實體並不見得明白它們承接了這些偏多的部位，也有可能是在不知不覺的情況下累積了這項通貨的偏多部位。舉個例子，在這個熱門國家成立營運據點的外國企業，很可能以他們國家的通貨來支應此地投資活動所需的資金（即保有預期將更弱勢的通貨——他們國家的通貨——計價的負債），但他們或許更偏好把錢存在本地通貨計價的存款，而且可能不會針對來自那個國家的銷貨收入進行通貨部位避險。相似的，本地的企業可能會舉借較弱勢的外國通貨的貸款，畢竟外國銀行業者眼見這個國家的市場表現火熱，也會搶著放款給當地企業。總之，長期走多頭的市場會以很多不同的方式引導跨國實體在有意識或無意識的情況下作多本地的通貨。

- 外國資本的大量注入為消費熱潮提供財源。
- 進口成長率高於出口成長，於是導致經常帳收支惡化。

在此同時，這個國家的投資活動造就了強勁的成長和更高的所得，而這兩個現象促使本國貸款人的信用等級上升，也讓他們更願意借錢，放款人當然也更願意放款給他們。高出口價格——通常是指原物料商品——使這個國家的所得提高，並強化投資的誘因。

但隨著泡沫生成，具生產力的投資機會將逐漸減少，在此同時，卻有愈來愈多資本追逐那些高生產力投資機會。所以，漸漸的，原本促使這個國家邁向榮景的基本面吸引力逐漸褪色，這部分是升值的本國通貨導致這個國家的競爭力一天天減弱所致。

在這段期間，經濟體系愈來愈仰賴債務而非生產力的提升來作為促進經濟成長的動能，而且，這個國家通常會變得愈來愈依賴外國融資。從外幣計價債務上升的情況便可見一斑。通常這些新興國家大量向海外舉借外幣計價貸款的因素包括：本地金融體系的發展不成熟，較沒有信心承作本地通貨計價的放款，且可用來放款的國內儲蓄存量較少等。由於資產價格上漲，經濟表現強勢，促使經濟體系的支出水準上升，但必須以外幣償還的償債責任也同時增加。一如所有債務週期，起初的影響都偏向正面，但到稍後階段，負面的影響一定會開始浮現。

- 債務負擔快速上升。在三年期間，債務相對 GDP 的比率以大約 10% 的年成長率上升。
- 外幣債務增加（平均大約達到總債務的 35%，以及大約 GDP 的 45%）。
- 通常經濟活動的水準（即 GDP 缺口〔GDP gap〕）非常強勁，經濟成長遠高於潛在經濟成長，最後導致產能吃緊（反映在 GDP 缺口，大約是 +4%）。

　　下圖傳達了 27 個通貨膨脹型去槓桿化歷程個案的債務及經常帳的平均情況（我們稱之為「典型模式」）。一如通貨緊縮型去槓桿化歷程的典型模式圖形，我在圖中標出了每個階段（曲線圖中的「0」點代表經濟活動的峰頂）。典型來說，在泡沫期間，債務約當 GDP 的百分比會從大約 125% 上升到 150%，經常帳惡化程度則大約達 GDP 的 2%。

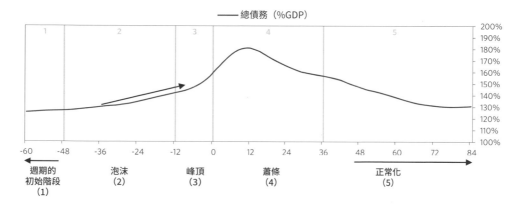

　　在泡沫時期，這個國家的所得和支出之間的缺口會擴大，它將需要愈來愈多的資本流入才足以驅動支出的繼續成長。不過，在週期的峰頂階段，只要資本持續流入（資本受「經濟將維持高成長」的期望激勵而流入），經濟活動就會維持強勢水準，並驅使資產價格繼續上漲、通貨進一步升值。但其實在這個時間點，這個國家已經外強中乾，變得愈來愈脆弱，甚至只要發生一個些微負面的事件，就足以引爆趨勢的逆轉。

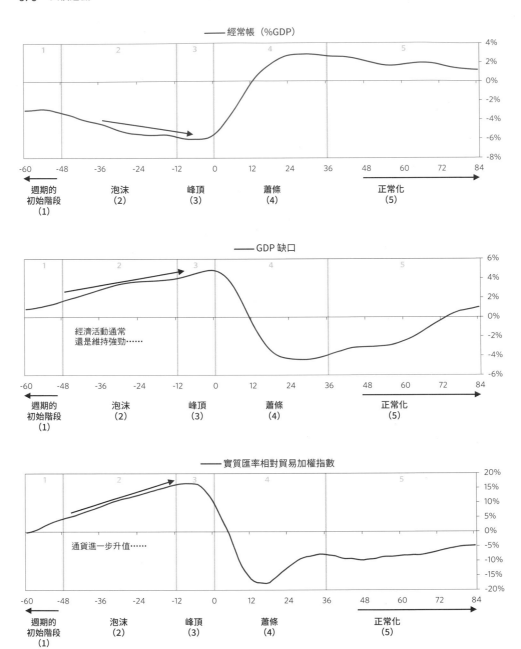

　　下頁表彙整了導致我們探討的那 27 個案例陷入通貨膨脹型去槓桿化歷程的條件。我們將這些個案區分成兩類，一類是外幣計價債務較高者，一類是外幣計價債

務較低者,以及最終發生最不極端與最極端經濟結果(所謂極端結果的衡量標準是指經濟成長與股價下滑最嚴重,以及失業率與通貨膨脹上升最多)的個案。誠如你將見到的,在上升趨勢期間最依賴外部資金且經歷最大資產泡沫的國家,最終將經歷最痛苦的結果。

通貨膨脹型去槓桿化歷程
形成泡沫的平均條件

	外幣債務 峰頂時期 (%總債務)	外幣債務 峰頂時期 (% GDP)	股票(美元) 三年變化	資本流入 峰頂時期 (% GDP)	經常帳 峰頂時期 (% GDP)	外匯準備 峰頂時期 (% GDP)
所有個案的平均值	34%	46%	18%	12%	-6%	10%
結果最糟的1/3*	41%	46%	41%	14%	-9%	8%
結果最好的1/3*	25%	41%	7%	8%	-4%	10%
較高外幣債務	51%	60%	25%	15%	-9%	8%
較低外幣債務	29%	38%	12%	9%	-3%	10%

* 根據經濟嚴峻度指數(economic severity index),這是衡量經濟受創程度的指標

3)峰頂與通貨保衛戰

峰頂反轉/通貨保衛戰發生在泡沫破滅之際,換言之,資金的流入促使泡沫產生,本國通貨價格也達到偏高水準,到最後,資產價格和債務成長率終於上升到無以為繼的高點。這啟動了一個和上升趨勢正好相反的週期;在這個逆向的週期,轉弱的資本流入和轉弱的資產價格導致經濟情勢急速惡化,而這又進一步促使資本流動與資產價格弱化。總之,這個循環使得這個國家陷入**國際收支危機和通貨膨脹型經濟蕭條**。

由於在峰頂時期,一般人基於樂觀的情境而過度投資,加上價格早已反映了那股樂觀氣氛,所以,即使是小小的負面事件,都足以促使外國資本流入趨緩,國內資本流出增加。雖然貿易收支的惡化通常也是誘發因素之一(那通常是因為通貨升值過度,以及國內消費行為流於不節制,導致進口大幅增加),但資本流動負面轉變的影響通常比較攸關重大。

引爆那類危機的情境和導致一個家庭或個人陷入財務困境的情境很類似——所得折損或信用緊縮,成本大幅增加(例如汽油或熱燃油價格上漲),或是過度舉

債，以致愈來愈沒有能力償還貸款等。其中任何一種衝擊都可能導致貨幣收入數量和貨幣支出數量之間出現缺口，而且當事人必須想辦法拉近這個缺口。

以典型的週期來說，危機的爆發導因於先前驅動泡沫的資本流動速度快到無以為繼，但其中有很多個案的危機，則導因某種震驚式衝擊（例如產油國面臨油價下跌的情境）。一般來說，峰頂反轉的導因可分成以下幾個類別：

1）**來自商品與勞務外銷的收入減少**（例如通貨過度升值，導致這個國家的出口變得太昂貴；原物料商品出口國則可能是因為原物料商品價格下跌而受害）。

2）**進口商品成本或海外貸款成本上升。**

3）**流入的資本減少**（例如外國投資人對這個國家的淨放款金額降低，或是淨投資金額減少），導致這個情況發生的原因包括：

　　a）資本流入成長率達到無以為繼的高點並自然趨緩：

　　b）發生某些事件導致外界更擔憂該國經濟或政治情勢；或

　　c）**本地通貨的貨幣政策緊縮和／或債務計價之通貨的貨幣政策緊縮**（或者以某些個案來說，海外的貨幣緊縮政策促使外國人承受撤回資本的壓力）。

4）本國的國民或企業**想要將資金轉出**自己的國家／通貨。

趨於疲弱的資本流動經常是引爆國際收支危機的第一個導因。資本流動轉弱會直接促使經濟成長趨於弱勢，因為原本這個國家仰賴境外流入資本來作為支持本國投資和消費活動的財源，但隨著資本流入轉弱，投資與消費的可用財源自然跟著減少。這將導致國內貸款人的信用等級看似降低，使外國人更不願意放款或提供資本給本地人。於是，這將形成一個自我強化的弱化趨勢。

- 隨著資本流入趨緩，經濟成長將降溫到相對低於潛在經濟成長的水準。
- 國內資本流出稍微增加。
- 外銷收入因出口商品的售價下跌或數量減少而降低。通常外銷會持平，不再繼續增加。

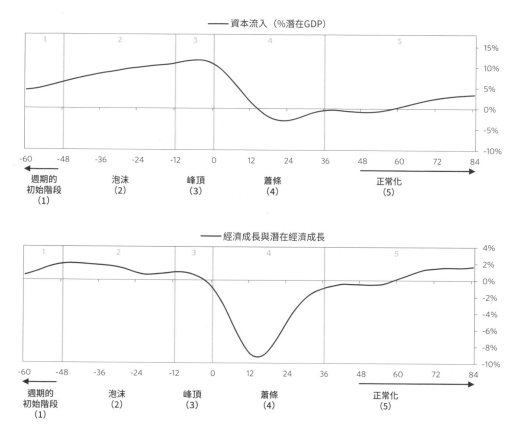

資本和所得流動的轉變促使資產價格下跌、利率上升，並使得一向仰賴資本流入而得以上升的經濟成長率開始轉弱。經濟轉弱導致企業的基本面進一步惡化，並驅使更多資本流出。最後經濟體系因債務泡沫破滅而受創──資產價格下跌且銀行開始破產。

在這個階段，資產／通貨持有人以及努力支撐本地通貨的政策制訂者都會愈來愈憂心。資產／通貨持有人通常會擔心政策制訂者將實施資金匯出限制，而這樣的憂慮會促使他們趁著還能匯出資金時加速出走，導致國際收支問題進一步惡化。而政策制訂者則是擔憂資金過於快速流出及本國通貨匯率崩盤等問題。隨著國際收支快速惡化，中央銀行的處境會變得更加艱困──換言之，由於資本流動轉為負向，並導致本國通貨貶值、利率承受上升壓力和／或外匯準備可能降低（至於會出現以上哪種情況，取決於中央銀行選擇的處置方式），每單位通貨膨脹的經濟成長遂開始降低。

　　此時，中央銀行通常會藉由以下方式捍衛本國通貨：a）動用外匯準備來填補國際收支赤字；和／或 b）提高利率。但這些捍衛通貨與管理通貨貶值的方法鮮少奏效，因為出售外匯存底和／或提高利率，等於是為本國通貨的賣方創造更多機會，而且無法將通貨與利率導向足以維持永續經濟狀況的水準。且讓我們探討這種典型的捍衛手段和它失敗的原因。

　　a）利率差異和 b）現貨／遠期外匯訂價關係之間的關聯性非常密切。通貨的預期貶值幅度，將會反映在遠期外匯與現貨外匯之間的價差（即遠期外匯價低於現貨外匯價的幅度）上。舉個例子，如果市場預期一年後通貨將貶值 5%，那麼，市場將需要這項通貨多產生 5% 的利率。如果市場預期貶值的走勢將在短期內發生，計算出來的數字會可觀很多：如果市場預期一項通貨將在一個月內貶值 5%，那麼，它將需要那一項通貨在那個月內多產生 5% 的利率，而月息 5% 的利率就約當一年大約 80% 的利率[1]——這樣的利率水準有可能對一個已經疲弱不堪的經濟體，帶來極端嚴厲的經濟衰退考驗。因為微小的預期通貨貶值幅度（例如一年 5% 至 10%）將等於極大的利率溢酬（每年高 5% 至 10%），所以這是令人難以忍受的走勢。

　　用另一種方式來說，當官方刻意操縱通貨貶值且伴隨著外匯準備減少，會導致市場產生一種預期本地通貨將繼續貶值的心理，而這會促使國內利率上升（如以上所述），進而產生落井下石的效果——那等於是在經濟已經非常疲弱的狀態下採行緊縮政策。此外，由於一般人預期官方將繼續操縱通貨貶值，於是便加速資本的提出，並進行匯率貶值相關的投機操作，最終使國際收支缺口更加擴大，逼得中央銀行動用更多外匯準備來捍衛本國通貨的價值（或是放棄原本的緩步貶值計畫）。何況到最後，央行勢必會停止藉由拋售外匯準備來捍衛本國通貨，因為只要是心智正常的政策制訂者，都不會想花光那一筆寶貴的「儲蓄」。在實施那類通貨捍衛措施的情境中，政策制訂者——尤其是堅守匯率釘住政策的官員——通常會高調宣示他們阻止通貨轉弱的信心和決心。這一切的一切通常會發生在整個週期朝下一個階段發展的轉捩點——下一個階段就是棄守匯率，放手讓本國通貨的匯率自由波動。

　　在捍衛本國通貨的期間，遠期外匯價格通常會領先現貨外匯下跌。這就是上述利率差異與現貨／遠期外匯訂價之間的關係所造成的結果。當這個國家為了支持本國通貨而緊縮貨幣政策，它只是藉由利率差異的提高，以人為的方式守住現貨外匯

---

[1]　因複利計算的關係，所以年利率是 80% 而非 60%（5% 乘以十二個月）。

的價格而已。雖然這麼做能支撐現貨價，遠期價格卻將繼續相對現貨價下跌。於是，這個作法實質上將產生一種急速拉扯的影響——隨著利率差異擴大，遠期價格傾向於領先下跌，而現貨價格也會因遠期價格的拉扯而下跌。等到中央銀行終於棄守，現貨價格最終將趕上遠期價格，而現貨匯率的「補貶」，將使利率差異得以縮小，而利差的縮小則自動促使遠期價格相對現貨價格反彈。

到了週期的這個時間點，資本管制（capital controls，通常是最後的防火牆）是第三種手段，但這個手段也鮮少奏效。這個手段看起來很吸引政策制訂者，因為資本管制能直接使較少人將資本匯到國外。不過，歷史告訴我們，這種手段經常失敗，因為 a）投資人總是會設法鑽漏洞；b）企圖防堵人民外逃，反而容易導致他們更想逃脫。無法如願以償地將資金匯出一個國家，就好像無法從銀行領出自己的存款，那一定會引發恐慌擠兌。儘管如此，有時資本管制還是可能暫時發揮一點阻貶的效果，不過，沒有一個個案能長期維持那種矯正效果。

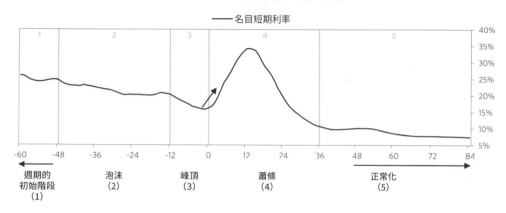

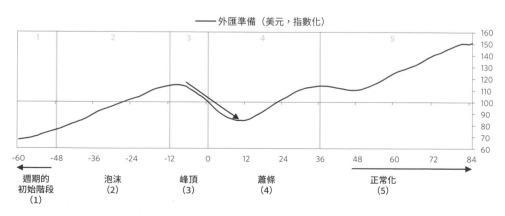

通常週期的通貨捍衛階段都相對短暫，大約落在六個月左右，到放棄捍衛匯率為止，外匯準備平均大約減少 10% 至 20%。

4）蕭條（通常已棄守通貨捍衛政策，放任匯率貶值）

誠如上述，一個國家的通貨膨脹型去槓桿化歷程和一個家庭無力支付各種款項的情況很類似，不過這兩者還是有一個重大差異。國家可以改變本國的通貨流通數量，並因此改變本國通貨的價值，這是家庭做不到的。這個差異為國家創造了一個管理國際收支壓力的重要手段，也因此，世界上才沒有「全球通貨」的存在。改變通貨價值，就能改變外國人購買本國商品與勞務的價格——換言之，外國人支付的價格將和本國國民不同。且讓我們用以下方式思考：如果一個家庭的主要所得者失業，並不得不接受減薪 30% 的新就業機會，這個家庭的經濟狀況就會受到破壞性的影響。不過，當一個國家放手讓本國通貨貶值 30%，那 30% 的減薪就只是這個一家之主相對世界其他地方的勞工的減薪，以這個家庭真正在乎的通貨（譯注：即本國通貨）來計價的薪資維持不變。換言之，通貨貶值等於讓一個國家得以對世界上其他地方降價（有助於帶來更多生意），又不會引發國內的通貨緊縮。

所以，利用上述幾種無以為繼的方法（即耗用外匯準備、緊縮貨幣政策、強力擔保官方絕不會放任本國通貨貶值，有時甚至實施外匯管制）來支持本國通貨後，政策制訂者最終通常會放棄反抗，聽任通貨貶值（雖然他們還是會試著緩和本國通貨的跌勢）。

以下是政策制訂者放手讓本國通貨貶值後常見的狀況：

- 本國通貨一開始大幅貶值，以實質價值來說，平均大約貶值 30%。
- 通貨的貶值並未以更緊縮的短期利率來彌補，因此持有這項通貨的人將會產生顯著的虧損（第一年平均損失大約 30%）。
- 因為本國通貨嚴重貶值，政策制訂者會試著緩和相關的衝擊，於是進一步動用外匯準備（在匯率崩盤期間，平均一年會額外再消耗 10% 的外匯準備）。

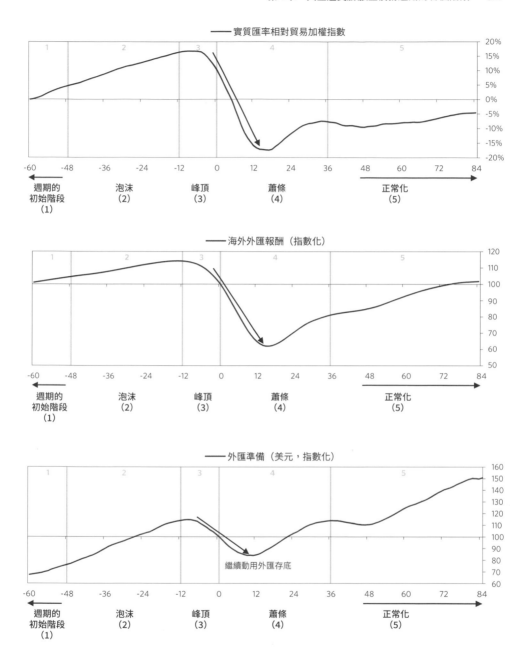

中央銀行不該為了捍衛本國通貨而過度動用外匯準備（那會導致外匯存底降得太低），也不該將利率提高到嚴重傷害經濟體系的水準，因為那些作法可能帶來的危險，遠大於官方放手讓通貨貶值的危險。事實上，通貨官方貶值具提振經濟體系

和市場的效果，這在經濟衰退期是有幫助的。通貨貶值傾向於促使以那一項弱勢通貨計價的資產的價值上升、能提振出口收入，並有助於國際收支的調整——因為它讓支出拉回到與所得趨於一致的水準。通貨貶值也能降低進口（因為通貨貶值會使進口商品變得比較貴），這對國內生產者有利，並使本國通貨計價的資產相對較具價格競爭力與吸引力，創造更高的出口商品邊際利潤率，並使得國家有機會從海外賺取更多的收入（透過較便宜且較具競爭力的出口）。

不過，通貨貶值是雙面刃；政策制訂者處置通貨貶值的方式，會大幅度影響經濟體系在調整期間內將承受的痛苦。本國通貨貶值的特徵，會影響通貨膨脹上升的幅度以及通貨膨脹型蕭條歷程的演變。在所有通貨膨脹型蕭條個案，本國通貨的弱勢都轉化為較高的進口商品物價，而且，進口商品價格的上漲多數被轉嫁給消費者，結果導致通貨膨脹大幅上升。緩慢但頑強的通貨貶值走勢會導致市場產生匯率將繼續貶值的強烈預期心理，這將促使資本流出增加，投機活動升溫，並使國際收支缺口進一步擴大。官方持續性放手讓本國通貨貶值，也會導致通貨膨脹的上升趨勢變得更加持久不墜，使通貨膨脹預期心理進一步增強。

也因此，若官方要允許本國通貨貶值，通常最好是採用一次性大幅官方貶值的對策，將本國通貨一次壓低至雙邊市場浮現的水準（即市場不再普遍預期該通貨將繼續趨向弱勢，願意買進與賣出這項通貨的人因而漸漸增加）。這代表一旦採用這種一次性貶足的作法，通貨膨脹率比較不可能長期維持在高檔。而如果市場原本並未預期到政策制訂者會採取一次性的官方貶值政策（換言之，這個政策出乎意料），政策制訂者也無需動用外匯存底和／或允許利率大幅上升等，來捍衛一步步貶值的本國通貨。也因此，政策制訂者常在放手讓本國通貨大幅貶值前一刻，還在信誓旦旦地宣示他們繼續捍衛本國通貨的決心。

當政策制訂者剛放手讓本國通貨貶值——讓儲蓄者感覺受到傷害，且會造成進一步官方貶值的預期心理／恐懼——一般人的立即反映就是出脫這項通貨的部位。很多人先前可能基於有利可圖而建立了大量的資產——負債錯配（asset-liability mismatches）部位。不過，當本國通貨轉趨弱勢，那些錯配就會瞬間從有利可圖變得無利可圖，這將使得反轉的趨勢自我延續。

一旦不再能取得資本，支出就會被迫停止。這時，即使未向海外借錢的人也會受到衝擊。由於一個人的支出等於另一個人的所得，故這個影響將透過漣漪效應，蔓延到整個經濟體系，導致就業機會減少，支出進一步縮減，經濟突然停止成長。

放款人——尤其是國內銀行——開始遭遇債務問題的折磨，而外國人也變得更不願意放款、不願意提供資本。

- 通常資本流入將會枯竭，快速降低（在十二個月內降低約當 GDP 的 5% 以上）。
- 資本持續流出（以約當 3% 至 5%GDP 的速度流出）。

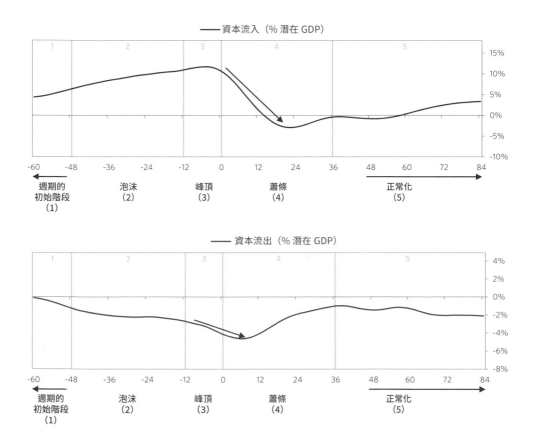

通常此時中央銀行不會藉由印鈔票的方式來彌補資本的撤退，因為印鈔票可能讓更多人有撤出本國通貨的機會，使資本外逃的情況惡化。較疲弱的經濟成長導致投資人不分青紅皂白地將資金撤出；不久前還被視為珍寶的資產，此時變成投資人眼中的垃圾，這些資產的價格也從超漲水準快速淪落到超跌水準。

- 名目短期利率上升（通常大約上升 20 個百分點），殖利率曲線倒轉
  （inverted）。
- 印鈔票的數量有限（平均約當 GDP 的 1% 至 2%）。
- 以本國通貨計價的股票下跌（**平均大約下跌 50%**）。以外幣計算的跌價幅
  度更大，那是因為除了股票跌幅，還得加計本國通貨的貶值幅度。

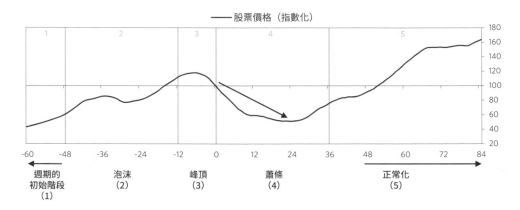

最重要的資產／負債錯配之一是外幣計價的債務。隨著本國通貨貶值，積欠外
幣債務的債務人，將面臨債務負擔上升（以本國通貨計算）的窘境。這時，貸款人
幾乎無計可施，所以，通常不得不賣出本國通貨來償還外幣債務、進行避險，並將
更多儲蓄轉為外幣等，而這一切作為都會導致本國通貨的下降週期壓力進一步加
重。

- 償債負擔進一步上升（平均超過 GDP 的 5%），因為所得降低，且換算
  為本國通貨的外幣計價償債支出較高，而這進一步導致所得與支出遭到壓
  縮。
- 外幣貸款的貸款人的外幣償債負擔上升（因所得降低且本國通貨貶值，債
  務—GDP 比率平均大約上升 20%）。

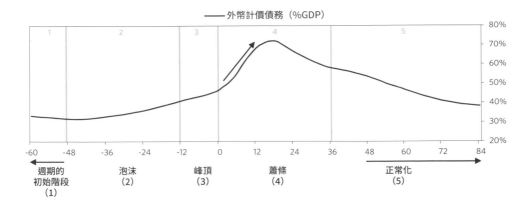

本國通貨貶值也會促使通貨膨脹上升，因為進口變貴了。

- 通貨膨脹上升（通常大約上升 15%，最高大約上升 30%）。
- 通貨膨脹維持高檔一段時間，在最高點出現後，平均大約維持高檔兩年。

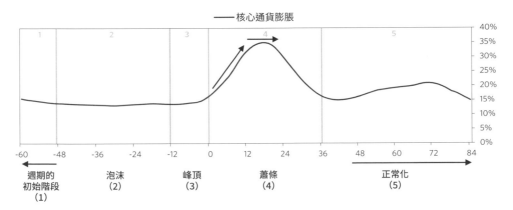

　　在這個階段，鐘擺從有利的一方擺向不利的一方，原本看起來多數情況都很棒，而如今幾乎所有情況看起來都很糟糕。不同類型的問題——債務、經濟、政治、通貨等等——彼此交錯影響並互相強化。諸如會計假帳與貪污等隱藏的問題，通常會在這類時期浮上檯面。整個環境惡劣無比，這導致外國資金不願流入，並促使國內投資人將資金匯出。

　　到這個階段，這些國家通常會「觸底」。谷底正好是泡沫階段的相反。在泡沫時期，投資人積極進場，而在這個宣洩／淨化期（catharsis），投資人則積極出場。因資產與通貨部位而虧錢的人，恐慌拋售該國的資產和通貨；而原本打算介

入的人也選擇敬而遠之──於是供／需嚴重失衡，市場上缺乏買方，大量賣方只好不斷降價求售。這是通貨膨脹型去槓桿化歷程中最嚴厲且最痛苦的階段，因為此時的下降循環會以飛快的速度不斷向下自我強化。「觸底」通常很痛苦，它導致訂價與政策激烈且徹底的質變，最終催生了扭轉局面所需的變革。也因如此，我才會使用「宣洩／淨化」一詞來描述觸底期。這和電影的劇情一樣（而且，個人的人生也一樣），危機通常是促成變革與重生的契機。

由於本國通貨最後變得非常便宜，進口品支出最終大幅降低到使國際收支獲得矯正的水準。這個過程（有時候還加上國際援助，例如 IMF、BIS 和／或其他跨國機構的援助）創造了必要的調整。通常政治面會發生極大的板塊移動，原本實施極不當政策的人，會被承諾施行有利經濟政策的人取代。

以下是這個階段特有的某些重要經濟發展：

* 經濟活動水準（GDP 缺口）大幅降低（平均大約降低 8%）。
* 失業率上升。
* 經濟活動維持大約一年的谷底狀態，GDP 缺口的最低點通常接近 –4%。

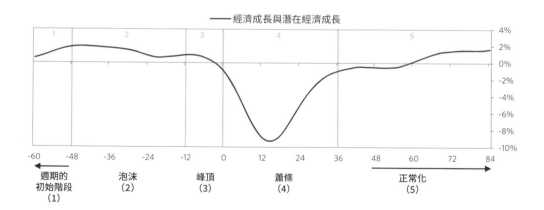

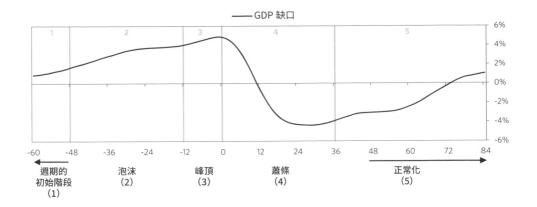

5）正常化

　　當本國通貨的供給與需求相對其他通貨的供給與需求趨於均衡，情勢就會反轉，最終回歸正常。雖然這個均衡狀態部分拜貿易調整之賜，但通常還是較取決於資本流動，所以，這個均衡通常出現在中央銀行成功地讓人願意再度持有本國通貨時，其次是當支出與進口降低到足以使國際收支獲得調整時。

　　那麼，為了將資本留在國內，政策制訂者能用什麼方法讓人樂意作多本國通貨（鼓勵一般人以本國通貨放款與儲蓄，而不舉借本國通貨計價的貸款）？最重要的作法是，中央銀行必須以外界可接受的利率（即對國內情勢而言不致過高的利率），讓本國通貨得以創造正總報酬。儘管多數人——包括多數政策制訂者——認為在這個保衛本國通貨的階段，最佳的作法就是出手捍衛本國通貨，但真正該做的其實正好相反，因為 a）對貿易收支有利；b）能創造正總報酬；以及 c）利率適合本國情勢的通貨，一定是匯率偏低的通貨。

　　誠如先前解釋的，要達到這個目的，最好的方法是放手讓本國通貨大幅且快速貶值。雖然這麼做會傷害到作多這項通貨的人，卻能促使願意在官方貶值後介入的投資人更受這項通貨吸引，因為在那種情況下，持有這項通貨的總報酬（即現貨匯率升值加上利率差異）才比較可能轉為正數，而且，一旦通貨大幅貶值後，就算它沒有極高的利率（過高利率會令經濟體系難以忍受），通貨的總報酬還是具吸引力。換言之，在實質利率相對偏低的狀況下（這是疲弱的國內經濟情勢所需），確

保投資人預期本國通貨未來將創造正總報酬的方法，就是讓它一次貶個夠。[2]

　　國際收支的根本情勢和中央銀行控制「印鈔票」行為與通貨貶值幅度的意願，是決定本國通貨的總報酬（即匯率波動加上利率差異）將為正或負的兩大因素，而本國通貨總報酬的高低，將影響投資人持有或放空這項通貨的意願。官方引導通貨貶值，就像是吸食古柯鹼，因為那能提供短期的提振效果，但若濫用，就有招致毀滅的可能。所以，要判斷承接某項通貨的作多部位是否穩健，必須先觀察那一國的中央銀行採取什麼行動，這一點至關重要。如果投資人長期受負報酬折磨，本國通貨又持續貶值，這個國家通常就極可能陷入通貨膨脹的惡性循環。中央銀行的目標應該是允許本國通貨貶值到能為經濟與國際收支帶來必要提振的同時，採取適度緊縮的政策，以確保持有本國通貨的報酬能令人滿意。誠如下圖所示，外國人持有本國通貨的報酬率一開始為負，但大約在通貨官方貶值後一年開始反彈。

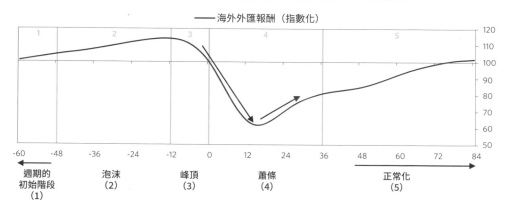

　　到這個階段，即使整個國家的債務總額尚未達到上限，通常也會有一些本國實體達到其債務上限，所以，政策制訂者必須針對具系統重要性的機構進行資本結構重整，並為特定重要目標提供流動性，以善加管理呆帳。針對有需要的實體提供這種目標鎖定式的流動性（通常是藉由印鈔票）後，政策制訂者就能協助避免可能導

2　在決定是否要把錢存在一項信用工具時，國內投資人的動機和外國投資人的動機並不相同。國內投資人關心的是通貨膨脹率相對利率的水準。對國內投資人來說，如果通貨膨脹率相對高於利率（利率是他們持有這項信用工具的補償），他們將會出脫這項信用工具，改持有能規避通貨膨脹風險的資產（反之則會繼續持有這項信用工具）。外國放款人則是在乎這項通貨的匯率變動相對利率變化的狀況。所以，對想要穩定國際收支情勢的政策制訂者來說，通貨膨脹是次要考量，確保一般人能透過本國通貨的儲蓄獲得正期望報酬，才是優先考量。所以，政策制訂者會設法讓本國通貨貶到夠低的水準，好讓本國通貨的持有人獲得正報酬（匯率差異加計符合官方理想的利率）。

致經濟衰退或更多資本外逃的債務危機發生；不過，印鈔票會衍生通貨膨脹壓力，所以必須謹慎平衡這個副作用。

以下是達到谷底的國家常見的情況：

- 進口大幅減少，經常帳因而漸漸改善（平均改善約 GDP 的 8%）。
- 資本流入不再減少，並漸趨穩定。
- 資本外逃的情況漸漸緩和。
- 通常這個國家會向 IMF 或其他國際實體尋求支援和穩定的資本挹注，尤其當它的外匯準備有限時。
- 經過大約一年後，短期利率開始降低，但長期利率繼續停留在相對高檔。短期利率觸及高峰後，大約會在兩年內回降到危機前的水準。短期利率的降低能帶來提振經濟的效果。
- 隨著利率降低，遠期通貨價格相對現貨價大幅反彈。
- 隨著本國通貨趨於穩定，通貨膨脹也開始降低。但通常在谷底出現後近兩年，通貨膨脹率才會回到危機前的水準。

當然，這些都是平均值，實際的數字取決於每個國家特有的情境（我們將在下章討論）。

國內各項情勢大規模惡化且帶來嚴重痛苦的種種發展，也有助於縮小國際收支缺口，因為惡化的經濟情勢會使支出及進口減少。歷經危機後，各個個案的進口隨著經濟成長崩落而平均減少約 10%，股票市場則下跌超過 50%。典型來說，進口的崩落會促使經常帳在危機爆發後的十八個月間，由約當 GDP 的 6% 逆差，轉為約當 GDP 的 2% 順差。在危機的初始階段，出口受到的影響並不顯著；實際上，在危機最糟糕的階段，出口傾向於萎縮（因為其他國家有時也會陷入經濟衰退狀態）。不過，接下來幾年，出口便會逐漸反彈。

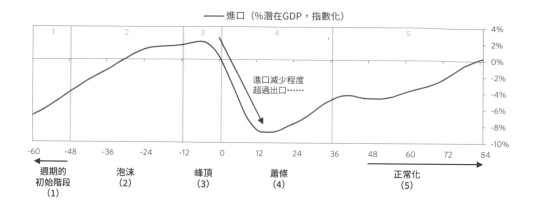

進口（%潛在GDP，指數化）

進口減少程度
超過出口……

| 週期的初始階段(1) | 泡沫(2) | 峰頂(3) | 蕭條(4) | 正常化(5) |

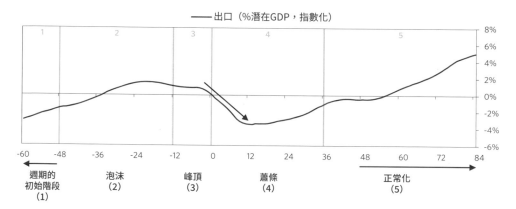

出口（%潛在GDP，指數化）

| 週期的初始階段(1) | 泡沫(2) | 峰頂(3) | 蕭條(4) | 正常化(5) |

　　以下彙整了這些調整在管理良善與管理不善的情況下，將分別出現什麼狀況。

	管理良善	管理不善
管理通貨	• 政策制訂者先虛張聲勢，強力宣示絕對不會允許本國通貨貶值太多。故一旦官方真的放任通貨貶值，絕對是出乎市場的意料之外。 • 官方貶值幅度大到足以讓一般人普遍不再預期本國通貨將進一步貶值（從而製造了一個雙邊市場）。	• 一般普遍預期政策制訂者將放任本國通貨維持弱勢，這樣的預期心理導致該通貨承受更大的貶值壓力，利率也因而走高。 • 最初的官方貶值幅度太小，因而有必要進一步放手讓通貨貶值。而因市場也預期官方將進一步放手讓通貨貶值，導致利率及通貨膨脹預期心理升高。

	管理良善	管理不善　　（續上表）
縮小外部失衡	• 緊縮貨幣政策導致國內需求隨著所得的降低而衰退。 • 政策制訂者創造誘因，吸引投資人繼續持有本國通貨（即足以補償通貨貶值風險的較高利率）。	• 政策制訂者側重國內情勢，採用過於寬鬆的貨幣政策，意圖讓本國人延後痛苦，卻推高了通貨膨脹。 • 政策制訂者企圖以資本管制或其他禁令來阻止資本外流。
緩和下降趨勢	• 明智且審慎地使用外匯準備來緩和外國資本的流出，同時努力設法縮小失衡。	• 一味仰賴出售外匯準備來維持較高水準的支出。
管理呆帳／違約	• 循序漸進地解決負債過高之實體的債務，以其他領域的信用來補足缺口。	• 放任失序違約的情事發生，從而導致不確定性升高，資本外逃。

　　通常經歷這類危機的國家要花很多年才能復原。進入這個復原期後，在上一個週期投資虧損慘重的投資人還不願意回頭，所以，資本流動需要一段時間才會轉為強勁的正流入。不過，由於本國商品與勞工的價格都隨著本國通貨貶值而下跌，所以，這個國家會漸漸成為吸引外國投資的好去處，資本也開始回流。出口的增加和外國直接投資的回流，共同促使經濟恢復成長。如果政策制訂者先前善加保護關鍵金融機構，並切實推動這些機構的資本結構重整，此時就會擁有一個隨時可支持經濟復甦的暢通國內金融管道。這時，這個國家已回到週期的初始階段，並展開一個全新的良性循環——高生產力的投資機會吸引資本流入，而資本的流入驅動經濟成長和資產價格，並進而吸引更多資金流入。

- 所得與支出漸漸增加（通常大約一至兩年後）。
- 接下來，經濟活動得花幾年的時間才能從谷底回升到平均水準（通常大約三年）。
- 在本國通貨趨於穩定但維持低檔的初期，實質匯率低估（就 PPP 而言，通常大約低估 10%）。
- 出口稍微回升（回升約當 GDP 的 1% 至 2%）
- 幾年後（平均四至五年），資本流入開始回升到原來的水準。股票大約也要相同的時間才能恢復原本的（以外幣計）水準。

第 5 章

從較短暫的通貨膨脹型蕭條轉為超級通貨膨脹的惡性循環

　　儘管很多通貨膨脹型蕭條個案的政策制訂者最終成功引導經濟復甦——所得與支出增加且通貨膨脹率回歸到較典型的水準（短暫的國際收支危機），還是有一小部分的通貨膨脹型蕭條最終惡化為超級通貨膨脹。超級通貨膨脹是由極端高的通貨膨脹（商品與勞務價格每年上漲一倍以上）及極端大的財富損失，以及極端嚴峻的經濟困境等組成。由於這些個案的發生機率比一般人所想的更高，所以，通貨膨脹型蕭條如何惡性循環為超級通貨膨脹，非常值得我們詳細探討。

　　惡性循環為超級通貨膨脹的個案的最重要特質是：政策制訂者未設法解決外部所得、外部支出與償債負擔之間的失衡，並長時間以大量印鈔票的方式，持續為外部支出提供資金。某些個案並非自願走上這條道路。例如威瑪共和國時期的德國，它背負了壓倒性的外部償債負擔（戰爭賠款），且其中很多債務是不能違約的。由於必須流出威瑪共和國的資本金額太大，所以，這個國家注定面臨嚴重的通貨膨脹問題（詳見我們的個案研究）。其他個案的政策制訂者則是自願選擇持續印鈔票來支應外部支出——實質上來說，他們理當設法將支出壓抑到與所得一致的水準，以便解決失衡的問題，但他們並未這麼做，而是一味致力於提振經濟成長。如果政策制訂者反覆多年且大規模採用這個作法，國家就可能面臨超級通貨膨脹的威脅（如果政策制訂者稍微收斂一點，或許不會落入此一窘境）。

　　誠如先前提到的，有別於一般人的想法，在危機爆發期間，即使政策制訂者有心停止印鈔票，也不是那麼容易。在資本流出之際停止印鈔票，有可能導致流動性變得極端緊絀，並使經濟陷入深度衰退。而且危機延續愈久，就愈難以停止印鈔票。舉個例子，威瑪共和國時期的德國幾乎完全沒有現金可用，因為超級通貨膨脹導致現有貨幣存量可購買的商品變得愈來愈少（到 1923 年 10 月底，也就是危機即將結束之際，德國 1913 年的全部貨幣存量，只大約夠買一條一公斤重的裸麥麵包）。所以，停止印鈔票可能導致現金變少，最終使商業活動徹底停擺（至少在政

府找到另一項替代貨幣以前）。在通貨膨脹惡性循環的當下，印鈔票反而似乎是個因時制宜的審慎選擇——不過持續不斷印鈔票，將使通貨膨脹惡性循環愈來愈嚴重，最終走投無路。

轉化為超級通貨膨脹惡性循環的發展歷程

長期下來，隨著本國通貨貶值且政策制訂者印製愈來愈多的鈔票，一般人的行為會開始改變，強烈受通貨膨脹預期心理支配。通貨貶值促使更多資本外逃，並進而產生愈來愈嚴重的「貶值－通貨膨脹－印鈔票」回饋循環。到最後，曾在先前階段驅使經濟成長的連鎖關係會減弱，印鈔票的效果遂一天不如一天。

每一輪新鈔被用來購買實體資產或外國資產的比例會愈來愈多，換言之，那些新鈔並未被用在有助於提升本國經濟活動的商品與勞務支出。由於放空現金以及購買實體／外國資產的投資人變得愈來愈有錢，把錢存在國內或在國內投資的人愈來愈窮困，於是本國通貨持有人為了規避通貨膨脹的風險，同時避免自身的實質財富大幅縮水，遂有樣學樣地將新鈔票投資到實體資產（如黃金）和外國通貨，不投資生產型資產。外國投資人則是對這個國家敬而遠之。由於經濟狀況疲弱，加上投資人忙著搶購實體資產，乏人問津的股票遂重挫，不再能創造驅動前幾輪支出的那種財富效果。最後的結果就是無法提振經濟成長的通貨官方貶值。這個動態發展對通貨膨脹型去槓桿化歷程非常重要，所以，我們將逐步詳加探討。

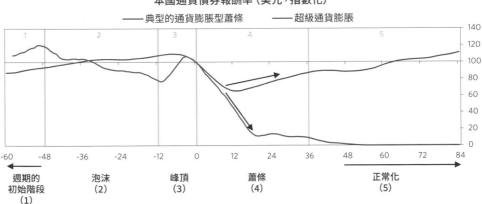

本國通貨債券報酬率（美元，指數化）

當通貨連續貶值，導致通貨膨脹居高不下，整個循環就可能會變得自我強化，促使通貨膨脹預期心理日益增強，並改變投資人的行為。當通貨膨脹壓力擴散到工資層面並造成一種**工資—成本循環**（wage-cost spiral），尤其容易引發上述動態。勞工要求更高的工資來補貼他們日益降低的購買力，而被迫提高工資的生產者為了補償其損失，只好提高產品售價。有時候，由於工資指數化（wage indexing，即雇主同意隨著通貨膨脹率的上升來加薪）的緣故，勞工不用開口，這個情況也會自然地循序發生。在那種物價與工資指數化的情況下，久而久之便會形成一個惡性的週期：「通貨貶值→內部物價上漲→紙鈔數量的增加使得本國通貨的價值進一步降低→物價因而進一步上漲」……如此周而復始地不斷循環下去。

本國通貨一波波的連續貶值，也將促使儲蓄者和投資人改變他們的行為。原本因通貨貶值而受傷的儲蓄者開始設法保護自身的購買力——他們加速放空現金，並購買外國及實體資產。

隨著通貨膨脹惡化，銀行的存款戶當然希望他們的資金能「隨傳隨到」，所以，存戶一定會縮短對銀行的放款期間（譯注：即縮短存款期限）——他們將存款轉移到支票存款帳戶，而不是存到較長期的存款。投資人則是縮短放款的存續期間（duration），或徹底停止放款，因為他們對違約風險憂心忡忡，也擔心最後即使順利收回放款，收到的將是一文不值的貨幣。在通貨膨脹型去槓桿化期間，平均債務期限（maturity）一定會縮短。

這時，由於通貨膨脹較高與印鈔票的政策使實質利率降低，放空現金的成本也變得很便宜，於是，資本加速撤出且貸款加速成長，這導致金融體系的流動性惡化。銀行幾乎不可能滿足外界對現金的需求，企業則陷入現金短缺而無法履行原有契約的困境。到了這個時點，中央銀行（他們還對前一輪通貨貶值的利益念念不忘）只剩下兩個選擇：放任流動性極端不足，或是加速印鈔票，而這一次，答案還是顯而易見——印鈔票。中央銀行藉由印製更多鈔票來提供流動性，以達到支持銀行業的目的，而且還經常會直接對企業放款。當利率收入不足以補償未來通貨貶值的損失，大量提供流動性的作法，只是提供更多資金讓投資人得以繼續貸款，並將借來的錢投資到海外及可規避通貨膨脹風險的管道（例如實體資產或黃金）罷了，而這又會進一步加劇通貨膨脹及通貨貶值的惡性循環。

由於這個國家的很多債務是以外幣計價，所以當本國通貨貶值，它的債務負擔也隨之上升，而要減輕債務負擔，就必須縮減支出及出售資產。儘管通貨貶值的經

濟提振效果最初能克服這個影響，但隨著貶值的效果減退與債務負擔日益加重，情勢將愈來愈具毀滅性。由於債務負擔愈來愈沈重，外國投資人一定會為了補償他們承擔的違約風險而要求更高的利率。這意味著通貨貶值與通貨膨脹經常會使償債負擔與債務負擔加重，愈來愈難以透過本國通貨（的貶值）來提振經濟。

　　很多政府會藉由提高所得稅和富人稅的方式來因應債務負擔上升的問題。但由於此時有錢人的淨值已因經濟情況惡化與投資活動衰減而急速降低，因此，他們會不惜一切代價來設法保全還在快速萎縮的財富，於是，逃漏稅比率將急速上升到極端水準，外逃到國外的資本也會不斷增加。這是去槓桿化歷程的常見狀況。

　　隨著經濟成長進一步轉弱，外國放款將更難取得，而一旦外國放款短缺，信用創造的重要管道之一就徹底停擺。雖然此時國內信用創造與貸款活動還是非常熱絡，但因為其中很多貸款被用來採購海外資產，所以這種貸款活動並不會對經濟成長帶來顯著貢獻。而真正在國內發生的支出也多半對 GDP 沒有貢獻。舉個例子，投資人基於保值的目的而購買大量黃金、工廠或進口品（以威瑪共和國的個案來說，甚至購買岩石）。諸如機械和工具等資本投資都是基於保值的目的而採購，而非真正生產所需。

　　顯而易見的，這些動力可能創造一個導致通貨膨脹惡化與本國通貨加速貶值的回饋機制，而隨著情勢不斷惡化，一般人將對本國通貨徹底失去信心，於是，貨幣失去作為保值品的作用（一般人最多也只會持有幾天的準備金）。另一方面，由於通貨嚴重貶值，商品單價動輒達到十位數甚至更高，因此，這項通貨也不可能作為記帳單位。而且，這種貨幣也無法再作為交易媒介，因為這項通貨極端不穩定，生產者因而不願意買家以本國通貨來買他們生產的產品——通常會要求買方以外幣付款，甚至選擇以物易物。而由於外匯也非常短缺，故流動性不足的情況達到高峰，需求也隨之崩潰。這種形式的流動性不足無法以印鈔票的手段來紓解。商店紛紛關門大吉，失業率急速上升。隨著經濟體系進入超級通貨膨脹階段，原本能帶來好處的本國通貨貶值，此時反而製造許多動亂，並使經濟快速衰退。

　　超級通貨膨脹除了導致經濟衰退，也摧毀了金融財富，因為金融資產的報酬跟不上通貨貶值與通貨膨脹的腳步。超級通貨膨脹也會引發極端的財富重分配。放款人的財富因通貨膨脹而縮水，債務人的負債當然也會跟著縮水。經濟衰退、極端的財富重分配與動亂的情勢，最終一定會引發政治緊張與衝突。連警察等公務人員也常因不想為了一堆毫無價值的紙鈔工作而發動罷工，因此，在這個階段，混亂、犯

罪、搶劫和暴力事件都會達到高峰。舉個例子，威瑪共和國時代的德國政府為了因應社會上的混亂，不得不宣布「戒嚴」，在國內政策上賦予軍方極大權限，例如賦予軍方執行逮捕與解散示威遊行的權力。

超級通貨膨脹時期的投資宜遵守幾個基本原則：放空本國通貨，竭盡所能把錢匯出國，購買原物料商品，以及投資原物料商品產業（如黃金、煤和金屬）。購買股票本是好壞參半：但當通貨膨脹轉化為超級通貨膨脹，投資股票市場絕對是必輸無疑。原本匯率和股價之間存在高度的相關性，但此時股價和匯率的趨勢漸漸分歧。所以，在這段時期，黃金成為最受歡迎的資產，因為儘管以本國通貨計算的股票價格是上漲的，但股票還是被視為災難（譯注：因為股票漲幅跟不上通貨膨脹），當然，債券更是徹底被毀滅。

一旦通貨膨脹型去槓桿化加劇為超級通貨膨脹，本國通貨就永遠無法恢復它作為保值品的地位。這時為了終結通貨膨脹型去槓桿化歷程，典型的作法是創造一項擁有國家強力支持的新通貨，並分階段逐步淘汰舊通貨。

第 6 章
戰爭經濟體

　　就生產、消費狀況以及商品、勞務及金融商品的帳務來說，戰爭經濟體與平常的經濟體截然不同。舉個例子，戰爭經濟體的 GDP 成長來自更多軍備的生產（因為原本的軍備在戰爭中遭到摧毀），降低的失業率則導因於服兵役的人口增加，而生產及獲利能力的改變，則是導因於由上而下（top-down）的資源分配，至於貸款、放款與其他資本流動的本質，也和和平時期不同，因此，需要從截然不同的定位來了解這些統計數字。要充分表達戰爭經濟體的運轉模式，可能得花上一整本書的篇幅，所以，我現在不會深入解釋這個主題，但仍會描述概要，因為這個主題非常有助於了解我們取樣期間的幾個大債危機個案——而且，萬一這個世界進入另一個戰爭期間，它也將是必須了解的重要主題。

　　所有從事歷史研究的人，都深諳造成新興強權國家與成熟強權國家內部與彼此間之經濟衝突乃至政治衝突所構成的經濟／地緣政治週期。很多歷史學家都曾詳細解說那個週期，不過，歷史學家通常是從地緣政治的視角來探討，而我則較傾向於從經濟／市場的視角出發。無論如何，歷史學家認為這是一個典型的週期。以下是我對這個週期的概要描述：

　　若出現以下兩種狀況，爆發破壞性衝突（例如戰爭）的或然率會變得高於平常：1）各國內部的有錢人／資本家／政治右派人士和窮人／無產階級／政治左派人士之間的經濟矛盾所引爆的各種衝突，最終造成民粹主義、獨裁、國家主義（nationalistic）與軍閥領導人掌權等結果。在此同時，2）國與國之間，經濟與軍事上勢均力敵的強權國家之間產生衝突，各國之間的經濟與政治關係也變得格外糾結。

　　換言之，由於各方勢力亟欲搶奪最有權勢的地位，因此，一國內部及國與國之間的經濟競爭，經常引爆慘烈的鬥爭。這些時期就會產生一些戰爭經濟體，而即使那些時期過後，市場、經濟體系和地緣政治還是會感受到殘留的影響。戰爭期間的事態發展以及戰爭的結果，將顯著影響哪些通貨、哪些債務、哪些股票以及哪些經濟體有多少價值，甚至對整個社會－經濟構造形成更深遠的影響。就最宏觀的角度來說，戰爭期間過後就是和平期間，而勝出的優勢方將取得制訂規則的權力，因為

此時已沒有人有能力和他們對抗。這樣的情況將延續到整個週期再次展開時為止（因為此時足以和他們匹敵的人終於浮上檯面）。

要了解這個促使歷史上眾多帝國盛極而衰的大型經濟／地緣政治週期，需要回溯更長遠（兩百五十年）的期間，所以，在此，我只會概要描述，未來再另外提出更詳細的報告。

通常——但非絕對——在經濟對抗時期，各方的情緒會非常激昂，這會使得偏好採敵對途徑且善於挑動仇恨的民粹主義領袖順利在選舉中勝出或掌權，於是，戰爭在所難免。然而，情況並非總是會發展到這樣的地步。歷史顯示，隨著時間不斷推移，彼此競爭的勢力之間存在兩種廣義的關係，而最後的事態發展，取決於當時存在的是哪一類型的關係。這兩類型的關係是：

a）**合作－競爭關係**，如果是這種關係，各方會斟酌另一方真正重視的事物，並為了換取我方真正想得到的事物，嘗試為對方提供他們重視的事物。在這種雙贏關係中，雙方的談判立場雖然通常很強硬，但會尊重並體諒對方的立場，一如市集裡兩名友善的商人，或是戰場上的兩個友善團隊。

b）**互相威脅的關係**，如果是這種關係，雙方只會一味思考如何傷害對方，並採取傷害對方的行動，期待能經由傷害行為，逼得對方走投無路並因恐懼而棄守。在這種兩敗俱傷的關係中，雙方透過「戰爭」互動，而不是透過「談判」互動。

任何一方都有可能單方面對另一方強行採用第二個途徑（威脅開戰，兩敗俱傷），不過，若要採行合作的雙贏途徑，則需要雙方同步進行。但不管是採取哪個途徑，最後雙方不可避免將採用同一個方法。

不管選擇哪一條途徑，各方的內心深處真正在乎的絕對是他們自身及對方的實力。以第一個狀況來說，每一方應該都意識到另一方有可能對他們動用武力，並深知不過於咄咄逼人的交流才能達到理想的結果；而以第二個狀況來說，每一方應該都意識到，掌握權力與否，取決於各方承受痛苦與打擊他方的相對能力。所以，如果其中一方基於有太多未經試驗的打擊方法可用，而難以精準釐清另一方回報或懲罰我方的實力有多強大，那麼，第一個途徑將是較安全的選擇。然而，第二個途徑將透過戰爭的痛苦，更清楚地彰顯出哪一方具支配力，哪一方又必須服從。也因

此，戰爭過後通常會維持很長時間的和平時期，而在週期重新開始以前，支配的那一國都掌握了設定規則的力量，而其他國家則只有追隨的份兒。

就經濟政策來說，在戰爭期間，最重要的優先考量是維持一國取得財務與非財務資源的能力，唯有能源源不斷取得資源，才能維繫優良戰力。由於沒有任何國家可藉由當期的收入，同時提供戰爭所需支出並維持尚可容忍的非戰爭相關支出，所以，一個國家必須擁有取得充足貸款的能力和／或擁有非常大量的外匯準備，才能支應戰爭所需。取得貸款的能力高度取決於每一個國家的信用等級及其資本市場的發展，尤其是本國通貨債券市場的健全度。相似的，在戰爭期間，一個國家也必須能源源不斷地取得可同時維持戰力與令人滿意的國內經濟情勢的關鍵非財務資源。

在戰爭過後的還款期，**債務與戰爭結果（不管是戰勝或戰敗）對市場的影響都會非常巨大。所以，對一個國家及其領導人來說，最糟糕的莫過於背負大量債務又輸掉戰爭，因為那是世界上最毀滅性的處境。所以，無論如何，千萬別陷入那樣的窘境。看看 1920 年代第一次世界大戰後德國（將在第二部解釋），以及 1940 年代及 1950 年代第二次世界大戰後的德國和日本，就會知道我的意思。**

以下幾張曲線圖是戰爭期間常見的某些典型經濟變化──各國如何將經濟體系的重心轉向戰爭相關的生產活動、舉借大量的金錢來支應大規模的財政赤字，以及如何將多數勞動力轉移供兵役部門與戰爭生產部門使用等。由第一張曲線圖可看出政府支出相對民間支出的快速上升。後續幾張圖說明了軍事支出與士兵人數的增加，這是幾個戰爭個案的平均值──軍事支出和士兵人數約當總人口的百分比增加大約五倍。舉個例子，在第二次世界大戰期間，美國有 20% 勞動力被轉移供軍隊使用。

部門別支出 (%GDP)

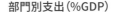

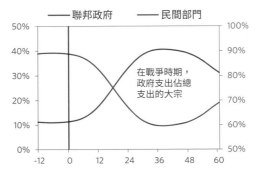

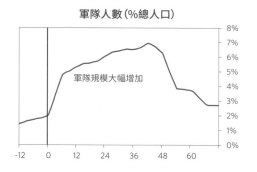

軍隊人數 (%總人口)

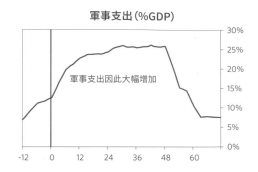

軍事支出 (%GDP)

　　大型戰爭結束後，所有國家，包括戰勝國與戰敗國一定都負債累累，有必要從戰爭經濟體轉換為較正常的經濟體。這時，軍事支出的大幅縮減通常會引發戰後的經濟衰退，因為工廠必須再次重新調整生產裝備（譯注：從生產軍事設備轉為生產一般商品），先前很多受雇於戰事的人民也必須尋找新的工作機會。通常各國會進入一段去槓桿化歷程，一步步解決大量的戰爭債務，這整個過程的基本動態和其他經濟蕭條／去槓桿化歷程相同。然而，戰敗國會經歷明顯更糟的經濟情勢。以下幾張曲線圖闡述了這個動態。戰敗國陷入更深的蕭條，訴諸更多的印鈔票手段，大規模消耗他們的儲蓄／外匯準備，且通貨膨脹率更高（有時還陷入超級通貨膨脹）。

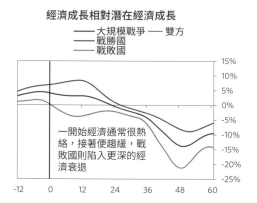

經濟成長相對潛在經濟成長

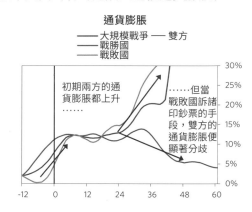

通貨膨脹

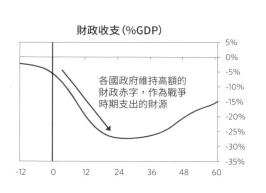

財政收支 (%GDP)

各國政府維持高額的
財政赤字,作為戰爭
時期支出的財源

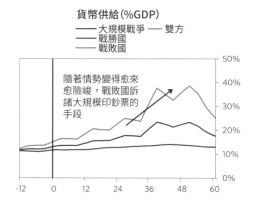

貨幣供給 (%GDP)
—— 大規模戰爭 —— 雙方
—— 戰勝國
—— 戰敗國

隨著情勢變得愈來
愈險峻,戰敗國訴
諸大規模印鈔票的
手段

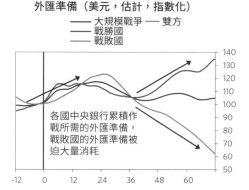

外匯準備（美元,估計,指數化）
—— 大規模戰爭 —— 雙方
—— 戰勝國
—— 戰敗國

各國中央銀行累積作
戰所需的外匯準備,
戰敗國的外匯準備被
迫大量消耗

　　以上就是我在這個階段對戰爭經濟體的說明。若想進一步了解戰爭經濟體的狀況,我建議你閱讀第二部威瑪共和國時代的德國和美國大蕭條的個案研究,第一個個案清楚闡述一個戰敗國在戰後的情況,而第二個個案則說明經濟上的衝突如何啟動一系列最終引爆軍事戰爭的事件。我也建議你觀察美國和英國在第二次世界大戰後那段期間的圖形（兩個戰勝國個案）。我們沒有準備德國、日本和其他二戰戰敗國的圖形,因為戰敗對這些國家的通貨、其他市場與經濟體系造成極大的破壞,所以相關的統計數據荒謬絕倫,極端不可靠或無法取得。

第 7 章
結論

　　在此，且讓我重申這一部的內容提要：債務危機管理的關鍵在於能否分段延展呆帳造成的痛苦，而如果一國的債務是以本國通貨計價，通常就能藉由分段延展呆帳的痛苦，善加管理債務危機。最大的風險通常並非債務本身，而在於政策制訂者缺乏知識和／或缺乏權限，以致無法做出正確的決策。如果一國債務是以外幣計價，就必須透過困難很多的選擇才能善加管理局面，而且，不管是採用哪一個選擇，結果都會更嚴酷。

　　誠如我透過個人經驗所知，不同國家的政策制訂者的知識和權限差異甚大，這可能會造成極端不同的結果，而且，政策制訂者常傾向於等到危機惡化到極端狀態後，才終於肯採行真正強有力的回應。政策制訂者的權限取決於每個國家的監理與制衡體系的力量有多大。但即使在監理與制衡系統較健全（這能帶來很多利益）的國家，還是可能發生必要政策行動無法落實的風險，原因可能是那類為因應危機而採行的非常規政策行動與現行的嚴謹規定及協議不一致。

　　法規的設定不可能面面俱到地考量到未來的所有可能性，且即使是最有知識且最大權在握的政策制訂者，都不可能將危機管理得無懈可擊。在一個欠缺極度清晰規定的法律／監理體系，一旦發生過去未曾預測到的情境，就必須即刻（通常是在幾個小時內）做出回應。

　　制衡系統——通常是為了防止權力過度集中而設置的關鍵保護措施——也可能導致危機惡化，因為這個系統有可能延宕決策制訂的速度，並讓較狹隘的利害關係者有機會阻撓必要政策行動的落實。而且，試圖採取必要大膽行動的政策制訂者，經常得承受來自四面八方的批判。總之，在債務危機爆發期間，政治會變得極端可怕，而且資訊遭歪曲和誤傳的情況會非常普遍。

　　雖然這些大債危機有可能在短期至中期（指三至十年）對某些人和國家造成極大破壞力，但時間拉得愈長，這類危機的重要性會漸漸相對愈來愈低於生產力，生產力才是真正強大的影響要素（只不過，由於生產力比較不是那麼反覆無常，所以它的影響力較不那麼顯而易見）。因債務危機而衍生的政治後果（例如民粹主義抬頭）的影響，有可能比債務危機本身更嚴重。以下幾張是不同國家的實質人均

GDP 曲線圖，這些圖形有助於我們用正確的視角來觀察這些大債危機（以及我們所謂經濟衰退的「小」危機）。陰影區域代表經濟衰退超過 3% 的期間。請注意，長期經濟成長率的重要性遠比過程中的顛簸重要。最大幅度的顛簸主要是戰爭造成，即使是最嚴重的經濟蕭條，都比不上戰爭對人均 GDP 的影響（不過，我們還是必須說，那些戰爭其實主要導因於經濟蕭條所造成的政治餘波）。

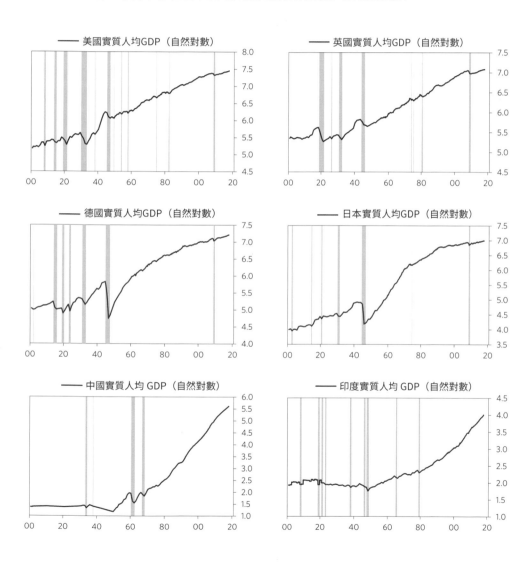

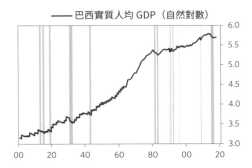

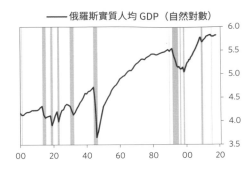

第二部

詳細探討三個個案

第 8 章

德國的債務危機與超級通貨膨脹（1918年－1924年）

　　本章將詳細敘述歷史上最具代表性的通貨膨脹型蕭條週期——第一次世界大戰結束後爆發，並一路延續至 1920 年代中期的德國債務危機與超級通貨膨脹——這個事件催生了 1930 年代種種經濟與政治變化。這份研究很類似我對美國 2008 年金融危機與 1930 年代大蕭條所做的描述。我除了會一一詳細說明這個個案的特有情況，也會一邊對照這個個案和我先前在「典型的通貨膨脹型蕭條」中提出的「模型」有何異同。雖然德國的超級通貨膨脹是發生在幾乎一個世紀以前，而且是在一個格外不同的政治情境（當時的德國在第一次世界大戰中戰敗，協約國強迫德國接受龐大的賠款作為懲罰）下發生，不過，導致德國走向超級通貨膨脹的動態，和我們在「模型」中描述的債務週期、經濟活動及市場等基本動態一致。只要留意這個（與其他）通貨膨脹型蕭條個案和通貨緊縮型蕭條個案之間的差異，便能理解導致情況演變成通貨膨脹型蕭條與通貨緊縮型蕭條的因素分別是哪些。為了更生動體現當時實際發生了什麼事件，我在每一頁文字敘述的邊緣，附上當時的一系列新聞動態。

1914年7月至1918年11月：
第一次世界大戰

　　第一次世界大戰（1914 年 7 月－ 1918 年 11 月）
揭開了這個戲劇化大型週期的序幕。在戰爭的那幾
年，德國脫離金本位（gold standard），並累積了非常
鉅額的國內及國外債務存量，而為了支持日益擴大的
財政赤字，德國展開印鈔票作業，於是，第一輪通貨
貶值與通貨膨脹來襲。當時德國人根據 1870 年普法戰
爭的戰勝經驗，自信地推估這場戰爭應為期不久，而
且先入為主地認定只要在戰後向戰敗的協約國勢力索
取鉅額賠款，就能解決這段期間累積的債務。但事與
願違，這場戰爭不僅變得極端漫長，耗費的代價也極
為高昂──德國主要是透過國內債務來取得戰爭所需
要的財源──更糟的是，到最後，德國不幸戰敗，不
僅無法向敵國索賠，還必須支付鉅額的戰爭賠款。

　　這是一個國家因戰爭而債台高築且最終還戰敗
的典型個案（不過，這個個案比其他多數個案更極
端），也是一個國家背負大量外幣計價債務（且其債
權人為外國人）的典型個案。讀過第一部後，你已了
解「典型通貨膨脹型蕭條」中所描述的動態，所以，
現在的你應該已大略知悉它接下來的發展。

背景

　　一如當時多數國家，德國在戰爭剛爆發時還繼續
秉持金本位政策。所有紙製通貨（包括所有政府公
債）都可用一個固定的比率來兌換黃金。然而，你
應該也料到，到 1914 年時，德國央行已經沒有足夠
的黃金可用那個固定的價格來擔保所有的流通貨幣
存量。[1] 戰爭一開打，聰明的德國公民就急著將手上

新聞動態

1915 年 3 月 4 日
芝加哥的德國貸款：銀行業
者請求認購──第一個交戰
國發行案件

1915 年 3 月 10 日
德國銀行業者手頭已無黃金：
愛國人士強力呼籲國人拿出
囤積的黃金，交換戰爭貸款債
券

1915 年 4 月 10 日
德國面臨鉅額債務；一年平均
5 億美元，將增稅一倍
「社會主義黨黨報《前進報》
（Vorwaerts）在討論新戰爭預
算時，計算了戰爭貸款的利
息、戰爭年度的赤字，以及戰
後履行還款義務的數字，結
論是，現有的所有稅賦必須
增加一倍才足夠。年度支出增
加數字為 6 億 2,500 萬美元
至 7 億 3,000 萬美元。」

的紙鈔拿去交換金條，這導致銀行體系爆發擠兌風潮。在短短幾個星期內，中央銀行（德意志帝國銀行〔Reichsbank〕）和財政部就透過這個交換機制，交付了價值 1 億 9,500 萬馬克的黃金給大眾（大約是總黃金準備的 10%）。[2] 為了防範黃金進一步流失、確保銀行體系的流動性與避免貨幣供給大幅萎縮，政策制訂者在 1914 年 7 月 31 日暫停以貨幣交換黃金的政策。[3] 政府還授權德意志帝國銀行購買短期國庫券，並利用那些國庫券和它持有的商業本票，作為德意志帝國銀行增印鈔票的擔保品。[4] 接下來，德意志帝國銀行如火如荼地增印鈔票：到 8 月底時，德意志帝國銀行的流通鈔券（即紙鈔馬克）數量，就增加了大約 30%。

以馬克計的黃金價格

這是典型的情境。通貨既是交易媒介，也是財富的保值品。當投資人手上掌握了大量交付通貨的承諾（即很多以某項通貨計價的債務），而那一項通貨的供給量又和它的擔保品（不管是什麼東西）連結在一起，中央銀行創造通貨的能力就會受到限制。當投資人想將手上的債券轉換為通貨／貨幣，並計畫花掉這些通貨，中央銀行就會陷入一個兩難的處境，它必須在「放任大量債務違約」和「發行大量的通貨」之間做抉擇，而後者勢必會導致本國通貨大幅貶值。**所以，a）當流通貨幣數量遠大於以指定轉換價擔保這些**

貨幣的黃金準備數量，以及 b）投資人因憂心貨幣可能貶值而搶著將貨幣轉換為黃金時，中央銀行就會陷入一個難以防禦的處境，**此時它只有兩個選擇，一是降低流通貨幣供給量（即緊縮信用），或者停止貨幣轉換黃金的作業，並印製更多貨幣**。幾乎所有中央銀行都會選擇停止轉換與增印貨幣的途徑，不會放任信用萎縮的情況發生，因為那會更痛苦。

　　印製大量貨幣且促使通貨貶值，將會導致用那一項貶值貨幣計價的所有事物全數漲價，當然，如果一個人持有的資產漲價，他就會有比較多錢可花用，所以他勢必歡迎這樣的情況發生。戰爭時期的情況也是如此。希望將國家的經濟資源導向戰爭相關活動的政策制訂者，會藉由印製鈔票讓自己手頭有更多錢可花用。印鈔票能阻止銀行體系爆發流動性危機，也能阻止經濟陷入衰退（流動性危機和經濟衰退都會對戰力造成極大破壞）。也因此，多數參與第一次世界大戰的國家，都分別在不同時間點放棄金本位。

　　參戰使德國政府的支出大幅增加（在 1914 年至 1917 年間，政府支出約當 GDP 的比重增加 2.5 倍）。為了籌措這些支出的財源，德國政府必須設法找到新收入（即稅收），要不然就得提高政府貸款。**由於當時德國國內反對增稅的阻力非常大，加上德國幾乎遭到國際放款市場全面封殺，因此，它幾乎只能以發行國內債券的方式，籌措戰爭所需的財源**。[5] 1914 年，德國政府的債務並不是特別多，但到 1918 年，德國本國通貨債務存量已累積到 1,000 億馬克之譜，大約是德國 GDP 的 130%。

新聞動態

1917 年 5 月 21 日
德國將借用債券
交換電訊社（The Exchange Telegraph）的阿姆斯特丹通訊員引用《柏林日報》（*Berliner Tageblatt*）的說法：德國財政部長意圖請求催收德國人民持有的所有瑞典、丹麥與瑞士債券及股票，這是多項新籌資辦法的第一步。」

1917 年 7 月 9 日
德國融資消息
「星期六的海外電報傳來第六次德國貸款的結果，以及和第九次德國信用有關的聲明。最新的貸款將籌措到 131 億 2,000 萬馬克的資金。」

1917 年 9 月 12 日
德國停止對荷蘭供煤，逼迫荷蘭讓德國在當地籌募貸款
「德國正採用這個方法對荷蘭施壓，以敦促荷蘭配合德國的要求，讓德國在荷蘭籌募貸款。猶記得不久前，德國才向瑞士施加相似的壓力。」

1917 年 11 月 18 日
德國最近一次貸款過程艱難萬分
「根據最近抵達倫敦的德國報紙報導，德國政府軟硬兼施，用盡所有可行手段，終於成功募得第七次戰爭貸款，金額達 150 億馬克（以正常匯率計，為 35 億 7,000 萬美元）。」

新聞動態

1918 年 1 月 16 日
柏林的糧食更加短缺：民眾被迫仰賴配給的數量為生
「民眾被迫幾乎只能依賴配給的麵包、肉品與馬鈴薯為生。」

1918 年 2 月 18 日
德國為應付高額赤字而徵收新稅
「來自柏林的電報指稱，德國 1918 年預算的一般收入及支出餘額為 73 億 3,200 萬馬克，去年大約是 50 億馬克。據說數字的增加主要係因國債需支付的利息金額上升。」

1918 年 3 月 13 日
德國尋求舉借新貸款
「來自哥本哈根的一則交換電訊社電訊指出，德國不久後將發行 150 億馬克的新戰爭貸款。目前德國的戰爭債務累計已達 1,090 億馬克。」

1918 年 4 月 21 日
德國通過 30 億馬克貸款

1918 年 5 月 21 日
德國匯率貶值
「由外國匯率判斷，德國已無擊潰西方敵對勢力的希望。」

1918 年 6 月 13 日
德國貸款 150 億 142 萬 5,000 馬克
「根據今日收到的柏林電訊，軍方的認購使第八次德國戰爭貸款總金額達到 150 億 142 萬 5,000 馬克。」

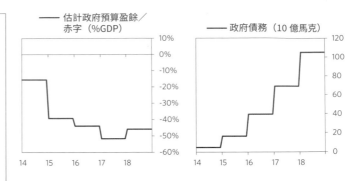

資料來源：全球金融資料庫（Global Financial Data）

雖然德國的債務存量非常龐大，在德國投降及協約國向它強徵戰爭賠款前，其中多數債務都是以本國通貨計價。[6] 政策制訂者體察到這是一個正確的作法。根據德意志帝國銀行的說法，「敵國戰爭融資的最大弱點是他們的海外債務（尤其是欠美國的債務）愈來愈多」，[7] 因為一旦需要開始償債，這些敵國就得到處爭奪美元。相反的，德國為了戰爭而舉借的多數債務（在賠款前）是以本國通貨計價，而且是德國人民提供的融資。[8]

直到 1916 年下半年以前，德國大眾還有意願和能力透過購買政府債券的方式，為全部的財政赤字提供資金奧援。[9] 事實上，德國政府每次發行戰爭債券，都獲得超額認購。然而，隨著戰爭遲遲未能結束且通貨膨脹加速上升，德國財政部發現，大眾漸漸不再那麼有意願持有德國財政部發行的所有債券。原因之一和赤字規模有關，隨著戰爭情勢持續升溫，政府赤字也大量增加；不過，民眾意願降低的因素還包括戰爭時期的通貨膨脹，導致實質利率降至極低的負數（在整個戰爭期間，政府戰爭債券都只發放 5% 的固定利率，而到 1915 年年初，通貨膨脹就已上升到 30% 以上），這導致放款人無法因持有政府債券而獲得適足

的補償。[10] 通貨膨脹的上升導因於戰爭期間的衝突與
物資短缺、關鍵戰爭產業的產能限制，以及通貨的弱
勢（到 1916 年，馬克兌美元已貶值大約 25％）。[11] 儘
管如此，某些天真的放款人還是懷抱希望，認定政府
將會在戰爭結束後，以原本的交換率恢復金本位，或
者相信政府會針對所有因通貨膨脹而產生的損失給予
他們補貼；不過，當然還是有人擔心政府未來極可能
用已失去多數購買力的貨幣（譯注：即已大幅貶值的
馬克）來還款，而這樣的憂慮促使他們拋售以馬克計
價的債券。[12]

新聞動態

1918 年 10 月 27 日
目前債務已超過資產：由最近的數字可看出德國的財政狀況

1918 年 10 月 27 日
金融家預測即將崩潰：眾所周知，德國正一步步走向經濟地獄

1918 年 11 月 7 日
德國財政瀕臨崩潰極限
「債務超過 350 億美元。全國五分之二的財富已被抵押。」

1918 年 11 月 11 日
停戰協議簽訂，戰爭結束！柏林遭革命分子佔據；新總理請求遵守秩序；被驅逐的德皇威廉二世避走荷蘭

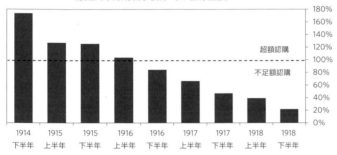

德國大眾認購戰爭債券（％ 發行金額）

雖然這項通貨漸漸失去作為財富保值品的功能，
但至少還是一項有效的交易媒介，所以，政府繼續借
錢來償還戰爭支出，而隨著投資人不再供應這項貨
幣，德意志帝國銀行遂被迫將債務貨幣化。債務貨幣
化能產生貨幣供給增加的效果（增加金額等於非由大
眾提供財源的財政赤字金額）。**由於債務貨幣化會推
高通貨膨脹（因為經濟體系有更多貨幣，而商品與勞
務的數量不變），一個惡性循環於焉產生——換言
之，債務貨幣化促使通貨膨脹上升，而通貨膨脹上升
使實質利率降低，進而導致外界不再那麼願意放款給
政府，而政府也因此不得不將更多的債務貨幣化。**由
於赤字金額極為龐大（在 1914 年至 1918 年間，平均

達到 GDP 的 40%），所以，戰爭期間的貨幣供給量幾乎增加 300%。[13]

　　隨著德國公民愈來愈不願意購買政府債券，中央銀行被迫將愈來愈多預算赤字貨幣化，故 1917 年以後，貨幣創造速度加快。[14] 雖然 1917 年中至 1918 年中，馬克的流通數量增加幾近一倍，但尚未導致這項通貨大幅貶值。事實上，這段期間馬克還因俄羅斯退出協約國而反彈，因為那個事件使愈來愈多人預期德國可能會贏得這場戰爭。直到 1918 年下半年，馬克才又開始貶值，因為此時德國戰敗的可能性看起來愈來愈高。[15]

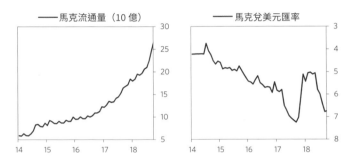

資料來源：全球金融資料庫

　　在戰爭最後那兩年，德國政府開始舉借外幣貸款，因為放款人不願接受德國政府以馬克還款的承諾。[16] 當一個國家不得不舉借外幣貸款，就是非常不妙的訊號。到 1918 年時，德意志帝國銀行和民間企業各欠外部放款人約當 25 億黃金馬克的債務。[17] 黃金馬克是用來衡量紙鈔馬克價值的一種模擬單位。1914 年時，一黃金馬克等於一紙鈔馬克。[18] 這 50 億黃金馬克的債務是以黃金計價的債務，總帳款等於 1914 年能以 50 億馬克購買到的黃金數量。

　　和本國通貨計價債務不同的是，強勢通貨債務（外國通貨與黃金計價的債務）不可能藉由印鈔票來消除。強勢通貨的債務人必須設法取得黃金或外匯來償還這些負債。雖然當時德國的強勢通貨債務還不到總債務存量的 10%，這些債務還是高於整個德意志帝國的全部公共黃金準備。[19] 所以德國當局只能指望德國贏得戰爭、馬克隨之升值，讓這項債務負擔變得更有辦法處理；當然，一旦德國戰勝，它還能強迫戰敗國為德國的多數海外與國內債務買單。[20]

　　政策制訂者心知肚明，若德國戰敗或未能搜括到鉅額的賠款，它將極端難以償還這些強勢通貨債務。根據德意志帝國銀行總裁魯道夫 · 哈文斯坦（Rudolf

Havenstein）的說法，「若我們無法取得鉅額的戰爭賠償」，償還這些債務「將異常困難」。[21] 而根據德國經濟學家埃德加・賈菲（Edgar Jaffé）的意見，除非英格蘭支付三分之一至一半的德國戰爭成本，否則一旦德國公民體察到政府可能會以貶值後的貨幣來償還國內債券，加上屆時政府機關和民間機構又得為了償還外部負債而爭先恐後地搶奪外匯，整個局面將演變成「貨幣崩潰」的「巨大災難」。[22]

　　由於德國打破黃金釘住政策且將愈來愈多財政赤字貨幣化，加上戰爭期間經濟崩壞且物資短缺，導致匯率貶值、通貨膨脹上升。到 1918 年年初，馬克相對美元的價值已折損大約 25%，物價也達到原本的三倍。

　　然而，德國的情況堪稱第一次世界大戰的典型情況；換言之，多數國家也是用這些方式來取得戰爭所需的財源。德國的通貨膨脹雖高，但還不至於比其他參戰國高很多，一如下圖所示。[23] 不過，最終只有少數幾個參戰國陷入超級通貨膨脹的窘境，我稍後馬上會解釋箇中原因。

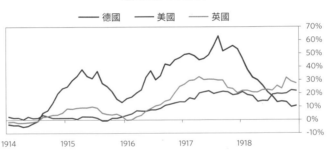

通貨膨脹（年增率）

　　首先，我要先說明，第一次世界大戰（以及隨之而來的債務貨幣化）並非直接導致德國在戰後陷入通貨膨脹型蕭條的原因。誠如先前在典型模式中提到的，**雖然所有國家／通貨都可能發生通貨膨脹型蕭條，它還是最常見於具備以下特質的國家：**

- **非準備通貨國：**也因此，國際上沒有持有該國通貨／債務作為保值品的偏好。
- **外匯準備稀少：**所以沒有太多緩衝可以保護它免於受資金外流傷害。
- **外債存量很高：**也因此，當債務人應償還的外國通貨的利率或匯率走高，它的債務成本就會上升，並因此受創，另外，債務人也可能因那一項債務

計價通貨的可用信用短缺而受創。

- **預算赤字和／或經常帳逆差規模龐大且持續擴大**：所以迫切需要以借錢或印鈔票的方式來支應赤字／逆差。
- **實質利率為負**：所以放款人無法因持有該國通貨／債務而獲得適足的補償。
- **過去的通貨膨脹一向很高，且本國通貨的總報酬為負數**：因此外界對該國通貨／債務的價值缺乏信任。

　　到這場戰爭結束時，德國經濟符合上述所有條件。德國的戰敗意味著馬克將不會成為戰後世代的準備通貨。另外，德國在戰爭期間累積了鉅額的外部債務存量，而且協約國極可能強迫德國另外支付鉅額的戰爭賠款。當時德國的外匯準備根本不足以支付現有的外部債務存量，遑論額外的賠款。實質利率為非常低的負數，所以未能對持有德國通貨／債務的債權人提供適足的補償。預算與貿易收支赤字都非常高，那意味著德國不得不繼續依賴貸款／貨幣化等手段，來取得支出和消費所需的財源。最後，德國的高通貨膨脹歷史、印鈔票政策與持有馬克的總報酬為負等，使人愈來愈不信任德國通貨／債務的保值能力。

1918年11月至1920年3月：
凡爾賽條約與第一波通貨膨脹

　　1918 年 11 月，德國投降的消息一傳開，大量資本迅速從德國外逃。德國公民和企業還沒搞清楚和平的條件，也不知道戰敗後的德國政府將會如何償還它的鉅額負債，就爭先恐後地將自身的財富轉換成戰勝國的通貨與資產。接下來幾個月，馬克兌換美元的匯率貶值了 30%，德國股票市場的實質價值下跌幾乎一半，而本國通貨計價的政府債務規模則增加大約 30%，新增的債務幾乎全數必須靠中央銀行加以貨幣化。於是，貨幣供給暴增大約 50%，通貨膨脹率也上升到 30%。

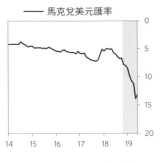
馬克兌美元匯率

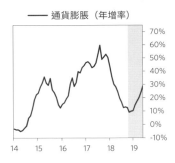
通貨膨脹（年增率）

資料來源：全球金融資料庫

新聞動態

1918 年 11 月 12 日
德國境內起義行動依舊四處
蔓延

1918 年 11 月 23 日
艾伯特（Ebert，譯注：德國政
治家，為首任聯邦大總統）與
哈塞（Haase）否認銀行業將
被充公：支持戰爭貸款
「即使是在革命爆發前，德
國各地的銀行都可見源源不
斷的擠兌人潮，這不僅導致
通貨匱乏到令人痛苦萬分，很
多城市（包括柏林）的銀行都
不得不印製所謂的納吉德
（Notgeld，譯注：即緊急狀
態貨幣）來因應。」

1918 年 11 月 27 日
堅定強制德國人還款：若企圖
逃避賠款責任，協約國可能
佔領這個曾為帝國的國家

1918 年 11 月 30 日
柏林大量人口死亡：去年平民
死亡人數比出生人數多出 1 萬
5,397 人

1919 年 5 月 1 日
德國人有信心對協約國動之
以情

1919 年 5 月 1 日
德國將損失 70% 的鐵與三分
之一的煤

　　儘管最初一般人樂觀預期最終的和平條件不會特別嚴苛，資本還是選擇大量外逃。原本德國談判團隊的很多成員期待戰勝國只會要求德國就戰爭期間遭德軍佔領的他國領土所遭受的破壞進行賠款，而且希望主要以物資的形式（而非通貨）來賠償。[24]美國總統伍德羅・威爾遜（Woodrow Wilson）的民族自決（self-determination）也導致很多德國人誤以為德國的領土至少不會在未進行公投的情況下被併吞。也因此，很多德國人預期他們的國家將在戰後保有原來的領土和經濟能量，也預期德國將不至於承擔過於懲罰性的賠款。[25]

　　所以，當凡爾賽條約的最終條件被揭露時，德國人極度震驚。德國將因戰勝國的併吞而損失 12% 的領土、10% 的人口、43% 的生鐵產能，以及 38% 的鋼鐵產能。[26]它也必須就協約國公民在戰爭期間被德國沒收的所有財富（包括在德國境內以及在佔領區）進行補償，不過，德國並不能因其海外資產（包括實體資產和金融資產）被其他國家充公而獲得補償。德國政府也必須向協約國的債權人履行戰前的所有債務，包括民間公民的債務。至於賠款方面，1921 年將成立的一個委員會，將在評估德國償付賠款的能力後，決定最後的賠款金額，當然，這麼做也是為了讓德國政府

新聞動態

1919 年 6 月 2 日
接下來將如何發展？德國人擔憂：協約國對於反提案（Counter-proposal）的敵意引來極悲觀的看法
「這裡的每個人都想知道『接下來將如何發展？』，而現在他們都已得知，協約國媒體幾乎一致敵視德國的反向提議，所以答案非常悲觀。」

1919 年 6 月 6 日
德國人將財富走私到海外
「某些人單純只是想逃避短期內預期將不可避免會實施的高稅賦……政府將不會允許國人將現金轉移到海外，所以商人將手上的馬克走私到海外，並以極大的折價，拋售這些馬克，從而導致馬克的價值進一步降低。」

1919 年 6 月 8 日
若德國不簽署條約──就等著餓死
「若敵國違約不遵守和平條件，協約國已做好準備，將強制執行史上最嚴苛的封鎖。」

1919 年 6 月 15 日
預料德國人每人一年將被課徵 75 美元的稅金
「維席爾（Rudolf Wissell，譯注：德國社會民主黨政治人物，威瑪共和國時代的經濟部長）部長質疑以鮮血交換進口食物的見解。」

1919 年 6 月 28 日
德國人抵達凡爾賽，今日將簽署條約

有另一個機會，能就這個主題在聽證會上陳述它的立場。在最後賠款金額決定前，德國將先支付約當 200 億馬克的黃金、原物料商品、船隻、證券和其他實體資產給協約國作為補償，作為它佔領協約國的代價。[27]

德國沒有其他選擇，若不同意這些條件，就得面臨遭全面佔領的命運，所以它在 1919 年 6 月 28 日簽署這項條約。凡爾賽條約的簽訂導致馬克匯率進一步重挫，[28] 1919 年 7 月至 1920 年 1 月間，馬克兌美元匯率貶值 90%。通貨膨脹也急速竄升，到那一年年底，貶值幅度更達到 140%。馬克這一次的貶值一樣主要導因於**德國公民搶著將資本匯到國外，因為人民擔心那些交付通貨的承諾（即上述債務責任）過於沈重，德國政府非常難（甚至根本不可能）以強勢貨幣來履行它的負債，這樣的憂慮並非空穴來風，因為德意志帝國必須課徵極高的稅賦並將民間的財富充公，否則沒有辦法履行這些還款承諾。由於面臨財富被充公的危險，德國民眾急忙拋售馬克並轉移資產的行為，自然是可以理解的。**

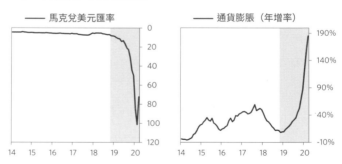

隨著馬克貶值，背負外部負債的德國債務人的實質債務費用也大幅增加，於是，他們竭盡所能地盡快償還那些外國債務，這導致外匯市場上充斥馬克，而馬克的匯率也因而進一步貶值，並誘發另一輪資本外逃。當一個背負大量外幣計價債務的國家陷入債務／

國際收支危機，這樣的動態也很常見。誠如當時一名重量級的漢堡工業家指出的，「如果每個人現在都為了履行個人的責任而秘密賣出馬克鈔券……我們等於是自取滅亡。如果這個情況繼續下去，馬克鈔券將變得毫無用處。」[29]

明確來說，在這個時間點，這項通貨的弱勢主要並非導因於印鈔票的政策，相反的，弱勢的本國通貨反而成了當局印鈔票的導因。換言之，資本逃出這項通貨與這個國家，才是導致這項通貨貶值的主要因素，而資本的外逃又促使通貨膨脹進一步上升。這就是通貨膨脹型蕭條時期常見的典型情況。

隨著資金逃離一項通貨／債券市場，中央銀行自然不得不在以下兩個選項當中做出抉擇：a）允許流動性與債券市場大幅緊縮；或 b）印鈔票來填補這個缺口。通常中央銀行會選擇印鈔票來填補缺口，而這會導致本國通貨進一步貶值。**雖然通貨貶值將傷害進口商以及背負外幣債務的人，但通貨的官方貶值能提振經濟體系與本國資產市場，而這在經濟疲弱時期是有幫助的。**通貨貶值能提振出口和邊際利潤率，因為本國通貨貶值會讓這個國家的商品在國際市場上變得比較便宜。在此同時，通貨貶值會讓進口變貴，間接對本國產業形成支持。通貨官方貶值也會促使以本國通貨計價的資產的價值上升，並吸引外國資本流入，因為此時若以全球通貨的角度計算，這個國家的金融資產已變得比較便宜。

從 1919 年 7 月至 1920 年 3 月，馬克的貶值和負實質利率，對德國經濟及其股票與原物料商品市場帶來顯著的提振效果。

出口產業也欣欣向榮，失業率漸漸降低，而由於實質工資仍維持低檔，故企業獲利能力遂見改善。從

新聞動態

1919 年 8 月 3 日
協約國掌控德國資源

1919 年 8 月 9 日
德國批准財政部長的中央集權計畫
「這個決策——核准艾茨貝格爾（Erzberger）的統一帝國稅計畫——撤銷了各邦自行徵稅的權利，故引發激烈的辯論。」

1919 年 8 月 10 日
馬克仍繼續貶值
「最近德國馬克在德國周邊的中立國持續貶值，昨日在瑞士，馬克觸及其史上最低價，報價為 1 馬克兌 35 生丁（centimes），而非和平時期的 125 生丁。」

1919 年 8 月 11 日
德意志銀行坐擁數十億鈔券：但報導承認，龐大的數字並不代表德國商業界的實質利益
「經營階層評論：『營運成本上升幅度極度驚人，這確實導因於我國貨幣本位（money standard）貶值……但那也和勞動產出與每日工時縮短所導致的人事需求密切相關。』」

1919 年 9 月 7 日
德國嚴格查稅：當局授權特務人員搜索民宅並強行開啟保險箱

1919 年 9 月 13 日
德國工業快速回春
「英國觀察家表示，進展比其他任何國家都快。」

新聞動態

1919 年 9 月 18 日
馬克觸及德國史上最低點
「財政部長馬夏斯‧艾茨貝
格爾為了討論馬克日益趨貶
的匯率及其他金融問題,今日
召集銀行業者與其他金融家
參與協商會議。」

1919 年 9 月 26 日
**德國人因高稅賦而群起吵鬧
不休;艾茨貝格爾暗示若反對
者持續施壓,政府將總辭**

1919 年 10 月 20 日
**德國鋼鐵產出回升:7 月數據
顯示過去幾個月產出大幅增
加**

1919 年 11 月 15 日
**不收德國貨幣;低匯率使漢諾
威(Hanover)零售商人拒絕
接受現金購物**
「許多漢諾威零售商人決定
不賣任何東西給想以德國貨
幣付款的外國人——那些外
國人以他們的外國貨幣,在市
場上以目前極低的匯率購入
馬克,再到德國購物。然而,
零售商人們願意接受以和平
時期的匯率換算的外國貨
幣。」

1919 年 11 月 29 日
目前德國債券的市況良好
「帝國戰爭貸款與各城市的
證券吸引美國投機客介入。」

1919 年 12 月 1 日
**德國查核出口,以免國家遭到
剝削**
「政府警覺到『出賣德國』的
作法仍時有所見,這終於迫
使它強制執行一項徹底查核
出口的暫時性對策。」

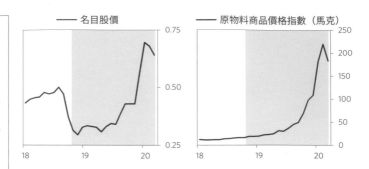

下圖可見到失業率的降低與出口的逐漸升溫(請注
意,當時的所有失業率統計數據都只顯示工會成員的
失業率,所以,這些數字可能低估了實際的失業狀
況,也低估了當時德國社會的艱困處境。然而,這些
數字確實顯示就業狀況逐漸改善)。

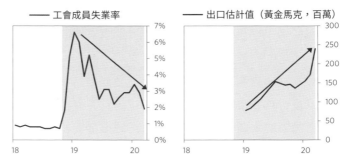

當時德國也希望藉由馬克的一次性貶值來鼓勵出
口、抑制進口,並促使德國的國際收支趨於均衡。根
據當時一名重要的德國官員所言:

「我認為,我國疲弱不堪的通貨是一種美妙的工
具:它消除外國人對德國的仇恨感,並使我們的
敵人不再厭惡與我們貿易。美國人原本可用 1 美
元和我們換取價值 4.21 馬克的商品,如今可換取
價值 6.20 馬克的商品,想必他們將恢復對德國的
喜愛。」[30]

另一方面，德國的政策制訂者也開始思考各種因應國內債務負擔及財政赤字的方法。一名官員如是描述戰爭結束後的政策：「我們唯一能做的就是繼續不斷印鈔票。」[31] 為了降低赤字並增加收入來應付債務負擔，財政部長馬夏斯・艾茨貝格爾提出了一份包羅萬象的稅務改革方案。這個方案就是所謂的「艾茨貝格爾財政改革」方案，它計畫透過課徵高額的所得及富人累進稅（最高所得稅率接近 60%，富人稅最高更達 65%），將有錢人的財富轉移給窮人。[32]

艾茨貝格爾財政改革方案在 1919 年 12 月通過，透過這個方案，帝國來自各種直接稅的稅收佔比將提高到 75%（1914 年只有大約 15%），他期許到 1922 年時，能透過這個方式籌措到足以支應所有政府支出——不含賠款——的稅收。[33] 在這些改革推動前，絕大多數的政府收入來自公家企業（主要是鐵道）以及出口、進口和煤等具體名目的稅捐。

弱勢通貨帶來的有利結果，促使很多德國政策制訂者倡議依賴本國通貨的弱勢和通貨膨脹（導因於進口物價上漲與中央銀行印鈔票），來替代「充公式稅捐」，因為他們認為前者比較有效率。[34] 其中一名倡議官員是弗里德里希・班迪森（Friedrich Bendixen）博士，他主張，「經由稅賦來徵收鉅額資金，將導致我國的生產力弱化，從而降低收入，並使帝國走向經濟崩潰的道路……唯有將戰爭貸款轉化為貨幣，才能帶來救贖。」[35] 通貨膨脹將「清除」德國的本國通貨戰爭債務，並讓德國「在新貨幣的基礎之上，展開全新的生命」。雖然這個計畫遭到中央銀行斷然拒絕，但中央銀行也承認，各種事態最終還是可能「沿著這個路線發展」。後來的情況確實也是朝這個方向發展：通貨膨脹上升到幾近 200%，到 1919 年年底，

新聞動態

1919 年 12 月 5 日
艾茨貝格爾建議採行高稅賦預算；基於德國戰後融資考量，計畫對最高所得者課徵 60% 的稅賦
「赫爾・艾茨貝格爾在討論德國戰後的經濟責任時表示，國家目前遭遇的問題需要所有國民團結一致，共同承擔，一如戰爭期間，所有國民也共同承擔責任。他期許未來的稅務報告能加速朝民主的方向前進，並帶領新德國走出戰爭的損害。」

1919 年 12 月 17 日
德國的貸款遠遠不足；認購金額僅 38 億馬克，低於原先預期的 50 億馬克
「政府因優先債券貸款籌資失敗而極度失望，最初的數字顯示這次籌資遠遠不如艾茨貝格爾及其幕僚先前的期望，離他們所謂的成功募款還差之甚遠。」

1920 年 1 月 2 日
柏林交易所因預期條約將簽訂而恢復生氣
「這主要是由於外界得知德國已就和平條約的簽訂與協約國達成共識，並預期出口與進口狀況將進一步好轉。」

1920 年 1 月 23 日
艾茨貝格爾平靜面對眾多敵人

拜通貨膨脹之賜，德國的國內戰爭債務負擔，已降到約當 1918 年原始價值的 25%。我猜你應該也想像得到，有錢人因此爭先恐後搶購外國通貨或實體資產，防止自己的財富被通貨膨脹侵蝕或直接被政府充公。[36]

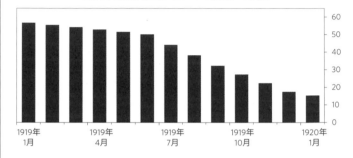

實質本國通貨債務（1913 年馬克，10 億）

除了允許以通貨膨脹「自然」降低實質債務負擔，中央銀行也可能選擇緊縮貨幣政策，並策動一場通貨緊縮型衰退。如果這麼做，德意志帝國對人民的還款將接近當初他們出借的財富的實質價值，不過，這也將重挫國內的信用創造與需求，從而導致失業率大幅上升。所以，**這時的德國面臨典型的兩難：要幫助作多本國通貨（也就是持有本國通貨計價債務的債權人）？還是要幫助放空本國通貨的人（也就是欠錢的債務人）？不過，在經濟危機期間，政策將富人財富重分配給窮人的情況較可能發生。這是因為「窮人」的景況已惡化到令人無法忍受，也因為「窮人」比「富人」多。**

當時，相較於保全債權人財富，紓解債務負擔與財富重新分配是比較優先的考量。失業率依舊很高，糧食短缺的情況極端嚴重，大量從前線返鄉的士兵需要就業，因為唯有就業才能重新融入經濟體系。在歐洲各地，資本主義和勞工之間的離齬處處可見，這

是蕭條時期的常見狀況。俄羅斯在 1917 年爆發共產主義革命，而此時共產主義思想也開始散播到世界各地。當時英國傳奇經濟學家約翰・梅納德・凱因斯（John Maynard Keynes）就通貨膨脹與通貨緊縮之間的抉擇發表評論時寫道：「通貨膨脹不公不義，而通貨緊縮則不得體。在這兩者當中，通貨緊縮可能比較糟糕，它比較糟糕的原因是，在一個窮困的世界引發失業潮，絕對比讓靠房租利息生活的人（rentier，即資本家放款人）失望更糟糕。」[37]

　　雖然經濟活動水準依舊低迷，但到 1919 年年底／1920 年年初，拜通貨膨脹之賜，德國的多數國內債務已經消除，它也通過一個包羅萬象的稅務改革方案，取得更多收入，經濟活動開始有加溫的跡象。另外，賠款方面也傳出一些好消息。為了紓解德國和協約國之間的緊張氣氛，協約國邀請德國就「賠款金額理應多少」提出它的建議案。諸如凱因斯等批判和平條件過於嚴苛的人，也在海外的官方圈子裡爭取到愈來愈多的共鳴。另外，馬克的匯率也開始趨於穩定。[38]

　　然而，在德國國內，左派和右派勢力之間的矛盾愈演愈烈。1921 年 3 月，由沃夫岡・卡普領導的右翼國家主義團體意圖推翻威瑪政府，並希望組成一個獨裁君主主義政權來取代威瑪政權。不過，在勞工拒絕與新政府合作並宣布大罷工的情況下，短短幾天，這場政變就宣告失敗。[39]雖然「卡普政變」（Kapp Putsch）堪稱徹底的失敗，卻產生了一個提醒效果，它讓人記起德國政治環境依舊非常脆弱的事實，而這場失敗的政變也是另一個闡述「**去槓桿／蕭條所帶來的經濟痛苦，有可能促使左派與右派民粹主義與革命領袖雙雙崛起**」的好實例。誠如當時一個沮喪的柏林商人所言：

新聞動態

1920 年 3 月 28 日
卡普的叛變令德國人群情激憤，一發不可收拾
「一般人認為逮捕與起訴革命分子的作法太過輕率。另一場罷工可能展開；工人要求軍人立即撤出魯爾（Ruhr）區。」

1920 年 4 月 12 日
儘管馬克升值，德國物價仍上漲；糧食供給狀況惡化，人民健康每下愈況
「柏林金融圈逐漸恢復精神。馬克表現繼續改善。」

1920 年 5 月 16 日
德國對抗奸商的戰爭失利
「儘管柏林當局費盡心思且馬克終於回升，物價仍持續飆漲。從 1914 年起，必需品價格上漲 650%。而 1920 年開春後兩個月就上漲大約 17%。」

1920 年 6 月 20 日
德國人樂見鋼價下跌
「由於生產者宣布鋼與鐵價將真正調降（自 6 月 1 日生效），加上生產商進一步的聲明中指出煤價將不會上漲，德國媒體大致上抱持樂觀其成的態度，並將之視為此類基本產業的高物價峰頂已然過去的鐵證。」

1920 年 6 月 23 日
德國糧食展望
「收成增加不如預期，農業勞動力威脅罷工──據報導，各地陸續發生糧食暴動。」

「就在我們好不容易又有更多工作可做的同時……倫敦愈來愈多人察覺到，凡爾賽條約的施行是可怕的政治蠢行，而匯率因此開始好轉，軍方……在一個惡名昭彰的反動分子領導下，再度拋棄這一切，逼得我們的勞工不得不展開大罷工和示威，但罷工和示威是不必要的，因為那無法達成任何目的。」[40]

1920年3月至1921年5月：相對穩定期

1920 年 3 月至 1921 年 5 月的十四個月間是一段「相對穩定」期。[41]馬克停止貶值，物價維持穩定，德國經濟表現甚至超過其他所有已開發經濟體。一如很多人的預測，德國並未因經濟或政治混亂而崩潰，所以，放空馬克的人虧了非常多錢（著名的個案之一是凱因斯，他個人因匯率投機操作而虧掉大約 1 萬3,000 英鎊）。[42]

當時全球的背景是：美國與英國緊縮貨幣政策，導致全球陷入嚴重的經濟衰退。舉個例子，在 1920 年至 1921 年間，美國的工業生產衰退了 20%，英國也降低 18.6%，而這兩國的失業率則分別上升 22% 與11.8%。[43]

德意志帝國銀行則採取和其他國家央行相反的方法，維持非常寬鬆的貨幣政策，直到 1922 年，貼現率都還維持在 5%。[44]不僅如此，德意志帝國銀行還定期出手干預，在信用情勢緊縮時挹注額外的流動性。舉個例子，1921 年春天，商業流動性溫和緊縮，德意志帝國銀行為回應這個情勢，加速收購商業本票（收購量從未清償商業本票的 3.1% 增加到 9%），[45]財政政策也維持高度寬鬆，實質政府支出（不含賠款）

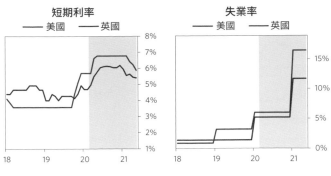

資料來源：全球金融資料庫

在 1920 年至 1921 年間持續增加。[46] 雖然它的預算赤字縮減，總金額還是非常龐大——大約約當 GDP 的 10%——而且還繼續以發行短期債券的方式來籌措預算赤字的財源。

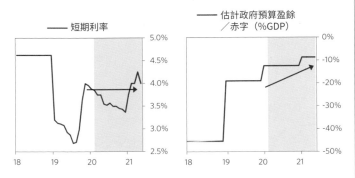

資料來源：全球金融資料庫

提振型的政策使德國得以躲過全球經濟衰退，並享受相對強勁的經濟情勢。 在 1919 年至 1921 年間，工業生產增加 75%。然而，誠如下頁圖所示，經濟活動的絕對水準相對還是極端低（例如工業生產與實質 GDP 還是遠低於 1913 年的水準），而且整個德國社會依舊相當貧困。我們應該將這段期間視為一個長期經濟衰退過程中的一個短暫成長期。

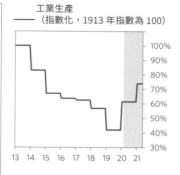

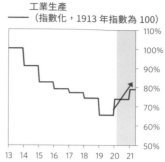

1920 年 3 月至 1921 年 5 月間，經濟活動回升與通貨再膨脹政策並未在德國造成顯著的通貨膨脹，因為國內的通貨膨脹壓力被國際通貨緊縮動力抵銷。美國和英國商品的進口物價下降大約 50%，此時愈來愈多資本流入經濟表現超前的德國，這使得馬克趨於穩定，而較穩定的馬克讓貨幣供給成長率得以降低。誠如下圖所示，這是非常顯而易見的轉機。馬克匯率反彈，通貨膨脹降低，而到 1921 年，物價終於停止上漲，這是 1914 年以來首見的狀況。

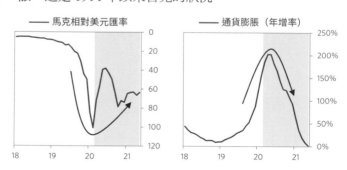

另外，海外人士相當樂觀看待德國經濟——事實上，德國經濟體系成為當時最熱門的新投資標的，由外國人匯入資金的意願便可見一斑；而外國資金的匯入為持續增加的貿易逆差提供了必要的財源。事實上，當時某些評論家還開始將德國大幅增加的資本流入指為「驚人的」投機泡沫，凱因斯甚至表示那是

「有史以來最大的」泡沫。**大量湧進這個市場搶購馬克的人，有很多是全新的買家，他們缺乏對這個市場的交易經驗 —— 這是典型的泡沫跡象。**根據凱因斯的說法：

> 「首都街上（的普通人）……（乃至）西班牙與南美洲最偏遠鄉鎮的理髮師助理……都異口同聲地說……德國是個了不起且強盛的國家；總有一天它將復原。而當那一天到來，馬克也將復原，而那將帶來極大的利潤。」[47]

1921 年，德國七大銀行的存款幾乎有三分之一屬於外國人，有此便可大略了解當時外來資本流入的盛況。[48] 這些投機性資本的流入，對馬克的相對穩定貢獻良多。**外國資本的流入也讓中央銀行的工作變得輕鬆很多，不再需要為了成長與通貨膨脹之間的固有利弊得失而傷透腦筋。誠如我在說明典型「模型」時解釋的，當資金流入一個國家，通常會促使這個國家的通貨膨脹率降低，並提振其經濟成長率（在其他所有條件不變的情況下）；而當資金撤出，便傾向於衍生相反的影響，使得中央銀行變得更難以應對。**

強勁的資本流入也意味著德國經濟變得愈來愈依賴年復一年不斷流入的「熱錢」（即隨時可能通知撤出的投機性投資資金）來作為支應財政赤字與外部赤字的財源。[49] 一如所有國際收支危機泡沫階段的典型情況，**當一個國家愈來愈仰賴資本流入來維持支出與經濟活動的水準，它的經濟復甦腳步終將變得軟弱無力，而且容易因市場情緒的反覆無常而受到影響 —— 在那種環境下，市場情緒很容易因任何一個和德國經濟前景有關的小事件而突然翻轉。**

新聞動態

1921 年 4 月 23 日
白里安（Briand，譯注：當時的法國總理）警言法國將取得它應得的；他宣稱，唯有採取激烈的行動，才能讓德國領悟到法國有可能報復

1921 年 4 月 30 日
柏林內閣現在可能必須辭職：除非遵循巴黎的要求全面辭職，否則無法逃脫進一步的懲罰
「由於未能成功敦促美國在賠款爭議上出面斡旋，今晚很多人談到內閣可能面臨的危機。政治圈正在討論的問題是，若費倫巴赫（Fehrenbach）總理與賽門斯（Simons）外交部長拒絕在巴黎的要求上簽字，接替人選應該是誰？」

1921 年 5 月 1 日
部隊可能在 5 月 7 日移防：法國軍事計畫要求在兩天內佔領魯爾區
「這個地區將被佔領，當然，這取決於倫敦最高法院會議所做的決定。」

1921 年 5 月 2 日
就在法國調動其軍隊之際，協約國對德國下最後通牒

1921 年 5 月 3 日
法國啟動戰爭機器
「英國對法國的計畫持反對態度，此一立場因華盛頓當局的意見而更加強化，美國政府也反對對德國採取軍事行動。」

馬克在 1920 年年初的急速升值，並非政策制訂者所樂見，因為貶值的馬克被視為維持德國出口競爭力、支持就業成長以及累積強勢通貨盈餘的儲蓄的必要條件。換言之，馬克貶值被官方視為「不幸中的大幸」，如果沒有這個大幸，德國出口活動的前途將「無亮」。[50] 果然，馬克一升值，就對出口造成重創，商業總會甚至表示工業活動因此「瞬間停擺」。[51] 失業率大幅上升，據報導，工會成員的失業率甚至增加為原來的三倍。基於這些原因，經濟部在 1920 年 3 月至 6 月間出手干預—干預的目的是為了蓄勢壓低馬克匯價，以提振就業。果然，這一波官方干預奏效。馬克匯率下滑，競爭力恢復，失業率再次開始下降。[52]

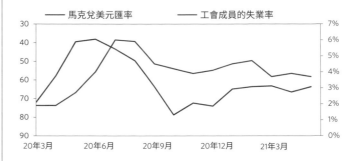

在這段期間，德國的政策制訂者較擔心國際上的通貨緊縮壓力會擴散到德國，對於經濟提振政策可能衍生的通貨膨脹，則較不在意。在德國政策制訂者眼中，通貨緊縮可能造成的失業率上升與潛在社會動亂，比物價再次上漲的噩夢更加險惡。誠如重建部部長向一名重量級工業家表示的：

「（我）不怕通貨膨脹……如果已在英格蘭全面爆發的危機沒有擴散到我國，我們應該允許印鈔廠再加把勁兒，著手重建我們的國家。這項活動

將讓我們有能力打造一座足以阻擋危機的水壩。」[53]

當然，馬克、通貨膨脹與經濟情勢能否真正趨於穩定，還是高度取決於大規模流入德國的投機性資金以及穩定的國際收支。

1921年5月：倫敦最後通牒

德國和協約國之間對於賠款的爭論，在 1921 年 5 月的「倫敦最後通牒」（The London Ultimatum）發出時達到緊要關頭；協約國在最後通牒中威脅，若德國不接受新賠償金額，將在六天內佔領魯爾基地。總賠款訂為 1,320 億黃金馬克（大約是德國 GDP 的 330%）。根據安排，其中 500 億預訂以每季分期付款的方式支付，總計大約是一年支付 30 億黃金馬克。這個償債負擔大約等於德國 GDP 的 10%、出口收入的 80%。[54]剩下的 700 億賠款將由協約國（而非德國）列強根據德國的經濟能力，決定何時應開始償還。德國不僅必須償還鉅額的強勢通貨債務，也必須忍受償債支出隨時（只要協約國通知，就必須付款）可能增為原本的三倍的威脅。

德國人先前一直期待能達成較具和解意義的協議，不過，由於協約國要求的賠償金額太過龐大，至此，德國人的希望確定落空。還款的結構也令潛在投資人與德國大眾極度不安，因為那意味著若經濟情勢改善，償債負擔隨時可能會加重。[55]由下圖便清晰可見，比較德國和其他經濟體進入大規模通貨膨脹型蕭條期之前所背負的強勢通貨債務規模，德國的負擔遠比其他經濟體高。誠如下圖所示，德國威瑪共和國時代的負擔高到其他所有個案「望塵莫及」。下頁圖則是 1914 年至 1922 年間，德國的債務約當其 GDP 的百分比。

各經濟體進入通貨膨脹型蕭條前的外幣債務（%GDP）

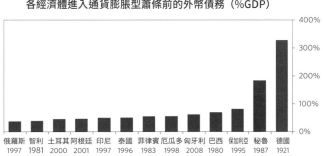

德國政府債務估計值（%GDP）

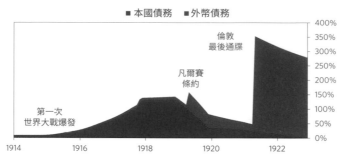

　　就在賠款負擔宣布後，馬克隨即承受極大賣壓，到那一年年底共貶值了75%。通貨膨脹也再次上升，物價幾乎較前一年同期增加一倍。一個參與凡爾賽條約簽訂的重量級德國人士表示，最後通牒讓他最大的恐懼成真：

> 「我們應該讓這個世界了解，不可能一面要求一個國家背負沈重的債務負擔，
> 一面又剝奪它可用的還款手段……若這項和平條約繼續堅持目前的形式，這項
> 通貨的徹底崩潰將……不可……避免……」[56]

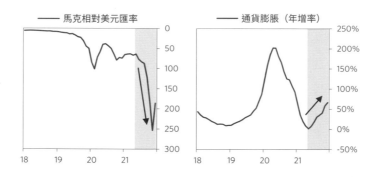

　　這份賠款時間表帶來一場國際收支危機。從很多方面來說，國際收支危機和個人、家庭與企業面臨的其他所有嚴重的收支問題非常類似。為了籌到付款所需資金，一個國家必須1）減少支出；2）賺更多錢；3）透過借錢的方式來取得付款所需資金和／或動用儲蓄來還款；或者乾脆選擇4）違約不償還債務（或是說服債權人寬免債務）。德國並不能採用它解決國內戰爭貸款的方式──藉由印鈔票來解除償債負擔──來因應賠款負擔，因為那些賠款債務並不是以紙鈔馬克計價。所以，

政策制訂者需要仰賴上述四種手段的某種組合來解決問題。

縮減支出將帶來極大痛苦，且就政治層面來說，這是危險的作法

　　由於大約 50% 的德國政府總收入將必須用於賠款，非賠款費用必須大幅度縮減，才能達到縮減整體支出的目的（譯注：因賠款費用不能縮減）。[57]由於多數非賠款支出屬於必要的社會服務支出——如失業救濟金、糧食與住宅補貼，以及對重要公共服務企業如鐵路與船塢等提供的融資，因此，當局認定大規模的支出縮減「在政治上是不可能的」。而且，由於當時俄羅斯正發生布爾什維克革命，血腥的內戰方興未艾，加上德國的社會主義運動逐漸加溫，因此，政策制訂者害怕過於鐵腕的作法，可能引來左派分子揭竿而起，跟著搞革命。另一方面，協約國勢力愈來愈嚴苛的要求令德國人倍感屈辱，加上為滿足協約國的要求而產生的經濟痛苦，也點燃了極右派國家主義者的怒火。憂心政治陷入混亂的恐懼隨著罷工、暴動與政治暴力的日益普遍而加深。1920 年夏天，政府在大規模搶劫事件後，被迫宣布進入緊急狀態；[58]到 1921 年 3 月，共產主義團體奪下幾個船塢和幾家工廠的控制權，不過，那些人群在與警察的幾次駁火後遭到驅散；[59]到 1921 年 10 月，財政部長馬夏斯・艾茨貝格爾因他在 1918 年德國宣布投降時所扮演的角色，遭到極端國家主義者暗殺。[60]在這樣的情境下，難怪政府會拒絕縮減社會支出，也難怪德意志帝國銀行會拒絕停止赤字的貨幣化。

稅賦原已極端沈重

　　降低支出確實不可行，但藉由課徵額外稅賦來提高收入也遭遇阻力。關鍵原因是，艾茨貝格爾在 1919 年推動的改革（前文曾討論）已大幅提高了稅賦負擔。若此時選擇進一步加重稅賦負擔，勢必會引發和縮減支出相同的政治／社會風險——換言之，事實已證明，任何額外增稅的作為不僅極端難以獲得通過（艾茨貝格爾先前的改革就已被柏林國民議會裡的反對分子七折八扣），也可能加速資本外逃。凱因斯認為德國不可能透過稅收來應付賠款負擔，並針對此事發表評論，他寫道：「歷史上記載的任何政府，就算採用極端高壓手段，（都不曾）強悍到足以搜刮……身陷那種處境的人民的幾乎一半（必要）所得。」[61]

現有的儲蓄極端有限，也不可能取得充足規模的貸款

當時德國幾乎沒有任何儲蓄可用於償還賠款債務的用途。凡爾賽條約基本上等於沒收或凍結德國在戰前持有的所有外國資產，並撤銷外國人欠德國的所有債務。此外，擁有外幣儲蓄的人（主要是出口商）有極大誘因將他們所得繼續留在海外銀行的帳戶，那當然是因為他們害怕政府會為了解決賠款負擔而將他們的財富充公。至於中央銀行的黃金準備，根本連付第一期利息支出都不夠。此外，國際上沒有多少人願意大規模（大到足以分段延展它的賠款負擔）對德國授信，原因有二。首先，多數已開發經濟體那時也都因各自的戰爭債務而背負沈重的負擔（主要是欠美國），而且同樣都處於嚴重的經濟衰退狀況。第二，德國政府（與多數德國人）的信用等級不合格，舉個例子，德意志帝國銀行行長為了籌措第二期分期賠款支出所需，向英格蘭銀行申請 5 億黃金馬克的短期貸款時，遭到對方「禮貌性地拒絕」。[62] 根據當時的英國財政大臣所言，「難就難在那是一個惡性循環。德國說除非能借到海外貸款，否則它將無法在停止發行紙鈔的情況下如期還款，但除非它能夠如期還款，否則根本借不到海外貸款。」[63]

當然，由於協約國威脅一旦德國拖欠賠款，將會入侵該國領土，所以德國也不可能片面債務違約。雖然德國的領導團隊馬不停蹄地試圖重新協商還款條件，但戰爭留下的惡劣感受（畢竟戰爭也不過才結束短短幾年）讓戰勝國——尤其是法國——拒絕讓步。

遭遇還款問題的國家和家庭有一點不同，國家可以改變現有通貨的數量，藉此影響本國通貨的價值。所以，國家比家庭多一項額外的手段可管理國際收支危機。 德意志帝國銀行能試著以提高利率與緊縮信用等方式來捍衛本國通貨（這將使持有馬克計價資產／存款的債權人的報酬增加，從而吸引更多海外資本流入，並阻止本國資金外逃），而且，那個作法也會重創國內需求，導致進口降低，這樣就有助於縮減貿易赤字。不過，要縮減貿易赤字，消費必須大幅萎縮到令人難以想像的地步，而那卻是這個已經極為貧困且衝突四起的社會所無法忍受。

於是，剩下的唯一替代方案就是放任通貨貶值，並藉由增印鈔票來紓解任何可能因馬克外流所引發的流動性緊縮。

誠如我們在「模型」中提到的，**最終惡性循環為超級通貨膨脹的個案的最重要特質是：政策制訂者不設法拉近所得和支出／償債負擔之間的失衡，反而藉由大量印製貨幣的方式，一而再、再而三地長期為支出提供財源。** 當然，某些目標鎖定式

印鈔票是所有國際收支危機個案常見的手段，因為只要不流於濫用，這種手段確實能防止經濟衰退惡化。不過，當以通貨再膨脹為目的的印鈔票／貨幣化手段使用過度，且通貨的官方貶值幅度過大（通貨貶值能促使通貨再膨脹），大到超過其他所有管理去槓桿化歷程的手段——尤其是撙節與債務限制／違約等通貨緊縮型手段——就可能（且真的會）發生最嚴重的通貨膨脹型蕭條。

賠款時間表——加上撙節、動用儲蓄、對外貸款以及債務違約等手段的極端難以應用——逼得德國政策制訂者只能仰賴印鈔票的政策來應對這場危機。雖然政策制訂者深知這會導致通貨膨脹上升，卻還是只能硬著頭皮投入這場豪賭，因為他們認為那是兩害相權取其輕的不得已選擇。我個人認為，他們錯在沒有試著在通貨緊縮型動力與通貨膨脹型動力之間取得一個較理想的平衡點。

1921年6月至1921年12月： 逐漸成形的通貨膨脹惡性循環

1921 年下半年，**通貨膨脹惡性循環的典型動態已漸漸浮現。德國不可能履行外債義務的事實，導致它的通貨貶值，而通貨的貶值引發了通貨膨脹與流動性危機。中央銀行並未放任商業大幅衰退，而是藉由印鈔票與收購債務等手段積極提供流動性。這進一步引爆另一波的資本外逃、通貨膨脹、流動性緊縮與印鈔票作為，於是，惡性循環加速演變。在這個過程中，**中央銀行也為了應付第一期的賠款而耗掉它多數的黃金準備。

相較於隔年的情況，此時的惡性循環還算相對獲

新聞動態

1921 年 6 月 25 日
德國付款方法的改變
「8 億馬克可能以歐洲各地通貨付款，而非採美元。願承擔風險的國家的本國貨幣可能也會跟著貶值，不過，預期將使美元利率降低。」

1921 年 6 月 26 日
德國領導世界貿易前進
「由美國商務部彙整的美國進口與出口統計數字，便可清楚發現德國聲望的強力展現。那些數字翔實展現出德國政府、進口商與出口商努力躋身海外貿易最前線的現況。」

1921 年 6 月 30 日
德國付款的過程中，匯率維持穩定
「德國支付的第二期分期賠款金額達 4,400 萬黃金馬克，但與第一次付款時不同，此次付款並未引發外匯交易亂象。」

得控制，主要原因是外國人繼續透過購買德國資產，為德國的國際收支提供支持。不過，賠款支出和本國資本外逃，導致馬克在這段期間貶值了 75%，通貨膨脹也加速上升到接近年率 100%。最大的貶值走勢發生在 1921 年 10 月，當時國際聯盟不顧上西利西亞絕大多數居民決定留在德國的公投結果，將上西利西亞（重要的煤礦開採與工業區域）割讓給波蘭。[64]

　　上升的通貨膨脹促使零售採購活動大幅上升。不過，需求的上升並不是因為經濟活動加溫，而是因為所得與儲蓄搶在通貨膨脹侵蝕貨幣的購買力以前，一窩蜂流向實體商品所造成。漢堡美國協會（American Council of Hamburg）提到「鉅量的零售採購」，而《漢堡通訊報》（*Hamburgische Correspondent*）也提到「貪求商品的程度簡直駭人聽聞」。[65]整個情勢很快就達到所謂「全面清盤」（general liquidation）的狀態，原因是，由於馬克匯率非常便宜，外國人遂趁機在德國蒐購大量商品，而德國人則是為了逃避通貨膨脹的傷害而瘋狂搶購，總之，商店貨架被一掃而空。據報導，一名柏林官員對於「零售商被外國人以較高價值的通貨（譯注：外國通貨）『洗劫一空』」的現象感到震驚，而一名英國觀察家則悲嘆「很多商店宣稱商品已銷售一空；有些商店則是下午一點至四點停止營業，其中多數店家限制每名顧客每樣商品只能買一件……害怕價格進一步上漲，也怕存貨全部被買光的德國人全擠在商店裡」。[66]

　　相同的壓力導致消費性耐久財與實體資產採購大幅增加。汽車銷售攀升到歷史新高，紡織貿易商的訂單得花好幾個月才能完成，而棉花公司更是拒絕接受新訂單，多數產業的產能達到全能運轉，不得不加班趕工才能滿足日益上升的商品需求。[67]當然，這種暴

衝式的經濟活動並不代表經濟繁榮，而是人民大量湧入所有能規避通貨膨脹的資產使然。根據當時一名巴伐利亞官員的說法：

「馬克的貶值……導致有產階級極度焦慮。每個人都想盡辦法處理手上的貨幣。他們竭盡所能購買一切物品，不僅是買目前需要的物品，也不僅是購買未來將使用的物品，而是為了擺脫紙鈔，因為等到紙鈔一文不值的那一天到來，他們至少擁有某種可用來交易的物品。」[68]

　　由於中央銀行將市場利率固定在 5%（每當流動性緊縮，就增加收購量），加上通貨膨脹大致上比利率高十倍，故**放款活動的實質報酬變得非常差，貸款的實質成本（即實質利率）則大幅降低。**[69]這導致**貸款大增，因為貸款變得非常吸引人。**[70]於是，實質投資頻頻創下戰後新高，[71]每個月的破產率也降低 75%。[72]然而，這當中真正具生產力的投資活動僅佔少數。有些企業將借來的錢轉化為資本財，而這麼做的主要考量並非出於那些資本財的「使用價值」，而在於其「內含價值」。沒有把借來的錢轉化為資本財，而是將多數財富保留在債務型資產（例如債券）的企業，則蒙受悲慘的損失。這個時期被稱為「從馬克逃向機器」的時期；這導致企業過度投資，在通貨膨脹結束後，這些投資活動的績效也非常差。[73]當然，這一切的一切導致通貨膨脹加速上升，惡性循環變得更根深柢固。

　　實質商品需求的持續增加，促使生產那些商品的產業的就業狀況持續好轉。[74]**於是，失業率降低，勞工在加薪與增加工時等方面的談判力量也提高。到了**

1921 年夏天，雇主和勞工之間的許多對峙，最終使名目工資大幅提高。然而，儘管工資增加，終究追不上通貨膨脹，工人的實質所得還是下降大約 30%。[75]這使得「富人」和「窮人」之間的緊張氣氛變得更劍拔弩張。

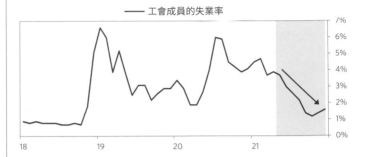

唯一明顯受惠於馬克崩盤的經濟部門是出口部門。隨著德國商品在國際市場上變得非常便宜，海外營收也日漸增加。然而，即使本國通貨貶值幅度那麼大，出口的增加還是比不上正常狀態下的成長幅度，原因有二：首先，即使德國商品變便宜了，但外國人基於戰爭的仇恨，對德國出口商品依舊懷很在心，這使德國透過馬克貶值得到的利益受限。第二，其他已開發國家的勞動成本也因嚴重的全球經濟衰退及隨後的通貨緊縮而降低，這使得馬克貶值帶來的潛在競爭力優勢遭到抵銷。

1921 年下半年，股票市場也爆發一位評論家所謂的「投機狂歡」。[76]在那段期間，股票價值幾乎上漲到原來的三倍（已調整過通貨膨脹），8 月時，柏林股票交易所達到接單超載狀態，不得不一週休市三次。到 11 月，一星期只剩一個開盤日，銀行甚至拒絕在早上十點後接受股票買賣單。根據一份報紙的報導，「如今沒有人──包括電梯工人、打字員、小地主乃至高社會地位的名媛貴婦──不從事工業股票投

機，每個人都仔細研究著官方股票報價清單，好像那是世界上最寶貴的信件似的。」[77]

　　相同的，**這樣的多頭市場也不是受經濟基本面好轉驅動，更非反映未來將更樂觀的經濟情勢。這個多頭市場只是反映出很多人意圖擺脫貨幣或甚至放空貨幣（即借錢），並作多「實體資產」部位的傾向。**根據一位觀察家的說法：

> 「目前的股票市場投機是計畫性逃出馬克的一種手段……值此時刻，投資活動的報酬徹底被紙鈔馬克的貶值抵銷，因此即使是實力最雄厚的資本家，都必須收購具實質價值的資產，否則就會一天比一天貧窮，總有一天變得一貧如洗。光是這個理由就是以促使股票市場業務出現非凡的成長。」[78]

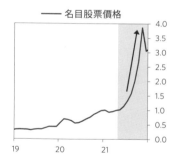

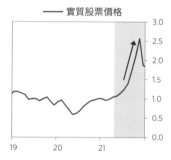

到 1921 年年底，急速惡化的經濟情勢、人民對馬克的缺乏信心，以及快速飆漲的物價，使經濟和／或政治崩潰的風險變得顯而易見。當時的通貨膨脹率接近 100%。除非外國人願意繼續購買馬克，為德國鉅額的外部赤字（大約是 GDP 的 10%）提供財源，否則一切將徹底崩潰，換言之，外國人對馬克的買盤是當時僅存的唯一防線。誠如下圖所示，雖然本國人對馬克信心全失，很多外國人還是繼續以撿便宜的心態

新聞動態

1921 年 12 月 17 日
德國請求寬限一點時間

1921 年 12 月 21 日
柏林方面等待倫敦協商會議的結果：在此同時，德意志帝國銀行按兵不動，繼續固守其黃金馬克準備

1922 年 1 月 7 日
拒絕德國的請求：賠款委員會拒絕同意延遲下一次付款
「賠款委員會在答覆時，堅持先前的立場，並拒絕在德國……針對暫停付款期間、預期總額數字，以及將提供什麼擔保等議題……回覆前，檢討任何延遲付款的可能。」

1922 年 1 月 10 日
德國代表團啟程前往坎城
「柏林當局突然對坎城協商會議懷抱強烈的樂觀預期，而今日紙鈔馬克的交易表現，也反映了這股樂觀心理。」

1922 年 1 月 29 日
德國請求取消 1922 年之現金付款：也希望協約國降低對貨幣的要求，增加以實物償付的付款金額
「對賠款委員會的回覆提及多項重建金融穩定的計畫：提高稅賦負擔，除了強制徵收的稅金，還包括另一種協助降低短期債務的國內貸款。」

1922 年 2 月 6 日
德國財政的新困境
「政府可能被迫訴諸直接發行紙鈔。」

購買德國資產。

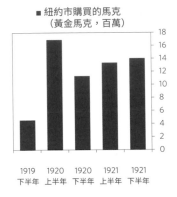

■ 紐約市購買的馬克
（黃金馬克，百萬）

| | 1919 下半年 | 1920 上半年 | 1920 下半年 | 1921 上半年 | 1921 下半年 |

1922年1月至1922年5月：協商賠款之延期償付權

　　協約國勢力眼見德國情勢混亂而不敢掉以輕心，他們推斷，唯有賠款負擔減輕，德國經濟才有喘息空間。[79]這個結論令人士氣大振，因為在這個階段，賠款償債負擔的破壞力最為強大，且最無可逃避。若繼續維持現狀，德國經濟就有全面崩潰的風險，而這會導致歐洲心臟地帶的政治混亂進一步惡化，最終導致協約國無法回收任何賠款。然而，協約國各方勢力之間對於賠款寬減幅度，乃至德國須就賠款的寬減付出什麼代價，仍存在極大爭議。

　　爭議的核心在於各方雖懷抱復仇及箝制德國勢力的欲望，卻也體認到殘酷的經濟現實，這逼得它們不得不做一點妥協。在去槓桿化歷程中，這類債務人／債權人對峙很常見。當然，債務人（即德國）要求能盡可能減免負擔，而債權人（即協約國勢力）則會試著在不重創債務人經濟──最後導致它無力償債──的情況下，盡可能多收回一點資金。各方勢力在這

場權力鬥爭中玩弄邊緣政策（brinksmanship）。據報導，小摩根（J.P. Morgan, Jr.）曾就這個動態，向他的一名心腹做出以下評論：

「協約國必須下定決心：究竟他們要的是一個羸弱但無力償債的德國，還是要一個強大且有能力償債的德國。如果他們要的是一個羸弱的德國，就必須設法讓德國經濟維持疲弱；但如果他們要德國有能力償債，就必須心甘情願地允許德國在朝氣蓬勃的狀態下生存，而這麼做就能促成一樁好買賣。然而，這也意味著德國將因此變得強盛，而就某種意義來說，一個經濟強盛的德國也意味一個軍事強盛的德國。」[80]

　　1922 年 1 月，各方在法國坎城舉辦的一場協商會議，討論了重整德國賠款支出的疑問，最後達成一個暫時的妥協方案；賠款委員會根據這項妥協方案，說明只要德國同意徵收新稅（包括向德國富人強制貸款〔forced loan〕10 億黃金馬克）、降低支出、減少印鈔票數量，並賦予德意志帝國銀行正式獨立權，從此不受政府干預等，[81] 便願將那一年剩餘的償債金額降低 75%。這些讓步多半是象徵性的讓步，舉例來說，該方案同意的新增稅額過小，對縮小預算赤字幾乎沒有任何意義可言，另外，德意志帝國銀行總裁魯道夫・哈文斯坦表示，他欣然接受更多的獨立自主權，因為這麼一來，他就不再受財政政策制訂者箝制，能為了防止流動性緊縮而盡可能印製最多的貨幣。[82]

　　相關的訊息促使一般人再度樂觀期待賠款可能大幅寬減，馬克的貶勢因而停止。到 1 月底時，馬克已較 1921 年的低點升值了 30%，另一方面，通貨膨脹

新聞動態

1922 年 3 月 22 日

呼籲德國對紙鈔設限：協約國委員會計畫同意局部延期償付

1922 年 3 月 25 日

德國將極力爭取有利的賠款條件

「這是德國革命後最寂靜的危機，也是最嚴重的一場危機。柏林今日絲毫沒有興奮的氣氛。無論是條頓人（Teuton）或政治人物，都難以掩飾極端沮喪的情緒。當地因此陷入一片死寂。」

1922 年 3 月 27 日

德國馬克展開新一波貶值：金融圈認為針對德國家庭財務狀況設立的條款實務上不可行

「物價再度上漲。馬克貶值。上星期賠款委員會列出的條件，導致金融市場遭受第一波打擊後——馬克大幅貶值至新低水準的走勢，充分體現這個打擊的強度——情緒稍微趨於冷靜。」

1922 年 3 月 30 日

法國人對德國人的請求充耳不聞

「絕不相信德國人無力償付賠款。」

1922 年 5 月 11 日

德國拒絕增稅，要求貸款

「賠款回覆表示願呈交足夠應付支出與阻止通貨膨脹的計畫。」

雖仍維持高檔（年率大約 140%），但至少停止繼續上升。此時通貨膨脹已經停止繼續惡性循環，這讓德國經濟體系獲得了亟需的喘息空間。隨著協商持續進行，德國的政策制訂者向協約國施壓，希望取得對方額外的讓步，他們強力主張引發通貨膨脹危機的根本導因是國際收支，而非央行的印鈔票政策。外交部長華德‧拉特瑙（Walter Rathenau）在 3 月 29 日的一篇國民議會演說中，向德國的立法人員表示：

> 「過去反覆有人對我們提出一個見解：如果我國貨幣有一天崩潰，唯一的理由就是我們印鈔票。針對這個問題，他們建議的解決方案是：停止印鈔票、整頓你們的預算，厄運自然會結束。這是嚴重的經濟錯誤！……如果沒有外國貸款的協助（怎麼可能）在持續支付黃金賠款的同時，維持匯率的穩定？我們從未嘗試採用這樣的處方，而這樣的處方也不宜採用。一個未生產黃金的國家當然無法支付黃金，除非用出口盈餘（德國沒有出口盈餘）購買這些黃金，或是用借來的（德國借不到）黃金來支付。」[83]

你應該能看出來，當時的經濟學與市場機制非常簡單，而且基本上和現在相同。中央銀行雖能輕易消除本國通貨計價的債務（利用先前說明的方法），卻無法輕易消除外部債務（誠如先前解釋的理由）。

從 2 月到 5 月間，和馬克有關的預期心理主要受到賠款協商牽動。[84] 當消息顯示可能達成完整協議，馬克隨即大幅反彈，通貨膨脹預期心理也隨之降低。[85] 當資訊顯示達成協議的可能性降低，馬克隨即貶值，通貨膨脹預期心理則上升。[86] 馬克因上述情緒的

變化，動輒出現 10% 至 20% 的波動，到 5 月底時，由於預期賠款協議幾乎不可能達成，馬克兌美元匯率已貶值大約 40%。

　　下圖概要展現了各項和賠款談判有關的新消息每每導致馬克大幅波動的情況。誠如下圖所示，每次和賠款協商有關的新消息一釋出，市場就突然上下大幅波動。你可以想像在那種波動性環境下交易，是多麼驚心動魄！

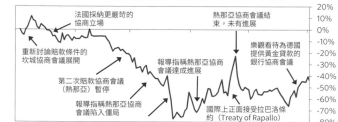

馬克兌美元匯率（指數化，1 月 1 日為 100）

1922年6月至1922年12月：超級通貨膨脹展開

　　1922 年 6 月，賠款和解的希望終於破滅，馬克隨之崩盤。這是三個彼此相關的事件所造成：首先，在協約國勢力中一向最不甘願降低賠款負擔的法國人，宣布將不再同意賠款委員會對德國還款能力所做的任何結論。[87] 法國人選擇自行判斷德國人應該賠償多少款項，而若德國違約，它將沒收德國人的資產，尤其是德國最具生產力的資產（即魯爾區的煤礦）。[88] 換言之，德國非但未能取得延期償付權，反而可能得任由法國宰割，支付法國認為適當的任何金額，若不遵從，德國最寶貴的某些領土就可能被長期佔領。

新聞動態

1922 年 5 月 12 日
賠款回覆令法國人不悅
「他們稱這項回覆推諉卸責，並認定德國是為了爭取更多時間而虛與委蛇。」

1922 年 5 月 26 日
法國人排除德國貸款的障礙；普安加萊（Poincare，譯注：時任法國總理兼外長，為賠款委員會主席）與銀行家合作，尋求找出賠款的經濟解決方案
「銀行家協商會議召開，情勢比特定表面跡象推論的更有利。但普安加萊政府依舊對勞合・喬治（Lloyd George）在熱那亞提出的策略抱持強硬立場，而這導致海外產生一個印象：若德國人未在 5 月 31 日簽署合約，法國將訴諸懲罰手段。」

1922 年 6 月 1 日
協約國滿意德國人的答覆；同意賦予延期償付權
「德國已針對賠款委員會於 3 月 21 日提出之要求做出答覆，該會進行兩天的考慮後，在今日晚間以急件向德國總理發送一份通知，表明該委員會準備同意針對今年原訂應按期繳納之賠款金額，給予局部延期償付權。」

其次，法國的正式宣言使得一項旨在支持德國經濟的額外計畫橫生枝節。先前美國金融家小摩根主導成立一個旨在研究是否向德國貸放一筆黃金貸款的國際委員會，這些貸款是為了協助重建德國經濟並紓解其外債負擔等。然而，這項貸款的先決條件是德國必須在賠款的延期償付權協商方面達成進展，因為如果德國未能取得延期償付權，那一筆黃金貸款幾乎肯定是肉包子打狗，完全無法回收。所以，在法國發表上述宣言後，這個貸款委員會被迫做出「不可能對德國授信」的結論。[89]

最後一個事件是：外交部長華德‧拉特瑙在 6 月 24 日當天遭一個右翼團體暗殺。儘管拉特瑙曾在某些演說中展現出好戰的姿態，他卻是少數受協約國勢力信任的德國政治人物之一，而且他在國內的支持度相當高。[90]拉特瑙幾乎可說是唯一有能力和賠款委員會達成和解，同時能敦促德國國民議會通過這項和解協議的人。當然，這個事件也充分顯現出國家主義及極端民粹主義的威脅，正一步步蔓延到整個德國。

和先前不同的是，這一次外國人急著將資本撤出德國。誠如先前提到的，德國銀行業的存款中，大約有三分之一屬於外國人所有，而且外國人的投機活動是當時支持德國經濟與國際收支的重大力量。接下來幾個月，大約有三分之二的外國人存款消失，資本流入金額也大幅降低。[91]在此同時，急著將資金匯出德國的德國人更是加速外逃；有錢的國民爭先恐後地將財富匯出，以免自身的財產在 1 月妥協的充公稅正式實施後被政府沒收。於是，馬克匯率崩盤，超級通貨膨脹到來。

上述種種發展在德國銀行體系造成一場劇烈的流**動性危機，並引爆銀行擠兌潮。**中央銀行印鈔票的速度已追不上馬克外逃與物價上漲的速度。到 7 月份時，銀行業者被迫一週只營業三天，而且銀行也不得不向存戶坦承它們沒有足夠的庫存現金可應付存款人的提領，也無法應付大型商務客戶發放週薪的需求。[92]某些銀行甚至開始印製自家的馬克，當然那是不合法的。**那是一場自我強化的流動性危機。眼見銀行幾乎沒有能力承兌其負債，存款人當然加速提領存款，而這當然又使流動性危機進一步惡化。**

到 1922 年 8 月時，經濟已瀕臨金融崩潰狀態。中央銀行被迫更加速印製馬克，並將愈來愈多政府債務貨幣化，希望藉由這些方式來回應這個危急狀態。

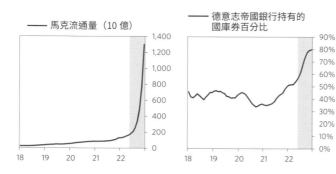

中央銀行也開始收購大量商業本票。隨著流動性危機在秋天變得更加嚴重，央行進一步加速直接對銀行體系提供信用。到那一年年底，德意志帝國銀行共持有了大約三分之一未清償的商業本票，對銀行體系的信用也增加了 1,900%。[93]這麼大手筆的干預，終於成功防止金融體系崩潰，但也使貨幣供給增加十倍。

新聞動態

1922 年 7 月 31 日
馬克持續崩盤，德國人近乎恐慌；群眾湧向商店，急著在物價進一步上漲前搶購商品
「未來展望暗示馬克將持續慘烈下跌。」

1922 年 8 月 2 日
德國通貨危機
「實際上德國持續累積的所有外國負債——包括糧食與原料採購——都是以紙鈔馬克支付。馬克貶值愈多，就需要愈多的紙鈔馬克來向外國購買小麥或棉花，也需要愈來愈多紙鈔馬克來兌換黃金，支付賠款帳戶的款項。」

1922 年 8 月 3 日
艾馬仕（Hermes）要求貸款與延期償付權；唯有如此，德國才能平衡預算，並調節本國通貨
「財政部長安德里亞斯‧艾馬仕（Andreas Hermes）今日討論德國的財務病微時，表達了『治標不治本不僅無用，也沒有意義可言』的意見。」

1922 年 8 月 14 日
德國境內興起實施配給計畫之聲浪

1922 年 8 月 20 日
德國紙鈔發行量再次增加
「8 月第二個星期，流通量上升了 68 億 1,100 萬，自 7 月以來增加 149 億。」

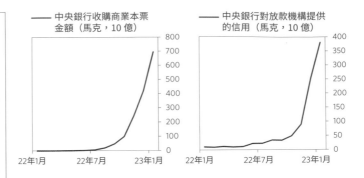

這一輪通貨貶值與印鈔票政策導致通貨膨脹急速飆高，這和先前幾輪的狀況有所不同——在過去，通貨貶值與印鈔票政策確實會促使通貨膨脹明顯上升，但從未達到超級通貨膨脹的標準。箇中原因之一是，這一次為了抵銷外國資本撤出的影響，央行挹注的流動性規模極端龐大，另一個原因則是和通貨膨脹預期心理改變有關。以前多數人多少都相信政府有能力管理通貨膨脹，但如今多數人卻認定通貨膨脹已全然失控。

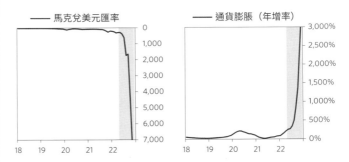

這是通貨膨脹型蕭條期的典型現象：每一輪印鈔票行動反而導致更多貨幣離開本國通貨，而非流向經濟活動。隨著國內通貨持有人眼見放空現金（即舉借弱勢通貨貸款）並購買實體／外國資產的投資人變得比單純儲蓄與投資住宅的人更加富裕，就會有愈來愈多人有樣學樣，不再將央行增印的新貨幣投入具生產

力的資產，而是拿那些新通貨去搶購實體資產（如黃金）與外國通貨。至於外國投資人，則因反覆虧損而一去不復返。

早從 8 月份開始，單月物價漲幅就達到 50%，而且還持續上升，政策制訂者雖明知整個國家已接近陷入超級通貨膨脹惡性循環，卻苦於無計可施，只能繼續印鈔票。[94]他們為何不停止印鈔票？

一旦通貨膨脹型蕭條抵達超級通貨膨脹階段，就極端難以停止印鈔票。那是因為當極端嚴重的資本外逃與極端惡劣的通貨膨脹彼此「相得益彰」，貨幣就會愈來愈難以取得，甚至連變得一文不值時也難以取得。凱因斯在 1922 年夏天到漢堡參訪時，生動描述了這個現象，儘管當時還只是超級通貨膨脹的初始階段。

「商店的物價每小時調整一次。沒有人知道這個星期的工資發放時，還能在週末買到多少東西。馬克既一文不值又極端短缺。某一方面來說，商店不想接受馬克，其中某些商店甚至無論顧客開多少價都不肯出售商品。但另一方面……銀行又極端短缺現成的現金，弄得德意志帝國銀行只好建議銀行別接受客戶兌現 1 萬馬克以上的支票……而某些最大型的機構因為無法將顧客的付款支票兌換成現金，因而無力支付每週的應付工資。」[95]

停止印鈔票可能會導致現金極端短缺，最終使金融體系及所有商業活動徹底崩潰。誠如當時一名經濟學家所言：

新聞動態

1922 年 9 月 8 日
德國已做好迎接失業潮的準備

1922 年 9 月 11 日
德國物價在 8 月上漲一倍
「愈來愈多日常商業交易改以黃金計價。」

1922 年 9 月 13 日
德國消費者抗拒美元計價基礎；向政府抗議那個作法將傷害外界對馬克的信心
「美元交易促使德國消費者聯合起來發動攻擊，今日消費者堅決反對採用美元作為設定國內物價的基準。」

1922 年 9 月 14 日
德國通貨增加 140 億
「9 月第一週增加數量達史上第二高。」

1922 年 10 月 16 日
將使用外國貨幣：德國商人有意繼續以外國通貨訂價
「儘管政府對這個作法發出新禁令，商人還是可能繼續以外國通貨作為設定內銷商品價格的基準。」

1922 年 10 月 28 日
德國紙鈔發行量再度打破記錄
「10 月第三週發行的新通貨達 354 億 6,696 萬 9,000 馬克。」

新聞動態

1922 年 10 月 30 日
德國馬克貶值的原因很多：聯準會將之歸因於赤字、通貨膨脹、賠款與貿易收支
「聯準會 10 月的公告將德國馬克大幅加速貶值的原因，主要歸咎於德國的預算、賠款、貿易收支，以及德國的資本外逃。」

1922 年 11 月 10 日
柏林再次令協約國失望
「賠款委員會明日將空手回到巴黎，只帶回維爾特總理的簡短最後照會，他表明，唯有取得完整的延期償付權與某國際金融團的支持，才是解決賠款問題與馬克永久穩定的暫時及最終解決方案。」

1922 年 11 月 10 日
法國已做好壓制德國的準備
「普安加萊總理今日在參議院演說前，公開宣稱布魯塞爾協商會議是向德國取得賠款的唯一希望，但若連這個希望都落空，法國已準備再次獨自採取行動。」

1922 年 12 月 2 日
普安加萊要求立即壓制德國
「只要德國財政控制得當，自然能使馬克趨於穩定，德國也有能力賠償貸款。」

1922 年 12 月 4 日
德國市場的貨幣物以稀為貴
「民間銀行業者依舊收取 20% 的手續費與佣金。銀行利率可能上升。民間銀行透過德意志帝國銀行辦理重貼現的行為，促使通貨膨脹率上升。」

「（停止印鈔票）意味著在極短的時間內，所有民眾——最重要的是公部門和整個國家——將不再有能力付錢給商人、員工或勞工。接下來在幾個星期內，停止的將不只是印製鈔票，工廠、礦區、鐵路和郵局、全國與地方政府全都會停擺，總之，所有國民經濟全都會停擺。」[96]

　　一般人傾向於認為超級通貨膨脹導因於中央銀行草率印製過多貨幣，並認為只要央行停止印製鈔票，一切就能解決。如果事情這麼簡單，超級通貨膨脹就幾乎絕對不會發生了！取而代之的，通貨膨脹惡性循環會逼得政策制訂者陷入「印鈔票是多害相權取其輕的選擇」的困境。

　　以威瑪共和國時期的德國來說，不印鈔票的代價不僅是經濟可能崩潰，更有政治瓦解的風險。當時法國不斷威脅若德國不支付賠款，將要佔領德國的某些領土，因此，停止印鈔票無異大開國家門戶，邀請外國人入侵。另外，停止印鈔票也會使德國更沒有希望在賠款協商上取得有利的進展。誠如當時一名重量級工業家所言：

「要求德意志帝國銀行阻止通貨膨脹，簡直就像漢堡市長要求醫院裡的病人不要生病一樣……只要法國有可能侵略德國，就別談什麼本國通貨穩定化。」[97]

　　到了 9 月，德國就陷入典型的超級通貨膨脹惡性循環，難以自拔。極端的資本提領潮與快速飆漲的物價，迫使中央銀行不得不在「極端缺乏流動性」和「更加速印鈔票」的兩難之間做抉擇。如果選擇前

者，商業活動將全面崩潰，所以，中央銀行實際上等於沒有任何選擇。然而，隨著貨幣供給量增加，根本沒有人想在那樣的貶值環境下持有本國通貨。於是，貨幣流通速度加快，這促使更多資本外逃，央行被迫增印更多貨幣，通貨膨脹繼續上升……周而復始，事態就這麼不斷惡性循環。

下圖最能生動展現這個關係——由於當時通貨膨脹與貨幣供給的增加呈現指數（exponential）速率成長，因此這張圖不得不以對數（logarithmic）的方式呈現。誠如圖形所示，通貨的弱勢促使通貨膨脹上升，而通貨膨脹上升又導致貨幣供給增加——而非相反。不顧一切後果的印鈔票政策或許是超級通貨膨脹的導因之一，卻更是防止銀行業者（乃至其他所有人）爆發大規模通貨緊縮型違約與陷入通貨緊縮型經濟崩潰的必要行動。

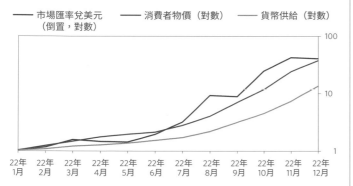

記住，貨幣與信用的功能有二：作為交易的媒介以及財富的保值品。隨著惡性循環加速推進，馬克徹底失去它的保值效用。民眾爭先恐後地拿馬克去交換所有其他可用的替代品——實體商品、外幣和資本設備。很快的，呈指數速率成長的通貨膨脹，便導致一般人無法以馬克來進行貿易，於是，這項通貨作為交易工具的地位也開始淪喪。以外國通貨（尤其是美

元）甚至一時的權宜通貨（makeshift currency）進行日常交易與報價的狀況愈來愈常見。舉個例子，德意志帝國銀行的地方分行沒有足夠的官方紙鈔可供企業因應發放薪資的需要。[98]於是，中央銀行和財政部遂允許某些大型存款機構印製自家的通貨。這類通貨就被稱為「納吉德」，也就是「緊急狀態通貨」的意思。[99]很快的，每個人都開始猜測馬克終有一天將消失。根據《法蘭克福廣訊報》在 1922 年 10 月的報導：

> 「德國人的經濟生活……受馬克的存亡戰所左右：馬克將繼續作為德國的通貨，或是注定將消失？過去幾個月，外國通貨以徹底出手意料的程度取代了馬克，成為本國交易的記帳單位。其中，以美元記帳的習慣尤其已變成一種成規，不僅是企業內部會計作業如此，商業、工業和農業的報價方法亦然。」[100]

　　為了平息通貨膨脹惡性循環，明知不可為而為之的政府在 1922 年 10 月 12 日介入，對德國國民購買外匯的額度設限，[101]企圖阻止愈來愈多資金流向外國通貨。**那類資本管制措施是控制通貨膨脹型蕭條的經典手段；但這些手段也鮮少奏效。原因是 a）充其量來說，資本管制的效果有限，因為相關措施很容易規避；b）試圖把人民的錢困在國內，通常會適得其反，導致他們更想逃脫。**由於資本管制使民眾無法自由將資金匯到國外，他們內心產生一種類似無法從銀行領錢的恐懼：就這樣，心生恐懼的民眾引爆了擠兌潮。

　　股票市場是當時少數得以躲避通貨膨脹戕害的國內資產。歷經 6 月以來的 50% 跌幅（實質跌幅），股票其實在 10 月的下半個月大幅反彈——不過，一如 1921 年秋天，那一波反彈和基本經濟情勢或未來經濟展望壓根兒無關。事實上，1922 年秋天時，因超級通貨膨脹的混亂對生產力造成重創，企業的實質邊際利潤

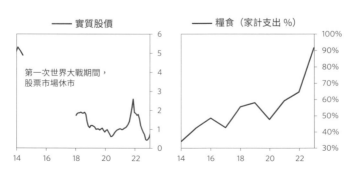

率也大幅衰落。[102]無論如何，股票市場的那一波強勢反彈，相對債務危機期間的整體股市實質跌幅，實在是微不足道。

　　看看上頁的圖，想像一下那種惡劣情況下的生活。

1923年1月至1923年8月：魯爾區遭佔領與通貨膨脹的末期

　　1923 年 1 月，經濟已一團混亂，德國也未能交付它在賠款協議中承諾的交出木材，於是，法國－比利時聯軍入侵德國，佔領魯爾區（德國的主要工業區）。法國希望這個行動能壓迫德國以更合作的態度交付賠款，同時允許法國以採煤的方式收取賠款。德國人聲明將以「消極抵抗」的方式來因應法國的佔領。[103]魯爾區的採礦工人罷工，企圖讓佔領該地的法國政府付出最大的代價。然而，對抗不是沒有成本，德意志帝國必須付錢補貼當地礦工及其雇主。另外，罷工也意味著德國大約有一半的煤炭供應將需要仰賴進口，這對國際收支造成額外的壓力。[104]總之，煤礦工人罷工導致政府支出增加，國際收支繼續惡化，另一方面，流動性短缺的惡化促使德意志帝國銀行印製更多鈔票，而已經達到天文數字的通貨膨脹更是加速上升。

　　法國的侵略為德國開啟了一個賠款談判機會，因為各方紛紛出面聲討法國佔領一個幾近經濟毀滅的國家的行為。為了爭取時間，德意志帝國銀行開始發行美元計價的債券（但因為德意志帝國銀行的信用風險很高，所以這些債券的價格遠低於國際上的價格），以便購買馬克，藉此達到馬克釘住美元的目的。在

新聞動態

1923 年 1 月 28 日
德國馬克進入新一波大幅貶值，兌美元匯率達到 28,500

1923 年 1 月 31 日
紙鈔馬克一週增加 2,160 億；1 月第三週，德國通貨膨脹打破歷來所有記錄

1923 年 2 月 12 日
魯爾區成天充斥逮捕與暴動

1923 年 2 月 12 日
德國 1 月物價上漲 248.5%；創下歷來所有月份上漲記錄——為戰前平均值的 7,159 倍

1923 年 2 月 15 日
德國抗議魯爾區出口障礙；告知法國，它正在傷害德國賠償其他協約國的能力

1923 年 2 月 23 日
德國表示已支付 456 億馬克；柏林發出官方彙編數字——表示因條約損失使總數提高到 565 億馬克

1923 年 3 月 1 日
法國人解除對德國的煤炭禁令；只要繳納佔領前實施的 40% 稅金，便允許運輸

1923 年 1 月至 6 月間，德意志帝國銀行為了捍衛馬克釘住美元的匯率，出售了大約 4 億黃金馬克。中央銀行也提高利率到 18%（儘管如此，通貨膨脹還是接近 10,000%，所以，提高利率不過是杯水車薪般的象徵性行動）。[105]根據德意志帝國銀行總裁的說法：

「干預行動並不能……達到永久與最終穩定馬克的目的。除非能認真找出解決賠款問題的方法，否則這樣的企圖不可能成功。它的目的只是為了讓德國經濟復原……只要可能的話……獲得一段堪稱平靜的時間……讓市場免於受到猛烈且肆無忌憚的投機浪潮左右，同時保護已因物價高漲而筋疲力盡的德國人民，不再因進一步飛漲的物價而受創。」[106]

事實上，央行的匯率干預行動確實止住了馬克的跌勢（事實上，干預後那三個月間，馬克還升值了 50%），並帶領德國進入一段短暫的通貨緊縮期，當然，馬克空頭因此而受傷。[107]然而，到 5 月時，因**情勢清楚顯示德意志帝國銀行已沒有任何外匯準備可償還美元計價的債務本金和利息，匯率釘住政策已不可能繼續維持，於是，固定匯率政策在實施短短六個月後被迫放棄，**超級通貨膨脹以更窮凶極惡的姿態回歸（到 1923 年 11 月時已達 36,000,000,000%）。[108]

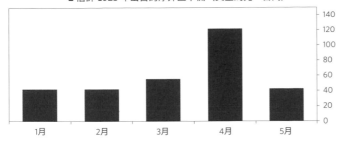

■ 估計 1923 年出售的淨外匯準備（黃金馬克，百萬）

新聞動態

此時德國經濟負擔因額外的強勢通貨債務存量而變得更加沈重，而法國人又信誓旦旦地重申，除非德國還款，否則將繼續佔領魯爾區。在那整個夏天，當局雖零星幾次出手干預外匯市場，卻沒有一次達到壓抑通貨膨脹的效果，也未能阻止匯率的貶值循環。[109]大約就在此時，德意志帝國總統要求財政部長尋找「避免我們的馬克徹底崩盤」的對策，但財政部長答覆他：「馬克早就進入徹底崩盤的走勢了。」[110]

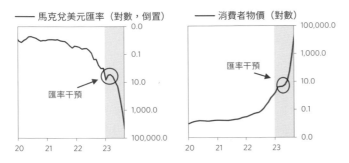

從 1922 年 7 月至 1923 年 11 月，馬克兌美元貶值了 99.99999997%（換言之，美元的成本增加 157 億倍），物價飆漲 38.7 億倍！且讓我們從幾個視角來體會這些數字的意義：1913 年，整個德國經濟體系流通

1923 年 4 月 9 日
美國人向德國要求 11 億 8,773 萬 6,867 美元的戰爭損害賠償，包括路西塔尼亞號（Lusitania）的損失
「關於美國政府與美國人民因世界大戰而產生的損失，美國暫定向德國政府索賠 11 億 8,773 萬 6,867 美元。已將此一通知送達基於調整各國彼此索賠金額而成立的混合索償委員會（Mixed Claims Commission）的德國代理人手中。」

1923 年 4 月 16 日
德國的公共赤字：財政年度支出較收入高出 6.25 兆馬克

1923 年 4 月 30 日
對德國新銀行利率寄予厚望：官員主張 18% 的利率將能控制信用與通貨膨脹
「德國官方圈子對德意志帝國銀行上週將貼現率由 12% 調高到 18% 的政策寄予厚望。他們預期政府將在本週宣布進一步限制外幣交易與持有外幣須進行登記的法令，作為補強升息政策的措施。」

1923 年 5 月 15 日
目前德國每年自殺人數達八萬人；這個數字較戰前的 1,200 人大幅增加——據稱貧窮是主要導因

1923 年 5 月 21 日
目前德國股票交易所一週只開盤三天

新聞動態

1923 年 6 月 25 日
德國物價隨著馬克貶值而急速竄升：十天內上漲 41%，上漲速度較上週快

1923 年 6 月 25 日
德國通貨秩序蕩然無存的影響：舊投資百分之百遭抹殺

1923 年 8 月 1 日
德國紙鈔馬克的印刷工人出走：柏林人稱此乃史上最惡質的罷工

1923 年 8 月 2 日
目前德國計畫採用兩種通貨：古諾內閣建議未設限的「類黃金」（Near Gold）貸款，其臨時憑證（scrip）將充作貨幣。其他人預測此計畫將失敗；他們堅稱，一文不值的通貨一個就夠了，不需要另一個來湊數

「由於經濟疲弱得令人感到痛苦，德國政府正努力透過各種迂迴的管道，力求所有可放棄現有紙鈔馬克並創造一項全新通貨的務實手段，它希望這項全新的通貨能具備鼓舞信心的特質。」

1923 年 8 月 16 日
德國調整後計畫
「新任德國總理宣布，他首先必須努力做的就是懲罰國內政治鬥爭。」

1923 年 8 月 20 日
自馬克復原以來，德國股票表現強勢

的通貨與硬幣，總金額為 60 億馬克。到 1923 年 10 月，1913 年的全部貨幣存量，只夠買一條一公斤重的裸麥麵包。[111] 對德國國民來說，活在那樣的混亂局勢下，有的只是無盡的痛苦與折磨，而這次通貨膨脹的經驗也成為後來很多納粹政治人物批判「悲慘」的威瑪共和國世代的鐵證。

1923年年底至1924年：終結超級通貨膨脹

到 1923 年年底，超級通貨膨脹已在德國境內造成許多令人難以忍受的痛苦情境。失業率快速上升，通貨膨脹遠高於一萬倍，實質稅收以令人不得不警覺的速度快速消失，[112] 糧食愈來愈短缺，而且幾乎無法以馬克來進行任何交易。[113] 由於沒有一個有效的交易工具，整個國家的經濟機器遂趨於停擺。經濟活動停擺所引發的痛苦，讓各行各業的人震驚不已。誠如一名地方市長所言：「有生以來，我從未見過那麼多人挨餓、那麼多人流離失所。」[114] 所有人都體認到，這場危機將迅速惡化為大規模暴動或革命。[115] 後來成為德國勞動部長的魯道夫・維席爾貼切描繪了那段期間盛行一時的觀點：「這一次的通貨膨脹正在謀殺我們的共和國。它將讓我們的共和國走進墳墓。」[116]

事已至此，協約國勢力推斷，若不進行大幅度的賠款寬減，德國政策制訂者將沒有希望逆轉經濟的徹底崩潰。於是，他們在 1923 年 11 月暫停德國的賠款支付，並就債務重整和德國人重啟談判。[117] 這讓德國的政策制訂者獲得必要的喘息空間。

接著，德國政策制訂者採行五個決定性措施來遏制通貨膨脹，每一項措施都是順理成章地從前一項措

施衍生：

1）為解除危機的始作俑者——賠款負擔，政策制訂者與協約國重新協商賠款金額，最終將償債負擔降到僅約當 GDP 的 1%。因導致德國經濟陷入困境的賠款負擔變得較容易管理，政府於是……

2）……導入新通貨——地租馬克（rentenmark，譯注：又稱地產抵押馬克），這種通貨受黃金計價資產與土地擔保，而且它的匯率釘住美元。然而，萬一投資人認定這項通貨會被用來進行債務支出的貨幣化，這項新通貨一樣會失敗，於是……

3）……當局對地租馬克的印製數量及可貨幣化的債務金額設下嚴格的限制。然而，除非一國政府有能力支付它的所有帳款，中央銀行才能擁有足夠的信用等級，說服外界相信它不會訴諸債務貨幣化，所以……

4）……德國政府採取行動來提高政府收入並降低政府支出——儘管支出的縮減帶來極端深度的痛苦……相似的，中央銀行針對它的企業放款金額設限，並提高貸款利率。為進一步鞏固外界對這項新通貨的信心……

5）……中央銀行累積非常大量的外幣資產準備。他們向協約國舉借外匯貸款，並鼓勵在超級通貨膨脹期間逃出本國通貨的德國國民，將其儲蓄匯回國內，以達到累積外幣資產準備的目的。

先前實施的多項一次性對策（例如短暫的通貨釘

新聞動態

1923 年 8 月 20 日

德國用來發行新通貨的最後一批黃金；財政部長西弗爾丁（Hilferding）決定不用黃金購買紙鈔馬克。計畫採固定價值基礎。柏林提高有軌電車票費至 10 萬馬克，並要求政府提供協助

「財政部長西弗爾丁否認將為了挽救垂死的馬克，而以德國政府可處置的僅存小量黃金，在海外市場購買一文不值的紙鈔馬克。相反的，他打算利用那些黃金來作為一項新德國通貨的基礎——儘管那是一個薄弱的基礎。」

1923 年 8 月 29 日

飢不擇食的德國人因誤食毒菇而身亡

1923 年 9 月 17 日

計畫發行的新德國通貨的基礎；以黃金擔保，並由獨立於政府的新銀行發行

1923 年 9 月 23 日

波登馬克（Bodenmark）——德國新通貨；以全國各地地產做抵押，作為黃金銀行（Gold Bank）的後盾

「德國的新通貨將稱為『波登馬克』，包含 0.358 克的純金，等於 100『波登芬尼』（bodenpfennigs）。成立通貨銀行的相關措施公告後，這項新通貨變得廣為人知。」

住政策、資本管制）都不足夠——德國需要廣泛且積極的政策調整——廢除原有通貨、接受堅實的擔保、並針對貨幣化、信用創造與政府支出等設定極端嚴謹的限制。而經過多年的經濟危機，大眾也迫切希望找到一個真正能夠使用的通貨。然而，如果賠款負擔未能顯著降低，上述的一切都不可能達成。畢竟如果投資人或儲蓄者知道德國政府的外部負債超出它的負擔能力，誰會願意持有德國的通貨？

以下將逐一詳細討論這些對策，我們大致依照對策推出的時間序來描述：

1）重整賠款債務

雖然與協約國談判的過程緩慢、曠日廢時且非常痛苦，德國還是在非常初期就取得幾項決定性的讓步，讓它獲得一些必要的喘息空間，得以好好落實終結超級通貨膨脹的幾項政策變革。[118]若未能獲得賠款寬減，通貨膨脹的結構性驅動力量將維持猖狂，在那個情況下，政府就極端不可能說服人民相信任何新通貨的保值性。

早在 1923 年 9 月，相關努力就已達成顯著的進展，當時魯爾區的德國工業家開始在威瑪政府與法國人之間的談判和威瑪政府合作。[119]長期以來，這些大工業資本家都堅持不願就賠款支出對法國讓步，不過，隨著情勢急速惡化，勞工開始暴動，他們才體認到外交手腕的必要性，最終同意恢復煤炭轉移作業。[120]到 10 月中時，威瑪政府終於得以徹底停止為魯爾佔領區的「消極抵抗」勢力提供財務支援，這不僅讓德、法之間的談判開始出現進展，也消除了威瑪政府

最大的費用之一。[121]

威瑪政府很快就以它在魯爾區獲得的進展為基礎，積極向前推進。到 11 月底，英國和法國談判人員已成立一個新委員會——道斯委員會（the Dawes committee）——來檢討是否要減輕德國的賠款責任。[122]更關鍵的是，這個委員會同意德國可在它做出最終的結論前暫停支付賠款——如此一來，德國就能在這個追求穩定的期間，更輕鬆平衡它的預算。[123]接下來十個月間，德國不需要支付任何以強勢通貨計價的款項給賠款委員會。此外，當道斯計畫在 1924 年 8 月全面開始落實，德國的賠款負擔便獲得大幅且永久的舒緩——[124]付款時間表重新安排，償債成本也降低，償債支出降到只剩德國 1924 年與 1925 年國民生產毛額（GNP）的 1%——較 1923 年遽降 90%。[125]

雖然德國將來還是得支付總額 1,300 億黃金馬克的賠款，但付款方式已延展到德國有能力負擔的程度。從下圖便可略微揣摩這個轉變有多麼顯著——比較 1921 年至 1923 年間可能被要求還款的金額（如果協約國要求德國開始還清全部賠款）、1921 年至 1923 年德國實際上必須支付的金額（即倫敦時間表〔London Schedule〕，根據這個時間表，某些款項將暫時無須償還，等到協約國認為德國有能力時再支付即可）、可能會引發典型通貨膨脹型去槓桿化歷程的償債支出，以及德國在 1924 年賠款金額受到限制後必須支付的金額（即道斯計畫）。如下頁圖所示，道斯計畫大幅降低了外幣債務的償債負擔。

新聞動態

1923 年 10 月 16 日
德國將停止使用一文不值的馬克
「今晚內閣批准一份法案，授予一家所謂黃金年金銀行（gold annuity bank）許可證……德意志帝國銀行將停止政府國庫券貼現業務，從而開始貫徹立即縮減通貨膨脹的立場。」

1923 年 10 月 29 日
德國的「地租銀行」（Rentenbank）已做好營業準備：政府推動通貨改革的第一步

1923 年 11 月 5 日
柏林當局相信一旦德國發行新通貨，舊紙鈔馬克將消失，新馬克將取代之

1923 年 11 月 7 日
柯立芝（Coolidge，譯注，當時的美國總統）相信必需援助德國人；總統了解糧食問題的嚴重性，要求今年冬天提供救濟
「數名內閣成員根據幾篇對美國政府提出的官方報告提醒柯立芝總統，德國的情勢最為嚴峻。體察到此一情勢的柯立芝總統，今日透過白宮授權發表的聲明指出，總統相信在今年冬天結束之前，德國人將需要外國人的救濟。」

1923 年 11 月 14 日
賠款委員會邀請德國；允許德國的要求，針對未能按時付款的理由召開公聽會

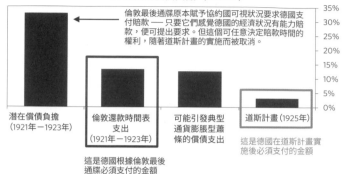

外幣債務償債負擔（%GDP）

倫敦最後通牒原本賦予協約國可視狀況要求德國支付賠款——只要它們感覺德國的經濟狀況有能力賠款，便可提出要求。但這個可任意決定賠款時間的權利，隨著道斯計畫的實施而被取消。

潛在償債負擔（1921年—1923年）

倫敦還款時間表支出（1921年—1923年）
這是德國根據倫敦最後通牒必須支付的金額

可能引發典型通貨膨脹型蕭條的償債支出

道斯計畫（1925年）
這是德國在道斯計畫實施後必須支付的金額

由於賠款的償債負擔大幅減輕，國內的債務也多半因通貨膨脹而被消除，德國的債務負擔終於大幅減輕。

德國政府債務估計值（%GDP）

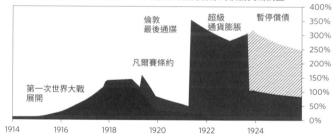

■ 本國債務　■ 外幣債務　∥ 因道斯計畫而暫停的債務支出調整

倫敦最後通牒

超級通貨膨脹

暫停償債

凡爾賽條約

第一次世界大戰展開

2）創造一項新通貨

創造一項擁有極堅實後盾的新通貨是飽受通貨膨脹型去槓桿化歷程之苦的國家為擺脫這個痛苦而會採行的最典型途徑。以威瑪共和國的個案來說，這個通貨替換流程大約可分為三個階段，第一階段是從 1923 年 8 月開始，最後一個階段在 1924 年 10 月結束。[126]

替換馬克的最初幾個步驟非常紊亂，流於頭痛醫頭、腳痛醫腳，純粹是基於需要而進行，完全沒有遵循任何明確的計畫。到 1923 年夏天，馬克幾乎已無法

作為交易媒介，於是，德國境內的大型機構開始訴諸替代通貨，但這些替代通貨也各有缺陷，[127] 所以很多人以外幣取代國內通貨。從 1922 年年底，德國的多數大型產業就開始以外國通貨設定價格，到 1923 年，德國的多數大盤貿易都已直接透過美元、法郎或佛羅倫金幣（florin）進行。[128] 無法取得外國通貨的人則訴諸「緊急狀態貨幣」作為最後可憑藉的手段。這些緊急狀態鈔票是地方政府、商會或企業所發行，通常至少理論上受實體資產擔保。[129] 這種緊急貨幣雖然通常不合法，卻比紙鈔馬克好用，所以，到 1923 年秋天，德國境內有效流通的這類貨幣就接近 2,000 種。[130]

政府當然知道國家需要一項具備穩定價值的通貨，因此企圖賦予這個非正式體系一個官方認證。具體來說，1923 年 8 月，政府開始發行非常小面額的美元指數債券，希望在找出更好的解決方案以前，利用這項債券來作為臨時的通貨。[131] 這些「黃金貸款」國庫券可直接流通，也可用來作為其他緊急狀態通貨的擔保品（這項擔保品穩固得多）。[132] 而且，雖然這些國庫券最終只受一個認證聲明（聲明這些國庫券具「穩定價值」〔wertbestandig〕）及一個承諾（政府可為了履行付款義務而「透過資本稅籌措不足額」的承諾）所擔保，但這些國庫券確實達到保值的效果。[133] 事實上，由於當時一般民眾迫切渴望找到一項能保值的工具，因此很多人把黃金貸款國庫券用在囤積用途，而不是用來花費，而且，這種國庫券經常一發行就徹底在流通市場上消失。[134]

轉換新通貨的第二階段是從 1923 年 10 月 15 日展開，當時政府宣布成立一家新的國家銀行——地租銀行，同時宣布將發行一項具穩定價值的新通貨——地租馬克，這項通貨預定自 11 月 15 日開始流通。[135]

新聞動態

1924 年 2 月 1 日

德國註銷所有國內債務；其他激烈的措施。

「民間債券與抵押貸款恢復為原始黃金價值的 10%。實施通貨膨脹稅。立法通過國家鐵道與郵局服務轉為獨立營利機構。專家聽取銀行答辯。沙赫特（Schacht，譯注：時任德意志帝國央行總裁）強力呼籲立即成立黃金發行機構。」

1924 年 2 月 2 日

德國政府債券突破性表現；本地市場對債務計畫反應強烈，隨後的交易異常激昂

「德國縮減政府債務的新計畫經由媒體以速報的方式揭露後，德國政府、德國城市或企業債券市場交投格外熱絡。根據這個計畫，德國戰爭貸款與其他債務已被註銷，企業或民間債券的價值被列記為先前的黃金價值的 10%。」

1924 年 2 月 4 日

矯正德國房地產抵押債券的貶值趨勢；指定 10% 評價——儲蓄存款被註銷

1924 年 2 月 4 日

德國貿易復甦；失業率略微上升，但短期工作明顯減少

1924 年 2 月 18 日

德國 12 月出口呈現順差；以黃金馬克衡量，1923 年的進口與出口幾乎平衡

地租馬克的發行計畫和以往的類似計畫——發行具「穩定價值」的通貨——不同，這個計畫希望達到更遠大的目標，而且，它一推出便收到戲劇化的立即成效。[136]最決定性的差異是，由於地租馬克可用來交換固定數量的紙鈔馬克或固定數量的實體資產（相反亦然），因此地租馬克擁有堅實的擔保基礎，這不僅讓新發行的鈔券獲得穩固的擔保（一如黃金貸款國庫券），也讓所有已流通的紙鈔馬克獲得相同穩固的擔保。具體來說，地租馬克以 1：1 兆的比例釘住紙鈔馬克，並以 4.2：1 的比例釘住美元——這是非常具象徵性的匯率，它等於將地租馬克的黃金價值設定在與戰前和平時期的馬克相等的水準。[137]

接下來幾個月，上述釘住比例都得以維持，到 12 月時，地租馬克和採用新釘住比例的紙鈔馬克在外匯市場上的交易價都維持票面價值水準，通貨膨脹率也降到可忍受的水準。[138]

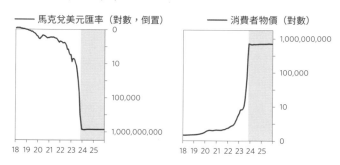

3）對印鈔設限

地租馬克得以長治久安的關鍵是這些新通貨的發行量相對較少，而且是以實體資產做擔保，所以相當有說服力。在此同時，以地租馬克計價的債務並不多——地租銀行的總授信金額上限被訂在 24 億馬克。[139]而且，和先前的黃金貸款國庫券類似，地租馬

克直接以5％的德國農、工業房地產貸款債券做擔保
（「地租」就是指這些房地產抵押貸款債券所支付的
年金）。[140] 除了這項直接擔保，地租馬克還有一個更
重要的後盾，那是德意志帝國銀行的黃金準備所提供
的隱含性擔保。到1923年時，貨幣供給的實質價值
已因一般人大量逃離紙鈔馬克而大幅降低，於是，僅
剩不多的政府準備金正好足以為那些貨幣供給提供充
足的擔保。[141] 而隨著德意志帝國銀行在地租馬克導入
後，開始打擊不合法的緊急狀態貨幣，並陸續贖回先
前的未償還黃金貸款國庫券，進而達到縮減流通通貨
價值的目的。[142]

　　誠如下圖所示，至1923年，以美元計的貨幣基
數（monetary base）已降到和德國黃金準備相等的水
準。

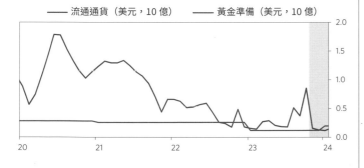

──── 流通通貨（美元，10億）　　──── 黃金準備（美元，10億）

　　經過一個相對穩定的年頭，德國政策制訂者開始
實施通貨轉換的第三階段。1924年10月11日，政府
導入另一項新的強勢通貨──帝國馬克（reichsmark，
譯注：又稱國家馬克），民眾可用1地租馬克購買1
帝國馬克。不過，新發行的帝國馬克可直接用來向德
意志帝國銀行交換金條，這個特質和地租馬克截然不
同，地租馬克只正式受房貸債券擔保。具體來說，
1帝國馬克可兌換的黃金數量，和戰前的1馬克一樣

新聞動態

1924年2月18日
**德國不動產貸款「規定價值」
（Valorized）為15％；原本預
期只有10％──停止以紙鈔
馬克償還公共債務**
「正式法令的唯一差異是，不
動產抵押貸款的價值重新規
定為原始價值的15％。」

1924年2月18日
**德國即將和戰爭時期的通貨
說再見；「小額貸款債券」
（Darlehnskassen）將自明年5
月初開始註銷**
「重要宣示之一──與德國
通貨回歸正常狀態的目標一
致──是：1914年8月基於
取得寬鬆信用之目的而發行
的小額貸款債券，將自5月初
開始全面停止運作。」

1924年2月18日
**德國成本再次降低。平均生活
費用目前較去年11月低
34.5%**

1924年2月20日
**德國收入增加；預期將出現戰
後首見的數百萬黃金馬克盈餘**

1924年2月25日
**德國貿易復甦不見停歇；工業
狀況繼續逐步改善，紡織貿易
呈現「榮景」**
「上週德國通貨、金融與商業
情勢持續改善，前兩者快速
成長，後者較為緩慢，但紡織
與服飾部門例外。紡織與服
飾部門正呈現某種繁榮景
象，製造商已開始拒絕接受
更多訂單。」

多。[143] 所有剩餘的紙鈔馬克則全數在 1925 年 6 月 5 日停止流通並收回，而舊通貨（地租馬克）則分階段在接下來十年間退場。[144]

不過，誠如我們將見到的，若想維持長治久安的局面，不僅必須發行一項新通貨。地租馬克與帝國馬克是這個改革過程的兩個重要環節，但並非唯二關鍵環節。一項通貨的價值與穩定，取決於發行機構的信用等級。由於德國央行並未就通貨的交付做出很多承諾（換言之，它並未大量發行以這些新通貨計價的債務），因此，中央銀行不會落入「引發通貨膨脹的債務貨幣化措施」和「引發通貨緊縮的債務違約」的兩難處境。而通貨金額最高不得超過擔保品價值的規定，也代表這項通貨能維持穩定。1923 年秋天時，德意志帝國還在為爭取信用等級而奮戰，不過，隨著它的基本面趨於穩健，它的信用等級也成功提升。

4）終結貨幣化

要建立外界對新通貨的信心，陷入通貨膨脹型去槓桿化歷程的國家必須停止債務貨幣化的作法。只要政府有法子逼迫中央銀行藉由印鈔票的方式來支應政府的負債，新通貨就永遠無法排除貶值的風險，而該通貨看似堅實的後盾也可能被視如敝屣。這是央行理應擁有不受政治體系干擾之獨立運作權的原因之一。

德國以兩項重大宣示來表達政府將停止債務貨幣化的保證：一個初始的私下宣示，以及一個相當公開的宣示。首先，1923 年 8 月 18 日當天，德意志帝國銀行通知威瑪政府，從 1924 年開始，德意志帝國銀行將不會繼續就額外的政府債券提供貼現服務。[145] 雖然這是一個私下的備忘通知，卻很快在工業菁英圈流傳，並促使政策制訂者重新嚴肅考量財政改革的必要

性。[146] 和第二個保證有關的消息是在 1923 年 10 月 15 日傳出，中央銀行官員在當天公開聲明，新成立的地租銀行將對政府授信總額設一個上限（以這個個案來說，總額為 12 億地租馬克）。此外，它的新政策將禁止德意志帝國銀行在 11 月 15 日以後將任何政府債務貨幣化。[147]

大眾和政府一度對中央銀行與地租銀行能否遵守上述承諾抱持懷疑的態度。畢竟德意志帝國銀行對政府的放款幾乎即刻就會達到 12 億地租馬克的上限。[148] 而且，到 1923 年 12 月時，政府已經提出 4 億地租馬克的額外貸款要求。[149] 不過，地租銀行的官員堅守立場，最後成功開啟了中央銀行獨立運作的新世代——也終結了漫長且幾乎無法無天的貨幣化歷程。

5）縮減赤字

在通貨膨脹型去槓桿化歷程，當中央銀行停止債務貨幣化作業，政府有幾個可行的選項：尋找新債權人來為它的赤字提供財源、縮減赤字，或是再次將手伸進中央銀行，繼續進行債務的貨幣化。由於在通貨膨脹型去槓桿化歷程中，通常不可能找到新債權人，繼續進行債務的貨幣化也只是暫時阻止問題爆發的權宜之計，所以，最終來說，政府通常還是必須設法平衡預算收支。

到 1923 年年底，威瑪政權終於下定決心要縮減赤字。畢竟它已經沒有別的選擇，而且，隨著債務多半都已寬減，這條途徑已變得可行。根據德國財政部長的說法：「如果我們無法藉由嚴酷裁減帝國支出來成功縮減因通貨膨脹型經濟而養成的放縱習性，那麼，我們的結局將只有一個：那就是大混亂。」[150]

從 1914 年戰爭爆發後，政府便維持預算赤字狀

新聞動態

1924 年 4 月 10 日
德國資源充沛；道斯報告呼籲提供工業抵押貸款，以蓄積德國付款能力。建議貸款金額為 2 億美元
「過去四年間，德國提出種種抗議的目的，都是要讓這個世界相信它無力支付賠款，但道斯專家委員會透過今日對賠款委員會提出的報告，駁斥了德國的說法，它主張德國有能力支付賠款。該委員會將最低正常付款金額訂為每年 25 億馬克，高出部分視德國景氣繁榮度而定。」

1924 年 4 月 15 日
德國將接受道斯委員會計畫作為會談的局部基礎；答覆將同意與賠款委員會舉行和解談判

1924 年 4 月 16 日
法國與英國核准道斯報告的完整建議；德國接受該報告作為討論基礎，目前已啟程前往巴黎

1924 年 4 月 18 日
賠款委員會採納道斯計畫；敦促柏林方面動起來；要求德國人立法並指定執行該計畫的官員

1924 年 4 月 21 日
德國的信用需求；工業情勢改善且貸款規模在一個月內增加一倍

1924 年 4 月 28 日
德國重新進入外國鋼鐵貿易市場；在瑞典接獲大型訂單——據說開價低於法國與比利時

態。[151] 然而，1923 年 8 月，政府採行各種步驟來解決這個問題，例如將所有稅賦調整為通貨膨脹率連動稅賦，及通過額外的緊急稅賦等。[152] 到那一年 10 月，德國的所有稅賦都已通貨膨脹連動化。[153]

此外，政府採取激進的措施來降低政府費用、遣散 25% 的政府員工，留下來的員工則減薪 30%。[154] 威瑪政權也停止補貼參與魯爾區「消極對抗」行動的勞工，因而省下昂貴的費用。[155] 這類撙節措施令人感到極端痛苦，而且如果是在先前一、兩年，勢必沒有人會忍受這些措施。不過，由於這段時日的超級通貨膨脹帶來極端大的痛苦與混亂，因此，到 1923 年年底，德國民眾幾乎願意為了物價的回穩而付出任何代價。

然而，最重要的是通貨膨脹更趨緩和與更穩定的匯率對現有稅收所產生的影響。[156] 暫時的穩定帶來某種良性循環：通貨膨脹率被壓低後，穩定的局面使實質稅收增加，預算壓力因而減輕，大眾對政府更有信心，認定政府將有能力避免進一步貨幣化。地租馬克在 11 月導入後，實質稅收快速增加，從 1923 年 10 月的大約 1,500 萬黃金馬克，增加到 1923 年 12 月的超過 3 億黃金馬克。[157]

到 1924 年 1 月，政府收支就開始出現盈餘。[158]

估計政府預算盈餘／赤字（%GDP）

因支出縮減、稅收的通貨膨脹連動化以及賠款談判重啟而改善

6）緊縮信用

　　官員決定大幅緊縮取得信用的能力，以避免民間信用加劇通貨膨脹壓力。這項信用緊縮政策是透過兩個管道來執行。首先，政府在 1924 年 2 月宣布將針對某些民間持有的債務進行「重新評價」（revalue，亦即要求債務人償還更高的面額給債權人）。[159] 這些債務包括在超級通貨膨脹期間已貶得幾乎一文不值的抵押貸款、銀行存款與工業公司債。[160] 雖然實施這項政策的目的是為了安撫憤怒的債權人，它也產生了緊縮的效果。[161] 一如減債會產生寬鬆信用、通貨貶值與推高通貨膨脹的效果，債務的重新評價則相反，會產生緊縮信用、支持通貨價值與降低通貨膨脹的效果。

　　第二、也是最影響重大的管道是：1924 年 4 月 7 日，德意志帝國銀行決定針對它的民間部門總授信金額設限。它不會收回任何現有的債務，但唯有先前的債務還清，它才會進行新的授信。[162] 這個嚴格對新信用創造設限的辦法，雖對企業界造成短痛，卻也令德國的通貨膨脹顯著趨於穩定，而且，通貨膨脹甚至在 1924 年 5 月降到些微負值的水準。[163]

7）累積外匯準備

　　雖然上述所有計畫、政策與協議都讓德國經濟狀況一步步趨穩，但並非每個人都相信那些計畫、政策及協議能確保永久的穩定。事實上，儘管德國在 1923 年 11 月至 1924 年 10 月陸續實施它的穩定機制，投機者還是持續看衰馬克，並從事看空馬克的投機操作。[164] 只要德國缺乏有意義的外匯準備，這些投機攻擊活動還是可能威脅到它繼續維持穩定的能力。

　　兩項主要的轉變讓德國得以重建已消耗殆盡的外

新聞動態

1924 年 6 月 30 日
德國接受軍事控制；要求延遲一個月執行，並對協約國提及的審查設限

1924 年 7 月 31 日
法國港口再次對德國人開放：柏林接獲通知，自 9 月以後，來自祖國的船隻將獲准進入
「法國港口將對德國船隻運輸撤銷所有限制，十年來首度全面開放。」

1924 年 8 月 17 日
協約國與德國人簽署協議；法國將在一年內撤出魯爾區

匯準備。第一個轉變是：民間持有的外匯陸續轉移至德意志帝國銀行。隨著德國國內的機構與個人對新發行的地租馬克作為交易工具的效率愈來愈有信心，大家紛紛將他們在超級通貨膨脹時期囤積的外幣轉換為這些新鈔票。[165] 光是在 1923 年 11 月至 1924 年 1 月間，德意志帝國銀行持有的外匯資產，就從大約 2,000 萬黃金馬克增加到近 3 億黃金馬克。[166] 雖然諸如此類的外匯流動因 1924 年年初通貨膨脹上升（此時個人又開始囤積外匯）而暫時停止，但後來隨著德國內部的授信標準趨於嚴謹，通貨膨脹漸漸穩定（如上所述），上述外匯流動再次恢復。[167]

第二個重大轉變導因於道斯計畫。道斯委員會除了降低德國的賠款負擔，還借了一筆鉅額的外匯貸款給德國。[168] 這筆貸款是在 1924 年 10 月完成授信，總額達到約當 8 億黃金馬克的外幣，包括美元、英鎊與法國法郎等外幣。[169] 雖然這筆貸款並不是特別龐大，卻顯著改善了德意志帝國銀行的信用，讓它變得更有能力對抗投機客的攻擊。[170] 另外，這筆貸款也代表一個能令外國投資人更放心的訊號。舉個例子，在道斯計畫實施後四年間，美國投資人受德國債務相對高的收益率吸引，投入大量資金到這個國家。[171]

到 1924 年，這場危機大致上已煙消雲散，德國進入短暫的復甦期，直到大蕭條來臨，它的情況才再次受到衝擊。這個二度危機不僅在經濟上造成嚴重蹂躪，更促使德國右翼主義分子及左翼民粹主義勢力快速興起、希特勒掌權，以及後來的諸多事端。但那已是另一回事了。

引用文獻

Balderston, T. "War Finance and Inflation in Britain and Germany, 1914–1918." *The Economic History Review* 42, no. 2 (May 1989): 222-244. https://doi.org/10.2307/2596203.

Bresciani-Turroni, Constantino. *The Economics of Inflation: A Study of Currency Depreciation in Post-War Germany.* Translated by Millicent E. Sayers. London: Allen and Unwin, Ltd., 1937.

Eichengreen, Barry. *Hall of Mirrors: The Great Depression, the Great Recession, and the Uses—and Misuses—of History.* New York: Oxford University Press, 2016.

Feldman, Gerald D. *The Great Disorder: Politics, Economics, and Society in the German Inflation, 1914–1924.* New York: Oxford University Press, 1997.

Ferguson, Niall. *Paper and Iron: Hamburg Business and German Politics in the Era of Inflation, 1897–1927.* Cambridge: Cambridge University Press, 1995.

Graham, Frank D. *Exchange, Prices, and Production in Hyper-Inflation: Germany, 1920–1923.* Princeton, NJ: Princeton University Press, 1967.

Holtfrerich, Carl-Ludwig. *The German Inflation, 1914–1923.* Berlin: Walter de Gruyet, 1986.

Keynes, John Maynard. *The Collected Writings of John Maynard Keynes.* Vol. 17, *Activities 1920–1922: Treaty Revision and Reconstruction.* London: Macmillan, 1977.

Peukert, Detlev J.K. *The Weimar Republic: The Crisis of Classical Modernity.* New York: Hill and Wang, 1993.

Rupieper, H.J. *The Cuno Government and Reparations 1922–1923: Politics and Economics.* The Hague, The Netherlands: Martinus Nijhoff, 1979.

Taylor, Frederick. *The Downfall of Money: Germany's Hyperinflation and the Destruction of the Middle Class.* New York: Bloomsbury Press, 2013.

Webb, Steven B. *Hyperinflation and Stabilization in Weimar Germany.* New York: Oxford University Press, 1989.

附註

1　Feldman, *The Great Disorder*, 30.
2　Feldman, 32.
3　Bresciani-Turroni, *The Economics of Inflation*, 23.
4　Bresciani-Turroni, 23.
5　Feldman, 38.
6　Feldman, 38.
7　Feldman, 45.
8　Feldman, 47.
9　Holtfrerich, *The German Inflation*, 177.
10　Feldman, 42.
11　Feldman, 52-54.
12　Taylor, *The Downfall of Money*, 16.
13　Bridgewater estimates. See also Bresciani-Turroni, 25; Ferguson, Paper and Iron, 118-20.
14　Holtfrerich, 117.
15　Taylor, 31.
16　Feldman, 45-46.
17　Feldman, 45.
18　Feldman, 44.
19　Bridgewater estimates. See also Feldman, 45-46.

20　Feldman, 47-49.
21　Feldman, 49.
22　Feldman, 48-49.
23　Webb, *Hyperinflation and Stabilization*, 4; Ferguson, 120.
24　Feldman, 146.
25　Feldman, 146.
26　Feldman, 148.
27　Feldman, 148.
28　Bresciani-Turroni, 54.
29　Feldman, 178.
30　Ferguson, 150.
31　Ferguson, 186.
32　Ferguson, 276.
33　Webb, 33, 37.
34　Holtfrerich, 132-3.
35　Feldman, 151.
36　Feldman, 152.
37　Holtfrerich, 132-3.
38　Feldman, 206.
39　Feldman, 207.
40　Feldman, 207.
41　Holtfrerich, 71.
42　Ferguson, 245.
43　Holtfrerich, 209.
44　Ferguson, 285.

45　Ferguson, 286.
46　Webb, 33.
47　Keynes, *Collected Writings*, 48.
48　Ferguson, 243.
49　Ferguson, 270.
50　Ferguson, 287.
51　Ferguson, 295.
52　Ferguson, 287.
53　Ferguson, 289.
54　Webb, 107.
55　有關賠款時間表，請見 Ferguson, 311-2。
56　Ferguson, 310.
57　Webb, 37; Ferguson, 313.
58　Ferguson, 298.
59　Ferguson, 308.
60　Ferguson, 343.
61　Keynes, 92.
62　Ferguson, 321.
63　Feldman, 445.
64　Webb, 56.
65　Ferguson, 337.
66　Feldman, 389.
67　關於這些動態的更多細節，也請參考附註 Bresciani-Turroni, 188-197。

68 Quoted in Feldman, 389.
69 Bresciani-Turroni, 294.
70 Bresciani-Turroni, 294.
71 Holtfrerich, 205.
72 Graham, *Exchange, Prices, and Production*, 28.
73 Bresciani-Turroni, 297.
74 Bresciani-Turroni, 305-6.
75 Ferguson, 335-6.
76 Feldman, 390.
77 Bresciani-Turroni, 260.
78 Quoted in Feldman, 390.
79 Eichengreen, *Hall of Mirrors*, 134.
80 Quoted in Feldman, 446.
81 Balderston, "War Finance," 21; Eichengreen, 134.
82 Feldman, 445.
83 Quoted in Feldman, 433.
84 Feldman, 505.
85 Feldman, 418.
86 Feldman, 418.
87 Webb, 56.
88 Webb, 56.
89 Ferguson, 318.
90 Webb, 57.
91 Ferguson, 338.
92 Ferguson, 383.
93 Ferguson, 341.
94 Bresciani-Turroni, 81.
95 Quoted in Ferguson, 339-340.
96 Bresciani-Turroni, 80-82.
97 Quoted in Feldman, 355.
98 Webb, 14.
99 Webb, 14.
100 Holtfrerich, 75.
101 Ferguson, 360.
102 Bresciani-Turroni, 366-7.
103 Webb, 58.
104 Rupieper, *The Cuno Government*, 113.
105 Feldman, 640-1.
106 Feldman, 643.
107 Ferguson, 371.
108 Ferguson, 371.
109 Webb, 60.
110 Quoted in Ferguson, 376.
111 Webb, 3.
112 Eichengreen, 146-7; Bresciani-Turroni, 368.
113 Bresciani-Turroni, 336.
114 Feldman, 768.
115 Feldman, 704.
116 Feldman, 728.
117 Eichengreen, 149.
118 有關協商的完整討論內容，請見 Feldman, 453-507; 658-669;

119 Eichengreen, 148.
120 Eichengreen, 148.
121 Eichengreen, 148.
122 Ferguson, 405; Eichengreen, 149.
123 Eichengreen, 149.
124 Peukert, *The Weimar Republic*, 286.
125 Eichengreen, 150.
126 Webb, 61; Bresciani-Turroni, 353.
127 Feldman, 784-5.
128 Bresciani-Turroni, 342-3.
129 Bresciani-Turroni, 343.
130 Bresciani-Turroni, 343.
131 Webb, 61.
132 Bresciani-Turroni, 343-4.
133 Bresciani-Turroni, 344.
134 Bresciani-Turroni, 344.
135 Bresciani-Turroni, 343; Webb 63.
136 Bresciani-Turroni, 346.
137 Bresciani-Turroni, 343.
138 Webb, 63.
139 Holtfrerich, 316.
140 Webb, 62; Feldman, 752, 787-8. 值得一提的是，即使是地租馬克都未真正獲得充足的擔保。由於黃金計價的房貸債券（地租馬克的擔保品）的利率只有5%，定值貸款（stable-value loans）的市場利率更高，所以，這些房貸債券的交易價遂低於面額。因此，地租馬克的「實質」交易價值遠低於其面額。也因如此，德意志帝國銀行黃金準備的隱含性擔保，才是支持這項新通貨的價值的決定性力量。有關地租馬克的擔保的詳細討論，請見 Bresciani-Turroni, 340-1。
141 Bresciani-Turroni, 346.
142 Bresciani-Turroni, 348-9.
143 Bresciani-Turroni, 354.
144 Bresciani-Turroni, 354.
145 Webb, 61-62.
146 Webb, 62.
147 Hotfrerich, 316-7.
148 Eichengreen, 147.
149 Eichengreen, 147.
150 Feldman, 770.
151 Bresciani-Turroni, 356.
152 Webb, 61.
153 Webb, 62.
154 Eichengreen, 146.
155 Eichengreen, 146.

156 Eichengreen, 146-7.
157 Bresciani-Turroni, 356.
158 Bresciani-Turroni, 356-7; Eichengreen, 146.
159 Bresciani-Turroni, 322.
160 Bresciani-Turroni, 322.
161 Bresciani-Turroni, 322-3.
162 Webb, 71.
163 Webb, 71; Bresciani-Turroni, 353.
164 Bresciani-Turroni, 348-351.
165 Bresciani-Turroni, 349.
166 Bresciani-Turroni, 349.
167 Bresciani-Turroni, 350-2.
168 Eichengreen, 150.
169 Eichengreen, 150.
170 Eichengreen, 150.
171 Eicehngreen, 151.

第 9 章

美國的債務危機與調整（1928年–1937年）

這章將詳細說明 1920 年代與 1930 年代的美國大型債務週期（包括大蕭條），大蕭條堪稱史上最具代表性的通貨緊縮型去槓桿個案。在這章，我還是會參照我在「典型大型債務週期」中詳述的「模型」，循序漸進地說明這個個案的特有情況。雖然大蕭條是在幾乎一個世紀以前發生，基本上它的動態還是和 2008 年危機前後的諸多發展相同。一如這一部討論的其他個案，我一樣會根據事件發生的先後順序（以這個個案來說，相關順序的排列是採用我多年來的大蕭條相關藏書所述的時間順序，而不是根據我個人實戰交易經驗）一一加以說明，也會在各個頁面的邊緣，提供摘錄自報紙重要新聞的即時「新聞動態」和當時的聯準會說法。

1927年至1929年：泡沫

歷經世界大戰與 1920 年至 1921 年的經濟衰退，美國經濟在科技帶領下進入一段快速成長期。各地鄉村與小城鎮的持續電氣化，以及中產階級的持續增加，為新技術開啟了巨大的新市場。無線電是當時最熱門的新科技，美國人擁有的收音機數量從 1922 年的 6 萬台，邊增到 1928 年的 750 萬台。[1] 汽車產業也急速成長，到 1929 年時，路上的汽車已達 2,300 萬輛——平均約每五個美國人就有一輛車（大約是 1920

新聞動態與聯準會公告

1927 年 1 月 3 日
銀行預測 1927 年經濟依舊繁榮
「國家城市銀行（The National City Bank）昨日針對 1927 年的展望提出評論，宣稱新的一年展望良好，經濟將延續繁榮步調。」
——《紐約時報》

1927 年 1 月 14 日
福特汽車十六年間的獲利達 3 億 7,592 萬 7,275 美元
——《紐約時報》

1927 年 6 月 17 日
目前海外持有的黃金為 6,223 萬 3,000 美元，5 月 13 日的數量顯示各聯邦準備銀行增加 268 萬 5,000 美元
——《紐約時報》

1927 年 8 月 15 日
德國銀行就外國還款提出警告；認為要達到外國償還債務要求，還有極大努力空間
——《紐約時報》

1927 年 8 月 21 日
杜蘭預測市場長期走多頭
「股票市場最突出且最引人注目的人物之一威廉・杜蘭（William C. Durant）相信，『我們正邁向所謂空前的大多頭市場，這個多頭市場將延續到未來許多年。』」
——《紐約時報》

年的三倍）。[2] 科技的進展也引爆了一波生產力榮景（從 1922 年至 1928 年間，工廠勞工每小時產出增加 75%）。報紙上充斥和科技突破有關的消息，這促使一般人對經濟抱持樂觀的看法。

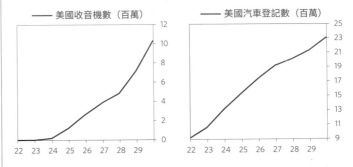

因那一波科技榮景帶動，週期初始階段（大約從 1922 年至 1927 年）的經濟成長相當強勁，通貨膨脹則相當緩和。這段漫長的期間成為後來所謂的「肥水年」（fat years），不管是資本家或勞工都獲得顯著的利益。[3] 企業獲利上升到戰後新高水準，失業率則降到戰後新低，實質工資上漲超過 20%。**在 1923 年至 1926 年間的泡沫前期階段，債務成長率大致上與所得成長率一致，因為債務被用在能創造快速所得成長的活動上。**在此同時，股票市場大幅上漲，波動性也不高——從 1922 年年初至 1927 年年底，美國股票投資人的報酬率超過 150%。當時市場上最強勢的熱門科技股是美國無線電公司（Radio Corporation of America，也就是交易員口中的「Radio」）及通用汽車（General Motors）。[4]

接著，泡沫開始浮現。一如典型的情況，泡沫並非空穴來風，它來自那段期間令人眼花撩亂的生產力與科技進展，以及一般人積極採用財務槓桿，賭那樣的好光景將永遠延續。一位作家解釋了當時一般人愈來愈相信經濟已進入一個「新世代」的現象：「新世

代……意味著永久的繁榮，舊榮枯週期的結束，美國人財富與儲蓄的穩定成長，（以及）持續上漲的股價。」[5]

在外國人眼中，美國是個吸引力十足的投資目標。當時美國和世界上多數國家都採用金本位，這意味著各國政府承諾以固定的交換比率，接受外界以它們的貨幣來和它們交換黃金，這項政策旨在向放款人保證他們不會印製大量鈔票，換言之，放款人的索償權不會因匯率貶值而發生損失。而由於美國的吸引力十足，因此，黃金源源不斷地從其他國家流向美國，因為那是國外投資人換購美元的唯一方法。這個現象對事後引爆 1929 年大崩盤的諸多事件具有重要的影響力，不過，我們此刻不會深入探討那些事件。

另一方面，由於其他國家（法國、德國和英國）的資金紛紛流向美國，因此它們擔心黃金準備流失過快，於是要求美國聯準會降低美元的利率，期許美元因此變得較不那麼吸引投資客。但由於聯準會比較重視的是經濟成長與通貨膨脹，對投資人藉由舉債來購買金融資產的現象（因此使債務持續成長）比較掉以輕心，因此，它只在 1927 年春天，將貼現率從 4% 小幅降到 3.5%。這當然對美國的信用創造產生了連鎖性的鼓勵效果。這正是中央銀行無心助長金融泡沫的典型管道。

另一方面，中央銀行的寬鬆政策促使經濟加速成長，全國各地的報紙和廣播電台不斷報導經濟表現強勁的新聞。1928 年下半年，工業生產成長 9.9%，汽車生產也達到歷史新高。景氣的榮景使民眾開始感到陶醉。到 1929 年年初，《華爾街日報》（*The Wall Street Journal*）用以下文字，描述了美國經濟體系的普遍強勁表現：「沒有人記得商業情勢從什麼時候開始

一年勝過一年……一切的一切都顯現工業已達全能生產，鐵道運輸量也創下歷史新高。」[6]

聯準會的寬鬆也在股票市場創造了一個多頭市場，所有跡象都顯示，當時的股市已變成典型的泡沫。我要再次重申我對泡沫的特質定義：

1）目前價格相對傳統衡量指標而言顯得偏高。

2）目前的偏高價格已預先反映了未來進一步快速漲價的潛力。

3）市場情緒幾乎全面樂觀。

4）購買資產的資金來自高財務槓桿。

5）買方基於透過未來的價格獲得投機利益或免於受未來漲價趨勢傷害等目的而提前購買的情況非常嚴重（例如大量囤積存貨、簽訂遠期採購合約等）。

6）新買方（即原本未參與市場的買家）進入市場。

7）旨在提振經濟的貨幣政策助長了泡沫的膨脹，緊縮的政策則促使泡沫破滅。

股票價格在 1927 年至 1928 年間幾乎上漲一倍後，**股票的評價已在貸款（即融資）買股的風氣下，達到極端超買的水準。**很多股票的本益比高達 30 倍。[7] 1929 年出版的暢銷書《股市新高點》（*New Levels in the Stock Market*，作者是俄亥俄州教授查爾斯・阿莫斯・戴斯〔Charles Amos Dice〕）記錄了**瀰漫整個多頭市場的情緒。**他主張由於愈來愈廣泛的投資人介入，故高股票評價或多或少已成為永久現象，並宣稱「預測股票行為的很多標準已經過時，其中之一……（是）『股票會漲就會跌』的陳腔濫調」。[8]

新聞動態與聯準會公告

1927 年 12 月 12 日
預期美國將徹底消滅貧窮
「根據耶魯大學經濟學家艾爾文・費雪（Irving Fisher）教授將在明日公開發表的一篇版權文章，胡佛（Hoover）部長的報告——提及 1921 年以來經濟持續成長——不僅意味著多數美國人都享受了經濟繁榮的利益，更代表困擾著所有世代、所有人類的廣泛貧困狀態，可能很快就會在美國消失。」
——《紐約時報》

1928 年 2 月 25 日
奧爾巴尼（Albany）當局因投資信託業產生齟齬
「今日共和黨立法部門領袖與州銀行部，因亞伯特・奧汀格司法部長（Albert Ottinger）提出的投資信託法案而爆發歧見……然而，多數黨領袖約翰・奈特（John Knight）參議員明確表示，共和黨本來就已計畫通過司法部長的提案……『投資信託業者的業務極為龐大，且其業務持續成長。需要給予某種監督。』」
——《紐約時報》

1928 年 2 月 29 日
新投資信託成立
——《紐約時報》

1928 年 3 月 13 日
許多股票暴漲，單日交易量突破記錄
「上週股票交易所各項事件可能影響投機心態的疑慮已一掃而空。昨日市場交易量達到 387 萬 5,000 筆，突破先前的所有記錄。」
——《紐約時報》

　　市場上充斥新買家，其中很多是過去未曾投資股票的新手投資人，這是泡沫的典型跡象之一。為了迎合遍布全國各地且一心渴望獲取暴利的投機客，股票經紀公司快速擴張，華爾街外的經紀商分支辦公室在 1928 年至 1929 年間增加了 50% 以上。[9]一家股票經紀公司在 1929 年宣稱「不管走到哪裡」「都會聽到某人吹噓他在股票市場的豐功偉業。不管是在晚餐時刻、漫步在橋上、在高爾夫球場、賣場推車旁、鄉村地帶的郵局、髮廊、工廠或各式各樣的商店，都能聽到類似的話題」[10]

　　在這段期間，一般人快速使用愈來愈高的財務槓桿來取得購買股票所需的資金，而且，由於銀行體系受到監理與保護（譯注：故其槓桿程度不會流於不節制），因此，一般人遂轉而訴諸非銀行體系，導致這個領域的財務槓桿使用程度變得愈來愈高。典型來說，當快速成長的新型態放款市場的槓桿程度達到極高水準，就是典型的泡沫徵兆。通常銀行業者能透過擔保或將各種資產予以組合或包裝等方式，讓投資人感覺這些新資產非常安全，加上這些組合資產或包裝資產尚未經過任何危機的壓力測試，因此一般人可能很難分辨這些資產實際上是否安全。如果監理機關未能適當監控、理解並管理這些「創新」，這些創新通常就會成為引爆下一場危機的根本導因。總之，當時銀行業者和投機客透過一種共生關係（換言之，銀行業者以極優渥的利差借錢給投機客，而投機客則利用這些財務槓桿購買股票，將股票價格推高並獲取利益）快速賺取鉅額利潤。1929 年時，最能快速提高財務槓桿的非銀行體系管道，首推通知貸款（call loan，又譯為可撤回貸款）和投資信託。[11]

　　通知貸款市場雖是相對新穎的創新，後來卻發展

新聞動態與聯準會公告

1928 年 3 月 25 日
市場受投機熱潮左右：快速獲取暴利的題材令民眾胃口大開，熱絡程度前所未見
——《紐約時報》

1928 年 5 月 4 日
企業盈餘報告顯示趨勢改善
「昨日報導顯示，當年度第一季企業盈餘與銷貨收入顯著較去年同季改善。」
——《紐約時報》

1928 年 7 月 25 日
投資信託掛牌交易促使資產價格上漲
——《紐約時報》

1928 年 7 月 26 日
歌頌國內銀行業者的狀況
「根據全國州立銀行監督協會（National Association of Supervisors of State Banks）財務長希姆斯（R.N. Sims）的年度報告數字，美國銀行資本、存款與總資源創歷史新高。」
——《紐約時報》

1928 年 9 月 2 日
汽車製造商締造新記錄
「今年 8 月，多家汽車製造商締造了這個季節的歷年新高生產記錄，整體產業也延續今年以來的氣勢，交出亮麗的成績單。」
——《紐約時報》

1928 年 9 月 14 日
新投資信託：美國聯合（American Alliance）已繳入金額達 475 萬美元
——《紐約時報》

為一個巨大的管道，投資人可透過這個管道取得股票融資債務。通知貸款的條件是每天根據市場利率與融資保證金成數規定加以調整，而且如果是一天期的通知貸款，放款人可隨時「收回」這些資金。**通知貸款在放款人和貸款人之間製造了資產／負債錯配，因為貸款人利用這些短期債務來作為購買高風險長期資產的財源，而放款人則將資金貸放給願意支付較高利率的較高風險貸款人。引爆債務危機的典型要素之一是，在泡沫期間承擔了債務／負債錯配的放款人與貸款人雙雙遭遇銀根緊縮的問題。**

　　一群新投資人進入通知貸款市場，對眾多投機客放款。由於通知貸款的利率高於其他短期利率，且放款人可隨時「收回」其資金，因此通知貸款愈來愈受金主圈歡迎，企業也將之視為投資閒置資金的好去處，[12]外國資金也紛紛從倫敦與香港等地流入，金額都非常龐大。誠如一名歷史學家事後所描述：「一條巨大的黃金之河為了幫美國人提供融資購股的資金而在華爾街匯聚。」[13]通知貸款市場的資金當中，來自聯邦準備體系外的放款人（即非銀行機構與外國人）的資金佔比，從 1928 年年初的 24% 上升到 1929 年 10 月的 58%。[14]這導致市場的風險變得更高，因為聯準會無法在這些非銀行機構因銀根緊縮而需要流動性之際對它們伸出援手。

　　下頁圖說明了泡沫期間股票融資債務爆炸性成長與股價隨之上漲的狀況。

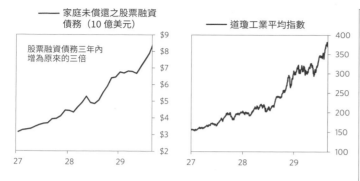

投資信託是另一項在這個泡沫時期快速成長且吸引更多新投機客進入市場的金融創新。投資信託起源於英國，這項業務在當地非常受歡迎。投資信託是一種企業，它們發行股份，並以出售股份所得的資金去投資其他企業的股份。[15] 著名經濟學家艾爾文・費雪曾盛讚投資信託為缺乏充足資金一次購買多家企業的股份的投資人，提供「廣泛且管理良善」的分散投資機會。[16] 隨著股票市場表現熱絡，投資信託企業也出現爆炸性成長。到1929年，幾乎每個星期就有近五家新投資信託成立，而市場募集到的新資金當中，有三分之一流向這些新成立的投資信託。[17]

美國各年度新成立的投資信託家數

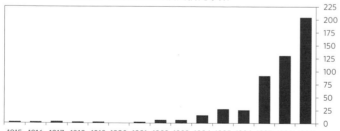

這些信託的發起人宣稱，投資信託的分散投資結構能讓金融體系變得更安全。問題是，很多投資信託為了在泡沫行情中獲取更大的報酬，紛紛採用財務槓桿，這對投資人造成另一層風險。而且，很多投機客

不了解證券的本質，誤以為近期的大漲行情會永遠延續，並紛紛舉借股票融資貸款，再將借來的錢投資到已經使用了高槓桿的投資信託股份，因此承擔更大的風險。[18]

隨著股票價格飆漲，投機客繼續提高財務槓桿，並因此獲得鉅額的利潤，這吸引更多買家有樣學樣，以透過財務槓桿取得的資金介入市場。**股價上漲愈多，投機客就愈堅信股價將繼續上漲，並因而更積極從事投機活動。**

在此同時，股票價格的上漲鼓勵股票發行者發行更多股票，導致股票供給持續增加。[19]在泡沫的這個階段，股價漲愈多，授信標準就降得愈低（儘管此時提高授信標準才是正道），因為放款人和貸款人雙雙發現，用借來的資金從事放款及購買股票，能獲取更鉅額的利潤。

當時財務槓桿的使用主要是發生在「影子銀行」體系；多數銀行看起來都未達到過度使用槓桿的狀態。1929 年 6 月，銀行業者的體質看起來比 1920 年至 1921 年經濟陷入衰退之前更健康：不僅盈餘頻創新高，資本比率（capital ratio）較以往上升（17.2%相對 14.9%），負債屬性也比以往更穩定，其中，定期存款佔銀行負債的比例比過去更高（35.7% 相對 23.3%）。[20]不僅如此，1929 年的一系列大型銀行購併活動，更被分析師視為銀行業體質的進一步強化。[21]**典型來說，在景氣良好階段，銀行盈餘和資產負債結構看起來都很健康，因為此時市場賦予資產較高的價值，而且有足夠的存款（譯注：存款乃銀行的負債）能支持這些資產。除非存款遭到大幅提領且資產價值降低，否則銀行業者不致陷入困境。**

雖然此時聯準會理事們對於是否有必要約束放款

的大幅成長（因為這導致股票投機風潮加劇）等議題爭辯不休，他們還是不願貿然提高短期利率，因為經濟並未過熱，通貨膨脹也相當緩和，而且，提高利率會傷害到所有類型的貸款人，不會只有投機客受傷。[22] **通常最糟糕的債務泡沫發生時，物價通貨膨脹並不高，也未明顯上升，不過因債務成長所提供的資金而起的資產價格通貨膨脹通常很顯著。那是因為一味聚焦在物價通貨膨脹與／或經濟成長的中央銀行，常犯下對債務成長、資產通貨膨脹（導因於債務成長）過於通融的錯誤，而且未留意那些債務能否創造足以償債的收入。**

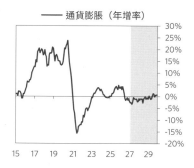

總之，Fed 並未提高貼現率，而是頒布旨在限制銀行信用供給的宏觀審慎（即監理）措施——包含降低貸款核准率，以及提高對信用工具的監督等。[23] Fed 對各地區銀行公開發表一封信，它在信中嘲諷「美國過多信用額度被投機性證券貸款吸收」的現象，並威脅有意向 Fed 借錢來承作那類貸款的銀行，其可能會遭到 Fed 拒絕。[24] 不過，這些政策多半並未收到成效。

新聞動態與聯準會公告

1929 年 4 月 23 日
草擬投資信託掛牌計畫
「據報導，紐約證交所所在已介入投資信託業股權且有意賦予這些證券正式掛牌權利的會員公司的多方施壓下，該證交所主管人員已原則同意未來獲准掛牌交易的這些證券，將歸屬哪一個類別。這是證交所理事在戰後面臨的最重要問題之一，因為它牽涉到市值上看 2 億美元的證券。」
——《紐約時報》

1929 年 4 月 25 日
墨菲公司（Murphy & Co.）成立投資信託；葛瑞姆爾公司（Graymur Corporation）將以超過 500 萬美元的資本展開營運
——《紐約時報》

1929 年 6 月 21 日
奧德瑞（Aldred）獲利 146 萬 4,000 美元；該投資信託持有的四家公用事業與工業公司股票上漲
——《紐約時報》

1929 年 6 月 24 日
新投資信託；哈德森－哈林谷公司（Hudson-Harlem Valley Corp.）將收購銀行與信託股票
——《紐約時報》

1929 年 7 月 3 日
6 月本地銀行貸款活動上升；聯準會報告顯示，銀行貸款增加為 4 億 2,500 萬美元，近幾年來最高
——《紐約時報》

新聞動態與聯準會公告

1929 年 7 月 13 日
股票因買氣而全面上漲
　　　　──《紐約時報》

1929 年 7 月 27 日
投資信託盈餘增加
　　　　──《紐約時報》

1929 年 8 月 10 日
銀行利率上升導致賣壓快速湧現，股票價格下殺
「紐約聯邦準備銀行基於紓解今年秋天商業信用情勢以及遏阻純投機性之證券信用供給之雙重目的，將重貼現率由 5% 提高至 6%，此決定一宣布，便導致昨日的美國股票市場爆發一波明顯可見的恐慌性賣壓。外國市場表現也疲弱且不安。」
　　　　──《紐約時報》

1929 年 8 月 17 日
7 月就業人數略減；但較 1928 年增加 6%，且所得成長 7%
「根據美國勞動部勞動統計局發表的報告，1929 年 7 月就業人數較 6 月減少 0.2%，總工資降低 3.8%。」
　　　　──《紐約時報》

1929 年 8 月 20 日
在美國鋼鐵公司領漲下，許多股票快速上漲 ── 資金利率維持不變
「因資金利率與上週最終數字相較並無變動，昨日股票市場再次出現令人熟悉的上漲模式……在美國鋼鐵公司領漲下，六檔不同種類的工業股票價格被買盤快速推高。」
　　　　──《紐約時報》

1929年年底：股票峰頂與崩盤走勢

緊縮政策戳破泡沫

　　Fed 自 1928 年開始緊縮貨幣政策。從 2 月到 7 月，利率共上升 1.5%，達 5%。Fed 的目的是為了在壓抑投機性信用成長的同時，不要損及經濟體系。一年後，也就是 1929 年 8 月，Fed 再次提高利率至 6%。隨著短期利率上升，殖利率曲線趨於平緩甚至逆轉，流動性隨之降低，持有短存續期間資產（例如現金）的報酬率則上升 ── 因這些資產的收益率上升。隨著貸款的成本愈來愈高，持有現金的吸引力比持有較長存續期間與／或較高風險之金融資產（例如債券、股票與房地產）更高，於是，資金漸漸撤出金融資產，導致這類資產的價格下跌。下跌的資產價格製造了一種負財富效果，反覆影響金融市場表現，並透過支出與所得的日益降低，對經濟體系造成負面回饋。於是，泡沫逆轉為崩潰。

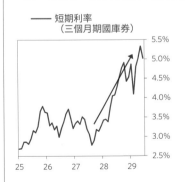

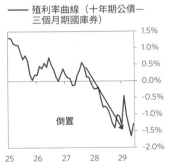

　　這個泡沫是被緊縮貨幣政策戳破的。事態的發展如下：

　　問題的最初訊號是在 1929 年 3 月浮現。當時有新聞報導指稱聯準會的理事每天都在華盛頓集會，但未公布會議的詳細內容，華爾街因此傳出一些謠言，指

稱當局即將開始壓制投機性債務。[25] 經過兩個星期的
溫和跌勢，幾篇報導聯準會罕見地在週六召開會議的
新聞，導致股票市場在 3 月 25 日大幅下跌，3 月 26
日也進一步下挫。隨著恐慌瀰漫整個市場，道瓊指數
下跌超過 4%，通知貸款利率更飆升到 20%。交易量
達到歷史新高水準。[26] 採用財務槓桿的小型投資人面
臨一波融資追繳，這造成一波強迫式賣壓，並使股市
跌勢加重。不過，在聯準會選擇按兵不動後，國家城
市銀行總裁查爾斯・米契爾（Charles Mitchell，他也
是紐約聯邦準備銀行的董事之一）宣布，他的銀行已
備妥 2,500 萬美元的資金，準備在市場上放款。[27] 這番
說法使市場趨於冷靜，利率開始下降，股票也紛紛反
彈。儘管股票恢復漲勢，但這些事態預告了股市的趨
於脆弱以及信用市場的趨於緊縮。

　　雖然經濟成長略微趨於緩和，但直到 1929 年年
中，經濟狀況還是相當強勢。6 月的《聯準會公告》
顯示，到 4 月為止，工業生產與工廠就業人數還是處
於歷史新高水準，而且建築活動相關的指標在第一季
短暫降低後，又大幅反彈。[28]

　　歷經 5 月短暫的賣壓後，反彈氣勢增溫，泡沫也
達到噴出階段。6 月股票單月漲幅達到 11%，7 月繼
續上漲 5%，8 月又漲了 10%。這一波反彈是受到槓桿
持續上升所帶動——那三個月間，家庭股票融資債務
較前一年同期增加了 12 億美元以上。

　　貨幣政策則是繼續緊縮。8 月 8 日當天，紐約聯
邦準備銀行將貼現率提高到 6%，[29] 原因是宏觀審慎
措施明顯未能促使投機性放款降溫。在此同時，由於
證券經紀商憂心股價與利率皆已過高，所以開始緊縮
通知貸款市場的條件，同時提高股票融資保證金成數
規定。證券經紀商在此前一年將融資保證金成數降到

新聞動態與聯準會公告

1929 年 8 月 9 日

本地銀行利率提高到 6%，貸款規模達 60 億 2,000 萬美元

「隨著證券經紀商貸款連續四週大幅增加到歷史新高，總規模首度超過 60 億美元，昨日紐約聯邦準備銀行董事將重貼現率由 1928 年 7 月 13 日維持迄今的 5% 提高至 6%……升息的決定完全出乎金融圈的預料之外。」

——《紐約時報》

1929 年 9 月 6 日

巴伯森預測股票將「崩跌」，費雪的觀點正好相反

「統計學家羅傑・巴伯森今日在衛斯理（Wellesley）巴伯森公園舉辦的第 16 屆全國商業會議中表示，此時此刻，明智的投資人一定會償還貸款，並避免從事融資投機操作，因為股票市場必然會『崩跌』……美國最具領導地位的經濟學家且向來以市場為師的耶魯大學艾爾文・費雪教授，則認定『股票價格並未過高，華爾街將不會發生諸如崩跌之類的走勢』。」

——《紐約時報》

10% 的低檔，但此時多數經紀商又將融資保證金成數提高到 45% 至 50%。[30]

股票市場在 9 月 3 日當天達到高峰，道瓊指數以 381 點收盤；後來，經過二十五年的漫長歲月，股市才又回到這個水準。

值得謹記的是，當時並沒有發生什麼導致股票市場泡沫突然破滅的特殊事件或衝擊。一如泡沫行情的典型情況，此時若要股價持續上漲，就需要投資人加速以透過財務槓桿取得的資金繼續搶購股票，原因有二，首先，此時投機客與放款人持有的部位皆已接近他們的最大極限，其次則因為緊縮政策改變了財務槓桿的經濟學。

隨著 9 月至 10 月初的一系列壞消息對投資人信心造成衝擊，股票開始下跌。那些壞消息包括：9 月 5 日當天，統計學家羅傑・巴伯森（Roger Babson）在全國商業會議中發表一篇演說，他警告，價格將因「貨幣緊縮」而崩跌。股市因那一番說法而下跌 2.6%，並形成著名的巴伯森缺口（Babson break）。9 月 20 日當天，克拉倫斯・哈特里（Clarence Hatry）的倫敦金融王國因被控詐騙而瓦解，這對市場造成極大的刺激，並逼得某些英國投資人不得不賣掉手中的美國持股來籌措資金。[31] 9 月 26 日，英格蘭銀行將其貼現率由 5.5% 提高到八年新高的 6.5%，某些歐洲國家也隨即跟進。[32]

總計到 10 月中旬，這些事件共導致市場從高點下跌 10%。當時投資人與主要報紙的專欄作家多半認為最糟的情況已經發生，也相信那段時間的波動性反而對市場有利。10 月 15 日當天，經濟學家艾爾文・費雪甚至公開表示：「股票已達到一個看似永久的高原期。」[33]

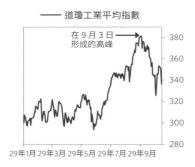

道瓊工業平均指數

在 9 月 3 日形成的高峰

29年1月 29年3月 29年5月 29年7月 29年9月

股市崩盤

　　但接著，市場開始探底。由於這段期間每天都發生很多事，所以，為了讓你了解詳細的狀況，接下來的描述將轉為幾乎逐日狀況的說明，我還是會透過個人的敘述和新聞動態來傳達當時的情況。

　　10 月 19 日週六，股票重挫，當天的交易量達到週六盤的歷史次高量，下跌走勢開始朝下方自我強化。股市收盤後，證券經紀商發出一波融資追繳令，此時藉由槓桿的使用來持有股票的人只有兩個選擇：補繳保證金（問題是此時此刻難以取得現金），或是賣掉股票；由於現金難以取得，他們不得不拋售股票。[34]《紐約時報》的週日頭條新聞標題寫著「賣股潮吞沒市場，股票遭壓低」等怵目驚心的字眼。[35] 儘管如此，交易員多半仍預期股市將在週一開盤後復原。因為摩根大通公司的湯瑪斯・拉蒙特（Thomas Lamont）在那個週末審視經濟狀況後，寫了一封信給胡佛總統，信中提到「未來看起來非常亮麗。」[36]

　　10 月 21 日那個星期，股市一開盤就面臨沈重賣壓。一名分析師描述週一的賣單像潮水般一波接一波，「勢不可擋且激進。」[37] 交易量再次創下新記錄。於是，另一波融資追繳令發出，眾多採用槓桿購股的參與者也不得不忍痛殺出股票。[38] 不過，週一收

新聞動態與聯準會公告

1929 年 10 月 8 日
股票持續反彈
「經過短暫的猶豫期，昨日股票交易所恢復星期六起展開的這一波反彈走勢。在收盤前，很多股票上漲達 10 點，絕大多數股票皆以接近當天最高價收盤。」
——《紐約時報》

1929 年 10 月 13 日
銀行盈餘呈現穩定增加的趨勢：數字顯示第三季存款亦增加——股票維持堅穩調性
——《紐約時報》

1929 年 10 月 13 日
房貸報酬顯示值得投資；投資成果優於股票與債券。保險公司報告採用了 104 家重要企業的資產統計研究比較
——《紐約時報》

1929 年 10 月 20 日
股票在沈重變現賣壓下全面挫跌－交易量幾乎創歷史新高
「昨日股票市場價格全面挫跌，那無疑是專業機構基於盤勢下跌而拋出的賣單以及反覆湧現的強迫式賣股變現潮所致。」
——《紐約時報》

1929 年 10 月 22 日
股票再次重挫，但收盤時因強勁支撐浮現而反彈
——《紐約時報》

1929 年 10 月 23 日
米契爾譴責股票下跌；自歐洲返國的他表示很多股票的售價已低於其真正價值
——《紐約時報》

新聞動態與聯準會公告

1929 年 10 月 23 日
股票大幅上漲，但臨收盤時下滑
——《紐約時報》

1929 年 10 月 23 日
股價在沈重變現賣壓下崩跌；總市值降低數十億美元
「過去一個半月股價下跌所帶來的驚嚇，促使成千上萬名股票持有人昨日下午在市場上拋售手中持股，雪崩般的賣壓導致各企業的股票出現史上最大跌幅之一。即使是股息發放記錄最良好的股票，都遭到不計價拋售，股市因而重挫，很多股票每股下跌數點，最多甚至跌 96 點。」
——《紐約時報》

1929 年 10 月 24 日
小麥價格因賣壓急湧而下跌；股票重挫導致穀物隨之下跌，價值瞬即降低
「股票的劇烈跌勢導致小麥市場價值在收盤前下跌 4 美分至 4.25 美分，達到本季新低價。」
——《紐約時報》

1929 年 10 月 25 日
金融家舒緩緊張氣氛
「昨日華爾街銀行業領袖在股票市場遭賣壓壓垮之際，出面協助遏止紐約證交所跌勢的義舉，獲得華爾街方面的讚揚。銀行業領袖緊急在摩根大通公司辦公室召開會議，迅速決定採取扭轉市場趨勢的措施。」
——《紐約時報》

盤前，市場出現反彈，因此週一一整天的跌幅比週六小。

週二的盤勢小漲，週三開盤時的交投原本相當清淡，但週三收盤前，所有寄望「最糟狀況已過」的期待全數落空。雪崩般的賣單在那個交易日的最後一個小時湧出，將股市大幅壓低，而這一波跌勢又引爆了另一批融資追繳和強迫式賣壓。[39]道瓊指數當天下跌 20.7 點（6.3%），以 305.3 點作收，那是道瓊指數到那一天為止的史上單日最大跌點。

由於賣壓非常劇烈且在臨收盤前才湧現，所以那天晚上，空前大量的融資追繳令發出，投資人必須補繳非常鉅額的擔保品，才能避免自己的部位在週四開盤時被自動斷頭賣出。[40]很多股票持有人將被迫賣出股票。

星期四一早可能湧現的鉅額融資追繳和賣單，讓交易所的每個員工都神經緊繃到極點，大家都努力設法做好事前的準備。為了防患未然，警方甚至派員駐守在金融區的各個角落。紐約證交所所長威廉・克勞佛（William R. Crawford）事後描述，股市開盤前，「空氣瀰漫著極端凝重的氣氛，重到彷彿能用刀切開。」[41]果然，股市一開盤便重挫，恐慌來襲。

市場開盤時的表現雖相對平靜，但不久後，隨著排山倒海般的賣壓湧現，市場被恐慌氣氛籠罩。[42]賣壓從美國各地湧來，不僅導致價格下跌，更引發另一波融資追繳，而新一波融資追繳又促使價格進一步下挫。賣壓猶如狂風巨浪快速湧來，接單員幾乎應接不暇。一名交易所的電話接單員工貼切描繪出當時的景象：「我無法獲得任何資訊，整個交易所像快垮掉似的。」[43]隨著消息不斷散播，和破產有關的謠言四處流竄，大量群眾因而集結到金融區。[44]到後來所謂

「黑色星期四」的中午時分，幾項主要指數的跌幅都已超過 10%。

大約到中午時，幾名大金融家在摩根大通公司的辦公室集會，並迅速擬定一份穩定市場的計畫。當時所謂的「銀行團」（The Bankers' Pool）承諾購買 1 億 2,500 萬美元的股票。過了晌午時分，代表銀行業者的交易員開始以最新成交價格，下大量的買單。[45] 隨著和這個計畫有關的消息逐漸傳開，其他投資人也開始跟著積極買進，股價隨之明顯上漲。道瓊工業指數在觸及 272 點（下跌 33 點）的低點後開始反彈，最終以 299 點作收，只比前一個交易日下跌 6 點。[46] 不過，這個行動最終仍舊以失敗收場，是當時眾多試圖拉抬市場但最終功敗垂成的第一個計畫。以下是隔天的《紐約時報》頭版新聞剪報：

WORST STOCK CRASH STEMMED BY BANKS;
12,894,650-SHARE DAY SWAMPS MARKET;
LEADERS CONFER, FIND CONDITIONS SOUND

FINANCIERS EASE TENSION

Five Wall Street Bankers Hold Two Meetings at Morgan Office.

CALL BREAK 'TECHNICAL'

Lamont Lays It to 'Air Holes' —Says Low Prices Do Not Deplet Situation Fairly.

Wall Street Optimistic After Stormy Day;
Clerical Work May Force Holiday Tomorrow

Confidence in the soundness of the stock-market structure, notwithstanding the upheaval of the last few days, was voiced last night by bankers and other financial leaders. Sentiment as expressed by the heads of some of the largest banking institutions and by industrial executives as well was distinctly cheerful and the feeling was general that the worst had been seen. Wall Street ended the day in an optimistic frame of mind.

The opinion of brokers was unanimous that the selling had got out of hand not because of any inherent weakness in the market but because the public had become alarmed over the steady liquidation of the last few weeks. Over their private wires these brokers counselled their customers against further thoughtless selling at sacrifice prices.

Charles E. Mitchell, chairman of the National City Bank, declared that fundamentals remained unimpaired after the declines of the last few days. "I am still of the opinion," he added, "that this reaction has badly overrun itself."

LOSSES RECOVERED IN PART

Upward Trend Starts With 200,000-Share Order for Steel.

TICKERS LAG FOUR HOURS

Thousands of Accounts Wiped Out, With Traders in Dark as to Events on Exchange.

摘錄自 1929 年 10 月 25 日《紐約時報》。保留所有版權。經美國版權法許可與保護。未經許可，禁止印製、複製傳播或轉載本內容。

週四市場收盤後，一個由大約 35 家股票經紀商組成的團體，開始擬定第二波股市穩定計畫。他們認定最糟的狀態已過，所以在週五的《紐約時報》上刊登全版廣告，對大眾信心喊話，宣稱買進的時機已到。[47] 胡佛總統則在同一天宣稱：「美國商業基本面，即

新聞動態與聯準會公告

1929 年 10 月 25 日
歷經狂風暴雨的一天，華爾街轉趨樂觀
「某些最大型銀行機構的老闆與工業界高階主管，不約而同地表達相當樂觀的情緒，一般感覺最糟的情況已過。經紀商的看法是，很多賣壓並非市場本身的弱勢所造成，而是因為大眾受到驚嚇而拋售所致……」
——《紐約時報》

1929 年 10 月 25 日
投資信託大量購買股票，在市場大跌之際投入它們的準備金
——《紐約時報》

1929 年 10 月 26 日
市場趨於穩定，股票回升；銀行家誓言繼續支持股市；胡佛總統表示商業基礎依舊健全
——《紐約時報》

1929 年 10 月 27 日
銀行支持受到重創的股票
「若過去一週的激動事態被寫入金融史，那將是非常罕見的一章。本市最主要的銀行業者難得團結一致，為了支持受創的股市而組成一個聯盟。」
——《紐約時報》

1929 年 10 月 27 日
股票在相對活絡的週末交易中收低
——《紐約時報》

商品的生產與配銷基礎良好且欣欣向榮。」[48]那個星期接下來幾個交易日，股票表現逐漸趨於穩定。到了星期天，各大報紙的內容再度傳達一種樂觀的氣氛，令人感覺已跌到相當便宜水準的股票，將支持股市在未來一週反彈。[49]

不過，10 月 28 日星期一當天，股市再度崩盤並陷入恐慌，各式各樣投資人的賣單如潮水般湧進。值得一提的是，當天最顯著的賣壓來自股票經紀商，因為股市的恐慌氣氛導致大型企業突然決定收回它們對這些經紀商的放款。[50]交易量再創新高，那一天內換手的股票高達 900 萬股（最後一個小時就達 300 萬股），[51]道瓊指數終場下跌 13.5%，為史上最大單日跌幅，而那一天也成為著名的「黑色星期一」。那天收盤後，前述銀行團再度集會，企圖營造樂觀氣氛，但最終並未宣布額外的購股對策。[52]

STOCK PRICES SLUMP $14,000,000,000 IN NATION-WIDE STAMPEDE TO UNLOAD; BANKERS TO SUPPORT MARKET TODAY

Sixteen Leading Issues Down $2,893,520,108; Tel. & Tel. and Steel Among Heaviest Losers

A shrinkage of $2,893,520,108 in the open market value of the shares of sixteen representative companies resulted from yesterday's sweeping decline on the New York Stock Exchange.

American Telephone and Telegraph was the heaviest loser, $448,905,162 having been lopped off of its total value. United States Steel common, traditional bellwether of the stock market, made its greatest nose-dive in recent years by falling from a high of 203¼ to

PREMIER ISSUES HARD HIT

Unexpected Torrent of Liquidation Again Rocks Markets.

另一波大規模融資追繳令在週一晚間發出，而在週二開盤前，有高達 1 億 5,000 萬美元的通知貸款被收回。[53]**聯準會企圖藉由提供流動性來反制信用崩潰的衝擊**。紐約聯邦準備銀行總裁喬治·哈里遜

（George Harrison）凌晨三點和該行的董事集會後，在市場開盤前宣布，Fed 將藉由收購政府證券的方式，挹注 1 億美元的流動性來紓解貨幣市場的信用緊縮問題。哈里遜本須取得華盛頓的 Fed 理事會的許可，但因為他不想等待，所以，取而代之的，他透過正常的公開市場投資委員會（Open Market Investment Committee）帳戶外的管道來收購政府證券。[54] **傳統上，制衡規定的設計是為了確保正常時期的穩定，但這些規定不適用於危機情境，因為在危機時刻，常有必要採取立即性的激進作為。而在 1920 年代末期，成熟完善處理債務內爆及其骨牌效應的管道並不多。**

　　儘管 Fed 的流動性確實紓解了信用緊縮情勢，甚至可能防止了一系列破產案件發生，卻不足以阻止股票市場在後來所謂的「黑色星期二」繼續崩跌。那天股市一開盤，就有大批股票賣單湧進市場，股價因而繼續下跌。[55] 此時，「銀行團轉為賣出」的謠言導致恐慌加劇。[56] 紐約證交所會員在中午集會，商討是否停止交易所營業，但最後他們決定不採行這個方案。[57] 投資信託承受的打擊尤其嚴重，因為在泡沫時期，這些投資信託為了提高報酬率而從事槓桿操作，而這樣的作法在此刻帶來嚴重的負效果。高盛交易公司（Goldman Sachs Trading Corporation）的股價下跌 42%，藍色山脈公司（Blue Ridge）更一度重挫 70%，但後來稍微反彈。[58] 那一天，道瓊指數下跌 11.7%，是史上第二大跌幅。市場在短短兩天內下跌 23%，積極使用槓桿的投機客和放款給投機客的人開始面臨難以解決的問題。

新聞動態與聯準會公告

1929 年 10 月 30 日
股票進一步極端激烈下挫；創單日最高交易量記錄

「昨日直到股票收盤前不久，狂烈的股票變現賣壓都未見減輕。今日的實際交易量達 1,640 萬股，遠超過上週四的 1,280 萬股，非常多知名股票下跌 25 至 40 點。」

——《紐約時報》

1929 年 10 月 30 日
一般認為股市跌勢已達滿足點，基本情勢依舊健全。一般預測「災難」不會發生；股市下跌導因於暫時性的動力，經濟榮景不受影響

——《紐約時報》

1929 年 10 月 30 日
保險公司龍頭呼籲購買股票；康威（Conway）建議目前股價水準為投資買進的好機會

——《紐約時報》

1929 年 10 月 31 日
股票顯著反彈，少數進一步下挫——資金利率 6%，英鎊表現強勢

「昨日股市所展現的根本事實是，恐慌變現行為已經停止，真正有意介入的買方的買單漸漸發揮應有的影響。本週曾出現的那類歇斯底里式下跌，最終必然會隨著價格的向上反彈而結束。」

——《紐約時報》

新聞動態與聯準會公告

1929 年 10 月 31 日

銀行股反彈介於 5 至 500 點；交易量大增

「昨日銀行股股價反彈，據說交易量超過週二的記錄。這波強力的買盤促使股價上漲 5 至 500 點不等。國家城市銀行的成交量再次領先群倫，收盤時內盤價較昨日上漲 85 點……投資信託的波動則不規律。」

——《紐約時報》

1929 年 11 月

全國商業情勢一覽

「9 月工業活動增幅較往常的這個季節縮減。然本月生產活動繼續高於去年同期水準，且今年第三季的生產活動，仍大約較 1928 年同期高 10%。已簽訂之建築合約進一步降低。9 月中至 10 月中，銀行貸款增加，主要是反映證券相關貸款的成長。」

——《聯準會公告》

1929 年 11 月

貼現率與票據利率調整

「紐約聯邦準備銀行各類與各期限之本票貼現率由 6% 降至 5%，自 11 月 1 日起生效。紐約聯邦準備銀行對期限低於九十天之票據的收購利率，由 5.125% 降至 5%，自 10 月 25 日起生效，並自 11 月 1 日起進一步降低至 4.75%。四個月期限票據之收購利率由 5.125% 降至 4.75%，五至六個月期限票據之收購利率，由 5.5% 降至 5%，自 11 月 1 日起生效。」

——《聯準會公告》

摘錄自 1929 年 10 月 30 日《紐約時報》。保留所有版權。經美國版權法許可與保護。未經許可，禁止印製、複製傳播或轉載本內容。

週三當天，股票反彈並上漲 12.3%，**那是大債危機的蕭條階段經常會發生的空頭市場大反彈走勢之一**。那天強力反彈後，紐約證交所宣布隔天中午才會再開盤，而且表示，交易所為了完成大量的文書工作，將在接下來的週五及週六休市。[59]

Fed 及英格蘭銀行雙雙在週四降低利率。其中，英格蘭銀行將其貼現率從 6.5% 降到 6%，Fed 隨之採取配合行動，將銀行利率從 6% 降到 5%。[60] 交易員更因未償還之通知貸款金額較前一週降低超過 10 億美元的消息而大感振奮。由於一般人相信最糟的強迫式賣壓已經過去，市場再次反彈。

不過，急於利用這一週的反彈獲取短利的投機客，在週一股市開盤後大量賣出，這導致股票再度重挫。到週三當天，道瓊指數在那一週的跌幅已達 15%。接下來一個星期，股票還是繼續下跌。

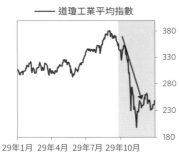

道瓊工業平均指數

	380
	330
	280
	230
	180

29年1月　29年4月　29年7月　29年10月

新聞動態與聯準會公告

1929 年 11 月 1 日
英格蘭銀行調降利率；意外降低至 6%，鼓舞交易所士氣——股價上漲
「歷經艱困的五個星期，英格蘭銀行官員今晨採取果敢作為，意外將其銀行利率由 6.5% 降至 6%。」
——《紐約時報》

1929 年 11 月 5 日
歷經昨日井然有序的賣壓，股票價格下跌 2 至 17 點不等；交易時間縮短為三小時；價格持續下跌
「買單在最後一刻撤銷，導致支撐力量被剝奪，加上賣壓意外湧現的拖累，股票市場昨日開盤後便大幅下跌，儘管五個小時的交易堪稱井然有序，價格卻持續下跌。」
——《紐約時報》

1929 年 11 月 22 日
掛牌交易之債券價格上漲，交易規模擴大；政府債券需求熱絡，五檔政府債券達年初迄今新高價
「昨日掛牌交易債券市場進一步上漲，且交易量顯著擴大，美國政府債券再次顯現強烈需求。」
——《紐約時報》

1929 年 11 月 29 日
歐洲人士看胡佛的計畫：大致上感覺該計畫將緩和市場反應，但無法扭轉局面
——《紐約時報》

1929 年 12 月 1 日
胡佛的穩定計畫需要謹慎執行：基本原則健全，但應以差別對待方式，處理新建築活動及企業擴張計畫
——《紐約時報》

在股票崩盤期間，由於投資人從股票及通知貸款撤退後，積極尋找較安全的投資標的，故鐵道公司的債券及其他高信用評等債券，反而表現亮眼。在此同時，高評等債券與低評等公司債（BAA 等級以下）的殖利率差異，達到 1929 年的年度高點，這使得較高風險的公司債價格由持平轉為下跌。那類市場行為——隱含信用風險的股票與債券跌價，國庫券及其他低信用風險資產則上漲——在週期的這個階段很常見。

這段時間股票市場重挫所造成的財務與心理衝擊，自然開始對經濟體系造成傷害。一如常見的情況，政治人物與商業領袖繼續發表看好經濟強勢發展的觀點，但經濟統計數字其實已經顯露疲態。工業生產在 7 月達到高峰，更即時的指標如 11 月 4 日發表的火車載運量與鋼鐵產能利用率，則顯示經濟活動正一步步走下坡。原物料商品市場的大幅下跌更是平添疑慮。到 11 月中，道瓊指數已較 9 月的高點下跌近 50%。

政治圈對股市崩盤的回應

雖然現代人經常批評胡佛政府當時對市場崩盤與經濟衰退的處置方式，但在事發當時，政府初期採取的行動其實大受讚揚，那些行動也確實曾促使股市

顯著反彈。11 月 13 日當天，胡佛總統提議一個暫時方案：針對所有所得級距降低 1% 稅率，並提高 1 億 7,500 萬美元公共建設支出。[61]兩天後，胡佛又宣布他打算廣邀一個由「工業、農業與勞工代表組成的小型初步會議」，共同研商對抗經濟衰退的計畫。[62]這場會議在隔週召開，胡佛總統懇求商業領袖承諾不要降低資本投資或工資支出，並懇求工會領袖不要發動罷工或要求加薪。[63]12 月 5 日，胡佛召集 400 位當年最受敬重的商業人士參與一場研討會，會中推舉 72 位在 1920 年代叱咤一時的頂尖商業鉅子，共同組成一個領袖委員會，由美國商會（US Chamber of Commerce）會長擔任主席。[64]這一系列政策最初的確成功達到目的，胡佛支持聯邦準備系統寬鬆信用的努力也見到成效。

　　誠如先前提到的，紐約聯邦準備銀行在崩盤期間積極提供信用。它在一個月內，將貼現率由 6% 降至 5%，接著又將它降到 4.5%。

上述政策行動配合民間部門採取的其他措施，終於對股票市場形成支撐，就民間部門來說，最值得一提的是約翰‧洛克斐勒（John D. Rockefeller）在 11 月 13 日，以每股 50 美元收購 100 萬股標準石油公司（Standard Oil Co.）股份（他的收購使該公司股價在

50 美元形成底部），[65] 股票市場終於走出底部，並展開一段延續至 12 月且幅度達 20% 的反彈。此時樂觀感受逐漸佔上風。

1930年至1932年：經濟蕭條

到 1930 年元旦，一般人普遍相信股市既修正了 50%，跌勢應已結束，這促使股市在那一年的 1 至 4 月間大幅反彈。[66] 當時股票看起來確實很便宜，而由於沒有明確證據顯示企業獲利將大幅降低，投資人遂根據前幾次經濟衰退的狀況（例如 1907 年與 1920 年）來推斷後續的可能發展。在那兩個經濟衰退期，股票歷經大約 50% 的修正後都未進一步惡化。也因此，多數人都假設這次的情況會循相同的模式發展。

另外，政策制訂者繼續採行許多措施來提振經濟，這使得樂觀心態變得更加強烈。Fed 在 3 月將利率降至 3.5%，在短短五個月間，利率共降低了 2.5%（這在 Fed 內部引爆激烈辯論，某些成員擔心該會提振經濟的立場過於鮮明，有可能導致美元轉弱）。[67] 另外，3 月 25 日當天，國會還通過兩項撥款法案，作為各州道路興建與建築專案用途，這使得財政提振方案的總額達到 GDP 的 1%。[68]

當時經濟學家（包括美國經濟協會〔American Economic Association〕與聯準會的經濟學家）公認，以提振經濟為目標的政策行動已足以支持經濟復甦。1 月 1 日當天，《紐約時報》報導了市場情緒自崩盤以來的變化，報導中提到「一般認為，零星的商業破產案件，失業率未嚴重降低，股票市場強勁反彈等，驅散了陰鬱氣氛。」[69] 不僅如此，銀行業者在 1930 年一整年還擴大投資，會員銀行持有外國債券、市政債

新聞動態與聯準會公告

1929 年 12 月 5 日
表示胡佛採取行動阻止減薪；杭特（Hunt）向本地泰勒協會（Taylor Society）表示，總統在 1921 年與最近都成功阻止減薪情事發生

「為阻止商業景氣嚴重下滑，胡佛總統正以井然有序的方式調配整個國家的各種經濟動力，他的努力被視為邁向工業均衡（industrial equilibrium）。這是由衛斯理·米契爾（Wesley C. Mitchell）博士昨晚在泰勒協會於賓州酒店的集會上的演說中提出的一項重大實驗。」
——《紐約時報》

1929 年 12 月 10 日
標準石油援助 129 美元；幾名購買公司股票的員工因股市大跌而請求援助
——《紐約時報》

1929 年 12 月 13 日
英格蘭銀行降息至 5%；十一週以來第三次調降，倫敦金融圈為之震驚
——《紐約時報》

1929 年 12 月 31 日
證交所債券表現不規律；國內債券轉弱，但外國貸款展現強勢

「昨日證券交易所掛牌債券的價格表現極端不規律，平均而言，國內債券略微轉弱，外國貸款則聲勢看好。自由債券（Liberty bonds）與國庫證券交易清淡，價格略跌。」
——《紐約時報》

券、政府公債與鐵道公司債券的規模全數增加，[70]這是展現樂觀心態的另一個跡象。

至 4 月 10 日當天，道瓊指數已反彈到 290 點以上。不過，儘管經濟提振措施陸續出爐，一般人也普遍樂觀以對，經濟卻持續表現疲弱。隨著第一季的企業盈餘令人失望，股票也從 4 月底開始重啟跌勢。**在去槓桿化歷程的初始階段，政策制訂者和投資人常會低估實體經濟後續的衰退程度，這會促使股市出現一些「短命」的小規模反彈，而反彈後的恢復下跌則凸顯出初期政策回應的不足。**

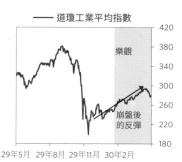

1930 年下半年，經濟開始明顯轉弱。從 5 月至 12 月間，百貨公司銷貨收入減少 8%，工業生產更是降低 17.6%。失業率在那一年間上升 10%（至 14%），產能利用率降低 12%（至 67%）。住宅與房貸債務也大幅減少。儘管如此，直至這個時點，經濟活動下滑的程度看起來還只像是一次溫和衰退。舉個例子，消費支出水準依舊高於前幾次經濟衰退期的低點，很多產業也尚未陷入嚴重衰退。由下圖可見，百貨公司銷貨收入與工業生產雖下滑，但尚未崩落到前幾次衰退的低點（1930 年以灰色方塊加以凸顯）。

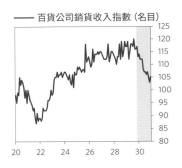

百貨公司銷貨收入指數（名目）

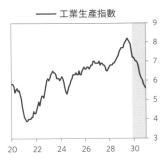

工業生產指數

　　隨著經濟狀況轉弱，各個市場的賣壓再度湧現。到這段期間結束時，股票收低：至 1930 年 10 月，股票市場已跌破 1929 年 11 月創下的低點。原物料商品價格也大幅下挫。市場分析師和投資人漸漸體認到，經濟已沒有快速復甦的指望。[71] 不過，胡佛依舊相當樂觀。

　　雖然聯準會降低利率，政府公債市場也表現強勁，利差卻持續擴大。這導致多數消費者與企業面臨利率上升的窘境。舉個例子，長期房貸的利率上升，原本在股市崩盤後表現可圈可點的市政債券殖利率，也隨著民間對信用前景愈來愈焦慮而開始走高。某些產業因信用情勢的惡化而受到特別嚴重的衝擊。其中，鐵道工業有鉅額需到期展延的債務，所以，這類企業因信用緊縮及盈餘降低的雙重問題而倍感壓力。[72] 由於鐵道業被視為關鍵產業，所以政府希望提供支持，甚至考慮予以紓困（這段期間的鐵道業和 2008 年金融危機期間的汽車產業面臨類似的窘境）。

新聞動態與聯準會公告

1930 年 4 月
全國商業情勢一覽
「2 月工業生產增加，工廠勞工雇用人數大約與 1 月相當。躉售原物料商品價格持續下滑。2 月會員銀行授信規模進一步降低，但 3 月頭兩週上升。資金利率繼續下滑。」
——《聯準會公告》

1930 年 4 月 2 日
上月股票大漲；證交所 240 檔股票的市值上升 29 億 6,124 萬 563 美元
「3 月股票價格出現去年秋天開始下跌以來的最大上漲幅度，且交易量較 1 月與 2 月高。」
——《紐約時報》

1930 年 4 月
貼現率與票券利率調整
「紐約聯邦準備銀行各類與各期限本票貼現率，由 4% 降至 3.5%，自 3 月 14 日起生效；克里夫蘭聯邦準備銀行由 4.5% 降至 4%，自 3 月 15 日生效；費城聯邦準備銀行自 3 月 20 日起生效；舊金山聯邦準備銀行自 3 月 21 日起生效。」
——《聯準會公告》

1930 年 4 月 11 日
4 月 1 日農業工資達 1923 年以來最低；局勢顯示，勞工供給因工業就業人數低迷而大增
「農業局今日公布，4 月 1 日農業工資降至 1923 年農業經濟局開始收集每季數據以來的同期最低水準。」
——《紐約時報》

保護主義抬頭

　　一如嚴重經濟衰退時期常見的狀況，此時保護主義（Protectionism）漸漸崛起，反移民情緒也開始加溫。政治人物將經濟的疲弱歸咎於其他國家的反競爭政策，並斷定提高關稅將有助於扭轉製造業及農業的頹勢，也認為限制移民有助於解決經濟體系的失業問題。[73]

　　保護主義情緒造成很多後遺症，其中影響最大的是斯姆特－霍利關稅法案（Smoot- Hawley Tariff Act），這項法案對近兩萬項進口到美國的商品課徵關稅。投資人與經濟學家擔憂預定實施的 20% 關稅將引爆全球貿易戰，並使得已相當疲弱的全球經濟進一步受創。[74] 5 月初，就在這項法案接近通過前，一個由 1,028 名經濟學家組成的團體，共同向胡佛發表一份公開信，懇求若國會通過該法案，總統宜予以否決。[75] 外國政府也紛紛表達反對立場，並暗示將採取報復行動。[76] 然而，關稅——尤其是農業進口關稅——是胡佛的競選承諾之一，所以，儘管外界對斯姆特－霍利關稅法案的反對聲浪日益增強，他還是不願意背棄先前的承諾。[77]

　　隨著關稅法案可能通過的跡象趨於明朗，股票大幅下跌。繼前一個星期下跌 5% 後，道瓊指數又在 6 月 16 日（法案通過前一天）當天，進一步重挫 7.9%。由下頁圖可見，美國徵收的平均進口關稅稅率倒退回 1800 年代的水準。雖然在經濟衰退時期，關稅有時的確會提高，但斯姆特－霍利關稅法案卻將關稅提高到近乎歷史新高水準。[78]

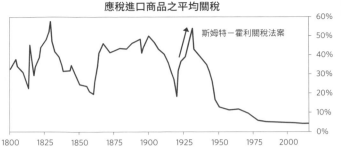

應稅進口商品之平均關稅

斯姆特－霍利關稅法案

資料來源：艾爾文（Irwin），〈商業衝突：美國貿易政策史〉（Clashing Over Commerce: A History of US Trade Policy）

很快的，美國就面臨一波報復性的保護主義政策打擊。造成最大衝擊的初始反應來自美國的最大貿易夥伴加拿大，當時美國有 20% 的出口是流向加拿大市場。加拿大的政策制訂者對 16 項美國商品提高關稅，但同時降低英國商品的進口關稅。[79] 隨著接下來幾年類似的政策不斷實施，原本已因經濟衰退而崩潰的全球貿易，遂進一步沈淪。

胡佛政府也在 1930 年實施移民（包括合法與非法移民）限制，這是當局回應疲弱經濟的另一項常見的保護主義措施。9 月 9 日當天，胡佛對移民設限，僅允許遊客、學生和專業從業人員前往美國，他說明這是因應失業的必要政策。胡佛事後在回憶錄中反省他的觀點，但他表示：「無論直接或間接，在當時，所有移民都是一種公眾負擔，他們一抵達就自行去申請並領取救濟，而就算他們順利找到工作，也會逼得其他人民去申請救濟。」[80]

銀行開始破產

股票市場崩盤後，銀行業者大致上還算能站穩腳步，不過，隨著銀行的放款對象因股市崩盤與經濟弱勢而受創，銀行業也開始感受到壓力。1930 年，銀

新聞動態與聯準會公告

1930 年 5 月 5 日
1,028 名經濟學家建請胡佛否決審議中的關稅法案
「美國經濟協會成員之一斯沃斯莫爾學院（Swarthmore College）經濟學副教授克萊爾·威爾寇克斯（Claire Wilcox）博士，在今天公開向胡佛總統、斯姆特參議員及霍利眾議員提出的一份聲明中，表達該協會 1,028 名經濟學家會員積極反對政府通過霍利－斯姆特關稅法案的立場。他們強力呼籲若國會通過該法案，總統宜予以否決。」
　　　　　　　——《紐約時報》

1930 年 6 月
全國商業情勢一覽
「5 月工業生產降低金額大致和 4 月的增加金額相當。工廠就業人數減少程度超過這個季節的一般降低水準，物價下修的趨勢也沒有改變。資金利率進一步降低，達到五年多年來最低點。」
　　　　　　　——《聯準會公告》

1930 年 6 月 10 日
呼籲降低關稅，提升世界友善氣圍
　　　　　　　——《紐約時報》

1930 年 6 月 14 日
參議院以 44 票對 42 票通過關稅法案……歐洲採取第一項報復行動
　　　　　　　——《紐約時報》

1930 年 6 月 15 日
股價因關稅法案通過而下跌
　　　　　　　——《紐約時報》

行業淨利較前一年降低 40%，但營運大致還能維持健全。[81] 幾家最大型的銀行業者甚至還提高股利。以當時的情況來說，銀行業的狀況看起來比市場和經濟體系強勁，很多分析師也相信銀行業將是支持經濟度過衰退期的中流砥柱。[82] 最初的銀行破產案件多半侷限在房地產放款規模較大、且因乾旱而蒙受貸款損失的中西部銀行及鄉村銀行。[83] 不過，雖然銀行破產案件的規模一開始並不大，但破產情事卻隨著信用問題的擴散而迅速蔓延。

到 1930 年 12 月，銀行破產已成為更廣泛且重大的經濟風險。由於一般人對銀行的狀況憂心忡忡，擠兌情事遂接二連三發生。**無擔保金融機構擠兌事件是那類經濟蕭條／去槓桿化歷程中常會發生的典型狀況，而當擠兌情事發生，破產只是遲早的問題。**

Bank Failures Set High Records in 1930, Totaling 934, With $908,157,788 Liabilities

There were 3,446 more commercial failures in the United States, exclusive of banks, in 1930 than in 1929, and the liabilities of the companies in default in 1930 exceeded those of the preceding year by $185,000,000. The number of failures was 15 per cent higher and the total indebtedness was 38.3 per cent greater.

along with liabilities and assets, for the last sixteen years:

Year.	No.	Assets.	Liabilities.
1930	26,355	$442,799,681	$668,283,842
1929	22,909	226,028,151	483,250,198
1928	23,842	255,477,569	489,559,624
1927	23,146	256,739,633	520,304,268
1926	21,773	202,345,485	409,232,278
1925	21,214	248,066,570	443,744,272
1924	20,615	337,945,199	543,225,449
1923	18,718	388,382,154	539,386,806
1922	23,676	407,357,995	623,896,251
1921	19,652	409,038,316	627,401,883
1920	8,881	198,504,114	295,121,805

摘錄自 1931 年 1 月 11 日《紐約時報》。保留所有版權。經美國版權法許可與保護。未經許可，禁止印製、複製傳播或轉載本內容。

在開始討論銀行業破產情事前，應該先說明一下金本位制度，因為這個制度對 1930 年代債務危機的擴散，產生了決定性的重要作用。誠如我在本書先前幾章提到的，如果債務是以本國通貨計價，主其事者通常能善加管理去槓桿化歷程。但**採用金本位形同舉借外國通貨計價的債務**，因為債權人一定會要求以黃金

的形式還款（這項要求通常會落實為合約文字），而且，在金本位制度下，政策制訂者不能隨心所欲地印製大量鈔票，因為印太多鈔票會導致一般人拿鈔票去兌換黃金。**所以，除非打破本國通貨和黃金之間的連結，否則政策制訂者的可用工具相當有限。**

這段期間最重要的銀行破產案件是美國銀行（Bank of the United States）的破產，這一家銀行有大約 40 萬名存戶，是當時美國境內擁有最多存戶的銀行。[84] 12 月 10 日傳出的一個不實謠言，引爆了美國銀行的擠兌潮。華爾街金融家──包括摩根與大通的老闆──在紐約聯邦準備銀行集會，目的是為了決定是否要提供 3,000 萬美元的必要資金來挽救這家銀行。這個小組裡的很多人認為，美國銀行面臨的不僅是流動性不足的問題，它其實已經無力償債，所以應該放任由它破產。[85] 但紐約區銀行業督察（New York Superintendent of Banks）喬瑟夫‧布洛德瑞克（Joseph Broderick）主張，若放任該銀行結束營運，「可能會導致紐約市至少十家其他銀行也關門大吉……甚至可能會影響到儲蓄銀行（savings banks）。」（換言之，他認為美國銀行具系統重要性。）他也提到，他相信美國銀行還保有償債能力。[86] 布洛德瑞克的同儕們最終並不認同他的觀點。隔天，美國銀行停止營業，那是史上最大單一銀行倒閉案件。[87]《紐約時報》事後將美國銀行的破產指為「經濟蕭條中第一個倒下的骨牌。」[88] 它的破產代表大眾對美國銀行體系的信心崩落的轉折點之一。

銀行負債（即短期存款）與資產（不易變現的貸款與證券）之間的流動性錯配，導致銀行業者天生就容易受擠兌傷害，這是營運結構的問題，所以，若銀行無法在必要時及時出售資產來應付它的負債，即使

新聞動態與聯準會公告

1930 年 12 月 11 日
不實謠言導致銀行陷入困境
「布朗克斯（Bronx）一名小商人昨日到美國銀行位於南林蔭大道及福瑞曼街交叉口的分行，要求銀行主管處分他持有的美國銀行股票。對方告訴他，該銀行的股票是很好的投資標的，並建議他別賣股票。這名商人顯然在離開後散布了一個不實謠言，指稱銀行方面拒絕為他出售股票。」
　　　　　　──《紐約時報》

1930 年 12 月 11 日
股票下跌，交易量達四週以來最高──玉米及棉花下跌
　　　　　　──《紐約時報》

1930 年 12 月 12 日
美國銀行停止營業
「該機構的主管人員發表一份聲明，表達希望盡早恢復營業，而本市的主要銀行業者也採取措施，為其存戶提供暫時性解圍辦法，業者提出願意向存戶貸放約當其存款金額之 50% 的貸款。該機構雖名為美國銀行，卻與聯邦政府毫無瓜葛。停止營業時的存款大約是 1 億 6,000 萬美元。」
　　　　　　──《紐約時報》

是體質健全的銀行也有可能破產。**由於採用金本位的緣故，聯準會的印鈔票規模受到限制，也因此，一旦某銀行陷入流動性困境，聯準會（扮演「最後放款人」的角色）可對這家銀行放款的規模也會受限。**另外還有法律約束的問題。舉例來說，當時的 Fed 只能對其會員銀行提供直接信用，而當時只有 35% 的商業銀行是 Fed 的會員銀行。[89] 也因如此，各銀行業者常不得不向民間部門借錢，並常為了避免破產而被迫以「跳樓大拍賣」的價格出售銀行的資產。

到 1930 年年底，政治風向也開始轉變。由於選民愈來愈重視經濟衰退問題，故民主黨在 11 月期中大選橫掃國會席次。這個事件預告了羅斯福兩年後的贏得總統大選。[90]

1931 年第一季：
隨著經濟繼續沈淪，樂觀情緒轉為悲觀

1931 年年初，美國與歐洲的經濟學家、政治人物及其他專家依舊懷抱希望，認為一切很快會恢復正常，因為當時各項問題看起來還有解決餘地。一般認為前一季發生的銀行破產案件並不致產生嚴重的後果，也不會危害到整個金融體系。

到了 3 月，所有商業指標皆顯示就業、工資與工業生產有增加的趨勢。銀行擠兌潮只導致存款降低不到 10%。[91] 從當時的新聞也可看出經濟信心持續上升：3 月 23 日當天，《紐約時報》甚至宣布經濟蕭條谷底已經出現，美國經濟正逐漸復甦。[92] 為了透過一般期望的「長期復甦」獲取利益，新投資信託紛紛成立。[93]

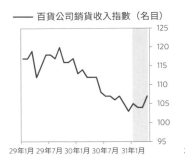

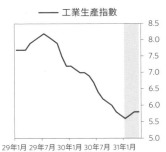

新聞動態與聯準會公告

1930 年 12 月
近期銀行業發展
「12 月初，資金利率大致上維持在歷史低檔區。在貨幣市場寬鬆的同時，證券市場信用需求也進一步降低，由證券經紀商貸款快速降至五年來最低水準，便可見一斑。」
　　　　──《聯準會公告》

1931 年 1 月
商業活動降溫的一年
「11 月與 12 月多數製造產業的產出與就業狀況進一步降溫。去年這兩個月，許多重要原物料商品的躉售價格也持續下跌。自 1929 年夏季中旬開始下滑（在此前一年半，商業活動快速擴張）的商業活動，在 1930 年下半年以更快的速度繼續衰退。幾乎所有產業的景氣都同步下滑。就業人口減少，工資所得者與農民的總所得雙雙降低。在此同時，世界各地的躉售物價也大幅下跌。零售價格亦反映這個跌勢，只不過下跌程度較輕微。」
　　　　──《聯準會公告》

股票市場的反彈強化了樂觀心態。到 2 月底時，道瓊指數已較 12 月的低點上漲超過 20%。由下圖明顯可見到道瓊指數的漲勢。

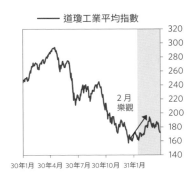

但這波反彈的續航力並不強。由於一般人愈來愈憂心歐洲的情勢，加上第一季企業盈餘不佳的訊號浮現，導致股價一路跌到 3 月，第一季收盤價僅 172.4 點，較 2 月的高點下跌 11.3%。

因經濟政策而起的辯論愈來愈白熱化

在經濟蕭條時期，政治的主要影響是它有可能阻礙合理經濟政策的實施，但也可能會導致當權者採行極端的政策。這些都是可能引發經濟變得更加蕭條的重要風險。

經歷超過一年的經濟衰退，因經濟政策而起的政治辯論變得愈來愈激烈。到這時，美國的失業人口已

超過 600 萬人，而政策制訂者與商業領袖之間，尚未就解決失業問題達成共識。[94] 了解當時的辯論內容是了解當時的政策制訂者為何會採行特定措施（那些措施最終導致這場危機惡化）的關鍵。另外，從這些辯論內容，也更能看出政策制訂者在處理大債危機時常犯的很多錯誤。

此時財政政策相關的辯論聚焦在聯邦政府是否應大幅提高支出來支持經濟體系。參議院的民主黨人及部分共和黨人敦促總統提高「直接救濟」規模，援助面臨特定困境的人民。那當然意味著更大的赤字和更多的債務，而且可能意味著經濟遊戲規則的改變——將財富從某一群參與者手中轉移給另一群參與者，而不是讓遊戲順其自然發展，讓這次的考驗成為未來有助防範類似錯誤的好教誨（這就是道德風險觀點）。另外，當時也有很多人堅信，如果只是撒錢，而且撒出來的錢沒有被轉化為生產力，那些錢最終只是被浪費掉而已。所以，胡佛政府雖支持早期的財政提振措施，卻也反對由聯邦政府提供高額的直接救濟，因為那個作法「必然會衍生一系列貪腐問題，造成我國有史以來最大的浪費」。取而代之的，胡佛政府倡議他所謂的「間接救濟」——包含遊說民間部門投資與維持就業穩定、仰賴州與地方政府提供的援助、移民限制以及各項鼓勵放款活動的宏觀審慎措施等政策組合。[95]

雖然對預算赤字的憂慮導致提振經濟的支出規模受限，但到 1931 年，聯邦政府預算赤字還是上升到 GDP 的 3%。導致赤字上升的原因是稅收減少——此時的稅收幾乎大幅縮減到 1929 年的一半——以及社會支出（這是前一年核准的預算）增加大約 10 億美元。財政部長梅隆（Mellon）相信，平衡預算是重建商業

新聞動態與聯準會公告

1931 年 1 月 25 日
對照聯邦準備銀行官員的政策，目前華爾街充斥樂觀的預言
「一改近幾個月以來的悲觀，華爾街上週度被樂觀情緒圍繞。銀行業者與工業家的意見對金融圈影響向來甚劇，先前他們拒絕冒險預言未來的狀況，但如今他們勇於公開和悲觀主義者辯論，而這產生了顯著的效果。連一向惜字如金的第一國家銀行（First National Bank）董事長喬治‧貝克（George F. Baker）都破例不再沈默，甚至公開向全國民眾喊話，表示他察覺到『商業情勢朝健全的方向改善』的訊號。」
——《紐約時報》

1931 年 2 月 11 日
股票上漲，大眾再次介入買進
「昨日紐約證交所再次出現飛漲行情，一改一年來的狀況，大眾與華爾街專業人士首度聯手熱情買進，主要股票漲幅介於 2 至 6 點，對行情較敏感的特殊股票漲幅甚至達 7 至 14 點。」
——《紐約時報》

1931 年 2 月 25 日
股票表現生氣勃勃；330 檔創新高價
——《紐約時報》

1931 年 3 月
全國商業情勢一覽
「1 月工業活動增溫，但略少於往年同一時期的增加數量，工廠就業人數與領薪人數減少。從 1 月中至 2 月中，公開市場資金利率進一步降低。」
——《聯準會公告》

信心的第一步。[96] 胡佛也基於幾個理由，認同梅隆的觀點，他事後在回憶錄中做了一個總結：「我們必須平衡預算，才能穩定整個國家的局面。」[97]

在大債危機的經濟蕭條階段，一般人勢必會對赤字問題耿耿於懷，並進而積極推動撙節方案，這是這個階段的典型回應。表面上，撙節方案好像是顯而易見的正確回應，但問題在於一個人的支出等於另一個人的所得，所以當支出遭到縮減，所得一定也會降低，最後，若想促使債務／所得比率明顯降低，支出就必須大幅減少到令人極端痛苦的水準。

儘管大蕭條帶來極大痛苦，當時一般人還未因危機而產生明顯的急迫感。1931 年上半年，經濟雖持續衰退，但衰退速度較一年前減緩。胡佛因此認定間接救濟已能滿足人民的需要，並相信沒有必要採行額外的財政支援。[98] 誠如我們稍後將討論的，這個態度最終引發激烈的辯論，**而胡佛政府也犯下常見的新手錯誤－過度依賴撙節及其他通貨緊縮型手段**，直到這類措施帶來的痛苦大到無法容忍，才終於願意接納較有助於提振經濟的方法。

聯邦政府預算
盈餘／赤字（百萬美元，年度）

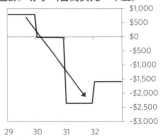

聯邦政府預算（百萬美元，年度）

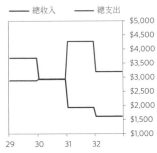

新聞動態與聯準會公告

1931 年 3 月 1 日
眾議院通過最高工資法案
「眾議院今日下午經唱名，通過貝肯－戴維斯最高工資法案（Bacon-Davis maximum wage bill），該法案針對所有依據聯邦合約在所有社區進行的所有公共工程，設定所有勞工與技工的總工資給付上限。因參議院先前已通過該法案，故目前這項法案已上呈胡佛總統。」
——《紐約時報》

1931 年 3 月 2 日
穆勒（Muller）樂觀看待 1931 年商業情勢；場外交易所（Curb Exchange，譯注：美國證券交易所的俗稱）主席就 1930 年提出報告時表示，根據理論，商業情勢可望出現週期性變化
——《紐約時報》

1931 年 3 月 13 日
特殊救濟措施
「在當前這個緊急時刻，數家企業的雙重目標是一方面寬大地對失業勞工提供直接救濟，一方面明智地策劃失業合法化的方案。」
——《紐約時報》

1931 年 3 月 19 日
7 億美元的預算赤字引發恐懼；專家承認，跡象顯示所得稅可能意外降低
——《紐約時報》

1931 年 3 月 23 日
德國的預算赤字；包括展延的赤字，總赤字規模達 2 億 5,100 萬馬克
——《紐約時報》

新聞動態與聯準會公告

1931 年 3 月 23 日
法國預測赤字將達 20 億；2
月公共收入減少 1 億 400 萬
法郎；「補充支出」預算上升
　　　　　　——《紐約時報》

1931 年 3 月 25 日
失業救濟創本市新高；2 月光
是 11 個機關花費的支出，就
高達 317 萬 5,000 美元——三
萬個家庭接受救助
　　　　　　——《紐約時報》

1931 年 3 月 27 日
伯拉（Borah）敦促提高聯邦
稅；表示赤字使增稅變得必
要，並倡議採「量能課稅」
（Ability-to-Pay）基礎
「共和黨籍議員因是否該提
高聯邦稅而分裂，今日伯拉
參議員與諾瑞斯（Norris）參
議員鼓吹國會應在 12 月採取
行動，但平日的政黨領袖傾
向於待明年選舉結束後再考
慮。」
　　　　　　——《紐約時報》

1931 年 3 月 29 日
為何國庫面臨嚴重赤字；因經
濟蕭條導致估計值調整，歲
收減少且支出增加
「待聯邦政府在 6 月 30 日完
成本財政年度結帳時，若事
實證明最新非官方估計值正
確無誤，國庫記帳人員將在
帳冊的借方（debit）記下 7
億美元以上的赤字。」
　　　　　　——《紐約時報》

1931 年第二季：全球美元短缺
引爆一場全球債務危機，並造就了強勢美元

　　由於美元計價的信用大幅減少，加上世界各地有非常多需要使用美元信用來償還的美元計價債務，因此從 1931 年上半年開始，全球美元便開始短缺。**典型來說，外國金融機構經常會大量承作以準備通貨計價的貸款，所以，當一項準備通貨的信用創造活動崩潰，這項通貨就會嚴重短缺。**雖然當時其他通貨也因信用緊縮而短缺，美元受到的衝擊卻最大，因為美元是全球集資用通貨，故美元短缺的情況也特別嚴重。在此同時，美國進口的降低使得外國人的美元收入減少，這使得美元緊縮的情況變得更加嚴重，請留意，2008 年金融危機時，美元也基於相同原因而出現相同的銀根緊縮動態。

　　由於金融市場和其他很多市場是全球性的，所以，如果只觀察美國的狀況，絕對無法徹底了解為何上述情況會發生。當時美國爆發的種種事端，對德國的局勢造成巨大影響，而德國的局勢又進而在 1930 年代與 1940 年代初期，導致全球各地的政治圈出現顯著變化。1931 年時，美元短缺的問題才剛開始浮現，德國就隨即成為這個問題的震央。在這之前，德國才剛因無力償還賠款債務而被迫借錢來還款。那樣的情境使得德國成為備受青睞的「外匯利差交易」的目標——投資人將手上的美元借給德國，賺取遠比美元更高的收益，而德國則是貪圖美元債務較低的利率而借美元。這種類型的行為也是「景氣良好時期」常見的典型行為，因為這種時期的知覺風險很低，跨國信用創造規模也非常大，但情勢一旦反轉，這些行為將導致「景氣惡劣時期」的狀況變得更加嚴峻。當時的德國極端依賴這些隨時可能撤出的資金流動，到 1931

年時，美國銀行業者與企業，共持有大約 10 億美元的短期德國國庫券（約當德國 GDP 的 6% 左右）。[99] 那樣的事態導致德國的貸款人和作為放款人的美國銀行業者及企業都變得非常脆弱。

此外，在那樣的時期，經濟與財富的懸殊落差也經常導致各地民粹主義及極端主義領袖興起，並引發左派獨裁與右派獨裁意識形態的鬥爭。在德國經濟陷入困頓之際，德國的共產主義者和希特勒的納粹黨，雙雙在選戰中獲得極大的斬獲，原本在 1928 年德國國民議會選舉中僅獲得不到 3% 支持率的納粹黨，在 1930 年 9 月的選舉獲得 18% 選票的支持。在此同時，最大黨（中間偏左的社會民主黨）的國民議會席次，則降到低於四分之一。[100] 合計極右與極左政黨輕鬆取得足夠的議會支持，並逼迫德國走向不穩定的多黨聯合政府。總之，此時的德國基本上已變得愈來愈難治理。

全球貿易戰導致經濟情勢與美元短缺的情況進一步惡化。全球貿易的崩潰使外國人的美元收入大幅減少，而這導致外國人更沒有能力償還美元債務。誠如下圖所示，從 1929 年至 1931 年間，美國以美元計的進口，減少大約 50%。

美國貿易（10 億美元，年度）

—— 出口　—— 進口

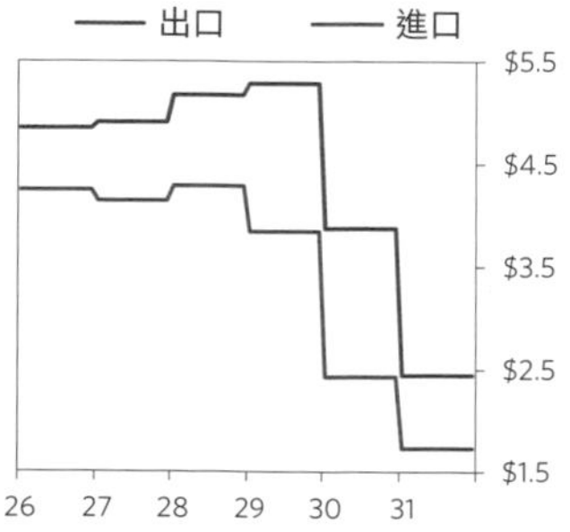

英國貿易（10 億美元，年度）

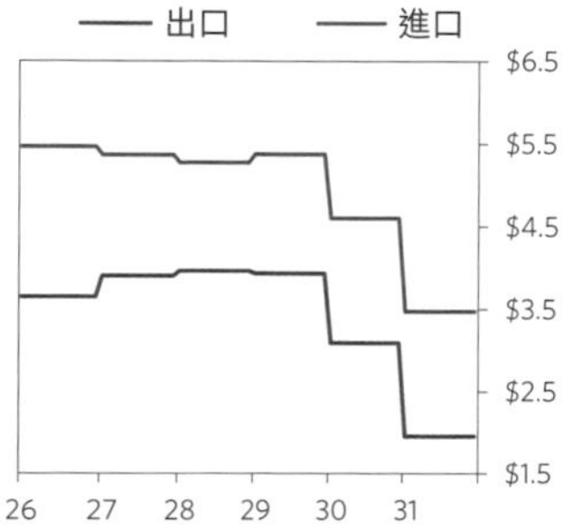

—— 出口　—— 進口

新聞動態與聯準會公告

1931 年 5 月
貨幣市場情勢
「儘管我國資金利率偏低且
持續下降，還是有源源不斷
的黃金自海外流入。今年前三
個月，黃金進口達 1 億美元，
4 月初開始，黃金流入速度更
進一步加快。尤其值得一提
的是，一週內就收到由法國
流入的 1,900 萬美元黃金。」
——《聯準會公告》

1931 年 5 月 1 日
**催促以貿易預算來規避經濟
蕭條；全國商業總會
（National Commerce
Chamber）主席概要說明控制
擴張的制度**
——《紐約時報》

1931 年 5 月 3 日
**3 月依產品別統計之海外貿
易：糧食與製造出口之百分
比降幅達 1929 年以來新高**
——《紐約時報》

1931 年 5 月 4 日
**奧地利迴避最惠國要求；與
匈牙利的新貿易配套將在 6
月 1 日生效，採用退稅制度**
「經過數個月的談判，預定簽
署的奧匈貿易協定，目前依舊
將採分階段執行，並將在 6
月 1 日生效……本奧 - 匈貿易
協定緣起於奧地利農民要求
大幅提高保障，而當局基於
政治理由而無法拒絕此一要
求，但匈牙利方面則威脅提高
奧地利工業品進口關稅作為
反制。」
——《紐約時報》

大通國家銀行（Chase National Bank）在 1931 年 8 月號的《時代》（*Time*）雜誌中承認，很多企業無力取得足夠美元來償還債務，這導致該銀行的業務受到嚴重衝擊，因此，它強調美國政府有必要縮減海外對其積欠的債務。而在接下來幾個月，全球各地眾多政治與商業領袖紛紛呼應這一番警告。

美元的短缺導致貸款成本上升，這在中歐地區造成流動性緊縮。為舒緩流動性緊縮，並為了繼續取得支應財政赤字的財源，這些國家的政府自然訴諸某種程度的印鈔票手段（因為印鈔票的替代方案是允許信用緊縮，而這會引發信用緊縮的惡性循環，所以更糟）。印鈔票導致通貨膨脹上升，令人憂心 1920 年代初期德國的超級通貨膨脹可能再次來襲。事實上，當時德國正面臨一場國際收支危機。5 月 7 日當天，美國派駐德國的大使弗里德里克・薩克特（Frederic M. Sackett）向胡佛總統報告德國的經濟困境，細數德國當時的種種弱點，包括資金外逃、通貨困境、失業、全球信用緊縮、償債壓力，以及拒絕恢復外國人在德國銀行開立的銀行帳戶的有效性等。[101]

奧地利也面臨嚴重的虧損問題。5 月 8 日當天，奧地利歷史最悠久且最大型的銀行聯合信用銀行（Credit Anstalt）宣布虧損 2,000 萬美元，虧損的原因之一是它在 1929 年拯救了另一家破產銀行（那一家銀行的權益幾乎化為烏有）。[102] 聯合信用銀行虧損的消息引發一場擠兌潮，最後更導致奧地利通貨全面遭到擠兌。**當具系統重要性的機構面臨破產風險，政策制訂者就必須明快採取行動來維持這些實體的運作，將這類機構的破產對其他尚有償債能力的機構或甚至全體經濟體系的衝擊降到最低。而為了維護優質信用等級貸款人的信用管道，當局也有必要維持這些重要機**

構的正常運作，這事關重大，尤其是放款活動集中在受少數機構掌握的金融體系。不過，由於奧地利也採用金本位，因此該國的政策制訂者同樣無法藉由大量印鈔票來提供流動性，也無法為了穩定破產的銀行而嘗試其他非常規的對策。

地緣政治緊繃態勢導致危機變得雪上加霜。奧地利與德國之間愈來愈密切的關係，令法國憂心忡忡。為了削弱這兩個國家的力量，法國政府鼓勵法蘭西銀行（Bank of France）及其他法國銀行業者抽回對奧地利的短期信用。[103]

美國眼見全球金融機構之間愈來愈環環相扣的關係與歐洲的疲弱狀態有可能威脅到美國國內的復甦，於是著手研究各種能紓解德國經濟壓力的方法。5 月11 日當天，胡佛總統要求財政部長梅隆與國務卿亨利・史汀生（Henry Stimson）設法減輕德國沈重的戰爭債務及賠款還款壓力。但他們到次月月初才終於提出一份建議案。[104]

在這段期間，歐洲各地陸續爆發銀行擠兌潮。匈牙利從 5 月就開始報導銀行擠兌情事，這促使該國政府強制實施銀行假日。[105] 德國政府則是收購該國第二大銀行德勒斯登銀行（Dresdner Bank）的優先股，將之收歸國有。[106] 羅馬尼亞、立陶宛及波蘭的大型金融機構也相繼破產。[107]

不僅如此，德國還面臨資本外逃的窘境。德國的黃金與外匯準備在 6 月減少三分之一，降到五年來新低。為了遏止資本外流，德意志帝國銀行只好緊縮貨幣政策，將貼現率提高到 15%，擔保貸款利率也提高到 20%。[108]

新聞動態與聯準會公告

1931 年 5 月 5 日
胡佛於世界商業總會（World Chamber of Commerce）開幕致詞中，敦促縮減軍備以恢復貿易；外國代表團攻擊美國的高關稅；35 國派代表出席；總統要求陸軍應比照海軍縮減兵力
——《紐約時報》

1931 年 5 月 12 日
奧地利出手拯救最大民間銀行
「奧地利政府與銀行業者迅速採取行動，為聯合信用銀行（Kreditanstalt for Handel und Gewerbe）提供 2,300萬美元的貸款，據信已成功阻止該國最大民營銀行破產。根據該銀行董事的說法，若該銀行的情況在時機尚未成熟前過早遭到披露，或許會爆發擠兌潮，並迫使該銀行在二十四個小時內關門大吉。」
——《紐約時報》

1931 年 5 月 22 日
黃金進口金額 360 萬 4,000美元。據報導，本地聯邦準備銀行本週也送 1 萬美元至德國
——《紐約時報》

1931 年 5 月 31 日
德國再次成為歐洲人的關注焦點；尋求重新調整邊界與修改債務條件；德意志帝國準備在新世代展開的此刻扮演重要角色——目標是成為工業領導者
——《紐約時報》

新聞動態與聯準會公告

1931 年 6 月 2 日

股票大跌，鐵道股尤其疲弱——證券交易所成交量擴大

「證券交易所昨日延續跌勢；許多股票加速下跌。當日個股跌幅極為分歧，某些個股跌幅異常大。」

——《紐約時報》

1931 年 6 月 4 日

股票因銀行業者放寬股票融資政策而上漲

「昨日股市擺脫幾個星期以來持續壓抑股價的倒退影響力而大漲，漲幅達 1929 年 11 月 15 日以來最大，終止那段期間的災難式重挫，連續第二天上漲。昨日的上漲感染了紐約證交所的每個環節，漲勢因銀行業者宣布將採取更寬鬆的股票抵押貸款政策而變得更加凌厲。」

——《紐約時報》

1931 年 6 月 4 日

加拿大的關稅預料將使出口降低 2,500 萬美元；克蘭（Klein）表示稅率提高已對我國出口貿易造成那個程度的傷害

——《紐約時報》

1931 年 6 月 5 日

貿易團體要求對快速民生消費品（Red Goods）設限；州商會也要求停止對俄羅斯出口機械

——《紐約時報》

1931 年 6 月 7 日

對外貿易下降幅度超過 1921 年；路易斯（Lewis）說明出口及進口分較 1929 年同期減少 32% 與 35%

——《紐約時報》

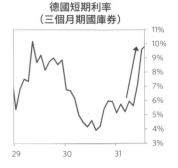

德國短期利率
（三個月期國庫券）

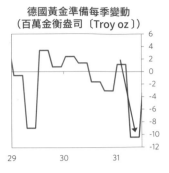

德國黃金準備每季變動
（百萬金衡盎司〔Troy oz〕）

　　隨著愈來愈多銀行破產案件重創股票市場，投資人也難逃嚴重虧損。德國股市 5 月的跌幅達 14.2%，英國股票下跌 9.8%，而法國股票則下跌 6.9%。美國方面，道瓊指數繼 4 月下跌 12.3% 後，又在 5 月大跌 15%。總之，整個世界瀕臨內爆邊緣。

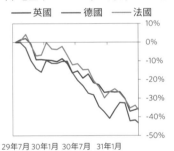

股價（本地匯率，1929 年 7 月為 100，指數化）

——英國　——德國　——法國

29年7月 30年1月　30年7月　31年1月

　　歐洲的政治動亂導致資金流向美國，於是，美國國庫券需求上升，利率因而走低。為促使外界減少對美元的需求，聯準會遂將貼現率降至 1.5%。

　　6 月 5 日當天，胡佛總統向他的內閣提議，由美國出面敦促各國政府同意給予所有跨政府收支一年的延期償付權。促使胡佛迅速採行上述計畫的原因是，威瑪共和國總統保羅・馮・興登堡（Paul von Hindenburg）表明德國有崩潰的風險，並籲請各方協

助。[109] 6 月 20 日，胡佛總統正式對外宣布他給予德國一年延期償付權的建議案。根據他的建議案，美國將放棄向英國、法國及其他歐洲列強索取明年到期的 2 億 4,500 萬美元償債支出。然而，協約國必須暫停向德國收取 3 億 8,500 萬美元的應付賠款，才能取得美國的這項讓步。[110]

胡佛做出以上宣示後，道瓊指數在兩天內反彈 12%，那就是後來所謂的「延期償付權反彈」（moratorium rally）行情。那個月月底，道瓊的收盤價較 6 月 2 日創下的低點高 23%。德國股票也在這項宣示發表當天大漲 25%。接下來幾週，原物料商品價格也顯著上揚。

7 月 6 日當天，延期償付權談判終於達成結論。15 個國家同意這個建議案，不過，根據最終協議，德國可暫停償還的應付賠款金額比胡佛總統的原始建議案低，原因是法國拒絕參與，但法國也同意將收到的賠款再借給德國。[111] 當天道瓊指數大跌 4.5%。

由下頁圖便可清楚且完整看見當時的情況；灰色陰影區底下的箭號，標出了「延期償付權反彈」。請注意，在那段期間動輒巨幅波動的行情中，那 35% 的反彈實在顯得無足輕重。但我敢說，如果你親身經歷那類波動，一定不會覺得那是一波小反彈。在大蕭條期間，道瓊指數總跌幅接近 90%，因此每當有諸如此類的大型政策行動發布，每每帶來一波樂觀心態與大幅反彈。不過，當事後的事實證明那些政策行動的成效不足且經濟景氣加速惡化，投資人又會轉趨失望。誠如先前提到的，諸如此類的空頭市場反彈，是經濟蕭條期常見的典型狀況，因為此時勞工、投資人和政策制訂者非常傾向於小題大做。

新聞動態與聯準會公告

1931 年 6 月 9 日
預期歐洲政治情勢將逐漸趨於緩和；麥當勞（J.G. McDonald）認為經濟利益考量逐漸勝過政治考量的遠景值得期待
——《紐約時報》

1931 年 6 月 15 日
巴黎因德國的危機而忐忑不安；經濟困境帶來的恐懼比不上潛在政治問題造成的恐懼
——《紐約時報》

1931 年 6 月 21 日
巴黎方面對胡佛的計畫感到意外；認為暫停所有戰爭還款一年或許過於寬大
「胡佛總統建議暫停戰爭債務與賠款還款一年的計畫，令巴黎方面大感意外，並激起熱烈討論。在該建議案於昨日發表後，事實仍證明它的影響比原先的預期更深遠。在精確條件發布前，無法深入研究新條件對現有協議的影響，故法國方面將持保留態度。」
——《紐約時報》

1931 年 6 月 23 日
世界各地價格因債務問題轉趨樂觀而大漲
「經過週末的各項發展，昨日世界各地的證券與原物料商品市場在紐約市場的領導下，出現大規模買氣，顯現外界相當認同胡佛總統提出的戰爭債務與賠款一年延期償債權建議案。」
——《紐約時報》

新聞動態與聯準會公告

1931 年 7 月 14 日

各國中央銀行同意協助德意志帝國；在巴塞爾（Basle）進行一整天會議後，終於採取行動；德國銀行擠兌潮使銀行業停止營業兩天

「在興登堡總統授權下，布呂寧政府（Bruening Government，譯注：布呂寧為當時的德國總理）今日深夜公告，週二及週三德國所有銀行及其他信用機構必須保持停止營業狀態，在這段期間『禁止執行與接受任何性質的國內與海外收付款及轉移』。」
——《紐約時報》

1931 年 7 月

德國黃金折損狀況

「延續去年秋天以來的趨勢，近幾週我國黃金存量繼續大幅增加。除了由阿根廷與加拿大流入的黃金，美國境內有大量原屬指定用途外國帳戶所持有的黃金被釋出。這些黃金釋出和大規模短期資金自德國市場撤出有關。從 5 月 31 日至 6 月 23 日，德意志帝國銀行折損了 2 億 3,000 萬美元的黃金以及 2,000 萬美元的外匯，這導致它的外匯準備降到接近法律規定的最低外匯準備規模。」
——《聯準會公告》

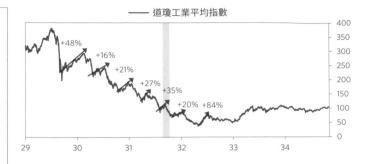

—— 道瓊工業平均指數

1931 年第三季：
債務延期償付權失去作用，英鎊拋售潮展開

　　不久後，情勢便清楚顯示，一年期的債務延期償付權並不足以挽救德國。7 月初，許多謠言指稱德國最大銀行達納銀行（Danat Bank）已瀕臨破產。[112] 德國中央銀行——德意志帝國銀行認為達納銀行具系統重要性，因而希望提供紓困，以避免德國信用體系徹底崩潰，問題是，德意志帝國銀行根本就缺乏紓困所需的外匯準備。[113]

　　7 月 8 日當天，也就是延期償付權敲定後一天，德意志帝國銀行總裁漢斯·路德（Hans Luther）開始向英國的政策制訂者求援，請求進一步就德國的當期債務與舉借新貸款的可能性進行談判。路德需要一筆 10 億美元的新貸款，但他又不願在政治上做出讓步。其他國家的政策制訂者紛紛設法推諉這個提議——因為沒有人想借更多錢給德國人。[114] 取而代之的，胡佛提議簽訂一項「暫緩還款」協議（'standstill' agreement），這項協議將要求所有持有德國與中歐短期債務的銀行業者展延相關的信用，當然，這勢必會導致那些銀行面臨更嚴重的流動性問題，甚至可能發生償債能力不足的狀況，畢竟那些銀行也需要現金來履行它們本身的責任。[115]

想當然耳，銀行業者群起反對這個暫緩還款協議，美國財政部長梅隆也懇求胡佛從長計議。但胡佛不為所動。他在回憶錄中說明他的論據：「這是銀行家造成的危機……銀行家必須承擔起解決問題的責任，不該由我們的納稅人承擔。」[116]**胡佛要求銀行業者承擔成本的態度，是政策制訂者面對債務危機時的典型直覺回應，但那也是錯誤的回應。誠如我在討論典型「模型」時所言，就某些道德與經濟理由來說，以削弱銀行業者的方式來懲罰它們，確實是有一點道理可言，而且在那種時期，那樣的作法也的確有其政治必要性，因為此時大眾極端憎恨銀行家，問題是，這麼做卻可能對金融體系與市場造成災難般的後果。**

由於未能採取支持銀行業的強力政策回應，市場持續崩盤，德國的經濟蕭條也變得更加嚴重，這在德國各地引發民眾暴動。[117]此時希特勒正全力衝刺，準備競選總理職位；他採納強悍的民粹主義立場，威脅德國將一毛賠款也不付。7 月 20 日，各國外長在倫敦集會，對德國提供新貸款的計畫一步步胎死腹中。最後他們做出的決定是：除了暫緩還款協議，還針對先前的一筆貸款給予三個月期的展延。這個決議帶來的結果就是我們在典型「模型」中說明的典型通貨拋售潮。

新聞動態與聯準會公告

1931 年 7 月 14 日
本地的德國債券大幅下跌；胡佛持續為援助德意志帝國而奔走
「昨日在本地模擬交易所（Mock Exchange）交易的各式德國美元債券，出現戰爭以來最嚴重的跌勢，交易活絡的債券當日收盤價淨跌 2.375 至 15 點不等。」
——《紐約時報》

1931 年 7 月 24 日
倫敦與巴黎市場消息；英國價格因銀行利率上升以及與德國有關的決策而受壓抑
「今日股票市場因銀行利率上升至 3% 以及各國財政部長針對德國情勢所做的決策──一般人並不贊成這個決策──而備受壓抑。」
——《紐約時報》

1931 年 7 月 30 日
銀行業者將把資金留在德國；英國及美國人與德意志帝國銀行達成展延短期貸款之協議。國家較有信心
「德意志帝國銀行與英國及美國銀行業者針對防止短期信用進一步自德國流出的問題而進行的協商，今晚成功達成結論，銀行業代表同意不撤回在德國的信用。」
——《紐約時報》

1931 年 8 月 6 日
若此刻選舉，或能擊敗胡佛；法利（James A. Farley）向威徹斯特（Westchester）表示，民主黨籍總統僅無法在兩個西部州獲勝
——《紐約時報》

新聞動態與聯準會公告

1931 年 8 月 7 日
胡佛尋求迴避對失業人民發放「賑濟」(Dole) 之手段；召集朱利亞斯·巴尼斯(Julius H. Barnes) 與席拉斯·史壯 (Silas H. Strawn) 至白宮進行協商
「體察到另一個冬天即將來臨，就業狀況又未明顯改善，胡佛總統與其經濟顧問決心研擬某種救濟計畫，以防止下屆國會頒布『失業賑濟』法案。」
——《紐約時報》

1931 年 8 月 24 日
胡佛的救濟計畫遭抨擊鐵石心腸；進步勞工行動聯盟(Progressive Labor Action)主席表示，總統及其顧問點燃人民揭竿起義的精神
「胡佛總統的失業救濟計畫遭到譴責，進步勞工行動聯盟會議主席穆斯特(A.J. Muste) 在第五大道一〇四號的會議中，指該計畫『不適當，且在很多層面惡性重大』。」
——《紐約時報》

1931 年 8 月 26 日
胡佛與梅隆諮詢英國的意見；據稱財政部長向總統報告，信心將能重建整個局面
「財政部長梅隆從昨晚自歐洲返回後，今日向胡佛總統詳細報告歐洲情勢，包括英國的危機。」
——《紐約時報》

英鎊拋售潮展開

事實證明，德國的問題成了危機蔓延的主要源頭。英國銀行業者承作很多德國貸款，因此，外長會議的結論導致英國銀行業者無法撤回資金；當外國投資人一體察到英國的銀行業者陷入這個困境，紛紛搶著抽回他們的資金。7 月 24 日當天，法國開始從英格蘭撤出黃金。這被解讀為他們對英鎊缺乏信心，而這個解讀也促使更多國家撤走原先存在英國的資金，於是，英鎊拋售潮展開。[118]

為了捍衛本國通貨，英格蘭銀行出售外匯準備（光是 8 月就出售三分之一的外匯準備），同時提高利率，這是兩種典型的官方回應。但外國人眼見英國的黃金準備一個星期比一個星期降低，當然選擇加速外逃，英鎊的壓力因而有增無減。

另一方面，英格蘭銀行也積極向國外尋求貸款，希望取得支撐本國通貨所需的資金；不過，這個作法實質上等於是提供更多資金供人逃出英鎊。1931 年 8 月 1 日，英格蘭銀行懇求美國政府安排一筆總額達 2 億 5,000 萬美元的民間美國銀行貸款，而胡佛也敦促相關人士立即完成這件任務。[119]不過，撤出英鎊的潮流依舊未見停歇，英格蘭銀行又在 8 月 28 日各接獲美國與法國銀行業者提供的 2 億美元貸款。[120]這些貸款是胡佛核准的，不過，他事後承認：「然而，這兩筆貸款多半只造成更大的恐懼。」[121]

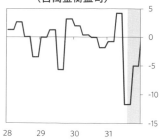

英國黃金準備每季變化
（百萬金衡盎司）

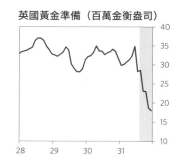

英國黃金準備（百萬金衡盎司）

　　9 月 19 日星期六當天，英格蘭銀行已耗盡所有外國貸款，僅剩大約 1 億英鎊的黃金準備，於是，它停止支撐英鎊，放手讓匯率巨幅貶值，當然，隔天它也正式暫時停止黃金收付，換言之，英格蘭銀行實質上已違約。[122] 最初一般大眾並不了解退出金本位對他們的日常交易有何影響。各大報紙則哀嘆這是一個世代的結束。[123]

　　接下來三個月，英鎊貶值 30%。在黃金停止收付的第一個交易日，英鎊兌美元匯率就貶值到 3.7 美元，較違約前的 4.86 美元貶值近 25%。英國的政策制訂者並未進場干預，換言之，它並未阻止英鎊的跌勢，也未出手穩定局面。接下來，英鎊匯率大幅震盪，並在 12 月跌到 3.23 美元的低點，在同一段期間，英國股票市場則開始復原，以本國通貨計，共上漲 11%。

新聞動態與聯準會公告

1931 年 9 月 20 日
英鎊匯率重挫至 4.845 美元，電匯匯率降低 15 至 16 美分，導致英鎊匯率貶至 7 月 22 日以來新低
「倫敦金融市場亂象導致昨日本地英鎊交易價大幅下滑，英鎊電匯匯率貶值至 4.845 美元，遠低於金輸出點（gold-shipping point），並貶至 7 月 22 日以來最低價。」
——《紐約時報》

1931 年 9 月 21 日
本地銀行預見英國復甦；暫停金本位的行動被視為第一步
「英格蘭暫停適用金本位，被視為以較低水準重新為英鎊估價的初步措施，本地銀行業者認為，事實可能證明，此乃解決大英國協諸多緊迫經濟問題的最終解決方案的第一步。」
——《紐約時報》

1931 年 9 月 22 日
整個世界仿效英國；國際聯盟顧問主張德國也可能退出金本位
——《紐約時報》

1931 年 9 月 25 日
黃金拋售行為壓抑本地貨幣市場；股票價格大跌；外國人買進 6,400 萬美元，使得黃金「折損」金額達 1 億 8,060 萬美元；銀行票據遭拋售；承兌匯票殖利率上升，但聯準會仍堅持 1% 的貼現率
——《紐約時報》

其他國家也紛紛追隨英國的腳步，放棄黃金轉換機制，以便達到「印鈔票」與官方引導本國通貨貶值的最終目的。多數國家的通貨貶值約 30%（例如北歐國家、葡萄牙、多數東歐國家、紐西蘭、澳洲、印度），和英鎊的官方貶值幅度一致。由下右圖可見幾個國家的通貨貶值幅度。

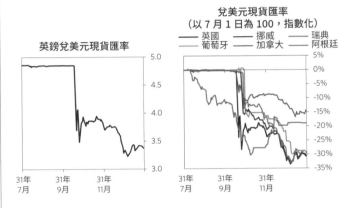

投資人擔憂各國官方放任貨幣貶值後，會違約不償還其政府公債，因而開始拋售債券，這使得利率走高，債券價格下跌。美國的 Fed 為了吸引外國資本與維護黃金釘住機制，而將利率提高 2%。每個國家的政府債券都在 1931 年跌到新低價，除了瑞士和法國，其他國家的債券都從 1931 年的高點下跌至少 20%。全球股票也承受極大賣壓，某些市場甚至全面停止交易。9 月 21 日當天，歐洲只剩巴黎證券交易所開盤。
124

英國股票與債券在政府捍衛本國通貨的階段承受
了極大的賣壓，而在官方放手讓英鎊貶值後，股市與
債市也隨即進一步下跌，但事後皆見反彈。因為英國
的債務是以本國通貨計價，所以不會發生政府無力償
債的風險。但由以下例子可說明英國債券市場當時面
臨的壓力：1937 年到期、票面利率 5.5% 債券的價格
在英鎊官方貶值後，從 104 美元跌到 92 美元（利率在
12 月由 4.7% 上升到 5.7%），不過，年底時，價格又
回升到 100 美元。[125]

通貨官方貶值有助於提振經濟體系的出口部門，
並讓英格蘭銀行得以大幅寬鬆貨幣，到年底時，它
已將利率調低 1%。由於情勢漸漸達到均衡狀態，於
是，到 10 月底，倫敦的銀行業者又開始收到貨幣。
**換言之，通貨官方貶值與印鈔票等手段，啟動了美好
的去槓桿化歷程**（稍後在討論美國退出金本位的發展
時，將更詳細說明這個歷程）。相似的是，在捍衛通
貨階段因承受極大賣壓而重挫的英國股票與債券，在
官方開始放任通貨貶值後，反而隨即雙雙反彈。我們
必須了解，這些都是很典型的波動。我們已在說明典
型「模型」的內容中解釋過引發這些波動的原因。

新聞動態與聯準會公告

1931 年 9 月 25 日

倫敦市場英鎊匯價 3.85 美元：原物料商品與英國工業股價格快速上漲

「今日英鎊繼續貶值，主要導因於海外的英鎊投機性賣壓，不過，原物料商品及英國工業公司股份的價格快速飆漲。」

——《紐約時報》

1931 年 9 月 26 日

英鎊走勢依舊擾亂世界各地的市場；許多城市的證券交易所繼續休市——英鎊普遍下跌

——《紐約時報》

1931 年 9 月 27 日

股票走勢曖昧不明，多半小幅波動——債券較穩定，英鎊反彈

——《紐約時報》

1931 年 9 月 29 日

美國一天內折損 5,195 萬 3,600 美元的黃金；其中 3,150 萬美元屬指定用途外國帳戶——出口金額達 2,045 萬 3,500 美元，1928 年以來最高

「瑞典與挪威繼英國後退出金本位，導致昨日外匯市場更加混亂，並促使多家外國中央銀行基於補強其本國外匯準備的目的，要求我國提交黃金存量。」

——《紐約時報》

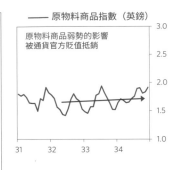

原物料商品弱勢的影響被通貨官方貶值抵銷

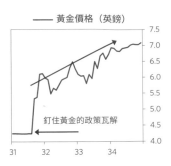

釘住黃金的政策瓦解

1931 年第四季：國際危機擴散到美國，導致經濟蕭條進一步惡化

　　隨著其他國家的政府放任本國通貨貶值而美元相對升值，美國也面臨更大的通貨緊縮／經濟蕭條壓力。1931 年 9 月起的英鎊官方貶值，對全球投資人造成尤其大的驚嚇，美國的所有市場也承受了極大的衝擊波。在各國通貨紛紛貶值之際，世界各地的投資人和儲蓄者自然開始質疑美國憑什麼自外於違約或通貨官方貶值的風暴，而這樣的疑慮一起，眾人便開始拋售手中的美元債務部位。這導致美國利率走高，流動性緊縮，並使經濟蕭條進入最痛苦的階段，這個痛苦延續了十八個月之久，直到羅斯福總統宣布美國退出金本位，官方放任美元貶值並開始印鈔票後，情況才漸漸改善。

在英鎊遭到拋售的期間，美國股票承受極大的賣壓。那年9月，道瓊指數跌幅達到30.7%，是危機展開後最大單月跌幅。10月5日當天，市場單日重挫10.7%。在一片混亂中，紐約證交所再次採行禁止放空的典型作為，意圖緩和賣壓。[126] 1929年及1930年股票崩盤時，被視為「安全」資產的國庫債券還能漲價，不過，由於美國面臨國際收支危機，所以債券也和股票一樣遭遇沈重的賣壓。長期美國公債殖利率上升到4%，幾乎較當日低點上升1%。由於美國債務存量及償債負擔持續增加，很多人擔心美國國庫可能沒有能力展延接下來兩年將到期的債券。[127] 外界對美元官方貶值的憂慮，更導致美國銀行業者面臨嚴厲的擠兌潮，而為了應付擠兌，銀行必須出售債券來籌措現金，這又導致殖利率進一步上升。[128]

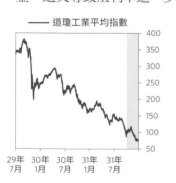

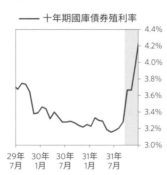

新聞動態與聯準會公告

1931年11月1日
為協助地區失業者，胡佛捐助2,500美元到基金（《紐約時報》）
「胡佛總統今日向哥倫比亞區失業救濟基金捐助2,500美元。本市就業委員會主席葛拉漢（E.C. Graham）接獲勞倫斯・李奇（Lawrence Richey）的電話通知，得知總統的這項捐助行動。」
——《紐約時報》

1931年11月3日
向胡佛建議住宅信用計畫；建築與貸款聯盟人士建議聯邦土地銀行（Federal Land Bank）援助其公會
——《紐約時報》

1931年11月4日
胡佛研究房地產信用援助計畫；總統與銀行系統的格拉斯（Glass）研商重貼現都會房貸之可行性
——《紐約時報》

1931年11月5日
班奈特核准胡佛的信用計畫；針對布洛德瑞克的觀點，表示州銀行依法可參與集資基金
「根據司法部長小約翰・班奈特（John J. Bennett, Jr.）的說法，州銀行局監督下的銀行業者，依法可利用資金參與全國信用公司（National Credit Corporation）計畫，該公司乃根據胡佛總統穩定金融情勢的建議而設立。」
——《紐約時報》

新聞動態與聯準會公告

1931 年 11 月 7 日
**胡佛透露預算數字大砍 3 億
5,000 萬美元**
——《紐約時報》

1931 年 11 月 8 日
**胡佛計畫援助住宅營建商；銀
行業者、營建商與建築師研
討會將於 12 月 2 日在華盛頓
舉行**
「根據準備在胡佛總統召開
的『住宅興建與住宅所有權』
研討會 —— 將在 12 月 2 日
於華盛頓召開 —— 中提交一
份報告的著名建築師的看
法，美國一般小型住宅的設計
有瑕疵。報告中亦提及確實
有可能以更少的資金與建更
好的住宅。」
——《紐約時報》

1931 年 11 月 8 日
**每週商業指數降至新低；與過
往經濟蕭條時期的比較**
「10 月最後一週的每週商業
活動指數，主要受汽車生產
調整後指數由 24.4 大幅降至
15.5 的影響而下滑。」
——《紐約時報》

1931 年 11 月 29 日
**勢均力敵的分歧國會面臨許
多重大問題；除了尋常的問
題，經濟蕭條與海外事件引起
的議題，皆須尋求解決方案**
——《紐約時報》

1931 年 12 月 19 日
**為協助住宅所有權人而請求
研擬新扣押規定；房地產利
益團體呼籲降低查封成本與
仲裁人費用**
——《紐約時報》

1931 年 9 月，由於全球債務危機爆發，美元首度失去避險天堂的地位。英鎊官方貶值後，隨著法國、比利時、瑞士和荷蘭等國家的中央銀行全面將其美元轉換成黃金，美國的黃金準備遂開始流出。在英鎊官方貶值後三週，美國折損了大約 10% 的黃金準備。

10 月 9 日當天，為了吸引投資人，紐約聯邦準備銀行將貼現率由 1.5% 提高到 2.5%。但這麼做無異緊縮貨幣，絕非經濟蕭條時期的理想作為。**典型來說，一旦爆發國際收支危機，若要藉由提高利率的手段來補貼弱勢通貨計價之債券的持有人所承擔的通貨風險，就必須將利率提高到國內經濟體系無法承受的水準，所以，提高利率一途是無效的。**當然，紐約聯邦準備銀行這次的行動也不例外，所以，一個星期後，該行再次將上述利率提高到 3.5%。[129] 甚至有謠言指出，紐約聯邦準備銀行總裁喬治・哈里遜懇求法國人不要再從美國提領任何黃金。[130]

由於美國國內也面臨種種困境，美國投資人先前就已積極囤積黃金和現金。而紐約聯邦準備銀行上述的行為，在 1931 年年底引爆一系列銀行擠兌事件，並導致很多銀行暫停營業，而繼續營業的銀行也陷入存款嚴重流失的窘境。隨著存款減少，銀行業者為了補充現金準備而不得不開始收回放款。住宅與農田遭到查封，很多企業也因投資人不接受貸款展延而破產。[131]

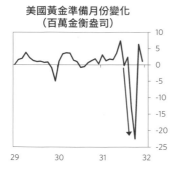

美國黃金準備月份變化
（百萬金衡盎司）

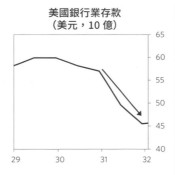

美國銀行業存款
（美元，10億）

新聞動態與聯準會公告

1931 年 12 月 20 日
呼籲採取三項措施啟動復甦；湯普森（Col. Thompson）建議擴大政府支出；暫停查封與降低價格
——《紐約時報》

1931 年 12 月 31 日
為援助健全銀行而成立集合信用基金；胡佛總統建議的計畫迅速付諸執行並開始運作
「去年商業銀行領域的重要發展之一是全國信用公司的成立（根據胡佛總統的建議），該公司的設計是要為不符合現行聯邦準備銀行收購法規的健全銀行資產提供貼現機制。胡佛總統在 10 月 7 日提出這個計畫，它的設計是為了阻止銀行破產潮擴大，並藉由重建大眾對銀行的信心，防止民眾囤積貨幣。」
——《紐約時報》

1931 年 12 月 31 日
表示各準備銀行能帶來復甦；經濟學家建議藉由終止信用緊縮，停止資產變現行為。建議收購票據
——《紐約時報》

1931 年 12 月
全國商業情勢一覽
「10 月製造產業的生產與就業狀況進一步下滑，而礦業產出增幅超過這個季節的常見水準。10 月中以後，外界對準備銀行信用的需求大幅降低，反映出會員銀行準備金餘額的降低，以及 11 月黃金的流入——多半來自日本。貨幣市場情勢略微趨向寬鬆。」
——《聯準會公告》

　　隨著貨幣與信用萎縮，經濟景氣開始急速下滑。1931 年下半年，工業生產衰退 14.3%，百貨公司銷貨收入也降低 12.9%。到 1931 年年底，失業率已上升到近 20%，國內物價的年增率也降至負 10%。

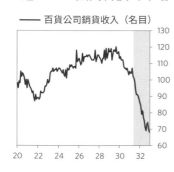

—— 百貨公司銷貨收入（名目）

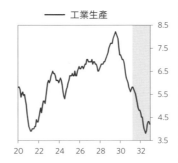

工業生產

　　胡佛政府在 1931 年年底採取多項遏止銀行破產與提振信用流動的措施。其中最值得一提的是全國信用協會（National Credit Association）的創立，這個協會提供一筆由民間集資的基金，當銀行業者面臨破產風險時，只要能拿出健全的擔保品，就能向這個協會貸款，以取得流動性（換言之，該協會扮演民間央行的角色）。這個協會的資金來自銀行業者，總額達 5 億美元，而且它還有能力另外再借 10 億美元。[132]

新聞動態與聯準會公告

1932 年 1 月 3 日
**國會面臨堆積如山的問題；
迫切需要針對重建金融局
（Reconstruction Finance
Board）的計畫採取行動**
「國會復會後面臨的最重要
問題之一，是成立金融重建
公司的議案，胡佛總統倡議
成立 5 億美元的金融重建公
司，它的很多功能將和戰後
成立的戰爭金融公司（War
Finance Corporation） 相
同。」
——《紐約時報》

1932 年 1 月 13 日
**總統將加速推動 20 億美元的
重建局；他表示，一旦法案通
過，重建公司將隨即展開運作**
「胡佛總統向參與協商的參
議院領袖表示，一旦國會立
法通過成立金融重建公司，
該公司將在幾天內開始營業，
預估它將擁有 20 億美元貸
款能力。」
——《紐約時報》

1932 年 1 月 16 日
**眾議院通過重建法案，採納
20 億美元的融資對策**
——《紐約時報》

在此同時，胡佛總統也積極為崩盤的房地產市場尋求解決方案。為了阻止「負責任的人民的住宅與農地」房貸遭查封，他計畫創立一個住宅貸款貼現銀行（Home Loan Discount Banks）系統，而且這個計畫也在 1932 年落實。在此同時，胡佛總統還和保險及房地產仲介合作，暫停聯邦土地銀行針對農地貸款進行查封，同時為該銀行提供 10 億美元的資金，好讓它能擴大放款規模。[133]

這些政策頗受認同，故廣泛提振了各方投資人的信心。股票市場因此強力反彈，從 10 月的低點至 11 月 9 日間，共上漲 35%，光是在全國信用協會將成立的訊息宣布當天，股市就大漲超過 10%。一如多數類似的情境，這一波反彈促使很多人以為最糟的日子已經過去。不過，整體可用貨幣與信用還是沒有顯著變化，將到期之總債務金額及可用於償債的貨幣金額之間的根本失衡還是沒有解決。一如這個經濟蕭條期宣布的很多政策，隨著事實清楚顯示，上述諸多建議案的規模不足以解決問題，這一波反彈很快就後繼無力，股票甚至在近 12 月底時創下新低價。

1932 年上半年：政府加強干預，卻無力阻止經濟崩潰

　　隨著經濟景氣繼續因通貨緊縮與信用問題惡化而持續崩落，經濟蕭條程度在 1932 年進一步惡化。陷入困境或破產的企業數量多到令人咋舌──總計企業虧損共達 27 億美元，聲請破產的案件也創歷史新高，破產家數接近 3 萬 2 千家，其負債達 9 億 2,800 美元。[134]報紙上成天刊登銀行破產的消息，而隨著那些損失在經濟體系產生漣漪效應，放款給銀行的人也隨之發生虧損，進而導致其他企業關門大吉，經濟景氣則進一步衰退。

美國銀行每年暫停營業數

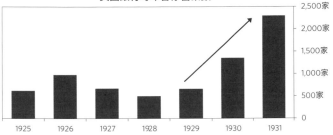

　　這是大債危機的典型事態：政策制訂者不斷嘗試各種通貨緊縮型手段，試圖以幾年的時間來降低債務，但到頭來才發現，減債及撙節政策所衍生的通貨緊縮影響太過痛苦，更糟的是，那些作為也不足以帶來迫切需要的效果。於是，如夢初醒的政策制訂者這才會改採較激進的政策。隨著事實證明，胡佛政府的多項作為不足以扭轉信用緊縮情勢，它又在 1932 年上半年公布另一系列的政策，企圖為銀行體系提供流動性，從而促使信用再度流通。

新聞動態與聯準會公告

1932 年 2 月
金融重建公司
「1 月影響銀行業情勢的主
要發展是成立金融重建公
司——資本額 5 億美元——
相關法令的頒布。金融重建
公司法案的設計，主要是『為
金融機構提供提供緊急融資
機制』以及『為農業、工業及
商業融資提供援助』，總統已
於 1932 年 1 月 22 日核准該
法案。總統宣布核准這項法
案時，形容這家新企業：『它
將成為一個擁有充足資源的
強大組織，它有能力強化我
國信用、銀行與鐵道結構可
能衍生的弱點，令企業與產業
無須憂慮意外衝擊與各種阻
力，安心地推動正常的業務
活動。』
　　　　——《聯準會公告》

1932 年 2 月
全國商業情勢一覽
「11 月至 12 月，工業活動的
減少幅度較往年同一季節稍
微擴大，工廠就業人數減少
幅度則與過往相當。蔬售物
價進一步下跌。」
　　　　——《聯準會公告》

1932 年 2 月 11 日
**歐洲撤離 1,704 萬 5,500 美元
的黃金**
「紐約聯邦準備銀行昨日公
告，歐洲人撤離 1,704 萬
5,500 美元的黃金。該行也公
告自加拿大進口 107 萬 200
美元、自印度進口 57 萬 5,000
美元的黃金，指定用途外國
帳戶的黃金也增加 10 萬美
元。」
　　　　——《紐約時報》

1 月 23 日當天，胡佛發起金融重建公司（以下簡稱 RFC）。RFC 的資本為 5 億美元，而且它還最多能向國庫或民間來源舉借 30 億美元的資金；這家公司的目標是要為具償債能力的銀行提供流動性支援，以避免那些銀行落入破產的命運。[135] RFC 的受託管理範圍比聯準會更廣泛——它能針對更廣泛的實體承作更廣泛的擔保放款業務（可作為擔保品的資產非常廣泛），當然，這樣的設計也讓 RFC 受惠良多。RFC 也能對各州管轄的銀行、鄉村地區的銀行（即非屬聯邦準備系統但受這場危機影響最大的銀行）及鐵道公司（當時的重要產業之一，一如 2008 年的汽車業）放款。[136]**對廣泛的貸款人進行多元擔保品放款業務，是政策制訂者確保金融體系充足流動性的典型手段之一，有時候相關的流動性是由中央銀行提供，有時候則是由中央政府提供。**

到 1932 年 8 月底，RFC 共已對 5,520 家金融機構貸放 13 億美元的資金，這使銀行破產家數得以減少。[137]不過 RFC 只能針對提出「優質」擔保品的機構放款，所以，它未能對某些最需要信用的機構提供充分的支持。[138]

大約就在這個時期，Fed 也開始它的印鈔票實驗。危機爆發後，聯準會接受以黃金或特定形式的商業本票作為放款的擔保品。由於這兩種擔保品的供給短缺，故政策制訂者再次面臨「進一步緊縮」與「傷害美元與黃金的連結（譯注：即破壞金本位，大量發行鈔票，以紓解銀根緊縮局面）」之間的兩難。**胡佛總統在 2 月 27 日簽署的 1932 年銀行法案（1932 Banking Act），便旨在藉由提升聯準會印鈔票的能力——但那些鈔票只能用來購買政府公債（七十五年後，這個政策被稱為「量化寬鬆」）——在紓解流動性緊縮的同時，維護金本位。**[139] 這項行動引發極大的爭議，因為它顯然動搖了金本位的基本原則，不過，由於情勢急如星火，所以這項法案完全未經辯論就獲得通過。[140] 根據胡佛的說法，這項決策「某種程度上可視同國防對策」。[141] **那一年稍晚，國會賦予聯準會額外的印鈔權，以及在緊急狀態下提供流動性的更大權力。**[142] **這項條文——聯邦準備法（Federal Reserve Act）第十三條之三——最終也成為 Fed 回應 2008 年債務危機的關鍵手段。**

新聞動態與聯準會公告

1932 年 2 月 11 日
聯邦準備法的修訂
「今日民主黨與共和黨領袖在胡佛總統於白宮召開的跨黨派協商會議中，決議根據聯邦準備系統的革命性變革，發展一部強大的金融機器，經由可能新增的 25 億美元通貨來提振信用情勢。」
——《紐約時報》

1932 年 2 月 11 日
聯邦援助在參議院引發激烈齟齬
「俄亥俄州的菲斯（Fess）參議員與愛達荷州的波拉（Borah）參議員——皆為共和黨籍——今日因拉佛列－寇斯提根（La Follette-Costigan）聯邦失業直接援助法案相關的激烈辯論而產生摩擦。擠滿走廊的群眾為這兩位演說者喝采。這項法案的表決將延後至明日進行，共和黨人指望民主黨人協助否決這項法案。」
——《紐約時報》

1932 年 2 月 11 日
股票先跌後漲，收復多數失土
——《紐約時報》

1932 年 2 月 27 日
信用法案表決，胡佛今日將簽署
「格拉斯—史帝格（Glass-Steagall）信用擴張法案今日在無任何反對票的情況下，獲得國會通過，並在今晚六點八分送抵白宮，明日將由胡佛總統簽署。」
——《紐約時報》

4月，聯邦準備系統每週收購近 5,000 萬美元的政府證券，5 月的每週收購金額更提高到 1 億美元。到了 6 月，聯邦準備系統已收購了超過 15 億美元的政府證券。下圖闡明了聯準會在 1931 年與 1932 年間購買與持有的政府債券規模：

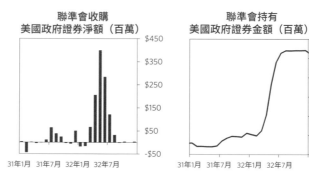

聯準會開始收購政府證券後，短期國庫證券的殖利率便快速降低，其中，三個月期國庫券的殖利率在那一年上半年降低 2%。Fed 的收購行動也紓解了長期國庫債券市場的壓力——在高赤字與外國人持有美國資產意願低落的情況下，美元供需的失衡已瀕臨極限。十年期政府債券殖利率在 1 月上升到 4.3% 後逐步降低，六個月後降到 3.5% 以下。

上述行動使樂觀情緒加溫，並促成另一波強力反彈，道瓊指數上漲 19.5%，抵達 1 月的高點。2 月收盤價已達到 80 點以上。

　　1932 年上半年，政策制訂者還為了支持銀行體系而採取許多較小規模的行動。**另一項典型的行動是取消銀行的市價計值會計法。**1 月時，貨幣監理署署長指示銀行檢查人員，以面額來作為 BAA 級以上之全國性銀行持有的債券的內含價值。[143]若根據過往的會計方法論（methodology），此時銀行業者必須就它們持有的債券認列鉅額的帳面虧損，而如果選擇賣掉債券，當然更必須認列現金損失。這類虧損會導致銀行的資本降低，並因此不得不籌措更多資金或藉由出售資產來因應，而無論是四處籌措更多資金或出售資產，都會導致市場流動性進一步緊縮，並進而壓低市場上的資產價格。總之，這項會計準則的調整有效紓解了銀行業最急迫的壓力。

　　胡佛政府也試圖以宏觀審慎對策來促進信用的流動，最值得一提的是直接對銀行施壓，要求銀行放款。胡佛和財政部長歐登 • 米爾斯（Ogden Mills）曾怪罪銀行未能提振信用情勢，並指控銀行對貸款設限且囤積黃金與現金。胡佛在十二個聯邦準備區域內成立許多委員會，試圖壓迫大型地區銀行更積極放款，但成效並不怎麼理想。[144]

新聞動態與聯準會公告

1932 年 4 月 9 日

股票跌勢再次延伸，跌破前低——債券亦受壓抑

「股票市場已延續超過一週的穩步下跌趨勢，因眾多情勢導致投資人情緒氣氛更加沮喪，華爾街在更大賣壓的壓抑下進一步下跌。若以下跌金額衡量，證券交易所的個股跌幅尚屬溫和——主要個股跌幅介於 1 至 3 點——但若以百分比衡量，跌勢實屬慘重。」

——《紐約時報》

1932 年 6 月 6 日

國會準備展開為期兩週的抗戰

「國會今夜起將展開一週或甚至兩週的激烈論戰，眾多有關稅務、經濟、救濟甚至紅利的立法疑問有待敲定。」

——《紐約時報》

1932 年 6 月 26 日

救濟法案支持者表示，胡佛「錯了」

「華格納（Wagner）參議員的失業救濟法案因提撥 5 億美元作為公共工程用途而遭到胡佛總統批評，今日華格納參議員就這項方案提出最後請求，因眾議院及參議院成員共同參與的協商會議已同意這項方案。」

——《紐約時報》

雖然上述作法產生一點幫助，卻不足以阻止經濟崩潰。由於外國人擔心美國貨幣數量與預算赤字的持續擴大，最終可能使美國棄守美元和黃金之間的兌換率，於是紛紛將將黃金領出，導致美國的黃金準備持續衰減，壓力也有增無減。[145] 隨著外國人不斷搶著將手上的美元換成黃金，3 月至 6 月間，美國國內的黃金逐月減少。到了 6 月，黃金淨出口已達到 2 億 600 萬美元，為英鎊大幅貶值以來首見。[146] 這也導致信用持續緊縮。

3 月時，股票大幅下跌，市場延續了長達十一週的跌勢。道瓊指數重挫 50%，從 3 月 8 日的 88 點，跌到 5 月 31 日的 44 點。5 月底時，道瓊指數收在當月最低點，那個月的成交量也進一步降低，平均每天只成交 75 萬股。[147] 危機剛爆發時，政府致力於增加放款和支出，因而促使資產市場連續反彈。然而，到這個階段，投資人已開始覺醒。他們擔心胡佛的計畫雖可能帶來一些利益，但其執行成本卻可能高於得到的利益，於是，市場繼續向下探底。

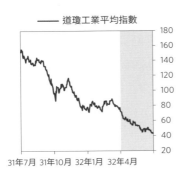

—— 道瓊工業平均指數

31年7月　31年10月　32年1月　32年4月

　　此時全球各地社會不安與衝突日益升高。以德國來說，希特勒陣營贏得國民議會選舉的多數席次；日本則朝軍國主義發展，在 1931 年侵略滿洲，1932 年更入侵上海。而美國的罷工和抗議活動也持續增溫。[148] 失業率逼近 25%，還有工作的人則面臨被減薪的命運。都會區外的農民因農作物價格下跌與收成遭乾旱摧毀而瀕臨崩潰。不滿情緒的戲劇化表現之一是，成千上萬名退伍軍人和他們的家人，在 6 月走上華盛頓街頭（並在那裡紮營），企圖壓迫政府即刻發放他們的退伍軍人紅利。[149] 7 月 28 日當天，道格拉斯 • 麥克阿瑟（Douglas MacArthur）將軍領導的美國陸軍，以坦克和催淚瓦斯掃蕩華盛頓的抗議人士。到這時，無論是國內或國際間，衝突情勢都愈來愈緊張，這埋下了民粹主義、獨裁主義、國家主義以及軍國主義的禍根。最初這些極端主義雖只引發經濟戰爭，但到 1939 年 9 月，歐洲終於爆發軍事戰爭，對日戰爭也從 1941 年 12 月展開。

1932 年下半年：
進一步衰退與羅斯福總統的當選

　　到夏天時，政府為拯救銀行業而實施的大型提振措施與救濟似乎開始產生助益。惡性循環日益趨於緩和，資產價格漸漸穩定，經濟體系某些領域的生產活動甚至開始增加，例如汽車業。從 5 月到 6 月間，原物料商品、股票和債券都觸底反彈。到了 9 月，道瓊工業平均指數已反彈到 80 點的高峰，幾乎較 7 月的低點上漲一倍。由下圖便清楚可見道瓊指數的軌跡。

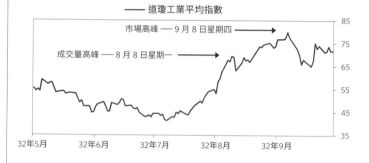

　　1932 年 8 月 8 日的《時代》雜誌聲稱，促成這一波反彈的原因是黃金外流終於停止、美國接獲外國資本的謠言不斷散播，以及鐵道合併案件獲得核准等。

隨著樂觀看待經濟與資本市場的情緒逐漸升高，政策制訂者遂開始撤回先前的諸多經濟提振方案。另外，RFC 還因一則和紓困中央共和銀行暨信託公司（Central Republic Bank and Trust，該公司的首長曾擔任 RFC 董事長）有關的醜聞而嚴重失去公信力。眼見此時的 RFC 儼然成為一群肥貓銀行家的自肥工具，大眾不滿情緒瞬間爆發。[150] 群眾持續升高的憤怒，最終促使國會命令 RFC 公布所有接受該公司之放款的機構名單。[151] 放款名單的公布實質上等於大聲向世人宣告，所有向 RFC 申請貸款的機構都有問題。那當然會促使那些機構的存戶更急於領出自己的存款。於是，各機構不再積極向 RFC 貸款，但存戶提領的情況卻愈演愈烈。[152]

美國政府這次在「紓困」金融機構方面所扮演的角色，引起民眾極大的憤怒，這是經濟蕭條時期常見的「商業界對上華爾街」或「勞工對上投資人」等典型衝突的副產品之一。隨著經濟痛苦持續增加，民粹主義者號召群眾站出來「懲罰銀行家亂源」，在這種情況下，政策制訂者自然非常難以採取拯救金融體系與經濟體系的必要行動。畢竟如果銀行家主動從這場混亂中退場，整個金融與經濟體系勢必會停擺。

新聞動態與聯準會公告

1932 年 10 月 26 日
寇普蘭（Royal S. Copeland）攻擊銀行業是「寡頭」；參議員表示，胡佛放任金融家阻礙我國經濟復甦

「美國紐約州參議員羅伊・寇普蘭今晚在此地的民主黨動員大會的演說中，宣稱大型銀行業利益團體吹噓其『流動比率達到 85% 的說法絲毫不足採信，那種自吹自擂之詞非常惡毒，就好像 1,000 醫院在號稱有 85% 空床位的同時，對 1,000 名急著住院的病患置之不理』。」

——《紐約時報》

1932 年 11 月 2 日
內華達州宣布為期十二天的銀行假日；牲畜價格低迷使該州陷入危機

「今日內華達州助理州長莫利・葛里斯伍德（Morley Griswold）代替因身在華盛頓而缺席的州長弗瑞德・巴札爾（Fred B. Balzar）宣布，全州的商業及銀行假日延長至 11 月 12 日。」

——《紐約時報》

1932 年 11 月 2 日
全國登記選民數為 4,696 萬 5,230 人；較 1928 年的選舉人名冊記錄多出 1,016 萬 6,561 人

——《紐約時報》

1932 年 11 月 6 日

桑德斯（Everett Sanders）表示，胡佛篤定當選；共和黨主席報告，選票將「真正爭先恐後地」流向總統

「共和黨國家委員會主席暨胡佛競選總部指揮官艾弗瑞特・桑德斯，在昨日同步向本市及芝加哥大眾發表的選前宣言中，公開宣稱胡佛總統將在週二的選舉，以 281 張選舉人票與至少 21 州多數選票的『穩固差距』勝出。」

——《紐約時報》

1932 年 11 月 7 日

選舉對新融資至為關鍵；若胡佛競選失利，預期米爾斯將推動公共債務重整

——《紐約時報》

1932 年 11 月 9 日

總統平靜承認敗選；史丹佛大學學生在他向羅斯福發出賀電之際，向他獻唱小夜曲

「今夜胡佛總統在向羅斯福州長發出的賀電中承認敗選，一如四年前共和黨贏得選舉時，史丹佛大學學生聚集在胡佛家門前，向他與胡佛夫人獻唱小夜曲。」

——《紐約時報》

1932 年 11 月 9 日

羅斯福誓言將努力恢復繁榮；正式宣言等待最後回報

——《紐約時報》

　　政治力的介入也是導致 Fed 停止收購政府債券的因素之一。基於 2 月通過的銀行法案有可能導致美元轉弱，因此它一開始就被設定為一項暫時性的措施。芝加哥、費城與波士頓聯邦準備體系成員力主停止公開市場操作，他們主張由於銀行業者累積的準備金愈來愈多，卻又不願積極擴大授信，所以，這個計畫沒有必要延續（而且該計畫導致長期利率降低，損及銀行獲利能力）。到了 7 月，那幾家準備銀行停止參與，而孤掌難鳴的紐約聯邦準備銀行，也只好默許這個計畫的中止。[153]

　　由於歲收減少、歲出增加，政府方面擔心預算赤字快速擴大。[154]**胡佛在獲得幾乎全面支持的情況下，力主透過增稅及裁減聯邦支出的混合措施來平衡預算。**[155] 6 月 6 日當天，1932 年的收入法案被簽署為正式法律。這項法案提高了個人所得稅、企業所得稅以及其他各式各樣的貨物稅。但儘管投入上述種種努力，撙節方案帶來的緊縮壓力，使得經濟景氣衰退速度超過預算赤字的降低速度，因此，預算赤字相對 GDP 的比率還是大幅上升。[156]**誠如先前提到的，胡佛企圖透過撙節措施來平衡預算，是經濟蕭條時期的典型新手錯誤。**

　　另外，去槓桿情境中常見的典型情況還包括：因各項因應對策而起的辯論變得極端政治對立，且民粹主義色彩非常強烈。羅斯福就是靠著當時看起來左傾的民粹主義政策浮上檯面。打從他展開總統競選活動後，就展現出強烈的「反投機者」調性。最初，他是經由一場抨擊證券公司貪贓枉法並強力呼籲聯邦介入控制股票與原物料商品交易所的演說，展現出這個傾向。[157] 很多跡象顯示，他偏好官方放手讓美元貶值，而他的主張確實對美元造成愈來愈大的壓力。為了減輕那些恐懼，羅斯福表示他並不會帶領國家退出金本位，可是投資人並未被他的說詞說服。[158] 順帶一提，政治人物和政策制訂者經常基於權宜考量，做出和經濟及市場基本面矛盾的虛偽承諾，所以，千萬別相信那類承諾。

　　接下來，銀行破產案件持續增加，公開市場操作被迫終止，RFC 漸漸失去影響力，政府支出遭到嚴格把關，而美元官方貶值的威脅也日益擴大。這種種事態導致黃金再度流出，原本已穩定多時的各種價格，又開始下跌。經濟衰退的趨勢變得更加陡峭。

　　重新籠罩銀行部門的壓力在 11 月時變得更加沈重。就在選舉前，內華達州宣布實施第一個全州銀行假日，「銀行假日」是廣泛銀行擠兌潮發生後的典型因應對策。雖然內華達州因此得以避免主要州立銀行破產的命運，但該州實施銀行假日一事，卻在全國引發恐慌。[159] 各地的存戶擔心自己的往來銀行也可能跟著休假，於是加速提領存款。就這樣，危機動態再現。

新聞動態與聯準會公告

1932 年 11 月 11 日
銀行家拒絕危及金本位；小班傑明・安德森（B.M. Anderson Jr.）表示，美國從未打算放棄金本位
「大通國家銀行經濟學家小班傑明・安德森（Benjamin M. Anderson Jr.），昨日在紐約大學企業管理研究所投資銀行論壇的演說中宣稱，過去三十六年的事實證明，美國維護金本位的能力不容置疑。」
——《紐約時報》

1932 年 11 月 23 日
三大議題在日內瓦引起熱烈辯論；代表團就滿洲、裁軍以及經濟蕭條等議題展開辯論，戴維斯（Norman H. Davis）亦身在其中
「今日在此地的政治人物會議中，滿洲問題、世界經濟協商會議與世界裁軍等議題被攪和在一起，令人頭昏眼花，華盛頓當局的國務院代表諾曼・戴維斯亦參與上述三項議題的討論。」
——《紐約時報》

新聞動態與聯準會公告

1932 年 12 月 1 日

11 月 8 日的選舉創下三項記錄：全國投票數創新高，而當選人羅斯福獲得的選票也創新高，落選人胡佛的選票同樣創下新高

「11 月 8 日的開票結果幾乎已全數回報，結果顯示，美國選民創下三項新記錄，總投票人數至少 3,900 萬，羅斯福州長與胡佛總統分別獲得 2,231 萬 4,023 票及 1,557 萬 4,474 票，皆創新高。」

——《紐約時報》

1932 年 12 月 12 日

主張我國的關稅是解決經濟蕭條的關鍵；德國教授表示問題取決於我國是否降低貿易壁壘

「哥廷根大學（Goettingen University）統計研究所所長暨德國政府社會保險、稅賦與其他金融事務顧問菲利克斯・伯恩斯坦（Felix Bernstein）教授表示，除非且直到美國願意降低其關稅壁壘的那一天到來，否則整個世界將永遠無法擺脫經濟蕭條。」

——《紐約時報》

1932 年 12 月 15 日

內華達州結束銀行假日

——《紐約時報》

1932 年一整年，經濟崩潰嚴重到令人無法喘息。下圖是當時的某些經濟統計數據，灰色部分是涵蓋英鎊開始官方貶值至 1932 年年底的數字。消費支出和生產活動雙雙衰退 20% 以上，失業率上升超過 16%。通貨嚴重緊縮，每個月的物價都下跌近 1%。

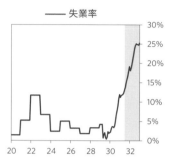

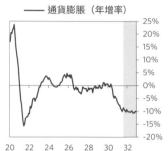

　　此時的政策制訂者過度仰賴減債的通貨緊縮型手段，導致美國陷入嚴重的經濟蕭條／「險惡的去槓桿化歷程」。由於名目利率遠高於名目經濟成長率，債務的成長速度遠遠超過所得，故儘管違約狀況不斷發生，債務負擔還是加重。

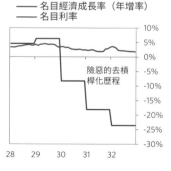

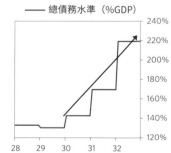

　　不過，儘管投資人對羅斯福擔任總統的影響憂心忡忡，他那帶有民粹主義本質的競選活動（以及可怕的經濟情勢），終將他拱上勝利的寶座。羅斯福在1932年11月當選總統，以2,280萬選票，勝過胡佛的1,580萬票，是到當時為止獲得最多選票的總統候選人。

　　疲弱的經濟情勢、失衡的復甦（一般認為菁英分子逐漸順遂，但平民百姓卻還在痛苦掙扎），以及每每力有未逮的政策制訂者，使民粹主義成為兩次世界大戰期間（1920年代至1930年代）的全球現象之一，而這個現象不僅導致美國政權輪替，也在德國、義大利和西班牙造成相同結果。美國的貧富不均（包括所得與財富分配的不均）在1930年代初期達到高峰，接下來十年的情況也未顯著改善。到羅斯福當選總統時，排名前10%之高所得者的收入佔總收入的45%，而且這些人擁有的財富更高達總財富的85%，而在此同時，失業率卻超過20%。這些情勢促使羅斯福以「新政」（New Deal）作為選戰的主軸，承諾將為勞工、債務人和失業者推動巨大的變革。[160]

新聞動態與聯準會公告

1933年1月
當前銀行業發展

「今年外界對各聯邦準備銀行的假日貿易通貨需求大約是1億2,000萬美元，較近幾年的2億2,500萬美元及2億7,500萬美元減少。這項需求的減少反映了兩個因素，一是物價普遍走低等現象使零售貿易的美元數量降低，一是囤積通貨的持續回流。和往年常見情況不同的是，通貨的需求並未導致今年聯邦準備銀行的未償還信用金額增加，原因是美國貨幣存量增加了大約1億5,000萬美元的黃金，這足以為會員銀行提供因應通貨提領所需的資金，甚至綽綽有餘。」

——《聯準會公告》

1933年2月1日
英國買回1,358萬8,900美元的黃金；聯準會出售最後一批戰爭還款指定用途的黃金

「紐約聯邦準備銀行昨日向英格蘭銀行出售1,358萬8,900美元的黃金，這是倫敦在12月15日為本地聯邦準備銀行帳戶指定用途的9,555萬美元金條（和英國的戰爭債務分期付款有關〔原文如此〕）裡的剩餘部分。」

——《紐約時報》

歐洲的經濟情勢也和美國大致相同。在此前十五年間，德國不止經歷了超級通貨膨脹，也未能逃過大蕭條的影響，所以貧富不均的程度也很嚴重——排名前 10% 的高所得者的收入，佔總收入的 40%，而失業率更高達 25% 以上。這樣的情境奠定了納粹黨興起的基礎。[161]

一九三三年：羅斯福宣示就任前

由於外界預期羅斯福當選後將實施通貨再膨脹政策，加上選後羅斯福拒絕就他先前針對金本位所做的承諾再次做出保證，黃金遂繼續流出美國。羅斯福周遭的人都試圖說服他安撫市場。可能被羅斯福提名為財政部長的卡爾特‧格拉斯（Carter Glass）參議員，公開宣稱若羅斯福不願就美國繼續留在金本位一事做出保證，他將不會接受這份職務。[162]胡佛也寫了一封個人信件給羅斯福，要求他澄清他的政策。[163]歐洲的美元投資人憂心忡忡，《紐約時報》從巴黎報導：「歐洲市場對於美元未來趨勢心存困惑，這一切都要歸因於他們沒有消息管道可掌握美國新政府的明確意圖。若羅斯福先生能透過公開聲明，宣示他維持健全通貨的決心，將會產生極大的安撫效果。」但羅斯福仍保持沈默。[164]

到了 2 月，危機進一步深化。面臨破產危機的密西根州最大金融機構保衛底特律聯盟集團（Guardian Detroit Union Group）向 RFC 尋求貸款。這個集團並沒有優質的擔保品，所以根據 RFC 的受託管理規定，RFC 不能為該集團提供大額貸款。或許更重要的原因是，保衛集團的主要股東是汽車業百萬富翁亨利 · 福特（Henry Ford）。RFC 為了不讓外界產生它再次獨惠肥貓的印象，因而建議若福特本人也能提供一點支援，它就願意向該集團授信。然而，由於福特先生精明地體察到保衛信託公司具有像中央共和一樣的系統重要性，所以拒絕 RFC 的建議。不過，他並未因這樣的虛張聲勢而達到目的。當局放任保衛集團旗下的兩家銀行：聯合保衛信託（Union Guardian Trust）與保衛國家商業銀行（Guardian National Bank of Commerce）聲請破產，密西根州也被迫宣布全州銀行假日。[165]

當政策制訂者未能出手拯救具系統重要性的機構，相關的漣漪效應很可能會迅速擴散到整個體系。由於密西根州是美國的重要工業心臟地帶之一，所以，當地銀行假日的實施，對其他州的衝擊尤其巨大。[166] 全國各地的家庭與企業紛紛趕到銀行提領他們的存款。俄亥俄州、阿肯色州及印地安那州也跟著飽受銀行擠兌之苦。馬里蘭州在 2 月 25 日宣布實施銀行假日，到 3 月 4 日，已有超過 30 個州實施提款限制。[167]

新聞動態與聯準會公告

1933 年 2 月 15 日
現金湧向密西根，紓解當地壓力

「除了上密西根半島少數銀行，密西根州所有銀行今日皆依循威廉 · 康姆斯塔克（William A. Comstock）州長清晨發布的停止營業聲明，州長在聲明中公開宣布該州 550 家金融機構可享八天的延期償付權。」

——《紐約時報》

1933 年 2 月 24 日
證券交易所重啟跌勢，債券市場也劇烈動盪

「昨日密西根銀行業情勢出現某些改善跡象，在嚴厲限制的前提下，該州恢復銀行業務，但證券市場選擇反映華爾街的陰鬱情緒，報價紛紛大幅下修。」

——《紐約時報》

1933 年 2 月 27 日
由各個層面看這動盪的一週——通貨政策討論與新執行者

「上週股票市場動盪、債券市場轉趨弱勢，以及通貨囤積量有增加跡象等問題，局部導因於處置密西根情勢的技巧不夠純熟，不過，那些現象也同樣導因於這個惡作劇般的通貨實驗所造成的心理面影響。」

——《紐約時報》

新聞動態與聯準會公告

1933 年 3 月

州立銀行假日

2 月一整個月及 3 月初那幾天，國內各個不同地點的銀行業務困境，促使各地州長與很多州的立法機關暫時停止州內銀行的營運，或針對銀行的營運實施或授權限制。2 月 14 日早晨，密西根州州長宣布至 2 月 21 日止將實施銀行假日，目的是「為了維護大眾平靜、健康與安全，也為了捍衛所有存款戶一視同仁的權利」。實質上，密西根州已在 2 月 21 日延長銀行假日，馬里蘭州也在 2 月 25 日宣布實施銀行假日，幾天後，許多其他州也紛紛採取類似行動。2 月 25 日當天，美國國會發表聯合決議文，授權貨幣監理署對全國性銀行行使類似各州官員對州立銀行的這類權力。」

——《聯準會公告》

1933 年 3 月

全國商業情勢一覽

「1 月工業生產量增加，金額低於往年同季節的常見金額，工廠就業人數與支薪人數繼續減少。原物料商品躉售價格在 1 月繼續下跌後，2 月頭三週幾乎相對沒有變動。」

——《聯準會公告》

先前黃金只是像涓涓細流般緩慢自美國流出，但此時黃金的流出頓時化為一股狂潮。在 2 月的最後兩週，紐約聯邦準備銀行折損了 2 億 5,000 萬美元的黃金，幾乎是該行黃金準備的四分之一。[168]

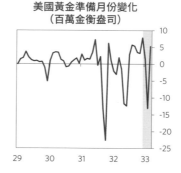

美國黃金準備月份變化
（百萬金衡盎司）

面對黃金準備日益流出的壓力，胡佛試圖行使戰爭權力法案（War Powers Act）並實施資本管制來因應（這是回應國際收支壓力的典型作法，但也是向來無效的作法）；不過，民主黨人並不同意他這麼做。[169]

美國經濟嚴重受創，到 3 月時，企業營運的衰退已達到令人不得不震驚的地步。那一年，國民生產毛額（Gross National Product）降到經濟進入蕭條後的最低水準，只剩 556 億美元，若以定值美元（constant dollar）計算，那個數字比 1929 年的水準還低 31.5%。[170]

1933年至1937年：
美好的去槓桿化歷程

1933 年至 1934 年；羅斯福退出金本位；經濟朝美好的去槓桿化歷程前進

　　3 月 5 日星期日當天，也就是羅斯福總統就職的隔天，他公開宣布將實施四天的本國銀行假日、暫停黃金出口，並成立一個研議銀行體系拯救方案的團隊。總之，**他竭盡全力想在最短的時間內做最多的事。**

摘錄自 1933 年 3 月 6 日《紐約時報》。保留所有版權。經美國版權法許可與保護。未經許可，禁止印製、複製傳播或轉載本內容。

國會趕在 3 月 9 日的銀行重新營業日之前，通過 1933 年緊急銀行法案（ Emergency Banking Act of 1933），這項法案將銀行假日予以延長，並賦予 Fed 及財政部向銀行體系提供流動性與資本的更大權力（大到前所未見）。最重要的是，這項法案授權 Fed 發行以銀行資產做擔保的美元，從此，美元的發行不再侷限於以黃金做擔保，換言之，這個授權打破美元和黃金之間的連結，**准許 Fed 印製鈔票並為銀行業者提供迫切需要的流動性**。這項法案讓 Fed 得以在不引發黃金擠兌的情況下增印貨幣，另一方面，羅斯福則根據 1917 年的通敵貿易法（1917 Trading with the Enemy Act），禁止黃金出口。[171]

在此同時，查帳人員開始詳細檢視美國每一家銀行的帳冊，最先是鎖定最大型的銀行，以及一般認為最安全的銀行。當查帳人員發現一家銀行的資本不足，可以（a）要求 RFC 發行優先股，以進行該銀行的資本結構重整；（b）讓這家銀行與較健康的銀行合併；（c）結束其營業。**具系統重要性的銀行一向都能獲得官方支持，但較小型的銀行通常會任其破產。**一旦查帳人員判斷一家銀行仍舊健全，它就能重新營業，而且能以其資產作為擔保品，向 Fed 貸款。[172]根據 1933 年銀行法案的某些條文，財政部同意彌補 Fed 因此而產生的所有虧損，故實質上來說，財政部等於是**為他們選擇可繼續營業的每一家銀行提供債務保證。**[173]

3月12日星期天，也就是第一波銀行即將恢復營業的前一晚，羅斯福發表了一篇全國性廣播演說，向民眾解釋政府即將針對銀行業實施的計畫，並尋求重建民眾對銀行體系的信賴：

> 新規定允許十二家聯邦準備銀行以優質資產為擔保，發行新通貨，因此而恢復營業的銀行，將有能力應付每個合法的要求……它是健全的通貨，因為它擁有實質且優質的資產做擔保……我向大家保證，將你們的錢存放在恢復營業的銀行，比把錢放在床墊底下安全。[174]

隨著十二個城市的銀行業者準備好在週一恢復營業，政策制訂者和投資人都屏息以待，等著迎接大眾的可能反應。結果，民眾非但沒有到銀行擠兌，還將超過 10 億美元的資金存到銀行——這是藉由提供流動性（而非緊守著流動性不放）來矯正因擠兌而衍生的債務與流動性問題的典型例子。接下來幾天，各地銀行繼續營業，而在一個月內，表彰銀行體系 90% 存款的會員銀行皆已恢復營業。[175] 當各個金融市場終於在週三重新開盤，道瓊指數大漲 15.3％，原物料商品價格也同步飆漲。

新聞動態與聯準會公告

1933 年 3 月 12 日
商業界充滿期待；工業界已做好在銀行恢復營業時重啟生產活動的準備
——《紐約時報》

1933 年 3 月 15 日
證券交易所今晨將恢復正常交易——銀行業者繼續恢復營運
「隨著金融信心恢復，銀行業者昨日繼續維持營運。業務廣泛恢復，幾乎已回到正常狀態。證券與原物料商品市場今晨將開盤，僅芝加哥商品交易所與紐約棉花交易所例外。」
——《紐約時報》

1933 年 3 月 16 日
本州 798 家銀行全數恢復營運；全國假日結束時，已有 80% 取得營運許可，其他多數也只是暫緩恢復。所有儲蓄銀行皆已復業
「本州與全國銀行假日於昨日結束，取得全國性查核許可權者可再次恢復營運。」
——《紐約時報》

1933 年 3 月 16 日
全國銀行業營運接近恢復正常；拜主管機關加速整頓之賜，所有州陸續恢復營業狀態
——《紐約時報》

　　要取得那些（新增的）貨幣，就必須打破美元和黃金的連結。不過，大量印鈔票導致美元兌其他通貨與黃金的價格大幅貶值。這和 1971 年 8 月的情況幾乎如出一轍，當時還是紐約證券交易所交易助理的我，感覺這一場匯率貶值危機將重創股市和經濟。當時的狀況其實和 1933 年相同，而且是導因於相同的理由。只不過，1971 年時，我還沒研究過 1933 年的情況，所以那時我做出了嚴重錯誤的判斷，並因此嘗到苦果。那是我這一生首度被自己未曾經歷過、但歷史上已多次發生的事件所驚嚇。那個刻骨銘心的經驗促使我努力設法了解各個時期及所有經濟體的所有重大市場與經濟波動，希望藉此找出能歷久不衰地應對這些波動的通用原則。這個學習過程讓我受益良多（例如 2008 年）。我現在說明的雖是 1930 年代的種種事件，但在更早之前，類似的事件也曾基於完全相同的原因多次發生。

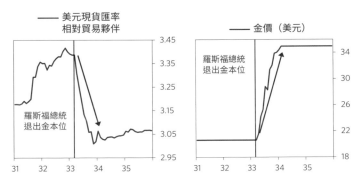

　　在終止黃金釘住政策後兩週內，聯準會就得以減少它的流動性挹注；短期利率降低 1% 至 2%，銀行承兌匯票的利率也回降到 2%，另外，通知貸款利率則降至 3%。[176] 接下來三個月，貨幣供給增加 1.5%，而後續四個月間，道瓊指數上漲幾乎 100%。這些變化立即終結了經濟蕭條（多數人誤以為經濟蕭條一直延續到 1930 年代乃至第二次世界大戰爆發，所以，我必須釐清真實的情況。確實，GDP 直到 1936 年才回到 1929 年的高峰，但觀察以下幾張圖形就會了解，黃金釘住政策的終止才是真正的轉捩點；所有市場與經濟統計數據都在那個時間點觸底並開始回升。儘管如此，只看這些平均數字還是可能會被誤導，因為經由這一場復甦獲益的主要是有錢人，窮人受益程度有限，而且，1933 年以後那段期間，很多人的情況遠比平均數字所呈現的困難許多，或許也因如此，一般人才會誤以為經濟狀況直到 1930 年代結束時才走出蕭條）。

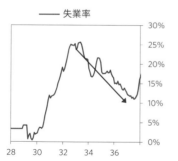

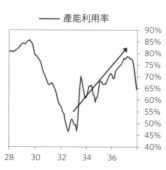

新聞動態與聯準會公告

1933 年 4 月
全國商業情勢一覽
「2 月下旬與 3 月上旬之商業活動多半受銀行業危機的發展影響，銀行危機在美國總統於 3 月 6 日公告實施銀行假日時達到最高峰。這段期間各項商品的生產與配銷活動大幅減少，但 3 月中銀行業務恢復後，各項活動開始出現某種程度的增加。」
——《聯準會公告》

1933 年 4 月 22 日
眾議院即將表決羅斯福的議案；議會領袖表示將在本週完成對行政方案的審議
「眾議院的民主黨人預期將在下週末前趕完羅斯福總統的計畫。眾議院週五或週六休會前，若各方領袖的計畫得以落實——所有跡象皆顯示他們的計畫將獲落實——羅斯福提出的所有新方案都將獲得處置。」
——《紐約時報》

1933 年 4 月 25 日
羅斯福終結銀行法案僵局；要求設定上限 1 萬美元的存款保障
「銀行業改革法案今日獲得新生命，羅斯福總統意外暫停國際協商，花一個小時與參議院銀行附屬委員會，討論格拉斯法案。」
——《紐約時報》

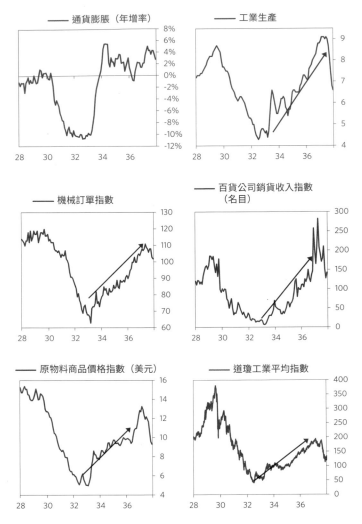

　　雖然截至此時為止，退出金本位、印鈔票以及提供擔保，是羅斯福採行的政策行動中最具影響力的政策，但和他執政後六個月間實施的大量政策比較，這第一批政策反顯得相形見絀。在那六個月，幾乎每星期都宣布一些大型的支出計畫，而這些大手筆行動最終產生了顯著的震懾效果，投資人及大眾的信心恢復，而信心是穩定經濟基礎的關鍵。以下將概要描述其中某些政策，並不是因為我將說明的政策真的有那麼攸關重大，而是因為這些政策結合在一起後，構成了一個果敢、多元且包羅萬象的政策攻勢。

政策制訂者努力支持銀行業者的同時，也**將注意力轉向大幅緊縮金融產業監理與監督規定。通常在大債危機結束時，當局者都會嘗試修訂法律，以確保未來就算爆發危機，也不致像上一場危機那麼嚴重。**在檢視這些政策行動時，請聚焦在這些政策如何構成處理債務危機的「模型」。

* 4月5日及18日：羅斯福採取一項促使美元與黃金脫鉤的額外行動。首先，他透過一項行政命令，剝奪大眾擁有貨幣性黃金（monetary gold）的權利。兩週後，他禁止民間出口黃金，並暗示將支持「允許總統設定黃金價格」的立法。[177]（**通貨官方貶值與印製鈔票**）

* 5月27日：國會頒布1933年證券法案，該法案對證券的銷售設下規範。[178]（**加強監理**）

* 6月5日：國會禁止在契約中納入相對常見的「黃金條款」，這個條款允許付款人選擇以黃金付款。因為美元與黃金脫鉤後，黃金價值上漲，故此舉形同對債務進行大規模重整。[179]（**重整債務**）

- **6 月 13 日**：根據住宅所有權人貸款法案（Home owner,s Loan Act），成立住宅所有權人貸款公司（Home Owner's Loan Corporation，以下簡稱 HOLC），目的是為協助推動住宅抵押貸款再融資。1933 年至 1935 年間，有 100 萬人透過這個機關取得長期貸款。[180]（**重整債務**）

- **6 月 16 日**：1933 年銀行法案（即格拉斯－史帝格法案二）規定，透過新成立的聯邦存款保險公司（Federal Deposit Insurance Corporation，以下簡稱 FDIC）提供最高 2,500 美元的存款保險。該法案也授權 Fed 監理活期與儲蓄存款的利率（Q 條例〔Regulation Q〕）；針對銀行業者展開嚴格監理；以及要求切割投資銀行與商業銀行業務功能。[181]（**建立存款保險，加強監理**）

　　羅斯福還宣布將成立新的聯邦機關並實施新計畫，這些計畫共同構成一套空前的財政提振方案。1932 年時，由於胡佛為了平衡預算而緊縮財政政策，故聯邦支出降低超過 10 億美元。不過，即使羅斯福在競選之初曾誓言將平衡預算，但他就職後推動的政策，最終導致 1934 年的年度支出增加 27 億美元（GDP 的 5%）。以下是某些初期的經濟提振法案：

- **4月5日**：成立平民保育團（Civilian Conservation Corps，以下簡稱 CCC），該機構將在它存續的九年期間內，雇用 250 萬人參與公共工程專案。[182]
- **5月12日**：通過聯邦緊急救濟法（Federal Emergency Relief Act），為家庭提供財務支援，初期集資金額為 5 億美元。[183]
- **5月18日**：由田納西河谷管理局（Tennessee Valley Authority，以下簡稱 TVA）進行大規模基礎建設投資，在受大蕭條影響最劇的區域之一提供電力、洪水管控以及灌溉。[184]
- **6月16日**：依據全國工業復甦法（National Industrial Recovery Act，以下簡稱 NIRA）成立公共工程管理局（Public Works Administration，以下簡稱 PWA），該局可處置的大型公共工程資金達 33 億美元。[185]

　　這一系列提振計畫使通貨緊縮轉為可接受（但未過度高漲）的通貨膨脹。

　　誠如我在前文「典型長期債務週期」中解釋的，收支平衡是達成「美好的去槓桿化歷程」的關鍵：當提振措施足以抵銷通貨緊縮的動力，並帶來高於名目利率的名目經濟成長率，去槓桿化歷程就會轉趨美好。

新聞動態與聯準會公告

1933 年 6 月 5 日
各城市敦促推動公共工程計畫；復甦委員會主席建議加速請求聯邦援助
——《紐約時報》

1933 年 6 月 23 日
公共工程政策大綱出爐
「艾克斯（Ickes）部長領導的內閣辦公室在第三次漫長的午會中，討論在全國各地推廣 300 萬美元建設基金的方法。」
——《紐約時報》

1933 年 7 月 3 日
復甦計畫雛形浮現；本著貿易史的精神，迅速就第一項法規達成共識。兩項政策揭露：每週 40 小時，薪資 12 美元非模型，不強制大規模雇用男性
——《紐約時報》

1933 年 7 月 9 日
各湖州出現復原訊號；威斯康辛州失業受撫養人數大幅減少
「密西根湖西部沿岸以及南岸周遭地區正出現景氣恢復繁榮的訊號。雖然這個地區曾有過的豐饒幾乎已被遺忘，目前也未見明顯的復原景象，但似曾相識的熟悉景象已隱約浮現。」
——《紐約時報》

1933 年 7 月 27 日
股票在謹慎的交投中局部復原－農業原物料商品普遍上漲
「根據重要企業的報告，工業已見進展，受此激勵，股票市場昨日穩步上漲，但交易量遠低於前幾週平均值。」
——《紐約時報》

　　接下來三個月，經濟迅速恢復生機，原本極端蕭
條的經濟活動，終於稍稍好轉。重型機械訂單大幅
增加 100%，工業生產也成長近 50%。在 3 月至 7 月
間，非耐久財製造業產量增加 35%，而耐久財製造業
產量更增加 83%。失業率也見下降，且接下來三個月
間，躉售物價跳升 45%。[186]**上述指標都是從極端蕭條
的水準快速回升，而良性的發展帶來良性的循環，最
終造就了美好的去槓桿化歷程。**

請留意 GDP 成長率高於利率水準的現象。

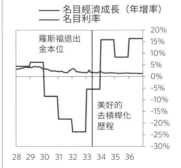

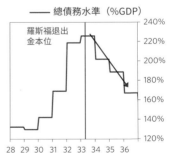

1935 年：金髮女郎時期

　　1934 年一整年至 1935 年，經濟與市場持續復甦，於是，聯準會再次開始盤算緊縮貨幣的時機。到 1935 年，經濟景氣已復原，通貨不再緊縮，股票價格也因 Fed 先前的寬鬆政策而大漲。此時房價每年上漲 10% 以上，股票價格的復原速度更快。財富因此大幅增加，只不過，財富與經濟產出依舊低於經濟蕭條前的泡沫水準。

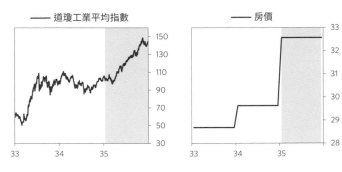

　　1935 年春天，Fed 對超額準備金增加的問題愈來愈耿耿於懷。[187] 它擔心激增的超額準備可能會在未來導致信用過度擴張並引發通貨膨脹。3 月時，該會提出一份背景備忘錄，討論 Fed 應採取什麼作為來解決這個問題。不過，它也在備忘錄中建議此刻無須採取行動。這份報告探討了超額準備是否將鼓勵銀行藉由壓低政府證券的收益率，來增加對民間部門的放款，但報告中也提到，並無證據可證明那樣的情況已發生，於是 Fed 按兵不動。這份報告的第二個版本則是探討要如何出售聯準會先前連續購入的債券（也就是如何逆轉量化寬鬆）。[188] 這份報告也表示此時無須採取行動，並說明尚無具體跡象顯示通貨膨脹將顯著上升，因此暫時無須擔憂通貨膨脹，甚至倡議鼓勵經濟擴張。

新聞動態與聯準會公告

1934 年 12 月 24 日

羅普爾（Roper）提及各商業領域表現欣欣向榮；商務部向羅斯福提出的報告條列了復甦超前的十大領域

「今日商務部羅普爾部長透過年度報告向總統說明，過去一個財政年度，我國經濟與商業情勢顯著改善。」

——《紐約時報》

1935 年 1 月 11 日

銀行基金增至新高水準

「根據昨日發布之聯邦準備系統週報，因流通通貨回流的季節性影響，加上國庫資金進一步支出，以及貨幣性黃金存量持續增加，至週三為止的一週，聯邦準備系統會員銀行的超額準備金上升至大約 19 億 9,000 萬美元。」

——《紐約時報》

1935 年 4 月 7 日

銀行業存款目前達到 500 億美元

「根據聯邦存款保險公司今日彙總的數字，12 月底美國境內所有銀行的存款，估計接近 500 億美元，在六個月間增加大約 30 億美元以上。」

——《紐約時報》

1935 年 5 月 23 日

現金流通量增加 1 億 3,500 萬美元

「今日聯準會在該會的 5 月公告中提到，1 月 23 日至 4 月 24 日，流通通貨淨增加 1 億 1,000 萬美元，增加金額比往年同一時期略高，而那多半是因為零售貿易與薪資增幅較往年同期增加。」

——《紐約時報》

新聞動態與聯準會公告

1935 年 7 月 2 日
美國黃金存量增加 20 億美元
「紐約聯邦準備銀行在這一期的月份評論中指出，自 1934 年 1 月底黃金兌美元的價值重估後，美國黃金存量已增加超過 20 億美元，增幅大約是 30%。」
——《紐約時報》

1935 年 8 月 24 日
羅斯福簽署新銀行業規定
「今日羅斯福總統在國會領袖與財政部及聯準會代表面前，將經聯準會修正的歐姆尼巴斯銀行法案（Omnibus Banking Bill）簽署為正式法律，這項法案與一項新的政府信用管制計畫有關。」
——《紐約時報》

1935 年 10 月 2 日
銀行業公告存款增加
「本地銀行業昨日開始發表 9 月底營運狀況報告。這些報告顯示，銀行存款與資源增加，某些機構的增加幅度甚至達到機構成立以來最高。根據這些報告，整體而言，銀行業持有的美國政府證券金額僅些微變動。」
——《紐約時報》

不過，經濟延續先前的週期性擴張，股市及房價也持續上漲，這導致 Fed 愈來愈傾向於恢復緊縮。10 月，另一份備忘錄對超額準備表達了更強烈的憂慮，且提及 Fed 正深思何時才是降低超額準備金的適當時機；文中還表達 Fed 正思考要透過以下哪一種方式來達到目的：1）出售資產；或 2）提高存款準備率。11 月時，聯準會進一步探討這些途徑的優缺點。支持降低超額準備的論述主張應防患未然，在未來通貨膨脹上升前先予以壓抑；但反對派則主張尚未有證據顯示有必要抑制通貨膨脹。

Fed 在 11 月 22 日的新聞稿中討論了當時的股票市場熱潮，並對通貨膨脹表達疑慮。1920 年代末期的泡沫導致股市崩盤，並進而使經濟體系陷入蕭條等發展，在很多政策制訂者，包括羅斯福總統的心中留下難以磨滅的陰影，因此非常多人對通貨膨脹可能助長泡沫的問題戒慎恐懼，而 1935 年股票市場的飆漲（上漲幾乎三倍！）當然讓他們耿耿於懷，成天擔心事態會重演。不過，財政部在 11 月發表的新聞稿並不認同聯準會的觀點，更強調通貨膨脹依舊非常低。[189]

Fed 非常關注購股融資的狀況，因為歷經 1920 年代末期股票融資使用過度所衍生的後遺症，該會特別憂心「投機性信用」的問題，所以，它開始考慮提高融資保證金成數規定。然而，Fed 在 11 月的備忘錄卻提到，購買股票的資金是來自貨幣而非信用，並因此未採取任何行動。[190] 儘管如此，聯準會還是將股票市場的大漲視為一個新興的泡沫，也依舊擔心貨幣政策可能有太過寬鬆之嫌，因此，該會內部對於是否應抑制這個泡沫依舊爭論不休。其中一位理事（紐約聯邦準備銀行的喬治‧哈里遜）建議提高存款準備來壓抑股價的上漲。但財政部長亨利‧摩根索（Henry

Morgenthau，當時還擔任 Fed 理事）不認同這個見解。不過，他也承認銀行準備金的增加有可能引發通貨膨脹。12 月時，Fed 研究處處長伊曼紐‧戈登威瑟（Emanuel Goldenweiser）警告，提高存款準備率將可能帶來負面的心理反應。他建議 Fed 發出一份新聞稿，事先說明未來即使採取任何有關存款準備率的行動，都將是「防患未然」的行動；他也認為「大量未充分利用的產能以及高失業率，顯示此時此刻無須擔心通貨膨脹」。1935 年年底，Fed 在當年度最後一次會議後發表一篇新聞稿，當中提到準備金數量與黃金流入「維持超額水準」，並警告「只要看起來有利於公眾利益，（聯準會）可能採取適當作為」。[191]

1936年至1938年：緊縮政策引發經濟衰退

1936 年開年後，這場論戰並未稍歇。羅斯福總統希望提早在選舉前釋出他憂心通貨膨脹的訊號，因此催促聯準會在那年春天緊縮存款準備率。Fed 主席艾克列斯（Eccles）也擔心銀行業者以低利率購買大量債券並承作大量低利率貸款的作法，將導致銀行業接下來受通貨膨脹所傷。[192]

新聞動態與聯準會公告

1935 年 10 月 2 日
信託資產急遽增加
「昨日投資信託業的全國投資人團體針對至 9 月 30 日為止那九個月所發表的報告，顯示每一家投資信託的淨資產皆因其投資組合的市場價值上升而急遽增加。發表這些報告的是第二全國投資人公司（Second National Investors Corporation）、第三全國投資人公司（Third National Investors Corporation）、以及第四全國投資人公司（Fourth National Investors Corporation）。」
　　　　　——《紐約時報》

1935 年 11 月 1 日
銀行業超額資金創新高
「本週聯邦準備系統會員銀行的超額準備金金額超過 30 億美元，創下歷史新高。根據昨日發表的週報，至上週三為止，會員銀行的準備金餘額達到歷史新高水準，為 56 億 5,300 萬美元，較前一週增加 7,800 萬美元，據說這個金額較法定準備規定高出 30 億 1,000 萬美元，比前一週的 29 億 3,000 萬美元超額準備進一步增加。」
　　　　　——《紐約時報》

到了 5 月，Fed 還是按兵不動。1935 年的銀行法案意味著財政部長摩根索必須辭去 Fed 理事一職，但他對聯準會還是很有影響力，而且他仍強烈反對就降低超額準備金一事採取行動。到那一年 7 月，Fed 主席艾克列斯單獨與羅斯福總統見面，向總統解釋他提高準備金的意向，同時再三向總統保證，若他感覺利率有走高跡象，就不會採取行動，而且他保證，如果債券承受賣壓，Fed 將會進場承接。那個月稍晚，Fed 果真緊縮存款準備率。摩根索對於艾克列斯和 Fed 未事先知會他就逕自採取行動非常憤怒。在債券承受輕微賣壓後，摩根索便命令紐約聯邦準備銀行的哈里遜以財政部的帳戶進場購買債券。位於華盛頓的 Fed 理事局也加入，遵守艾克列斯對總統的承諾，買進公債並賣出票據。[193]在 1936 年 8 月至 1937 年 5 月間，Fed 將存款準備率由 8% 提高一倍至 16％，如下頁表所示。第一波緊縮是在 1936 年 8 月實施，而這個決定並未對股價或經濟造成傷害。

通常第一波緊縮不會傷害股票與經濟。

由於這一波緊縮並未達到成效，因此 Fed 又分兩階段進一步緊縮存款準備規定，第一次是在 1937 年 3 月，第二次是在 1937 年 5 月。第一次提高最多（大約總數的一半），如下頁表所示。

各類銀行存款準備率

	1936年8月以前	1936年8月-1937年2月	1937年3月-1937年4月	1937年5月-1938年4月
活期存款				
中央準備市	13.0%	19.5%	22.8%	26.0%
準備市	10%	15%	18%	20%
鄉村	7.0%	10.5%	12.3%	14.0%
定期存款				
所有會員銀行	3.0%	4.5%	5.3%	6.0%

存款準備率的緊縮使得超額準備金由 30 億美元降至 10 億美元以下。[194]

在同一時間，法國與瑞士為了爭取價格與貿易優勢，兩國官方競相放任其通貨貶值，這導致貨幣政策緊縮的影響加劇。1936 年 9 月，美國、英國與法國達成三方協議，協議中具體載明每一個國家都不會進行競爭性的匯率評價（譯注：即不會競貶）。[195]到那時，情勢已顯而易見：所有國家都有可能依樣畫葫蘆，學其他國家放任本國通貨貶值，最終造成嚴重的經濟動亂，到頭來沒有一個國家得到好處。因為競貶的結果，所有國家的通貨都相對黃金大幅貶值，但彼此間的匯率並沒有顯著差異。

到 1936 年，歐戰已一觸即發，這促使大量資金逃向美國，這些資金持續推升股票行情及經濟景氣。那一年，總統和其他政策制訂者愈來愈擔憂黃金流入的問題（因為黃金流入導致貨幣與信用成長加速）。[196]他們的憂慮有三重：

新聞動態與聯準會公告

1935 年 12 月 22 日
由準備金政策可見其慎重
「上週三聯準會理事局及該系統的公開市場委員會，在華盛頓發表的聯合聲明中指出，經過審慎思考，目前不會立即就降低超額銀行準備金一事採取行動，華爾街方面認定這是聯準會近幾年最重要的宣示。」
——《紐約時報》

1936 年 1 月 26 日
一般認為提高融資保證金準備之象徵意義多過實質意義
「根據銀行及經紀商昨日表達之意見，聯邦準備系統理事局週五提高融資保證金成數規定（2 月 1 日生效）的行動，主要目的是為遏止通貨膨脹心理擴散。」
——《紐約時報》

1936 年 2 月 1 日
新準備實體今日上任
「我國史上掌握最大銀行業務中央控制權的新聯準會理事局，將於明日正式走馬上任。1935 年銀行法案規定它在 2 月 1 日就任。」
——《紐約時報》

1936 年 2 月 5 日
總統認為無害
「羅斯福總統在今日的記者會中提到我國黃金流量的逆轉。他拒絕對這個動態提出深入評論，但表示出口載運對我國無害。」
——《紐約時報》

1. **股票市場快速上漲**。此時股票幾乎已從1933年的谷底上漲四倍，而且是以飆速上漲：1935年大約漲40%，1936年又漲了25%。政策制訂者擔心黃金的流入來自將資本匯入美國買美國股票的外國人。
2. **黃金流入使貨幣基數增加所衍生的通貨膨脹**。1936年10月單月，通貨膨脹就由0%上升至2%。
3. **美國因此變得愈來愈容易因黃金流出（即資本流出）而受傷**。具體的憂慮是，歐洲國家有可能為了籌措一觸即發的戰爭所需的局部財源，出售美國資產、從美國撤出黃金，並阻礙持有歐洲國家資產的美國人將資本匯回美國。

為了抵銷這些黃金流入的影響，羅斯福總統在12月時命令展開「沖銷」作業（sterilization）。通常當一般人將手上的黃金賣給美國政府，用以交換美元時，美元數量就會增加（即印鈔量增加），而由於經濟強勁復甦，政府當局並不想大舉增加印鈔量。取而代之的，12月23日起，黃金流入／新開採的黃金被沖銷，正確地說，財政部藉由消耗它在聯準會的現金帳戶裡的現金來購買黃金，而不是加印新鈔票來購買黃金。從1936年年底至1937年7月間，財政部共沖銷了大約13億美元的黃金流入（大約是GDP的1.5%）。[197]我們可以從下圖見到，由於1936年／1937年的沖銷金額增加，而黃金及其他資產的收購漸漸趨緩，故貨幣成長速度變慢，並低於黃金準備的成長率。而且一如我們先前說明的，Fed也為了減少貨幣流通量而緊縮存款準備率。

新聞動態與聯準會公告

1936年2月15日
美元因通貨膨脹動態而貶值
「由於華盛頓與華爾街傳出通貨膨脹再起之說，導致昨日外匯市場報價出現另一急速逆轉走勢。德州議員帕特曼（Patman）再次提出足以驅動通貨膨脹的建議，他在眾議院提出一份請願書，說明計畫以通貨支付退休軍人紅利。」
——《紐約時報》

1936年2月22日
理事局強調保證金政策只是作為一種煞車。準備銀行機關暗示並不怕股票流於投機性狂歡
「聯準會在今日發表的每月公告中表示，提高保證金成數的權力，是控制股票市場投機客超額信用需求的有效工具，它還露骨暗示，只要它能繼續使用這項工具，就沒有必要害怕市場投機潮失控。」
——《紐約時報》

1936年5月4日
巴黎資金外逃的情況顯而易見
「貨幣市場幾乎只能取得隔日貸款，利率達到4%，只有法蘭西銀行承作較長期的貸款。該銀行4月24日的回報顯示，票據貼現增加近4億法郎，而證券及政府公債抵押貸款總額僅降低1億法郎。」
——《紐約時報》

- —— 貨幣基數（十二個月流量，%1936 年 GDP）
- —— 黃金準備（十二個月流量，%1936 年 GDP）

1937 年

　　1937 年年初，經濟表現仍舊強勁。股市持續上漲，工業生產依然暢旺，通貨膨脹則上升到大約 5%。第二波緊縮措施在 1937 年 3 月推出，而第三波則在 5 月進行。雖然 Fed 與財政部都不認為提高存款準備率與沖銷黃金的計畫會促使利率走高，但較緊縮的貨幣情勢與降低的流動性，確實導致債券承受賣壓，短期利率因而走高。[198]財政部的摩根索部長極端憤怒，並主張 Fed 應透過公開市場操作淨買超債券，以便抵銷「恐慌」賣壓。他命令財政部自行進場購買債券。但 Fed 主席艾克列斯反擊摩根索的說法，反而敦促他設法平衡預算與提高稅率，以便開始贖回債券。[199]

　　除此之外，財政也開始緊縮。1937 年的聯邦政府支出降低 10%，1938 年又降了 10%。1937 年收入法案（Revenue Act of 1937）是為修補 1935 年收入法案（Revenue Act of 1935）的漏洞（當時這項法案的「賣點」是「富人稅」）而通過。[200]1935 年的法案將最高所得者的聯邦所得稅稅率提高到 75%。

聯邦預算赤字從大約 GDP 的 –4% 好轉到中性水準。1937 年預算狀況得以逆轉，其實是大幅增稅的結果，主要是來自社會安全稅（Social Security tax）的提高，不過，各類支出也明顯降低（但降幅低於增稅幅度）。[201]

當時的政府背負著不得不通過財富重分配政策的沈重壓力，因為到那時為止，很多老百姓感覺並非所有人民都因經濟的復甦而獲得雨露均霑的好處（換言之，一般人感覺菁英分子受惠程度遠高於一般民眾）。勞工眼見企業獲利增加，自己的薪酬卻未顯著提高，心中自然不平。財富分配的不均引發不滿情緒，由 1936 年與 1937 年罷工事件大幅增加且其情勢愈來愈緊繃，便可見一斑（罷工案件增加 118%，參與罷工的勞工數更是增加 136%）。[202]

在金融市場方面，貨幣緊縮加上財政緊縮，導致風險性資產的賣壓大幅上升。股票跌勢最為慘重，房價也停止上漲並開始大幅下修。信用成長趨緩，包括信用總額及各部門的信用皆然。非金融業的信用創造降到接近 -2%，家庭信用創造雖稍微好一點，但也是負值：為 -1%。支出與經濟活動因此衰退，而由於經濟衰退，失業率上升到 15%，不過這樣的失業率還不算糟，尤其是和那十年剛開始時一度造成嚴重打擊的高失業率相比。一年後的 1938 年 4 月，股票終於觸底，總計下跌近 60%！

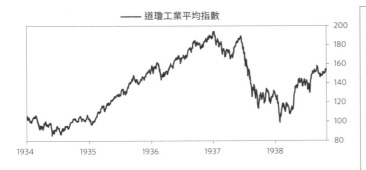

道瓊工業平均指數

新聞動態與聯準會公告

1937 年 2 月
存款準備率調升

「1 月 30 日當天，本會理事局宣布，會員銀行的存款準備率進一步上調。本會理事局於 1 月 31 日發表與這項行動有關的聲明如下：『聯邦準備系統理事局今日將會員銀行的存款準備率提高 33.5%，如下：中央準備市銀行活期存款準備率由 19.5% 提高至 26%，準備市銀行則由 15% 提高至 20%；「鄉村」銀行則由 10.5% 提高至 14%，至於定期存款，所有銀行的存款準備率皆由 4.5% 提高至 6%。』」

——《聯準會公告》

1937 年 4 月
全國商業情勢一覽

「2 月生產量、就業狀況與貿易較往年同一季節增加更多，工業用原物料商品之躉售價格則繼續上漲。」

——《聯準會公告》

1937 年 4 月 2 日
摩根索追求「有序的」市場；他表示，聯準會與財政部掌握大量資金可協助達到那個目的

「財政部長摩根索今日表示，聯準會與美國財政部聯手，擁有大量的資金可維持政府公債市場的秩序。他還補充，國庫資金的進進出出是一種常態，國庫有充分資金達到上述目的。」

——《紐約時報》

1937 年年底至 1938 年：政策制訂者改弦易轍

隨著市場與經濟狀況在 1937 年反轉，Fed 加速扭轉操作（twist），轉進長天期資產，並開始小量淨買超資產。到那一年年底，財政部也開始改弦易轍，不再沖銷，並加入 Fed 的行列。[203] 1938 年開始。貨幣成長率再次上升，並隨著沖銷政策的扭轉及重新印鈔票的政策而繼續增溫。但在此同時，黃金流入趨緩，經濟狀況與資產價格大幅惡化。不久後，貨幣成長速度已超過黃金準備增加速度了。

Fed 的扭轉操作請見下圖。儘管 Fed 並未大量淨買超資產，卻在 1937 年加速買進長期債券，同時賣出短期票據與中期債券（實際上，它從 1936 年就已展開這個流程）。它也小量累積淨資產（較 1938 年微幅增加 3%）。

Fed 資產負債表公共債務資產（%1936 年 GDP）

—— 短期票據與存單　　—— 中期債券　　—— 長期債券

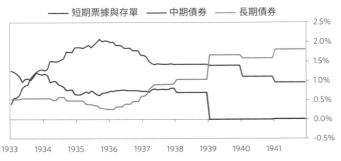

1938 年春天,Fed 加強提振經濟的力道,將存款準備率降回 1936 年的水準,這釋出了大約 7 億 5,000 萬美元的資金。[204]聯邦政府也在那一年提高赤字支出,並在 1939 年再次提高,這樣的情況一直延續到開戰以後。1938 年年初時,政府預算收支幾乎達到平衡,但到 1939 年年初,預算赤字已上升到 GDP 的 3%。那一整年,赤字支出都維持在 GDP 的 2% 以上。

1938 年,股票市場開始復原,不過,直到戰爭結束後、也就是幾乎十年後,股票才終於回升到 1937 年的高點。而在經濟提振措施與參戰等因素帶動下,1939 年的信用流動與經濟景氣也漸漸復原。

走向戰爭之路

雖然這一章旨在檢視美國 1930 年代期間的債務與經濟情勢,經濟情勢和政治情勢的關聯性,包括美國國內以及美國和其他國家之間,尤其是美國和德國與日本之間,卻也不容忽略,因為在那個時期,經濟和地緣政治糾纏不清,息息相關。最重要的是,德國和日本的國內也各自存在有錢人(右派)以及窮人(左派)的內部衝突,這些衝突使得「作主的平民」賦予民粹主義、獨裁主義、國家主義和軍國主義領袖更多特殊的獨裁權力,因為人民寄望他們能將管理不善的經濟體系導回正軌。而隨著這兩個國家在經濟與軍事力量漸漸增長,成為原本的世界強權國家不敢等閒視之的對手,它們也開始遭遇到愈來愈多的外部經濟與軍事衝突。

這個個案也是修昔底德陷阱(Thucydides's Trap)[205]的好例子之一:所謂修昔底德陷阱是,當各國陷入敵對狀態,最終將引爆一種意在釐清「哪一國較強大」的戰爭,而戰爭過後將會是一段和平時期,在和平時

期，一切都是掌握支配力量的強權國家說了算，因為戰爭過後，已沒有其他國家能和這些強權抗衡；這樣的情況要等到某個敵對的強權國家漸漸興起才會改變；而一旦發展到這個階段，一切又會從頭來過。

為了更清晰傳達 1930 年代的局勢，我將快速回顧 1930 年起至 1939 年歐戰正式爆發及 1941 年珍珠港轟炸事件為止的重要地緣政治事件。雖然一般人都知道 1939 年和 1941 年是歐戰與太平洋戰爭正式爆發的年度，但其實大大小小的征戰，早在大約此前十年就已展開，最初都只是一些小規模的經濟衝突，後來才漸漸升高為第二次世界大戰。隨著德國和日本成為更擴張主義者（expansionist）導向的經濟與軍事強權，它們也成為英國、美國及法國在資源與國際影響力方面愈來愈強大的競爭對手。那樣的事態最終引爆戰爭，而在戰事達到最高峰之際，有能力支配新世界秩序的國家已呼之欲出（美國）。新強權出線後，全球在這個新世界秩序之下，步入一段和平時期，而除非相同的流程再次發生，否則和平的現狀將不會改變。

更精確來說：

- 1930 年，斯姆特－霍利關稅法案啟動了一場貿易戰。
- 1931 年，日本的資源捉襟見肘，農村地區因此變得極端貧困，於是，日本為了取得天然資源而入侵中國的滿洲。美國除了希望協助中國擺脫日本的控制，也想爭奪東南亞的天然資源——尤其是石油、橡膠和錫——但在此同時，日本和美國之間的貿易往來又非常密切。
- 1931 年時，日本經濟嚴重蕭條，最後不得不放棄金本位，從此日圓改採浮動匯率（大幅貶

新聞動態與聯準會公告

1937 年 6 月
近期銀行業發展
「4 月及 5 月，會員銀行申報的總存款金額繼續減少，反映出銀行收支餘額以及美國政府存款的降低。3 月略微減少的其他存款，則在接下來幾週小幅增加。近幾個月來，導致存款減少的最重要因素是銀行發售證券。4 月及 5 月間，紐約市的會員銀行持有美國政府債券的金額持續降低，但降低速度比前幾個月減緩，其他申報銀行（reporting banks）持有的金額則少有變化。銀行業者的商業貸款進一步增加，只不過 4 月第一週過後，成長氣勢已較先前幾週減緩。」
——《聯準會公告》

新聞動態與聯準會公告

1937 年 10 月
滿足季節性需要的系統行動
「這個月貨幣領域的主要發展是，聯邦公開市場委員會採納一個向會員銀行供應額外準備基金的計畫，提供那筆基金的目的，是為了滿足季節性的通貨與信用需求。9 月13 日當天，該委員會發布以下聲明：『聯邦公開市場委員會在 9 月 11 日及 12 日於華盛頓集會，檢討商業及信用情勢。鑑於銀行業者未來幾週的季節性通貨及信用需求考量，本委員會授權執行委員會，在適當時機於公開市場購買足夠金額的短期美國政府債券，以提供資金來滿足各銀行季節性通貨提領及其他季節性需求。一旦上述季節性影響力反轉，或其他情勢導致挹注資金變得不再必要，本會也考慮減少公開市場投資組合中持有的額外資產。』」
　　　　　——《聯準會公告》

1938 年 1 月 5 日
1938 年預測數為 10 億美元赤字；總統今日重啟金融運作，且提出未來展望
「在將年度預算送往國會前夕，消息靈通的官員預測，預算赤字將達到 10 億美元。官方對當年度預估赤字的最新估計值為 8 億 9,524 萬 5,000美元。然而，官員暗示，在明日送出的咨文中，這個數字將上調。」
　　　　　——《紐約時報》

值），政府也實施鉅額的財政與貨幣擴張政策。因此，日本成為第一個享受到經濟復甦與強勁成長（一直延續到 1937 年）的國家。

- 1932 年時，日本國內爆發大量衝突，這進而引爆一場失敗的政變，右派國家主義與軍國主義的實力大增。從 1931 年至 1937 年間，軍隊取得政府的控制權，並加強以「由上而下」（top-down）的方式來指揮經濟體系。

- 1933 年，以民粹主義者姿態掌握德國大權的希特勒，承諾將出手控制惡質的經濟體系、導正當時民主帶來的政治混亂，並誓言打擊共產主義。被提名為總理後短短兩個月，他就取得徹底的獨裁控制權；他以國家安全為由，引導國民議會通過授權法案（Enabling Act），從此取得幾乎無上的權力（這樣的權力局部來自監禁政治反對者，以及說服某些溫和主義派相信那是必需的作為）。接著，他隨即拒絕支付賠款，退出國際聯盟，並徹底控制媒體。為打造一個強盛的經濟體，並企圖為人民帶來繁榮，他建立了一個由上而下的指揮式經濟體系。舉個例子，希特勒參與福斯汽車（Volkswagen）的成立，目的是為了生產人民較有能力負擔的汽車，另外，他也指示興建全國性的德國高速公路系統。他相信德國的潛力遭到地理疆界箝制，並認為德國沒有足夠的原物料可供應它的工業軍事綜合體，也因如此，他認定德國人應該追求種族團結。

- 在此同時，日本因由上而下的指揮式經濟體系而變得愈來愈強盛，而由於軍隊意圖保護日本位於東亞及中國北方的基地，同時擴展對其他

領土的控制力，故而建立了一個軍事工業複合體。

- 德國也藉由建立軍事工業複合體而變得愈來愈強盛，並開始尋求擴張版圖，且聲稱擁有鄰近土地的所有權。

- 1934 年，日本境內部分地區發生嚴重飢荒，這引爆更大的政治動亂，並使右派軍國主義及國家主義運動的勢力更加強大。由於自由市場並未為人民帶來利益，命令式經濟傾向遂更加抬頭。

- 1936 年，德國以軍事武力搶回萊因蘭（Rhineland），並在 1938 年併吞奧地利。

- 1936 年，日本與德國簽署條約。

- 1936 年至 1937 年，Fed 緊縮貨幣，這導致原已相當脆弱的美國經濟體系進一步弱化，其他主要經濟體系也隨之沈淪。

- 1937 年，日本佔領中國更多領土，第二次中日戰爭因而爆發。日本佔領上海與南京，並在接管南京後，屠殺當地二十萬名中國公民與被解除武裝的軍人。美國為中國的蔣介石政府提供戰鬥機與飛行員，協助他與日本作戰，從此美國開始有了參戰之實。

- 1939 年，德國侵略波蘭，第二次世界大戰的歐戰正式展開。

- 1940 年，德國掠奪丹麥、挪威、荷蘭、比利時、盧森堡與法國。

- 在這段時期，德國與日本的多數企業多半還屬於公有企業，但這些企業的生產活動受各自的政府控制，用於支援戰爭所需。

新聞動態與聯準會公告

1938 年 4 月 16 日
聯準會調降銀行存款準備率；今日正式生效，各細項幾乎與 1937 年 5 月 1 日前相同
「聯準會今日宣布調降所有會員銀行各類存款的存款準備率，作為『政府鼓勵商業復甦之計畫的一環』，將在明天開業時生效。」
——《紐約時報》

1938 年 10 月 16 日
股票上漲但強弱不一，成交量增加；債券走高——美元升值——小麥、棉花趨堅
「低價股，尤其是公用事業股，昨日繼續擔綱股市重心。整體市場收盤上漲，但個股強弱不一。當天證交所成交量達 199 萬 5,000 股，為 10 月 19 日以來最高成交量。」
——《紐約時報》

- 1940 年，亨利 · 史汀生就任美國戰爭部部長。他對日本實施愈來愈激進的經濟制裁，最嚴重的是 1940 年 7 月 2 日的出口控制法案（Export Control Act）。到了 10 月，他進一步實施禁運，禁止「鐵與鋼輸往英國及西半球國家以外的國家」。

- 1940 年 9 月開始，為取得更多資源，日本趁著歐洲列強分身乏術（因此時歐洲大陸本土也戰火綿延）之便，入侵它們在東南亞的幾個殖民地，最先是法屬印度支那。1941 年，日本又將觸角進一步延伸，攻佔荷屬東印度群島的石油蘊藏，將「東南資源區」（Southern Resource Zone）納入它的「大東亞共榮圈」範圍。「東南資源區」包含位於東南亞的多數歐洲殖民地，佔領這些殖民地後，日本就能取得許多關鍵天然資源（最重要的是石油、橡膠與稻米）。而「大東亞共榮圈」是一個受日本（而非先前掌握本地資源的西方勢力）控制的亞洲國家區塊。

- 接下來，日本佔領菲律賓首都馬尼拉附近的一座海軍基地，此舉可能使菲律賓本土承受被攻擊的威脅，而當時的菲律賓是美國的被保護國。

- 1941 年，為了在不參戰的情況下協助同盟國，美國展開它的租借（Lend-Lease）政策。根據這項政策，美國將免費奉送石油、糧食及武器給同盟國，以今日的美元計算，總計金額高達 6,500 百億美元。租借政策的實施雖不算公然宣戰，卻也終結了美國的中立立場。

- 1941 年夏天，美國總統羅斯福命令凍結日本人在美國的所有資產，並對所有出口到日本的石油及天然氣實施禁運。根據日本當時的計算，它將在兩年內用完所有石油。

- 1941 年 12 月，日本攻擊珍珠港及英國與荷蘭位於亞洲的殖民地。它的目的並不是要一舉戰勝，而是想摧毀當時已對日本造成威脅的太平洋艦隊。日本可能誤以為美國已因兩個戰線的戰爭（歐洲及美國的戰爭）及其本國的政治體系問題而動搖，才會發動這次突襲；那應該也是因為日本認為日本及德國採用的集權主義及指揮式軍事工業複合體方法，比美國的個人主義／資本主義方法更卓越。

上述種種事件造成了第一部最後一章所解釋的「戰爭經濟體」情勢。

引用文獻

Administration of the German Bundestag, "Elections in the Weimar Republic." Historical Exhibition Presented by the German Bundestag (March 2006). https://www.bundestag.de/blob/189774/7c6dd629f4afff7bf4f962a45c110b5f/elections_weimar_republic-data.pdf.

Ahamed, Liaquat. *Lords of Finance: The Bankers Who Broke the World*. New York: Penguin, 2009.

Allison, Graham. *Destined for War: Can America and China Escape Thucydides's Trap?* New York: Houghton Mifflin Harcourt, 2017.

Bernanke, Ben S. *Essays on the Great Depression*. Princeton, NJ: Princeton University Press, 2004.

Blakey, Roy G. and Gladys C. Blakey. "The Revenue Act of 1937." *The American Economic Review*, Vol. 27, No. 4 (December 1937): 698-704. https://www.jstor.org/stable/1801981?seq=1#page_scan_tab_contents.

Board of Governors of the Federal Reserve System (U.S.). Federal Reserve Bulletin: February 1929. Washington, DC, 1929. https://fraser.stlouisfed.org/files/docs/publications/FRB/1920s/frb_021929.pdf.

Board of Governors of the Federal Reserve System (U.S.). Federal Reserve Bulletin: April 1929. Washington, DC, 1929. https://fraser.stlouisfed.org/files/docs/publications/FRB/1920s/frb_041929.pdf.

Board of Governors of the Federal Reserve System (U.S.). Federal Reserve Bulletin: June 1929. Washington, DC, 1929. https://fraser.stlouisfed.org/files/docs/publications/FRB/1920s/frb_061929.pdf

Board of Governors of the Federal Reserve System (U.S.). *Banking and Monetary Statistics: 1914–1941*. Washington, DC, 1943. https://fraser.stlouisfed.org/files/docs/publications/bms/1914–1941/BMS14-41_complete.pdf.

Brooks, John. *Once in Golconda: A True Drama of Wall Street 1920–1938*. New York: Harper & Row, 1969.

Bullock, Hugh. *The Story of Investment Companies*. New York: Columbia University Press, 1959.

Cannadine, David. *Mellon: An American Life*. New York: Vintage Books, 2008.

Dell, Fabien. "Top Incomes in Germany and Switzerland Over the Twentieth Century." *Journal of the European Economic Association*, Vol. 3, No. 2/3, Papers and Proceedings of the Nineteenth Annual Congress of the European Economic Association (April – May, 2005), 412-421. http://www.jstor.org/stable/40004984.

Eichengreen, Barry. *Golden Fetters: The Gold Standard and the Great Depression, 1919–1939*. New York: Oxford University Press, 1992.

Eichengreen, Barry. *Hall of Mirrors: The Great Depression, the Great Recession, and the Uses—and Misuses—of History*. New York: Oxford University Press, 2016.

Eichengreen, Barry. "The Political Economy of the Smoot-Hawley Tariff," *NBER Working Paper Series*, No. 2001 (August, 1986). http://www.nber.org/papers/w2001.pdf.

Federal Deposit Insurance Corporation. "Historical Timeline: The 1920's." Accessed August 21, 2018. https://www.fdic.gov/about/history/timeline/1920s.html.

Federal Deposit Insurance Corporation. "Historical Timeline: The 1930's." Accessed August 21, 2018. https://www.fdic.gov/about/history/timeline/1930s.html.

Friedman, Milton and Anna Jacobson Schwartz. *A Monetary History of the United States, 1867–1960*. Princeton, NJ: Princeton University Press, 1971.

Friedman, Milton and Anna Jacobson Schwartz. *The Great Contraction, 1929–1933*. Princeton, NJ: Princeton University Press, 2008.

Galbraith, John Kenneth. *The Great Crash, 1929*. New York: Houghton Mifflin Harcourt, 2009.

Gammack, Thomas H. "Price-Earnings Ratios." In *The Outlook and Independent: An Illustrated Weekly of Current Life*, Vol. 152, May 1 – August 28, 1929, edited by Francis Rufus Bellamy, 100. New York: The Outlook Company, 1929.

Gou, Michael, Gary Richardson, Alejandro Komai, and Daniel Park. "Banking Acts of 1932: February 1932." Federal Reserve History. Accessed August 22, 2018. https://www.federalreservehistory.org/essays/banking_acts_of_1932.

Gray, Christopher. "Streetscapes: The Bank of the United States in the Bronx; The First Domino in the Depression." *New York Times*, August 18, 1991. https://nyti.ms/2nOR6rv.

Hendrickson, Jill M. *Regulation and Instability in U.S. Commercial Banking: A History of Crises*. New York: Palgrave Macmillan, 2011.

Hoover, Herbert. *The Memoirs of Herbert Hoover: The Great Depression 1929–1941*. Eastford, CT: Martino Fine Books, 2016.

Irwin, Douglas A. *Clashing over Commerce: A History of US Trade Policy*. Chicago: University of Chicago Press, 2017.

Kindleberger, Charles P. *The World in Depression, 1929–1939*. Berkeley, CA: University of California Press, 2013.

Klein, Maury. *Rainbow's End: The Crash of 1929*. New York: Oxford University Press, 2001.

Kline, Patrick M. and Enrico Moretti. "Local Economic Development, Agglomeration Economics, and the Big Push: 100 Years of Evidence from the Tennessee Valley Authority." *NBER Working Paper Series*, No. 19293 (August 2013). http://www.nber.org/papers/w19293.pdf.

McElvaine, Robert S. *The Great Depression: America, 1929–1941*. New York: Times Books, 1993.

Meltzer, Allan. *A History of the Federal Reserve, Volume 1: 1913–1951*. Chicago: University of Chicago Press, 2003.

New York Times. "1,028 Economists Ask Hoover To Veto Pending Tariff Bill; Professors in 179 Colleges and other Leaders Assail Rise in Rates as Harmful to Country and Sure to Bring Reprisals. Economists of All Sections Oppose Tariff Bill." May 5, 1930. https://nyti.ms/2MLhaBT.

New York Times. "Business Leaders Find Outlook Good; Authorities on All Branches of Finance and Industry Agree Structure Is Sound." January 1, 1930. https://nyti.ms/2o2rpE8.

New York Times. "Fisher Sees Stocks Permanently High; Yale Economist Tells Purchasing Agent Increased Earnings Justify Rise." October 16, 1929. https://nyti.ms/2JnPoGO.

New York Times. "Fixed Trust Formed to Gain by Recovery; Stein Brothers & Boyce Project to Run 5½ Years　—Shares to be Offered at About 10 3/8." February 25, 1931. https://timesmachine.nytimes.com/timesmachine/1931/02/25/100993342.pdf.

New York Times. "Huge Bid for Standard Oil; 1,000,000-Share Order at 50 Is Attributed to J.D. Rockefeller; Exchange to Hunt Bears; Calls on Member Firms for Record of Short Sales at Close on Tuesday; A. T. & T. and 20 Others Up; But Average of Fifty Stocks Declines 9.31 Points–Sales Are 7,761,450 Shares." November 14, 1929. https://nyti.ms/2N0ZqiT.

New York Times. "Leaders See Fear Waning; Point to 'Lifting Spells' [sic] in Trading as Sign of Buying Activity." October 30, 1929. https://nyti.ms/2OZ0PH5.

New York Times. "Sterling Falls Here to the Gold Point: Cable Transfers Touch $4.84-Federal Reserve Rise Adds to British Difficulties." August 9, 1929. https://nyti.ms/2MxEwuP.

New York Times, "Stock Prices Will Stay at High Level For Years to Come, Says Ohio Economist." October 13, 1929. https://nyti.ms/2oUqCAq.

New York Times. "Stocks Driven Down as Wave of Selling Engulfs the Market." October 20, 1929. https://timesmachine.nytimes.com/timesmachine/1929/10/20/issue.html.

New York Times. "Thirty-Three Banks Vanish in Mergers." July 21, 1929. https://timesmachine.nytimes.com/timesmachine/1929/07/21/94168795.pdf.

New York Times. "Topics in Wall Street, January 1, 1930." January 2, 1930. https://timesmachine.nytimes.com/timesmachine/1930/01/02/96015717.html?pageNumber=37.

Newton, Walter and Myers, William Starr. *The Hoover Administration: A Documented Narrative*. New York: C. Scribner's Sons, 1936.

Oulahan, Richard V. "$423,000,000 Building Plan Pressed by Mellon on Eve of Hoover's Trade Parleys." *New York Times*, November 19, 1929. https://nyti.ms/2OUQVXc.

Oulahan, Richard V. "President Hails Success; He Personally Announces Nations Concerned Are in Accord." *New York Times*, July 7, 1931. https://nyti.ms/2OSDjM0.

Piketty, Thomas. "Le capital au 21e siecle." *Editions du Seuil* (September 2013), http://piketty.pse.ens.fr/files/capital21c/en/Piketty2014FiguresTables.pdf.

Roosevelt Sr., Franklin Delano. *Fireside Chat 1: On the Banking Crisis* (Washington, DC, March 12, 1933), Miller Center, https://millercenter.org/the-presidency/presidential-speeches/march-12-1933-fireside-chat-1-banking-crisis.

Sastry, Parinitha. "The Political Origins of Section 13(3) of the Federal Reserve Act." *FRBNY Economic Policy Review* (2018), https://www.newyorkfed.org/medialibrary/media/research/epr/2018/epr_2018_political-origins_sastry.pdf.

Silk, Leonard. "Protectionist Mood: Mounting Pressure Smoot and Hawley." *New York Times*, September 17, 1985. https://nyti.ms/2Ml3qYE.

Smiley, Gene. *Rethinking the Great Depression*. Chicago: Ivan R. Dee, 2003.

Thomas, Gordon and Morgan-Witts, Max. *The Day the Bubble Burst: A Social History of the Wall Street Crash of 1929*. New York: Doubleday & Company, 1979.

U.S. Department of the Interior. Bureau of Reclamation. The Bureau of Reclamation's Civilian Conservation Corps Legacy: 1933–1942, by Christine E. Pfaff. Denver, Colorado, February 2010. https://www.usbr.gov/cultural/CCC_Book/CCCReport.pdf.

U.S. Department of Labor. Bureau of Labor Statistics. *Analysis of Strikes in 1937*, by Division of Industrial Relations. Washington,

DC, 1938. https://www.bls.gov/wsp/1937_strikes.pdf.

U.S. Department of the Treasury. *Report of the Secretary of the Treasury: Revenue Act of 1932*. Washington, DC, 1932. https://fraser.stlouisfed.org/files/docs/publications/treasar/pages/59359_1930-1934.pdf.

U.S. Department of Transportation. Federal Highway Administration. *State Motor Vehicle Registrations*. Washington, DC, 1995. https://www.fhwa.dot.gov/ohim/summary95/mv200.pdf.

Wallis, John J., Fishback, Price V., and Kantor, Shawn E. "Politics, Relief, and Reform: Roosevelt's Efforts to Control Corruption and Political Manipulation during the New Deal." *Corruption and Reform: Lessons from America's Economic History* (March 2006): 343-372. http://www.nber.org/chapters/c10006.pdf.

Wigmore, Barrie A. *The Crash and Its Aftermath: A History of Securities Markets in the United States, 1929–1933*. Westport, CT: Greenwood Press, 1985.

附註

1. Klein, *Rainbow's End*, 108.
2. Klein, 29; Federal Highway Administration, "State Motor Vehicle Registrations."
3. Klein, 27-8.
4. Klein, 143.
5. Brooks, *Once in Golconda*, 90.
6. Klein, 172.
7. Gammack, "Price-Earnings Ratios," 100.
8. "Stock Prices," *New York Times*.
9. Klein, 147.
10. Klein, 190.
11. Galbraith, *The Great Crash*, 20-1, 50.
12. Klein, 160-1.
13. Galbraith, 22.
14. Klein, 146, 227.
15. Bullock, *Story of Investment Companies*, 8-9.
16. Galbraith, 86.
17. Galbraith, 49-50.
18. Klein, 130.
19. Wigmore, *Crash and Its Aftermath*, 5.
20. Board of Governors of the Federal Reserve System (U.S.), *Banking and Monetary Statistics*, 262, 264.
21. "Thirty-Three Banks Vanish," *New York Times*.
22. Klein, 175-6.
23. Meltzer, *History of the Federal Reserve*, 146, 241-2.
24. Klein, 176.
25. Galbraith, 35.
26. Klein, 178-9.
27. Ahamed, *Lords of Finance*, 323.
28. Board of Governors of the Federal Reserve System (U.S.), "June 1929," 374-6.
29. "Sterling Falls," *New York Times*.
30. Galbraith, 32; FDIC, "Historical Timeline: The 1920's."
31. Klein 197-8.
32. Thomas and Morgan-Witts, *Day the Bubble Burst*, 311.
33. "Fisher Sees Stocks Permanently High," *New York Times*.
34. Galbraith, 94-95.
35. "Stocks Driven Down," *New York Times*.
36. Ahamed, 354.
37. Cannadine, *Mellon*, 391.
38. Klein, 204-5.
39. Galbraith, 98.
40. Galbraith, 98.
41. Klein, 209.
42. Ahamed, 354.
43. Klein, 209.
44. Klein, 211.
45. Ahamed, 355.
46. Wigmore, 7.
47. Wigmore, 11.
48. Galbraith, 106.
49. Galbraith, 107.
50. Wigmore, 13.
51. "Premier Issues Hard Hit," *New York Times*.
52. Wigmore, 13.
53. Wigmore, 15.
54. Klein, 227.
55. Ahamed, 358.
56. "Leaders See Fear Warning," *New York Times*.
57. Galbraith, 116-7.
58. Galbraith, 112-13.
59. Klein, 233.
60. Wigmore, 19.
61. Oulahan, "$423,000,000 Building Plan Pressed."
62. Klein, 242.
63. Smiley, *Rethinking the Great Depression*, 11-12.
64. Klein, 244-5.
65. "Huge Bid for Standard Oil," *New York Times*.
66. "Topics in Wall Street," *New York Times*; "Business Leaders Find Outlook Good," *New York Times*.
67. Wigmore, 117.
68. Klein, 263; Ahamed, 362.
69. Klein, 250.
70. Wigmore, 119.
71. Wigmore, 137.
72. Wigmore, 147.
73. Hoover, *Memoirs of Herbert Hoover*, 47-48.
74. Eichengreen, "Political Economy of Smoot-Hawley," 5, 23.
75. "1,028 Economists Ask Hoover," *New York Times*.
76. Irwin, *Clashing over Commerce*, 400-1.
77. Gray, "Streetscapes."
78. 值得一提的是，部分關稅稅率上升導因於進口物價下跌。某些關稅是依數量單位課徵（例如每英斗小麥課徵兩美分關稅），所以，有效關稅稅率會隨著進口價格的下跌而上升。
79. Irwin, 401-2.
80. Hoover, *Memoirs*, 47-48.
81. Board of Governors of the Federal Reserve System (U.S.), *Banking and Monetary Statistics*, 262-3.
82. Wigmore, 160-1.
83. Friedman and Jacobson Schwartz, *A Monetary History*, 308.
84. Gray.
85. Ahamed, 387.

86 Friedman and Jacobson Schwartz, *A Monetary History*, 309-10.
87 Smiley, 16.
88 Gray.
89 Board of Governors of the Federal Reserve System (U.S.), *Banking and Monetary Statistics*, 16.
90 Hoover, *Memoirs*, 58.
91 Board of Governors of the Federal Reserve System (U.S.), "April 1929," 257, 299; Board of Governors of the Federal Reserve System (U.S.), "February 1929," 162.
92 Hoover, *Memoirs*, 59.
93 "New Fixed Trust Formed," *New York Times*.
94 Hoover, *Memoirs*, 53.
95 Hoover, *Memoirs*, 42, 53-55.
96 McElvaine, 76.
97 Hoover, *Memoirs*, 132.
98 Hoover, *Memoirs*, 53.
99 Ahamed, 324, 402.
100 Administration of the German Bundestag, Research Section, "Elections in the Weimar Republic," 2.
101 Hoover, *Memoirs*, 64.
102 Ahamed, 404-6.
103 Ahamed, 406.
104 Hoover, *Memoirs*, 67.
105 Eichengreen, *Golden Fetters*, 270.
106 Wigmore, 297.
107 Bernanke, *Essays on the Great Depression*, 91-2.
108 Wigmore, 297.
109 Hoover, *Memoirs*, 68-69.
110 Ahamed, 410.
111 Oulahan, "President Hails Success."
112 Eichengreen, *Golden Fetters*, 275.
113 Ahamed, 415.
114 Ahamed 415-6.
115 Hoover, *Memoirs*, 75.
116 Hoover, *Memoirs*, 77-79.
117 Wigmore, 296.
118 Hoover, *Memoirs*, 81.
119 Hoover, *Memoirs*, 81.
120 Ahamed, 428.
121 Hoover, *Memoirs*, 82.
122 Wigmore, 301.
123 Ahamed, 433.
124 Wigmore, 302.
125 Wigmore, 303.
126 Jones, "Shorting Restrictions," 2.

127 Wigmore, 289.
128 Ahamed, 435.
129 Friedman and Jacobson Schwartz, *The Great Contraction*, 39.
130 Friedman and Jacobson Schwartz, *A Monetary History*, 397.
131 Hoover, *Memoirs*, 82-3, 87-8.
132 Hoover, *Memoirs*, 84.
133 Hoover, *Memoirs*, 88, 93-95, 114.
134 Wigmore, 315.
135 Hoover, *Memoirs*, 98, 111.
136 Gou, et al., "Banking Acts of 1932."
137 Wigmore, 318.
138 Eichengreen, *Hall of Mirrors*, 158.
139 Gou, et al.
140 Eichengreen, *Hall of Mirrors*, 158.
141 Hoover, "Statement on Signing."
142 Sastry, "Political Origins of Section 13(3)."
143 Wigmore, 312.
144 Wigmore, 313, 326.
145 Friedman and Jacobson Schwartz, *The Great Contraction*, 47-8.
146 Eichengreen, *Golden Fetters*, 315.
147 Wigmore, 331.
148 McElvaine, 91.
149 Smiley, 24.
150 Eichengreen, *Hall of Mirrors*, 163.
151 Friedman and Jacobson Schwartz, *The Great Contraction*, 52.
152 Wigmore, 325.
153 Smiley, 68.
154 Wigmore, 308-9.
155 Wigmore 309.
156 United States Department of the Treasury, "Revenue Act of 1932," 13, 20-21.
157 Wigmore, 313-314.
158 Friedman and Jacobson Schwartz, *The Great Contraction*, 63.
159 Smiley, 27.
160 Piketty, "Le capital au 21e siècle," 1, 70.
161 Dell, "Top Incomes in Germany and Switzerland," 415-6.
162 Smiley, 69-70.

163 Hoover, *Memoirs*, 203.
164 Hoover, *Memoirs*, 205-6.
165 Wigmore, 434, 438-9.
166 Wigmore, 444.
167 Ahamed, 443; Wigmore, 444-5.
168 Ahamed, 444.
169 Hoover, *Memoirs*, 210-2.
170 Wigmore, 428.
171 Smiley, 75.
172 Friedman and Jacobson Schwartz, *A Monetary History*, 420-2.
173 Ahamed, 454.
174 Roosevelt, *Fireside Chat 1*.
175 Smiley, 76.
176 Wigmore, 450.
177 Smiley, 76-77.
178 Smiley, 80.
179 Smiley, 77.
180 Smiley, 80.
181 Hendrickson, *Regulation and Instability*, 143-6.
182 Pfaff, "The Bureau of Reclamation," 5, 15.
183 Wallis, Fishback, and Kantor, "Politics, Relief, and Reform," 347; Smiley, 81.
184 Kline and Moretti, "Local Economic Development," 5-6.
185 McElvaine, 152.
186 Ahamed, 463.
187 Friedman and Jacobson Schwartz, *A Monetary History*, 518.
188 Meltzer, 492-3.
189 Meltzer, 497-8.
190 Meltzer, 498-9.
191 Meltzer, 498.
192 Meltzer, 502-3.
193 Meltzer, 500-3.
194 Board of Governors of the Federal Reserve System (U.S.), *Banking and Monetary Statistics*, 395-6, 400.
195 Meltzer, 539-40.
196 Meltzer, 503-5.
197 Meltzer, 506.
198 Meltzer, 509-10.
199 Meltzer, 510.
200 Blakey and Blakey, "Revenue Act of 1937," 698-9.
201 Meltzer, 521.
202 United States Department of Labor, "Analysis of Strikes," 3.
203 Meltzer, 523-4.
204 Eggertsson and Pugsley, "Mistake of 1937," 11; Meltzer, 531.
205 Allison, *Destined for War*, xvi.

第 10 章

美國債務危機與調整（2007年－2011年）

　　這章將詳述最近一次的美國大型債務危機，討論內容將聚焦在 2007 年至 2011 年的狀況。我是參照「典型大型債務週期」段落中所條列的危機發展模式來撰寫這一章，但也請特別留意這段期間發生的大量特殊狀況。請注意這個個案的特殊狀況和我們在「模型」中所說明的通則化狀況有何異同。舉個例子，請將這個段落描述的房貸組合與證券化、投資銀行的財務槓桿上升，以及非透過受監管之交易所買賣的衍生性金融商品的快速成長等，視為不受主管機關保護及監理的新型槓桿提供管道。如果你未能釐清這個個案的特殊狀況和通則之間的關聯性，就會誤以為這場債務危機不是那麼典型，但其實這是一場極端典型的債務危機。

　　在撰寫這個案例的同時，我也希望透過字裡行間，營造一種讓讀者猶如身歷其境的臨場感。我鼓勵你在每個時點思考若你身為 a）投資人；b）政策制訂者，你將會採取什麼作為。我將順著每個事件的時間順序，逐週（有時候逐日）說明當時發生的情況，同時在每一頁的邊緣附上「新聞動態」（主要是《紐約時報》的文章）。我也會引用橋水投資公司《每日評論》（*Daily Observations*）的摘錄內容，從那些內容可一窺我們當時的想法。然而，我不會說明當時橋水投資公司如何調整其投資立場，因為那已涉及本公司的專利。由於內容實在太過繁多，所以我用一種只要快

速瀏覽加粗字體也能大略了解當時情況的方式來編排整個版面。

2004年至2006年：泡沫的興起

在典型債務週期的初始階段，一切都還很健康，債務成長率大約與所得成長率一致，因為經由債務取得的資金被用在能創造快速所得成長：以利償債的用途。觀察債務相對 GDP 比率，就大致能了解債務與所得的成長是否均衡，不過，這只是一個粗略的觀察指標，因為一項債務將創造的所得金額，一開始都只是推估的數字。在 1990 年代期間，美國的債務相對 GDP 比率只小幅上升——那段期間的所得相對強勁成長，且失業率維持低檔。2001 年的經濟衰退——導因於貨幣政策緊縮、網路泡沫破滅，以及九一一恐怖主義攻擊的衝擊——促使聯準會明快地降低利率，利率一路從 6.5% 降至 1%。請注意當時美國利率有多接近零。大幅降息刺激了貸款及支出，尤其是家庭貸款與支出。因此，2001 年的經濟衰退很快就結束，衰退的幅度也不大，不過，低利率卻為下一個泡沫時期奠定了穩固的基礎，2004 年至 2006 年是這個泡沫最快速膨脹的時期。

在這段期間，就多數衡量指標來說，美國經濟情勢看起來非常好。經濟成長相對穩健地維持在 3% 至 4%，失業率低於其長期平均水準，大約介於 4% 至 5%，通貨膨脹則多半介於 2% 至 3.5%，稍微高於理想水準，但就傳統標準來說，還不至於令人太過憂慮。但在此同時，經濟進入典型的「週期末期」階段，產能緊張的情況開始浮現（例如 GDP 缺口為 2%，需求成長也高於產能成長）。金融與住宅市場在經由債務

取得的資金支持下，表現非常強勁。

　　而一向較重視經濟成長、通貨膨脹與 GDP 缺口而較不重視債務成長的聯準會，只是緩慢提高利率，從 2004 年的 1% 提高到 2006 年的略高於 5%。

　　那樣的升息速度與幅度並不足以減緩債務融資型資產的增值速度。在那三年間，由於企業盈餘成長 32%，帶動史坦普 500 指數回升 35%。雖然平均每年 10% 的漲幅算是相當不錯，但還遠遠比不上 1990 年代末期的網路泡沫。由於經濟表現強勢但通貨膨脹緩和，且資產價格明顯增值，多數人認定經濟已進入**「金髮女郎」時期——不是太熱，但也不是太冷。**那段期間的平均債務／GDP 比率上升至 12.6%。**通常那就是促使泡沫興起的環境，因為此時中央銀行一心聚焦在通貨膨脹與經濟成長（這兩者都還不成問題），對透過債務融資來購買投資性資產的行為掉以輕心。**

　　由於債務泡沫通常只在經濟體系的某一個（或某幾個）市場興起，所以從整體的平均值，很難察覺泡沫的生成，唯有針對特別需要注意的領域進行預估（pro forma）財務壓力測試，才能看出這些領域的債務泡沫將以什麼方式持續膨脹，並釐清萬一泡沫破滅，又可能產生什麼連鎖效應。

住宅市場債務泡沫

　　以這個個案來說，住宅市場是形成泡沫的最重要領域。從 2004 年起至 2006 年間，房價上漲大約 30%，若由 2000 年起算，更大漲超過 80%，主要係因放款審查作業愈來愈寬鬆所致。除了第二次世界大戰剛結束那幾年間，這是一個世紀以來實質房價上漲最快的時期。這一波價格上漲是很典型的自我強化型走勢，而那類走勢經常會造成泡沫。由於多數人是以

**新聞動態與
橋水每日評論**

2005 年 5 月 10 日
美國房市泡沫
「幾年前，美國住宅市場就開始浮現泡沫跡象，而根據我們的觀察，目前看起來，它似乎已形成全面性的泡沫。住宅市場是美國經濟力量的主要來源之一，因此，這個泡沫一旦破滅，造成的後果將比股市下跌的影響更嚴重。若屋主以虧本的狀態出售住宅，他們勢必會受到重創，因為住宅是家庭部門最大且使用最高槓桿的資產。住宅權益的喪失可能導致家庭部門的淨值嚴重降低，而且，若虧損金額（譯注：因住宅跌價而產生的虧損）超過住宅權益金額，整體經濟狀況就可能癱瘓（例如多數人無法賣掉房子，那代表他們將動彈不得）。」

2005 年 5 月 25 日
房價急速上漲增添泡沫的疑慮
「某全國性房地產經紀人團體昨日報導，去年房價上漲速度超過 1980 年以來任何一個年度，這引發一些新疑問，如部分區域的住宅市場可能轉化為注定幻滅的泡沫……整體而言，房價從未大幅下跌，而聯準會主席亞倫·葛林斯潘也在週五表示目前沒有全國性跌價的可能。」
——《紐約時報》

借來的錢購買住宅，**所以房價上漲對房屋權益價值（equity value）的影響會放大**。舉個例子，如果一個家庭以 5 萬美元的頭期款購買總價 25 萬美元的住宅，不久後，那棟住宅的價格上漲到 35 萬美元，那麼，對這個家庭來說，這項投資的價值就會成為原本的三倍。而投資的價值上升，將使民眾有了更大的貸款餘地，也吸引其他眼紅的買家，以及更多願意為這類資產提供資金的放款人，因為這類放款的利潤非常可觀。

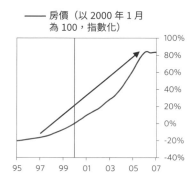

家庭債務約當家庭可支配所得的比率從 2000 年的 85%，上升到 2006 年的 120%。信用審核標準降低，而雖然這段期間所有五分位所得階級（quintiles）的債務都增加，但 2001 年至 2007 年間，債務增加百分比最多的貸款人，卻是最低五分位所得階級的薪資所得者。[1] 隨著房貸放款審核變得愈來愈寬鬆，連非購屋者都拿自己的住宅權益（home equity——2005 年的住宅權益貸款與融資重貸〔cash-out refinancing〕總額達 5,000 億美元，較 1998 年增加五倍）[2] 向金融機構貸款，那導致美國整體債務上升到 GDP 的 300% 以上。

價格上漲愈多，授信審核標準降得愈低（即使就邏輯來說應該相反），但放款人和貸款人並不以為意，因為他們雙雙發現用借來的資金承作住宅放款及

購屋，實在太有利可圖。信用促成的買氣將價格進一步推高，那製造了自我強化的期望，並吸引眾多不想錯過大好機會的新貸款人／放款人踴躍進場。這正是泡沫時期的典型情況。

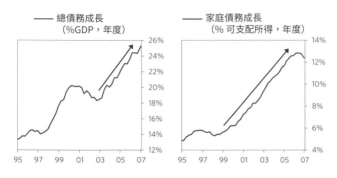

當時美國住宅市場顯露出**典型泡沫的所有跡象**。以下再次說明我對泡沫的特質定義：

1）**目前價格相對傳統衡量指標而言顯得偏高。**

2）**目前的偏高價格已預先反映了未來進一步快速漲價的潛力。**

3）**市場情緒幾乎全面樂觀。**

4）**購買資產的資金來自高財務槓桿。**

5）**買方基於透過未來的價格獲得投機利益或免於受未來漲價趨勢傷害等目的而提前購買的情況非常嚴重（例如大量囤積存貨、簽訂遠期採購合約等）。**

6）**新買方（即原本未參與市場的買家）進入市場。**

7）**旨在以提振經濟的貨幣政策助長了泡沫的膨脹，緊縮的政策則促使泡沫破滅。**

**新聞動態與
橋水每日評論**

2005 年 10 月 4 日
熱門市場的住宅價格逐漸降溫
「今年夏天，很多城市的房地產價格開始降溫，幾乎每個熱門的住宅市場都發生類似現象，包括紐約。」
——《紐約時報》

2005 年 12 月 17 日
花旗集團的營運成長新策略
「至少五年來，花旗集團首度聚焦在現有業務的擴展上。該公司將增加大約 300 個分行及銀行業務中心，以擴大在美國的零售端營運規模，這些據點多半將設在費城及紐澤西州，也就是該集團既有客戶最集中的地區。」
——《紐約時報》

當時的美國住宅市場符合以上所有特質。價格快速上漲，且一般人大致公認價格將繼續上漲（例如「炒房投資客」買進一棟房子並稍事翻修後，便為了透過漲價趨勢獲取短利，而隨即將之賣出）。住宅建商預測房價可望維持高檔，故持續在市場上推出新建案，但這些建案要好幾個月甚至很多年後才會完工上市——1995 年至 2005 年間，小家庭住宅新屋建築量增加一倍。[3] 而隨著一般民眾眼見親朋好友透過住宅所有權而變得愈來愈有錢，遂有愈來愈多人打算也透過買房來分一杯羹。在泡沫的高峰，大約接近 8% 的家庭每年購買一棟房屋（較目前高約 50%）。2005 年夏天（大約是在高峰位置），《時代》雜誌的一篇封面故事，貼切傳達了當時的投機潮有多麼狂熱，那篇文章問：「你的房子會不會讓你致富？」

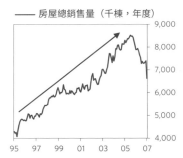

換言之，當時**更積極看好價格將繼續上漲的投機客，使用愈來愈高的槓桿來從事房市投機操作。在此同時，隨著愈來愈高的房價鼓勵更多的生產，住宅的供給也持續增加。若根據邏輯，一般人理當採取正好相反的行為：此時針對價格變動進行投機操作的人，應該更傾向於降低槓桿或賣出，而放款給投機客的人也理當在上述情況出現時，變得更加謹慎。只可惜，獲取投機短利的不理性思維是泡沫時期的典型現象。**

當時社會上存在一股購屋的狂熱，相同的，在放款人這一端，也存在一股借錢給別人買房子的放款狂熱。下一頁左邊的圖形是整體房貸利率。Fed 的寬鬆貨幣政策使房貸利率在 2003 年降到 1950 年代以來首見的低點，到房市泡沫生成且持續膨脹之際，利率還是處於那個低點附近。2003 年至 2007 年間，財務槓桿的使用程度大幅上升，即使 2005 年至 2007 年間，利率上升大約 1.5%，槓桿還是持續上升。右側的圖形就是新住宅貸款的「貸款－房價比率」（譯注：即貸款成數），數字愈高代表房貸的頭期款愈少，貸款金額愈多。這個比率快速上升到 80%，顯示銀行業者愈來愈迫切承作貸款，也願意從事更高風險的投機行為。當時還有其他顯而易見的住宅貸款泡沫跡象：銀行業者在核准貸款甚至撥款前，通常不會要求貸款人出示所得證明，而且，放款機構還大力推銷浮動利率房貸，以極低的「優惠利率」（"teaser" rates）引誘貸款人上鉤，這種貸款一開始利率很低，但隨後便會上調；另外，「次級」房貸（例如較高風險的房貸）的市場佔有率上升到 20%。一如我們稍後將更詳細討論的，銀行業者能將這類債務包裝得令人難以看穿它們的根本風險（也就是將這些貸款證券化），而這個作法讓信用變得更容易取得，利率也繼續維持在低檔。

**新聞動態與
橋水每日評論**

2006 年 2 月 10 日
美國貿易赤字在 2005 年創下歷史新高

「根據政府在週五發布的報告，美國貿易赤字在 2005 年大增近 18%，連續四個月創新高記錄，原因是消費者對進口的需求增加、能源價格飆漲，以及美元相對其他通貨升值……根據商務部在華盛頓報導，7,258 億美元的缺口導因於進口躍增 12%，而出口僅成長 10%，這個數字幾乎比 2001 年的赤字增加整整一倍。美國最後一次呈現貿易順差的年度是 1975 年，當年的順差金額為 124 億美元。」

——《紐約時報》

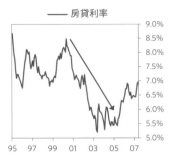

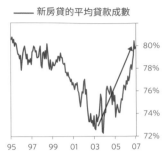

　　但儘管債務持續累積,住宅部門活動極端瘋狂,經濟卻未過熱,通貨膨脹也維持溫和水準;於是,只參考平均數值的 Fed 並未對債務與房市亂象表達關切。**通常在最糟的債務泡沫(例如 1929 年的美國與 1989 年的日本)時期,商品及勞務通貨膨脹並不高,也未持續上升,不過,經濟體系卻都在債務成長的帶動下,發生資產價格通貨膨脹。在那種時期,中央銀行通常會錯誤地對債務成長過於通融,因為它們多半只聚焦在商品與勞務通貨膨脹(以 CPI 衡量)和／或經濟成長,不那麼重視債務成長(此時的債務成長其實正是央行寬鬆貨幣下的傑作),也不那麼在乎那些債務是否能創造可用來償債的收入。**問題是,如果中央銀行想要防範呆帳危機發生,就必須關注債務能創造多少可用來償債的收入。

　　誠如下頁圖所示,當通貨膨脹多半介於 2% 至 3.5%——有點高於理想水準,但尚不令人憂慮——Fed 就會繼續在經濟擴張的狀態下維持低利率。事實上,從 2001 年年底起至 2006 年年初,美國的短期利率一直低於通貨膨脹(換言之,實質短期貸款成本為負值)。即使 Fed 自 2004 年年中開始提高短期利率,長期名目利率還是大致持平,相對來說,實質長期利率則降低。

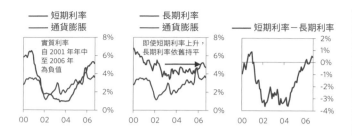

誠如下圖所示，其他已開發國家的狀況也大致相同：

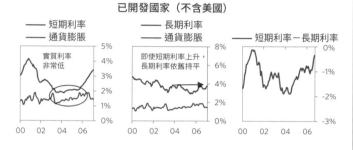

基於上述所有原因，全球金融泡沫漸漸形成。

到了 2006 年年中，鮑爾森確定將出任喬治・布希（George W. Bush，譯注：小布希）總統的財政部長。鮑爾森是在卸下高盛董事長兼執行長職務後接任這個工作，而前一工作經歷所累積的強烈市場敏感度，使他對金融市場的種種不節制憂心忡忡，於是，他召集總統的金融市場工作小組（Working Group on Financial Markets，該小組是由小布希的經濟團隊與重要監理機關的首長組成）定期集會。[4] 這些會議的主要好處是，它拉近了這些重量級成員之間的業務關係，最重要的是，透過這些會議，鮑爾森、Fed 主席班・柏南奇與紐約聯邦準備銀行總裁提姆・蓋特納（Tim Geithner）及他們各自的所屬機關，漸漸建立了良好的關係與默契。

在所有金融危機當中，主事者是否具備與他人密

**新聞動態與
橋水每日評論**

2006 年 10 月 24 日
這一次，問題不在經濟
「為了幫所屬政黨贏得『善於管理經濟』的信譽，布希總統本週花了兩天時間，針對經濟榮景的主題大做宣傳。他昨日在 CNBC 的訪問中表示，『無疑的，強勢的經濟表現將對我們的候選人有幫助』，『主要是因為他們有東西可宣傳，他們可以說我國經濟因我選擇減輕稅賦而表現良好。』」
——《紐約時報》

2006 年 10 月 27 日
新屋價格大幅下跌
「最新的政府及產業統計數據顯示，為了在疲弱的市場搶得先機，各住宅建商在 9 月降價，並提供各式各樣其他折扣，期許能提高新成屋的銷售量。商務部昨日公告，上個月的新屋中位數價格，較 2005 年 9 月大跌 9.7%，至 21 萬 7,100 美元，此乃 1970 年 12 月以來最大的跌幅。」
——《紐約時報》

切合作的性格、才能與能力，會對最後的結果產生關鍵的影響力。以這個個案來說，最重要的關係是鮑爾森（一個性格外向的前企業執行長，習慣制訂大膽的決策）、柏南奇（一個性格內向的經濟學家，對大蕭條素有研究）以及蓋特納（一個實務操作者，嫻熟政府的經濟政策決策的運作）之間的關係。他們三人的特質彼此互補，經常不厭其煩地彼此協調，而且都願意利用剛吸收到的知識，大膽且明快推出因應政策，這是他們得以聯手度過這場危機的關鍵。

當時他們三人都非常擔心有可能發生一場「乾柴烈火式的風暴」，並努力試著壓抑他們感知到的不節制行為，但他們終究不夠了解所有問題，以致未能採取更明快或更強有力的行動來防堵後續的危機。具體來說，他們三人都注意到次貸市場的不節制，卻沒有人注意到這些不節制已經蔓延到全體住宅市場——整體住宅市場自第二次世界大戰後，未曾發生全國房地產全面下跌的情況。然而，鮑爾森個人相當憂心房利美（Fannie Mae）與房地美（Freddie Mac）（這兩家公司就是所謂的政府贊助機構〔Government Supported Entities，以下簡稱 GSE〕）可能引發的風險，事實上，在柯林頓執政時期擔任財政部長的賴瑞‧桑莫斯（Larry Summers）也曾特別指出這個問題。也因這個憂慮，鮑爾森在 2006 年秋天取得小布希總統的支持，與巴爾尼‧法蘭克（Barney Frank，當時他是眾議院金融服務委員會的少數黨成員）聯手，針對這兩家機構的改革展開立法程序，只不過，他們的努力直到 2008 年夏天危機已達緊要關頭之際，才開始有一點斬獲。[5]

泡沫開始蔓延

　　另外，更廣義的經濟體系也浮現泡沫的蹤跡。原本就很低的儲蓄率進一步降低，於是，美國積極吸引海外資金。美國製造業就業人數減少，而且在新興國家——尤其是中國——的積極攻勢下，美國的全球出口市佔率也快速降低。然而，住宅相關活動的成長掩蓋了上述諸多令人憂心的事實；舉個例子，建築業為支持住宅興建活動（而熱絡的住宅建築活動的財源來自債務的增加）而增加的就業人數，較 1995 年增加50%。

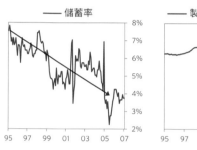

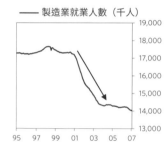

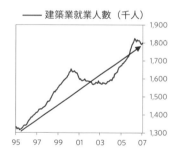

　　此外，美國民眾也透過房貸及其他類型的債務工具，借貸大量資金來支應他們的消費。**為支應消費（而非投資活動）所需而高成長的債務，本身就是一個警訊，因為消費無法創造任何收入，唯有投資才能創造收入。**

　　通常在那種時期，很多外國資金會流入一同參與

新聞動態與
橋水每日評論

2006 年 11 月 7 日
亞利桑那州處處可見的「拍賣」廣告牌
「不久前，這個快速成長的區域還堪稱住宅建商的樂園，舉個例子，去年富墩建設（Fulton Homes）的開發案還備受青睞，故該公司幾乎每週都得以提高新成屋售價1,000 至 1 萬美元……但曾幾何時，如今本地區尚未售出之房屋數，已從 2005 年年初的幾千戶，激增到近 4 萬 6,000戶，目前建商正想盡辦法，以最快的速度出場。」
——《紐約時報》

2006 年 12 月 6 日
房屋銷售統計數字沒有告訴你的事
「事實上，儘管房價的官方數字對沿海地區的房地產市場來說，堪稱最後可令人稍感慰藉的資訊，但這些數字具有嚴重誤導性。不管你是觀察哪一組官方數據，都會發現去年的價格不是持續上漲（儘管漲勢趨緩），要不就只是些微下跌。不過，這些統計數據隱含很多缺陷，最大的缺陷應該是這些數據只涵蓋實際上已售出的房屋。」
——《紐約時報》

泡沫，從美國當時的資本流入及經常帳逆差大幅增加（達到 GDP 的 6%）便可見端倪。其中很多資金來自諸如中國等新興經濟體，因為這些國家坐擁鉅額的經常帳順差，而且那些國家選擇將那些經常帳盈餘存／投資到美國資產。強勁的資本流入讓美國公民得以大肆使用借貸，長期維持入不敷出的生活。

外國人對美國資產的強勁需求，也使長期貸款成本得以維持低檔，即使是在 Fed 自 2004 年年底起開始提高短期利率後，情況依舊沒變。

其中很多外來資金流向無法創造償債用收入的放款。這些資金支持的是一個無法永續維繫的動態：畢竟儲蓄率不可能無限制降低，而放款熱潮也不可能永無止境地一波比一波高。隨著債務陸續到期，一定會發生現金流量問題。當時我們計算了相關的預估（pro forma）財務數字，隨即看出一旦那些資金流入趨於枯竭，現金流量問題就會「圖窮匕現」。

在這段期間，不僅放款增加，放款的風險也愈來愈高，而且，透過不受監理與保護的非銀行體系放款管道——那通常稱為「影子銀行」體系——發生的放款愈來愈多，這是泡沫時期的常見特質。通常金融機構會建立一些新管道，規避使用較健全且較受監理的放款管道，因為這個作法最初對所有參與者都有利。較低程度的

監理讓新管道的放款成本得以降低，貸款人因此能享受到較低利率與較寬鬆的條件，而投資人則多獲得一些報酬。通常影子銀行會透過擔保或資產組合及包裝等方式，讓投資人誤以為這些新債務型資產很安全。由於沒有經過危機的壓力測試，任誰都難以分辨這些資產是否真的像表面的結構看起來那麼安全。而通常這類「創新」就是引發危機的元凶，這個個案便是如此。

　　在 2000 年代初期至中期，以擴大財務槓桿為目的的新管道大量問世，很多原就較不受監理的現有管道，也變得愈來愈龐大。其中很多屬於短期性質且不在監理範圍的管道，因此特別容易出問題。在這個泡沫時期，五大關鍵組成要素助長了非傳統銀行體系槓桿程度的上升：

1）**附買回協議（repo agreements）與商業本票的使用**。這些工具後來演變成巨大的借貸管道，銀行業者與大企業可透過這些管道舉借短期性資金。柏南奇提到，「美國證券經紀交易商的附買回負債，在危機爆發前四年內增加 2.5 倍。」[6]

2）**銀行體系（受保護）以外的大型機構存款人**。美國國債的需求 ── 尤其是海外投資人的需求 ──超過供給，所以投資人可投資的安全資產不足，這使諸如資產擔保商業本票與附買回協議等替代品大受歡迎。

3）**貨幣市場基金的開發**，這是一種短期儲蓄工具，它承諾提供高於銀行帳戶的報酬率，且宣稱投資人不會因此多承受太高的額外風險。

4）**美元放款的全球化**，使非美國銀行業者承作的

**新聞動態與
橋水每日評論**

2007 年 1 月 5 日
2006 年年底就業市場表現強勁
　　　　──《紐約時報》

2007 年 1 月 13 日
上個月零售銷售意外大幅增加
　　　　──路透社

2007 年 1 月 20 日
消費信心達到三年新高
　　　　──路透社

2007 年 1 月 26 日
2006 年成屋銷售達十七年最大減幅
　　　　──美聯社

2007 年 2 月 2 日
就業成長趨緩但依舊強勁
　　　　──《紐約時報》

新聞動態與
橋水每日評論

2007 年 2 月 5 日
金融風險日益升高
「市場報酬率取決於各項事件的實際發展相對市場預先反映那些發展的程度。此時此刻,市場預測未來幾十年將維持最低風險狀態,但我們相信,這個體系的隱含風險其實非常大。我們將解釋為何會有這個看法。值此時刻,金融市場充斥流動性……我們感覺很多人像大手筆收購藝術品、珠寶和豪宅市場那樣,將大量資金豪擲到各種金融工具。高風險資產的價格——尤其是有『正利差』(positive carry)的金融工具——被推高,收益率/利差因而被壓低,這使得未來的期望報酬偏低。在此同時,波動性明顯降低;於是,市場假設低波動率的狀態將延續下去,而為了追逐收益率,一般人遂積極提高財務槓桿,因為債券利差/外匯利差已降到微不足道的水準,唯有擴大投資金額,才能從交易中擠壓出更多報酬。」

2007 年 2 月 8 日
匯豐控股(HSBC)公布問題貸款增加
「英國銀行匯豐控股公司週三表示,因房貸組合的問題,該行 2006 年列記的呆帳金額,有可能超過 105 億美元,大約較分析師預測的平均值高 20%。」

　　　　　　　　——路透社

美元貸、放款金額大量增加。

5) **放款的證券化**,銀行將他們承作的傳統貸款(汽車貸款、房屋貸款等等)賣給其他投資人。這製造了某種「道德風險」問題,因為銀行將貸款轉賣給其他人,所以也有了積極承作高風險貸款的誘因——只要在事後將那些高風險貸款賣給其他投資人,銀行就無需承擔後果(只要投資人願意買)。

證券化商品的發行量
(美元,10 億)
- 債務擔保證券 2.0(CDO2)
- 債務擔保證券(CDO)
- 住宅抵押貸款證券(RMBS)
- 資產抵押證券(ABS)

—— 未清償資產擔保商業本票

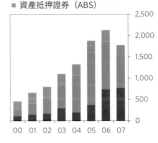
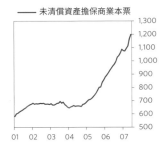

　　糟糕的是,美國金融監理系統跟不上上述發展的步伐。整個監理系統並未針對影子銀行及市場提供適足的監理能見度,也未賦予主管機關遏制這類不節制活動的必要權力——儘管一如既往地,一開始那些不節制活動看起來並非那麼不節制。那段時間的銀行及影子銀行體系的資本不夠充足,且使用過高的財務槓桿。那意味著這些機構沒有太多緩衝可抵擋危機,一旦情勢急轉直下,它們很快便會暴露在無力償債的風險當中。在 1990 年代及 2000 年代初期的金融自由化及財務工程時代,監理機關較側重競爭力的維護——美國金融產業相對倫敦業者的競爭力,而這種側重競爭力的傾向,導致監理機關不願緊縮對這個產業的控管。

如果當初促成債務熱潮的資金主要是由銀行體系供應，相關問題就會容易管理得多，就算發生擠兌，也很容易控制。如果那些資金來自銀行體系，一旦經濟陷入嚴重衰退，當然還是有爆發大型危機的可能，但絕不會像這一場危機那麼駭人聽聞。強迫賣出的賣壓會減輕很多，股票融資的惡性循環也不會變得那麼危險，因為 FDIC 為銀行負債進行擔保所構成的系統風險豁免權，加上存款保險以及 Fed 貼現窗口等，將共同形成更強大且廣泛的保護網。

促使泡沫變得更加猖獗的不僅是低利率，猖獗的泡沫其實是幾個因素共同造成，包括寬鬆的貨幣、鬆散的監理，以及高風險的金融創新。由於 Fed 在設定利率時，一心只考量通貨膨脹，未把債務的成長當一回事，加上政策制訂者的監理規定相當鬆散，形同對影子放款管道睜一隻眼閉一隻眼，泡沫才會肆無忌憚地不斷膨脹。

當時貸款人與放款人之間存在嚴重的資產／負債錯配，因此一旦情況直轉直下，無論是放款人或貸款人，都非常容易受創。這就是嚴重債務危機的典型要素。最常見的錯配是以下幾種形式：

1）**甲向乙舉借短期貸款，再用這些資金對丙承作長期放款，一旦乙不再願意繼續借錢（短期）給甲，或是打算大幅提高放款利率以便獲取更多利息收入，甲就會遭到擠壓。**

2）**為了獲取信用利差，甲去申請貸款，再將借來的資金放款給願意支付更高（高於放款人甲本身的貸款利率）利率的高風險貸款人丙，直到違約率（default rates）上升到甲的信用利差遭到抹殺為止。**

新聞動態與
橋水每日評論

2007 年 2 月 27 日
中國的黑色星期二
「他們稱之為中國的黑色星期二：當地股市承受意料外的賣壓，下跌近 9%，並對世界各地的股票價格形成壓力。分析師表示，中國政府計畫提高利率或課徵資本利得稅等謠言，導致上海與深圳市場重挫；傳言這些對策是為了促使當地的市場降溫──在週二前，當地市場年初迄今已上漲大約 10%。」
　　　　　　──《富比世》雜誌

**新聞動態與
橋水每日評論**

2007 年 3 月 6 日
亞洲、歐洲與美國股票聯袂
上漲
「由於投資人逢低再度買進，
亞洲股市今日停止連五天下
跌的走勢，整個地區的壓力
獲得紓解。」
——《紐約時報》

2007 年 3 月 10 日
投資人稍獲喘息空間，但某些
放款人遭受重創
「信用不良者（即次級貸款
人）的房貸危機惡化，導致大
型放款人之一的新世紀金融
公　司（New　Century
Financial）的幾個財務後盾
切斷對它的信用額度，該公司
因而停止接受貸款申請……
幾十家房貸公司因去年承作
的房貸（當時的放款審核標
準明顯較鬆散）違約率過高
而停止營業。」
——《紐約時報》

**3）舉借某一種通貨的貸款，再承作另一種通貨的
放款／投資。當貸款人借來的通貨升值，他們
將被迫以較高的匯率或較高的利率償還這些外
幣貸款，最終得不償失。**

這一個泡沫發生期間，上述每一種錯配都曾上
演，而泡沫會導致涉及錯配的金融中介機構以及將資
金託付給中介機構的人極容易受擠兌與信用問題傷
害。

當時歐洲銀行業者就發展出一種典型的資產／負
債錯配——歐洲銀行積極舉借短期美元債務，再將借
來的美元放款到世界各地。等到美元的信用在 2007 年
夏天趨於緊縮，漸漸不再有能力從美國貨幣市場取得
資金的歐洲銀行業者，遂成為世界各地的金融感染的
傳播者。

儘管如此，此時的經濟成長還是高於潛在成
長率。GDP 缺口擴大到 3%，而通貨膨脹則上升至
3.7%。2007 年，Fed 繼續緊縮，將名目短期利率提高
到 5.25%，實質短期利率也上升到 1.5%。

到 2007 年，我認定泡沫已經形成，因為前述幾
個典型跡象全數浮現，另外，根據我們針對企業與金
融機構所預估的現金流量數字，我們感覺到企業和金
融機構能透過借貸取得的新資金，或許已不夠它們一
面展延即將到期的債務，一面繼續維持現有的業務。
換言之，如果無法取得足夠的新借貸資金，就可能爆
發債務危機。我們定期向政策制訂者報告我們的想法
和估計值，目的是希望若他們認為我們的數字正確無
誤，能預先做好萬全的準備，當然，我們也希望，若
政策制訂者認為我們推估的數字有誤，能指點我們那
些數字錯在哪裡。不過，政策制訂者收到我們的研

究報告後，通常不會表達任何評論，只是提出一些質疑。

2007年：峰頂

2007 年上半年

　　請記住，直到這時，還是幾乎沒有人擔心會有什麼事發生，因為市場和經濟的表現依舊非常亮麗——股市屢創新高，就業市場強勁，零售銷售狀況非常熱絡，消費者信心也相當樂觀。

　　然而，住宅市場及最積極為這個市場提供融資的機構，卻陸續浮現某些問題。誠如 SEC 在 1 月 4 日的一份備忘錄所寫：「一般承認，由於再融資與房地產熱潮已過，很多較小型的次貸承作機構的商業模式不再可行。」[7]

　　2 月至 3 月間，市場表現還是令人滿意，整體市場波動性相當低，價格也維持高檔。衡量民間企業放款的知覺風險的指標之一：信用利差相對仍低於歷史常態值。換言之，市場相當平靜，價格表現也一如往常。

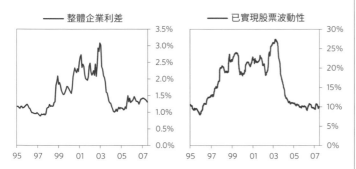

不過，次貸放款機構（專門承作信用較差的貸款人的房貸）的問題愈來愈多，其中某些放款機構甚至面臨嚴重虧損，但這些問題並未影響到更廣泛的經濟體系與市場。儘管如此，較大型銀行公告的房貸呆帳金額還是漸漸增加。我們將當時的情勢彙整（在我們的 3 月 13 日《每日評論》）如下：

（橋水每日評論〔BDO〕）3 月 13 日：
次級房貸餘波

近來次級房貸訊息攻佔媒體頭條版面，幾家較大型的次級房貸放款機構正瀕臨破產邊緣。在經濟表現相對強勢的情況下，次級房貸部門卻陷入風暴，原因和在世界各地市場興風作浪的流動性密切相關。**過去幾年，投資銀行業者努力將許多資產包裝成花俏誘人的新產品，再以「一加一大於二」的價格，將重新包裝的產品（債務擔保證券〔CDO〕、抵押擔保債券〔CMO〕及複合 CDO 等）出售給不明就裡的投資人**。他們將包裝過的產品切割成不同等級，再要求信用評等機關將其中最優值的產品評為 AAA 等級，次優的評為 AA 等，依此類推。這種金融「創新」讓每個人皆大歡喜：保險公司能取得收益率較其他 AAA 級資產略高幾個基本點的 AAA 級債券，其他機構也依此類推。通常避險基金是最差評級的產品的主要買主，而且避險基金也相當滿意，因為它們能透過這些產品得到很大的槓桿效果／波動性。**這項創新為很多原本難以取得信用市場資金的高風險貸款人（不僅是家庭）開啟了一項信用來源，所以，次級房貸的爆炸和這項全新的信用來源息息相關。**貸款承作機構（Originator，譯注：又譯為創始機構，即房貸放款機構）對授信審核標準愈來愈掉以輕心，因為它們早

已打好如意算盤——只要把新承作的房貸隨即轉手給投資銀行，就無需承擔那些房貸的風險。而承接房貸的投資銀行則緊接著快速將這些房貸包裝成花俏的產品，再將之轉賣給投資人。由於這些產品能提供比相同信用評等的資產高 5 個基本點以上的報酬，所以，投資人也相當青睞這些新產品。放款審核標準淪落到荒謬絕倫的水準，於是，貸款的拖欠比率就算只是略微上升，投資銀行便拒絕再買那些貸款，而貸款承作機構也因而深陷虧損泥淖。

　　……但真正重創次貸放款機構的問題是「初期還款違約」（early payment defaults）。房貸放款機構與購買次級貸款的投資銀行簽訂的協議中，包含和以下條件有關的重要條款：當貸款人未能償還頭幾期的任何一期款項，放款機構就必須向投資銀行買回這些貸款。當然，如果不是一開始就刻意詐欺，貸款人鮮少不償還房貸的第一期款項。12 月時，2006 年度第二大次貸放款機構新世紀公司揭露，未全額繳納第一期款項之貸款人的金額，約當該公司總貸款金額的 2.5%。於是，投資銀行／投資人要求新世紀公司買回這些貸款，問題是，新世紀籌不到現金買回這些貸款。而在此前幾個月間，已經有幾十家較小型的次貸放款人因同樣的原因而破產，而新世紀是其中規模最大的。

　　多數人認為那是侷限於金融市場的某個小角落的問題，不會在其他領域引發嚴重感染。所以，3 月 28 日當天，柏南奇主席還在國會聽證會上表示，「次貸市場的問題對較廣泛的經濟體系與金融市場的衝擊，似乎能獲得控制。」[8] 我當時也做出類似的評估，不過，我多多少少比他更憂心這個泡沫的財務槓桿及其緊縮程度。

新聞動態與
橋水每日評論

2007 年 6 月 8 日
國庫證券殖利率上升；股票再度重挫
「不久前，華爾街因美國經濟可能加速趨緩而動盪。而如今，全球經濟表現強勢可能促使通貨膨脹上升的憂慮，令投資人更加不安。昨日，那一股憂慮再次對股票及債券造成重創，股價創下全球市場自 2 月下跌以來最大的連三日跌勢，十年期標竿國庫債券利率也上升到 5% 以上，為去年夏天以來首見。
——《紐約時報》

2007 年 6 月 13 日
公債殖利率飆升，促使股票下跌
——《紐約時報》

2007 年 6 月 15 日
華爾街因通貨膨脹數據溫和而上揚
——美聯社

4 月至 5 月間，美國股票市場持續上漲，頻創新高。下圖的陰影部分是那一年上半年股市大漲的狀況。

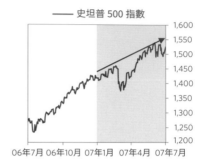

到了 6 月中，十年期政府公債的殖利率達到 5.3%（2002 年以來最高），到 7 月中，九十天期國庫券利率也達到 5%，這意味著殖利率曲線已經非常平坦。由後來發生的情況，便可知這是週期的高峰。

隨著利率上升，償債支出也開始增加（包括為購入新品項而動支的信用，以及先前透過浮動利率債務而取得的信用等之償債支出）。這壓抑了進一步貸款的意願（因為信用變得愈來愈貴），也使可支配所得降低（因為更多資金被花費在償債用途）。由於一般人減少貸款，可用來花費的剩餘資金減少，支出因而趨緩；由於一個人的支出等於另一個人的所得，因此所得也隨之降低，如此不斷循環。而隨著一般人減少支出，物價也逐漸降低，經濟活動漸漸下滑。

在此同時，隨著短期利率上升，殖利率曲線趨於平坦或逆轉，流動性減少，持有短存續期間（duration）資產（例如現金）的報酬因收益率上升而增加。當這些短期資產變得相對比較長存續期間的金融資產（例如債券、股票和房地產）及較低信用評等的資產（因為此時這些資產的利差降低）更具吸引

力，資金便流出金融資產，轉向短期資產，金融資產因而價格下跌。資產價格下跌又會進一步造成負財富效果，並經由支出與所得的降低而對經濟造成負回饋。

　　緊縮政策戳破了泡沫。隨著利率上升，房價也開始下跌，那是因為新屋的償債支出將增加，且很多現有房貸的利息支出也快速上升──因次級貸款人多半是舉借浮動利率房貸（ARM）。總之，隨著利率上升，償債支出自然跟著增加。到 6 月時，貨幣緊縮壓力已經開始釀成第一波廣泛的金融困境訊號：較大型銀行的查封案件增加，而原本只是暫時拖欠的債款，開始變成實質的虧損。6 月中，貝爾斯登（Bear Stearns）投資銀行管理的兩檔避險基金──投資次級房貸抵押證券（mortgage-backed securities，以下簡稱 MBS），其中一檔的槓桿比率高達 20：1 [9]──面臨愈來愈嚴重的虧損和一波投資人贖回潮。為了應付贖回，這兩檔基金不得不以跳樓大拍賣的價格，出售原價值 36 億美元的證券；對這個市場來說，那已是極大的賣壓。[10] 就這樣，用財務槓桿買進金融資產的風潮，變成了去槓桿化的賣出潮。隨著這兩檔避險基金持有的證券跌價，基金本身也面臨鉅額虧損及被迫出清資產的命運。到最後，貝爾斯登承諾提供 32 億美元的貸款來紓困其中一檔基金（後來降到 16 億美元），而沒收這兩檔避險基金的擔保品的其他銀行，則通力配合確保那個市場的穩定（例如承諾不出售更多的次級 MBS）。到最後，這兩檔基金徹底消滅。由於這兩檔基金的規模相對較小，因此最初造成的餘波也就有限。

**新聞動態與
橋水每日評論**

2007 年 6 月 15 日
次級房貸問題雪上加霜
「根據週四發表的某產業報告，信用不良的屋主拖欠還款與查封的案件，在第一季進一步上升，尤其是加州、佛羅里達州和其他原本極熱門的房地產市場。這份報告是不動產抵押貸款銀行協會（Mortgage Bankers Association）所發布，無獨有偶的，該報告發布當時，聯準會正針對『監理者應如何處理激進濫貸作業的問題』一事舉辦公聽會。」
──《紐約時報》

2007 年 6 月 21 日
貝爾斯登力阻兩檔避險基金崩潰
──《紐約時報》

2007 年 6 月 23 日
貝爾斯登將紓困陷入困境的基金
──《紐約時報》

2007 年 7 月 3 日
淺談隱含波動性
「由最近的市場行為可發現，所有市場的隱含波動性皆略微上升，但目前的波動性只是從十多年來長期維持低檔的狀態，略微上升。更廣泛觀察各個市場，我們發現，市場還是預期未來的通貨、債券與原物料波動性將繼續維持在極低檔，不過，股票的未來期望波動性雖低，卻已較接近歷史的相對常態水準。」

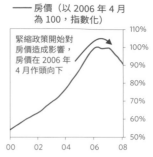

2007 年夏天

　　因經濟成長維持健康步調，美國股票市場在 7 月
中創下新高。此刻最重要的疑問在於 Fed 的下一步會
怎麼做？它會因通貨膨脹的考量而趨於緊縮？還是會
基於住宅市場的疑慮而趨於寬鬆？

　　住宅市場的壓力漸漸上升。次級 MBS 的指數（稱
為 ABX 指數）繼續大幅跌價（即使是其中的 AAA 級
債券——投資人當初可能是誤以為這類債券的「風險
較低」而介入——都下跌大約 5%）；而根據某些房
貸放款機構的公告，拖欠還款的貸款人人數也開始增
加。某一大型房貸放款機構看起來更逼近破產邊緣，
另外還有一家承作大量房貸的小型德國銀行面臨鉅額
虧損，最終需要由德國的國有銀行出面收購。新屋銷
售量快速減少。隨著這項訊息發布，市場承受一波小
賣壓（7 月收盤價較高峰下跌 6%）。

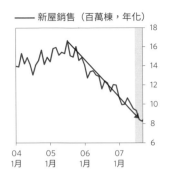

—— 新屋銷售（百萬棟，年化）

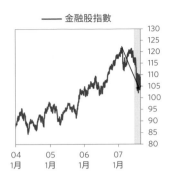

—— 金融股指數

**新聞動態與
橋水每日評論**

2007 年 7 月 16 日
ABX 指數崩盤
週一次級房貸債券市場嚴重惡化，也拖累國庫證券的表現，而價格行為顯示，一個比貝爾斯登旗下基金（6 月時爆發問題）更大的參與者即將破產。在 6 月崩潰的貝爾斯登重創了低信用評等的券別（Tranche），上週五與本週一，連較高評等的券別都開始出現逃殺行為。週一所有 AAA 級券別的次級房貸商品全數重挫。舉個例子，ABX 中的 AAA 級的 2007 年房貸證券，原定只支付區區 9 個基本點的利差，但目前以 440 基本點的利差成交。」

2007 年 7 月 26 日
房市與石油相關的憂慮導致市場大跌
「住宅市場體質以及油價維持近歷史高價等訊號令人更加憂慮，導致今日華爾街重挫。」

——《紐約時報》

　　我當時預期，這場債務危機將因市價計值會計法的影響以及高財務槓桿對放款人的衝擊，而變成一場自我強化的危機。**債務危機和經濟衰退都屬於自我強化的行為，因為當虧損發生，放款人和貸款人都會變得比較沒有能力繼續放款與貸款，這會導致情況進一步惡化。舉個例子，當一個人發生虧損，他的資本會減少，而由於一個人可持有的資產規模相對其資本的比例受到一定的限制，所以，一旦那個人發生虧損（而導致資本減少），就代表他必須賣掉一部分資產，或是必需減少購買資產。而當很多人出售或減少購買資產，會進一步導致資產價格下跌，放款需求更弱，且製造更多虧損，並使得這個週期進一步強化。**由於橋水投資公司能取得銀行業的極詳細財務資訊，所以，我們也能掌握它們的曝險部位，因此，只要找出和那些曝險部位雷同的高變現性資產及其市場價格，就能估算出銀行業者的曝險部位的價值和虧損。所以，橋水投資公司一向會定期進行市價計值的壓力測試；這項作業讓我們得以在金融部門和仰賴金融部門為生的機構公開發布其財務訊息之前，先得知它們是否發生虧損。我們也能取得公開掛牌企業的詳細財務資訊，而透過定期進行的財務數字預估作業，我們也能提早察覺到當時很多企業面臨了債務緊縮的問題。

**新聞動態與
橋水每日評論**

2007年8月1日
通貨膨脹溫和使信心回升
「昨日的數據顯示，通貨膨脹依舊溫和，6月個人支出增幅達到九個月以來最低水準，但7月初消費者情緒大幅好轉。」
——路透社

2007年8月3日
信用憂慮使股市大跌
——《紐約時報》

2007年8月7日
美國房貸尋求破產法第十一章破產保護
——美聯社

2007年8月7日
Fed 維持利率不變；無進一步降息跡象
「今日聯準會幾乎徹底漠視外界愈來愈強烈的疑慮——擔心緊縮授信標準可能影響經濟——決定維持標竿利率不變，為 5.25%。但比維持利率不變的決策——畢竟這個決策大致符合預期——更重要的是，Fed 並未在解釋這個決策的會後聲明中，顯著調整它先前慣用的用語。」
——《紐約時報》

以下是我當時寫給客戶與政策制訂者的評論：

7月26日：這是不是一場大危機？

大家都知道我們對當前這種瘋狂的放款與財務槓桿作業有何觀點——這些放款與槓桿導致整個金融體系變得很脆弱，而我們也因此相信，利率將持續上升，直至金融體系出現裂縫時才會停止；一旦發展到那樣的地步，一切都將反轉（換言之，一味貪婪將被一味恐懼取代，波動性將會上升，外匯利差與信用利差也將消失）。我們先前（目前也是）並不精確知道這個情況將會在何時發生，也不知道眼前的問題是否會變成一場大危機，只知道：1）我們想避免從事這種瘋狂行為，也要逃脫這種行為的衝擊，以及 2）沒有人知道這個金融市場傳染病最後會怎麼演變。

這場危機最後會演變到什麼地步，取決於哪些人持有哪些部位，以及這些部位及參與者彼此間的衝撞。**我們在幾個月前展開深入研究，希望釐清哪些市場參與者持有哪些部位，尤其是衍生性金融商品市場的部位。**所以，我們讀遍政府監督機構及金融中介機構的所有研究報告，盡可能收集並檢視我們取得的所有數據，而且還深入挖掘金融中介機構的 10-K 報告（譯注：包含企業詳細營運及財務狀況的報告）。可惜**我們的結論是，沒有人掌握到任何線索。那是因為不管是誰，最多也只能像隔靴搔癢般，概略檢視這些部位。**換言之，雖然要查出某些團體持有哪些曝險部位（尤其是受監理的金融中介機構）並不難，卻不可能經由查出哪些人持有什麼部位，從而進一步確認各個重量級參與者的淨部位。舉個例子，形同這個領域的集散中心的交易商雖知道它本身的交易對手（counterparty）是誰，卻無法得知那些交易對手的總

部位。我們唯一可以確定的是，這些曝險部位已快速增加（大約成長到五年前的四倍）而且極為龐大（大約 400 兆美元）。

　　當時經濟看起來還穩健成長，債務與貨幣緊縮等情勢的影響尚未擴散到經濟體系。我們在 7 月 31 日寫道：「週二發布的一連串統計數據顯示，實體經濟狀況依舊良好，未受近期的市場行為影響。」不過，我們卻也極端擔心 Fed 有過度自信之嫌。Fed 在 8 月 7 日發布的貨幣政策聲明中提到：「近幾週金融市場表現反覆無常，某些家庭與企業的信用情勢趨於緊縮，住宅市場也繼續修正。然而，在就業及所得健全成長，且全球經濟表現強勁的情況下，未來幾季的經濟似乎將繼續維持溫和擴張腳步。」

　　2007 年 8 月初，房貸市場果真開始瓦解。8 月 9 日當天，資產規模在世界上名列前茅的法國最大銀行──法國巴黎銀行（BNP Paribas）凍結旗下三檔基金共價值 22 億美元的投資，因為它持有的美國次級房貸導致它暴露在極大虧損的風險當中。接下來，緊張的歐洲銀行業者開始緊縮同業間的放款，這促使歐洲央行（European Central Bank，以下簡稱 ECB）緊急挹注 950 億歐元到銀行體系，將利率壓回 ECB 的目標區，並在隔天馬上又加碼挹注 610 億歐元。在美國方面，連較安全的國庫券也備受擠壓，較高風險的商業本票的殖利率當然也明顯上升，甚至銀行間拆款利率都同步走高。資產擔保商業本票的主要持有者──貨幣市場基金──因其持有資產的價值大跌而不得不向基金的發起機構──銀行與基金公司──求助，以避免「價格跌破淨值」（breaking the buck）（我所謂的「價格跌破淨值」是指基金的價值下跌到低於存款人

**新聞動態與
橋水每日評論**

2007 年 8 月 9 日
**政府可能提高房屋貸款收購
上限**
「住宅與都會開發部部長阿爾馮索・傑克森（Alphonso R. Jackson）昨日表示，政府可能提高房利美公司與房地美公司收購房屋貸款的限額，以便把注更多流動性到房貸市場。傑克森先生表示，他與房利美公司執行長丹尼爾・馬德（Daniel H. Mudd）談到了房利美請求聯邦提高目前 7,225 億美元之房貸購買上限一事。」
　　　　　　　　──彭博社

2007 年 8 月 9 日
次貸災難持續擴大，法國巴黎銀行凍結基金
法國最大銀行──法國巴黎銀行凍結 16 億歐元（22 億美元）的基金，該行表示此舉和美國次級房貸市場的問題有關。在貝爾斯登旗下兩檔基金因次貸相關損失而被迫聲請破產保護後一週傳出的這個警訊，導致原已相當緊張的金融市場變得極度不安。法國巴黎銀行表示：『美國證券化市場特定市場區隔的流動性徹底蒸發，使得市場無法公平為特定資產評價──無論其品質或信用評等高低。』該銀行的股票下跌超過 3%，美國股票期貨價格亦大幅下跌。」
　　　　　　　　──《紐約時報》

2007 年 8 月 10 日
法國銀行回應房貸憂慮，導致股票重挫
　　　　　　　　──《紐約時報》

新聞動態與
橋水每日評論

2007 年 8 月 10 日
Fed 挹注準備金到金融體系
「聯準會為了平息華爾街的動盪，今日宣布將挹注必要規模的資金到金融體系，協助克服信用緊縮持續惡化的不良影響。Fed 透過一篇簡短的聲明，表示將提供『必要規模的準備金』，協助市場安全渡過難關。中央銀行並未詳細說明具體的作法，但表示將竭盡所能『促進金融市場的有序運作』。」
　　　　　　　──美聯社

2007 年 8 月 11 日
各國中央銀行出手干預，安撫極度波動的市場
「世界各國央行出手力阻虧損擴大。自市場問題爆發以來，日本央行首度挹注流動性。歐洲央行繼一天前提供 950 億歐元後，第二天又挹注 610 億歐元（840 億美元）的資金到金融體系。聯準會昨日也就房貸抵押證券，加碼放款 190 億美元，並透過附賣回協議（reverse repurchase agreements，譯注：又譯為逆回購協議）挹注額外 190 億美元。」
　　　　　　　──《紐約時報》

2007 年 8 月 11 日
歐洲人對次貸曝險部位感到納悶
　　　　　　　──《紐約時報》

存入的金額，存款人做夢都想不到這樣的情況有可能發生）。

　　銀行間拆款市場也開始崩潰。下圖是衡量銀行間壓力的典型指標之一：泰德利差（TED spread），數字愈高代表銀行業者為補貼同業拆款的風險而要求較高的拆款利率。從這張圖明顯可見債務週期的峰頂已形成。

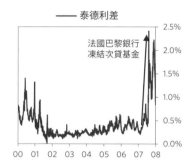

　　以下是我在事發隔天寫給客戶與政策制訂者的評論：

8 月 10 日：這次真的是大危機

　　意思是，我們早就預期會發生諸如此類的金融市場崩潰走勢──先前金融體系四處流竄鉅額的流動性，為了將這些流動性投資到高報酬的管道，各金融中介機構積極買進不負責任的發行機構所浮濫發行的部位，而由於持有這些部位的人非常多，一旦所有人都想出清這些部位，市場當然會崩潰──換言之，我們認為這是另一個 1998 年或 1994 年（這兩場危機的導因也和這一次相同），只不過規模更大。我要再次強調，我們到今天還是不敢斷言結局將會如何，因為事情的最終發展取決於誰持有哪些部位，以及這些持有者之間發生什麼樣的衝撞。儘管過去兩年我們投入

很多心力，試圖釐清這一切將演變成什麼結果，但到今天，我們還是無法歸納出一個真正有價值的結論，因為我們對這些部位的了解太不精確，而可能的排列組合又那麼廣泛，所以，要在幾個星期內預測最後的可能結局，猶如預測某一場颶風未來兩週將會朝什麼路線前進——沒有人有把握。我們敢說，其他人——包括關鍵的監理單位（他們擁有最清晰的資訊）都無法做出比我們更可靠的預測，因此，他們充其量也只能頭痛醫頭，腳痛醫腳。然而，由於我們過去目睹過很多次這類動態（也就是以一種自我強化的恐慌模式，逃殺高風險投資標的、轉入低風險投資標的，在這個過程中，採用高槓桿且持有劣質部位的參與者將背負愈來愈沈重的壓力），所以我們對未來情勢的可能演變，倒是有幾分把握——我們敢說，這場危機將以颶風般的速度（未來四至六個月）橫掃整個金融體系，財務信用較差的人將被這場颶風摧毀，而財務信用較強的人則將取得有利地位……

　　……我們已擬定一個作戰計畫（這個計畫已研擬多年），且對這個計畫非常有信心，因為我們早就針對這類情勢做好準備，不過，基於安全考量，我們正詳細檢查所有安全措施是否已經就緒，同時反覆確認我們一手研發的昂貴雷達是否還維持正常運作。那個作戰計畫不僅和我們的投資策略密切相關；它也包括本公司在極端風險趨避（risk-aversion）與極端低變現性的環境中，處理交易對手風險及交易成本的獨家策略。

新聞動態與
橋水每日評論

2007 年 8 月 16 日
全國金融公司用盡所有信用額度，引發市場恐慌

「美林證券某分析師警告，若流動性情勢惡化，美國最大房貸放款機構全國金融公司（Countrywide Financial）可能會面臨破產命運，週三美國股市因而大跌。週四早盤，市場情緒進一步惡化，因這家放款機構表示，為提高庫存現金，它已用完總額 115 億美元的信用額度。」
——《紐約時報》

2007 年 8 月 18 日
Fed 意外調降放款利率

「今日聯準會通過調降該會對銀行業放款之貼現率 0.5%，該會表示目前它感覺『信用的進一步緊縮與不確定性的進一步升高，可能壓抑未來經濟成長。』華爾街開盤後，股票隨即大漲回應，但中場漲幅已明顯縮小。」
——《紐約時報》

2007 年 8 月 22 日
美國銀行（Bank of America）承接全國金融公司股權
——美聯社

**新聞動態與
橋水每日評論**

2007 年 8 月 22 日
**數家美國最大型銀行湧向
Fed 貼現窗口**
「多數銀行業者站出來表
示，因上週信用市場動盪，
它們已開始利用聯準會的貼
現——放款降息政策。美國
四大銀行——花旗集團、摩
根大通、美國銀行及美聯銀
行（Wachovia）——表示，它
們各透過所謂的貼現窗口，直
接向 Fed 貸款 5 億美元。」
——《紐約時報》

　　我當時所稱的危機作戰計畫，就是本公司所謂
的「蕭條量測器」（Depression gauge）。由於過去已
經發生過很多次大型債務危機和經濟蕭條，而我們
也歸納出我在這份研究報告中解釋的「模型」，因
此，我們打造了這個量測器來作為一個簡單的演算法
（algorithm，又譯為規則系統），這個演算法的基準
包括：利率接近 0%、衡量債務脆弱度的幾項標準，
以及債務開始去槓桿化的指標等，我們根據這個演算
法來調整整體投資組合與風險控管（包括我們的交易
對手風險）。

　　不到一週，就有消息指出，美國最大房貸放款機
構－全國金融公司——已用盡其信用額度，隨時有宣
告破產的風險。儘管這家公司就像是煤礦坑裡的金絲
雀，是需要特別注意的早期警訊，但它畢竟不是具系
統重要性的金融機構。接下來幾天，股價大幅下跌，
商業本票的殖利率則大幅竄升。日本央行、ECB 以
及 Fed 都為了紓解市場壓力而先後向銀行業者提供流
動性。在 Fed 祭出意外降息 0.5%（這是在兩次表定例
會之間公布的決策）的罕見作為後，最嚴重的股票賣
壓終於結束。柏南奇主席表示，若有必要，他將採取
更多行動。"另外，美國銀行也介入支持全國金融公
司，投資 20 億美元換取該公司的大量股權。這些行動
紓解了市場上多數的籌資壓力，股票也稍微反彈，下
頁圖是股市到那時為止的表現。請注意，此時股市還
處於接近高點的水準。

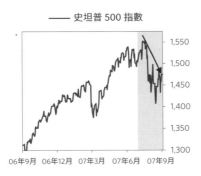

—— 史坦普 500 指數

暫時趨於平靜的情境使多數政策制訂者與投資人誤以為房貸市場風險層面可能造成的問題將獲得控制，並認定實體經濟體系最終將不會受到太大影響。但根據本公司內部的推算，我們當時便認定事情不會這麼輕易了結，於是，我們寫了「最後審判日只是順延，或許順延到 Fed 大幅緊縮或經濟嚴重衰退之際」。

為何銀行業者和投資人持有那麼多高風險房貸證券曝險部位

為何投資人、銀行業者、信用評等機構和政策制訂者會低估房貸證券的風險？關鍵的原因在於分析風險的方法。且讓我們先看看投資人傳統上如何看待風險。在當時，投資公司和商業銀行經常是用風險值（Value at Risk，以下簡稱 VAR，它是衡量市場及投資組合近期波動性的指標）來判斷潛在虧損的規模和發生機率。典型來說，這個方法是利用最近的波動性來評量一個人可自在承受的風險程度（即可承受的部位規模大小）。用簡化的方式來闡述，請想像一個投資人絕對不願虧損超過 20%。如果某次級房貸有史以來最大的月虧損是 5%，那麼，當投資人把「5%」這個數字輸入某個模型，那個模型可能會推演出「除非這

新聞動態與橋水每日評論

2007 年 8 月 31 日
布希對某些房屋貸款提供救濟
「面對受次級房貸危機打擊的家庭，布希總統的初步回應是：他今日宣布幾項措施，希望協助遭遇信用問題的美國人有能力支付日益升高的住宅貸款成本。布希總統在今早的白宮演說中表示，他將透過『降低頭期款規定、提高貸款上限以及提供更彈性訂價』等，設法『現代化與改善』聯邦住宅管理局作業。
該局官員表示……目標將是修改它的聯邦房貸保險計畫，除了今年與明年可能會申請房貸保險的 16 萬名屋主外，還要額外納入八萬名信用記錄不良的屋主。」
——《紐約時報》

2007 年 9 月 1 日
安撫性的談話促使股市大漲
「再次歷經反覆無常的一週後，華爾街昨日收盤大漲，因投資人將布希總統與聯準會主席班・柏南奇的評論視為一種保證，相信政府將協助華爾街解決房貸與信用市場的問題。」
——美聯社

2007 年 9 月 6 日
Fed 表示信用危機已獲得控制，但股票下跌
——《紐約時報》

2007 年 9 月 7 日
房屋查封率創新高
——《紐約時報》

**新聞動態與
橋水每日評論**

2007 年 9 月 7 日
更大的問題

「我們認為，眼下的情況比世界各地目前常說的『信用危機』更嚴重。正常來說，當貸款人舉債過多且無法取得足夠現金流量時，就會發生信用問題，而現金流量短缺的導因只有兩個，一是利率上升，二是經濟衰退。不過，請想像一個動態：信用持續流通且債務持續增加。這就是眼前發生的動態。問題出在信用／流動性過多，而非過少……整體而言，美國家庭部門現在的狀況非常糟（換言之，其資產負債結構不良且現金流量展望黯淡），所以，把更多資金挹注到這個部門，只會導致金融問題更快速惡化，故我們預期即使利率降低，即使信用能輕易取得，信用問題還是會繼續擴散。而且，我們相信，除非外國投資人漸漸體認到美國不是一個好的投資選擇，否則這樣的狀況將不會改變。」

個投資人持有的次級貸款規模超過三倍槓桿，否則借錢投資都算安全」的結論。

這種思考風險的方法導致很多投資人不知不覺地提高曝險部位，偏離了正規認知中的審慎作法。而且，**一般人在進行 VAR 相關的計算時，只採用最近的波動性，而且多半預期未來的波動性將和最近差不多。這是人性，但也很蠢，因為過去的波動性和過去的相關性並非預測未來風險的可靠依據**。問題就出在那幾年投資人真的因為那種不審慎的作法而獲得了豐厚的利潤。事實上，每次橋水投資公司縮減部位，客戶就不斷反過來敦促我們提高部位，因為我們的 VAR 很低。我們花很多時間向客戶解釋為何不那麼做。我們不該無限上綱地預測當前的情勢將永遠延續，並想像未來的狀況將和今天大同小異；相對較正確的作法應該是：務實地思考未來各種可能性的真實範圍。老實說，我甚至認為應該推斷未來將發生和最近情勢完全相反的事，因為連續多年乏善可陳，傾向於種下未來動盪的禍根，而且那種看似承平的局面會讓下一次衰退變得更加嚴重。**原因很簡單：低波動性與溫和的 VAR 估計值會促使一般人勇於提高財務槓桿**。當時，某些人的槓桿比率甚至接近 100：1。我個人認為，若要推斷未來的波動性，槓桿是遠比 VAR 更精準的指標。

2007 年時，很多銀行和投資人持有非常高的次級房貸曝險部位，原因是這些工具未曾經歷過虧損週期，也未經歷太多波動性。VAR 也會助長自我強化的跌勢，因為 2008 年危機達到最高峰之際，市場波動性顯著上升，這導致那些銀行和投資人的統計風險性看起來比實際上更高，並引爆了更大賣壓。

2007 年秋天

股票歷經夏天上下激烈震盪的走勢後，在秋天有了反彈，政策制訂者也開始思考要採用什麼方法解決長期以來從房貸市場擴散出來的問題。

早在 2006 年秋天，鮑爾森及財政部就開始和巴爾尼・法蘭克及眾議院金融服務委員會共同研究如何改革房利美與房地美。他們著眼於如何遏制不節制行為與提高監理機關的權限。眾議院在 2007 年春天通過一項法案，但這項法案被卡在參議院。由於此時政治反對聲浪非常強烈，所以不可能由聯邦提供資金為陷入困境的屋主緩解房貸壓力。於是，布希政府的財政部遂和放款機構、房貸服務機構與法律顧問合作，鼓勵這些民間機構修改與調整房貸契約，最後的成果還算差強人意。另外，財政部也開始和 Fed 合作，共同發展他們所謂的「破窗」（break the glass）選項，希望國會同意在政治層面可行時，授權它們進場購買變現性較低的房貸證券。這就是後來所謂問題資產救助計畫（Troubled Asset Relief Program，以下簡稱 TARP）的前驅計畫。

Fed 傳達了寬鬆貨幣政策的意願，目的是希望緩和房貸相關壓力可能對廣泛經濟體系造成的溢出效應（spillover effects）。雖然當時的數據和新聞顯示經濟基本面狀況逐步惡化，多數市場參與者還是相信政策制訂者有能力讓惡化的過程變得平順一些。

柏南奇最先是在 Fed 內部（與鮑爾森及財政部職員戮力合作）推動一項他們所謂的「藍天思維」（blue-sky thinking）——因預見傳統政策性寬鬆可能不足以解決問題，因而鼓勵漫無邊際的腦力激盪。[12] **隨著金融危機蔓延到銀行部門以外，實體經濟體系愈來愈多參與者不再能透過正常管道取得信用。當時柏**

新聞動態與橋水每日評論

2007 年 9 月 8 日
就業報告促使投資人轉抱債券，股票重挫
「昨日勞工部的一篇報告顯示，8 月就業情勢遽降，這引發經濟衰退的恐懼，股票因而重挫，投資人紛紛轉向較安全的政府債券。史坦普 500 股價指數收盤下跌 1.7%⋯⋯十年期國庫債券殖利率——殖利率波動方向與價格相反——下滑到一年半多以來最低的 4.37%。週四傍晚收盤的殖利率為 4.51%。」
——《紐約時報》

2007 年 9 月 14 日
信用恐懼紓解，市場回升
——《紐約時報》

2007 年 9 月 14 日
英國放款人提供緊急貸款
「英國政府表示已授權英格蘭銀行為北岩銀行（Northern Rock，位於英格蘭新堡〔Newcastle〕的房貸放款機構，近年來積極擴張）提供一筆為數不明的『流動性支援工具』（liquidity support facility）⋯⋯分析師表示，北岩銀行需要緊急融資一事，代表全球金融市場危機的影響已顯著擴大，因為直到目前為止，歐洲銀行業者的問題多半來自他們對美國次級貸款的直接曝險部位。」
——《紐約時報》

2007 年 9 月 19 日
降息後，全球市場大幅上漲
——《紐約時報》

**新聞動態與
橋水每日評論**

2007 年 9 月 20 日
Fed 主席呼籲擬定新房貸規定
「聯準會主席班・柏南奇今日表示，愈來愈鬆散的次級放款引起愈來愈嚴重的混亂，這顯示法律需要更嚴格約束貸款人與放款人的行為。」
——《紐約時報》

2007 年 9 月 21 日
信用亂象傷及華爾街多數股票，但並非所有人都承受同等的痛苦
「華爾街方面自今年夏天信用風暴爆發以來發表的第一批報告，揭露了相關損害的嚴重性，但本週四大券商公布的盈餘仍優於預期，稍稍帶來一點安慰。各投資銀行的狀況差異懸殊，高盛公司經由信用市場的亂象獲得更大影響力，昨日該公司公告其盈餘增加 79%，單季盈餘達到史上第三高水準。貝爾斯登公司的盈餘則因避險基金相關以及次貸投資部位的鉅額虧損而衰退 61%。」
——《紐約時報》

2007 年 9 月 21 日
信心低迷，經濟指標降幅達六個月以來最大
——彭博社

2007 年 9 月 22 日
Fed 理事就保護投資人免於蒙受損失的作為提出警告
——彭博社

南奇便開始考慮由 Fed 直接放款給更廣泛的交易對手（而不僅限於存款機構）的可能性，而這個對策也成為後來 Fed 因應這場危機的關鍵主軸。若真的付諸施行，這將是一個大規模且前所未見的果敢行動，所以柏南奇還特別查閱了完整的條文規定，以釐清這個對策是否合法。從大蕭條以後，授權這種放款行為的聯邦準備法條款第十三條之三就未曾被行使過，不過它還是一個有效的條款。在法規嚴謹且制衡系統健全的民主國家，**釐清危機時依法可（或依法不可）採取哪些必要作為，以及如何讓必要作為合法化，是典型的挑戰之一。**

　　持續惡化的情勢促使萬眾期待 Fed 降息。不過，雖然當時存在不少應寬鬆貨幣的理由，卻也有很多不宜寬鬆的理由。其中有兩個考量特別不利於貨幣寬鬆，第一個考量和通貨膨脹有關：美元穩定貶值且油價穩步上漲。貨幣寬鬆將導致美元進一步趨弱、油價進一步上漲，通貨膨脹因而將繼續上升。另一項考量則導因於頑劣的投機風氣所造成的種種問題，當時不管 Fed 採取什麼作為來改善那些投機客的處境，都只會鼓勵他們未來承擔更高的風險。

　　從危機爆發後，Fed（與財政部）不止一次因「道德風險」的見解而陷入天人交戰。**在大型債務危機爆發期間，「道德風險」疑問的處理方式，是決定危機最後將如何收場的關鍵要素之一。**由於缺乏紀律的放款與貸款行為是引爆危機的導因，所以，一般人自然希望由危機的始作俑者承受自身不當行為所造成的後果，並希望當局實施許多緊縮放款與貸款作業的規範。不過，那樣的作法無異於要求一個剛因過度肥胖而心臟病發的人馬上開始節食並執行跑步機減重運動。在那樣一個時期，**最重要的對策莫過於提供活血**

（也就是提振措施），**使整個經濟體系中具系統重要性的部門得以維持生機**。妄想在以下兩個選項之間取得過度精確的正確平衡，反而非常危險：（a）坐視過於不節制的貸款人與放款人承受自身行為所造成的後果；以及（b）提供審慎規模的流動性／放款，協助矯正經濟衰退的嚴重性。過與不及固然都不好，但「過」絕對比「不及」好。所以，這一次 Fed 雖然還是認為理應盡可能縮小道德風險，但它最終還是選擇一改大蕭條的作法（當時 Fed 允許全體銀行業者破產），將拯救經濟體系列為第一要務。

當時擔任紐約聯邦準備銀行總裁的提姆‧蓋特納，抱持和我不謀而合的想法。他相信在金融危機期間，政策的思考不宜受限於道德風險的框架，因為此時需要實施非常積極排除災難風險的政策，而且政策的執行絕對不能緩慢，也不能太過吹毛求疵。[13] 過去的許多經驗一再驗證那樣的想法是正確的。在流動性危機期間提供大量流動性，將使政府承擔的風險降低，並使整個體系變得更健康。相反的，道德風險框架導致一般人誤以為若坐視不管，政府承擔的風險會比較少。事實上，如果放任一切問題持續惡化，最終所有的風險都會落到政府頭上，因為到時候政府必須以更高的代價且更具殺傷力的方式，將整個體系國有化。

到最後，美國的政策制訂者為了因應這場危機而為幾乎所有事物擔保，包括公開或隱含性保證，並且採取公開的鉅額資金挹注行動。蓋特納告訴我，這個方法最有意思的部分是，整個金融拯救計畫並未導致 GDP 折損 5% 至 10%，而是額外多創造了大約 2%（取決於你的衡量方式）的 GDP。這個結果堪稱金融危機史上一個戲劇化的「離群值」（outlier），而蓋特

新聞動態與
橋水每日評論

2007 年 10 月 2 日

股價因信用危機已過的期待而大漲

「投資人似乎已不把今年夏天次級房貸放款所引發的問題當一回事；昨日績優股股價被推升到歷史高價區……當兩家銀行——花旗集團與瑞士聯合銀行（UBS）——預測，第三季盈餘將因房貸抵押證券與貸款相關的問題而降低或甚至出現虧損，股價反而開始上漲……分析師表示，它們的獲利預警反而使市場對房貸放款問題可能帶來的長期影響較不那麼耿耿於懷，因為這些預警讓華爾街感覺因今年夏天信用危機而起的最糟影響已成為過去。」

——《紐約時報》

2007 年 10 月 6 日

美林的高額虧損造成不安

——《紐約時報》

納將之歸功於 Fed 與財政部對危機的極端積極回應，以及他們願意暫時擱置道德風險疑慮的作法。我非常認同他的觀點。

2007 年 9 月 18 日，Fed 降息 0.5%，較市場期待的 0.25% 更多。誠如柏南奇的說法：「鷹派與鴿派團結一致。」[14] Fed 超出預期的降息幅度使股票大漲，《紐約時報》更形容市場「欣喜若狂」，這股欣喜之情帶動史坦普 500 指數回升到僅距離歷史高點不到 2% 的水準。

Fed 的降息幅度固然令人士氣大振，更重要的其實是這項行動傳達給市場的訊息：Fed 說服市場相信它願意採取必要的果斷行動，控制 8 月導致市場陷入動亂的種種問題。但在此同時，負責統計數字的人都心知肚明，**貨幣寬鬆無法解決金融中介機構、債務人與債權人因持有過多債務型資產與負債（以致無力償債）而起的較根本問題。**

銀行（與投資銀行）的資產負債表及流動性問題不僅牽涉到資產端，也牽涉到負債端。在資產端，問題來自銀行透過證券化所持有的次級房貸。而在負債端，問題出在銀行過度依賴高風險的集資來源。自古以來，銀行一向依賴短期性的融資來源，但在過去，這類短期性融資主要是由存款組成，只要實施存款保證，就能善加控制存款的流動。存戶當然隨時可以領走他們的存款，而在大蕭條時期，由於民眾普遍對銀行償債能力憂心忡忡，於是撤走在銀行的存款，這在 1933 年催生了 FDIC，該機構負責處理銀行存款保險（有特定金額上限）的問題。FDIC 成立後，存款戶大規模撤出存款的誘因大致上已經消除，因為即使銀行破產，存戶的存款還是會得到保障。

相較之下，現代銀行業者過度依賴所謂批發市場

短期資金融資（short-term wholesale funding）管道，這
導致它們注定面臨早期銀行業者在 1930 年至 1933 年
間曾經歷的類似情境。批發市場短期資金融資有很多
不同的形式，但說穿了，這類融資非常像不受保險的
存款，換言之，這種存款人有極大的誘因在他們察覺
到問題的第一時間，快速將資金撤出。

　　另外，銀行和投資銀行也因在我們將談到的「證
券化機器」（securitization machine）中扮演核心角色
而自陷困境。**本質上，這台證券化機器的運轉起始於
高風險房貸的承作，而機器運轉到最終階段，則是將
非常「安全」的債券出售給機構投資人。**這個過程的
參與者眾多，但這些作為金融中介機構的銀行與投資
銀行業者扮演最吃重的角色之一。基本上，房貸放款
機構承作貸款後，會將那些房貸賣給某一家銀行，而
該銀行會把很多房貸（假定是 1,000 筆房貸）全部綁
在一起，變成一個套裝組合。他們認為，因為貸款分
散的緣故，所以 1,000 筆貸款的總現金流量，會比其
中任何一筆貸款的現金流量安全很多——如果某一名
貸款人無力償還房貸，或許會造成一筆貸款虧損，但
那個單一事件應不致影響到其他 999 個貸款人償還其
貸款的能力。而根據過往的歷史，平均來說，多數貸
款人確實都有能力償還他們的房屋貸款，所以，將很
多房貸包裝在一起，（理當）能降低這些貸款的整體
風險度。

　　接著，這家銀行會把這 1,000 筆房貸的總現金流
量細細加以切割，將之分成幾大區塊，其中 70% 至
80% 會成為超級安全的 AAA 級債券，另外 10% 至
15% 可能會成為風險稍微高一點，但還算相當安全
的 AA 級債券，5% 至 10% 則成為 BBB 級債券，某些
小額且未進行信用評等的殘餘金額（最先損失〔first-

**新聞動態與
橋水每日評論**

2007 年 10 月 9 日
盈餘數據發布前，交易清淡
「華爾街昨日交易非常平靜，
因投資人將上週大幅反彈所
帶來的部分利潤落袋為安，
並靜待上一季企業盈餘報告
發布，多數股票收低……一
般預期盈餘將反映出某些企
業，尤其是金融與住宅部門，
因信用市場動盪（導因於債務
槓桿過高以及次級房貸違約
等問題）而面臨的困境。」
——《紐約時報》

2007 年 10 月 10 日
**華盛頓當局舒緩房貸危機的
新行動**
「布希政府擬協助因無力償
還次級房貸及房價持續下跌
而受困的屋主，今日眾議院民
主黨籍議員提出迎戰對策。民
主黨控制的眾議院通過一項
法案，將要求我國兩家政府
贊助的房貸金融公司及聯邦
住房管理局保險計畫，一年
導入 9 億美元資金至一個為
配合先租後買住宅計畫而成
立的新基金。」
——《紐約時報》

**新聞動態與
橋水每日評論**

2007 年 10 月 11 日
**民主黨與白宮對房貸救助計
畫的立場分歧**
——《紐約時報》

2007 年 10 月 15 日
**銀行業者計畫為保護信用市
場而成立一個基金**
「花旗集團、美國銀行及摩
根大通將成立一個有能力向
結構型投資工具（structured
investment vehicles，以下簡
稱 SIV）購買大約 750 億至
1,000 億美元之高評等債券
及其他債務的基金——它們
稱之為管道（conduit）。這些
投資工具持有房貸抵押證券
及其他證券，自 8 月初信用市
場凍結以來，這些投資工具
就難以取得融資。」
——《紐約時報》

2007 年 10 月 17 日
鮑爾森表示房市災難將惡化
——《紐約時報》

2007 年 10 月 17 日
外國人拋售美國證券
——彭博社

2007 年 10 月 18 日
**核心通貨膨脹未見鬆動，令
Fed 相當為難**
——《紐約時報》

loss〕部分），則用來吸收前幾名可能違約的貸款人所衍生的虧損。**這是純粹利用歷史資料探勘（data-mining）來評估風險（而不是以健全的邏輯來評估風險）的典型個案。由於一般人認為歷史資料探勘結果中未曾發生過的事情應該不會發生，因此大膽使用財務槓桿，賭那些事不會發生。**正因如此，當事實證明他們賭錯了，上漲的自我強化動態遂轉變為下跌的自我強化動態。

銀行會把其中所有能轉賣給投資人的房貸債券盡可能全數出清，但通常會為了交易的順利進行而留下「第一損失」部位。另外，它們將（尚未賣出的）債券列記為存貨（有時候最終的目的還是要賣掉這些債券，但有時候則是為了獲得報酬而持有這些曝險部位）。這個辦法成效良好，因此銀行業者再接再厲，直到行不通為止。當外界對這些債券的需求終於在 2007 年第三季趨於枯竭，銀行業者只好自行持有大量這類債券的存貨，只不過每一家的持有數量各有差異罷了。

需求枯竭的情況是發生在各個參與者因市價計值會計法而開始提列資產減損之後。其中，貝爾斯登 2007 年第三季的盈餘驟降 61%，除了因該公司旗下避險基金出問題，也因它本身持有的其他次級房貸曝險部位大幅虧損。摩根士丹利（Morgan Stanley）與雷曼兄弟（Lehman Brothers）的盈餘也各減少 7% 與 3%（算是相對小的虧損）。花旗集團、UBS 及美林證券等也一樣，提報不少虧損，幸好虧損都尚未失控。以虧損金額來說，花旗集團最初提列的資產減損金額最大，達 59 億美元（請記住這個數字，因為稍後需要拿它和我們後續將說明的數字做比較）。

大約在這時（2007 年秋天），橋水投資公司開

始進行我們內部對金融體系的虧損估算及「壓力測試」——我們蒐集銀行業的資產負債數據，檢視它們的資產和負債，並用能變現的市場價格，計算它們持有的低變現性資產的價值，以估計它們理當提列的虧損有多大。這項寶貴的分析讓我們得以正確預見未來的可能發展。2007 年 10 月 9 日，史坦普 500 指數還以歷史新高收盤。但接下來，直到 2013 年，股價再也沒回到那個高點。

當時商業界多數人都很清楚銀行業發生了次級房貸的問題，不過，大家卻不是很了解整個經濟體系的債務問題也非常嚴重。為了緩和緊張局面並鞏固信心，很多大型銀行提議由同業合力成立一個以收購不良次級房貸證券為目的的基金，同時也計畫為這個基金集資 750 億至 1,000 億美元。一如其他觀察家，我們認為這個提議是回應信用緊縮的自然反應，而且這類方案可能確實有助於減輕感染的風險。然而，到那一年年底，業者竟放棄繼續為成立這個基金而努力，因為參與合作的銀行判斷「此時此刻還沒有必要成立」這個基金。[15]

在此同時，儘管國內氣氛依舊樂觀，信用緊縮卻透過兩個主要途徑，由美國感染到歐洲。第一個途徑是歐洲銀行業者（最值得一提的是英國的北岩銀行）一向高度依賴貨幣市場來取得批發市場短期資金融資。當那個融資來源從 2007 年夏天開始枯竭，北岩銀行隨即面臨典型的「擠兌」——9 月中旬時，存款人連續三天到該銀行排隊提領他們的資金。[16]儘管英國也有和美國類似的存款保險，但保險金額較低（3 萬 5,000 英鎊）。為了遏制擠兌潮，英國政府只好出面擔保北岩銀行的所有存款。

第二個途徑導因於很多歐洲銀行業者投資的次貸

新聞動態與橋水每日評論

2007 年 10 月 19 日
盈餘報告引爆嚴重的股票賣壓
——《紐約時報》

2007 年 10 月 22 日
中國銀行將投入 10 億美元收購貝爾斯登的股權
——《紐約時報》

新聞動態與
橋水每日評論

2007 年 10 月 24 日
美林證券的虧損與資產減損金額擴大
「經紀公司美林證券今日宣布近六年來首度的季虧損，原因是，該公司將資產減損金額提高 29 億美元至 79 億美元……多數虧損及資產減損和次級房貸市場的問題以及擔保債權憑證的價值減損有關。」
——《紐約時報》

2007 年 10 月 25 日
房屋銷售遽降至八年新低
——《紐約時報》

2007 年 10 月 25 日
歐洲出現美國房貸之負面影響的新跡象
「週四幾個歐洲國家的首都傳來負面消息：包括德國經濟成長預測降低，以及英格蘭銀行報告等，該報告指出，金融市場依舊容易因起源於美國房屋抵押貸款市場的危機而受創。」
——《紐約時報》

2007 年 10 月 27 日
住宅所有權連續四季降低
——彭博社

2007 年 10 月 30 日
UBS 盈餘報告顯示虧損高於預期
——《紐約時報》

2007 年 11 月 2 日
紐約當局表示鑑價機構虛灌房屋價值
——《紐約時報》

證券化標的。由於最大型的歐洲銀行業者如 UBS 與德意志銀行本身也創造證券化商品，因此，它們當然也持有大量證券化投資商品部位。很多較小型的銀行則只是單純想趁機分一杯羹而購買這類商品。畢竟當時很多次級貸款證券化商品被評為 AAA 級，換言之，各個評等機關等於為那些商品打上「極低風險」的正字標記。根據三大信評公司之一的史坦普公司統計，在前幾次壓力期——如 1980 年代的存貸危機與 2000 年代初期的網路泡沫——AAA 級公司債的違約率都是 0%。[17] 此外，相較於相同信用等級的公司債，獲得 AAA 評等的次貸證券化商品還能提供某種溢價（事後來看，以那類債券的風險來說，那樣的溢價實在太微不足道了）。

所以，當橋水投資的往來銀行、投資銀行及經紀交易商的風險衡量指標轉變，我們隨即就把我們的曝險部位，從較高風險的合作對象轉移到較安全的合作對象，同時也把資金轉移到比較安全的資產。

2007 年 10 月底，由於次貸證券化的整體預估虧損金額開始增加，投資情緒也愈來愈低落。美國股票價格在摩根大通提列 20 億美元資產減損，以及美國銀行公布遠低於預期的盈餘後，在 10 月 19 日當下大跌 2.6%。

此時情況已清楚顯示，因次級房貸而衍生的虧損問題將遠比銀行業者先前所猜想的更大，不過，此時很多人還搞不清楚房市的壓力將會對美國家庭造成多嚴重的打擊——這一點很關鍵，因為家庭消費約當美國 GDP 的 70% 左右。以下是我們當時的評論：

10 月 30 日；下跌的房價與財富

　　房市的弱勢從很多方面影響到美國經濟，包括建築活動降低、住宅相關用品支出減少、房屋抵押貸款中被用於非住宅相關消費的現金支出減少，以及財富減少等。誠如我們先前說明的，在高峰階段，光是融資的減少（為了購買其他事物而舉借的住宅抵押貸款）就佔了超過 3%，預料可能很快會轉為負數（而且如果希望消費成長維持現有狀態，這部分將需要由其他方面來彌補），而建築活動的 20% 年度負成長，大約會拖累 1% 的實質經濟成長……房地產資產約當 GDP 比重的高峰是 167%，所以，財富的縮減規模將大約等於 GDP 的 50%。

　　從各項統計數字便清楚可見家庭所受的衝擊：房貸拖欠還款的案件增加、新屋及成屋購買活動趨緩、零售銷售成長減緩等。政策制訂者深知這個情況將會進一步惡化：根據我們先前討論的，大約有 200 萬名採浮動利率房貸的貸款人的優惠利率將在 2008 年到期，接下來，這些貸款人的利息成本將大幅增加。於是，財政部長鮑爾森宣布了幾項措施，協助修改房貸契約，為壓力較重的貸款人延長優惠利率的適用期間，不過，由於缺乏納稅人資金的支援，所以這個計畫最終停擺，潛在的影響也有限。

　　在此同時，橋水投資的同仁們檢視過銀行業者的資產負債表數據後，完成本公司對損失估計與壓力測試結果的第一次評估。這項作業讓我們大開眼界，所以，我們在 11 月 21 日發表了一篇我們所謂的「特殊報告」（Special Report），內容節錄如下：

**新聞動態與
橋水每日評論**

2007 年 11 月 3 日
花旗集團執行長將因虧損問題而去職
——《紐約時報》

2007 年 11 月 3 日
汽車部門的貢獻縮小，且支出受衝擊
——《紐約時報》

2007 年 11 月 3 日
美林證券股票大跌，暗示還有新的紛擾
「至昨日為止仍未指派常任執行長的美林證券的股價大跌，因該公司可能必須就其高風險信用曝險部位，提列更多資產減損。」
——《紐約時報》

2007 年 11 月 6 日
債券買方信心漸失
「投資人表示，讓他們最感到困擾的是住宅抵押貸款領域的資產減損規模加速擴大與信用評等調降等問題，但他們也開始質疑和商用不動產抵押貸款與消費者債務有關的債券的價值。」
——《紐約時報》

2007 年 11 月 7 日
通用汽車單季虧損達歷史新高
——《紐約時報》

2007 年 11 月 8 日
摩根士丹利因房貸問題而受重創
——《紐約時報》

新聞動態與
橋水每日評論

2007 年 11 月 10 日
股票再次歷經嚴厲考驗，本週收盤重挫
——《紐約時報》

2007 年 11 月 10 日
三大銀行陷入困境；巴克萊（Barclays）因謠言而下跌
「三大銀行（美聯銀行、美國銀行及摩根大通）昨日就它們因信用市場而持續發生的虧損提出警告，但倫敦的巴克萊銀行否認該公司正面臨鉅額資產減損的猜測。」
——《紐約時報》

2007 年 11 月 20 日
信用憂慮再起導致股票市場下跌
——《紐約時報》

2007 年 11 月 24 日
住宅市場的歷史發出經濟衰退警訊
「聯邦準備理事局本週預測美國將不會在近期的未來陷入經濟衰退……如果 Fed 的觀點正確，經濟確實也未陷入衰退且失業率幾乎未上升，那麼，這將是房市首度在經濟未衰退的情況下如此嚴重下修。」
——《紐約時報》

橋水投資特殊報告：我們認為將獲得控制及無法獲得控制的問題

- 某些信用問題已經浮上檯面，但有些則尚未被揭露。

- **我們相信，已浮上檯面的信用問題（即次貸／SIV 問題）將會擴散（也就是感染），但將獲得控制（即不會擴散到無法管理，也不會重創經濟，但會導致經濟狀況轉弱）。** 原因是，那些問題的規模尚可控制，其所有權也相當分散，而且全球流動性依舊充沛，買方收購這些不良證券（distressed securities）部位的需求也還相對龐大。這場危機的管理當然需要仰賴各國央行、財政部長、立法機構以及金融機構的明智決策與協同行動，一如過去所有危機的管理。我們預期他們能明智管理這場危機，也能做出協同的決策——尤其是各國央行與財政部長，因為我們相對較敬重這些主事者，也因為他們目前採取的行動很適當且相對乾淨俐落。

- **但我們也「相信」隱藏在表象底下的信用問題比已浮上檯面的更大，且更具殺傷力。** 這些潛藏的信用問題導因於：a）各地尋找投資標的的極龐大流動性；以及 b）投資人愈來愈急於透過結構性、槓桿性、低變現性且高風險投資標的獲取較高報酬，且投資人的投資態度愈來愈輕率。一如次級貸款與其他信用緊縮問題尚未浮上檯面之前的情況，我們和其他人（包括政府監理機關）目前還未能充分了解這些曝險部位，所以，我們不敢斷定問題是潛藏在哪些領域，也不知道這些問題將個別引爆，或是否將在一個壓力沈重的環境下產生連動影響。唯一

確定的是，這些曝險部位極端快速成長，非常巨大，而且是透過很輕率甚至看起來毫無意義可言的策略所產生。我們也相信，如果這些問題浮上檯面，將非常難以適當加以控制……

- 雖然我們並不相信「潛藏的問題」將在短期內浮上檯面，本公司還是會設法降低或甚至完全不持有和信用與流動性利差擴大、股票下跌、利差交易取消、波動性上升與交易對手信用品質敗壞等有關的曝險部位，同時針對這類部位做好萬全的保護措施。

- **將所有實體持有的信用緊縮相關曝險部位全部加總起來後，我們認為，當今全球的市價計值虧損大約高達 4,200 億美元，那大約是全球 GDP 的 1%……我們估計這些部位的未實現虧損遠比已實現虧損高，所以，我們認為未來這些實體將提列更多的資產減損。**

總之，我們計算了相關數字，並對各種已知及未知的問題極度憂心。但即使我們算出銀行業的潛在虧損（極端高）數字，卻還有最大的未知數無法釐清：這些虧損會在市場造成什麼樣的漣漪效應，尤其是這些虧損將透過衍生性金融商品市場造成多大的衝擊。衍生性金融商品合約的價值取決於某些標的（underlying）資產、利率、指數或甚至事件的價值。和股票與債券不同的是，這些商品並不是用來募集支出或投資所需要的資金。取而代之的，這些商品主要是作為規避風險的工具以及投機操作的工具（透過價格的變化來從事投機操作）。這些商品是透過參與者私下的合約產生，而不是透過交易所，所以這類商品不受監理。另外，衍生性金融商品為數眾多，而且非

**新聞動態與
橋水每日評論**

2007 年 12 月 3 日
房貸救助方案的影響可能有限

「產業分析師今日表示，布希政府雖意圖協助某些可能違約不償還次級房貸的屋主，但這些努力可能只能幫到其中少數人——在房市泡沫最後那兩年申請房貸的人。」
——《紐約時報》

2007 年 12 月 5 日
華爾街多家企業因次貸調查而遭傳喚
——《紐約時報》

2007 年 12 月 11 日
房貸危機迫使一檔基金關閉

「房市危機擴大導致投資損失進一步惡化，有錢的投資人因而撤出數十億美元的資產，這迫使美國銀行關閉一檔規模達數十億美元的高收益債基金，該基金在同類基金中規模最大。」
——《紐約時報》

2007 年 12 月 11 日
Fed 降息 25 個基本點，股票大跌
——《紐約時報》

2007 年 12 月 12 日
Fed 在強化銀行體系的活動上扮演主導角色

「聯準會溫和降息的作法令投資人失望，一天後，北美與歐洲地區的中央銀行於週三宣布，將對銀行體系挹注資本，總挹注金額達 2001 年 9 月恐怖攻擊以來最高。」
——《紐約時報》

常不透明，因此沒有人知道此時世界上到底共有多少相關的曝險部位，也因此，沒有人真正了解銀行及非銀行放款機構因這類商品而發生的虧損將會如何擴大、會擴大到什麼程度。

更具體來說，早在危機爆發前三十年，櫃檯買賣的衍生性金融合約（也就是非透過受監理的交易所交易的合約）市場就已經非常巨大。2000 年 12 月，國會闡明只要簽訂這類櫃檯買賣合約的是「經驗豐富的專業投資者」，監理者就無須比照期貨或證券的標準來監理這些商品——這實質上等於是讓 OTC 的衍生性金融商品得以逃過幾乎所有監督。[18] 故接下來七年，OTC 市場快速成長。到 2008 年 6 月，這些合約的名目價值（notional value，譯注：又稱為標的資產金額）已高達 672.6 兆美元。

在這場金融危機當中扮演重要角色的關鍵衍生性金融商品之一是信用違約交換（credit default swap，以下簡稱 CDS）。CDS 的作用和保險類似。當發行者出售一檔 CDS，代表它承諾 CDS 的買方不會因特定曝險部位的潛在違約（例如房貸違約會導致房貸抵押證券虧損）而受傷，但發行者也因這個承諾的提出而換回一系列固定的收入源流。CDS 讓房貸抵押證券（及其他資產）的買方得以將違約風險轉嫁給銷售 CDS 的那一方。舉個例子，美國國際集團（AIG）出售很多這類「保險」，但在此同時，它只針對這些保險保留非常小額的準備金——這代表一旦發生鉅額虧損，該公司將沒有能力理賠。

誠如先前提到的，我和財政部與白宮當局分享我的疑慮，但他們認為我的推測太令人難以置信，因為他們一生未曾遭遇那樣的情境。雖然我不想一竿子打翻一船人，指控所有政策制訂者的不是——畢竟政策制訂者那麼多，每個人都有差異，而且每個人的職掌和考量各有不同（例如財政部、白宮、國會、SEC 等等），但我還是得說，他們太過被動，不夠積極；這倒也可以理解，畢竟他們的工作性質不是要和一般人的共識對賭（而且必須賭對），而且他們終究是政治體系的一分子，在政治體系，除非整體共識認定某個問題已嚴重到無法忍受，否則沒有人會採取行動；因此，政策制訂者和投資人大不相同——政策制訂者通常要等到危機臨頭，才可能採取果斷的行動。

到 2007 年年底時，史坦普 500 指數已較 10 月的高峰下跌 6%，但總計一整年，該指數還是上漲。12 月最嚴重的市場賣壓是出現在 Fed 降息 0.25% 那一天（儘管降息通常有助於股票上漲），因為降幅低於市場預期的 0.5%。債券殖利率的降幅較大，從 6 月信用開始緊縮之際的大約 5%，降至年底的 4% 左右。美元指數一整年貶值 8.6%。在此同時，石油價格大漲 55%，達 96 美元，和歷史最高價僅一線之隔。

新聞動態與橋水每日評論

2007 年 12 月 22 日
預定以大型基金來支撐證券價格的計畫遭裁撤
——《紐約時報》

2007 年 12 月 24 日
美林證券將獲得 62 億美元的現金把注
——路透社

2007 年 12 月 28 日
疲弱的經濟數據使股市陷入慌亂
——《紐約時報》

2007 年 12 月 31 日
歲末年終，市場以下跌作收
「自上一個空頭市場在 2002 年結束迄今，國庫證券表現首度超過史坦普 500 指數。包含股利與股息，史坦普指數的報酬率為 5.5%，美林證券追蹤政府擔保債務的指數則創造 8.5% 的報酬率。」
——《紐約時報》

新聞動態與
橋水每日評論

2008 年 1 月 2 日
股票因製造業報告而下跌
「12 月製造業活動意外萎縮，經濟即將衰退之恐懼再起。」
——《紐約時報》

2008 年 1 月 4 日
疲弱的就業成長數字加重股票賣壓
「12 月失業率大幅上升至 5%，美國只增加 1 萬 8,000 個就業機會，四年來最低單月增加數量。」
——《紐約時報》

2008 年 1 月 15 日
股票因經濟消息與銀行業災難而重挫
「週二花旗集團公布上一季虧損 98 億美元及……12 月零售銷售衰退，股價大幅下跌。」
——《紐約時報》

2008 年 1 月 17 日
未來展望惡劣，道瓊指數重挫 300 點以上
「在數家信用評等公司表示將重新檢視 MBIA 與 Ambac 公司的財務體質後，週四這兩家公司的股價大跌。」
——《紐約時報》

2008 年 1 月 18 日
布希呼籲通過 1,450 億美元經濟援助方案
「為了提供『維持根本強勢經濟體質所需的興奮劑』，並避免經濟由成長反轉為衰退。」
——《紐約時報》

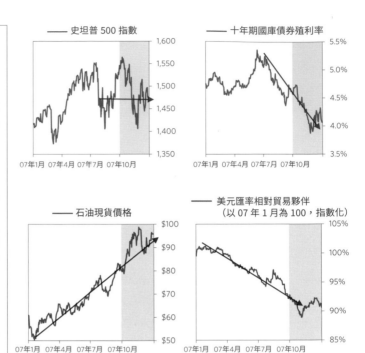

2008年：蕭條

2008 年 1 月至 2 月

　　年初時，經濟體系與市場開始出現裂縫。美國製造活動、零售銷售與就業報告都相對疲弱。接著是無所遁形的金融機構資產減損訊息接二連三被揭露，包括花旗集團（222 億美元）與美林證券（141 億美元），及 Ambac 及 MBIA 評等的遭到調降——這兩家債券保險公司共擔保了價值約 1 兆美元的債務，另外，它們也持有巨額的次貸證券曝險部位。這些企業反覆出現虧損的原因包括：它們持有的資產因市場跌價而貶值；會計準則使然——會計準則要求企業必須依照市價來計算其資產價值，並將因此而產生的未實現損益列記到損益表及資產負債表上。到 1 月 20 日，

史坦普 500 指數就下跌了大約 10%。全球股票市場情勢更糟糕，跌得比美國慘，如以下左圖所示。

　　Fed 眼見狀況惡化，便體察到有採取行動的必要。柏南奇向聯邦公開市場委員會表示，儘管 Fed 的任務不是要防止股票市場大跌，但各項事件似乎「反映出愈來愈多人相信美國已一步步陷入深沈且漫長的衰退」。[19] 他向該委員會強調應該立即採取行動，表示「我們正面臨一場潛在的大規模危機。不能再拖延。必須解決這個難題……我們必須穩住局面。如果做不到，整個大局將失控」。[20]

　　Fed 在 1 月 22 日的緊急會議後，降低利率 75 個基本點（即 0.75%）至 3.5%，並提及「經濟展望惡化，經濟衰退的風險上升」。一週後，Fed 再次降息，這一次是調降 50 個基本點，聲明中提及金融部門承受「可觀的壓力」，「情勢日益惡化」以及「企業與家庭」信用吃緊等。這兩次降息加起來，是 1987 年以來單曆月最大幅度的短期利率調降。參議院也通過一項提振方案（大約 1,600 億美元），意圖透過中低收入家庭退稅來刺激需求。

股票價格（1 月 1 日為 100，指數化）

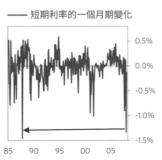

股票因此反彈，但儘管貨幣寬鬆幅度非常大，還是未能帶動股票收復所有失土。到 2 月底，股票又回跌到 Fed 出手干預前的水準。信用與經濟情勢繼續惡化，AIG、UBS 和瑞士信貸公司繼續提列大規模的資產減損（分別是 110 億美元、140 億美元以及 28 億美元），另外，服務業部門與消費信心指標分別降至七年與十六年新低，而 UBS 一份廣為流傳的報告也估計，美國金融體系的房貸抵押證券虧損可能高達 6,000 億美元。

深思過當時的種種事件後，我們認為應該強力提醒顧客注意這不會是一場典型的經濟衰退，而將是一個去槓桿化／經濟蕭條型的動態，由潛在規模與導致經濟陷入衰退的各種關聯性等角度來看，這兩者差異甚大。我們在 1 月 31 日的《橋水每日評論》寫道：

1 月 31 日：真正的大衰退，這不僅是一般的經濟衰退

最近很多人用「R」字母開頭的字眼（譯注：recession）來描述經濟活動可能的萎縮，因為目前大家都將經濟的萎縮稱為經濟衰退。然而，用那個字眼形容目前的情況，可能有誤導之嫌，因為那暗示最近這場經濟萎縮和美國以前發生過的很多經濟萎縮類似，而和 1990 年代發生在日本，以及 1930 年代發生在美國的經濟萎縮有所不同——那類狀況用「D」字母開頭的字眼（例如 deleveraging——去槓桿化）來形容會比較適當。

和一般人想法相反的是，「D」字母開頭的字眼不僅比「R」字母開頭的字眼嚴重很多，這兩種情況的發展流程也截然不同……「R」是實質 GDP 的萎

縮，那是中央銀行緊縮政策（通常是為了打擊通膨）所造成，而當中央銀行轉趨寬鬆，那種經濟萎縮就會結束。這種情境相對容易透過利率的調整來管理……「D」則是導因於金融去槓桿化的經濟萎縮，去槓桿化會使得資產（例如股票與房地產）遭到拋售，導致資產價格下跌，股票價格下跌，並進而引來更大的強迫式資產賣壓，導致信用緊縮與經濟活動萎縮，而這兩者又會透過一種自我強化的週期，使現金流量問題惡化，同時引來更多資產賣壓。換言之，金融去槓桿化會引發金融危機，而金融危機又會進一步引發經濟危機。

2008 年 3 月——拯救貝爾斯登

　　進入 3 月後那十天，股票價格大跌約 4.5%（金融股下跌更多），接著是凱雷資本（Carlyle Capital，資產管理規模為 220 億美元）的高調違約、倫敦的裴洛頓合夥公司（Peloton Partners，資產管理規模 30 億美元）經營的兩檔基金違約，以及通堡抵押貸款公司（Thornburg Mortgage，資產管理規模 360 億美元）未能及時追繳融資的新聞等。這些公司持有的房貸抵押證券曝險部位都非常高，而上述消息的傳出，當然也使得放款人愈來愈不願意放款給它們。

　　這些疑慮很快就感染到大型經紀商，尤其是向來以持有大規模 MBS 曝險部位而著稱的經紀商，如貝爾斯登、雷曼兄弟以及美林證券等，而這些經紀商的貸款成本也因此快速竄升。換言之，此時**問題已波及具系統重要性的金融機構，並威脅到整個經濟體系。儘管如此，多數人還是沒預見到危機的迫在眉睫。**我們在 3 月 10 日的《橋水每日評論》中提到，情勢正快速

新聞動態與
橋水每日評論

2008 年 2 月 28 日
資產減損使 AIG 虧損 50 億美元
——《紐約時報》

2008 年 2 月 29 日
經濟憂慮中止連四天上漲的走勢
「因投資人對失業救濟金請領人數增加及可能有更多銀行破產等問題憂心忡忡，週四股票下跌……聯準會主席班‧柏南奇週四在國會聽證會上表示，大型美國銀行可能有機會從最近的信用危機中復原，但其他銀行則有破產風險。自夏天迄今，已有三家小型銀行破產。」
——美聯社

2008 年 3 月 6 日
信用與房貸災難導致股票大跌
「難以取得銀行貸款的憂慮再起——加上憂心聯準會可能無力阻止信用崩潰——週四華爾街股票市場大跌…由於當天某報告指稱 2007 年房屋查封數達到歷史新高，信用市場陷入困境的憂慮再起。」
——《紐約時報》

2008 年 3 月 6 日
房貸違約達到歷史新高
「貸款逾期未繳或被查封的比例，較 9 月底的 7.3% 與 2006 年 12 月的 6.1% 竄升至 7.9%。在第三季以前，這個比率從未上升到 7% 以上，此乃 1979 年本調查展開後首見。」
——《紐約時報》

新聞動態與
橋水每日評論

2008 年 3 月 7 日
股票因經濟衰退的恐懼再起
而下跌
「週五的就業報告令投資人
感到沮喪，並再次擔心我國經
濟可能已陷入衰退，華爾街
股票因而下跌。勞工部報告 2
月經濟體系意外流失 6 萬
3,000 個就業機會，這個不祥
預兆使道瓊工業指數開盤後
便下跌。」
　　　　　　——《紐約時報》

「惡化」，所以「根據我們的經驗，融資成本和貝爾斯登目前的融資成本不相上下的經紀商／交易商，根本就無法生存」。

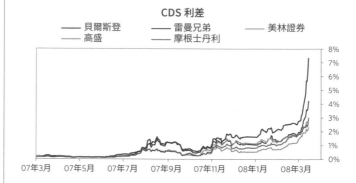

CDS 利差

貝爾斯登　　雷曼兄弟　　美林證券
高盛　　　　摩根士丹利

貝爾斯登是承受最重壓力的大型投資銀行。雖然貝爾斯登是其中最小的一家，它持有的證券還是價值高達 4,000 億美元，而一旦該公司破產，那些證券就會被拋售到市場上。此外，市場上幾乎每一家大型金融機構都和貝爾斯登及該公司近 400 家子公司有業務往來。它有 5,000 個交易對手和 75 萬筆衍生性金融商品開口合約（open contract）。誠如柏南奇在他的回憶錄中所言，[21]「若只看規模，這並不是多麼大不了的問題。貝爾斯登確實很大，但還比不上最大型的商業銀行。」它並非「大到不能倒」，而是「牽連甚廣到不能倒」。柏南奇最害怕的是，一旦貝爾斯登破產，有可能導致規模達 2.8 兆美元的三方附買回市場（tri-party repo market，金融機構的重要信用流通管道）崩潰，並對「金融市場造成災難般的後果，將隨之而來的信用凍結與資產價格重挫，更會導致整個經濟體系陷入一場災難」。

傳統上，**當外界察覺到一家金融機構有承受巨大壓力的跡象，它就可能被「擠兌」，而不出幾天，擠兌就可能加速演變成破產，因為擠兌會使這家機構的流動性快速流失。**箇中原因是，這類機構一向非常依賴以短期貸款——而且經常是隔夜貸款——取得的資金來持有較長期且變現性較差的資產。當問題一浮現，平日為這類機構提供短期信用的人，當然會為了避免虧損而停止放款，這樣的反應絕對符合邏輯，畢竟沒有人想被一家承受壓力的金融機構拖下水。而隨著愈來愈多市場參與者根據這個邏輯而改變他們的行為，就會形成流動性危機，進而使那類金融機構破產。上頁圖所示的金融機構多多少少都陷入這樣的窘境，由各機構的利差便可一窺它們面臨的危機分別有多嚴重。所以財政部與 Fed 並沒有太多時間猶豫，只有幾天可以決定要採取什麼回應。

在過去，大型金融機構破產的個案曾發生過很多次。誠如我在本書前幾章說明的，**如果債務是以本國通貨計價，且若政策制訂者擁有管理債務危機的知識，也掌握採取必要作為的權限，就有能力**在將溢出效應降到最低，且有效控制經濟痛苦（雖然某些痛苦絕對無法避免）的前提下，**善加處理這樣的局面。**我們將反覆回頭討論這個主題。

新聞動態與橋水每日評論

2008 年 3 月 10 日

一路惡化

「誠如你所知，多年來，我們一向對各交易對手間藉由槓桿來建立部位的程度隱約感到恐懼，因為整個金融體系看起來就像是一棟金融海市蜃樓。由於近來金融市場頻創新低，新的問題正逐漸浮上檯面。愈來愈多實體因融資追繳而面臨破產窘境，而為這些實體提供融資的交易商，當然也承受愈來愈重的壓力。週一市場上充斥貝爾斯登已陷入流動性困境的謠言，金融股因而重挫。雖然我們對那些謠言沒有任何評論，但重要實體因融資追繳而破產的數量（TMA、凱雷金融），確實有可能導致眾多交易商陷入困境。近幾年各交易商的交易對手曝險部位急遽成長，所以任何一家交易商破產，都絕不會是單一事件。貝爾斯登已陷入一種非均衡處境（non-equilibrium situation），因為無論如何，若當前的市場價格沒有改善，它的業務絕對支撐不下去。貝爾斯登的未來不是大幅好轉就是大幅惡化。根據我們的經驗，融資成本和貝爾斯登目前的成本不相上下的經紀商／交易商，根本就無法生存。」

新聞動態與
橋水每日評論

2008 年 3 月 11 日
**Fed 計畫對銀行放款 2,000
億美元**
「為了快速紓解信用市場的緊縮情勢，聯準會週二宣布一項允許我國金融機構，包括我國主要投資銀行，以它們持有的某些最高風險的投資標的作為擔保品，（向 Fed）舉借極端安全的國庫資金貸款。該計畫總額達 2,000 億美元。」

——《紐約時報》

2008 年 3 月 11 日
**道瓊指數上漲 416.66 點，為
五年來最大上漲點數**
「在聯準會對弊病叢生的銀行體系挹注大量的財務腎上腺素後，週二華爾街享受五年多來最棒的交易日——道瓊工業指數收盤上漲 400 點。」

——《紐約時報》

2008 年 3 月 11 日
**更多流動性（好球），但未調
整會計準則（壞球）**
「我們認為要預防這場雪崩／去槓桿化歷程惡化到無法處理，必須做三件事：1）為財務備受壓力的金融中介機構提供流動性；2）修改會計準則，以適當的期間，緩步沖銷相關的虧損，避免這些機構的資產負債表遭到毀滅和／或遭受嚴重破壞；以及 3）明確宣示這些行動將有助於維持金融體系的效率運作，從而重建信心。Fed 正努力做它該做的事。財政部、國會與會計主管機關則還有待加油。」

2008 年時的美國政策制訂者團隊深知要如何處理債務危機，也知道這種大概一生只會發生一次的大型債務危機會衍生什麼樣的結果。我一定要再次重申這個經濟領導團隊的素質對這次危機的管理有多麼攸關重大。財政部長鮑爾森在高盛任職時期，就擁有超過三十年的市場經驗，包括八年的執行長經驗，所以，他非常了解金融機構與市場的運作，而且，他具備在強大壓力下做出棘手決策的強勢領導風格。柏南奇主席是當時最卓越的經濟學家之一，也是世界上最頂尖的大蕭條專家之一，這些經驗顯然讓他得以提出最具關鍵性的觀點。另外，紐約聯邦準備銀行（負責監督最大型的銀行與執行貨幣政策）總裁提姆‧蓋特納，則擁有大約二十年的經濟政策經驗，包括在財政部與國際貨幣基金擔任過重要職務的經驗，也因此，他堪稱處理金融危機的老手。

蓋特納、鮑爾森和柏南奇告訴我，他們極端幸運，能組成一個彼此信賴的團隊，因為他們彼此的專長正好互補，而且，他們也一致認同應竭盡所能防止具系統重要性的機構破產。換言之，他們對真正攸關重大的對策有共識，而且在這個合作無間的過程裡，他們每個人都全力以赴，以完成任務為唯一目標。透過近距離觀察，我深深感覺我們何其有幸，因為如果沒有那樣的團隊合作與聰明才智，這場危機最後應該會演變成一場需要數十年才能復原的可怕災難。

蓋特納、鮑爾森和柏南奇遭遇的最大困難是，他們並沒有採取所有必要行動的足夠法律權限。舉個例子，就法律上來說，財政部只能使用國會指定用途的資金。儘管處理破產的傳統銀行（例如收受散戶存款的銀行）有既定的遊戲規則可循（主要是由 FDIC 管理），但財政部、Fed 或任何其他監理者，都沒有權限對破產的投資銀行提供資金。在這個時間點，若想解救一家投資銀行，只能等待民間部門願意承接相關曝險部位的買家出現。事實證明這樣的限制造成了極大的代價。

在危機爆發期間，政策制訂者通常迫切需要某種彈性的權限，但這也是危機時期的典型挑戰之一。專為確保承平時期的穩定性而設計的系統，通常不適用於危機情境，因為在危機情境，需要的是立即且積極的行動。

財政部與 Fed 在處理貝爾斯登的問題時就遭遇了這樣的挑戰，於是，Fed 訴諸它在 2007 年年底擬定的計畫，行使它的第十三條之三權力——大蕭條以後就未曾行使過——以遏止柏南奇後來所謂的「自我回饋式（下降）流動性動態」（self-feeding〔downward〕liquidity dynamics）發生。[22] 具體來說，Fed 宣布一項高達 2,000 億美元的新計畫：定期證券借貸工具（Term Securities Lending Facility，以下簡稱 TSLF），允許金融機構（包括大型經紀商）利用非政府房貸抵押證券等高風險資產作為擔保品，向 Fed 借現金或國庫券。市場對這一波流動性挹注報以熱烈的掌聲，其中，股票創下五年多來的單日最大漲幅（大約 4%）。

雖然 Fed 宣布了 TSLF 計畫，貝爾斯登的擠兌潮還是未見紓解。在短短四天內（3 月 10 日至 3 月 14 日），貝爾斯登的現金緩衝就在顧客快速提領資金的

壓力下,流失 180 億美元。財政部長鮑爾森聽說這家
經紀商遭遇如此嚴重的擠兌壓力後,擔心它有可能在
24 小時內破產。[23] 那是因為貝爾斯登承作最長六十天
的放款,但另一方面還是幾乎完全依賴隔夜融資。到
3 月 14 日星期四當天,他的憂慮隨即應驗。附買回市
場的放款人拒絕繼續為貝爾斯登提供隔夜貸款,即使
該公司以國庫證券作為擔保品,放款人一樣不買單。

　　柏南奇、蓋特納與其他 Fed 官員都認同,就算 Fed
再提撥另一筆貸款也救不了貝爾斯登。它需要更多權
益——需要一個投資人幫忙填補那些虧損所造成的大
坑洞。而在這個時點,財政部並沒有權限扮演那個投
資人。**民間部門的解決方案——由一家體質較好的機
構收購貝爾斯登——是最好的選項。**為了爭取時間,
Fed 與摩根大通聯手,承諾在 3 月 13 日為貝爾斯登提
供「必要時……擔保融資,最初期限為二十八天」。

　　摩根大通是美國當時第三大銀行控股公司,也是
收購貝爾斯登的當然候選人,因為它是貝爾斯登的清
算銀行,也就是貝爾斯登和其他附買回放款機構之間
的中介機構,所以,它遠比其他所有潛在的適合買家
更熟悉貝爾斯登持有的資產內容。只有摩根大通能可
靠地檢視貝爾斯登的資產,並在亞洲市場開盤(美國
時間為週日)前出價,這個過程還包括一個重要的環
節——為貝爾斯登的自營買賣帳冊(trading book)進
行擔保。然而,摩根大通並不願意接手貝爾斯登持有
的 350 億美元房貸投資組合,並因此猶豫不決。為了
促成這樁買賣,Fed 承諾為摩根大通提供 300 億美元
的無追索權貸款(non-recourse loan),幫助它全面收
購這家經紀商(即每股 2 美元,它的最高價是 173 美
元),而這筆無追索權貸款將以貝爾斯登的房貸組合
做擔保,說穿了,未來這個房貸組合的所有虧損,將

全數由 Fed 承擔──當然，最終來說就是由納稅人承擔。他們還創造一個新放款工具，二十家投資銀行／券商只要提供 MBS 作為擔保品，就能透過這個工具，舉借不受限的金額。

週二當天，Fed 額外降息 75 個基本點（將政策利率降到 2.25%）。這個積極挹注流動性的拯救計畫，確實達到了期望的效果，股票因此大幅反彈，表現亮麗，那個月收盤與前一個月持平。事後證明，利用納稅人資金拯救貝爾斯登是個備受爭議的決定，不過，誠如我們在當時的《每日評論》中提到的，若未能這麼做，將導致「金融體系……惡化到無法挽回的地步（也就是達到風險與流動性溢酬的暴增變得自我強化的地步）」。

雖然市場反彈，但鮑爾森、柏南奇和蓋特納還是憂心忡忡，因為他們認為，如果找不到買家，他們沒有權限在恐慌爆發後防止任何一家投資銀行破產，而且不出多久，雷曼兄弟的問題就讓他們再次傷透腦筋。[24]

鮑爾森與柏南奇與眾議院金融服務委員會主席巴爾尼・法蘭克會面，向法蘭克表示他們很擔心雷曼兄弟的狀況，所以，需要取得能在恐慌時刻出手拯救即將破產之投資銀行的緊急權限。法蘭克回覆，除非他們能提出具說服力的公共論據，證明雷曼兄弟即將破產且該公司的破產將損害到美國經濟體系，否則國會不可能授予他們這項權限。鮑爾森與蓋特納原本不斷試圖說服雷曼兄弟執行長將該銀行出售，或向某個基礎雄厚的策略性投資人募集權益資本，但都未能達成目的。[25]

4 月下旬，鮑爾森利用貝爾斯登的破產召集一場會議，與會者包括克里斯・達德（Chris Dodd）與理

新聞動態與
橋水每日評論

2008 年 3 月 17 日
我們認為 Fed 的表現值得喝采

「我們認為 Fed 的表現非常優異。換作是我們一定也會這麼做，因為其他任何行動都只會帶來無法忍受的結果。當然，我們也擔心道德風險的問題，我們相信 Fed 也一樣。但到了某個時點，該設下的防火線還是得設，而我們認為，那條防火線就是在這家金融中介機構的權益資本實質上已歸零但其信用問題尚未傳染到其他機構之前──也就是它瀕臨墜崖的時刻（或許這樣說有點太過分）。雖然我們相信 Fed 的作為非常妥適，但那並不代表我們認定後續的一切都將安好。那是因為光靠 Fed 的力量，實不足以穩定整個局面（換言之，誠如先前一再重申的，我們認為還需要進行會計準則改革，而那是其他單位必須做的事）。此外，Fed 或許也還需要採取出其不意的突襲。幸好目前監理機構已體認到這些問題的嚴重性。問題只在於他能否採取足夠明快的腳步。誠如以上所述，雪崩可以預防，但一旦發生了，就無法逆轉。」

2008 年 3 月 23 日
Fed 拯救方案出爐，股票大漲

「聯準會對金融市場進行罕見干預，股票價格大幅擺盪。」

──《紐約時報》

新聞動態與
橋水每日評論

2008 年 3 月 27 日

數據重新點燃悲觀氣氛，股票下跌

「2 月耐久訂單下降，促使投資人悲觀看待經濟對股票市場的影響，華爾街週三因而拉回。道瓊工業平均指數下跌近 110 點……上個月耐久財訂單諸如冰箱、汽車與電腦等高單價商品，繼 1 月降低 5.3% 後，繼續顯著下滑 1.7%，令投資人相當失望。」

——美聯社

2008 年 4 月 1 日

股票因金融災難可望緩解而大漲

「儘管財報數字令人沮喪——UBS 光是第一季就提列 190 億美元的資產減損，而德意志銀行也提列接近 40 億美元——投資人似乎期待這可能是華爾街次貸災難的最後一批壞消息。」

——《紐約時報》

2008 年 4 月 2 日

貸款損失仍將持續增加

「金融機構因過去的金融危機不曾存在的很多工具而虧損……雖然市場聚焦在導致銀行虧本的新管道，且很多利空已反映在股價上，但因舊管道（呆帳）而衍生的虧損才剛開始進入緊要關頭。」

查‧謝爾比（Richard Shelby）參議員（他們是參議院銀行委員會現任及前任主席）和丹尼爾‧馬德及理查‧席隆（Richard Syron）（房利美與房地美公司執行長）。[26] 這場會議終於促使參議院展開和 GSE 改革有關的立法作業，該法案早在 2007 年 5 月就在眾議院通過，但一直未能在參議院過關。

2008 年 4 月至 5 月：拯救方案後的強力反彈

貝爾斯登挽救方案與大手筆的貨幣寬鬆，促使股票市場在 4 月與 5 月間大幅反彈，債券殖利率則上升，主要原因是市場對 Fed 愈來愈有信心，認定它將在情況轉趨惡劣之際，竭盡所能採取必要措施。重量級政策制訂者紛紛發表審慎樂觀的言論，財政部長鮑爾森甚至提到經濟正開始復原，所以他「預期年底前經濟成長腳步將加速」。[27] 下圖是當時幾個重點市場的狀況。你或許可以想想，如果在當時，你會從事什麼樣的投機操作。

美國資產

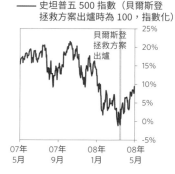

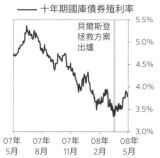

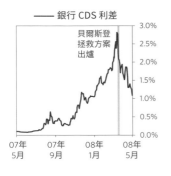

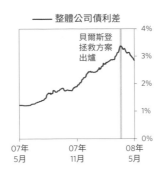

　　由於透過貸款來「擴大資產負債規模」（也就是增加放款並收購資產）的作法開始減緩，於是，經濟情勢繼續弱化，由經濟統計數據紛紛低於預期便可見一斑。失業率日益上升，消費信心與貸款依舊降低，住宅貸款拖欠與查封比率還是上升，而製造業與服務業活動則繼續萎縮。在此同時，UBS、德意志銀行、MBIA 和 AIG 等，紛紛發布新一輪的資產減損金額（分別是 190 億美元、40 億美元、24 億美元、78 億美元）。我們將 Fed 拯救方案出爐後幾個月的市場行為，比喻為一種「暫時扭轉市場但無法改變根本情勢——導致政策制訂者不得不出手干預的那個根本情勢——的通貨干預措施」。

　　在此同時，油價持續上漲（5 月底達到 130 美元），美元則繼續貶值。這些波動讓 Fed 更加兩難，因為它必須為了防止經濟衰退與金融情勢進一步惡化而繼續維持寬鬆的政策，但又不得不擔心物價穩定。Fed 4 月集會的會議記錄就表達了這樣的兩難：該委員會承認「在當前環境下判斷適當政策立場的難度。」兩名成員甚至表達「對通貨膨脹展望的深刻疑慮」，並警告「資金利率的進一步調降……長期下來可能證明將造成不菲的代價。」

新聞動態與
橋水每日評論

2008 年 4 月 3 日
實體經濟依舊疲弱
「雖然近幾個星期以來金融市場已明顯自低點反彈，實體經濟卻依舊疲弱（接近零成長），而且下跌的動能仍持續增強。就業、生產、需求與投資依舊疲弱且每下愈況。」

2008 年 4 月 4 日
失業率因八萬個就業機會流失而上升
「在製造與建築部門景氣急遽衰退，衰退幅度為五年來最大，經濟持續惡化。」
——《紐約時報》

2008 年 4 月 15 日
持續上漲的石油與糧食價格引爆通貨膨脹恐懼
「勞動部週二表示，3 月美國生產者物價指標竄升 1.1%，較 2 月增加 0.3%，顯著加速上漲。」
——《紐約時報》

2008 年 4 月 17 日
追蹤經濟體系對提振措施的反應
「Fed 提振經濟的努力……目前為止確實阻止了金融體系的全面崩潰，但並未改善實體經濟情勢。」

2008 年 4 月 25 日
投資人克服對經濟的憂慮，股票多數上漲
「華爾街克服了消費信心與通貨膨脹相關疑慮，本週收盤連續第二週上漲，週五當天溫和拉升。」
——美聯社

新聞動態與
橋水每日評論

2008 年 4 月 30 日
Fed 降息 25 個基本點，並暗示將暫停降息趨勢
「聯準會……週三在七個月內第七度調降短期利率，並暗示從今起將可能暫停進一步降息。」
——《紐約時報》

2008 年 4 月 30 日
週三 Fed 降息，市場認定此乃本寬鬆週期的最後一次降息，而這個預期心理也已反映在價格上。

2008 年 5 月 1 日
市場因貝爾斯登拯救計畫而反彈
「貝爾斯登拯救計畫就像是暫時扭轉市場但無法改變根本情勢——導致政策制訂者不得不出手干預的那個根本情勢——的通貨干預措施。」

2008 年 5 月 2 日
Fed 採取行動，紓解信用市場的緊張壓力
「Fed 表示即將提高短期標售工具（Term Auction Facility）金額，由 500 億美元提高至 750 億美元。」
——路透社

2008 年 5 月 9 日
AIG 投資不善，並發生 78 億美元之虧損
「該公司執行長馬汀・蘇利文（Martin J. Sullivan）坦承……AIG 嚴重低估問題的嚴重性。」
——《紐約時報》

我們必須特別指明，**利率與流動性管理政策會影響到全體經濟體系，所以，利用這類政策處理特定部門的債務問題，是非常沒有效率的作法，甚至毫無效率可言。** 相較之下，採用宏觀審慎政策會比較恰當（事實上應該說，若當初能更早採行宏觀審慎政策，一定更恰當，例如若能在 2007 年泡沫剛開始興起之際就實施這類政策，效果會更好）。不過，當局一直等到環境逼得他們不得不採用這些政策，才終於出手。

整體來說，金融體系重新浮現的樂觀氣氛，以及當局愈來愈憂心價格穩定性等現象，意味 Fed 在 4 月底降息時，市場已認定那是本寬鬆週期的最後一次降息，當然，市場價格也已反映了這個想法。

2008 年夏天：停滯性通膨

6 月，油價大漲導致通貨膨脹急速竄升，加上金融部門的信用問題再次浮現，經濟統計數據又每下愈況，史坦普指數因此下跌了 9%。

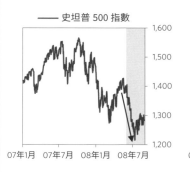

就信用問題方面來說，這個月一開始是雷曼兄弟、美林證券和摩根士丹利的信用評等遭史坦普公司調降，該信評機構提到，它對這些銀行履行其財務責任的能力不再那麼有信心。不久後，有謠言指稱雷曼兄弟向 Fed 尋求緊急融資；無獨有偶的，穆迪公司透過一則新聞稿提到，MBIA 和 Ambac（美國最大的兩家債券保險公司）有可能失去 AAA 評等（從而嚴重傷害這兩家保險公司承作新保險的能力）。到那個月月底，穆迪果真降低這兩家保險公司的評等，並將雷曼兄弟列入信用觀察名單，在此同時，房屋查封與房貸拖欠率——也就是引發緊張氣氛的源頭——持續上升。

我們檢視這些機構的資產負債表、估算它們理當提列的損失，並想像那些損失可能導致它們的資本降低多少，以及降低後的資本對這些機構的放款與資產出售等又有何意義之後，我們清楚體察到，這些機構正一步步陷入嚴重的困境，而且它們的困境將衍生嚴重的連鎖效應。基本上，這些機構先後接到融資追繳通知，那代表它們必須募集資本，要不然就得出售資產，並設法縮減放款業務，而這些作為對市場與經濟體系都非常不利。

新聞動態與
橋水每日評論

2008 年 6 月 3 日
美國製造活動下滑而通貨膨脹指標大幅上升
「美國 5 月製造業活動連續第四個月下滑，而通貨膨脹則飆升到四年來最高，停滯性通膨的恐懼因而加深。」
　　　　　　　　──路透社

2008 年 6 月 4 日
Fed 主席暗示因通貨膨脹疑慮上升，將停止降息
「聯準會主席班·柏南奇週二暗示，基於通貨膨脹疑慮上升，不可能進一步降息。」
　　　　　　　　──美聯社

2008 年 6 月 5 日
穆迪公司可能調降 MBIA 與 Ambac 事業單位之信用評等
「穆迪投資者服務公司週三表示，該公司有可能降低 MBIA 與 Ambac 金融公司之債券保險事業部的最高信用評等，一旦如此，可能傷害這些企業承作新保險的能力。」
　　　　　　　　──路透社

2008 年 6 月 7 日
油價與失業數字重創股票
「石油價格飆漲至 138 美元以上，上漲近 11 美元，加上失業率增幅超出預期，使週五華爾街出現兩個月以來最大跌勢。」
　　　　　　　──《紐約時報》

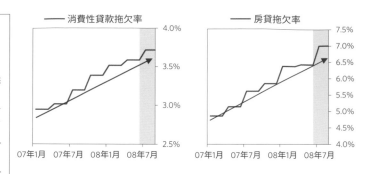

信用緊縮的結果，失業率激增至 5.6%（二十年來最大單月增幅），製造業活動連續四個月降低，消費信心也降到十六年新低。在此同時，一份 CPI 報告顯示，5 月的整體通貨膨脹率上升到 4.4%，是六個月以來上升最多的一次，在經濟成長不佳且通貨膨脹預期心理高漲的狀態下，停滯性通貨膨脹的恐懼快速升高。

問題在於要寬鬆還是不要寬鬆。縱橫交錯的種種現象，讓這個問題的答案變得不那麼顯而易見。在那一整個月間，政策制訂者反覆暗示它對經濟成長與價格穩定的疑慮。柏南奇公開表示油價上漲不受歡迎，而鮑爾森也強調油價的上漲對經濟體系造成「實質的逆風」。至於匯率部分，柏南奇強調，Fed 將「謹慎監督」匯率對通貨膨脹與通貨膨脹預期心理的寓意，而鮑爾森甚至暗示「絕對不會考慮停止干預」。[28]

通貨膨脹壓力的上升促使 Fed 調整其優先考量，原本是以防止債務與經濟危機對經濟成長產生衝擊為重，此時則轉為以確保物價穩定為優先。早在 6 月 4 日當天，柏南奇就提到，基於通貨膨脹的疑慮，進一

步降息已不可能，並暗示當前的政策利率足夠促進溫和的經濟成長。[29] 幾天後，柏南奇又在演說中提到，原物料商品價格的上漲以及美元的貶值，已威脅到當局維持長期通貨膨脹目標的努力。最後，Fed 在 6 月 25 日維持利率不變，並提及「雖然經濟成長依舊有下行風險，但那類風險似乎略微降低，而通貨膨脹及通貨膨脹預期心理上升的風險卻已提高」。總之，請見下圖。

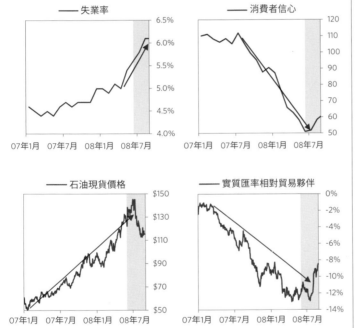

新聞動態與
橋水每日評論

2008 年 6 月 9 日
全球通貨膨脹預期心理的轉變
「由於市場意識到各國央行對通貨膨脹的重視程度漸漸相對高於對經濟成長的關注，近幾週短期利率急遽上升。」

2008 年 6 月 10 日
鮑爾森不排除干預美元匯率
「鮑爾森先生……表示創新高記錄的油價對美國經濟而言是個『問題』。他還補充，『沒有人歡迎這樣的狀況，那已構成實質逆風。』」
——路透社

2008 年 6 月 11 日
經濟成長疑慮正逐漸轉變為通貨膨脹疑慮
「投資人愈來愈清楚感受到 Fed 已將重心轉向打擊通貨膨脹，不理會——就目前而言——經濟成長展望的疑慮。」
——《紐約時報》

2008 年 6 月 14 日
穆迪公司正在檢視雷曼兄弟的信用
「穆迪投資者服務公司週五表示，已將雷曼兄弟控股公司列入可能降評的觀察名單，同時提及該投資銀行將其總裁及財務長降職一事。」
——路透社

2008 年 6 月 15 日
大雜燴，通貨膨脹最值得憂慮
「週五勞工部公布的 5 月消費者物價指數，年率上升 4.2%，為近六個月來最高。」
——《紐約時報》

新聞動態與
橋水每日評論

2008 年 6 月 20 日
穆迪公司降低保險公司評等
「穆迪投資者服務公司剝奪
Ambac 金融集團與 MBIA 公
司之保險事業部的 AAA 評
等，指出它們無力募集資本與
承作新業務。」
——路透社

2008 年 6 月 25 日
消費信心降至十六年新低
「根據週二發布的兩份經濟
報告，6 月消費信心降至十六
年新低點，而全國各地 20 個
都會區房價也下跌。」
——《紐約時報》

2008 年 6 月 26 日
**Fed 維持利率不變，股票溫和
上漲**
「聯準會維持利率不變，並
就經濟狀況發表正反不一的
評估後，華爾街整個交易日上
下起伏，收盤時溫和上漲。」
——美聯社

2008 年 6 月 28 日
**油價創新高，道瓊指數即將進
入空頭市場**
「週五道瓊工業平均指數下
跌 145 點，隨時有進入空頭市
場的可能，這意味著該指數已
從 2007 年 10 月 9 日的高點下
跌 20%……油價再次大漲，
在週五下午較前一交易日上漲
5 美元後，週五交易價再度達
到 142 美元以上，投資人因而
退縮，道瓊指數在午後兩點下
跌 1.1%，至 11,327 點。」
——《紐約時報》

7 月頭兩週，市場繼續下跌，油價持續上漲，還有一系列信評降低及資產減損訊息傳出，而新屋開工統計數字也不理想。金融股股價急速崩跌，因為情況清楚顯示，成也 Fed、敗也 Fed，而且，即使 Fed 積極寬鬆貨幣，信用問題也不可能經由 Fed 全面且積極的寬鬆政策而獲得解決。一般人更清楚體察到房貸危機的嚴重性，也愈來愈了解接下來哪些部門將受到影響。雷曼兄弟在 7 月 7 日發表的一篇報告提到，房地美與房利美公司需要高達 750 億美元的資本挹注，才能繼續保有償債能力，報告發表後，這兩家房貸巨擘的股票承受了極端大的賣壓。根據鮑爾森的說法，這篇報告「促使投資人驚慌竄逃」，房地美與房利美股票在該報告發表後一週，各重挫了 45% 左右。[30]

到了 7 月中，隨著油價大幅下跌（這使 Fed 得到更多寬鬆的空間），加上政策制訂者採取一系列旨在重建外界對金融部門（最重要的干預措施和房地美及房利美有關）之信心的干預措施後，市場終於反彈。SEC 禁止放空 19 檔金融股（包括上述兩家房貸放款機構），Fed 也將緊急放款計畫擴大適用到投資銀行與證券經紀商，另外，財政部與 Fed 共同宣布一個計畫，允許房地美及房利美可在危機邊緣使用大眾資金（也就是紓困）。

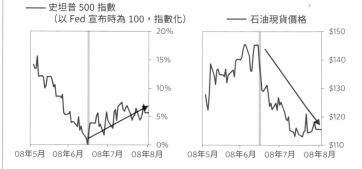

接管房利美與房地美

　　保證以公共資金支持房利美與房地美的承諾，是所有干預行動中最史無前例的一項。房利美與房地美兩家公司都是政府贊助機構，分別是國會在 1938 年與 1970 年成立，其中，房利美公司是羅斯福在大蕭條後實施的新政的一環。成立這兩家機構的宗旨，都是為了穩定美國房貸市場及促進經濟合宜住宅（affordable housing）。這兩家機構主要是透過以下流程來實現它們的宗旨：向經核准的民間放款機構收購房貸，再將很多房貸包裝在一起，針對包裝後的房貸組合提供及時還款保證，接下來再將這些房貸轉售給投資人。

　　乍看之下，每個人好像都能因這項安排而獲得好處。其中，民間放款人在容許範圍內承作的貸款，都能找到現成的買家——即房利美與房地美。房利美與房地美則經由「收購較高風險的房貸，再將之轉化為安全資產（也就是買低賣高）」而獲得可觀的利益。銀行及其他投資人則樂於擁有更多安全的投資標的，而且可透過這些標的賺取略優於國庫債券的報酬率。至於家庭，則受惠於便宜的貸款利率。

　　當然，這一切都是以一個隱含性的政府保證為基礎 —— 政府將為房利美及房地美提供最後保障（backstop）—— 如果沒有這個後盾，外界就不會將這兩家 GSE 發行的證券視為和國庫證券同等安全的標的，它們當然也就難以享受極低的貸款利率——這兩家公司的債務和國庫證券之間的利差有時候甚至縮小到零。

新聞動態與橋水每日評論

2008 年 6 月 30 日

經濟情況日益惡化且金融股急速崩跌，市場趨於緊縮

「自貝爾斯登拯救計畫提出後這三個月間，發展出一系列本質上無法延續且適得其反的經濟與市場狀況。雖然退稅和其他幾個不可能永續供應的資金來源，確實使支出與經濟狀況趨於穩定，但直接影響經濟情勢的市場價格的反應卻全面受到侷限。在此同時，金融股的反彈最初令人以為金融業前景將轉向樂觀，但如今那樣的樂觀氣氛也已幾乎消失殆盡。取而代之的，實體經濟體系信用情勢的不斷惡化，又回頭對金融體系造成衝擊，眾多金融機構的股票價格因而急速崩跌，它們的財務槓桿市值比（market value of leverage）則呈現爆炸性上升。高財務槓桿市值比（資產除以市場價值）意味著那些機構在使用融資的情況下，即使資產價值小幅降低，它們權益的價值也會大幅縮水，這是過度使用槓桿所造成的典型致命循環。未來的虧損將進一步擴大，而且銀行體系當中也沒有足夠多的優質實體可吸收眾多即將滅亡的實體。何況，主權基金（sovereign wealth funds）也不再有興趣吸納龐大的銀行業權益。銀行業資本不足，加上銀行業者空前巨大（且愈來愈大）的投資組合即將需要大規模清算，這一切的一切勢必會對經濟體系的信用成長造成進一步的限制。而在金融部門崩潰的同時，市場價格的下跌又對經濟成長形成一股箝制的力量。」

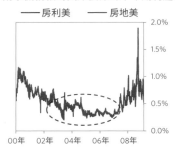

兩家機構相對國庫債券的十年期利差

雖然這兩家企業並未受到法律的正式擔保，多年來政府官員也否認政府有對這兩家企業提供任何保證，但民間市場還是相信，政府絕對不會放任這兩家 GSE 破產，因為那會傷害到太多人——包括個人屋主；只不過，民間人士當然不敢百分之百確定這個推論正確，畢竟財政部並未公開做出那樣的保證。我記得有一次和某中國機構的老闆共進晚餐，那個機構持有 GSE 發行的極大量債券，她在用餐過程中表達了她的疑慮。我特別欣賞中國債權人看待這個局勢的方法——他們冷靜分析整個情勢，但又以相當高的體恤度來看待它。諷刺的是，GSE 的規模成長得愈大，就會變得愈具「系統重要性」，而那樣的重要性又進而意味著，若有必要，政府一定會介入拯救這些機構，這讓它們變得更安全，並進一步成長到更大的規模。

雖然房利美與房地美的營業收入主要理當是來自房貸債務保險業務，但到 2007 年，這兩家公司竟有三分之二的獲利來自持有高風險房貸抵押證券的利益。鬆散的監理讓這兩家機構浮濫持有這類曝險部位的狀況變得更加嚴重。根據國會的規定，房地美和房利美只需要將帳外（off-balance-sheet）責任的 0.45% 以及資產組合的 2.5% 提列為準備金，這意味著這兩家機構的資本嚴重不足，甚至比規模相當的商業銀行更不足（當然，商業銀行的資本本就嚴重不足，換言之，即使是不怎麼嚴重的虧損，都足以讓商業銀行破產）。鮑爾森認為這個問題很嚴重，並公開稱這兩家機構是「遲早會爆炸的災難……某個更廣泛的問題……槓桿太高且監理太過鬆散……的極端個案」。[31]

到 2007 年時，這兩家房貸保險公司的規模已比貝爾斯登大 20 倍，而且各持有（即擔保）5 兆美元的住宅抵押貸款與房貸抵押證券，其中大約一半是在美國發行。由於它們為這類作業提供融資，故而成為世界上最大的債券發行者，它們未清償的債券金額高達 1.7 兆美元，其中大約 20% 是國際投資人所持有。這兩家機構也是短期放款市場裡的大型參與者，一星期的放款金額動輒 200 億美元。所以，就算不怎麼敏銳的人，也能看出這兩家機構是遲早會爆炸的災難。唯一的問題只在於到時候政府將會怎麼因應。

**新聞動態與
橋水每日評論**

2008 年 7 月 19 日
房地美開始著手募集資本
「四面楚歌的兩家美國房貸金融巨擘，週五持續贏回投資人的青睞，因為兩家公司中規模較小的房地美，已採行募集資本的重要措施。經過超過一週的巨幅震盪，在房地美公司向證券管理委員會登記並重申將募集更多資本的承諾之後，該公司股價再次跳升。」
　　　　　——《紐約時報》

2008 年 7 月 20 日
石油下跌，道瓊與史坦普指數強力反彈
「週日當天，財政部長小亨利・鮑爾森提出一份拯救房貸金融巨擘房利美與房地美的廣泛計畫。聯準會也宣布房地美與房利美將能透過 Fed 折現窗口取得便宜的貸款。」
　　　　　——《紐約時報》

2008 年 7 月 21 日
房利美與房地美的困境在海外引發疑慮
「十多年來，讓美國房貸市場得以順暢運作的住宅業巨擘房利美與房地美，向來是用一個簡單的推銷話術來吸引眾多海外投資人：這兩家公司宣稱它們發行的證券和美國政府發行的債券一樣優質，而且這些債券發放的利息通常會比美國公債高一點……但如今這兩家公司已岌岌可危，未來當局如何處置這兩家企業的拯救計畫，將考驗整個世界對美國市場的信心。」
　　　　　——《紐約時報》

新聞動態與
橋水每日評論

2008 年 7 月 22 日
所有市場的交易形同合而為一
「所有市場的交易形同合而
為一，最近的轉捩點為 7 月
15 日。這個轉捩點是油價下
跌 17 美元、金融股放空交易
限制──當時空頭部位達到
歷史新高──及某些銀行出
乎意料的正向盈餘報告。當
然，這個市場行為不可能持
久，因為驅動這些市場的動力
非常多元，而且經常彼此矛
盾，只不過，在情緒達到極端
狀態時，那樣的市場行為很常
見⋯⋯
在此同時，根本經濟情勢並
沒有扭轉，從到 7 月為止的
經濟統計數據便可見一斑，經
濟數據依舊疲弱。」

任何意欲壓制這兩家機構放縱行為的舉措，都會遭遇到極大的政治挑戰。賴瑞・桑莫斯最近向我說明他在 1990 年代和這兩家機構交手的過程中所曾面臨的挑戰：

「房利美與房地美掌握巨大的政治力量。每次我們提到任何會讓外界對它們產生疑慮的話題，它們就會發動資源，用四萬封之類的郵件，灌爆財政部的信箱，郵件內容不斷強調房利美與房地美有多重要，因此有必要賦予它們完成這件重要工作的完整能力之類的。每次我們就房利美和房地美的問題在聽證會作證，就會有國會議員拿出一份用房利美的信封裝著的文件──那是他們事先準備的報表和他們打算質詢的問題。如果你試圖對它們施壓，就會接到一個又一個市長的來電。有一次，我參加財政部借貸顧問委員會（Treasury Advisory Borrowing Committee）一季一度的晚宴，那次經驗讓我對金融圈的一切徹底覺醒。當時我問在場人士：『你們怎麼看 GSE ？』他們回答，那些 GSE 就像一檔採用過高槓桿的巨大避險基金──危險至極。他們的語氣非常斬釘截鐵。我說：『那麼，你們會把這個意見寫進你們的報告嗎？』他們說會。但最後，他們的報告基本上卻只提到，房利美和房地美是金融體系的重要貢獻者。我事後質問他們為何要這麼寫。他們說，徵詢過上司的意見後，上司要求我們不能說實話，因為 GSE 是我們非常重要的客戶。」

鮑爾森對這個局面的描述如下：

「3 月時，我們目睹了貝爾斯登的交易對手……斷然拒絕馳援後發生了什麼後果。雖然我們渡過了那次難關，但房利美與房地美的崩潰將是和貝爾斯登完全不可同日而語的浩劫。看起來世界上的每一個機構——小型銀行、大型銀行、外國央行、貨幣市場基金（不是）持有它們的本票，就是扮演（它們的）交易對手。投資人將虧掉數百億美元；外國人將對美國失去信心。而那有可能引發美元的擠兌潮。」[32]

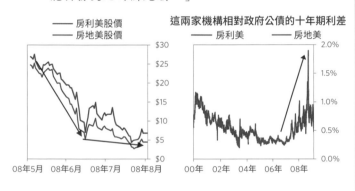

這兩個個案闡述了一個極普遍的政治問題：藉由政治力促使**政府出面提供擔保（包括公開或隱含性保證），讓高風險的資產看起來比實際上安全。這種擔保會鼓勵投資人提高財務槓桿，最終將促使呆帳增加。**

隨著房貸抵押證券的虧損顯著擴大，房地美與房利美公司的股價隨之重挫，因為每個人都已知道這兩家公司的呆帳金額非常大。這兩家機構的股東心知肚明，即使它們的債權人受到保護，身為股東的他們還是會受創。所以，到 7 月 15 日為止，短短不到一年，房地美與房利美的股價就下跌了幾乎 75%。

**新聞動態與
橋水每日評論**

2008 年 7 月 23 日
鮑爾森呼籲美國人耐心等待經濟好轉
「鮑爾森先生在曼哈頓中城的紐約公共圖書館發表演說時提到：『我們的市場將不會像條直線般一路好轉，而且我們應該預期到未來依然多少會遭遇到額外的顛簸。』『我們最近經歷了很多阻礙，除非房市進一步穩定下來，否則預期金融市場將繼續承受壓力。』」
——《紐約時報》

2008 年 7 月 25 日
銀行破產的預期心理
「大型金融機構失序崩潰的情況尚未發生——那部分是因為 Fed 提供的流動性，阻止了擠兌潮的發生（印地麥克銀行〔IndyMac〕除外），而且到目前為止，每次有任何一家實體接近被紓困或被全面收購的命運時，最終都是在有秩序的情況下獲得處置——以確保這些機構不會被迫清算。但基於各金融實體迄今依舊處於緊縮狀態，未來還是可能發生新的金融機構破產案件。目前的市場預期未來六個月內應該還會有大約 4% 的金融機構破產——這暗示將有高達 6,000 億美元的資產將被出清……而這樣的預期心理也已反映在當前的價格上……整個銀行部門目前可用的自由股權資本大約只有那個金額的一半，其中很多自由股權資本將必須準備用來吸收舊貸款的信用損失。」

新聞動態與
橋水每日評論

2008 年 7 月 29 日
銀行股回檔，吐回先前的漲幅
「週一尾盤因投資人出脫投資銀行與商業銀行股，股票賣壓加重，很多銀行股已吐回上週的漲幅…財政部長小亨利·鮑爾森在下午的公告中指出，四大銀行計畫發行新型態的債券來援助房貸市場，但這項宣示並未能阻止銀行股跌勢。鮑爾森先生的演說結束後，三大指數的賣壓反而同步加重。」
——《紐約時報》

2008 年 7 月 29 日
為支持房屋貸款而宣布新工具
「財政部與美國四大銀行週一表示，即將另外啟動一個新工具市場來支持住宅融資，以期提振奄奄一息的住宅市場……財政部針對所謂資產擔保債券（covered bonds）的發行機構，發表一系列『最佳作業常規』，而美國銀行、花旗集團、摩根大通與富國銀行（Wells Fargo）皆表示計畫開始發行這種債券。」
——路透社

2008 年 7 月 31 日
Fed 延長緊急貸款計畫
「Fed 表示這個計畫——投資銀行可透過中央銀行快速取得現金來源——的有效期間將延長至 1 月 30 日。3 月 17 日開始實施的這個計畫，最初是規劃到 9 月中旬截止。」
——美聯社

此時危機已迫在眉睫，並且顯而易見到無可否認，已經沒有藉口繼續推託。經過發狂似的幕後協商，在財政部力促之下，國會終於在 7 月 23 日通過一項法案，允許財政部動用幾乎無限（鮑爾森選擇使用「未具體言明的」）金額（只受限於聯邦債務上限）的美元，來為這兩家 GSE 提供資金，並擴大對這兩家機構的管理監督。基本上財政部等於是取得了一張由全體納稅人提供最後保障的空白支票，好讓它能竭盡所能地維護這兩家機構的償債能力。

將大到不能倒且瀕臨破產邊緣的金融機構國有化，是去槓桿化歷程中的典型政策行動，而這樣的行動通常也廣受好評，因為那等於是表明政府願意為整個金融體系提供安全保障。記得嗎？如果債務是以本國通貨計價，政府就有能力解除違約的風險。

雖然制衡機制與法律較健全的政治環境確實具備一些不可否認的優勢 *，但一旦進入危機時期，即使是那樣的政治環境，也常存在一種「可能無法足夠快速採取必要對策」的風險。那是因為平日的法律難以完美到能預見所有可能情境，當然也難以具體言明要如何處理每一種可能的狀況。2008 年金融危機期間就發生了很多危急狀況，幸好參與的各方都竭盡所能地採取必要行動，甚至不惜稍稍鑽一下法律漏洞。

7 月 30 日當天，就在國會授權財政部監督房利美與房地美後，財政部的監理人員隨即著手評估究竟情勢有多險惡。在 Fed 及外部會計專家的協助下，財政部官員一一審視這兩家 GSE 的帳冊。不久，他們便發

---

* 法規能創造一種明確的期望，並進而促進更有條理、較不武斷且不泛政治化的決策。

現房利美和房地美掩蓋了鉅額資本損失的事實。等到他們算出那些評價大有疑問的無形資產與評價不當的房貸擔保品的實際價值後，驚覺這兩家公司的資本至少各不足幾百億美元。誠如鮑威爾稍後形容的，「雖然我們早就做好迎接壞消息的準備，卻萬萬沒想到問題的嚴重性會那麼驚人。」[33]

　　從 8 月中旬到紓困計畫實施前，他們詳細分析整個局面。到 9 月 7 日當天，所有條件終於底定。接著，財政部緊急擬定一份符合其經濟目標但又不違反法律限制的計畫。到最後，財政部決定接管（conservatorship）這兩家 GSE，並經由保證認購其優先股的方式，挹注資金到這兩家公司。被接管後的房利美與房地美因此得以在被接手後，繼續維持相對正常的運作，而保證認購股票的作法，實質上等於是由財政部為這兩家 GSE 的債務提供最後保障，即使是在它的權限在十八個月過期後，一樣能繼續當這兩家 GSE 的後盾。重要的是，鮑威爾無須在採取任何作為以前，事先知會房利美與房地美，只要直接取得這兩家 GSE 的監理機關——聯邦住房金融局（Federal Housing Finance Agency，以下簡稱 FHFA）的同意即可。

　　紓困這兩家 GSE 必須解決的政治挑戰比經濟挑戰更大。直至此時，這兩家公司的高階主管還是「老神在在」，認為自己的地位穩若泰山。畢竟在短短幾個星期以前，FHFA 才將評估報告草稿寄給這兩家 GSE——那篇報告的結論指稱它們的資本適足。如果財政部接管的消息走漏，房利美與房地美公司的高階主管就有時間動員他們在華盛頓的遊說大軍與國會裡的盟友，一同抵擋財政部的接收計畫。而果真雙方開始對峙，財政部未必有勝算——根據鮑爾森的說法，

新聞動態與橋水每日評論

2008 年 8 月 4 日
已開發國家經濟陷入衰退
「……放眼多數已開發國家，經濟成長率加速崩落……故儘管市場價格持續反映政策將更趨緊縮，但我們預期已開發國家的央行將朝寬鬆方向前進。」

2008 年 8 月 5 日
在經濟成長疑慮中，Fed 維持主要利率不變
——《紐約時報》

2008 年 8 月 7 日
零售銷售數字透露經濟趨緩的更多訊號
「銷售報告顯示美國人正縮減支出習慣，並轉向中價位與折扣購物商場，股票因而大跌。」
——《紐約時報》

2008 年 8 月 7 日
住宅市場問題未解，AIG 公布鉅額虧損
「因房價卜跌且信用市場持續崩壞，美國國際集團第二季虧損超過 50 億美元。」
——《紐約時報》

2008 年 8 月 12 日
UBS 繼先前提列 430 億美元的資產減損後，將分拆主要業務
——《紐約時報》

這兩家 GSE 素來有「最難搞的快打旋風高手」的稱號，而它們絕非浪得虛名。[34]

　　要說服 FHFA 的審查人員，需要財政部、Fed、OCC 和 FDIC 的協同與共同影響力。FHFA 一向根據鬆散的監理會計準則（statutory accounting rules）來包庇房利美與房地美的帳冊，所以，它認為如此突如其來的大轉彎，讓它的處境非常尷尬。不過，經過財政部及其他合作部會連續幾個星期的施壓，FHFA 審查人員終於在 9 月 4 日讓步。隔天，相關的訊息被轉達給這兩家公司的董事會。由於擔心接管過程所衍生的任何衝突或延宕可能會導致市場重挫，所以鮑爾森在沒有預警的情況下，開始「伏擊房地美與房利美」（這是他的說法）。[35]

　　鮑爾森向我描述房利美—房地美的局面：2008 年 7 月，當房利美與房地美的敗象剛開始顯露時，財政部便提出要求，希望取得極廣泛的緊急權力。由於房利美與房地美合起來比雷曼兄弟大九倍，又是這場危機爆發後最主要的房貸融資來源，所以，絕不能容許這兩家企業破產。然而，鮑爾森身邊的政治人物告訴他，如果要求國會核准鉅額的數字，國會有可能會被嚇壞。由於鮑爾森無法取得對這兩家 GSE 挹注資本的無限權限，所以他決定要求「未具體言明」的權力。

　　然而，當財政部終於取得這個「未具體言明」的權限，那卻只是暫時的權限，換言之，這項權限將在 2009 年 10 月失效。這是極大的挑戰，因為房利美與房地美有很多長期債務，而且為鉅額的長期房貸保險。所以，他需要使用一些創意財務工程，才能將這個廣泛但短暫的權限（國會只打算暫時授權）轉化為實質上的長期保證。而為了達到目的，政策制訂者決定立即動用發行長期優先股的權力。接著，他們又利用這些優先股，作為房利美與房地美的最後保障並吸收所有潛在的虧損。

　　這項行動（可說是合法誘騙）以及說服眾多立法人員暫時揚棄反對紓困金融機構的意識型態的必要性（在此同時，又得勸說國會將政府的債務上限提高到足以允許潛在的鉅額資本挹注），都是前所未見且引人注目。不過，誠如鮑爾森事後描述的，「如果國會未首肯，市場將內爆。牽涉到的利害關係極為巨大。」[36]

　　8 月初時，油價的下跌與財政部前所未見的大手筆干預行動，換來一小段寬慰期，整個 8 月，股票溫和反彈（大約 2%），金融股只下跌 1%，而房地美與房利美股票也停止重挫。然而，儘管一般人認為金融市場已漸漸趨於穩定，信用問題的根本驅動因子以及這些因子對實體經濟體系的回饋機制並未改變。

　　8 月 18 日當天，我提醒《橋水每日評論》的讀者要留意，最壞的狀況尚未發生。

8 月 18 日：進入去槓桿化歷程的第二階段

　　我認為去槓桿化歷程的第一階段已快要過去，目前即將進入第二階段（也就是雪崩階段）。雖然 Fed 在容許的範圍內提供大量流動性，這個作法也達到非常棒的成效，但會計準則並未調整（例如允許用許多年的時間慢慢攤銷資產減損）。所以，**我們正逐漸進入一場將引發雪崩式資產拋售行為的償債能力危機。**因此，現在的問題在於他們是否能及時建構一個安全網來承接被拋售出來的資產，以避免這些資產崩盤並進而拖垮金融體系與經濟體系。坦白說，我們認為這將是一場和時間的賽跑。

2008年9月：崩盤

　　9 月時，危機進入一個全新階段，世界經濟已有真正陷入蕭條的風險。由於當時發生非常多事件，因此以下的敘述將轉為幾乎每日事件的描述。我將以我個人的敘事以及頁面邊緣的新聞動態等方式，來傳達當時兵荒馬亂的情況。

　　9 月的第一週，好消息和壞消息紛陳，包括油價急轉直下（這紓解了通貨膨脹的疑慮，並對美國消費支出形成助力）。指望消費支出能回升的航空公司和零售商是最顯著的受益者。但在此同時，油價下跌也反映了全球經濟成長趨弱的事實。

　　雖然諸如雷曼兄弟、房地美、房利美和 Ambac 等金融業參與者仍在困境中掙扎，但為它們解決困難的種種方案，似乎也開始發揮作用。舉個例子，雷曼兄弟將部分股權賣給韓國開發銀行（Korea Development Bank）的談判取得進展，消息一出，該公司的股票隨即上漲，而房地美（成功售出 40 億美元的債務）和

**新聞動態與
橋水每日評論**

2008 年 9 月 2 日
油價重挫到五個月新低
「油價下跌拖累了整個原物料商品類股，最初投資人期待較便宜的能源將有助於提升消費支出，股市因而上漲。」
——《紐約時報》

2008 年 9 月 3 日
投資人的煩躁不安使市場漲跌互見
「週三市場的亮點之一是問題叢生的金融類股，某些投資人因幾家大型金融企業——包括 Ambac 金融集團、房地美與雷曼兄弟控股——的正面訊息而逢低承接。」
——美聯社

2008 年 9 月 3 日
克萊斯勒與通用汽車金融公司（GMAC）的投資搖搖欲墜
——《紐約時報》

2008 年 9 月 4 日
空頭再次籠罩華爾街，主要指數重挫
「受多項負面經濟訊息綜合影響，道瓊工業平均指數週四重挫 344.65 點，不過，股市的重挫似乎無法歸咎於其中任何一個特別重要的理由。」
——《紐約時報》

2008 年 9 月 4 日
雷曼兄弟評估藉由分拆來擺脫不良貸款
——《紐約時報》

Ambac(宣布成立一家新的保險子公司)的好消息,也局部紓解了投資人對這些公司的疑慮。

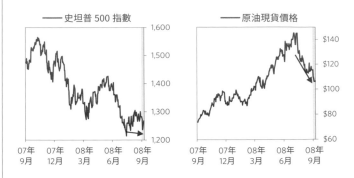

但在這些正面發展當中,還是持續有很多負面統計數據發布——尤其是失業救濟金請領人數意外大幅增加,以及失業率竄升(從 5.7% 上升至 6.1%)。股票大跌 2.5%。海外經濟報告疲弱的影響,也從加拿大至澳洲等國陸續滲透到美國,每個國家的情況幾乎如出一轍——需求趨緩、產出減少,而且經濟疲弱的狀況似乎看不到盡頭。總之,在利多和利空交叉影響下,9 月第一週的股票收盤價略微下跌。

真正的大消息是在那一週市場收盤後傳出——有報導指稱,聯邦政府將接管房利美與房地美。

雷曼兄弟聲請破產:9 月 8 日至 15 日

由於市場正面回應對房利美與房地美被國有化的訊息,股票在 9 月 8 日星期一當天上漲大約 2%, 畢竟這是過去無法想像的大膽行動。《紐約時報》寫道:「由於投資人期待政府的這個決定能讓我們避開一場災難,**並為困擾銀行業幾近一年的這場信用危機畫下一個可能的轉捩點**(粗體字為作者強調),金融股領軍上漲。」天啊,那樣的期待可真的是錯得離譜!

基於事後諸葛的優勢，記錄諸如此類歷史發展的人，通常會以讓各種事件看起來順理成章的方式來描繪整個過程。然而，從那一波反彈和當時的評論，便可知當局者迷——當時多數人對即將發生的狀況毫無防備。就在危機急速惡化前幾天，《紐約時報》還在三篇文章裡（9 月 3 日、5 日與 10 日）提到，因股市自高峰已回跌大約 20%，很多個股跌幅更大，因此「逢低承接者」陸續介入市場。舉個例子，雷曼兄弟的交易價下跌大約 80%，但它畢竟是一家聲譽卓著的企業，擁有近一百六十年的歷史，而且，此刻它似乎即將找到一個買家或策略性投資人。以下是該公司到 9 月初為止的股價圖。雖然整張圖看起來是明顯的向下趨勢，但期間也曾出現顯著的反彈，而每一次反彈一定有人會主張它的底部形成。在投資領域，知道何時不要太自信、何時不要押注，至少和何時該自信以及何時該押注一樣重要。

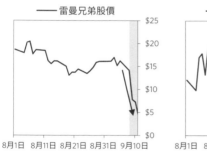

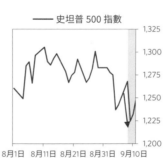

最後的結果是：沒有任何策略性投資人出面拯救雷曼，故雷曼兄弟的股價在週二重挫近 50%。其他銀行股——包括花旗集團、摩根大通和美林證券——分別下跌 5% 至 10%，而大盤下跌大約 3%，信用利差則顯著擴大。投資人和監理單位都開始擔心雷曼兄弟可能撐不過那個週末。

新聞動態與
橋水每日評論

2008 年 9 月 7 日
終於鬆一口氣，但美國經濟仍有頭痛問題需要解決
「為確保飽受衝擊的美國房貸體系的信用正常流動，週日聯邦政府接管房利美與房地美，並為之提供擔保，世界各地的投資人終於鬆一口氣。但政府接管這兩家公司的行動，加深了美國經濟陷入困境的疑慮，並凸顯出美國極度仰賴外國投資人、尤其是亞洲投資人的弱點。」
——《紐約時報》

2008 年 9 月 8 日
股票因接管計畫而大漲
「週一世界各地股票市場在聯邦接管房利美與房地美之後大幅反彈，但即使是最樂觀的投資人，還是擔心經濟體系的其他問題依舊懸而未決。」
——《紐約時報》

2008 年 9 月 8 日
處理房利美與房地美問題的必然途徑的最後一哩路
「就大局來說，這一切顯而易見……早在很久以前，這兩家 GSE 就不可避免將破產……而當面臨這個選擇，美國政府也不可避免會履行它的隱含性保證，並將這些 GSE 實質國有化……既然這個大局已經那麼顯而易見，我們實在搞不懂為何財政部會等了那麼久才終於採取行動。」

新聞動態與
橋水每日評論

2008 年 9 月 9 日
股票因雷曼兄弟相關的憂慮而下跌
「投資人又開始擔心雷曼兄弟控股公司的穩定性,這再次引爆整體金融部門可能動搖的憂慮,週二股票因而大跌。」
——《紐約時報》

2008 年 9 月 10 日
大規模賣壓出籠後,逢低承接買盤進場
「週三市場收盤溫和上揚,因投資人介入能源、原料與消費必需品企業的股票,但對金融類股依舊保持謹慎。」
——《紐約時報》

2008 年 9 月 10 日
華盛頓互惠金融公司（Washington Mutual）股價因投資人憂慮而下跌
「雷曼兄弟事件後,週三華爾街開始搜尋金融產業的次弱環節,投資人很快就瞄準一個熟悉的目標:美國最大存貸公司 —— 華盛頓互惠公司。」
——《紐約時報》

2008 年 9 月 11 日
市場在慘澹的開盤後上漲
「週四歷經開盤後的重挫走勢,因油價下跌紓解了投資人對美國最大型銀行相關問題的憂慮,股票在下午強勁回升。」
——《紐約時報》

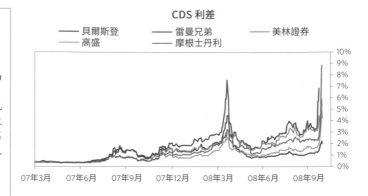

美國並沒有任何明確且可接受的法律途徑可用來解救即將破產的投資銀行,問題是,這些投資銀行又具「系統重要性」（換言之,它們有可能拖垮整個體系）。雖然 Fed 有能力放款給雷曼兄弟,協助緩和該公司的流動性問題,但在既定的法規環境下,Fed 的可放款金額是受限的。而且由於雷曼兄弟除了面臨流動性問題以外,還有償債能力的問題有待解決,所以,根本沒有人知道究竟得動用多少流動性才救得了它。

誠如我們先前說明的,**解決償債能力問題的唯一方法就是提供更多權益型資本（或是修改會計／監理規定）**。這代表必須有某個實體願意出面投資或收購雷曼。問題是,Fed 和財政部都沒有權限那麼做。因此,必須找到一個民間部門的投資人／買家,就像先前介入貝爾斯登的摩根大通。不過,要為雷曼兄弟找到一個投資人,遠比為貝爾斯登找投資人困難,因為雷曼比貝爾斯登大得多,而且該公司的虧損部位不僅更大、更錯綜複雜,還不透明到一塌糊塗。

何況，雷曼兄弟並非當時唯一端賴買家接手才能繼續生存的投資銀行，很多同業的狀況也和它一樣急迫，這個事實也讓買家更加難尋。舉個例子，另一家華爾街代表性投資銀行——美林證券——也處於相似的危急局面。一如雷曼，當時很多人相信，如果沒有投資人願意出手相救，美林一週內就會宣告破產。[37]

週四當天，雷曼兄弟的股價繼續重挫 42%，因謠言盛傳巴克萊與美國銀行雖有興趣，卻不願意在缺乏政府協助的情況下收購該公司。到這個時點，除非雷曼能繼續在隔夜拆款市場展延 2,000 億美元的貸款，否則根本無法維持正常營運，也因如此，該公司面臨信用遭抽回的巨大風險。[38]

週五當天，雷曼的股價因 Fed 與財政部都不願意為任何接手該公司的交易提供最後保障而再跌 17%。雷曼一旦破產，將快速衝擊整個金融體系，引發重創 AIG（它的股價暴跌 31%）的骨牌效應。但值得一提的是，當時多數市場人士依舊相信金融部門的問題將獲得控制。週五當天，大盤還因油價下跌而上漲 0.4%。

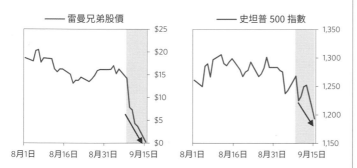

週五晚上，有報導指出，Fed 官員召集華爾街主要銀行——從高盛到紐約梅隆銀行（Bank of New York Mellon）的老闆，敦促他們趕緊紓困雷曼。當時沒有

**新聞動態與
橋水每日評論**

2008 年 9 月 11 日
投資人焦點轉向 AIG
「擔心金融產業將發生更多虧損的投資人，將焦點轉向美國國際集團——在信用危機擴散後，公告虧損金額名列前茅且目前已四面楚歌的保險公司。」
——《紐約時報》

2008 年 9 月 12 日
市場不再因雷曼的災難而心煩意亂，終場漲跌互見
——美聯社

2008 年 9 月 12 日
美國向銀行業者發出緊急警告，力求解決危機
「週五晚間，雷曼兄弟已搖搖欲墜，聯準會官員召集華爾街主要企業的老闆在下曼哈頓開會，堅決要求業者解救這一家受創的投資銀行，並研擬穩定金融市場的計畫。」
——《紐約時報》

2008 年 9 月 13 日
巴克萊退出談判，雷曼兄弟的命運仍在未定之天
「由於無法找到救贖者，陷入困境的投資銀行雷曼兄弟，似乎將在週日宣告破產，那將是華爾街歷史上最大的破產案件之一。」
——《紐約時報》

新聞動態與
橋水每日評論

2008 年 9 月 14 日
為一般商業界服務的經紀公
司震撼隕落
「根據參與協商的人士簡述，
因房貸投資標的而虧損超過
450 億美元的美林證券，週日
同意以 503 億美元的股票作
價，將公司賣給美國銀行。」
　　　　　——《紐約時報》

人知道是否有人願意承接這家投資銀行。據報導，美
國銀行、巴克萊和匯豐都曾表達興趣，但沒有一家公
司願意在缺乏政府支援的情況下出手。另外，財政部
官員則一邊公開堅稱不會提供任何支援。

　　鮑爾森原本希望鼓勵一個由金融機構組成的銀行
團來承接雷曼兄弟的不良貸款，如此一來，就有機會
促成雷曼的購併案（因為潛在買方收購雷曼兄弟時，
就無須一併收購該公司的多數不良資產，從而擺脫那
些資產的風險）。不過，儘管財政部和銀行團之間已
經有一點進展，但最終還是沒有潛在買家出現。而根
據鮑爾森、柏南奇和蓋特納的說法，在沒有潛在買
家的情況下，Fed 並沒有權限可在恐慌性擠兌潮爆發
時，有效防止一家非銀行機構倒閉。[39]

　　當時柏南奇和蓋特納與鮑爾森多次共同討論能防
止雷曼兄弟破產的作法，但一如貝爾斯登的個案，他
們並不相信由 Fed 出面提供貸款能有效解決問題。他
們認為，要求貸款必須「擔保到他們滿意」（secured
to their satisfaction）的法律規定，限制了 Fed 可貸放的
金額，而那意味著他們無法提供足夠拯救雷曼公司的
放款，甚至連足夠擔保該公司自營買賣帳冊的放款都
無法提供。在那個攸關存亡的週末前幾個星期，他們
投入很多精力，試圖找出一個能遵守上述限制又能防
止雷曼破產的方法。他們願意在權限的範圍內盡可能
採取最有創意的方法來解決問題，也願意承擔極大的
風險，但一切終究得依法行事。他們寧可多做一些，
也不要因為做得不夠而犯下無法挽回的錯誤，問題
是，就算有第十三條之三（允許對更廣泛的貸款人提
供緊急放款的聯邦準備法）規定可作為靠山，他們畢
竟不是鍊金術士。貸款終究不是權益，而且他們也必
須遵守實務上可行的原則。

幾乎每個人都認同，如果當初政策制訂者擁有足夠的權限以有序的方式來清算雷曼兄弟，最後的結局會好很多；這是政治箝制力與不周全的法律約束阻礙了公認有利的政策施行的另一個典型個案。

週日下午，雷曼即將聲請破產的消息走漏，局面頓時亂成一團。這個衝擊前所未見，因為雷曼兄弟的規模非常大，而它和其他脆弱機構之間的互聯關係也非常密切，情況看來，危機勢必會迅速傳染。更糟的是，政府未能及時出手相救，令外界開始擔心美國政府已經無力拯救金融體系。**雷曼兄弟的破產尤其令人驚恐，因為它的規模太大，且鮮少人了解它和金融體系其他環節之間互相牽連的關係究竟有多深。**

潛在的主要感染管道有幾個。最重要（且最令人霧裡看花）的一個是雷曼在衍生性金融商品領域的巨大「存在感」。在雷曼宣告破產時，它作為合約一方的CDS 曝險部位介於 4 至 6 兆美元之間，大約是整個市場的 8%。雖然其中很多曝險部位是彼此抵銷的——就淨值來說，雷曼兄弟實際上並未欠太多錢——它的破產還是促使客戶爭先恐後地尋找新的交易對手。在當時，沒有人知道雷曼的淨曝險部位究竟有多大，也不知道誰是這些部位的買方及賣方；換言之，整個世界掉進一個巨大又未知的災難領域。我們在 9 月 11 日的《橋水每日評論》中寫道：

這個局面的不確定性至為巨大。如果你手上的一筆通貨遠期交易的結算日即將到來，你的交易對手卻突然不存在了，會發生什麼事？或許一切都不會有問題，但或許你會因某些意想不到的情況而遭到莫名的懲罰。如果你還來不及向你的交易商之一收取市價計值利益（我們向來會跟每一家交易商收取），他們就已倒閉，導致你成了一般債權人（general creditor），那該怎麼辦？你要把這個風險轉嫁給誰？萬一美林證券將繼雷曼兄弟之後破產，那你又該如何因應？接下來破產的又會是哪一家公司？如果每個人都找不到這些問題的答案，那麼，最自然的途徑就是盡可能縮減交易，把部位集中在少數幾家企業。但如此一來，這少數幾家企業就有充分誘因將它們的能量保留並定額配給給最優質的金融機構與資產管理公司。總之，這個狀況將產生幾個不可避免的結果：流動性降低、交易成本上升，以及較高的波動性。接著，較高的波動性又會對實體經濟體系造成反饋，因為很多人和企業是以這些價格交易。而且，金融部門受到的資本限制意味著信用成長將維持低檔，而這又會傷害到經濟成長。目前我們已瀕臨這樣的窘境。

　　雖然雷曼兄弟的宣告破產是美國史上最大的破產案件（目前依舊是）——它的財報資產也僅約 6,000 億美元，大概只有高盛的三分之二，更只有摩根大通的四分之一。而由於這些機構全都互相牽連，於是，虧損和流動性問題快速擴散。

　　我們稱危機的這個階段為「雪崩」，在這個時點，金融體系某個角落（次級房貸）一個較小的問題，會自我強化地逐漸擴大，最後快速演變成嚴重很多的問題。

9 月 15 日至 18 日：雷曼兄弟崩潰後的餘波

　　9 月 15 日星期一早上，雷曼兄弟聲請破產，股票市場重挫近 5%。所有產業都未能幸免於難，不過，金融類股受創最深，銀行與保險公司股票下跌大約 10%。信用利差暴增，且信用幾乎停止流動。在接下來一個星期，市場、政策制訂者和橋水投資公司的同仁絞盡腦汁，希望能釐清雷曼兄弟的破產將造成什麼漣漪效應，當然，我們並未想出什麼名堂，因為它和這個體系互相牽連的關係及它的曝險部位過於複雜且太不透明。**但至少我們清楚知道，是該對整個體系提供全面保障（blanket protections）的時候了，因為不確定性本身的後果就有可能造成嚴重破壞，此時每個人都想逃離任何一家有可能倒閉的實體。但如果政策制訂者連雷曼兄弟都沒有能力或不願意解救，又要如何拯救這整個體系？**

　　Fed 的立即反應之一，就是在前一晚宣布擴大「主要交易商融通機制」（Primary Dealer Credit Facility）的適用範圍，這是前所未見的行動。具體來說，Fed 願意放款給提交任何擔保品的投資銀行，即使是以極端高風險的工具——例如股票、次級房貸與垃圾債券來作為擔保品，它也接受。就中央銀行的角色來說，這理當被視為極端果敢的行動，而且，如果是在正常的環境下，一般人應該也會這麼想，問題是，雷曼兄弟崩潰所帶來的衝擊，讓這個前所未見的積極行動變得相形失色。

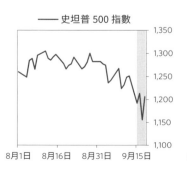

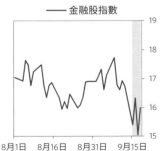

　　鮑爾森事後在他的書裡寫道，**他甚至無法直率地向外界解釋為何雷曼兄弟會破產，因為那麼做勢必會製造更多問題，這讓他感覺非常苦悶——這是政策制訂者在危機期間進行溝通時常見的問題。**誠如他的說法：

> 「身為一個政府官員，我經常感覺自己受到很令人厭煩的箝制。雖然我本性直來直往，但為了安撫市場並協助美國人了解狀況，就必須讓外界感受到我們的決心與信心，這一點至為重要……我不想讓人以為我們可能已無能為力。舉個例子，我不能說我們沒有解救雷曼兄弟的法定權限——即使那是事實。如果我這麼說，摩根士丹利就完了，雖然它的財務狀況遠比雷曼好，但當時它已開始遭受襲擊，而且那些襲擊將在接下來幾天變得愈來愈激烈。如果保不住摩根士丹利，高盛就會是下一個目標——如果連它們都破產了，金融體系有可能會一夕蒸發，經濟體系也會跟著沈淪。」[40]

　　由於政策方向存在極大疑問，我在 9 月 15 日寫了以下意見給客戶：

9 月 15 日：我們目前的處境

　　我們早已知道金融機構必需承擔的虧損有多少。過去一整年，我們透過很多表格，討論並傳達這些問題，這些表格也已寄給你們。所以，這些都是已知的問題。我們形容這些問題是「已知且可處理得了的」問題，因為除了已知，我們還感覺，只要透過明智的政府政策——提供流動性（由 Fed 提供）、修訂會計

**新聞動態與
橋水每日評論**

2008 年 9 月 17 日
金融危機進入新階段
「週三金融危機進入一個可
能極端危險的新階段，世界
各地的投資人瘋狂將資金轉
入最安全的投資標的，例如
國庫券，這導致很多信用市場
停止正常運作。」
——《紐約時報》

準則和／或打造一個安全網（由財政部出面，與國會合作）——接著清晰表達這些政策，以建立必要的信心，這些問題也都是能處理的，因為屆時就能以一種井然有序的方式，推動債務重整流程。

我們目前還在努力揣摩財政部與 Fed 的方法是什麼，不過，過去幾天，它們已經由暗示，更清晰表達了它們的某些方向。它們明確表示將願意在沒有現成安全網的情況下，冒險涉入令人恐懼的未知領域。**所以，儘管它們看起來有點有勇無謀，但現在且讓我們暫時觀望，看看它們是否還藏著什麼秘密武器。**利率已降到 0%，已有金融中介機構破產，去槓桿化歷程也持續向前推進，**我們似乎即將進入一個典型貨幣工具失效的新境界，1990 年代以及 1930 年代分別曾在日本與美國發生的種種動態，似乎將主導未來的事態發展。**

在此同時發布的各項經濟報告顯示，金融崩潰的衝擊已漸漸傳遞到經濟體系，使得經濟景氣急轉直下。Fed 的一篇報告顯示，8 月的工業產出大幅下降；AIG 信用評等遭到調降，可能引來額外的擔保品要求；而惠普公司（Hewlett-Packard）宣布將裁減 2 萬5,000 名人力。由於美國金融體系顯然已陷入危機，問題很快就擴散到全球各地，促使歐洲與亞洲國家的中央銀行宣布新的流動性供應措施，力圖支援它們本國的市場。

信用市場陷入動盪。隨著金融市場參與者努力抽絲剝繭，試圖理清雷曼兄弟破產所衍生的交易對手風險與責任，銀行間放款業務遂受到衝擊，倫敦銀行間拆款利率（Libor，也就是銀行同業之間的放款利率）幾乎較前一週的水準上升一倍。問題迅速感染到每一

個人，連最強健的人也無法幸免。績優企業如奇異公司（GE）等的高階主管私下向監理機關承認，連它們都難以透過商業本票市場借到錢，而這樣的狀況有可能導致它們的現金流量受到限制，最後落得債務違約的下場。優質貨幣市場基金承受的壓力也日益沈重，它們面臨愈來愈多的贖回以及虧損（我們稍後將更詳細討論這些情況）。到最後，連摩根士丹利的信用利差都擴大到高於雷曼兄弟在週五當天的利差。

　　那一整天，監理機關緊急採取多項行動，企圖阻止 AIG 快速崩落。AIG 是世界上最大的保險公司之一，它的資產最高曾達近 1 兆美元。該公司的問題主要在於它針對債券（被稱為 CDS 與 CDO 的債券）承作了數千億美元的保險，一旦這些債券面臨虧損，AIG 就必須理賠。由於 AIG 承保的很多債券都是經過再包裝的次級房貸，所以它的虧損很有可能急速擴大。而其他很多金融機構的存亡端賴這些保險合約的保障，因此 AIG 具系統重要性。而此時它看起來正快速邁向破產的道路。它在週日表示需要 400 億美元的資金，但短短一天後，該公司已改口暗示將需要 850 億美元。[41]

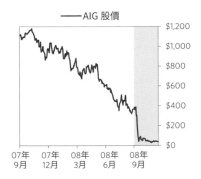

週二當天，Fed 採取兩項出乎意料的政策行動，其中一項遠比預期的大膽許多，而另一個則相對綁手綁腳。Fed 一方面在一個定期召開的利率決策會議中，決定不調整利率（市場原本預期它會降息）──這令投資人非常失望，並對市場造成傷害。值得一提的是，即使市場看起來瀕臨蕭條，Fed 還是對通貨膨脹耿耿於懷。它在會後聲明裡提到，「本理事會對經濟衰退風險與通貨膨脹上升風險同感極度憂心。」柏南奇事後在他的回憶錄中寫道：「事後回顧，那當然是個錯誤的決定。」而這個決定部分導因於「與會人士偏好按兵不動，認為應該等到更了解雷曼兄弟的局面將如何演變後再採取行動」。[42]

　　然而，更重要的是，Fed 也同時宣布將重新定義美國中央銀行業務的限制。它果敢地宣布將緊急向 AIG 融資 850 億美元。這項安排是在 9 月 16 日週二下午倉促地草擬完畢，但附帶條件非常嚴苛。AIG 將支付最低 11.5% 的初期浮動利率，同時將該公司 80% 的股權拱手讓給政府。由於 AIG 並沒有足夠的安全金融資產可作為這項貸款的擔保品，所以，它把幾乎所有可作為擔保品的資產全數用來抵押，包括它旗下的保險子公司、金融服務公司及各式各樣的房地產（包括一座滑雪遊樂場！）。Fed 對 AIG 的貸款果然奏效，因為此舉令市場相信 AIG 還擁有償債能力（因為它的保險子公司都具有投資等級的信用評等，很有價值）。AIG 願意將這些寶貴的資產拿出來充作 Fed 貸款的擔保品，是 Fed 做出這個重大決策的關鍵。[43]

　　不過，即使是訂下這樣的條件，對 Fed 來說，這筆貸款的風險還是異常高——畢竟 AIG 用來作為擔保品的企業並不是那麼容易評價，也不像 Fed 平常接受的 AAA 級證券擔保品那麼容易出售。何況就算 Fed 伸出援手，AIG 還是有破產的風險。蓋特納事後回顧：「支持 AIG 是我從事公職二十多年來最困難的決定之一。」[44]

　　Fed 紓困 AIG 的消息並未促使週三的市場好轉。取而代之的，股票又大約下跌 4.7%，主要金融機構股票的跌幅都高達兩位數。由於投資人爭先恐後地逃向安全的標的，商業本票的利率持續上升，三個月期美國國庫券的利率則降至接近 0%（由一週前的 1.6% 下降）。在一片混沌之中，監理機關宣布一系列的穩定措施。SEC 緊縮放空限制（危機時常見的反應），而銀行監理機關則提議修訂會計準則，以便美化銀行業的資產負債結構。

　　且讓我們討論一下會計規定對當時情境的重要性，尤其是市價計值會計法。對銀行來說，當某些資產以「市價計值」，代表銀行每天都會檢視它們的資產能以多少錢賣出，並根據那些價格來評估其資產價值。其他資產則允許以其他方式評價——通常是根據資產屬性，採用公司內部的方法論來評價。當依規定需採市價來計值的某項銀行資產下跌到跳樓拍賣價水準，持有那些資產的銀行就會顯得好像虧很多錢，而虧損會導致資本降低，在這個情況下，銀行只有兩個選擇，一是募集資本，二是出售資產，而這兩個選擇都會導致市場上的流動性進一步緊縮，並使資產價格承受更重的壓力。這也會導致所有和那些銀行往來的人擔心害怕。若會計準則能修訂，允許銀行用較長的時間來實現虧損（也就是不採用市價計值），就能防止上述某些問題。當然，在金融危機爆發時，藉由修改會計準則來隱藏虧損，絕對也

無法恢復信心，所以，監理機關的每一步都必須非常謹慎。

何況，會計準則修訂也無法改變更根本的問題──負債過多的美國家庭與金融機構因過度使用槓桿而債務違約。情況清楚顯示，金融機構需要進行資本結構重整（例如透過權益型投資），而且必須為較有疑問的資產尋找買家。也因此，鮑爾森才會就財政部主導集資與相關權限的議題，尋求國會的支持。

9 月 18 日至 31 日：政府成立紓困基金

鮑爾森、柏南奇和幾名國會領袖（最重要的是巴爾尼・法蘭克）認為，重建信心的最好方法，就是透過後來所謂的問題資產救助計畫來購買問題資產。他們理當推動銀行國有化，但這個作法在美國並無前例可循，而且，其他國家過去所採行的銀行國有化政策，都附加非常嚴厲的懲罰條件。基於那個原因，除非到破產前後的緊要關頭，否則銀行業者並不願意接受政府的資金，不想被國有化。也因此，鮑爾森並不相信這個方法行得通，因為那對恢復資本流動的傷害勝過助益。

但購買資產看起來似乎可行，因為銀行業問題的主要源頭，是銀行資產負債表中大量複雜且變現性極端低的房貸證券。相關的理論是，如果政府為那些產品提供某種市場，那些產品的價格就會上漲，資本就會被釋出，信心自然也會恢復，銀行體系便得以開始進行資本結構重整。

當華爾街在週四體察到當局可能實施 TARP 計畫，市場隨即上漲。強力反彈走勢延續至週五，隨著更多細節被揭露，股市上漲 4%。布希總統與財政部長鮑爾森宣布，聯邦政府準備花費 5,000 億美元購買不良房貸，而國會領袖也承諾將以明快的行動，通過相關的提案。接著，Fed 宣布將為全球各地的中央銀行提供 1,800 億美元的新換匯額度（swap line），此舉略微紓解了外國市場的美元流動性緊縮恐懼。SEC 則是針對近 800 檔金融股制訂一項放空禁令。另一方面，高盛及摩根士丹利自願改制為銀行控股公司，藉此獲得政府合法權限下的全面擔保──從此這兩家公司能使用更多的 Fed 放款管道。

財政部也宣布一項旨在支持問題貨幣市場基金的創新行動，總金額達 3.5 兆美元。早在危機爆發前，貨幣市場基金是極受散戶投資人和法人機構青睞的銀行存款替代品。多數投資人深受這類基金較高的利率吸引，不在乎這類基金缺乏 FDIC 保障，但殊不知那些基金是因為投資了較高收益且較高風險的貸款，才有能力支付較高的利率給投資人。另外，投資人也誤以為貨幣市場基金是保本的，所以不會發生

投資損失。

　　優質貨幣市場基金一向是各類企業最重要的流動性來源之一，因為這些基金購買很多商業本票——也就是企業常用來支應營運用度的短期債務。由於這些貨幣市場基金持有的商業本票非常多元且具有高投資評等，所以，一般人才會認為這類基金幾乎零風險，可視同銀行定存或存款。不過，部分優質貨幣基金在雷曼兄弟破產後開始產生虧損，尤其是基本準備基金（Reserve Primary Fund），它在 9 月 16 日「淨值跌破 1 美元」。由於擔心其他基金也會產生虧損，很多投資人遂紛紛抽回資金。當美元流出這些基金，這些基金就必須變賣它們持有的商業本票，以應付贖回的需要。這導致企業界支應日常營運所需的數千億美元借貸管道，在短短幾天內幾近枯竭。

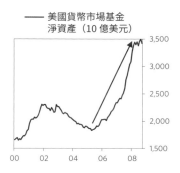

基本準備基金的淨值跌破 1 美元後，當時在財政部任職的肯恩‧威爾遜（Ken Wilson）在早上七點鐘接到北方信託（Northern Trust）打來的電話，接著又陸續接到貝萊德（Black Rock）、道富銀行（State Street）以及紐約梅隆銀行等的電話。這些機構紛紛向他報告，它們的貨幣市場基金遭到擠兌。在此同時，奇異公司上新聞媒體解釋該公司發行的商業本票乏人問津。可口可樂公司財務長穆塔爾‧肯特（Muhtar Kent）也打電話表示，該公司可能無法在那個週末及時發放 8 億美元的季度股利，一切只因該公司的商業本票無法展期。連 AAA 級的工業及消費商品企業的商業本票都無法展期！總之，危機已迅速從華爾街轉移到一般商業界。

　　為阻止貨幣市場基金擠兌潮，鮑爾森決定公開為這些基金擔保。唯一的問題是這些基金需要實質且大量的最後保障，但財政部又無法即刻籌到現金。為了解決這個問題，財政部官員訴諸一個有創意的來源——利用 500 億美元的交易所穩定基金（Exchange Stabilization Fund，以下簡稱 ESF）來作為財政部這項擔保的後盾。這個計畫是在 9 月 19 日星期五宣布，也就是在雷曼兄弟崩潰後四天。通常若一國的財政部長花費未事先經過國會核可的經費，就有可能惹禍上身。所以，鮑爾森要求他的法務長就財政部能否動用那 450 億美元提出意見，因為如果連整個經濟體系都被拖下水，對美元也沒什麼好處。[45] 不過，某些幕僚質疑 450 億美元根本不夠用，畢竟所有貨幣市場基金的總值高達 3.5 兆美元。鮑爾森當然知道那樣的擔保金額不見得足夠，不過，橫豎他也沒有更好的點子。

　　財政部團隊以極快的速度採取行動，以至於雪拉・貝爾（Sheila Bair，FDIC 董事長）還打電話抱怨，不僅是因為沒有人諮詢她的意見，更因為這項擔保會導致所有資金從銀行存款轉向貨幣市場基金。那個論點並非毫無根據，所以，財政部隨即澄清，這項擔保只適用於 9 月 19 日陷入困境的貨幣市場基金。無論如何，這項擔保發揮了非常棒的效果，市場隨即反轉。根據鮑爾森的說法，那是因為「擔保」這個字眼比起「最後保障」更能安撫投資人。

　　ESF 原本的目的是要用來捍衛美元，讓它不受擠兌潮傷害，但這個基金的受託管理責任其實很有彈性，所以，這筆基金本來就可挪用到很多較緊急的用途。而且，只要取得總統的批准，就能快速挪用這筆基金。**這就是安然穿越監理與政治地雷區且「為所當為」所需的那種明快思維和創意。**

　　這些經過各方協同且完整的政策變動，終於讓投資人鬆一口氣。我們那一天的《橋水每日評論》內容有目共睹：

9 月 18 日：了不起的行動！
　　財政部、Fed 和國會終於達成共識，同意設立安全網！
　　昨夜各國央行多了 1,800 億美元的流動性！
　　監理機關出手限制放空。
　　摩根士丹利已被凍結，需要當局採取因應對策，高盛也好不了多少。但目前當局已開始採取行動，處理這兩家公司的問題。

新聞動態與橋水每日評論

2008 年 9 月 18 日
美國提出鉅額紓困計畫，意圖阻止金融危機
「財政部與聯準會首長週四開始與國會領袖討論一個可能成為美國史上最大紓困案的計畫。雖然細節還有待研究，該計畫有可能授權政府以極大的折扣，向銀行及其他機構購買不良房貸（distressed mortgages，譯注：又譯為危難房貸）。」
——《紐約時報》

2008 年 9 月 18 日
傑出的行動！
財政部、Fed 和國會終於達成共識，同意設立安全網！昨夜各國央行多了 1,800 億美元的流動性！監理機關著手限制放空。摩根士丹利已被凍結，需要當局採取因應對策，高盛也好不了多少。但目前當局已開始採取行動，處理這兩家公司的問題。

2008 年 9 月 21 日
財政部最新的行動令人失望透頂
「控制信用危機的最新行動（「暫時資產救助計畫」）」簡直令人「嘆為觀止」，原因是：1）賦予財政部的權限範圍太小，以及 2）未能提供具體細節。所以，這個計畫無法令人產生信心。事實上，在先前的諸多作為以及不作為之後，這個計畫反而傷害了我們的信心。」

然而，這個星期的樂觀氣氛隨著 TARP 的進一步細節在週末公布（或者應該說未能公布）而漸漸衰減。布希政府在 9 月 20 日星期六提出的正式提案只有區區三頁內容，而且好像旨在作為對國會的一項題綱，而不像是要強迫國會追認的既成事實。後來被稱為 TARP（問題資產救助計畫）的這項提案，要求提撥 7,000 億美元購買房貸相關資產，但對於收購作業的管理細節，則幾乎隻字未提，也幾乎未提到可能採取哪些其他行動——而且那個金額相較於實際的需要，可說是少得可憐。誠如我們在這項法案剛揭露時向我們的客戶解釋的，若只靠問題資產收購計畫，並不會對局勢產生很大的影響：

（橋水每日評論）9 月 25 日：提出的計畫令人失望

購買 7,000 億美元的房貸（以及其他某些資產）幾乎無法產生任何幫助。如果這些房貸是以市價購買，根本幾乎無法顯著改變任何一個人的財務狀況，而且，這個金額只夠買下極小百分比等著被收購的房貸，所以，這個行動無法解決眼前的多數問題。但如果以溢價購買，它就會變成不道德的直接補貼，形同違法，而且，那也代表那一筆資金能買到的資產更少，根本無法有效遏制問題的惡化。

更糟的是，立法人員因這項法案可能讓財政部獲得不受箝制的權限而拖延表決，總之，沒有人敢確定國會是不是會通過這個案子。於是，股票市場在週一開盤後，應聲下跌 3.8%，美元兌多數主要通貨也貶值。

　　TARP 法案在華盛頓特區遭遇阻力一事——加上這段時間發布的經濟數據不佳，信用市場也凍結——導致市場在 9 月 22 日反覆上下震盪。最重要的是，想要提供支援以及不想伸出援手的政治人物之間的角力，左右了週一到週三的市場表現。柏南奇和鮑爾森在週二當天的國會聽證會上，苦口婆心地敦促採取立即的行動，布希總統也在週三向全國發表演說，呼籲全民支持 TARP 計畫。然而，國會方面還是沒有顯著進展。立法的動能因各方的辯論而受到干擾，辯論內容集中在是否有必要實施更大手筆支持屋主的更全面性法案，以及是否應對財政部的權限設定更明確的限制等。銀行高階主管的薪酬也成為箭靶，其他很多正反意見不一的議題也引發非常多的辯論，最終缺乏進展。

　　這類民粹主義色彩濃厚的政治辯論，也是去槓桿化歷程場景中的常見現象。雖然國會領袖多半都支持這個法案，一般國會議員卻主張那麼做簡直是在救濟麻煩製造者——銀行業。在去槓桿化的過程中，常會聽到和「成本該由誰負擔」有關的辯論，而這樣的辯論極端缺乏效益；那就像醫師在病人情況危急的急診室裡爭論誰會繳醫藥費。在那樣的緊要關頭，真正該做的是如何集中精力挽救病患，至於成本要如何處理，則應容後再議。

　　即使是「提出 TARP」的行為本身都牽涉到極高風險。因為如果這個法案沒有通過，就會產生極端負面的市場反應。而且，要讓這個計畫在國會成功闖關，必須先突破艱困的重圍：當時距離總統大選才剩短短幾個星期，而且左派與右派民粹主義者不斷喧鬧（因這個計畫的規模與範圍大到前所未見），要在那樣的情境下盡速通過這個計畫，難度絕非一般。基於

新聞動態與
橋水每日評論

2008 年 9 月 26 日

Fed 繼續對抗流動性問題，但這樣並不夠

「透過林林總總的每日新聞，我們清楚見到一個大局：目前正處於去槓桿化歷程的雪崩階段，而且，我們感覺華盛頓當局目前考慮採行的措施完全不足以扭轉情勢。」

2008 年 9 月 28 日

計畫立意良善；但接下來必須觀察實施的方式以及是否為時已晚

「這個計畫允許政府採行所有我們先前期待的作為，目的是為了恢復流動性、償債能力以及信心，但這個計畫並不像我們原本期待的那麼強而有力且及時。」

2008 年 9 月 29 日

目中無人的眾議院否決鉅額紓困計畫；接下來局勢未明

「週一眾議院各眾議員藐視布希總統與兩黨領袖，否決了 7,000 億美元的經濟拯救計畫，他們的反對震驚了國會山莊，並導致市場重挫，立法機構的領袖們只能焦頭爛額地努力思索解決方案。」

——《紐約時報》

國會的計票方式，這個法案將需要兩黨的共同支持才可能通過，而在那樣的敏感時間點，鮮少全新的重要法律能獲得兩黨議員的共同支持（而且從那次之後，那樣的狀況更是少見）。如果任何一方的總統候選人反對這項法案，它幾乎就不可能通過——馬侃（McCain）和裴琳（Palin）最初抱持反紓困立場，而這讓該法案變得岌岌可危，幸好他們最終還是支持這項法案（鮑爾森幾乎每天都忙著和雙方的總統候選人溝通）。唯一有利於這項法案的因素是，通常唯有發生危機，國會才會真正動起來，而此時金融危機正處於最嚴重的階段。TARP 法案的難產貼切闡述了為何監理機關需要廣泛的緊急權限，不能什麼事都得仰賴國會採取行動。

　　這段期間的金融市場隨著外界對於政策制訂者「願意」與「不願意」及時採取必要行動的臆測而上下震盪。原本高盛與摩根士丹利的 CDS 信用利差在它們於週末雙雙決定改制為銀行控股公司後縮小，但到了這個星期開始又擴大，而大量資金逃出優質貨幣市場基金並轉入政府基金的趨勢，繼續對商業本票構成極大壓力。週四晚間，FDIC 取得華盛頓互惠的控制權，這成了美國史上最大的銀行破產案件，事後FDIC（幾天後又取得美聯銀行的控制權）以 19 億美元的條件，將該公司的資產轉給摩根大通。誠如我們在 9 月 26 日星期五所寫，「每天都有很多事故發生，所以實在難以選擇要評論哪一項。但透過林林總總的每日新聞，我們清楚見到一個大局：目前正處於去槓桿化歷程的雪崩階段。」

國會的政治僵局似乎在週日早上有所突破，鮑爾森部長在眾議院主席南西 • 裴洛西（Nancy Pelosi）及參議院多數黨領袖哈瑞 • 雷德（Harry Reid）的簇擁下，宣布 7,000 億美元紓困法案已達成協議。

問題是，這項法案在週一下午交付表決時並未順利通過，股票因而重挫 8.8%，為 1987 年以來最大單日跌幅。這個結果在世界各地造成餘波，各地股市形成接連下跌的惡性循環；而由於世人擔心一旦經濟蕭條，將導致石油需求大幅減少，故油價也跟著大跌 10 美元。在此同時，各國央行則幾近疲於奔命地忙著提供緊急貸款給受到極度驚嚇的機構。銀行間拆款市場凍結，而短期國庫證券的利率則降到接近零。

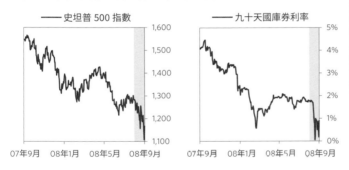

再重申一次，要成功管理危機，最重要面向之一就是要擁有明智且博學多聞的政策制訂者，而且他們必須擁有採行所有必要行動的權限。國會的表決意味著財政部必須歷經一番艱苦奮鬥，才能取得必要的權限。當時我們寫了以下評論：

新聞動態與橋水每日評論

2008 年 9 月 29 日
信譽考驗
「儘管主其事者信誓旦旦，但今天眾議院未能通過這項法案，美國的政策制訂者頓時成為全球各地的鎂光燈焦點。『美國能否採行必要作為』的疑問，頓時變得更加錯綜複雜。到最後，決定美國政策制訂者能否順利通過這個考驗的，將是世界各地的金融家（中國、OPEC）。」

2008 年 9 月 30 日
股價因期待紓困計畫通過而反彈
——《紐約時報》

（橋水每日評論）9 月 29 日：信譽考驗

　　美國消費與全球金融體系的融資活動運作完全取決於信心。最近的發展顯然對金融體系的信心造成損傷。儘管主其事者信誓旦旦，但今天眾議院未能通過這項法案，美國的政策制訂者頓時成為全球各地的鎂光燈焦點。「美國能否採行必要作為」的疑問，頓時變得更加錯綜複雜。到最後，決定美國政策制訂者能否順利通過這個考驗的，將是世界各地的金融家（中國、OPEC）。

　　即使紓困計畫通過，也很難維持全球各地對這個體系的必要信心。今天由於華盛頓方面的混亂過程，以及這個過程所彰顯的缺乏領導能力，已使問題變得更加難以解決，信心淪喪的風險也顯著上升。**看來情況還有大幅惡化的可能。**

　　財政部官員和國會領袖夜以繼日，不斷設法促成這項紓困法案的通過。整個過程艱難萬分：在平日，說服共和黨與民主黨合作就已經夠難了，何況 TARP 是在選情極度緊繃的總統大選前一個月才提出來討論。共和黨人痛恨為了支持區區一個銀行紓困計畫，而被扣上「放棄共和黨向來秉持之自由市場原則及堅守財政責任等信條」的大帽子。民主黨人則擔心，若在選前平白奉送即將卸任的共和黨政府一個重大的立法勝利，將會損及民主黨的利益。另外，歐巴馬和馬侃也雙雙憂心對方會藉由反對所謂「華爾街紓困計畫」，來彰顯各自的民粹主義神主牌。鮑爾森擔心，一旦發生那樣的狀況，這個法案通過的機會將變得微乎其微。[46]

　　不過，與 TARP 有關的頭痛問題不只是政治上而已。就在財政部努力設法和國會合作通過 TARP 的同時，美國史上最大的兩宗銀行破產案爆發（華盛頓互惠與美聯銀行），另外，幾個歐洲國家也出手紓困他們的本國銀行。財政部官員當然知道，7,000 億美元的有毒資產（toxic asset）收購計畫絕對不足以拯救那麼多的市場。但如果這些資金能直接用來挹注銀行業資本，就能爭取到比 7,000 億多好幾倍的資金，因為銀行業可以採用槓桿。

　　即使財政部官員表示不會透過 TARP 為銀行業挹注資本，卻還是敦促國會賦予他們在必要時以 TARP 資金挹注銀行業資本的權限。問題在於如何快速且正確地達到這個目的。財政部並沒有試圖區分哪些銀行的體質好，哪些體質不好（這得經歷噩夢般的分析過程，而且一定會引發很多爭辯，並花費更多時間，還會導致他們支援的銀行被污名化——進而可能使擠兌潮惡化），而是提出「以極吸引人的條件購買優先股」的方式，這讓它得以用極快的速度，將 7,000 億資金挹注到銀行體系。

　　鮑爾森這個作法極端不孚人望，那是可以理解的，畢竟大眾一心想懲罰危機的禍源——銀行業。但我個人認為，他的行動是必要且適當的，最後納稅人也因此受惠，因為撥入 TARP 資本計畫的資金，阻止了一場災難般的崩潰——一場不亞於大蕭條或更甚於大蕭條的衰退——更何況這個計畫最終不僅回收全部的投入資金，還為納稅人賺了近 500 億美元的利益。這種不怕惹人厭並堅持做對人民有利的事的情操，非常值得推崇與讚賞。多數非執行者只會在一旁批評真正努力做事的少數人，若順著批判者的意思，最後的結果有可能變成一場災難，除非參與者擁有足夠的智慧與勇氣，能勇敢力排眾議，做對的事。

　　歷經非常多談判與協商，TARP 計畫終於通過，這堪稱非凡的成就，因為這是一次罕見且影響深遠的國會兩黨合作行動。誠如你能想像到的，每個人都因巨大的不確定性而如坐針氈。一如多數類似個案，一定要等到走投無路，眾人才會採取協同的行動，一起做對的事。政策制訂者能及時採取正確步伐來防範這類危機固然最好，但很遺憾，那有違政治體系的運作。多年來，我目睹過很多國家上演很多諸如此類的戲碼，我敢說，政治體系通常都要經過激烈的攻防，才終於在災難即將爆發的前幾個小時做出正確的決定。

　　不過，等到這項法案好不容易在 10 月 3 日通過，投資人卻普遍認為這項法案已不足以解決問題。所以，當天股價繼續下跌 1.4%。

2008 年 10 月

　　對政策制訂者來說，10 月初那幾天簡直只能用兵荒馬亂來形容，**所有人都疲於奔命地希望在最短的**

新聞動態與
橋水每日評論

2008 年 10 月 1 日
歷經兩天的重擊，股票小幅下跌
「參議院即將就政府的紓困計畫進行表決，週三貨幣市場的緊張氣氛升高。許多企業與銀行求貸無門。目前可取得的信用通常僅限隔夜貸款，而非幾週或幾個月的貸款。」
——《紐約時報》

2008 年 10 月 1 日
製造活動指數大幅降低
——《紐約時報》

2008 年 10 月 2 日
信用緊縮的焦慮未解，股票因而重挫
「經濟體質惡化的訊號及信用緊縮狀況未見改善，加上華盛頓當局即將就一項金融拯救計畫進行關鍵表決，投資人身心俱疲，週四股票大跌。」
——《紐約時報》

2008 年 10 月 3 日
紓困法案未能安撫投資人
——《紐約時報》

2008 年 10 月 3 日
可怕的市場行為
「隨 TARP 起舞的價格行為非常糟，情況與我們的觀點不謀而合——TARP 不可能扭轉局面。週五的股票價格行為維持典型的『買在謠言傳出時，賣在事實發生時』型態。只不過，我們通常是在好消息促使股價大漲時買進，在消息成真後賣出，從中賺取淨利潤……而這一次……股票市場在表決完成後創下新低交易價。」

**新聞動態與
橋水每日評論**

2008 年 10 月 3 日
**9 月流失 15 萬 9,000 個就業
機會，為五年來最糟的一個月**
——《紐約時報》

2008 年 10 月 5 日
歐洲金融危機擴散
——《紐約時報》

2008 年 10 月 6 日
**Fed 考慮實施購買企業無擔保
債務之計畫**
「根據這項計畫，Fed 表示將
購買平日仰賴融資來維持業
務之企業的無擔保短期債
務。Fed 在週二的一份聲明中
表示：『這項工具應該能鼓勵
投資人再次回歸商業本票市
場，從事定期放款業務。』」
——《紐約時報》

2008 年 10 月 7 日
**儘管暗示降息，美國市場仍重
挫**
——《紐約時報》

2008 年 10 月 8 日
供給與低變現性
「政府提供愈來愈多流動性，
解決緊縮問題；交易商無法取
得存貨融資；避險基金求貸
無門，外國人對美元作為準
備通貨的信心喪失，而囤積現
金的欲望勝過擁抱各式風險
的欲望，即使是收益率曲線的
現況，都使國庫債券變得岌
岌可危。」

時間內做最多的事，因為經濟狀況一天比一天急速惡
化，幾乎每個監理部門都在執行重大的政策變革，而
且每項變革都得應付不同的阻礙、會產生不同的得失
和利弊。

　　以 FDIC 來說，監理人員研擬提高存款保險的上
限。FDIC 的分析人員深知必須提高保險金額——美
聯銀行爆發的經濟蕭條型銀行擠兌，清楚證明這項行
動的必要性——但又擔心將上限提高過多，將吸引外
國銀行的存款人（因他們的本國存款保險上限較低）
湧入，從而使歐洲和亞洲的流動性進一步緊縮。所
以，他們最終採納一個折衷的方案——在 10 月 3 日
將存款保險上限從 10 萬美元提高到 25 萬美元，這
項調整建議被納入待審的 TARP 相關法案——期望這
個新上限將足以紓解受困銀行的壓力，但又不致引
爆和外國監理機關之間的存款保險戰爭。FDIC 事後
又進一步實施交易帳戶擔保計畫（Transaction Account
Guarantee Program），為參與的銀行的非孳息性交易
帳戶提供全額擔保。

　　每天都有新一波的壞消息傳出，並對股票造成重
創。經濟景氣快速沈淪。光是在 10 月的第一週，就有
採購經理人指數（PMI，對採購經理人所做的調查）
遠低於預期、8 月工廠訂單數據大幅降低 4% 等不利
訊息傳出，而就業報告也顯示 9 月減少 15 萬 9,000 個
就業機會，為五年來最差的一個月。接下來一週，零
售銷售亦透露類似的不祥經濟前景（較去年同期衰退
7.7%）。

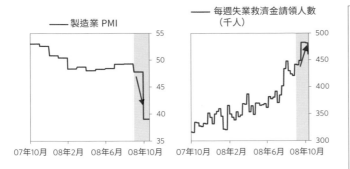

——— 製造業 PMI

——— 每週失業救濟金請領人數（千人）

在壞消息不斷傳出的這段期間，股票幾乎天天承受沈重的賣壓。在 10 月 1 日至 10 月 10 日間，史坦普 500 指數的投資人共蒙受了 22% 的虧損，股市連日下跌，沒有一天上漲。原油價格繼續快速下跌，那個月月中的收盤價只剩每桶 75 美元。某些交易日即使消息清淡，市場表現一樣潰不成軍。舉個例子，10 月 9 日當天，股票重挫 7.6%，成交量還創下歷史新高，但那一天幾乎沒有任何重要到足以讓股票如此大跌的消息傳出。

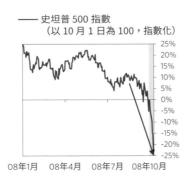

——— 史坦普 500 指數
（以 10 月 1 日為 100，指數化）

**新聞動態與
橋水每日評論**

2008 年 10 月 8 日
AIG 將取得額外的 378 億美元
　　　　——《紐約時報》

2008 年 10 月 9 日
美國考慮向銀行業者挹注現金
「白宮週四表示，財政部試圖開啟凍結的信用市場失利後，正考慮取得多家美國銀行業者股權，以重建國人對金融體系的信心。」
　　　　——《紐約時報》

2008 年 10 月 9 日
美國汽車類股因銷售預測極度黯淡而重挫
　　　　——《紐約時報》

2008 年 10 月 10 日
上下大幅震盪的一週最終以重挫收場
「股票市場連續三天在尾盤最後一小時的交易下殺。週五當天，市場簡直陷入量厥……此乃股票市場最大幅度的波動，甚至堪稱七十五年來表現最糟糕的一週。道瓊指數與涵蓋面更廣的史坦普 500 股價指數，單週跌幅雙雙達到 18%。」
　　　　——《紐約時報》

2008 年 10 月 10 日

受重創的貨幣市場基金獲得喘息空間

「9 月 16 日,規模達數百億美元的某基金發生虧損,向來將貨幣市場基金視同銀行存款的投資人,信心因此動搖,這引爆連續數週的撤資潮……遭到最重打擊的是購買最大量商業本票與其他短期資產──為企業營運資金來源──的優質貨幣基金。但週四當天,機構與零售型的優質基金皆有新資產流入。」

──《紐約時報》

2008 年 10 月 11 日

白宮翻修拯救計畫

「週六各國領袖齊聚此地,共同對抗全球金融危機,布希政府開始翻修它先前為拯救即將崩潰的金融體系所提出的策略。布希政府說服國會同意由政府花費 7,000 億美元收購房貸相關不良證券後兩個星期的今天,它暫時擱置那個想法,轉而偏好以政府的資本直接挹注美國的銀行業者,實質上等於局部國有化這個產業。」

──《紐約時報》

不僅金融部門感受到那尖銳的痛楚。平日仰賴信用額度來支應經常性營運資金需求的非金融業重要企業遭到企業商業本票市場拒於門外的報導陸續傳出。某些企業因而宣布為了保留現金準備而將縮減股利,而優質貨幣市場基金資金外流的情況也未見改善。在家庭部門,一篇報導顯示,8 月消費信用出現 1998 年以來首度降低的情況。而隨著各主要市場的流動性枯竭,全球各地皆可見到類似的報導,即使各國央行頻頻宣布前所未見的干預行動,流動性也未見改善。

面對這樣的痛苦,政策制訂者提出愈來愈大的創議,以期解決信用市場凍結的問題,並紓解瀰漫整個金融體系的疑慮。舉個例子,10 月 7 日當天,Fed 宣布一項收購無擔保商業本票的臨時新計畫。由於銀行放款幾乎完全凍結,貨幣市場基金也從商業本票市場抽走了數千億美元的資金,大型非金融業企業連日常營運所需的資金都極端難以取得。Fed 擔心若這些企業無法及時取得融資來源,有可能進行大規模裁員,進而對整體經濟造成廣泛傷害,於是被迫出手。為了讓這些企業順利取得資金,Fed 創造了它所謂的商業本票融資機制(Commercial Paper Funding Facility,簡稱 CPFF),基本上這是 Fed 根據聯邦準備法第十三條之三的權力而設立的獨立實體,它利用 Fed 的貸款,盡可能收購商業本票。在實務上,Fed 同意直接為商業本票的收購提供資金,無需財政部就可能的虧損為它提供最後保障。為了實施這個計畫,Fed 已碰觸到法定權限的界限,甚至有點逾越它的權限(取決於判讀者的認定),因為依法中央銀行通常不能承接那類高風險信用的曝險部位。Fed 勇於為所當為,並期待 CPFF 向貸款人收取的手續費能彌補所有潛在虧損,只不過收取這些費用的主要目的並非為了彌補虧損。

就在 TARP 通過前幾天，鮑爾森開始暗示這些基金可能被用來充作銀行資本，而不只是會用在問題資產的收購，他表示，這個想法已醞釀了好幾個星期。[47] 10 月 9 日當天，在鮑爾森的力促之下，白宮官員也開始釋出風向球，表示 TARP 的資金有可能用來挹注銀行業的資本。

此時百廢待舉，政策制訂者必須緊急加快腳步。總之，那是全然瘋狂的一週。

哥倫布節那個週末，即 10 月 11 日至 13 日，政策制訂者向前推進了最大的一步。10 月 11 日星期六，布希總統在華盛頓與七大工業國（G7）成員會面，他公開承諾將協同國際的力量，努力控制已成為全球金融危機的這一場災難。G7 的成員都同意應集合各國之力，挹注資本到銀行機構，同時提高存款保險的擔保。接下來兩天，財政部官員快速就美國這一方的國際承諾完成一份計畫。這個新計畫的核心是兩項全新的大膽政策變革——FDIC 承保範圍擴大，以及大量挹注資本到銀行體系。

通常 FDIC 只負責為商業銀行的存款保險。然而，根據新的暫時性流動性擔保計畫（Temporary Liquidity Guarantee Program），FDIC 的權限被擴大，它開始為每一家具系統重要性的銀行的債務進行擔保，而且也負責為銀行及銀行控股公司新發行的所有無擔保債務與所有非孳息交易帳戶的損失提供最後保障。總括而言，FDIC 等於是為所有的銀行債務進行擔保。這是一項極度不尋常的措施，很多人擔心可能會衍生許多始料未及的嚴重後果，不過，鮑爾森事後寫道：「坦白說，我也痛恨這些選項，但我更不想眼睜睜坐視一切就這樣瓦解。」[48]

根據新的資本收購計畫（Capital Purchase

**新聞動態與
橋水每日評論**

2008 年 10 月 11 日
布希警言解決危機
「布希總統週六尋求提出一個聯合全球之力，共同因應金融危機的計畫，他表示世界主要工業國已同意採取共同穩定市場與支持銀行體系的措施……布希先生表示，各國就因應危機的概要原則達成共識，包括設法防範重要金融機構倒閉，以及保護存戶的存款。」
——《紐約時報》

2008 年 10 月 12 日
融資追繳引發賣壓，並導致股票進一步殺低
——《紐約時報》

2008 年 10 月 13 日
銀行援助方案促使股價大漲 11%
「週一道瓊工業平均指數出現 10 月以來首度單日上漲。精準來說，指數大漲 936 點，為七十五年來最大單日上漲百分比。股票大漲的原因是，世界各地政府與中央銀行提出一份積極的協同計畫，期許能解決全球信用流動凍結的問題，投資人表示，這是他們期待已久的對策。」
——《紐約時報》

2008 年 10 月 15 日
GAMC 難以取得融資
——《紐約時報》

2008 年 10 月 18 日
房屋建築成長率降至 1991 年以來最低
——《紐約時報》

新聞動態與
橋水每日評論

2008 年 10 月 19 日
布希的左右手表示，各地區陷入經濟衰退
「布希總統的最高經濟顧問週日表示，美國各個地區正面臨失業率大幅上升的困境，且經濟似乎將陷入衰退。」
——《紐約時報》

2008 年 10 月 20 日
信用寬鬆的跡象與振興經濟的協商提振華爾街表現
「放款機構之間的信任正試探性地恢復（這是最近罕見的情況），一般人因此期待銀行、企業與市政機構面臨的立即性財務壓力能略微紓解，適度緩衝潛在經濟衰退的打擊。那個令人振奮的訊號，明顯足以為華爾街帶來一波救贖，道瓊工業平均指數大漲 413 點，約當 4.7%。」
——《紐約時報》

2008 年 10 月 20 日
Fed 主席為新一輪的經濟提振措施背書
「聯準會主席班·柏南奇週一表示，他支持協助提振經濟的第二輪額外支出措施。」
——《紐約時報》

2008 年 10 月 20 日
據聞美國將敦促銀行業展開新購併活動
「政府官員指出，財政部期望能促進新一輪合併，將 2,500 億美元銀行拯救方案中的一部分資金，提撥給願意收購較疲弱的對手的銀行，這項措施有可能加速美國銀行業者的汰弱留強。」
——《紐約時報》

Program），財政部計畫利用它的 TARP 資金，盡可能承接銀行機構的股權——最高不超過風險加權資產（risk-weighted assets）的 3%，即 2,500 億美元。誠如先前解釋的，財政部是以認購 5% 股利的優先股的方式來進行這些投資。

鮑爾森也需要最健康的銀行參與這個計畫，因為如果只有體質不佳的銀行參與，參與的銀行就會背負一種可能導致擠兌愈演愈烈的污名。所以，即使財政部沒有權力逼迫銀行業者接受它的資本，它還是竭盡所能這麼做。10 月 13 日星期一，鮑爾森邀請九大銀行的執行長到他的私人會議室，並向他們解釋他希望每個與會銀行都參加這個計畫，甚至預先訂好他期望每家銀行接受的資本金額。會議結束後，與會的每一家銀行都同意接受政府的資金，總計鮑爾森用掉了國會授權的 7,000 億美元裡的 1,250 億美元。

不過，即使有了這些現金挹注，美國、歐洲和日本市場還是繼續惡化。所以，鮑爾森、柏南奇和蓋特納體察到，有必要使出更大的政策力道。柏南奇和鮑爾森在 G7 會議中，和各國中央銀行官員與財政部長展開幾場極為重要的會議，目的是為協同國際間對危機的回應方式。鮑爾森與布希總統和 G20 財政部長會面。在此同時，財政部還有幾個快打團隊，分別負責迅速研擬美國方面的回應。有幾個人私下向鮑爾森提出警告，表示他們的腳步似乎有點過快，因而可能非常危險。然而，鮑爾森相信，如果政策制訂者的行動不夠明快，到市場在哥倫布節那個週末過後的星期二開盤仍舊沒有頭緒的話，一切就來不及了，即使到時候真的有心做些什麼，也都將無濟於事。[49]

鮑爾森表示，當時推行的措施當中，最強有力的一個就是暫時性流動性擔保計畫，這個計畫是由

FDIC 動用它原本為了保護存戶而成立的基金，來為金融機構的負債進行擔保，包括銀行控股公司的無擔保負債。[50] FDIC 的法務長一度表示這麼做不合法。然而，鮑爾森及其他人花了非常多時間，終於說服該公司董事長雪拉‧貝爾相信這是正確的作為，而她最終也做出了非常有勇氣的決定，為這個計畫背書——她的拔刀相助讓局面大幅改善。[51]

　　當和這個計畫有關的消息在 10 月 13 日週一走漏（世界各地的政策制訂者也宣布類似的專案），有開盤的市場一律飆漲。而史坦普 500 指數急漲 11.6%，是 1939 年以來單日最大漲幅。

　　各國政府當時發表的幾項聲明，值得特別在此撥出一些篇幅來討論，因為這些聲明對這場危機別具意義。在這個時間點之前，多數政府多半是以「頭痛醫頭、腳痛醫腳」的方式來回應個別的災難。先前 Fed 扛下了極不成比例的重擔，更糟的是，沒有人知道其他機關是否會給予 Fed 適足的支持。但到這個時間點，情況愈來愈清楚顯示，美國與世界各地的政策制訂者願意致力於採行非常規的協同行動。儘管如此，由於此時經濟景氣持續快速惡化，因此後續的不確定性還是非常高。我們當時用以下這篇評論，對客戶解釋那個時刻的狀況：

10 月 13 日：各國政府正竭盡一切所能：接下來我們必須觀察這些作為是否還來得及力挽狂瀾

　　這些都是非常了不起的作為。他們正竭盡全力做我們期待已久的所有事。其實早在危機爆發的第一階段，他們就應該採取這些作為——例如如果他們當時願意採取這些措施，不要放任雷曼兄弟倒閉等。由於這場危機的情勢已擴散到第三階段，所以，我們必須

**新聞動態與
橋水每日評論**

2008 年 10 月 21 日

Fed 進一步加碼援助信用市場

「為恢復外界對金融體系的信心，Fed 不惜出險棋，宣布將為眾多貨幣市場基金持有的短期債務提供最後保障。中央銀行將向這些基金收購定存單與特定種類的商業本票，期許藉此恢復信用的自由流動，並紓解外界對這類投資標的的憂慮。這是 Fed 這個月以來宣布的第三項這類計畫。」

——《紐約時報》

2008 年 10 月 23 日

失業救濟金請領人數增加幅度超出預測數

——《紐約時報》

2008 年 10 月 23 日

葛林斯潘承認監理失誤

「多年來，葛林斯潘的國會聽證會一向是眾所矚目的轟動事件。立法人員特別鍾愛他，並將他視為經濟聖賢。市場因他的言談而上漲或下跌。兩黨政治人物都希望這位掌舵大師能站在他們這一邊。不過，卸下聯準會主席職務近三年的葛林斯潘先生，卻在週四謙卑地承認，他對自由市場的自我修正能力過度有信心，並因此未能預見到放縱的房貸放款活動的自我破壞能力。」

——《紐約時報》

新聞動態與
橋水每日評論

2008 年 10 月 27 日
白宮探討是否援助汽車業合併案

「政府官員表示⋯⋯布希政府正檢視一系列提供緊急財務援助的選項，意圖促進通用汽車與克萊斯勒的合併。據熟悉相關討論的人表示，政府希望對陷入嚴重困境的三大底特律汽車製造商提供財務援助，可能會利用國會在本月通過的 7,000 億美元紓困計畫中賦予財政部的廣泛權限。」

——《紐約時報》

2008 年 10 月 27 日
Fed 繼續努力將美元送到需要的地方

「Fed 繼續將前所未見的大量流動性挹注到經濟體系的各種不同管道。這一波前所未見的大量流動性挹注金額，已達到 Fed 資產負債表的一倍以上，該會資產與負債各增加近 1 兆美元，但尚無法彌補民間部門的需求。整個世界累積的美元債務過於巨大，而整個金融體系展延與擴大這些債務的能力又極其根深柢固，因此，要打破這樣的局面，需要 Fed 挹注空前的努力。然而，Fed 展開這個作業後面臨了非常多的風險，何況 Fed 的力量並無法擴及全球金融體系的多數環節。」

2008 年 10 月 29 日
憂心忡忡的 Fed 將主要利率降低 0.5 個百分點
——《紐約時報》

觀望後續發展。此刻最大的疑問是，這個大規模流動性挹注以及銀行資本結構重整計畫，是否將惠及這個體系外圍的人。

目前很多骨牌正一個接一個倒下，範圍之廣，已超出政府能力所及。我們知道其中很多倒下的骨牌都非常大且驚人，而且，我們敢說有更多是我們不知道的。所以，很難肯定地說這些政策變革會對眼前的巨大問題帶來什麼樣的影響，也很難說這些巨大的信用／流動性問題將會產生什麼影響⋯⋯

目前的情況依舊充斥不確定性，但我們終於敢肯定地說，目前主要已開發國家的政府正竭盡所能處理這場危機。

接下來一個星期，經濟衰退的恐懼與不確定性，使波動性維持在極端高檔。舉個例子，在悲慘的 9 月分零售銷售數字公布後，柏南奇又警告近期內不會發生任何「廣泛經濟復甦」，這一席話導致股票在週三當天重挫 9%。[52] 但隔天，即使一系列令人失望的統計數據發表，市場還是反彈 4.3%，商業本票的利率也些微下滑。

幸好到 10 月 20 日星期一，銀行間隔夜拆款與商業本票市場的情況顯著趨於紓解。商業本票利率降到四週來的新低，而短期國庫證券殖利率則略微攀升。信用緊縮情勢的好轉促使股票上漲，也代表銀行業壓力的顯著減輕。

—— TED 利差

07年10月　08年2月　08年6月　08年10月

新聞動態與
橋水每日評論

2008 年 10 月 29 日
**Fed 會將利率降至零嗎？某些
分析師表示那個日子不遠了**
——《紐約時報》

2008 年 10 月 30 日
**Fed 對 AIG 增加 210 億美元
的貸款**
——《紐約時報》

2008 年 11 月 1 日
**有助於了解目前事態發展的
「模型」**
「我們相信，世界經濟正在
經歷一個可能會令許多人極
端痛苦的去槓桿化／蕭條流
程……去槓桿化／蕭條絕對
不只是嚴重的經濟衰退——
那是完全不同的流程，這和
一般想法相反。」

2008 年 11 月 2 日
**通用汽車請求美國政府在合
併案中提供協助，但遭拒絕**
——《紐約時報》

2008 年 11 月 3 日
**汽車製造商 10 月銷售報告糟
糕至極**
——《紐約時報》

　　儘管如此，導致很多金融機構與企業銀根緊縮的
多數金融錯配（也就是舉借短期貸款，但承作長期放
款；或舉借某一種通貨的貸款，承作另一種通貨的放
款）還是沒有解決。此時美元相當短缺，原因是先前
借入美元貸款再將之用於承作美元放款的海外金融機
構，不得不在美元、貨幣和信用都極端短缺的此時償
還美元，且／或必須和他們的債務人（債務人也必須
償還美元）協商還款事宜。雖然 10 月一整個月，Fed
持續擴大它和已開發國家央行之間的美元換匯額度
（即流動性放款），還是無法提供足夠的美元流動性
來紓解全球美元短缺的問題。這個問題部分導因於各
國中央銀行基於違約與後勤（logistical）問題的憂慮，
不願意將 Fed 提供的美元用來承作以本國通貨計價資
產作為擔保的放款。新興市場的美元最為短缺，由於
這些地區的美元債務金額非常高，所以債務人爭相搶
奪美元。總之，美元在 10 月升值了 8%。

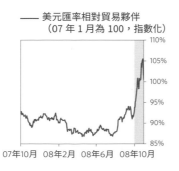

—— 美元匯率相對貿易夥伴
（07 年 1 月為 100，指數化）

07年10月　08年2月　08年6月　08年10月

新聞動態與
橋水每日評論

2008 年 11 月 4 日
歐巴馬獲得歷史首見的壓倒
性勝利
「根據稍早的出口民調數據，
62% 的選民表示經濟是他們
的第一考量。所有其他議
題——包括恐怖主義以及伊
拉克戰爭等，都遠遠比不上
經濟……擁有國會絕大多數
席次的支持，總統當選人歐
巴馬很可能快速採取行動，
實施大規模經濟提振方
案。」
——《華爾街日報》

2008 年 11 月 7 日
在 10 月份的折損後，失業率
繼續上升到十四年新高
——《紐約時報》

2008 年 11 月 7 日
創造流動性，但未能創造信
用
「實質上，透過某些資產收購
活動與一系列交換（swap），
Fed 以國庫券交換其他變現
性較差、較低等級且較長存
續期間的信用，透過這個流
程，它為很多重要的實體提供
了短期流動性。但截至目前
為止，它一直無法順利促進由
民間出資的信用擴張，因為對
債權人來說，在這個時間點
放款很不划算，尤其債權人
本身的銀行也極為緊縮。若
無法擴張信用，去槓桿化／
蕭條流程將延續下去，直到
全球債務開始重整（也就是
削減債權人對債務人的索償
權規模）。」

我們當時用以下評論，向客戶解釋了整個局勢：

10 月 22 日：美元短缺

　　債務就是現金部位短缺，也就是一個手上沒有現金的人所做的現金交付承諾。由於美元是這個世界的準備通貨，也因為美元順差回流（dollar surplus recycling）已行之有年……世界各地累積了大量以美元計價的債務。所以，隨著美元的流動性趨於緊縮，美元也開始短缺。美元的短缺……對背負美元債務的新興市場（尤其是原物料商品出口國）造成打擊，但也對美元形成支撐。一旦美元短缺的狀況消失——不管是債務人違約，或是取得避免違約的流動性，這個狀況都會消失——美元自然就會貶值。但直到那一刻到來，預料我們還是會繼續作多美元，放空歐元及新興市場通貨。

　　所有東西的實際價格永遠等於被交易商品的消費金額，除以該商品的出售數量（也就是價格＝金額／數量），所以：a）知道誰在消費與誰在銷售多少數量（最好還要知道他們消費與銷售的動機），是隨時可找出那個價格的最好方法；以及 b）雖然有些人企圖解釋價格波動和當下傳出的訊息之間的關聯性，但其實價格不見得會像他們預期的那樣，如實地回應基本面的變化。在這段期間，波動性還是極端高，而波動性維持高檔的理由和基本面完全無關，而是和市場人士基於各式各樣原因（例如銀根吃緊、銀根不再吃緊、再平衡其投資組合等等）介入與退出部位的行為密切相關。舉個例子，10 月 28 日星期二當天，史坦普指數大漲超過 10%，隔天卻在 Fed 再次降息 50 個基

本點後下跌 1.1%。那個月結束時，史坦普指數共下跌
17%，是 1987 年 10 月以來最大單月跌幅。

2008 年 11 月至 12 月

　　在這個混亂的局面中，巴瑞克・歐巴馬在史上最
高投票率的大選中當選美國總統，而且是在民主黨於
國會參、眾兩院取得極多數席次的情況下就任總統。
歐巴馬在競選時曾承諾將花費數百億美元在基礎建
設、失業保險和醫療補助計畫（Medicaid），還表態
支持 TARP——因此，他得以透過民主黨對國會的控
制力量，明快推動各項政策。

引用自 2008 年 11 月 5 日《今日美國》（*USA Today*）。保留所有版權。
經美國版權法許可與保護。未經許可，禁止印製、複製傳播或轉載本
內容。

　　財政部與 Fed 到目前為止所採取的行動，雖可能
已使金融傳染病的傳播速度減緩，**但情況愈來愈清楚
顯示，2008 年最後那幾個月的經濟衰退速度，遠比最
悲觀的觀察家所擔心的更快，美國正一步步走向大蕭
條以來最嚴重的經濟衰退，甚至走向「大未知」。**

**新聞動態與
橋水每日評論**

2008 年 11 月 12 日
經濟不確定性引發恐懼，主要指數大幅下跌
「整個早上金融市場持續下修，就在財政部長亨利・鮑爾森出席記者會討論 7,000 億美元金融紓困方案的用途前一刻，股市劇烈下跌。鮑爾森先生表示，那些政府資產將不會依原規劃收購問題證券，而會被用來購買銀行的股份及把注其他金融機構的資金。」
　　　　　　──《紐約時報》

2008 年 11 月 13 日
美國信用紓困計畫轉移焦點
　　　　　　──《紐約時報》

2008 年 11 月 13 日
了解 TARP 相關計畫的轉變
「鮑爾森週三與週四發表的聲明，顯示 TARP 的使用計畫再次轉變。我們感覺，新計畫的方向很正確──包括不直接購買房貸資產（不會產生槓桿效果），改為向銀行把注更多資本，以及其他研擬中的機制──如可能為新的證券化工具提供擔保，以進一步善加利用銀行體系外的資金。」

2008 年 11 月 14 日
房地美歷經虧損後，尋求援助
　　　　　　──《紐約時報》

2008 年 11 月 14 日
10 月零售銷售降幅創歷史記錄
　　　　　　──《紐約時報》

我們認為此時的經濟體系處於典型的去槓桿化／蕭條的初始階段，在這個階段，貨幣政策無法產生正常的效果。利率不可能再降，而數不清的信用管道也已枯竭。

11 月公布的多數重要經濟統計指標比已經非常糟糕的預測數字還要差。消費支出衰退幅度達到極端罕見的水準；零售銷售降低 8% 以上，汽車銷售更是比前一年衰退 30%。各產業的企業因營運成果不佳，紛紛以創新高的裁員數來因應，這使失業率上升到 6.8% 以上，為 1994 年以來最高水準，而裁員與失業人數的預估數字也劇烈增加。12 月的製造業指數降至 1982 年以來最糟。總而言之，經濟體系正一步步內爆。

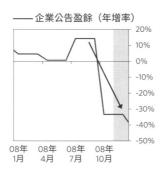

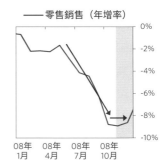

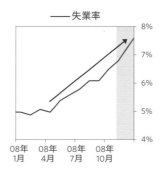

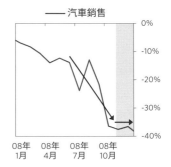

各個產業的企業紛紛向聯邦政府請求財務援助。汽車產業的狀況尤其嚴峻，所以特別積極向聯邦政府尋求最後保障。然而，財政部並不情願將 7,000 億美元的 TARP 方案進一步擴大適用到工業界的企業，所以當然也不願意援助主要汽車製造商。11 月初時，通用汽車為了籌措合併克萊斯勒的財源，向財政部提出 100 億美元的財務援助請求，但遭財政部拒絕。少了聯邦政府的資金奧援，加上信用市場依舊無法正常運作，各汽車公司只好訴諸拋售資產的管道來籌措現金。福特公司與通用汽車都在那個月大量出售他們持有的其他汽車製造商股權。

11 月 10 日當天，AIG 宣布前一季虧損 250 億美元（但已取得 1,500 億美元的額外政府資金來減緩金融危機蔓延的速度）。房利美則宣布虧損 290 億美元，並表示除了財政部已保證將提供的 1,000 億美元，該公司可能還需要更多資金才能度過困境。

由於鮑爾森不想影響選情，所以他並沒有公開說明促使他政策轉彎的心路歷程。[53] 市場原本期待的是一個大規模的資產再回購計畫。然而，鮑爾森在 11 月中旬的一場選後演說中，宣布他調整財政部的 TARP 使用計畫。他宣布財政部將改變收購低變現性資產的計畫，因為這些證券的市場已經完全凍結。取而代之的，財政部將以類股權資本的形式，將那些資金導入銀行與非銀行金融企業（但不包括汽車公司），好讓這些金融機構擁有更大的餘裕，恢復正常放款活動。此外，他還宣布一項鎖定消費者放款市場的新放款計畫。這個新計畫允許財政部將其中部分資金留作汽車貸款、信用卡與學生貸款之用。然而，市場對這項調整的回應相對消極。鮑爾森在事後表示：「一如我所擔心的，市場一味聚焦在房貸相關資產收購計畫胎

**新聞動態與
橋水每日評論**

2008 年 11 月 17 日
花旗集團計畫出售資產並裁減更多員工

「正進行史上最大規模——不僅是金融產業最大規模，也是所有產業最大規模——裁員的花旗集團，週一令人震驚地表示，計畫裁減 5 萬 2,000 個就業機會，約當該公司全球勞動力的 14%。」

——《紐約時報》

2008 年 11 月 17 日
通用汽車為籌措現金而出售鈴木股權

——美聯社

2008 年 11 月 17 日
市場在尾盤下跌

——《紐約時報》

2008 年 11 月 17 日
破產的必要性與阻止破產可能衍生的風險

「我國經濟的最基本問題在於，很多個人和企業的償債支出相對高於他們為了償債所創造的現金流量。所以，他們勢必需要進行債務重整——將原始債務的帳面金額沖銷一部分，使必要償債支出降到與債務人還款能力一致。破產是實現這類債務重整的最常見方式。破產案件愈多，就愈快發生債務重整，經濟危機也會愈快遠離我們。」

2008 年 11 月 18 日
福特汽車為籌措現金而出售馬自達（Mazda）股權

——《紐約時報》

死腹中的事實。」[54] 總之，資金用途的調整重創了市場，史坦普指數大跌 5.2%。

11 月 20 日，股票跌到新低價，那個月到那一天為止已大跌超過 20%（且從高點已重挫了 52%）。油價崩盤（此時已低於每桶 50 美元），房價則繼續下跌。然而，歐巴馬宣布將提名提摩西‧蓋特納為財政部長及賴瑞‧桑莫斯（前財政部長）為國家經濟委員會主席等消息，促使市場相對迅速從這個新低局面反轉，因為一般公認他們兩人非常有能力，當然，這樣的認知並非空穴來風。早在接下這個職務之前許久，桑莫斯就曾表達大型債務危機可能爆發的疑慮（他在 3 月初貝爾斯登倒閉前的一篇演說中表示，「我相信我們正面臨美國一個世代，甚至更久以來最嚴重的總體經濟與金融壓力」[55]，而他也一向倡議以大規模政策行動來因應危機）。他最終成為歐巴馬政府汽車產業政策的關鍵政策制訂者之一。柏南奇當然還是續任 Fed 主席，所以，儘管政權轉移，經濟團隊的領袖人選卻維持相當好的延續性。這些任命行動確保了政權轉移下的政策延續性。

11 月 25 日，聯準會與財政部宣布旨在壓低房貸利率（協助房市）的 8,000 億美元放款及資產收購計畫。中央銀行承諾收購和房貸有關的 6,000 億美元債務。這就是 Fed 的第一輪量化寬鬆計畫。這是管理去槓桿化歷程的典型關鍵步驟。面臨危機的中央銀行會被迫在以下兩難之間做出抉擇：1）「印製」更多貨幣（比銀行流動性需求更多的貨幣），以取代民間信用的降低，以及 2）隨著信用崩潰而放任大規模緊縮發生。**不可避免的，中央銀行一定會選擇印鈔票，而這個個案的選擇也是一樣，而一旦開始印鈔票，情勢就會戲劇化轉變。**

我希望你閱讀第三部中和美國 1928 至 1937 年債務危機有關的內容（同時也觀察其他個案），這樣你就會知道我所言不假。2008 年和前一次危機的不同之處是，政策制訂者以極快的速度採取印鈔票這項關鍵措施。1930 年至 1933 年經濟蕭條拖延那麼久，並不是因為當時的問題比較嚴重，而是因為政策制訂者反應太慢，當時的問題真的沒有這一次嚴重。儘管如此，若政策制訂者能更早一些採取行動，2008 年危機的痛苦會更少。

由下圖可更清晰了解外界對「量化寬鬆」相關訊息的回應。三十年期固定房貸利率因這個消息而降低近 1%（十年期國庫債券殖利率降低 22 個基本點）。

—— 房貸利率

新聞動態與
橋水每日評論

2008 年 11 月 21 日
資產負債表問題
「自 Fed 決定把注股權資本到銀行業後，信用市場雖略微解凍，卻仍不足以阻止信用市場的雪崩式拋售潮。信用市場環境依舊冷冽，由市場上過去很多被視為理所當然的基本融資關係的瓦解，便可見一斑（在融資容易取得的時期，那些基本融資關係被視為套利管道）。除非能以現有經濟情勢下「堪稱合理的利率」來取得新信用，否則經濟景氣將持續快速下滑，但由於如今市場一片混亂，趁火打劫的機會比比皆是，因此，信用提供者根本不可能以所謂「堪稱合理的利率」來為他人提供新信用。事實上，目前甚至沒有人願意為了套利而充分利用自家的資產負債結構（創造信用），更遑論為新經濟活動提供融資了。」

2008 年 11 月 23 日
英國即將宣布經濟提振措施
　　　　　　——《紐約時報》

2008 年 11 月 25 日
8,000 億美元的貸款計畫
「Fed 公告將積極收購最多 6,000 億美元由房利美與房地美擔保的房貸債務，房貸市場振奮不已。三十年期固定利率房貸的利率降低將近 1 個百分點，由 6.3% 降至 5.5%。」
　　　　　　——《紐約時報》

儘管如此，那個月月底的股價還是收低 7.5%，因為沒有人知道這些行動會不會已為時過晚。

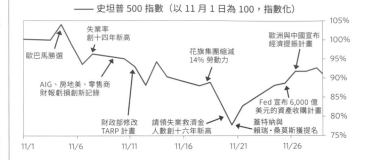

我們針對這項公告寫了以下評論給客戶：

11 月 25 日：為何我們預期將實施更多震懾性政策，以及那所代表的意義

　　雖然我們不能為 Fed 代言，但我們相信，Fed 與新財政部官員清楚了解去槓桿化／經濟蕭條的動態，也深知目前情勢的嚴重性。事實上，我們相信他們現在的理解和我們相似，所以，他們正在採行如果是我們也會採行的作為，而且未來也會做如果是我們也會做的事。順著這個邏輯，我們預期 Fed 和新政府（即財政部與其他部門）會採取震懾性的行動。

　　今日 Fed 宣布的行動只是繼續擴大證券收購、增加壓低信用利差所需之資金與對金融體系挹注更多流動性等措施的最新步驟。我們預期他們後續將採取更多措施，因為我們預料他們將會「不惜一切」，採行所有可用的對策。

其他國家眼見其經濟景氣下滑，也紛紛發表大手筆的政策宣示。舉個例子，英國政府宣布一項 300 億美元的經濟提振方案（透過降低銷售稅來協助屋主、退休老人與小型企業等措施）；中國降低利率；而歐盟則提出 2,580 億美元的財政計畫。其他國家的中央銀行也提供緊急放款措施（例如日本央行實施了一項新準備金，允許商業銀行以擔保品向中央銀行貸款，金額無上限）。到 12 月，各已開發國家的利率均隨著全球經濟趨於疲弱而降低。

已開發國家中央銀行政策利率

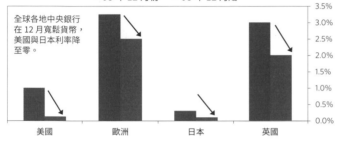

至於美國聯準會，則是將隔夜利率降到有史以來最低水準（介於 0% 至 0.25%），達到零利率的區間。柏南奇主席提到：「這是個歷史性的決策。」[56] 股票在這項政策宣布後大幅反彈，美元則貶值，那多半是因為 Fed 深知「印鈔票」、收購債券與竭盡所能為需要的人提供鉅額擔保，是逆轉這場債務／流動性危機的必要作為。

後來的情勢顯示，TARP 為汽車公司提供資金的可能性增加，這也對市場帶來助力，不僅因為那些資金可能對汽車公司有幫助，更因為一旦當局決定將援助擴大到汽車產業，象徵它願意更積極設法解救整個經濟體系。最初 TARP 法案的頒布是為了處理金融

358　大債危機

off新聞動態與
橋水每日評論

2008 年 12 月 22 日
印地麥克銀行遭查獲不法行
為
——《紐約時報》

2008 年 12 月 23 日
新屋銷售下滑速度較預期嚴
重
——《紐約時報》

2008 年 12 月 24 日
**Fed 核准 GMAC 改制為銀行
的請求**
——《紐約時報》

2008 年 12 月 24 日
失業救濟金請領人數最新統
計達二十六年新高
——路透社

2008 年 12 月 29 日
美國同意收購 GMAC 部分股
權
——《紐約時報》

2008 年 12 月 30 日
通用汽車取得更多資金，股票
上漲
——路透社

2008 年 12 月 30 日
**GMAC 放寬汽車貸款申請條
件**
「GMAC 表示將立即開始對
信用分數達 621 分以上的貸
款人放款，這比該公司兩個
月前要求的 700 分（當時該
公司正努力設法擺脫經濟困
境）顯著趨於寬鬆。通用汽
車也表示，將提供新一輪的
低利率融資，某些車款甚至
提供零利率貸款。」
——《紐約時報》

機構的問題，鮑爾森也反覆表示他們並不打算利用 TARP 的資金援助汽車業，但另一方面，布希政府又明確表現出不願意汽車公司破產的態度，而且還為了防止汽車公司倒閉，努力和國會研商，試圖取得部分動用國會先前為達汽車業燃料利用效率標準而提撥的 2,500 億美元資金的合法權限，作為緊急重整汽車業貸款之用。關於這方面，政府確實獲得一點實質的進展——眾議院通過一項法案，但 12 月中，這項立法程序卻卡在參議院。12 月 19 日，也就是布希總統卸任前夕，他正式宣布對克萊斯勒與通用汽車提供 134 億美元的緊急貸款。到那個月月底，政府又意外擴大這項紓困方案，對汽車產業提供額外的支持（並促使股價大漲）。由於 TARP 資金僅限對金融機構提供，所以，若要將這些資金用於汽車業，就必須將之導入汽車公司的金融事業部。此外，通用汽車公司的金融關係企業 GMAC 也在這時獲准改組為銀行（以便取得聯邦援助）；改組後的 GMAC 得以開始向信用等級較差的貸款人放款。接下來，政策制訂者在政權正式移交前夕，進行各汽車公司旗下金融公司的資本結構重整與拯救計畫，從而達到協助汽車業的目的。整個市場也非常樂觀看待總統當選人歐巴馬保證將提出的財政提振措施。這次政權移交體現了前、後任總統之間最優雅的政治行為。另外，柏南奇與蓋特納繼續擔綱經濟團隊領袖，也對後來的情況非常有幫助。

　　雖然上述所有行動都非常大手筆，一般人當然還是有充分理由質疑先前造成的傷害可能已大到經濟難以全面復甦的地步。雖然股票基於對經濟提振方案與汽車業進展的期望而大幅反彈，12 月收盤時的價格波動性（不確定性）還是非常高。

　　2008 年一整年，在其他投資人承受鉅額虧損之際，橋水投資公司為投資人創造了極高的獲利。真是值得稱頌的一年！令人大鬆一口氣的一年！

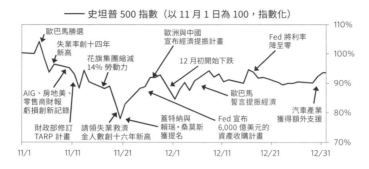

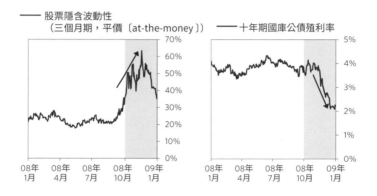

　　第一部解釋的那個「模型」、我們對 1930 年代大蕭條各項動態以及對自家業務（及其他眾多去槓桿化歷程）的了解，讓我們獲益良多。下頁圖是 1925 年以來的利率與貨幣供給（M0，譯注：發行通貨的總供應量），所以，這張圖形涵蓋了這兩個危機個案。這兩個個案發生時，利率都觸及 0%，當局後續也都採取「印鈔票」的手段。請注意，這張圖只包含 1900 年以後的時期，因為在那之前並沒有相關的統計，另外，就這兩個個案來說，這個「印鈔票」／ QE 政策實施後不久，市場和經濟都走出谷底。

　　量化寬鬆就像是注射大量的腎上腺素來拯救一個嚴重心臟病突發的病人。在 2008 年年底，我心中只剩一個疑問：這個遲來的大手筆行動是否還有機會力挽狂瀾，或者已回天乏術。

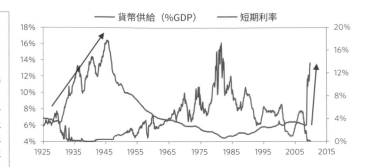

2009年：由「險惡」的去槓桿化歷程轉變為「美好」的去槓桿化歷程

簡短回顧當時美國的經濟狀況很有幫助。當時幾乎每個經濟指標看起來都極端快速降低。舉個實例，據報導，1 月所有企業的單日裁員人數高達 6 萬 2,000 人。除了經濟成長疲弱，還有至少五家金融機構處於破產邊緣，包括房利美、房地美、AIG、花旗集團與美國銀行；這些機構的規模一個接一個都比雷曼兄弟更大。另外，還有一個尚未受過考驗的新政權即將上台掌舵。以下評論傳達了我們當時對經濟的看法：

1 月 9 日：美國經濟依舊快速沈淪

美國經濟景氣依舊快速沈淪，信用的萎縮正開始衝擊經濟體系受創最深的環節——就業市場。最初受信用萎縮傷害的是金融部門，接著是需求，現在輪到就業市場受創。當第四季企業營收降低速度超過成本的降低速度，導致邊際利潤率遭到壓縮且盈餘降低（尚未公告，但幾乎確定會發生），這股衝擊波就注定由需求面轉向就業市場，因為盈餘的降低勢必促使企業縮減最大的費用項目——勞工。就業人口的極端快速減少，11 月與 12 月每個月各減 50 萬人以上，反

映出企業正努力維護它們的營業利益。

在信用短缺的情況下，這個問題甚至比多數經濟收縮問題更攸關重大。缺乏信用意味著企業無法依賴貸款來解決現金吃緊的問題，必須由內部取得現金流量，而這會使得資遣勞工的壓力增加。

歐巴馬總統在 1 月 20 日上任後，市場便開始聚焦在新政府的經濟政策。蓋特納部長在 2 月 10 日宣布的金融穩定計畫，被視為歐巴馬政府財政政策的重要領頭羊。他詳細說明[57]將如何「清理與強化我國的銀行業者」。他解釋將透過這個方法，對美國主要銀行進行壓力測試，以判斷哪些機構需要額外的資本，到時候，政府將結合公共與民間資金，支持那些機構的資本。此時投資人並不確定蓋特納的計畫包含哪些細節，包括會不會推動國有化？虧損由股東負擔還是納稅人承受？由於投資人只知道一個整體綱要，所以並不怎麼看好這個計畫的成效；因此，在蓋特納發表演說之際，史坦普指數下跌 3%，總計那天收盤共下跌 4.9%。

當時有關歐巴馬政府考慮將銀行國有化的謠言持續流傳，所以，財政部、FDIC、OCC、OTS 和聯準會發表一份共同聲明，向大眾保證，[58]除非萬不得已，絕不走上國有化的途徑：「由於唯有民間金融機構經營良善，我國經濟才能維持較好的功能運作，因此，資本援助計畫（Capital Assistance Program）的堅定前提假設是：銀行將繼續維持民間持有。」但這個「堅定前提假設」還是不足以讓投資人動心，史坦普指數那一天下跌了 3.5%。

那個月稍晚，蓋特納進一步發表計畫的細節，他表示，財政部與 Fed 已共同決定如何進行「壓力測

**新聞動態與
橋水每日評論**

2009 年 1 月 26 日
**參議院同意蓋特納出任財政
部長**
——《紐約時報》

2009 年 1 月 28 日
銀行股帶領華爾街大幅反彈
「報導指稱，政府考慮成立一
家『壞銀行』來吸收有毒資
產，華爾街因而全面上揚，金
融企業領導漲勢。」
——《紐約時報》

2009 年 1 月 30 日
**聯準會宣布協助特定住宅房
貸抵押資產避免走上可預防
性 查 封（Preventable
Foreclosures）一途之政策**
——《聯準會公告》

2009 年 2 月 6 日
市場無視就業報告而上漲
「就業機會減少 59 萬 8,000
人也壓抑不了華爾街持續加
溫的情緒。」
——《紐約時報》

2009 年 2 月 10 日
**蓋特納部長推出金融穩定計
畫**
——財政部新聞稿

2009 年 2 月 10 日
**新紓困計畫令人失望，股票下
滑**
——《紐約時報》

試」：聯準會將評估美國大型銀行承受經濟大幅衰退的能力——其定義為 GDP 衰退 3.3%，失業率上升到 8.9%，房價下跌 22%。如果這些銀行缺乏資本可承受這些壓力測試，必須先向民間市場尋求資金，不足的部分才會由公共資金補足。當然，蓋特納必須等到 Fed 完成要如何以公共資金補足銀行資本缺口的研究評估後，才能提供上述資金。我們在這之前約莫十八個月間，就已定期分析銀行業者持有的資產，除了依照市價計值法來推算銀行的虧損數字，也進行情境分析。我們對自己的估計值非常有信心，所以，我們迫切想知道 Fed 的壓力測試結果，主要是希望觀察 Fed 是否會坦率公布真實的數字，並切實著手處理問題。

除了蓋特納的金融穩定計畫，歐巴馬政府還宣布了一系列其他以恢復經濟活動生機與促進信用再次流動的財政政策。我們不會一一深入檢視這些政策，不過，以下將詳細討論其中兩項最有意義的宣示：

- 2 月 17 日當天，歐巴馬總統將美國復甦與再投資法案（American Recovery and Reinvestment Act）簽署為正式法律。這項經濟提振方案總值為 7,870 億美元，其中有 2,880 億美元作為所得稅減免專用，1,440 億美元是供州與地方政府使用，1,050 億美元作為基礎建設之用，剩下的則將用於聯邦支出計畫。值得一提的是，所得稅減免部分將在幾天內匯給納稅人——幾乎立即可見到提振效果。然而，基礎建設部分將分成幾年支出，因為建築案件還需要研究與規劃，所以短期內較不具重要性。

• 2 月 18 日當天，新政府又宣布一個總值 2,750
億美元的房市危機因應計畫。這個計畫旨在
協助「至多 900 萬名屋主進行房貸再融資
或避免被查封」。屋主可負擔及穩定計畫
（Homeowner Affordability and Stability Plan）提
供 750 億美元的直接支出，讓處境危難的屋主
得以繼續住在他們的房子裡。這個計畫也為放
款人提供修改問題貸款人之貸款條件的誘因，
以便讓那些貸款人更有能力負擔房貸。另外，
這個計畫也為房利美及房地美提供額外 2,000
億美元的融資。

2 月一整個月，美國政策制訂者還宣布或擴大
其他多項政策，包括定期資產擔保證券貸款機制
（Term Asset-Backed Securities Loan Facility，以 下 簡
稱 TALF）。TALF 是 Fed 的政策之一，Fed 透過這項
政策提供至多 1 兆美元的資金，以無追索權（non-
recourse）的基礎，放款給 AAA 級資產擔保證券的持有
人，期許能刺激各式各樣的消費性貸款。這項機制預
定自 3 月 5 日展開，作為即將在 4 月底到期的多項流
動性供應計畫的延伸。但儘管政府提出這麼多提振方
案，市場還是繼續下跌，誠如下圖所示。

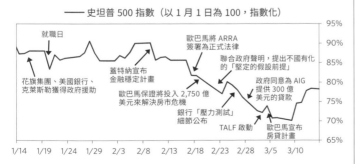

—— 史坦普 500 指數（以 1 月 1 日為 100，指數化）

就職日
花旗集團、美國銀行、
克萊斯勒獲得政府援助
蓋特納宣布
金融穩定計畫
歐巴馬保證將投入 2,750
億美元來解決房市危機
銀行「壓力測試」
細節公布
TALF 啟動
歐巴馬宣布
房貸計畫
歐巴馬將 ARRA
簽署為正式法律
聯合政府聲明，提出不國有化
的「堅定的假設前提」
政府同意為 AIG
提供 300 億
美元的貸款

95%
90%
85%
80%
75%
70%
65%

1/14　1/19　1/24　1/29　2/3　2/8　2/13　2/18　2/23　2/28　3/5　3/10

新聞動態與
橋水每日評論

2009 年 2 月 23 日
第三次拯救方案計畫將花旗
集團的 40% 股權收歸國有
——《紐約時報》

2009 年 2 月 25 日
銀行測試細節揭露後，市場漲
幅縮減
「週三早盤股票下跌，道瓊
指數週二的 236 點反彈幾乎
全數歸零，盤面交易反映近
期的高波動性……但聯邦監
理機關在午後宣布總市值超
過 1,000 億美元之銀行的壓
力測試細節後，股價因而反
彈。不過，收盤前各主要指數
又紛紛翻黑。」
——《紐約時報》

2009 年 2 月 27 日
GDP 修正值顯示經濟陷入長
期深度衰退
「第四季國內生產毛額年率
降低 6.2%，為 1982 年經濟
衰退以來最險峻的衰退，且
比先前公告的衰退 3.8% 嚴
重。」
——《紐約時報》

2009 年 2 月 27 日
美國同意提高對花旗集團的
股權
——《紐約時報》

2009 年 3 月 1 日
據聞美國將對 AIG 進一步提
供 300 億美元的資金
——《紐約時報》

2009 年 3 月 1 日
巴菲特在信函中承認這是嚴
峻的一年
——《紐約時報》

　　這段時間，愈來愈多和金融部門及經濟體系弱
點有關的報導出爐。3 月 1 日週日當天，有新聞報導
AIG 計畫公布第四季虧損 620 億美元（美國企業史上
最大單季虧損），而財政部和 Fed 因此將同意為 AIG
提供額外 300 億美元資本，同時放寬先前對這家保險
公司的放款條件。這個消息一出，市場擔心 AIG 的問
題會產生連鎖效應，加上 2 月出爐的第一批經濟統計
數字顯示經濟加速衰退（汽車月銷售量降低 5.8%，達
到 1980 年代初期以來最弱水準，經濟體系也折損 65
萬 1,000 個就業機會），導致各個市場重挫。

　　下一週開盤的狀況也大同小異。3 月 9 日週一當
天，世界銀行（World Bank）發表一篇非常悲觀的報
告，華倫‧巴菲特也表示經濟已「跌落斷崖」。股票
市場下跌 1%。投資人情緒極端悲觀，但賣壓漸漸枯
竭。那是美國股票市場觸及底部而美元抵達峰頂的一
天，不過，當局者迷，那時沒有人知道那是底部。

　　週二股票市場在花旗集團股價飆漲 38% 的帶領
下，大漲 6.4%，主要是花旗集團的執行長對員工發出
一份備忘錄，說明該銀行已轉虧為盈，另外，柏南奇
主席對金融監理改革的一席演說獲得極大認同，還有
報導指稱立法機構即將重新設定為壓抑股票放空行為
而實施的報升規定（uptick rule，譯注：股價低於最新
成交價時不得放空）。

2009 年 3 月至 4 月：政策制訂者同心協力展開逆襲

Fed 及財政部的政策制訂者在幕後規劃一系列旨在支持金融體系且提供必要資金彌補萎縮之信用的協同化「震懾性」政策。這些政策遠比先前的寬鬆政策積極許多，而且以連續性大規模公告的方式發布。這種接二連三的密集發布方式，強化了對市場的影響。

第一批聲明是在 **3 月 18 日**發表，Fed 出乎市場意料，宣布將擴大 QE 計畫──對 GSE 機構之 MBS 的收購規模將提高到 7,500 億美元，且將 GSE 機構債務的收購金額提高到 1,000 億美元，另外，它也將擴大收購美國政府公債，總計接下來六個月將收購 3,000 億美元的公債。除了擴大 QE，Fed 也擴大認定符合 TALF 資格的擔保品，新的認定標準涵蓋更廣泛的金融資產，同時，Fed 還聲明將「長期繼續維持非常規的低利率水準」。

市場熱烈反應這一系列大約 1 兆美元的聲明。其中，國庫證券價格大漲（殖利率降低 48 個基本點，是幾十年來最大波動），股票大幅反彈，美元貶值，黃金則大漲。由下頁圖的當日交易圖，可見到 Fed 這項聲明發布後的市場波動有多大。

新聞動態與
橋水每日評論

2009 年 3 月 18 日
**典型中央銀行資產收購措施
的必然性**
「今日 Fed 的行動並不意外，
那是去槓桿化歷程中不可避
免、必要且非常典型的措施。
事實上，根據我們的計算，
Fed 收購國庫證券的金額，
最終將接近 1.5 兆至 2.0 兆
美元。就大局來說，目前各項
事件的發展，和我們在『可供
了解當前情勢的「模型」』評
論中所描繪的經濟蕭條時期
典型發展幾乎一模一樣，只
不過這一次 Fed 的回應並不
典型，它一改典型作風，提早
在整個流程的較早期階段就
採行這些作為，而 Fed 選擇
提早啟動也是可以理解的。
目前 Fed 的主其事者明顯正
努力防範我們進入債務重整
階段，他們打算藉由所有典型
的債務救助措施，直接進入
信用創造階段。政府內部相
關人員也作如是想。除了印鈔
票，他們採取的行動還包括
鼓勵信用創造（例如 TALF、
PPIP 等）以及會計與監理寬
容（regulatory forbearance）
的創議。」

美國十年期公債期貨

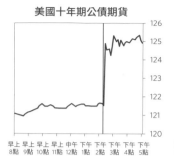

史坦普 500 指數期貨合約

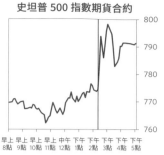

美元、歐元與日圓平均

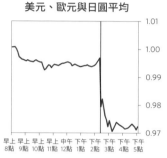

黃金價格（美元）

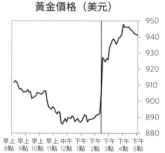

　　接下來，3 月 23 日當天，蓋特納部長又宣布
一套旨在購買 5,000 億至 1 兆美元的銀行問題資產
的大規模政策。這個計畫的核心是一個可分為三個
環節的公私合營投資計畫（Public-Private Investment
Partnership，以下簡稱 PPIP），該計畫以吸引人的誘
因，鼓勵民間投資公司以自有資本去購買銀行的不良
資產。實質上，它等於是允許企業利用向 Fed 借來的
錢，擴大對不良資產的投資，且當局還附帶一項保
證，就算這些資產的價格跌破原始投資價值，企業的
原始投資金額也不會虧損。財政部和 Fed 的另一項協
同行動是，蓋特納宣布計畫可能將擴大 TALF 規模，
為住宅與商業 MBS 提供資金，更表示各機關正考慮進
一步將問題證券列為這項計畫的合法標的。

就在這項聲明發布當天，史坦普指數在飆漲 18% 的金融股領軍下，上漲 7.1%。

3 月 24 日，Fed 和財政部宣布將全面翻修金融監理法規，擴大政府取得「大到不能倒」的銀行、保險公司、投資銀行及其他投資基金之控制權的權力。兩天後，蓋特納部長條列了更全面的金融監理法規翻修內容，大幅提高聯邦對保險公司、避險基金與私募基金的管理監督，並擴大聯邦對所有被視為「大到不能倒」的企業的監理權。雖然這項行動並非這項提振經濟逆襲計畫的關鍵環節，卻大受市場歡迎。

到 3 月底時，桑莫斯與蓋特納監督一個由史蒂芬・雷特納（Steven Rattner，一名聰明絕頂的金融家）領導的團隊，打造一個將通用汽車和克萊斯勒推向賴瑞・桑莫斯所謂「緩衝破產」（cushioned bankruptcy）狀態的計畫。這兩家企業的破產將迫使產業工會與債權人協商減債，而美國政府的寬大支持（包括為通用汽車的受保固人提供的一個大規模擔保），將確保通用汽車在重組過程中維持原本的運作。雖然這些汽車公司感覺一旦它們聲請破產，就無法繼續運作下去，但桑莫斯認為，只要有充分的支持，聲請破產的汽車公司還是能維持運作，而且沒有必要全額償還所有債務。

新聞動態與橋水每日評論

2009 年 3 月 20 日
金融股引領市場下跌
「投資人擔心國會山莊意圖剝奪接受政府紓困之企業的紅利發放權力，可能會引發不良後果，週五股票下跌……週四當天，眾議院回應外界對美國國際集團紅利的狂怒情緒，針對接受 50 億美元以上紓困資金的企業通過一項法案——規定這些企業今年發放的紅利將被課徵 90% 的稅金。預期參議院將在下週開始審議參議院版本的這項法案。」
——《紐約時報》

2009 年 3 月 22 日
美國集結投資人購買不良資產
「歐巴馬政府官員週日努力說服猶豫的民間投資人，利用政府的協助，向銀行業者購買高達 1 兆美元的問題房貸與相關資產。」
——《紐約時報》

2009 年 3 月 23 日
美國擴大購買銀行問題資產之計畫
「歐巴馬政府協助銀行擺脫有毒不良房貸與房貸相關證券的新計畫，整體規模高於預期，且對民間投資人更加慷慨，但也讓納稅人承擔了極大的風險……整體而言，週一由財政部長提摩西・蓋特納公布的三項計畫，可收購 2 兆美元的房地產相關資產——房地產是導致銀行遭受重創、信用市場癱瘓與經濟延遲復甦的始作俑者。」
——《紐約時報》

到 4 月 2 日，又有兩大聲明發布。首先，據報導，G20 已達成一個擴大 IMF 資金奧援的協議，這次的擴大幅度超出預期。具體來說，G20 國家同意立刻提供額外的 2,500 億美元 IMF 融資，目的是要將 IMF 的放款能量，由現有的約 2,500 億美元流動性資源，最終提高到 5,000 億美元。IMF 放款能量的大幅提升以及更有彈性的放款條件，預料將大幅降低眾多新興市場國家的立即性流動性需求。新興國家通貨因這項聲明而大幅升值。

第二項聲明來自財務會計標準委員會（Financial Accounting Standards Board，以下簡稱 FASB），它通過兩項放寬市價計值會計準則的提案。這兩項修法預料將在幾個星期內通過，一旦通過，銀行業者在公告房貸證券的價值時，將擁有更大的裁決權。我們原本認為這些規定的調整不會對銀行長期沖銷虧損的能力產生顯著影響，只能紓解保險公司的某些（非全部）會計壓力，但市場欣然接受這項措施。

總之，各國政府回應這場信用危機的諸多協同措施的規模，可謂前所未見。在當時，我們以「大潮」來形容這些行動的特色。下頁表格——這是我們當時分享給客戶的表格——加總了美國政府在 2009 年 4 月份公布的一系列收購及擔保計畫的總金額。**值得一提的是，總計美國政府為三分之二的所有債務提供最後保障，總額大約是 29 兆美元。**

政府擔保（百萬美元）

項目說明	資產收購	硬性保證 （Hard Guarantee）	隱含性保證	軟性保證 （Soft Guarantee）
機關	40,000	577,000	6,400,891	
房利美	20,000		3,491,169	
房地美	20,000		2,740,721	
其他機關		577,000	169,001	
銀行	1,080,546	8,757,623	884,973	924,280
Fed 流動性計畫	570,900			
優先股	285,646			
剩餘所需資本	224,000			
TLGP		201,645		
軟性擔保優先債權				924,280
FHLB 隱含性之擔保			884,973	
FDIC 存款損失		8,555,978		
資產收購／擔保	3,684,750	415,000		
TALF ／PPIP	4,700	0		
銀行資產擔保	0	415,000		
短期債務市場	3,255,650	0		
Fed 資產收購	424,400	0		
其他	463,285	140,193		5,700,000
AIG	121,000			
奇異資本	3,500	36,693		
其他金融機構	10,000			5,700,000
汽車製造商	19,785	3,500		
外國人	309,000	100,000		
合計	5,268,581	9,889,816	7,285,864	6,624,280
累積合計	5,268,581	15,158,397	22,444,261	29,068,541

三分之二的債務獲得擔保

新聞動態與
橋水每日評論

2009 年 4 月 2 日
銀行法規的調整提振股票表現

「政府領袖在週四保證將實施巨大的金融拯救新方案，加上監理團體著手修訂金融監理法規與會計準則，促使一般人燃起『金融危機最惡劣時期已過』的希望……財務會計標準局表決同意放寬市價計值標準，企業在評估房貸擔保證券的價值時，將得有更大的裁決空間。」

——《紐約時報》

2009 年 4 月 2 日
銀行在資產價值評估方面獲得更大的裁決空間

「原本令銀行業者極度憤怒的一項過時會計準則——業者將金融危機的惡化歸咎於這項規定——順利在週四修訂完成，未來銀行業者在公告房貸證券價值方面，得有更大的裁決空間……在這場金融危機爆發期間，很多證券的市場價值重挫到遠低於原始價格的水準，尤其是以次級房貸作為擔保的證券。那迫使銀行在去年提列了數千億美元的帳面虧損……」

——《紐約時報》

布希總較為授權，他相信他的團隊最清楚該做些什麼，而且給予團隊全力的支持，但歐巴馬總統則較事必躬親，他深入了解各種事態和數字，並積極參與各項議題的討論。他成立一個和每日國安簡報類似的每日總統經濟簡報會議。每天早上，總統都會和他的經濟團隊開會，剛開始那幾個月，每個與會成員都和當時那一場危機有關。根據賴瑞‧桑莫斯的說法，總統逐字逐句閱讀他們上呈的報告，而且努力了解他們推薦的方法、為何推薦這個方法，以及其他替代方案為何會被否決等。畢竟值此時刻，市場與經濟發展重於一切。

每個投資人在空頭市場的表現都很不一樣，空頭市場的投資人大致上可分成三大類：1）遭受重創並因此放任內心的恐懼逼得他們降低導致自己受到最多傷害的風險（即賣出「高風險」資產）；2）遭受重創但又盲目相信一切終將好轉的人，這類人會繼續持有或甚至購買更多高風險資產；以及 3）非常了解真相且擅長賣高買低的人。不過，第三個族群的人可說是鳳毛麟角。

至於我們，雖然我們到那時為止的表現都非常好，卻也幾乎不想在這個階段冒險投入任何資金。回顧 2007 年的泡沫時期，我們認為當時的市場價格已過度反映未來實際上的可能好光景。而 2009 年到這個時刻，市場定價固然已反映了非常可怕的情勢，但最後的潛在可能結局卻仍難以論定，有可能極度分歧。換言之，雖然政策制訂者採取了正確的作為，但那些作為是否能奏效，以及是否還有未爆彈尚未浮出檯面等，則仍不得而知，因此我們並未以身試險。

4 月中下旬，我們就印鈔票與經濟提振型支出的程度，寫了一篇評論：「一如流行疾病，去槓桿化的蕭條不常發生，所以歷史上並沒有太多前例可作為借鏡，而且，就過去解決類似情況的經驗來說，我們未曾使用過如此高劑量的解毒劑。」

在這些危機爆發時採取的各種作為不可能全然正確，尤其不可能獲得每一個人的認同。當時美國財政部的行動引起**大眾**非常大的**不滿**，尤其是它「大方」對待資本結構重整的銀行業者，以及完全未懲罰銀行業人員等作法。很多報導指稱 AIG 在接受財政部紓困後，仍依然故我地根據先前的承諾發放鉅額紅利，這些報導將砲火鎖定蓋特納，攻擊他明知 AIG 的紅利計畫，卻還放任該公司發放紅利。這些報導使原本已對政府的金融機構紓困計畫極度不滿的大眾更加怒火中燒，也導致財政部在推動後續行動計畫時，可能遭遇強大阻力。

那是很典型的反應。**隨著經濟痛苦增加，民粹主義者跳出來大聲疾呼，要求「懲罰造成亂象的銀行業人員」是很正常的，而且，他們也會設法阻擋政策制訂者採取挽救金融體系乃至經濟體系的必要行動。**在那類時期，銀行家可能會意興闌珊，不想繼續投資或放款，放棄扮演「銀行家」的角色。但在危機期間，諸如此類的行為都會導致危機變得更加嚴重。

**新聞動態與
橋水每日評論**

2009 年 4 月 2 日
G20 就 IMF 融資達成協議與會計準則修訂

「週四報導的發展——G20 支持 IMF 提供融資所發表的聲明與市價計值會計準則調整——和紓解壓力的整體方向一致。IMF 相關的聲明是一大進展，而 FASB 提案在會計層面的影響則將較有限……我們認為，這項聲明最重要的部分是和 IMF 已經提供的立即性融資承諾有關，也和美國近期可能推出的類似承諾有關。我們預期美國提出的承諾將達到 1,000 億美元左右，這將使 IMF 資源的總增加金額提高到 3,500 億美元……我們正在檢視 FASB 昨日通過的提案。我們的初步想法是，這些調整雖能紓解保險公司承受的某些（非全部）會計壓力，對銀行長期沖銷虧損的能力的影響卻相對較小。」

2009 年 4 月 3 日
房利美與房地美的鉅額紅利引來撻伐
——《紐約時報》

2009 年 4 月 5 日
財政部長表示不排斥驅逐贏弱的銀行業者的執行長
——《紐約時報》

新聞動態與
橋水每日評論

2009 年 4 月 6 日
各國中央銀行擴大換匯規模
「美國、歐洲、英國與日本央行週一宣布能以換匯額度的形式，向聯準會提供大約 2,870 億美元流動性的協議……根據這項協議，Fed 可利用這些額度，提供更多流動性給金融機構，而這一次是以外幣的形式提供流動性。」
——《紐約時報》

2009 年 4 月 6 日
信用市場出現微弱的生命跡象
——《紐約時報》

2009 年 4 月 7 日
Fed 會議記錄透露對信用凍結的憂慮
「根據週三發布的最新 Fed 會議記錄……美國與世界各地經濟嚴重衰退，刺激 Fed 在上個月挹注超過 1 兆美元到經濟體系。中央銀行的公開市場操作委員會成員在最近一次會議中，對經濟狀況的持續下滑表達憂慮，並討論了紓解信用市場狀況的最佳方法。」
——《紐約時報》

2009 年 4 月 21 日
市場因蓋特納對銀行的再次保證而強力反彈
「在華爾街出現 3 月初以來最大跌幅，且金融股重挫 10% 後，股票市場在隔天週二收盤大幅上漲。銀行股因財政部長提摩西‧蓋特納的再次保證而反彈。他保證多數銀行的資本充足……蓋特納先生在對國會監督專案小組提出的書面證詞中，表示『絕大多數』銀行的資本超過目前的需要。」
——《紐約時報》

雖然金融危機及當局處理金融危機的方式，是導致後續幾年民粹主義抬頭的因素之一，但最終來說，拯救金融體系絕對遠比拘泥於細節重要。賴瑞‧桑莫斯將之比為戰場上的藥品——這種藥品絕對不完美，有朝一日，你將會體認到自己犯了一些錯誤，而且即使你已經竭盡全力，最後也可能難以痊癒。但我必須再三強調，我個人認為，以這種方式來評斷政策制訂者的功過，實在非常不公平。畢竟他們已經用各種方法來善盡他們的職責，而且也盡可能幫助了最多的人，所以，在我眼中，他們個個是英雄。

就在爭議達到最高點的 3 月中旬，國會議員和媒體公開要求蓋特納部長下台，即使他已經用了非常卓越的本領、智慧和體恤之心來執行他的工作，還是遭到極大的非難。如果他們真的成功迫使他下台，或成功阻擋財政部那個重整銀行體系資本結構的必要大膽計畫，勢將造成極端負面的經濟結果。

蓋特納在他的書裡寫了以下文字，字裡行間傳達了因應大眾義憤有多麼艱難：

「大眾的義憤其來有自，而我也了解為何總統想迎合這股義憤之情，但我實在不知道要怎麼做才能徹底滿足這股義憤。我們並沒有合法權限沒收在繁榮時期發放的企業紅利。我們沒有權力為多數民間企業設定薪酬水準。我們對接受 TARP 資金的企業確實擁有較大的權限，但我們並不能將它們的紅利降低到讓大眾覺得可接受的水準，因為那可能導致銀行業人才大量外流——而人才外流可能導致銀行業者更難以安全渡過這個難關。無論如何，我認為世界上沒有任何方法可徹底平息大眾對這些議題的憤怒。我們對紅利議題的態度愈強硬，或許可贏得愈多大眾的支持，但我擔心那會讓大眾不切實際地以為我們真的擁有根除金融產業鋪張習性的能力。」[59]

在歐巴馬總統表達堅定支持提姆的立場後，大眾的義憤才終於逐漸消退。不過，由於事後很多人認為蓋特納缺乏作為，眾議院在 3 月 19 日當天通過一項法案，對接受政府紓困額超過 50 億美元的企業所發放的紅利，課徵 90% 稅賦。雖然這項稅金主要是針對 AIG 發放的紅利，但金融部門很多企業高階主管因此不相信政府真的有心支持金融產業（他們認為這項稅賦顯示政府食言而肥，在情況已成定局後任意更改規定），而這也是導致情勢維持緊繃的因素之一。

新聞動態與
橋水每日評論

2009 年 4 月 22 日
監理機關週五將就「壓力」測試一事與銀行業者開會

「聯邦監理機關悄悄地與美國幾家最大銀行的領導者敲定在週五舉行面對面會議，會中將揭露壓力測試的初步結果。」

——《紐約時報》

2009 年 4 月 24 日
華爾街未因壓力測試細節而煩憂

「在 5 月 4 日前，投資人不可能得知政府對大型銀行的壓力測試結果，不過，華爾街週五清除了一個障礙：當監理機關詳細說明評鑑作業細節時，股票並未動搖。即使幾乎不了解政府可能會使用哪些詳細的比率和指標來判斷銀行是否需要籌措更多資本，股價依舊被推高。儘管如此，投資人猜測 19 家金融機構中，多數機構的資本結構都堪稱良好，將不會需要民間投資人或政府的鉅額新資本挹注。」

——《紐約時報》

2009 年 4 月 24 日
世界金融領袖集會，謹慎但隱約見到經濟復甦的跡象

「美國及其他富裕國家的財政部長週五表示，全球經濟危機有『趨於穩定的跡象』，他們的語氣聽起來較不像過去六個月的任何一個時刻那麼驚恐……這個團體透過一篇聯合聲明，進一步預測經濟活動應該會在今年稍後緩步好轉，不過，他們也警告，成長將『疲弱』，且經濟展望隨時有可能再次轉趨黯淡。」

——《紐約時報》

　　幸好此時市場與經濟的底部皆已浮現，因為即使
有更糟的事發生，即使惡劣的情境遲遲未見改善，至
少美國的資本主義與民主體制瓦解的風險已經解除。
在其他條件都相同的情況下，商品、勞務與投資資產
的價格會在買氣降低時下跌，並在賣壓減輕時上漲。
基於那個原因，**市場的峰頂通常會在買氣無以為繼時
形成（此時一般人還認為價格將繼續上漲），而底部
則會在賣壓無以為繼之際形成（此時通常一般人還很
悲觀）**。在這些大手筆聲明發表前後幾週，壓力漸漸
減輕，經濟復甦的跡象開始浮現，市場也大幅反彈。4
月第一週發布的一系列經濟報告顯示，雖然 3 月份的
經濟狀況持續衰退，但衰退速度已經比預期減緩。而
誠如以下幾個圖形所示，雖然 3 月的主要經濟統計數
據繼續以幾十年來最快的速度向下沈淪，但衰退趨勢
看起來已開始走平，甚至有即將反轉的態勢。

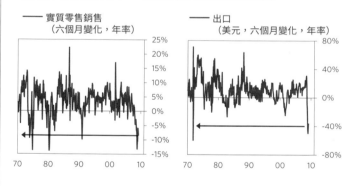

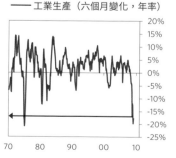

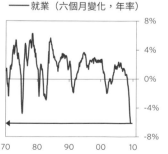

　　到 4 月中時，世界各地的股票與原物料商品已較 3 月的低點大幅反彈。史坦普指數上漲 25%，石油價格上漲超過 20%，銀行 CDS 利差則降低近 30%，但就絕對水準來說，前述幾個標的還是處於極端低的水準，所以，情勢的好轉主要似乎只是來自賣壓的減輕，而非買盤的增加。

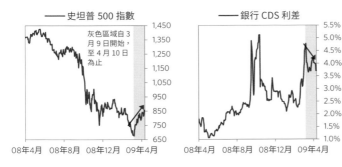

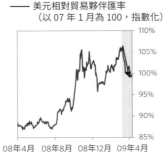

當時最顯而易見的疑問是：底部是否已確定形成？抑或那又是另一波空頭市場的反彈？畢竟這一路上出現過很多次典型的空頭市場反彈——例如 10 月底的某一週，史坦普指數強力反彈了 19%，也在 2008 年最後六個星期反彈 24%，但那些反彈最後都打回原形，甚至進一步創新低。

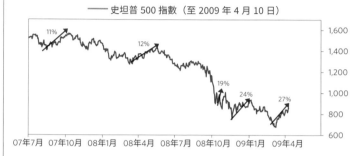

—— 史坦普 500 指數（至 2009 年 4 月 10 日）

銀行壓力測試

美國是否將邁向永續復甦，關鍵在於銀行業者的體質是否恢復健康。儘管那段時間傳出非常多好消息，外界對銀行業者是否依舊受有毒資產拖累或是否需要鉅額資本等，感到霧裡看花。當時我們已連續幾個月密切推算各項數字，也了解還有一些巨大的數字未被揭露，或者未獲得處理。當提姆・蓋特納在 2 月表示 Fed 將進行這些壓力測試，我們便引頸期待。我不知道他們會為了粉飾太平而刻意美化相關數字，還是會如實公布所有數字，以便適當加以處理。

5 月 7 日當天，Fed 發布了它的結果。我也提出以下觀點，回應它的報告。

5 月 7 日：我們深表認同！

　　壓力測試數字和本公司推算的數字幾乎相同！監理機關清晰解釋了他們這一次做了哪些壓力測試，並就歸納出最終壓力測試結果的數字做了一番說明，總之，他們的表現非常卓越。他們做的所有測試，和我們近兩年來為了估算銀行業相關虧損而做的測試不謀而合。本公司推估數字和他們的數字之間，主要只有形式上的差異，並無實質上的差異。舉個例子，Fed 估計值和本公司估計值的最大差異，導因於我們計算的年數不同——換言之，他們虧損估計值只包含未來兩年將發生的預估虧損，而我們推估的則是這些資產在其存續期間內可能發生的總虧損金額。由於到第三、四年甚至更久以後，還會發生額外的損失，所以，總損失（即我們估計的數字）當然會比未來兩年將發生的虧損（Fed 推估的數字）更大。我們不會臆測他們為何那麼做，只不過，根據我們自行推估的數字，我們知道最大資本需求（也就是盈餘相對虧損有所不足）應該會發生在兩年結束時。無論如何，採用的年數不同，是雙方總虧損估計值各有差異的最大原因，此外，我們設想的經濟情境可能比他們設想的稍微差一點。針對這幾個面向進行調整後，雙方的估計值幾乎完全相同。真的是大鬆一口氣！過去兩年來，我們首度感覺監理機關確確實實了解銀行問題的規模有多大，我們終於對他們有信心了！

**新聞動態與
橋水每日評論**

2009 年 5 月 20 日
Fed 考慮增加債券收購規模
「根據聯準會週三發布的會議記錄，為了將利率控制在合理水準並促使信用市場恢復元氣，聯準會上個月就是否應該擴大房貸證券與國庫證券收購計畫而辯論。」
——《紐約時報》

2009 年 5 月 20 日
蓋特納表示，銀行已募集到數百億美元
「財政部長提摩西・蓋特納週三表示，美國幾家最大銀行業者已採取支撐其資產負債結構的行動，自政府在兩週前宣布金融業『壓力測試』結果後，大型銀行已募集大約 560 億美元。」
——《紐約時報》

2009 年 5 月 21 日
長期請領失業救濟金人數增加，但資遣率逐步降低
——《紐約時報》

2009 年 5 月 21 日
據聞財政部計畫對 GMAC 進行第二波紓困
——《紐約時報》

2009 年 5 月 21 日
據聞美國正衡量是否成立金融消費者機關
——《紐約時報》

2009 年 5 月 26 日
5 月消費信心大幅上升
——《紐約時報》

新聞動態與
橋水每日評論

2009 年 6 月 1 日
歐巴馬樂觀看待通用汽車的未來

「歐巴馬總統對通用汽車一百年歷史以來的最低潮——該公司週一的聲請破產——幾乎隻字未提，取而代之的，他的演說聚焦在通用汽車取得政府援助後，將獲得再度成長茁壯的第二次機會。」
——《紐約時報》

2009 年 6 月 4 日
寄望經濟反彈，股票上漲

「即使經濟依舊疲弱，週四當天，投資人已認定經濟將復甦，並聚焦在通貨膨脹……週四幾項報告顯示，初次請領失業救濟金人數與上週繼續請領救濟金人數首度降低，令尋找經濟穩定跡象的投資人士氣大振。」
——《紐約時報》

2009 年 6 月 4 日
請領失業救濟金人數略微減少，為 20 週來首見

「政府週四表示，上週請領失業救濟金人數略微減少，為 20 週來首見，而初次請領失業救濟金人數也降低…這份報告對求職者來說是個好消息，只不過，這兩項數字都只是微幅降低，且仍顯著高於經濟良好時期的水準。」
——《紐約時報》

在這場危機期間，每天都閱讀《橋水每日評論》的提姆 · 蓋特納將這一篇評論提交給歐巴馬總統。他在他的回憶錄中描述了那個時刻的情形：

「隔天早上，我帶著世界上最大避險基金公司橋水投資公司的一份報告走進橢圓形辦公室，參加總統的每日經濟簡報會議。很多專家——包括桑莫斯——都認為《橋水投資公司每日評論》是最明智且最可信的民間經濟分析之一——也是最悲觀看待銀行業的分析之一。我在整個經濟小組與總統的政治顧問面前，將當天的《每日評論》交給總統……我並沒有得意忘形到在得分區跳舞，但那的確是我們這個團隊非常美好的一天。」[60]

我們和官方對於整個局勢的分析以及應如何因應那個局勢的見解一致，真是讓人大鬆一口氣！

2009年6月至2009年12月：美好的去槓桿化歷程展開

　　2009 年下半年，政策（透過 QE 提供流動性，透過財政政策提供資本，以及透過宏觀審慎政策提供其他支援）使風險降低，並促使「較高風險」資產的買氣與價格回升，經濟也開始復甦。這個轉變和「美好的去槓桿化歷程」所創造的其他轉變很類似，而相關的理由先前也解釋過。

—— 史坦普 500 指數

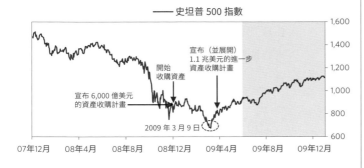

—— 股票隱含波動性（三個月，平價）

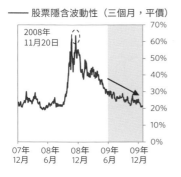

—— 整體企業利差

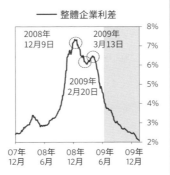

新聞動態與
橋水每日評論

2009 年 6 月 5 日
即使失業率竄升至 9.4%，依舊有一線曙光
「5 月美國經濟體系減少 34萬 5,000 個就業機會，失業率竄升至 9.4%，但折損的就業機會數低於預期，這使經濟復甦的希望增強……經濟學家形容週五發布的勞動部每月就業報告為明確的改善訊號，但也是國家更全面陷入危難的清晰證據，因為有數百萬家庭正努力和失業及工時減少的問題搏鬥。」
——《紐約時報》

2009 年 6 月 9 日
十家大型銀行獲准退出美國援助計畫
「歐巴馬政府的銀行拯救計畫默默達成一個重要里程碑——政府於週二決定准許十家大型銀行償還政府先前為支持它們度過危機最糟時刻而提供的聯邦援助資金——政策制訂者與產業高階主管聚焦在眼前還有待解決的挑戰……銀行控股公司 —— 包括美國運通（American Express）、高盛、摩根大通與摩根士丹利——計畫返還合計 683 億美元的資金。」
——《紐約時報》

2009 年 6 月 10 日
Fed 在疲弱的經濟中見到亮點
——《紐約時報》

2009 年 6 月 12 日
美國消費信心抵達九個月來新高
——《紐約時報》

新聞動態與
橋水每日評論

2009 年 6 月 15 日
股票因憂心經濟復甦遲緩而下跌
「今年春天，經濟復甦的希望促使華爾街脫離谷底。但由於預期經濟復甦的速度可能緩慢且路途漫長，週一投資人承受了廣泛的賣壓……兩項新報告凸顯了美國經濟未來不得不面對的艱困時刻。」
——《紐約時報》

2009 年 6 月 17 日
金融監理改革
「雖然這場危機的導因眾多，但如今世人皆已察覺，政府先前理當採取更多措施來防範其中很多問題失控，以免那些問題進而威脅到我國金融體系的穩定。管理及監督金融企業的缺口與弱點，對我國政府監控、防範或解決金融體系根深柢固之危機的能力構成嚴屬挑戰。在過去，沒有任何一個監理機關將保護整體經濟與金融體系視為它的分內職責……我們必須即刻採取行動，重建外界對我國金融體系健全性的信心。一般家庭與企業所遭受的持久性經濟損害，無時不提醒政府必須採取緊急行動，切實改革我國金融監理系統，以期帶領經濟回歸永續復甦的軌道。」
——美國財政部新聞稿

2009 年 6 月 4 日
SEC 提議修訂規則，強化貨幣市場基金監理框架
—— SEC 新聞稿

我們不會深入討論這段期間所有和情況漸入佳境有關的消息，但我們將強調兩個要點。首先，中央銀行快速印鈔票的作為促使很多人對通貨膨脹表達疑慮，但實際上通貨膨脹並未發生，這消除了「印鈔票一定會導致通貨膨脹加速上升」的錯誤信念。若 Fed 的「印鈔票」政策是為了彌補緊縮的信用，就不會導致通貨膨脹加速上升。

誠如我們在那年夏天向客戶解釋的：

- **通貨再膨脹不盡然會引發通貨膨脹，因為通貨再膨脹可能只會使通貨不再緊縮，這取決於通貨再膨脹的政策力度以及資金的實際流向。**
- 談論「通貨膨脹」有過度簡化之嫌，因為「通貨膨脹」是很多商品價格的平均值，而這些商品的價格可能漲跌互見。舉例來說，當經濟蕭條且處於通貨再膨脹期間（通常此時經濟必然處於蕭條狀態，否則就無需通貨再膨脹），勞動成本和用於生產的資產（例如房地產與設備等）幾乎不會有通貨膨脹的問題，但受惠於貨幣／通貨價值降低的資產，就會有通貨膨脹的問題（例如透過國際貿易的原物料商品及黃金等）。

第二個要點是，國會和歐巴馬政府**轉移焦點，大幅提高金融產業監理與監督**。透過以下事件的先後順序表，便可體會這些新規定和規章是在多麼快的速度下擬定完成。

6 月 17 日：歐巴馬發表一篇演說，概要說明一份有關全面金融服務業改革的立法提案，這個法案最終促成達德─法蘭克法案的通過。提案內容包括加強監理、現有監理實體的合併（授予 Fed 更大的監理權限）、加強消費者保護、增加對信用評等機關的監理，以及銀行結束營運相關規定的更新等。這份法案一直到 2010 年才終於通過。

6 月 24 日：SEC 就貨幣市場基金的監理提出建議，未來將要求這些基金將高變現性投資標的納入投資組合。另外，該會提議的監理規定將限制貨幣市場基金只能持有優質證券。

6 月 30 日：財政部向國會發表一項建立消費者金融保護署的法案。這個機關將接手目前所有由 Fed、國家鑄幣局、儲蓄機構管理局（Office of Thrift Supervision）、FDIC、聯邦貿易委員會（FTC）及全國信用聯盟管理局（National Credit Union Administration）等主管的消費者保護計畫。

7 月 23 日：聯準會提議修改 Z 規章（Regulation Z，誠實借貸法案）。修法的目的是為了改善封閉式房貸（closed-end mortgage，譯注：除非繳納罰款，否則無法提前還款、重新議約或再融資的房貸）及住宅淨值貸款的消費者揭露規定。這項修法要求放款機構必須就房貸年利率（APR）以及月付款（針對浮動利率貸款而言），善盡與買方溝通的責任。

新聞動態與橋水每日評論

2009 年 7 月 2 日
失業率觸及 9.5%，經濟復甦的期待洩氣
「美國經濟 6 月進一步折損 46 萬 7,000 個就業機會，失業率緩升至 9.5%，顯示 1930 年代以來最漫長的經濟衰退尚未有好轉跡象。」
——《紐約時報》

2009 年 7 月 8 日
IMF 更新經濟展望
——《紐約時報》

2009 年 7 月 16 日
新請領失業救濟金人數降至 1 月來最低
——《紐約時報》

2009 年 7 月 16 日
蓋特納已見到金融復甦的證據
——《紐約時報》

2009 年 7 月 23 日
道瓊指數收盤站上 9,000 點，1 月來首見
——《紐約時報》

2009 年 8 月 6 日
初次請領失業救濟金人數減少，較估計值為佳
「政府週四表示，上週新近遭資遣且尋求失業保險的員工人數減少……勞工部表示，8 月 1 日結束那一週，初次請領失業津貼人數降至季節調整後的 55 萬人，較上修後數字 58 萬 8,000 人減少……這個數字遠比接受路透社調查的分析師所估計的 58 萬人少。」
——《紐約時報》

10 月 22 日：Fed 提議檢視 28 家銀行組織的薪酬政策，以釐清它們的規定是否符合「風險適當」（risk-appropriate）條件，同時也針對較小型銀行進行類似流程。這項提案提出當天，TARP 企業高階主管薪酬特別管理員（Special Master for TARP Executive Compensation）也發表「七家接受特多協助之企業的 25 名最高薪員工」之高階主管薪酬決定方式。[61]

12 月 11 日：眾議院通過成立金融穩定委員會與消費者金融保護署。

在大型債務危機即將結束之際，通常都會出現這類旨在減輕危機衝擊的修法行為。接著，經過一段漫長的時日（例如二十五年），隨著遺毒逐漸消失，一般人再度產生新的陶醉感，又會愈來愈藐視這些規定，屆時，新型態的實體將再次製造各種新型槓桿，並進而引發新的債務危機，而新危機的發展過程也將和過去的債務危機類似。

2010年至2011年年中

進入 2010 年後，Fed 之 QE 政策所挹注的大量流動性，使金融市場表現強勁（自 2009 年 3 月的低點上漲幾近 65%），而且由於財政與監理變革的緣故，金融市場也變得較安全。不過，由於很多貸款人的景況惡化，使其態度變得更加謹慎，所以經濟復甦的過程並不怎麼順利，放款審核標準也趨向緊縮。

此時金融市場的價格開始預先反映官方將恢復
正常政策的行動，其中，信用市場的訂價預先反映
了 Fed 在那一年內緊縮二至三次的可能性——那是經
濟擺脫衰退並進入標準商業週期性復甦時常見的緊縮
次數。以當時的情勢來說，那樣的預期心理有點怪
異，畢竟失業率還處於接近戰後高點的水準，工資成
長率停滯，房價持平且遠低於前一個高峰（這意味著
很多中產階級房貸貸款人的房價還低於他們的貸款金
額），授信標準緊縮，且財務狀況還算過得去的貸款
人仍不太願意使用槓桿，而偏好使用高槓桿的人更早
已失去財務生命力。總之，以當時的狀況來說，實在
很難想像經濟將有正常復甦的一天。

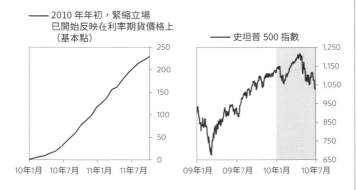

但大約就在此時，世界上多數中央銀行和政府卻
開始減緩積極提振經濟的步調。Fed 在收購 1.25 兆美
元的房貸抵押證券後，於 3 月結束第一輪量化寬鬆。
諸如美國復甦與再投資法案等計畫的財政提振步調，
也在那一年達到最高峰，隨後漸漸放緩。而在海外，
諸如中國等國家甚至開始提高利率，很多地方都可見
緊縮的影子。

**新聞動態與
橋水每日評論**

2010 年 1 月 22 日
**三天的跌勢使市場下滑大約
5%**
「每天似乎都有新的憂慮產
生。週三當天，交易員因企業
獲利而煩惱不已，尤其擔心
銀行股盈餘。週四歐巴馬總
統對大型銀行設限的計畫，
似乎也是促使市場走低的因
素。」
——《紐約時報》

2010 年 1 月 27 日
**投票表決柏南奇續任與否前
一天，Fed 維持利率不變**
——《紐約時報》

2010 年 1 月 27 日
Fed 撤回量化寬鬆
「基於根本經濟情勢依舊疲
弱，我們預期 Fed 繼續維持
近 0% 利率的時間，將比目前
市場已反映的更久，我們也預
期未來一段時間，殖利率曲
線將繼續降至吸引人的水
準。」

2010 年 2 月 1 日
**股票因盈餘報告及住宅市場
出現趨穩訊號而上漲**
——《紐約時報》

2010 年 2 月 4 日
**投資人憂心歐洲的災難可能導
致全球經濟低迷時間延長**
——《紐約時報》

2010 年 2 月 4 日
緊縮＋負債過高＝高風險
「誠如你所知，我們相信全球各地的貨幣與財政政策正開始趨於緊縮，但成熟工業國家的債務卻依舊過高，所以，我們認為全球即將進入一個考驗期——考驗各國中央銀行與中央政府是否真的能堅守原訂的『撤退』計畫。根據我們的計算，我們猜想各國政府無法堅守原訂計畫，因為堅持撤退可能會造成難以接受的後果。」

2010 年 2 月 11 日
希臘將獲得援助的展望提振華爾街表現
——《紐約時報》

2010 年 2 月 24 日
柏南奇預期利率將長期維持低檔
——《紐約時報》

2010 年 3 月 3 日
經濟活動及金融資產價格的變動率與水準
「已開發國家『目前情勢如何』，似乎還是令人很摸不著頭緒，原因是，各方觀察家有時是檢視變動率，有時是檢視絕對水準，有時檢視經濟活動，有時檢視經濟活動的驅動因子，有時又是檢視市場。具體來說，a) 檢視金融市場價格變動的人最樂觀；b) 檢視經濟活動變動率的與市場價值水準的人次之；c) 檢視經濟活動水準與經濟活動驅動因子的人則最不樂觀。」

重要的是，在這個時點，投資人還不清楚**減緩或結束量化寬鬆的影響和貨幣緊縮不相上下，換言之，那些作為無異於提高利率**。有些人認為只要挹注大量貨幣到經濟體系，就能提振經濟——而 Fed 當然已經這麼做了，它共印製超過 2 兆美元的貨幣。不過，真正重要的是「貨幣的流動」，貨幣的數量反是其次，唯有因資產收購行為而產生的貨幣流動，才能促使資產價值上升，並讓放款人更願意借錢給經濟體系的買方，而此時此刻，信用的成長還非常疲弱。然而，有愈來愈多人認為，Fed 為了提振經濟而挹注的資金過多且過於不負責任。對此，我們抱持不同的觀點，我們認為已開發經濟體並不會像其他人所想的那麼快緊縮（而他們的預期心理已反映在價格上）。我們在 2 月 17 日的《橋水每日評論》中提出這個觀點：

2 月 17 日：接下來的緊縮政策

目前全體選民、各國中央銀行官員和民選官員一致認定，中央銀行的印鈔票與金融資產收購規模，以及中央政府的預算赤字必須加以控制，因為那些是不負責任的財務行為。但我們認為，說好聽點，這樣的普遍觀點很不成熟，但說難聽點，那樣的想法非常危險……我們精密評估這些計畫及其可能影響後，歸納出一個結論：那樣的共識太過拘泥——除非民間債務顯著成長，或是已開發及新興國家通貨價格再次大幅調整，但這兩者似乎不可能達到那麼嚴重的程度。

在此同時，本公司內部也預估了歐洲的財務狀況，當時我們認為當地持續沸騰的債務危機導因於以下兩者的錯配：a）債務人為了維持原有業務而必須展期的到期債務金額，以及b）資產負債結構已過度擴張的銀行業者必須提供的放款金額。2月時，歐洲幾個債務累累的國家——葡萄牙、愛爾蘭、義大利、西班牙與希臘（特別是希臘）——為了履行其債務責任而陷入痛苦掙扎，而且這些國家的經濟狀況都急速惡化。儘管和這個現象有關的消息導致全球市場每天起伏不定，多數人卻評估這個問題應可侷限在希臘（最多到葡萄牙），所以，多數人認定這個問題不會對歐洲貨幣機制或全球經濟造成更大問題。但我們在2月初寫給客戶的評論中，預測這個問題可能會比一般人所想的嚴重很多：

2月4日：緊縮＋負債過高＝高風險

「我們判斷，歐洲債務國（歐豬四國〔PIGS〕）債務過高的問題，將不亞於過去某些最嚴重的新興市場債務問題。」

新聞動態與
橋水每日評論

2010年3月5日
市場察覺到就業報告的光明面
——《紐約時報》

2010年3月31日
Fed終止房貸證券收購計畫
——《紐約時報》

2010年7月13日
美國指數連續六天上漲
「企業財報季節強勢展開，週二美國股票指數連續第六天上漲。」
——《紐約時報》

2010年7月14日
「模型」與經濟趨緩
「我們猜測，本公司觀點和其他人的最重要差異，和長期債務週期有關。長期債務週期的演變非常緩慢（實際上這種週期超過人的一生），所以，多數人的這類經驗很少，相較之下，多數人則常體驗到商業週期。因此，雖然很多人了解什麼是經濟衰退，卻不太清楚什麼是去槓桿化。」

2010年7月21日
柏南奇對不確定性的評論使市場陷入動盪
——《紐約時報》

2010年7月21日
歐巴馬簽署翻修金融規定的法案
——《紐約時報》

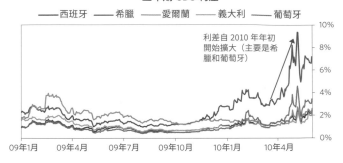

五年期 CDS 利差
—— 西班牙　—— 希臘　—— 愛爾蘭　—— 義大利　—— 葡萄牙

利差自 2010 年年初開始擴大（主要是希臘和葡萄牙）

不過，歐洲債務危機畢竟是另一回事。雖然我不會在此深入探討這個議題，但值得一提的是，後續事件的發展順序和典型模式一模一樣——政策制訂者直到危機已發生，才終於相信他們被債務危機包圍。而且，危機爆發後，他們也犯下相同的新手錯誤——過度仰賴通貨緊縮型工具，如撙節、不印更多鈔票與不為具系統重要性的實體提供違約保護等，直到痛苦大到無法忍受以後，才終於改弦易轍。

從 5 月到 7 月間，原本從年初至 4 月間共反彈近 10% 的美國股票市場，又反轉下跌超過 15%，主要原因是擔心歐洲的問題可能會感染美國，其次是美國的經濟數據也透露出疲軟態勢。

美國方面疲弱的經濟表現促使一般人體認到，Fed 有可能繼續維持零利率政策。接下來四個月間，美國債券殖利率降低超過 100 個基本點。經濟好轉步調在 2010 年夏天趨緩。有關勞動市場體質的最新數據，僅顯示失業救濟金請領人數溫和改善，但失業率依舊相當接近歷史高點。總之，經濟體系依舊存在非常多閒置現象，而當時經濟疲弱的程度理當令人感到恐懼才對。

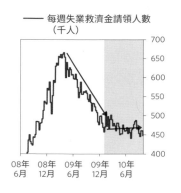

每週失業救濟金請領人數
（千人）

失業率

依舊接近
高點...

新聞動態與
橋水每日評論

2010 年 9 月 7 日
歐洲憂慮再起，股票受創
——《紐約時報》

2010 年 9 月 21 日
Fed 立場堅定，表示仍隨時準
備進場購買債券
——《紐約時報》

2010 年 9 月 21 日
邁向更多量化寬鬆的另一步
「我們猜想，Fed 最終將必須
比所有人目前期望的更加積
極，因為目前規劃好的量化寬
鬆措施的成效，將遠遠不及
上一階段的 QE。理由是，Fed
印製與支出貨幣（即 QE）的
經濟影響，取決於誰拿到這
些貨幣，以及他們利用這些
貨幣做些什麼事。」

2010 年 9 月 24 日
情勢趨於穩定的訊號使 9 月
的反彈進一步擴大
——《紐約時報》

2010 年 10 月 1 日
Fed 官員在評論中釋出新一波
提振經濟計畫的訊號
——《紐約時報》

　　柏南奇在傑克森洞（Jackson Hole）的一場演說中再度提及 QE，他表明，若有必要，QE 仍是關鍵的政策選項之一，他說：「要提供額外的貨幣融通，首要的選項之一就是擴大聯準會持有的較長期證券數量。」[62] 他也強調，他相信 QE 的成效確實立竿見影，已「對經濟穩定與復甦帶來重要貢獻」。誠如下頁圖所示，十年期平衡通貨膨脹率（break-even inflation rate）在柏南奇 8 月發表演說前那幾個月，已降低 50 個基本點，主要是反映長期極低的通膨甚至通貨緊縮的疑慮。然而，在他暗示極有可能進一步實施 QE 後，市場強勢反彈。實體經濟體系的反應自然落後實質上即刻出現的市場反應，但不久後，經濟成長率確實也見上升。

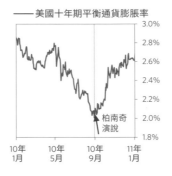

　　2010 年 10 月初，紐約聯邦準備銀行總裁比爾‧杜德利（Bill Dudley）以「全然無法令人滿意」的說法來形容經濟情勢，並主張「可能是進一步採取行動的根據」。[63]杜德利後來進一步對美國經濟成長的根本驅動因子提出一份評估報告，報告的內容大致上和我們當時的內部觀點一致，我們的觀點主要是根據以下觀察（節錄自 10 月 1 日的《橋水每日評論》）而來：「消費者面臨幾個窘境：所得成長趨緩、資產價格相對低於危機前，以及因財富減少、債務水準上升與所得降低等問題而更難以貸款。在這種情況下，家庭才未以減少儲蓄或增加貸款等行為來回應利率的降低。」我在 10 月 6 日又寫了以下評論：

10 月 6 日：下一個決定性行動：更多 QE 和通貨官方貶值

　　目前的所有情況非常典型。雖然所有的去槓桿化歷程都不同，但基本上，多數去槓桿化的方式都一樣，而且會順著類似的事件順序一步步發展。由於我們已經在《每日評論》以及我們的「可供了解當前情勢的『模型』」中描述過這類事件發展序列，所以，此刻我們將不再深入討論，而是要提醒你留意我們認為目前特別攸關的幾件事。

所有去槓桿化歷程都導因於民間部門信用成長降低，而為了抵銷民間部門信用降低的影響，中央銀行必須創造貨幣，中央政府也必須採行赤字預算。雖然很多人都秉持保守的財務原則，而且感覺印鈔票來紓困債務人及債權人有點不符合道德原則，但我們必須理解，以撙節性措施來因應嚴重的債務去槓桿化問題，向來都沒有成效。過去曾嘗試過撙節政策的政府，最終都選擇放棄，因為不管它們怎麼努力擺脫債務，最終還是無法收到成效，而且過程中承受的痛苦實在太大。這是因為貸款與支出的減少（以及貸款與支出減少對就業及其他痛處的負面影響）會讓這種類型的去槓桿化歷程變得向下自我強化，跟貸款及支出增加會導致泡沫變得向上自我強化，有著異曲同工之妙。因此，我們研究過的所有去槓桿化歷程（多數是發生在過去幾百年間）最終都促成大規模的貨幣創造、財政赤字與通貨官方貶值潮（相對黃金、原物料商品與股票）。

QE 提供了額外的必要提振措施，產生廣泛的成果。儘管歐洲債務未能解決，到 2010 年年底時，美國經濟和市場順利收高。雖然經濟在第一次 QE 和第二次 QE 之間略微停滯，最終還是恢復成長，而史坦普 500 指數在 2010 年一整年的總報酬率也達到 13%，另外，因 Fed 充分展現在必要時持續提振經濟的決心，通貨膨脹預期心理也漸漸恢復。2011 年 3 月 15 日當天，我們對當時的國內情勢發展提出以下評論：

**新聞動態與
橋水每日評論**

2011 年 1 月 3 日
華爾街開年大漲
「今年度第一個交易日，在金融股上漲超過 2% 的帶動下，大盤抵達 2008 年以來最高水準。美國銀行在 12 月 31 日宣布將分別支付 13 億 4,000 萬美元與 12 億 8,000 萬美元淨現金向房利美與房地美買回問題房貸後，該公司股價上漲超過 6%。美國銀行的這項作為解決了一直以來壓抑市場的問題之一。」
——《紐約時報》

2011 年 2 月 1 日
**道瓊與史坦普指數收盤創
2008 年以來最高水準**
——路透社

2011 年 2 月 8 日
**Fed 定義系統風險，打造一個
更寬闊的安全網**
「週二聯邦監理機關擴大『對金融體系攸關重大並因此必須接受更多監督之企業』的認定範圍。聯準會根據達德—法蘭克金融法規的要求，在一份長達 22 頁的提案中，條列出『具系統重要性之金融機構（其倒閉將對經濟體系造成嚴重威脅）』的初步認定條件。」
——《紐約時報》

2011 年 2 月 16 日
**經濟狀況改善，Fed 預測經濟
將加速成長**
——《紐約時報》

終於過渡到「甜蜜點」（Sweet Spot）以上

誠如先前提到的，在貨幣政策、財政政策支持與信用成長改善等條件下，情勢清楚顯示，美國經濟正進入衰退過後的萌芽成長期。由於美國經濟復甦的同時，a）國內景氣有氣無力（歐洲與日本亦然），但 b）新興國家需求過熱，因此我們認為通貨膨脹的壓力並不大，且通貨膨脹壓力多半來自新興國家需求較強的商品的價格。**換言之，就週期的脈絡來說，2010 年／2011 年的狀況相當類似常在經濟復甦頭兩年出現的週期「甜蜜點」——此時景氣還是有氣無力，通貨膨脹維持低檔。**然而，由於這一次景氣衰退轉為復甦的時間點是發生在去槓桿化的過程，所以，當然就更加仰賴 Fed 的印鈔票政策與中央政府的財政提振政策。

到了這個時點，局面清楚顯示，政府支持金融體系的各項計畫，大致上都發揮了期望中的成效。和其他國家比較起來，美國金融體系感受到：

- 金融體系資本結構重整腳步相對快速（TARP 資本的返還速度也較快）。
- 展開緊急信用計畫的速度相對較快。
- 各項拯救計畫的整體財務報酬良好。

　　這個個案的討論將到此結束，因為 2011 年下半年，實質 GDP 已回升到危機爆發前的水準。這當然不是復甦的結束，因為當時經濟體系還有很多環節呈現閒置狀態，不過，整個週期確實漸漸向上自我強化。下圖是 2006 年至我們撰寫這一段內容為止（也就是 2008 年雷曼兄弟債務危機爆發十週年）的失業率、GDP 成長率、GDP 缺口（代表經濟產能中的估計閒置量）以及史坦普 500 股票市場指數的圖形。灰色的區塊代表這幾個項目在 2011 年第二季的狀況。下頁第二組圖形是 1920 年至未來十年的實際與預估債務－GDP 比率。這些數字並不含諸如退休金與健保等非債務責任——這類非債務責任其實比債務大得多。不過那是需要另外找時間解釋的議題。

**新聞動態與
橋水每日評論**

2011 年 2 月 25 日
油價下跌且供給疑慮紓解，
股價上漲
　　　　　——美聯社

2011 年 3 月 3 日
華爾街因興旺的就業數據而
上漲
　　　　　——《紐約時報》

2011 年 3 月 10 日
全球分歧的擴大
「誠如你所知，我們將整個世界區分成債務國與債權國，並將這兩個族群又各分成『採獨立貨幣政策』與『採連結貨幣政策』兩個類別。我們相信，『採連結貨幣政策』的債務國（也就是不能印鈔票的國家）將經歷很多年的痛苦和疲弱的經濟狀態，而無法停止印鈔票的債權國，則會因連結匯率的緣故而經歷漫長的過熱期。我們也相信，未來十八個月，這些壓力將會加重，進而導致其貨幣政策連結關係出現裂縫，甚至發生地殼變動。我們在信用利差、殖利率曲線、通貨、原物料商品和股票的市場定位（market positioning）皆受這些觀點影響。」

2011 年 3 月 15 日
交易員聚焦日本危機，股票收盤下跌
　　　　　——《紐約時報》

2011 年 3 月 20 日
美國電話電報公司(AT & T)收購 T-Mobile 公司的交易促使道瓊大漲至 1 萬 2,000 點以上
　　　　　——《紐約時報》

債務水準（%GDP）

政府

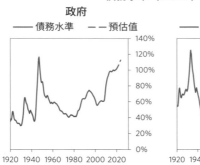

非金融機構

家庭

金融業

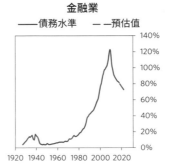

引用文獻

Associated Press, "Fed Chairman Signals an End to Interest Rate Cuts Amid Concerns About Inflation." *New York Times*, June 4, 2008. https://nyti.ms/2BC431y.

Bernanke, Ben S. "Causes of the Recent Financial and Economic Crisis." Testimony Before the Financial Crisis Inquiry Commission (Washington D.C., September 2, 2010). https://www.federalreserve.gov/newsevents/testimony/bernanke20100902a.htm.

Bernanke, Ben S. *The Courage to Act: A Memoir of a Crisis and Its Aftermath*. New York: W.W. Norton & Company, 2017.

Bernanke, Ben S. "The Economic Outlook and Monetary Policy." Speech, Federal Reserve Bank of Kansas City Economic Symposium, August 27, 2010. The Federal Reserve. https://www.federalreserve.gov/newsevents/speech/bernanke20100827a.htm.

Board of Governors of the Federal Reserve System (U.S.). *Joint Statement by the Treasury, FDIC, OCC, OTS, and the Federal Reserve*. Washington, DC, 2009. https://www.federalreserve.gov/newsevents/pressreleases/bcreg20090223a.htm.

Creswell, Julie and Vikas Bajaj. "$3.2 Billion Move by Bear Stearns to Rescue Fund," *New York Times*, June 23, 2007. https://nyti.ms/2hanv9c.

da Costa, Pedro Nicolaci. "Bernanke says U.S. economy faces big threat." Reuters, October 15, 2008. https://www.reuters.com/article/us-financial-fed-bernanke/bernanke-says-u-s-economy-faces-big-threat-idUSTRE49E6Y820081015.

Dudley, William C. "The Outlook, Policy Choices and Our Mandate." Remarks at the Society of American Business Editors and Writers Fall Conference, City University of New York, Graduate School of Journalism. New York City, October 1, 2010. https://www.newyorkfed.org/newsevents/speeches/2010/dud101001.

Elliott, Larry and Jill Treanor. "The Day the Credit Crunch Began, Ten Years On: 'The World Changed.' " *The Guardian*, August 3, 2017. https://www.theguardian.com/business/2017/aug/02/day-credit-crunch-began-10-years-on-world-changed.

Ellis, David and Ben Rooney. "Banks to Abandon 'Super-SIV' Fund." CNNMoney.com, December 21, 2007. https://money.cnn.com/2007/12/21/news/companies/super_siv/index.htm?postversion=2007122116.

Federal Reserve Bank, "2016 Survey of Consumer Finances Chartbook." (October 16, 2017), 835. https://www.federalreserve.gov/econres/files/BulletinCharts.pdf.

Geithner, Timothy F. "Introducing the Financial Stability Plan." Speech, Washington, D.C., February 10, 2009. https://www.treasury.gov/press-center/press-releases/Pages/tg18.aspx

Geithner, Timothy F. *Stress Test: Reflections on the Financial Crisis*. New York: Broadway Books, 2015.

Greenspan, Alan and James Kennedy. "Sources and Uses of Equity Extracted from Homes." Finance and Economics Discussion Series, Division of Research and Statistics and Monetary Affairs (Washington, D.C.: Federal Reserve Board, 2007–20), 16–72. https://www.federalreserve.gov/pubs/feds/2007/200720/200720pap.pdf.

Lukken, Walt. "Reauthorization: Let the Debate Begin." *Futures & Derivatives Law Report* 24, no. 6 (2004): 1-9. https://www.cftc.gov/sites/default/files/idc/groups/public/@newsroom/documents/speechandtestimony/opafdlrlukkenarticle.pdf.

Memorandum from Financial Economist to Erik R. Sirri, Robert L.D. Colby, Herbert F. Brooks, Michael A. Macchiaroli, Thomas K. McGowan. "Re: Risk Management Reviews of Consolidated Supervised Entities." January 4, 2007. https://fcic-static.law.stanford.edu/cdn_media/fcic-docs/2007-01-04%20SEC%20Risk%20Management%20Review%20of%20Consolidated%20Supervised%20Entities.pdf.

Nizza, Mike. "Paulson Says Economy Is Starting to Rebound." *New York Times*, May 17, 2008. https://nyti.ms/2BBJJgD.

Paulson Jr., Henry M. *On the Brink: Inside the Race to Stop the Collapse of the Global Financial System*. New York: Business Plus, 2010.

Raum, Tom and Daniel Wagner. "Geithner grilled on AIG bailout." *The Post and Courier*, January 27, 2010. https://www.postandcourier.com/business/geithner-grilled-on-aig-bailout/article_e0713d80-bbf1-5e81-ba9d-377b93532f34.html.

Reuters, "2 Bear Stearns Funds Are Almost Worthless." *New York Times*, July 17, 2007. https://nyti.ms/2fHPu2b.

Reuters, "Paulson Won't Rule Out Dollar Intervention." *New York Times*, June 10, 2008. https://nyti.ms/2BAWQid.

Stolberg, Sheryl Gay and Steven R. Weisman. "Bush Talks Up Dollar as He Heads to Europe." *New York Times*, June 10, 2008. https://nyti.ms/2o1glHj.

Summers, Larry. "Opening Remarks at the SIEPR Economic Summit." Speech, Stanford University, March 7, 2008. Accessed at: http://delong.typepad.com/larry-summers-stanford-march-7-2008.pdf.

U.S. Census Bureau. "Number of Stories in New Single-Family Houses Sold." https://www.census.gov/const/C25Ann/

soldstories.pdf.

U.S. Department of the Treasury. *The Special Master for TARP Executive Compensation Issues First Rulings.* Washington, DC, 2009. https://www.treasury.gov/press-center/press-releases/Pages/tg329.aspx.

Vazza, Diane, Nick W. Kraemer, Nivritti Mishra Richhariya, Mallika Jain, Abhik Debnath, and Aliasger Dohadwala. "Default, Transition, and Recovery: 2017 Annual Global Corporate Default Study and Rating Transitions." S&P Global Ratings, April 5, 2018. http://media.spglobal.com/documents/RatingsDirect_DefaultTransitionandRecovery2017AnnualGlobalC orporatedefaultStudyAndRatingTransitions_38612717_ Apr-17-2018.PDF.

附註

1　Federal Reserve Bank, "2016 Survey of Consumer Finances Chartbook," 835.

2　Greenspan and Kennedy, "Sources and Uses of Equity," 16-17.

3　US Census Bureau, "Number of Stories."

4　Paulson, *On the Brink*, 45, 50-52.

5　Paulson, 57-58.

6　Bernanke, "Causes of the Recent Financial and Economic Crisis."

7　Memorandum, "Re: Risk Management Reviews."

8　Bernanke, "Causes of the Recent Financial and Economic Crisis."

9　Reuters, "2 Bear Stearns Funds."

10　Creswell and Bajaj, "$3.2. Billion Move to Rescue Fund."

11　Bernanke, *The Courage to Act*, 156.

12　Bernanke, *The Courage to Act*, 156.

13　Geithner, *Stress Test*, 9.

14　Bernanke, *The Courage to Act*, 160.

15　Ellis and Rooney, "Banks to Abandon 'Super-SIV' Fund."

16　Elliott and Treanor, "The Day the Credit Crunch Began."

17　Vazza, et al. "Default, Transition, Recovery"; Andrews, "Mortgage Relief Impact."

18　Lukken, "Reauthorization," 3.

19　Bernanke, *The Courage to Act*, 194.

20　Bernanke, *The Courage to Act*, 194.

21　Bernanke, *The Courage to Act*, 208, 215-6.

22　Bernanke, *The Courage to Act*, 208.

23　Paulson, *On the Brink*, 93.

24　Bernanke, *The Courage to Act*, 218.

25　Geithner, *Stress Test*, 166-7.

26　Paulson, 132-5.

27　Nizza, "Economy Is Starting to Rebound."

28　Stolberg and Weisman, "Bush Talks Up Dollar"; Reuters, "Paulson Won't Rule Out."

29　Associated Press, "Fed Chairman Signals an End."

30　Paulson, 142.

31　Paulson, 57.

32　Paulson, 4.

33　Paulson, 162.

34　Paulson, 167.

35　Paulson, 1.

36　Paulson, 147.

37　Paulson, 219.

38　Ibid, 185.

39　Paulson, 209, Geithner, *Stress Test*, 96.

40　Paulson, 225.

41　Paulson, 229.

42　Bernanke, *The Courage to Act*, 280.

43　Bernanke, *The Courage to Act*, 281.

44　Raum and Wagner, "Geithner Grilled on AIG."

45　Paulson, 252-3.

46　Paulson, 233.

47　Paulson, 342.

48　Paulson, 353.

49　Paulson, 353.

50　Paulson, 369.

51　Paulson, 357-8.

52　Da Costa, "Bernanke Says U.S. Economy."

53　Paulson, 396.

54　Paulson, 399-400.

55　Summers, "SIEPR Economic Summit," 1.

56　Bernanke, *The Courage to Act*, 378.

57　Geithner, "Introducing the Financial Stability Plan."

58　Board of Governors of the Federal Reserve, "Joint Statement."

59　Geithner, *Stress Test*, 291.

60　Geithner, *Stress Test*, 349-50.

61　US Treasury, "The Special Master for TARP."

62　Bernanke, "Economic Outlook."

63　Dudley, "The Outlook."

第三部
48個個案研究匯編

重要經濟用語詞彙表

我們利用五頁的篇幅解釋了某些在第三部（以及本書其他章節）使用到的經濟概念。基於簡潔考量，以下所述都是相當簡化的解釋。

國際收支（balance of payments）：特定國家／通貨的人民／機構和世界上其他各國間所有交易的收支（即商品、勞務、金融資產的購買及其他收付款）。將這個交易收支想像為某一種型態的商品——例如當某個國家的某人購買石油，他們一定是放棄了某種型態的資本來換取石油。國際收支惡化就好比一個家庭的財務因資金流入（透過收入和貸款行為取得的資金）相對其支出下降而惡化，而當國際收支改善，情況就正好相反。

國際收支危機（balance-of-payments crisis）：經濟危機的一種，在這種危機爆發時，一個國家因國際收支日益惡化，所以該國的眾多實體在世界市場上缺乏足夠的購買力可滿足該國的需求。實質上來說，陷入這種危機的國家已耗盡所有現金和信用。

泡沫（bubble）：債務週期的某個階段，那個階段的情勢通常會自我強化，債務、資產價格和經濟成長都持續上升到無以為繼的水準。這個階段的關鍵字詞是「無以為繼」，換言之，短暫的熱潮情勢後，隨之而來的將是崩潰。想像一下某人靠著借很多錢來維持極盡奢華的生活，這種生活型態或許能維持一小段時間，卻不可能永遠維繫，而且一旦開始調整，就會導致不景氣。

資本流入／流出（capital inflows/outflows）：為了購買資本／投資性資產（如債券、通貨、股票和工廠等）而衍生的貨幣及信用跨境移動。外國人買／賣一國資產為「流入」，而國內參與者買／買海外資產則是「流出」。

核心通貨膨脹（core inflation）：剔除價格起伏特別大的商品（如原物料商品）後的通貨膨脹率。

通貨釘住政策（currency peg）：一個國家試圖將本國通貨相對另一項通貨、一個貨幣組合或諸如黃金等資產的價值維持在固定水準的匯率政策。

經常帳收支（current account balance）：出口減進口，加上所得淨額。其實可以將它想成淨所得（所得減費用）。如果一個國家有經常帳赤字，代表它的費用高於其所得，這時，它就必須用資本交易（capital transaction，如貸款或出售股票，資本交易被列記為資本帳收支〔capital account balance〕）來彌補這當中的差額。

償債負擔（debt service）：特定期間內為維護債務而支出的成本，包括利息和本金支出。

去槓桿化歷程（deleveraging）：降低債務負擔的過程。

去槓桿化歷程歸因（deleveraging attribution）：橋水投資公司對於導致債務負擔增加或減少的因素所做的分析。黑點代表分析期間內債務約當 GDP 之百分比的年度變化（正百分比代表一國的債務水準增加，負百分比則反之）。接著，我們說明引發這些變化的導因：高於零代表促使債務負擔增加的某個狀況，而低於零代表促使債務負擔減少的某個狀況。我們列出了導致 GDP 增加或減少的因素（例如通貨膨脹與實質成長），以及使債務增加或減少的因素（例如一國為了支付利息支出或取得其他新貸款而借的錢）。請注意，歸因的方法論因國家而有所不同，多半取決於資料是否能夠取得。

經濟蕭條（depression）：經濟狀況在債務危機的某個階段嚴重走下坡的那個時期；這段期間，資產價格和經濟成長經常會發生自我強化的下滑走勢。最典型的蕭條發生在中央銀行利用寬鬆貨幣來緩解經濟衰退的能力受限時。

寬鬆政策（easing）：使貨幣與信用變得較容易取得的中央銀行貨幣政策行動，通常是藉由調降利率、印鈔票、修改監理規定來落實，或是經由中央政府改變支出、稅賦或監理規定等財政政策行動等來達成。

財政收支（fiscal balance）：一國政府的支出是否超過它的稅收。當一國政府的財政呈現赤字，代表它的支出高於收入（所以必須借錢來因應，或是動用儲蓄來填補支出），而當一國政府的財政出現盈餘，代表它的收入超過支出。

海外外匯報酬（foreign FX returns）：投資人藉由投資外幣而有的報酬。包含匯率變動以及投資人可透過投資外幣而賺到比本國通貨利率高或低的利息。

FX：外匯匯率。

外幣債務（FX debt）：以投資人本國通貨之外的通貨計價的債務。

GDP：國內生產毛額（Gross domestic product）；代表一國國內生產的所有最終商品與勞務的總價值（即價格乘以數量）。GDP 是最常被用來代表一國經濟規模的工具。通常我們會以 GDP 之百分比的形式，來表達其他經濟概念（例如債務），好讓人能體會在特定經濟體系的背景下，那些經濟現象是大或小。

GDP 缺口（GDP gap）：衡量一個經濟體系目前的經濟活動處於高產能利用率或低產能利用率，它不是一個精確的指標。它是經濟體系今日生產水準相對於經濟體系在不發生負面後果的情況下、有能力維持的較長期估計生產水準（即所謂的「潛在經濟規模」）之間的差異。如果一個經濟體的 GDP 缺口為負值，代表它目前的產能閒置（slack，例如工廠未達全能生產）。如果一個經濟體的 GDP 缺口為正值，代表它的產能幾乎沒有閒置。這通常被稱為「產出缺口」或「閒置」。

流動性（liquidity）：衡量貨幣和信用是相對不足或隨手可得的指標。當流動性偏低，代表貨幣和信用不足，此時即使是信用度非常優良的貸款人，都必須付出高利率才能取得貸款。當流動性偏高，信用度優良的貸款人將能輕易以較低利率取得貸款。

長期利率（long rate）：長期債券的利率。我們基於這本書的目的而使用的名目長期利率，通常是指十年期政府公債殖利率。

貨幣供給（money 0）：衡量特定通貨已印行之貨幣總數的指標，通常是指實體通貨流通數量加上中央銀行持有的準備金，也稱為 M0。

名目經濟成長率（nominal growth）：一國生產（例如 GDP）值（即價格乘以數量）的變化。「名目」是指包含因通貨膨脹而漲價的部分，和以下的實質經濟成長率相反。

潛在經濟規模（potential）：衡量一個經濟體系在接近全能運轉的情況下，估計可維持的生產水準，它不是一個精確的指標。GDP 缺口就是一個經濟體當前生產水準與潛在經濟規模之間的差異。

實質（real）：包含「實質」字眼的經濟用語，都是指排除通貨膨脹影響後的調整值。本詞彙表以下條目中有幾個例子可以參考。重要的是，這些衡量指標通常都不是精確的指標（例如我們無法得知一國的精確實質匯率是多少）。

實質匯率（real FX）：根據一國目前的相對通貨水準與相對物價水準，相對過去的相對通貨與相對物價水準，來衡量一國通貨便宜或昂貴的指標，它並非精確指標。正實質匯率代表一項通貨以這個衡量指標而言比較昂貴，而負實質匯率則代表它較為便宜。通常會以相對貿易夥伴的狀況來衡量（即貿易加權指數，也就是 TWI）。

實質 GDP（real GDP）：衡量一國國內生產的商品與勞務數量的指標，它並非精確指標（和商品與勞務總生產值相反，總生產值受通貨膨脹影響）。

實質經濟成長率（real growth）：它並非精確的指標，是衡量一國國內商品與勞務生產數量變化的指標（與名目經濟成長率相反，名目經濟成長率受通貨膨脹影響）。

實質利率（real interest rates）：排除通貨膨脹之影響後的利率。如果實質利率為負，代表目前通貨膨脹高於賺到的利息，也就是說，長期下來，放款人的購買力

一步步折損。

通貨再膨脹（reflation）：例如貨幣政策寬鬆／提振經濟的時期，這有助於帶動經濟復甦。

外匯準備（reserves）：一國持有的外國通貨和／或黃金儲蓄——實質上就是政府可用來從事採購行為的外國通貨儲蓄，也可用來影響本國通貨的供給、需求與價格。

短期利率（short rate）：非常短期的放款利率，通常是指三個月以內的放款利率。

經濟提振措施（stimulation）：見「寬鬆政策」。

緊縮政策（tightening）：降低貨幣與信用的可取得性的政策行動，緊縮政策會產生經濟成長趨緩的影響，通常是藉由提高利率、允許貨幣供給萎縮、縮減政府支出，或修改規定以限制銀行放款行為等來落實。

殖利率曲線（yield curve）：短期利率和長期利率之間的差異。如果短期利率高於長期利率，被稱為殖利率反轉，意味著目前的定價顯示短期利率將下跌。如果短期利率低於長期利率，意味著目前的定價顯示短期利率將上升。

第 11 章
48個債務危機

　　這一章將逐一檢視我們觀察的 48 個債務危機個案，目的是要讓你身歷其境來體會這些危機的異同。這份個案清單是我們經由系統化方法篩選而來，最後篩選出的個案，含括了上個世紀各主要國家曾經歷過的去槓桿化時期——我們聚焦在實質 GDP 降低超過 3% 的個案——同時，我們也就這份清單，和 IMF 及重要學術機構等的研究報告進行交叉比對。當然，這份清單不可能囊括上個世紀發生過的所有債務危機，但這個債務危機與去槓桿化樣本已堪稱完備，透過這個樣本，已能清楚見到每個個案的關鍵相似處（如第一部所討論）及差異處。

　　每一個個案概覽都包括一份描繪事發當時情境的扼要文字分析，以及許多顯示基本統計數據的圖形，這些文字和圖形都是電腦自動歸納而來。每個個案的「自動生成文字」評論就是這些基本統計數據的觀測報告，也是橋水的演算法分析（algorithmic analysis）報告，但是極簡化版本。提供這些個案概覽的目的是希望讓你了解，即使是用簡化的方式來檢視這些個案（根據我們在第一部解釋的那個更簡化的「模型」），一樣能看出一些重要的端倪。請留意你以簡化的方式來觀察這些情境後所獲得的觀點，和以第二部那種較複雜且詳細的方式來觀察這些情境後所得到的觀點之間有何反差。我希望你用這個簡化的方式觀察過這些個案後，能更輕易理解我們在「典型大型債務危機」模型中所解釋的根本共通性與差異性。

美國1926年－1936年個案自動彙整

誠如右邊的圖形所示，美國在 1926 年至 1936 年間，經歷了一個典型的通貨緊縮型去槓桿化週期。

泡沫階段

在 1926 年至 1929 年間，美國經歷一個受自我強化型債務增加、強勁股票報酬與強勁經濟成長週期所驅動的泡沫。在泡沫結束之際，危機爆發前的債務高峰達到 GDP 的 125%。這個個案的債務是以美國本國的通貨計價，而且多數債務也是美國人持有。拜債務增加之賜，經濟成長相當強勁（3%），經濟活動的水準也非常高（GDP 缺口達到 13% 的高峰）。此外，強勁的資產報酬率（泡沫期間，股票的平均年度報酬率達到 31%）對貸款活動形成推波助瀾的效果，並進一步提振經濟成長。在這個泡沫期間，政策制訂者啟動了溫和的緊縮（短期利率上升大約 250 基本點）。基於這些泡沫壓力，加上貨幣與信用緊縮，使美國陷入一個無以為繼的局面。

以下幾個衡量指標是由後續圖形集所示的概要統計數據彙編而成。請注意，這些都是粗略的衡量指標。

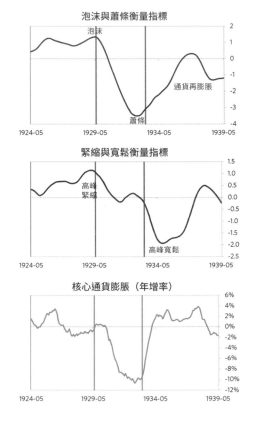

* 前兩張圖是顯示泡沫／蕭條情勢以及貨幣與信用緊縮／寬鬆狀態的衡量指標。每一個指標和零之間的差額，代表泡沫的程度，而向上或向下穿越零，則代表逐漸泡沫化或脫離泡沫。

蕭條階段

最後，整個態勢反轉，在 1929 年至 1933 年間製造了一個自我強化的不景氣階段與一個「險惡的去槓桿化歷程」。高債務水準使美國極容易因意外衝擊而受傷，而這個衝擊就是 1929 年的股票市場崩盤。美國因向下自我強化的 GDP 衰退（降低 26%）、股價下跌（重挫 84%）和房價下跌（下跌 24%）而吃盡苦頭。失業率

上升 23%。美國的金融機構也承受極大壓力。誠如右邊的歸因圖所示，即使美國亟需經歷一段去槓桿化歷程，它的債務約當 GDP 百分比卻上升 98%（年化數字為 26%），這是實質所得降低、通貨緊縮與舉借新債來支付利息支出等因素所造成的綜合影響。

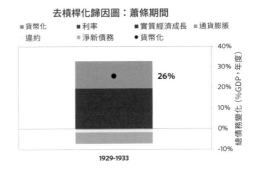

去槓桿化歸因圖：蕭條期間

1929-1933

通貨再膨脹階段

經過一段比平均狀況稍微漫長的不景氣階段，政策制訂者終於實施足夠的經濟提振措施，將這個去槓桿化歷程轉化為美好的去槓桿化歷程，並從 1933 年開始將經濟導向通貨再膨脹期。就貨幣政策來說，政府放棄黃金釘住政策，在景氣提振階段，M0 增加約當 GDP 的 6%，利率最終降到 0%，實質匯率則

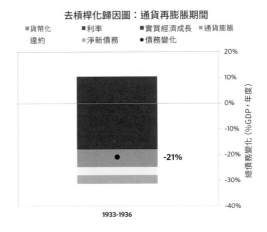

去槓桿化歸因圖：通貨再膨脹期間

1933-1936

平均貶值 5%。在這整個週期，美國極端積極管理其金融機構與呆帳，動用了九個典型的政策手段中的八個。特別值得一提的是，它提供流動性，並直接收購不良資產。這些提振措施使名目經濟成長得以回到遠高於名目利率（這段期間的經濟成長平均達 8%，主權長期利率降到 3%）的水準。在這個階段，失業率降低 14%，而債務約當 GDP 的百分比則降低 70%（年化數字為 21%），如右邊的歸因圖所示。在這整個「美好」的去槓桿化時期，債務－所得比的降低主要導因於實質所得上升，不過，通貨膨脹也有貢獻，只是程度較輕微。經過七年，實質 GDP 才回升到前一個高峰水準，以美元計的股價更花了二十五年才回到先前的高峰。

這一場危機對美國政治造成顯著的影響，因為它是很多人眼中的民粹主義者－羅斯福總統──得以嶄露頭角並取得政權的因素之一。

美國1926年－1936年圖形集附錄

債務狀況

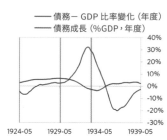

貨幣與財政政策

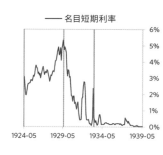

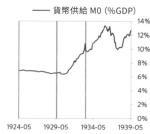

經濟情勢

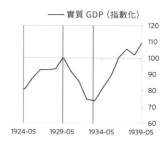

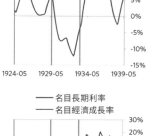

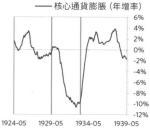

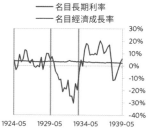

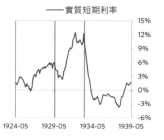

美國1926年－1936年圖形集附錄（續）

市場

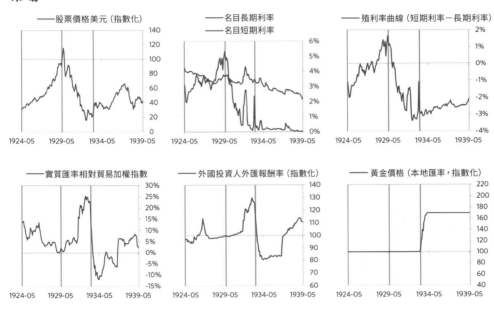

外部局勢

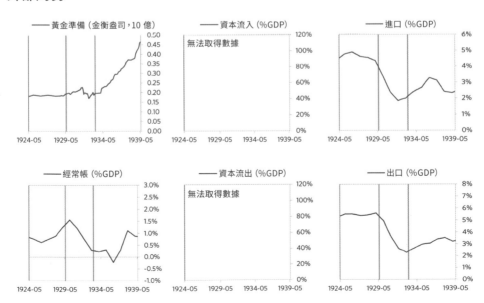

英國1927年－1936年個案自動彙整

誠如右邊的幾個圖形所示，英國在1927年至1936年間，經歷了一個典型的通貨緊縮型去槓桿化週期。

泡沫階段

和其他很多個案不同的是，英國在危機爆發前幾年並未出現廣泛的泡沫現象，不過，它和發生泡沫情境的其他國家、經濟體與金融市場之間的關聯甚深。另外，英國本身也累積了巨大的債務存量，危機爆發前的債務達到GDP的210%。以這個個案來說，這些債務是以英國的本國通貨計價，而且多數債權人也是本國人。

蕭條階段

最終，這個態勢逆轉，在1929年至1931年間製造了一個自我強化的不景氣階段和一個「險惡的去槓桿化歷程」。高債務水準使英國格外容易受意外衝擊所傷——而美國股市崩盤和大蕭條初期所造成的漣漪，就是那個意外的

以下幾個衡量指標是由後續圖形集所示的概要統計數據彙編而成。請注意，這些都是粗略的衡量指標。

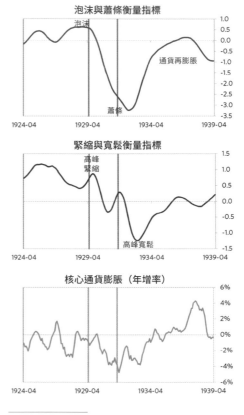

* 前兩張圖是顯示泡沫／蕭條情勢以及貨幣與信用緊縮／寬鬆狀態的衡量指標。每一個指標和零之間的差額，代表泡沫的程度，而向上或向下穿越零，則代表逐漸泡沫化或脫離泡沫。

衝擊。英國因向下自我強化的GDP衰退（衰退10%）與股價下跌（重挫61%）而吃盡苦頭。失業率上升7%。如下頁的歸因圖所示，儘管英國亟需一段去槓桿化歷程，它的債務約當GDP比重卻上升13%（年化數字為6%），那主要是導因於舉借新債來償還舊債的利息支出所致，但也局部導因於實質所得降低。不過，由於外部債務陸續償還，故前述導致債務約當GDP比重上升的因素部分獲得抵銷。

通貨再膨脹階段

　　歷經一段比平均狀況稍短的不景氣階段後，政策制訂者終於得以提供足夠的經濟提振措施，將險惡的去槓桿化歷程轉化為美好，並從 1931 年開始將經濟導向通貨再膨脹階段。以貨幣政策的角度來說，政府打破黃金釘住政策，在經濟提振階段，M0 增加約當 GDP 的 2%，利率最終被壓低到 0%，且實質匯率平均貶值 8%。在整個週期，英國並未積極管理該國的金融機構與呆帳，只動用九個典型的政策手段中的一個。這個經濟提振對策和其他措施，共同促使名目經濟成長率回升到名目利率以上（這段期間的經濟成長率平均為 4%，而主權長期利率則降至 3%）。在這個階段，失業率降低 8%，債務約當 GDP 比重也降低 29%（年化數字為 5%），

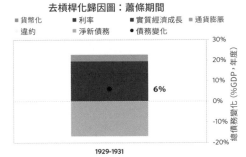

去槓桿化歸因圖：蕭條期間

■ 貨幣化　　　■ 利率　　　■ 實質經濟成長　■ 通貨膨脹
　違約　　　　■ 淨新債務　●債務變化

1929-1931

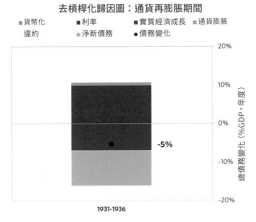

去槓桿化歸因圖：通貨再膨脹期間

■ 貨幣化　　　■ 利率　　　■ 實質經濟成長　■ 通貨膨脹
　違約　　　　■ 淨新債務　●債務變化

1931-1936

如右邊的歸因圖所示。在這整個「美好」的去槓桿化期間內，債務－所得比率的降低主要導因於現有債務的償還，因實質所得上升而降低的成分較低。不過，舉借新債務來償還利息支出的行為，使這個比率的降低速度減緩。經過五年，實質 GDP 才終於回到先前的高峰，而以美元計的股票價格，更花了八年才恢復。

英國1927年－1936年圖形集附錄

債務狀況

總債務（%GDP）
償債負擔（%GDP）

外幣債務（%GDP）

無法取得數據

債務－GDP比率變化（年度）
債務成長（%GDP，年度）

貨幣與財政政策

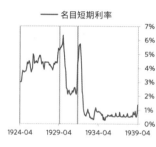

名目短期利率

貨幣供給 M0（%GDP）

財政收支（%GDP）

經濟情勢

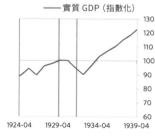

實質 GDP（指數化）

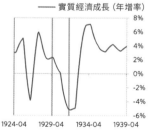

實質經濟成長（年增率）

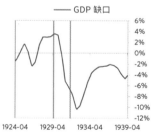

GDP 缺口

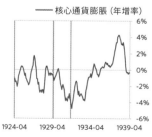

核心通貨膨脹（年增率）

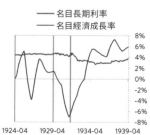

名目長期利率
名目經濟成長率

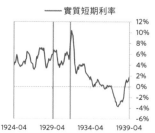

實質短期利率

英國1927年－1936年圖形集附錄（續）

市場

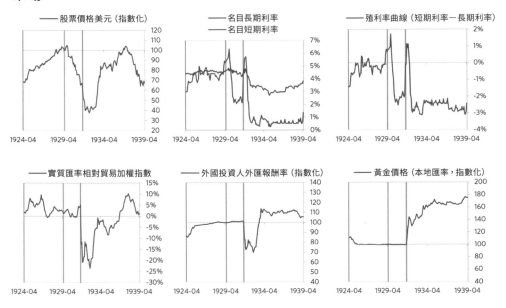

外部局勢

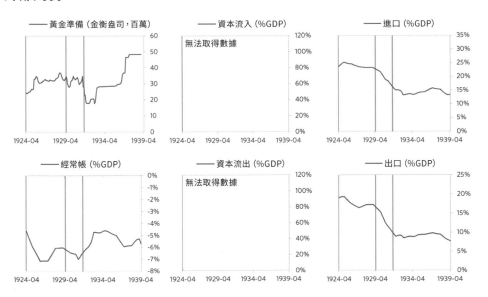

日本1925年－1936年個案自動彙整

誠如右邊的幾個圖形所示，日本在
1925 年至 1936 年間，經歷了一個典型
的通貨緊縮型去槓桿化週期。

泡沫階段

和其他很多個案不同的是，日本在
危機爆發前幾年並未出現廣泛的泡沫現
象，不過，它和發生泡沫情境的其他國
家、經濟體與金融市場之間的關聯甚
深。另外，日本本身也累積了巨大的債
務存量，危機爆發前的債務達到 GDP
的 65%。以這個個案來說，這些債務是
以日本的本國通貨計價，而且多數債權
人也是本國人。

蕭條階段

最終，這個態勢逆轉，在 1927 年
至 1931 年間製造了一個自我強化的不
景氣階段和一個「險惡的去槓桿化歷
程」。高債務水準使日本格外容易受意
外衝擊所傷——而 1929 年全球股票崩
盤就是那個意外的衝擊。日本因向下自
我強化的 GDP 衰退（衰退 4%）與股價

以下幾個衡量指標是由後續圖形集所示的概要統計
數據彙編而成。請注意，這些都是粗略的衡量指標。

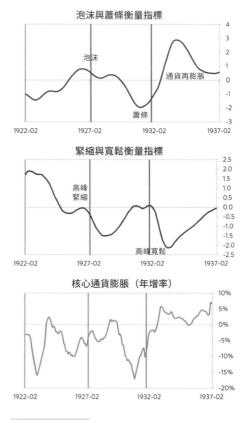

* 前兩張圖是顯示泡沫／蕭條情勢以及貨幣與信用
緊縮／寬鬆狀態的衡量指標。每一個指標和零之
間的差額，代表泡沫的程度，而向上或向下穿越
零，則代表逐漸泡沫化或脫離泡沫。

下跌（重挫 47%）而吃盡苦頭。日本的金融機構也承受了極大壓力。如右邊的歸
因圖所示，即使日本亟需一段去槓桿化歷程，它的債務約當 GDP 比重卻上升 36%
（年化數字為 8%）。

通貨再膨脹階段

歷經一段比平均期間稍長的不景氣階段後，政策制訂者終於得以提供足夠的經濟提振措施，將險惡的去槓桿化歷程轉化為美好，並自 1931 年開始將經濟導向通貨再膨脹時期。以貨幣政策的角度來說，政府打破黃金釘住政策，在經濟提振階段，利率最終被壓低到 2%，實質匯率平均貶值 26%。在整個週期，日本還算積極管理該國的金融機構與呆帳，動用了九個典型的政策手段中的三個。這些經濟提振措施促使名目經濟成長率回升到名目利率以上（這段期間的經濟成長率平均為 4.7%，而主權長期利率則降至 3.9%）。在這整個階段，債務約當 GDP 比重降低 18%（年化數字為 4%），如右邊的歸因圖所示。在這個「美好」的去槓桿

去槓桿化歸因圖：蕭條期間

■實質經濟成長　■通貨膨脹　■本國通貨債務變化　◆債務約當 GDP 比重

1927-1931

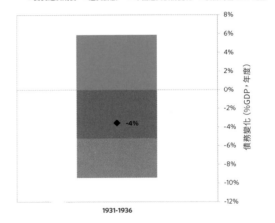

去槓桿化歸因圖：通貨再膨脹期間

■實質經濟成長　■通貨膨脹　■本國通貨債務變化　◆債務約當 GDP 比重

1931-1936

期間內，債務－所得比率的降低主要導因於所得上升，而所得的增加主要來自較高的實質經濟成長率。

　　這場危機對日本的政治產生顯著的影響，被很多人視為民粹主義領袖的東條英機就是因這場危機而得以奪權。

日本1925年－1936年圖形集附錄

債務狀況

貨幣與財政政策

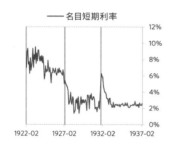

經濟情勢

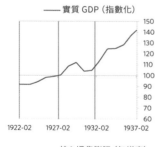

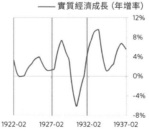

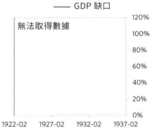

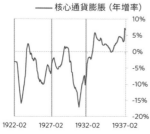

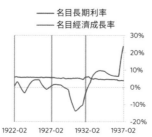

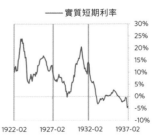

日本1925年－1936年圖形集附錄（續）

市場

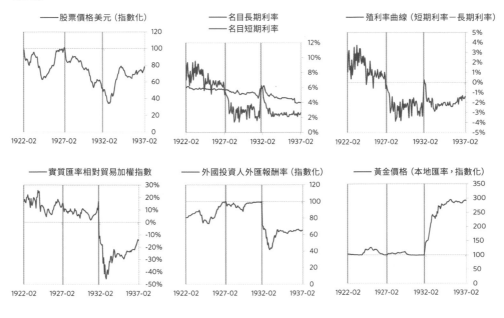

外部局勢

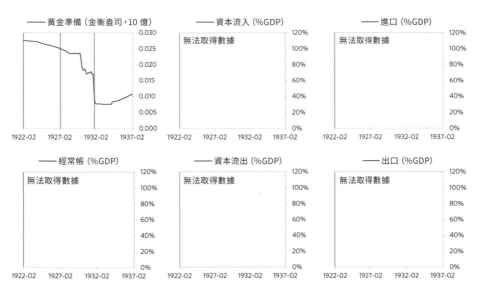

法國1926年－1938年個案自動彙整

誠如右邊的幾個圖形所示，法國在 1926 年至 1938 年間，經歷了一個典型的通貨緊縮型去槓桿化週期。

泡沫階段

1926 年至 1929 年間，法國經歷了一個受自我強化型強勁成長與強勢股票報酬率週期所驅動的泡沫。在泡沫階段，債務其實是降低的，降幅約當 GDP 的 13%，但危機爆發前的債務高達 GDP 的 205%。以這個個案來說，債務是以法國的本國通貨計價，而且絕大多數債權人也是本國人。經濟成長相當強勁（3%），經濟活動的水準也很高（GDP 缺口最高峰為 9%）。此外，強勁的資產報酬率（泡沫期間的股票平均年度報酬率為 45%）對貸款活動形成推波助瀾的效果，並進一步提振經濟成長。這些泡沫壓力加上緊縮貨幣與信用，以及往來密切的國家的情勢轉弱等影響，使法國陷入無以為繼的窘境。

以下幾個衡量指標是由後續圖形集所示的概要統計數據彙編而成。請注意，這些都是粗略的衡量指標。

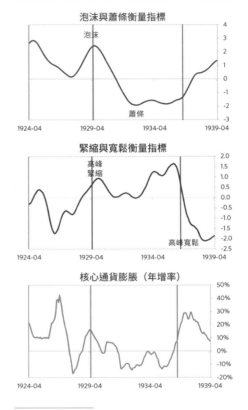

* 前兩張圖是顯示泡沫／蕭條情勢以及貨幣與信用緊縮／寬鬆狀態的衡量指標。每一個指標和零之間的差額，代表泡沫的程度，而向上或向下穿越零，則代表逐漸泡沫化或脫離泡沫。

蕭條階段

最終，這個態勢逆轉，在 1929 年至 1936 年間製造了一個自我強化的不景氣階段和一個「險惡的去槓桿化歷程」。高債務水準使法國格外容易受意外衝擊所傷——而美國股市崩盤和大蕭條初期所造成的漣漪，就是那個意外的衝擊。法國因向下自我強化的 GDP 衰退（衰退 17%）與股價下跌（重挫 57%）而吃盡苦頭。法國的金融機構也承受了極大的壓力。如右邊的歸因圖所示，儘管法國亟需一段去槓

桿化歷程，那段期間它的債務約當
GDP 比重卻大略持平。

通貨再膨脹階段

　　歷經一段相對漫長的不景氣階
段後，政策制訂者終得以提供足夠
的經濟提振措施，將險惡的去槓桿
化歷程轉化為美好，並從 1936 年
開始將經濟導向通貨再膨脹階段。
以貨幣政策的角度來說，政府打破
黃金釘住政策，在經濟提振階段，
利率最終被壓低到 2%，且實質匯
率平均貶值 4%。重要的是，政策
制訂者放任通貨膨脹高漲（在這段
期間平均達 10%），這促使名目經
濟成長率上升，並壓低了國內債務
負擔。在整個週期，法國還算積極
管理該國的金融機構與呆帳，動用
了九個典型的政策手段中的三個。

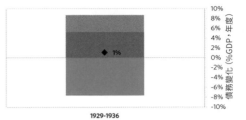

去槓桿化歸因圖：蕭條期間

■實質經濟成長　■通貨膨脹　■本國通貨債務變化 ◆債務約當 GDP 比重

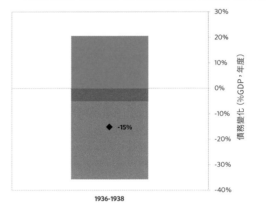

去槓桿化歸因圖：通貨再膨脹期間

■實質經濟成長　■通貨膨脹　■本國通貨債務變化 ◆債務約當 GDP 比重

這些經濟提振對策促使名目經濟成長率回升到遠高於名目利率（這段期間的經濟
成長率平均為 15%，而主權長期利率則降至 4%）的水準。在這個階段，債務約當
GDP 比重降低 37%（年化數字為 15%），如右邊的歸因圖所示。在這個「美好」
的去槓桿化期間內，債務－所得比率的降低多半導因於所得的增加，而所得的增加
主要是拜高通貨膨脹所賜。經過二十一年，實質 GDP 才終於回到先前的高峰。

　　這場危機對法國的政治產生顯著影響，被很多人視為民粹主義領袖的萊昂・
布魯姆（Leon Blum）因這場危機而得以嶄露頭角，最終在 1936 年掌權。

法國1926年－1938年圖形集附錄

債務狀況

貨幣與財政政策

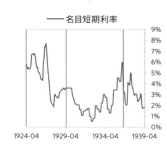

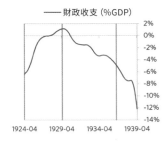

經濟情勢

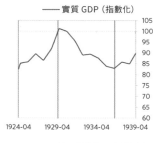

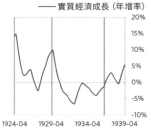

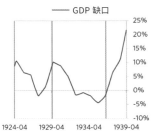

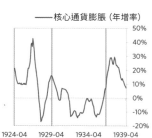

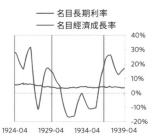

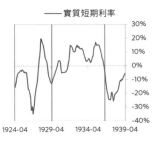

法國1926年－1938年圖形集附錄（續）

市場

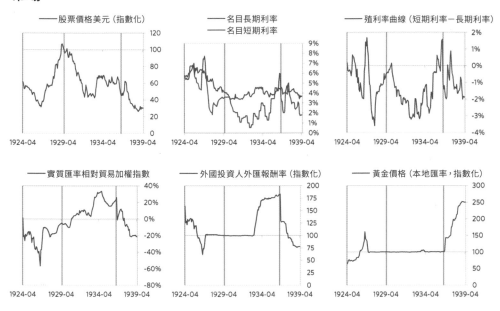

外部局勢

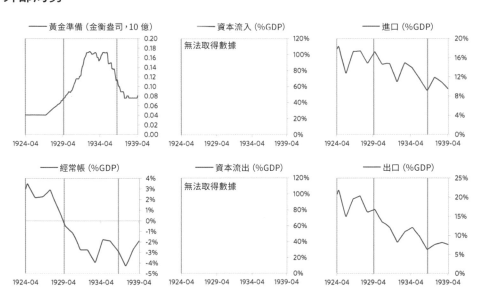

英國1941年－1967年個案自動彙整

誠如右邊的幾個圖形所示，英國在1941 年至 1967 年間，經歷了一個典型的戰時通貨緊縮型去槓桿化週期。一如世界大戰其他戰勝國的典型情況，隨著經濟體系由戰爭相關生產活動變遷為一般生產活動，英國經歷了短暫的戰後經濟衰退，以及一段較有序的去槓桿化歷程。

以下幾個衡量指標是由後續圖形集所示的概要統計數據彙編而成。請注意，這些都是粗略的衡量指標。

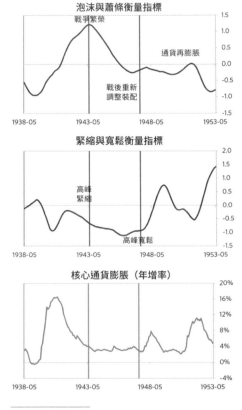

戰爭階段

這場債務危機和典型引起泡沫的個案不同，它導因於第二次世界大戰。在戰爭期間，英國借了非常多資金來支應鉅額的財政赤字，並將多數經濟活動轉向戰爭相關生產活動，同時將多數勞動力轉向兵役與戰爭生產活動。基於這些原因，當時的經濟統計數據無法反映典型的經濟關聯性。在戰爭期間，債務急速增加，以這個個案來說，債務是以英國的本國通貨計價，而且絕大多數債權人也是本國人。拜戰爭期間的支出所賜，這段期間的經濟成長相當強勁

* 前兩張圖是顯示泡沫／蕭條情勢以及貨幣與信用緊縮／寬鬆狀態的衡量指標。每一個指標和零之間的差額，代表泡沫的程度，而向上或下穿越零，則代表逐漸泡沫化或脫離泡沫。

（6%），而經濟活動的水準也很高（GDP 缺口最高達到 10%）。在此同時，強勁的資產報酬率（戰爭期間，股票的平均年度報酬率為 16%）也成為提振經濟成長的另一股力量。

戰後階段

隨著戰爭接近尾聲，英國在 1943 年至 1947 年間陷入一場戰後衰退。因為英

國是戰勝國,所以,它在戰後的經
濟困頓程度比戰敗國輕微。儘管
如此,英國還是因向下自我強化
的 GDP 衰退(衰退 15%)而吃盡
苦頭。如右邊的歸因圖所示,即使
英國亟需一段去槓桿化歷程,它的
債務約當 GDP 比重卻上升 102%
(年化數字為 25%),原因是所
得降低,加上政府繼續承擔戰爭相
關的成本(在這個險惡的去槓桿化
期間,財政赤字最高達到 GDP 的
31%)所致。

通貨再膨脹階段

　　歷經一段較平均狀況稍長的不
景氣階段後,政策制訂者終得以提
供足夠的經濟提振措施,將險惡
的去槓桿化歷程轉化為美好,並
從 1947 年開始將經濟導向通貨再

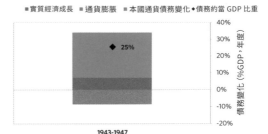

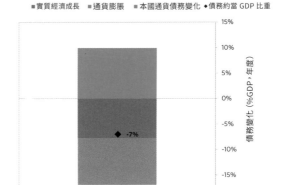

膨脹時期。以貨幣政策的角度來說,政府放手讓通貨相對黃金貶值 30%,在經濟
提振階段,M0 降低幅度達 GDP 的 8%,利率最終被壓低到 1%,實質匯率平均貶
值 10%。重要的是,政策制訂者放任通貨膨脹高漲(在這段期間平均達 4%),這
促使名目經濟成長率上升,並降低了國內債務負擔。這些經濟提振對策與其他措
施,促使名目經濟成長率回升到明顯高於名目利率(這段期間的經濟成長率平均
為 7%,而主權長期利率則降至 2%)的水準。在這個階段,失業率持平,債務約
當 GDP 比重降低 139%(年化數字為 7%),如右邊的歸因圖所示。在這整個「美
好」的去槓桿化期間內,債務－所得比率的降低多半導因於所得的增加,而所得的
增加主要是拜較高通貨膨脹所賜。經過十年,實質 GDP 才終於回到先前的高峰。

英國1941年－1967年圖形集附錄

債務狀況

貨幣與財政政策

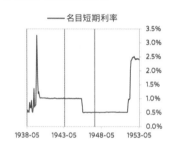

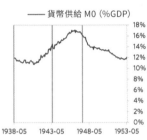

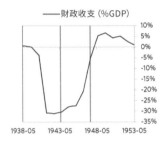

經濟情勢

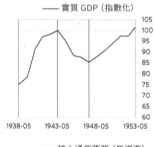

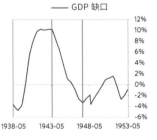

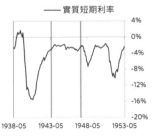

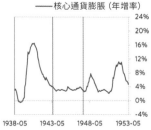

英國1941年－1967年圖形集附錄（續）

市場

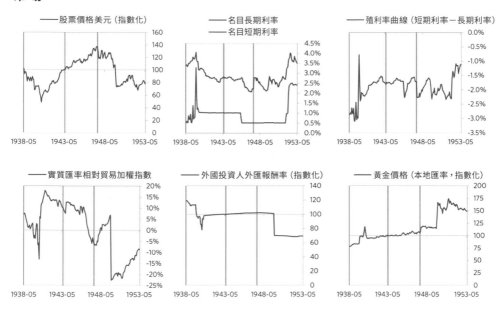

外部局勢

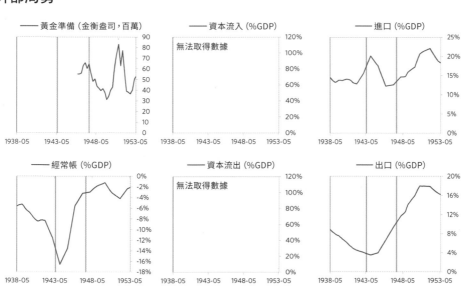

英國1941年－1967年圖形集附錄（續）

政府與軍隊

美國1943年－1951年個案自動彙整

誠如右邊的幾個圖形所示，美國在1943年至1951年間，經歷了一個典型的戰時通貨緊縮型去槓桿化週期。一如世界大戰其他戰勝國的典型情況，隨著經濟體系由戰爭相關生產活動變遷為一般生產活動，美國經歷了短暫的戰後經濟衰退，以及一段較有序的去槓桿化歷程。

戰爭階段

這場債務危機和典型引起泡沫的個案不同，它導因於第二次世界大戰。在戰爭期間，美國借了非常多資金來支應鉅額的財政赤字，並將多數經濟活動轉向戰爭相關生產活動，同時將多數勞動力轉向兵役與戰爭生產活動。基於這些原因，當時的經濟統計數據無法反映典型的經濟關聯性。在戰爭期間，債務大幅上升至GDP的150%，以這個個案來說，債務是以美國的本國通貨計價，而且絕大多數債權人也是本國人。拜戰爭期間的支出所賜，這段期間的經濟成長相當強勁（13%），而經濟活動的水準

以下幾個衡量指標是由後續圖形集所示的概要統計數據彙編而成。請注意，這些都是粗略的衡量指標。

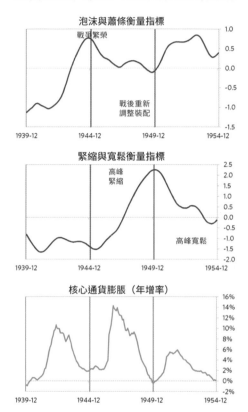

* 前兩張圖是顯示泡沫／蕭條情勢以及貨幣與信用緊縮／寬鬆狀態的衡量指標。每一個指標和零之間的差額，代表泡沫的程度，而向上或向下穿越零，則代表逐漸泡沫化或脫離泡沫。

也很高（GDP缺口最高達到19%）。在此同時，強勁的資產報酬率（戰爭期間，股票的平均年度報酬率為15%）也成為提振經濟成長的另一股力量。

戰後階段

戰鬥結束時，美國在1945年至1950年間陷入一場戰後衰退。因為美國是戰勝

國,所以,它在戰後的經濟困頓程度比戰敗國輕微。儘管如此,美國還是因向下自我強化的 GDP 衰退(衰退 13%)而吃盡苦頭。失業率上升 5%。如右邊的歸因圖所示,即使美國亟需一段去槓桿化歷程,這段期間它的債務約當 GDP 比重卻大略持平。

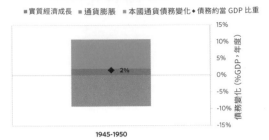

去槓桿化歸因圖:蕭條期間

■ 實質經濟成長　■ 通貨膨脹　■ 本國通貨債務變化 ◆ 債務約當 GDP 比重

1945-1950

通貨再膨脹階段

歷經相對漫長的不景氣階段後,政策制訂者終得以提供足夠的經濟提振措施,將險惡的去槓桿化歷程轉化為美好,並從 1950 年開始將經濟導向通貨再膨脹時期。在這個經濟提振階段,以貨幣政策的角度來說,M0 實際上降低約當 GDP 的 0.9%,利率最終被壓低到 1%。即使是在經濟活動大

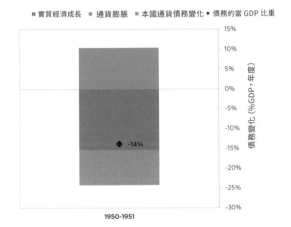

去槓桿化歸因圖:通貨再膨脹期間

■ 實質經濟成長　■ 通貨膨脹　■ 本國通貨債務變化 ◆ 債務約當 GDP 比重

1950-1951

幅回升並促使名目經濟成長明顯高於名目利率後(這段期間的經濟成長率平均為 11%,而主權長期利率則降至 2%),中央銀行還是選擇繼續維持寬鬆。在這個階段,失業率降低 2%,債務約當 GDP 比重降低 22%(年化數字為 14%),如右邊的歸因圖所示。在這整個「美好」的去槓桿化期間內,債務-所得比率的降低多半導因於所得的增加,而所得的增加主要是拜實質經濟成長上升所賜。經過六年,實質 GDP 才終於回到先前的高峰。

美國1943年－1951年圖形集附錄

債務狀況

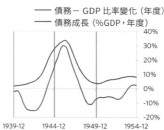

貨幣與財政政策

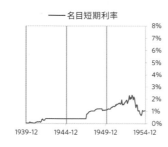

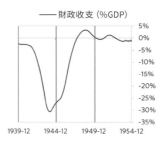

經濟情勢

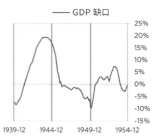

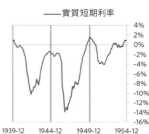

美國1943年－1951年圖形集附錄（續）

市場

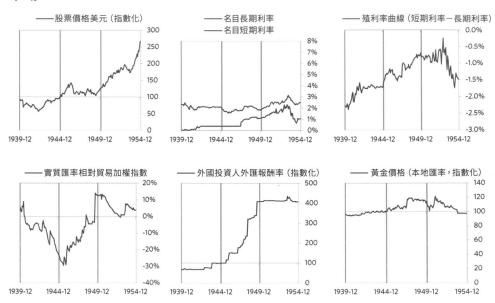

外部局勢

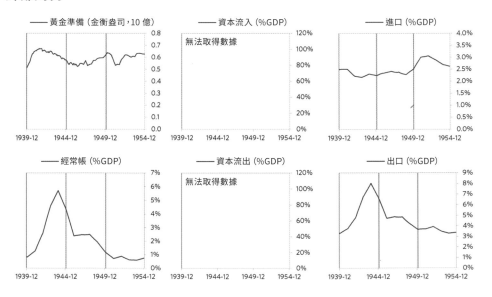

美國1943年－1951年圖形集附錄（續）

政府與軍隊

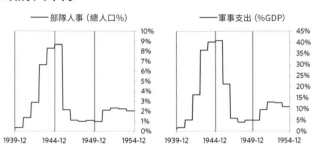

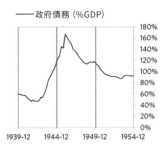

挪威1984年－1996年個案自動彙整

誠如右邊的幾個圖形所示,挪威在1984年至1996年間,經歷了一個典型的通貨緊縮型去槓桿化週期。

泡沫階段

1984年至1987年間,挪威經歷了一個受自我強化型強勁成長、強勢股票報酬率、強勁企業報酬率與強勁住宅報酬率週期所驅動的泡沫。到泡沫結束時,債務在危機爆發前的高峰達到GDP的211%。以這個個案來說,債務是以挪威的本國通貨計價,而且絕大多數債權人也是本國人。在這個泡沫階段,投資資本流入相當強勁,平均大約是GDP的4%,這使挪威得以維持大約2%GDP的經常帳赤字。拜資本流入所賜,經濟成長強勁(3%),經濟活動的水準也很高(GDP缺口最高達5%)。此外,強勁的資產報酬率(泡沫時期的住宅價格平均年度報酬率為19%)對貸款活動形成推波助瀾的效果,並進一步提振了經濟成長。在這個泡沫期間,政策制訂者啟動大規模的緊縮政策(短期利率上升大約700個基本點)。這些泡沫壓力加上緊縮貨幣與信用的影響,導致局面變得無以為繼。

以下幾個衡量指標是由後續圖形集所示的概要統計數據彙編而成。請注意,這些都是粗略的衡量指標。

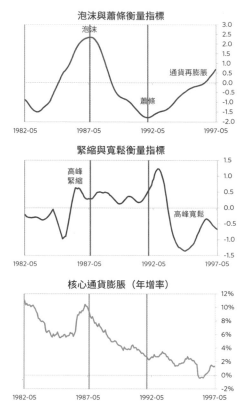

泡沫與蕭條衡量指標

緊縮與寬鬆衡量指標

核心通貨膨脹(年增率)

---

* 前兩張圖是顯示泡沫／蕭條情勢以及貨幣與信用緊縮／寬鬆狀態的衡量指標。每一個指標和零之間的差額,代表泡沫的程度,而向上或向下穿越零,則代表逐漸泡沫化或脫離泡沫。

蕭條階段

最終,這個態勢逆轉,在1987年至1992年間製造了一個自我強化的不景氣階

段和一個「險惡的去槓桿化歷程」。
在危機爆發前，償債負擔最高達到
GDP 的 58%，這導致挪威格外容易
受意外衝擊所傷——而原物料商品價
格下跌造成的漣漪，就是那個意外的
衝擊。挪威因向下自我強化的 GDP
衰退（衰退 4%）與房價下跌（重挫
38%）而吃盡苦頭。挪威的金融機構
也承受了極大壓力。如右邊的歸因圖
所示，儘管挪威亟需一個去槓桿化歷
程，這段期間它的債務約當 GDP 比
重卻大略持平。

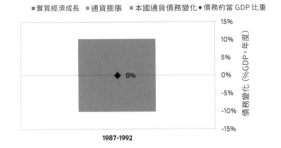

通貨再膨脹階段

　　歷經相對漫長的不景氣階段後，
政策制訂者終得以提供足夠的經濟提
振措施，將險惡的去槓桿化歷程轉化
為美好，並從 1992 年開始將經濟導
向通貨再膨脹時期。在這個經濟提振
階段，以貨幣政策的角度來說，M0

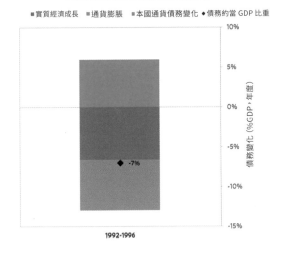

增加約當 GDP 的 2%，利率最終被壓低到 4%，實質匯率平均貶值 3%。在這整個
週期，挪威積極管理其金融機構與呆帳，動用了九個典型政策手段中的四個。特別
值得一提的是，它將銀行國有化，並提供流動性。它也頒布了旨在提高勞動市場彈
性的多項結構性改革。這些提振措施促使名目經濟成長回升到略高於名目利率（這
段期間的經濟成長率平均為 6.1%，而主權長期利率則降至 5.5%）的水準。在這個
階段，失業率降低 4%，債務約當 GDP 比重降低 35%（年化數字為 7%），如右邊
的歸因圖所示。在這整個「美好」的去槓桿化期間內，債務－所得比率的降低多半
導因於所得的增加，而所得的增加主要是拜較高的實質經濟成長所賜。經過五年，
實質 GDP 才終於回到先前的高峰。

挪威1984年－1996年圖形集附錄

債務狀況

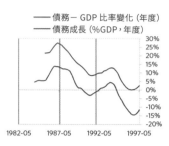

貨幣與財政政策

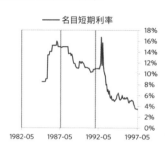

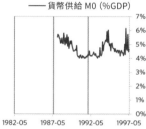

經濟情勢

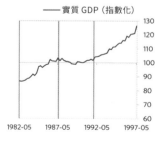

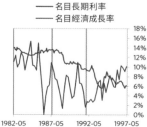

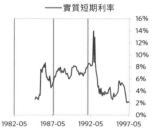

挪威1984年－1996年圖形集附錄（續）

市場

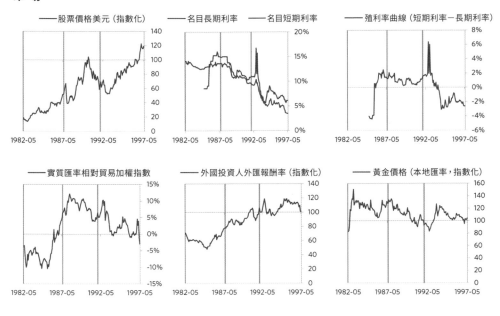

外部局勢

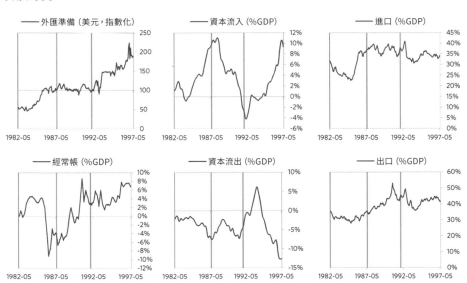

芬蘭1987年－2001年個案自動彙整

誠如右邊的幾個圖形所示，芬蘭在1987年至2001年間，經歷了一個典型的通貨緊縮型去槓桿化週期。

泡沫階段

1987年至1989年間，芬蘭經歷了一個受自我強化型強勁成長與強勢股票報酬率週期所驅動的泡沫。到泡沫結束時，危機爆發前的債務高峰達到GDP的272%。以這個個案來說，債務是以芬蘭的本國通貨計價，但有極高比重的債權人是外國人，這導致芬蘭因外國資本的可能撤出而面臨極大的風險。在這個泡沫階段，投資資本流入雖低，但呈現正向，平均約當GDP的3%，而且芬蘭一直維持約當GDP之3%的經常帳赤字。拜資本流入所賜，經濟成長強勁（5%）。此外，強勁的資產報酬率（泡沫時期的股票平均年度報酬率為18%）對貸款活動形成推波助瀾的效果，並進一步提振了經濟成長。在這個泡沫期間，政策制訂者啟動了一波大規模緊縮政策（短期利率大約上升700個基本點）。競爭力降低的威脅也漸漸浮

以下幾個衡量指標是由後續圖形集所示的概要統計數據彙編而成。請注意，這些都是粗略的衡量指標。

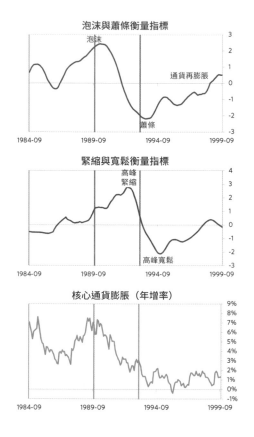

*　前兩張圖是顯示泡沫／蕭條情勢以及貨幣與信用緊縮／寬鬆狀態的衡量指標。每一個指標和零之間的差額，代表泡沫的程度，而向上或向下穿越零，則代表逐漸泡沫化或脫離泡沫。

現，因為芬蘭的實質匯率最高升值24%。這些泡沫壓力加上過於仰賴外國融資，以及貨幣和信用緊縮等，最終使芬蘭走向無以為繼的局面。

蕭條階段

最終，這個態勢逆轉，在 1989 年至 1993 年間製造了一個自我強化的不景氣階段和一個「險惡的去槓桿化歷程」。高債務水準導致芬蘭格外容易受意外衝擊所傷——而資產價格下跌重創銀行償債能力，就是那個意外的衝擊。芬蘭因向下自我強化的 GDP 衰退（衰退 12%）、股價下跌（重挫 36%）與房價下跌（下跌 32%）而吃盡苦頭。失業率增加 13%。芬蘭的金融機構也承受了極大壓力。如右邊的歸因圖所示，儘管芬蘭亟需一個去槓桿化歷程，這段期間它的債務約當 GDP 比重卻因所得減少而上升 32%（年化數字為 9%）。

通貨再膨脹階段

歷經較平均狀況稍長的不景氣階段後，政策制訂者終得以提供足夠的經濟提振措施，將險惡的去槓桿化歷程轉化

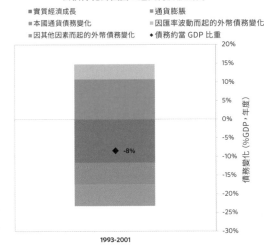

為美好，並從 1993 年開始將經濟導向通貨再膨脹時期。在這個經濟提振階段，以貨幣政策的角度來說，M0 增加約當 GDP 的 7%，利率最終被壓低到 3%，實質匯率平均貶值 10%。在這整個週期，挪威非常積極管理其金融機構與呆帳，動用了九個典型政策手段中的七個。特別值得一提的是，它將銀行國有化、提供流動性，並直接收購不良資產。這些提振措施促使名目經濟成長回升到遠高於名目利率（這段期間的經濟成長率平均為 6%，而主權長期利率則降至 4%）的水準。在這個階段，失業率降低 6%，債務約當 GDP 比重降低 72%（年化數字為 8%），如上方的歸因圖所示。在這整個「美好」的去槓桿化期間內，債務－所得比率的降低多半導因於所得的增加，而所得的增加主要是拜較高的實質經濟成長所賜。經過七年，實質 GDP 才終於回到先前的高峰，而以美元計的股價則在五年內恢復。

芬蘭1987年－2001年圖形集附錄

債務狀況

── 總債務 (%GDP)
── 償債負擔 (%GDP)

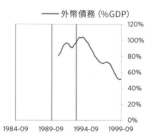

── 外幣債務 (%GDP)

── 債務－ GDP 比率變化 (年度)
── 債務成長 (%GDP，年度)

貨幣與財政政策

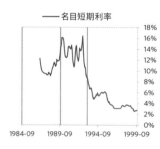

── 名目短期利率

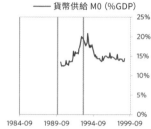

── 貨幣供給 M0 (%GDP)

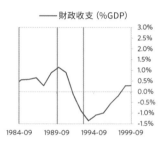

── 財政收支 (%GDP)

經濟情勢

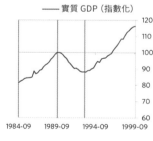

── 實質 GDP (指數化)

── 實質經濟成長 (年增率)

── GDP 缺口

無法取得數據

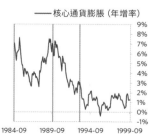

── 核心通貨膨脹 (年增率)

── 名目長期利率
── 名目經濟成長率

── 實質短期利率

芬蘭1987年－2001年圖形集附錄（續）

市場

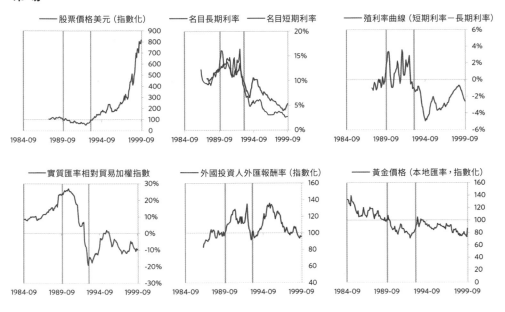

外部局勢

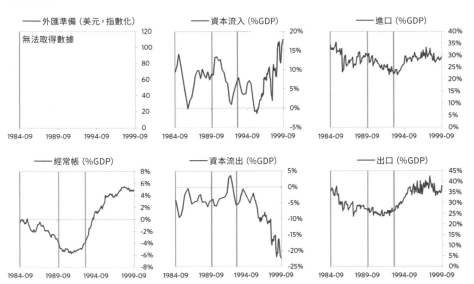

瑞典1987年－2000年個案自動彙整

誠如右邊的幾個圖形所示，瑞典在1987年至2000年間，經歷了一個典型的通貨緊縮型去槓桿化週期。

以下幾個衡量指標是由後續圖形集所示的概要統計數據彙編而成。請注意，這些都是粗略的衡量指標。

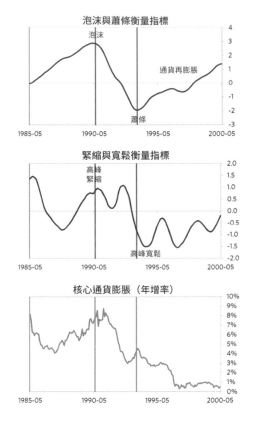

泡沫階段

1987年至1990年間，瑞典經歷了一個受自我強化型債務增加、強勁成長與強勢住宅報酬率週期所驅動的泡沫。在這個泡沫時期，債務增加幅度約當GDP的15%，在危機爆發前，債務高峰達到GDP的239%。以這個個案來說，債務是以瑞典的本國通貨計價，而且絕大多數的債權人也是本國人。在這個泡沫階段，投資資本流入雖低，但呈現正向，平均約當GDP的2%，而瑞典也一直維持約當GDP之3%的經常帳赤字。拜債務與資本流入增加所賜，經濟溫和成長（2%），且經濟活動水準相當高（GDP缺口最高達到4%）。在這個泡沫期間，政策制訂者啟動了一波大規模緊縮政策（短期利率大約上升500個基本點）。競爭力降低的威脅也漸漸浮現，因為瑞典的實質匯率最高

* 前兩張圖是顯示泡沫／蕭條情勢以及貨幣與信用緊縮／寬鬆狀態的衡量指標。每一個指標和零之間的差額，代表泡沫的程度，而向上或向下穿越零，則代表逐漸泡沫化或脫離泡沫。

升值15%。這些泡沫壓力加上貨幣及信用緊縮等，最終使瑞典走向無以為繼的局面。

蕭條階段

最終，這個態勢逆轉，在1990年至1993年間製造了一個自我強化的不景氣

階段和一個「險惡的去槓桿化歷程」。
危機爆發前，償債負擔最高達到 GDP
的 65%，這導致瑞典格外容易受意外
衝擊所傷——而住宅價格下跌重創銀行
償債能力，就是那個意外的衝擊。瑞
典因向下自我強化的 GDP 衰退（衰退
6%）、股價下跌（重挫 34%）與房價
下跌（下跌 7%）而吃盡苦頭。失業率
增加 9%。瑞典的金融機構也承受了極
大壓力。如右邊的歸因圖所示，儘管瑞
典亟需一個去槓桿化歷程，這段期間它
的債務約當 GDP 比重，卻因所得減少
與政府為因應危機而不得不舉借更多債
務（在險惡的去槓桿化階段，財政赤字
高峰達到 10%）而上升 40%（年化數字
為 12%）。

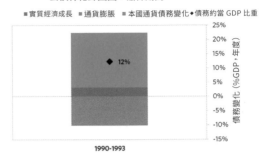

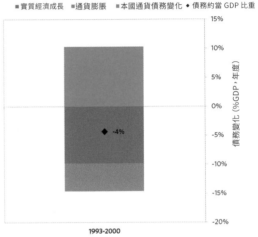

通貨再膨脹階段

　　歷經相對短暫的不景氣階段後，政
策制訂者得以提供足夠的經濟提振措施，將險惡的去槓桿化歷程轉化為美好，並
從 1993 年開始將經濟導向通貨再膨脹時期。在這個經濟提振階段，以貨幣政策的
角度來說，M0 增加約當 GDP 的 5%，利率最終被壓低到 3%，實質匯率平均貶值
5%。在這整個週期，瑞典非常積極管理其金融機構與呆帳，動用了九個典型政策
手段中的七個。特別值得一提的是，它將銀行國有化、提供流動性，並直接收購不
良資產。它也頒布旨在提高勞動市場彈性的多項結構性改革。這些提振措施促使
名目經濟成長回升到名目利率（這段期間的經濟成長率平均為 5%，而主權長期利
率則降至 4%）以上。在這個階段，失業率降低 1%，債務約當 GDP 比重降低 28%
（年化數字為 4%），如右邊的歸因圖所示。在這整個「美好」的去槓桿化期間
內，債務－所得比率的降低多半導因於所得的增加，而所得的增加主要是拜較高的
實質經濟成長所賜。經過三年，實質 GDP 便回到先前的高峰，但以美元計之股票
價格，則是在四年內恢復。

瑞典1987年－2000年圖形集附錄

債務狀況

貨幣與財政政策

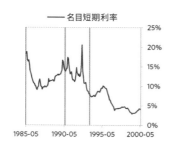

經濟情勢

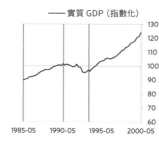

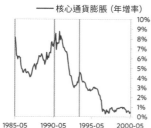

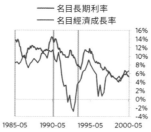

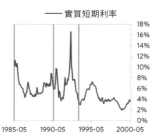

瑞典1987年－2000年圖形集附錄（續）

市場

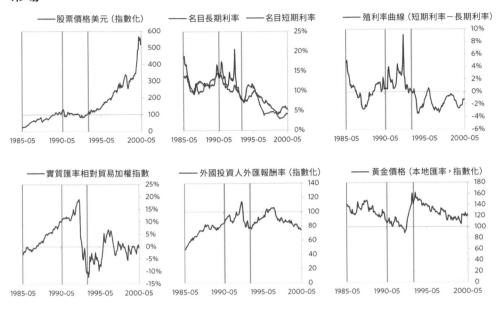

外部局勢

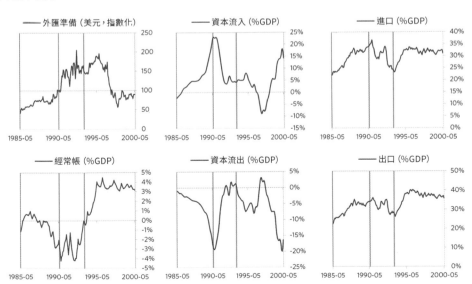

日本1987年－2017年個案自動彙整

誠如右邊的幾個圖形所示，日本在1987 年至 2017 年間，經歷了一個典型的通貨緊縮型去槓桿化週期。

泡沫階段

1987 年至 1989 年間，日本經歷了一個受自我強化型債務增加、強勁經濟成長、強勢資產報酬率週期所驅動的泡沫。在這個泡沫時期，債務增加約當GDP 的 24%，危機爆發前的債務高峰達到 GDP 的 307%。以這個個案來說，債務是以日本的本國通貨計價，而且絕大多數的債權人也是本國人，另外，日本更是淨債權國（也因此，即使經歷衝擊，但因資本被調回本國，所以匯率反而維持強勢）。在這個泡沫階段，投資資本流入偏低，平均約當 GDP 的1%。受上升的債務所賜，經濟成長強勁（5%），且經濟活動水準相當高（GDP 缺口最高達到 4%）。此外，強勁的資產報酬（在泡沫期間，股票平均每年報酬率為 28%）對貸款活動形成推波助瀾的效果，並進一步提振經濟成

以下幾個衡量指標是由後續圖形集所示的概要統計數據彙編而成。請注意，這些都是粗略的衡量指標。

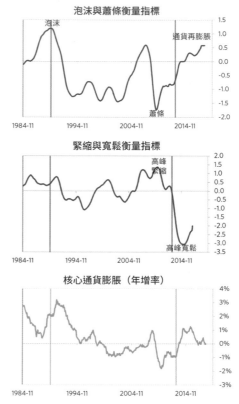

* 前兩張圖是顯示泡沫／蕭條情勢以及貨幣與信用緊縮／寬鬆狀態的衡量指標。每一個指標和零之間的差額，代表泡沫的程度，而向上或向下穿越零，則代表逐漸泡沫化或脫離泡沫。

長。在這個泡沫期間，政策制訂者啟動了一波大規模緊縮政策（短期利率大約上升450 個基本點）。這些泡沫壓力加上貨幣及信用緊縮等，最終使日本走向無以為繼的局面。

蕭條階段

　　最終，這個態勢逆轉，在 1989 年至 2013 年間製造了一個自我強化的不景氣階段和一個「險惡的去槓桿化歷程」。危機爆發前，償債負擔最高達到 GDP 的 78%，這導致日本格外容易受意外衝擊所傷——而房地產與股票市場價格大跌就是那個意外的衝擊。日本因向下自我強化的股價下跌（重挫 67%）與房價下跌（下跌 43%）而吃盡苦頭。失業率上升 3%。日本的金融機構也承受了極大壓力。如右邊的歸因圖所示，即使日本亟需一個去槓桿化歷程，但這段期間，由於為了支應利息支出而舉借新債務，所以它的債務約當 GDP 比重反而上升 59%（年化數字為 3%）。

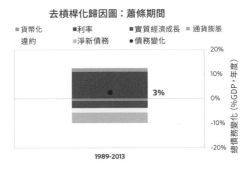

去槓桿化歸因圖：蕭條期間

1989-2013

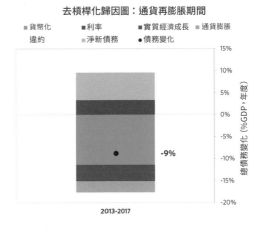

去槓桿化歸因圖：通貨再膨脹期間

2013-2017

通貨再膨脹階段

　　以這個個案來說，債務問題的改善非常緩慢，因為貨幣政策不夠寬鬆，久久難以將名目 GDP 成長率推高到名目利率之上。然而，政策制訂者最終還是提供足夠的經濟提振措施，將險惡的去槓桿化歷程轉化為美好，並從 2013 年開始將經濟導向通貨再膨脹時期。在這個經濟提振階段，以貨幣政策的角度來說，M0 增加約當 GDP 的 58%，利率最終被壓低到 0%，實質匯率平均貶值 10%。在這整個週期，日本非常積極管理其金融機構與呆帳，動用了九個典型政策手段中的七個。特別值得一提的是，它將銀行國有化、提供流動性，並直接收購不良資產。它也頒布旨在提高勞動市場彈性的多項結構性改革。這些提振措施促使名目經濟成長回升到名目利率（這段期間的經濟成長率平均為 2%，而主權長期利率則降至 0%）以上。在這個階段，失業率持平，債務約當 GDP 比重降低 43%（年化數字為 9%），如右邊的歸因圖所示。在這整個「美好」的去槓桿化期間內，債務－所得比率的降低多半導因於貨幣化，但也有小部分來自實質所得的增加。

日本1987年－2017年圖形集附錄

債務狀況

總債務（%GDP）
償債負擔（%GDP）

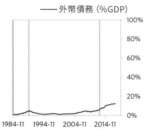
外幣債務（%GDP）

債務－ GDP 比率變化（年度）
債務成長（%GDP，年度）

貨幣與財政政策

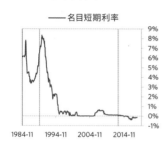
名目短期利率

貨幣供給 M0（%GDP）

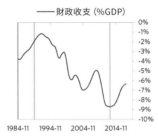
財政收支（%GDP）

經濟情勢

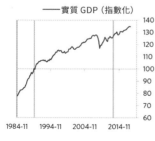
實質 GDP（指數化）

實質經濟成長（年增率）

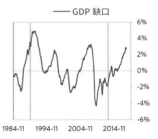
GDP 缺口

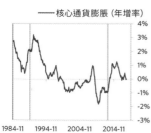
核心通貨膨脹（年增率）

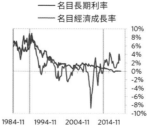
名目長期利率
名目經濟成長率

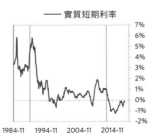
實質短期利率

日本1987年－2017年圖形集附錄（續）

市場

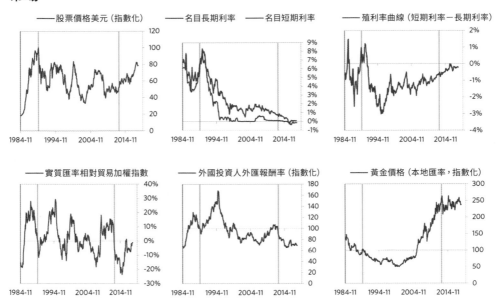

外部局勢

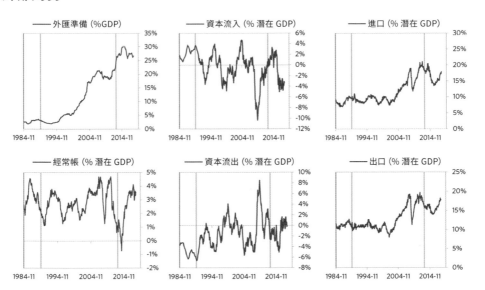

美國2004年－2014年個案自動彙整

誠如右邊的幾個圖形所示，美國在 2004 年至 2014 年間，經歷了一個典型的通貨緊縮型去槓桿化週期。

泡沫階段

2004 年至 2007 年間，美國經歷了一個受自我強化型債務增加、強勁成長與強勢資產報酬率週期所驅動的泡沫。在這個泡沫時期，債務成長約當 GDP 的 38%，危機爆發前的債務高峰達到 GDP 的 349%。以這個個案來說，債務是以美國的本國通貨計價，而且絕大多數的債權人也是本國人。在這個泡沫階段，投資資本流入堪稱強勁，平均約當 GDP 的 8%，這些資金流入使美國得以維持約當 GDP 之 6% 的經常帳赤字。拜債務與資本流入增加所賜，經濟強勁成長（3%），且經濟活動水準也頗高（GDP 缺口最高達到 3%）。此外，強勁的資產報酬（泡沫期間，股票平均年度報酬率達 14%）對貸款活動形成推波助瀾的效果，並進一步提振經濟成長。

以下幾個衡量指標是由後續圖形集所示的概要統計數據彙編而成。請注意，這些都是粗略的衡量指標。

* 前兩張圖是顯示泡沫／蕭條情勢以及貨幣與信用緊縮／寬鬆狀態的衡量指標。每一個指標和零之間的差額，代表泡沫的程度，而向上或向下穿越零，則代表逐漸泡沫化或脫離泡沫。

在這個泡沫期間，政策制訂者啟動了一波大規模緊縮政策（短期利率大約上升 400 個基本點）。這些泡沫壓力加上貨幣及信用緊縮等，終使美國走向無以為繼的局面。

蕭條階段

最終，這個態勢逆轉，在 2007 年至 2009 年間製造了一個自我強化的不景氣

階段和一個「險惡的去槓桿化歷程」。
危機爆發前，償債負擔最高達到 GDP 的
68%，這導致美國格外容易受意外衝擊
所傷——而住宅價格崩跌就是那個意外
的衝擊。美國因向下自我強化的 GDP 衰
退（衰退 4%）、股價下跌（重挫 50%）
與房價下跌（下跌 28%）而吃盡苦頭。
失業率增加 5%。美國的金融機構也承
受了極大壓力。如右邊的歸因圖所示，
儘管美國亟需一個去槓桿化歷程，但這
段期間為了支付利息支出而舉借的新債
務以及實質所得降低（其影響程度較舉
借新債輕微），使債務約當 GDP 比重
上升 23%（年化數字為 15%）。

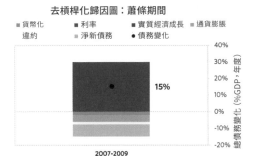

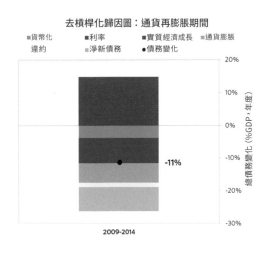

通貨再膨脹階段

　　歷經相對比平均狀況略短的不景氣
階段後，政策制訂者便得以提供足夠
的經濟提振措施，將險惡的去槓桿化歷程轉化為美好，並從 2009 年開始將經濟導
向通貨再膨脹時期。在這個經濟提振階段，以貨幣政策的角度來說，M0 增加約當
GDP 的 16%，利率最終被壓低到 0%，實質匯率平均貶值 10%。在這整個週期，
美國非常積極管理其金融機構與呆帳，動用了九個典型政策手段中的六個。特別值
得一提的是，它推動銀行資本結構重整、提供流動性，並直接收購不良資產。這些
提振措施促使名目經濟成長回升到名目利率（這段期間的經濟成長率平均為 3%，
而主權長期利率則降至 2%）以上。在這個階段，失業率降低 3%，債務約當 GDP
比重降低 59%（年化數字為 11%），如右邊的歸因圖所示。在這整個「美好」的
去槓桿化期間內，債務－所得比率的降低導因於以下幾項因素的綜合影響：實質所
得上升、通貨膨脹，以及現有債務的清償等，不過，為了償還利息支出而舉借的新
債務，部分抵銷了前述正面影響。經過四年，實質 GDP 終於回到先前的高峰，而
以美元計之股票價格，則是在五年內回到先前的高峰。

美國2004年－2014年圖形集附錄

債務狀況

—— 總債務 (%GDP)
—— 償債負擔 (%GDP)

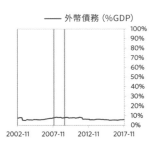
—— 外幣債務 (%GDP)

—— 債務－ GDP 比率變化 (年度)
—— 債務成長 (%GDP，年度)

貨幣與財政政策

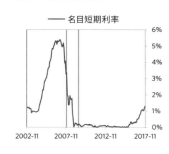
—— 名目短期利率

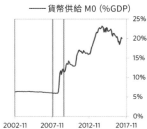
—— 貨幣供給 M0 (%GDP)

—— 財政收支 (%GDP)

經濟情勢

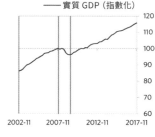
—— 實質 GDP (指數化)

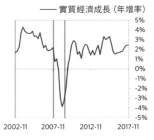
—— 實質經濟成長 (年增率)

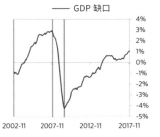
—— GDP 缺口

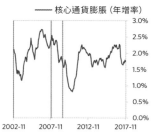
—— 核心通貨膨脹 (年增率)

—— 名目長期利率
—— 名目經濟成長率

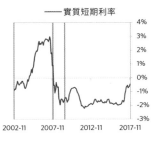
—— 實質短期利率

美國2004年－2014年圖形集附錄（續）

市場

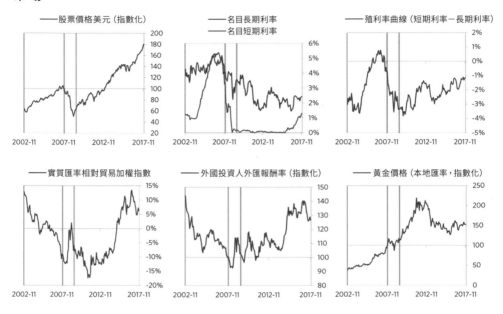

外部局勢

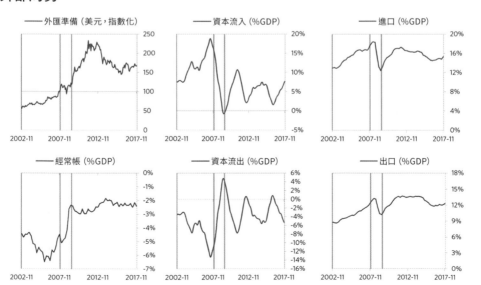

奧地利2005年－2017年個案自動彙整

誠如右邊的幾個圖形所示，奧地利在 2005 年至 2017 年間，經歷了一個典型的通貨緊縮型去槓桿化週期。

泡沫階段

2005 年至 2008 年間，奧地利經歷了一個主要受強勁股票報酬驅動的泡沫。在這個泡沫時期，債務增加幅度約當 GDP 的 19%，危機爆發前的債務高峰達到 GDP 的 279%。以這個個案來說，債務是以歐元計價，儘管嚴格來說，這是奧地利的本國通貨，卻不是奧地利有能力控制的通貨。此外，有非常高比重的債權人為外國人，這讓奧地利傾向於因外國資本撤出而受傷。受外國資本流入所賜，經濟強勁成長（3%），此外，強勁的資產報酬（泡沫期間內股票平均年度報酬率達 20%）對貸款活動形成推波助瀾的效果，並進一步提振經濟成長。在這個泡沫期間，政策制訂者啟動了一波溫和的緊縮政策（短期利率大約上升 200 個基本點）。這些泡沫壓力加上奧地利較仰賴外國融資，以及相關國家的情勢轉弱，終使它走向無以為繼的局面。

以下幾個衡量指標是由後續圖形集所示的概要統計數據彙編而成。請注意，這些都是粗略的衡量指標。

*　前兩張圖是顯示泡沫／蕭條情勢以及貨幣與信用緊縮／寬鬆狀態的衡量指標。每一個指標和零之間的差額，代表泡沫的程度，而向上或向下穿越零，則代表逐漸泡沫化或脫離泡沫。

蕭條階段

最終，這個態勢逆轉，在 2008 年至 2009 年間製造了一個自我強化的不景氣階段和一個「險惡的去槓桿化歷程」。危機爆發前的償債負擔最高達到 GDP 的

69%，這導致奧地利格外容易受意外衝擊所傷──而 2008 年全球金融危機就是那個意外的衝擊。奧地利因向下自我強化的 GDP 衰退（衰退 4%）與股價下跌（重挫 66%）而吃盡苦頭。奧地利的金融機構也承受了極大壓力。如右邊的歸因圖所示，儘管奧地利亟需一個去槓桿化歷程，這段期間它的債務約當 GDP 比重卻因所得減少而上升 39%（年化數字為 32%）。

通貨再膨脹階段

歷經相對短暫的不景氣階段後，ECB 政策制訂者終得以提供足夠的經濟提振措施，將險惡的去槓桿化歷程轉化為美好，並從 2009 年開始將經濟導向通貨再膨脹時期。在這個經濟提振階段，以貨幣政策的角度來說，M0 增加約當 GDP 的 19%，利率最終被壓低到 0%，實質匯率平均貶值 2%。在這整個

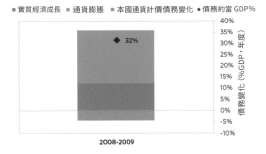

去槓桿化歸因圖：蕭條期間

■ 實質經濟成長　■ 通貨膨脹　■ 本國通貨計價債務變化　◆ 債務約當 GDP%

2008-2009

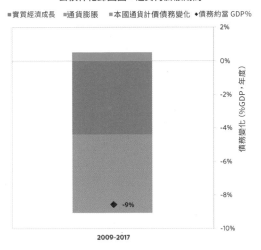

去槓桿化歸因圖：通貨再膨脹期間

■ 實質經濟成長　■ 通貨膨脹　■ 本國通貨計價債務變化　◆ 債務約當 GDP%

2009-2017

週期，奧地利積極管理其金融機構與呆帳，動用了九個典型政策手段中的五個。特別值得一提的是，它推動銀行資本結構重整，並提供流動性。這些提振措施促使名目經濟成長回升到遠高於名目利率（這段期間的經濟成長率平均為 3%，而主權長期利率則降至 0%）的水準。在這個階段，失業率持平，債務約當 GDP 比重降低 74%（年化數字為 9%），如右邊的歸因圖所示。在這整個「美好」的去槓桿化期間內，債務－所得比率的降低主要導因於所得增加，而所得的增加主要是拜較高通貨膨脹所賜。經過三年，實質 GDP 便回到先前的高峰，但以美元計之股票價格，則迄今尚未完全復原。

奧地利2005年－2017年圖形集附錄

債務狀況

—— 總債務（%GDP）
—— 償債負擔（%GDP）

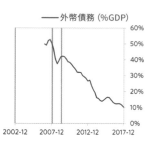
—— 外幣債務（%GDP）

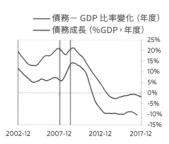
—— 債務－GDP 比率變化（年度）
—— 債務成長（%GDP，年度）

貨幣與財政政策

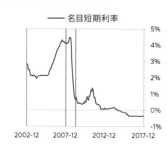
—— 名目短期利率

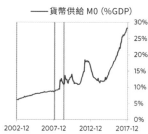
—— 貨幣供給 M0（%GDP）

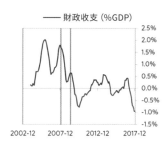
—— 財政收支（%GDP）

經濟情勢

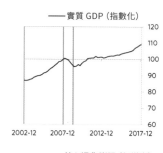
—— 實質 GDP（指數化）

—— 實質經濟成長（年增率）

—— GDP 缺口
無法取得數據

—— 核心通貨膨脹（年增率）

—— 名目長期利率
—— 名目經濟成長率

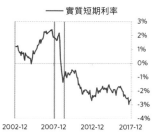
—— 實質短期利率

奧地利2005年－2017年圖形集附錄（續）

市場

外部局勢

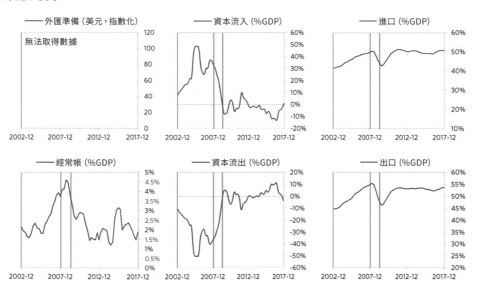

德國2006年－2017年個案自動彙整

誠如右邊的幾個圖形所示，德國在 2006 年至 2017 年間，經歷了一個典型的通貨緊縮型去槓桿化週期。

泡沫階段

和其他很多個案不同的是，德國在危機爆發前幾年並未出現廣泛的泡沫現象，不過，它和發生泡沫情境的其他國家、經濟體與金融市場之間的關聯甚深。另外，德國本身也累積了巨大的債務存量，危機爆發前的債務達到 GDP 的 261%。以這個個案來說，這些債務是以歐元計價，儘管嚴格來說，歐元是德國的本國通貨，卻非德國能控制的通貨。多數債權人是本國人。

蕭條階段

最終，這個態勢逆轉，在 2008 年至 2009 年間製造了一個自我強化的不景氣階段和一個「險惡的去槓桿化歷程」。危機爆發前，償債負擔最高達到 GDP 的 51%，這導致德國格外容易受意外衝擊所傷——而 2008 年全球金融危機就是那個意外的衝擊。德國因向下自我強化的 GDP 衰退（衰退 7%）與股價下跌（重挫 53%）而吃盡苦頭。德國的金融機構也承受了極大壓力。如右邊的歸因圖所示，儘管德國亟需一個去槓桿化歷程，這段期間它的債務約當 GDP 比重卻因所得減少而上升 26%（年化數字為 18%）。

以下幾個衡量指標是由後續圖形集所示的概要統計數據彙編而成。請注意，這些都是粗略的衡量指標。

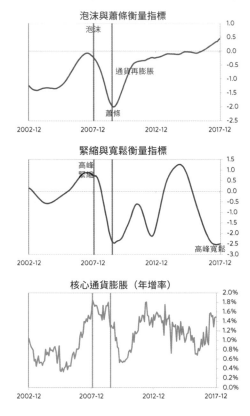

* 前兩張圖是顯示泡沫／蕭條情勢以及貨幣與信用緊縮／寬鬆狀態的衡量指標。每一個指標和零之間的差額，代表泡沫的程度，而向上或下穿越零，則代表逐漸泡沫化或脫離泡沫。

通貨再膨脹階段

歷經較平均狀況稍短的不景氣階段後，ECB 政策制訂者便得以提供足夠的經濟提振措施，將險惡的去槓桿化歷程轉化為美好，並從 2009 年開始將經濟導向通貨再膨脹時期。在這個經濟提振階段，以貨幣政策的角度來說，M0 增加約當 GDP 的 14%，利率最終被壓低到 -1%，實質匯率平均貶值 4%。在這整個週期，德國非常積極管理其金融機構與呆帳，動用了九個典型政策手段中的六個。特別值得一提的是，它將銀行國有化、提供流動性，並直接收購不良資產。這些提振措施促使名目經濟成長回升到遠高於名目利率（這段期間的經濟成長率平均為 3%，而主權長期利率則降至 0%）的水準。在這個階段，失業率降低 4%，債務約當 GDP 比重降低 56%（年化數字為 7%），如右邊

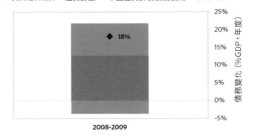

去槓桿化歸因圖：蕭條期間

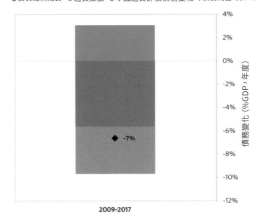

去槓桿化歸因圖：通貨再膨脹期間

的歸因圖所示。在這整個「美好」的去槓桿化期間內，債務－所得比率的降低主要導因於所得增加，而所得的增加主要是拜實質經濟成長上升所賜。經過三年，實質 GDP 便回到先前的高峰，但以美元計之股票價格，迄今尚未完全復原。

德國2006年－2017年圖形集附錄

債務狀況

總債務（%GDP）
償債負擔（%GDP）

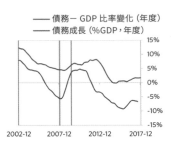
外幣債務（%GDP）

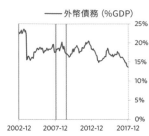
債務－GDP比率變化（年度）
債務成長（%GDP，年度）

貨幣與財政政策

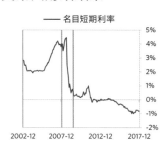
名目短期利率

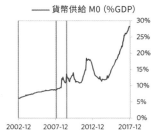
貨幣供給 M0（%GDP）

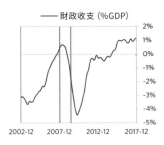
財政收支（%GDP）

經濟情勢

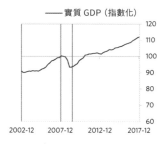
實質 GDP（指數化）

實質經濟成長（年增率）

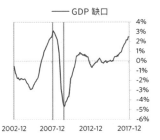
GDP 缺口

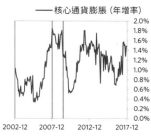
核心通貨膨脹（年增率）

名目長期利率
名目經濟成長率

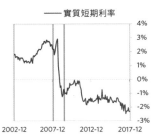
實質短期利率

德國2006年－2017年圖形集附錄（續）

市場

- 股票價格美元（指數化）
- 名目長期利率　名目短期利率
- 殖利率曲線（短期利率－長期利率）
- 實質匯率相對貿易加權指數
- 外國投資人外匯報酬率（指數化）
- 黃金價格（本地匯率，指數化）

外部局勢

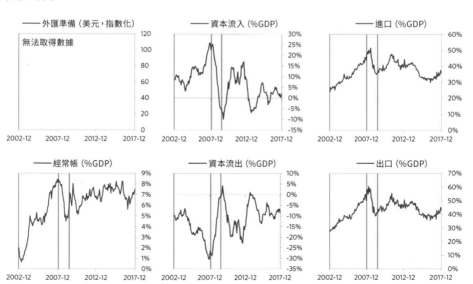

- 外匯準備（美元，指數化）
- 無法取得數據
- 資本流入（%GDP）
- 進口（%GDP）
- 經常帳（%GDP）
- 資本流出（%GDP）
- 出口（%GDP）

希臘2005年－2018年個案自動彙整

　　誠如右邊的幾個圖形所示，希臘從
2005 年開始進入一個典型的通貨緊縮
型去槓桿化週期。

以下幾個衡量指標是由後續圖形集所示的概要統計
數據彙編而成。請注意，這些都是粗略的衡量指標。

泡沫階段

　　2005 年至 2008 年間，希臘經歷了
一個受自我強化型債務增加、強勁經濟
成長與強勢資產報酬週期所驅動的泡
沫。在這個泡沫時期，債務增加約當
GDP 的 40%，危機爆發前的債務高峰
達到 GDP 的 206%。以這個個案來說，
債務是以歐元計價，儘管嚴格來說，這
是希臘的本國通貨，卻不是希臘有能力
控制的通貨。此外，有非常高比重的債
權人為外國人，這讓希臘傾向於因外國
資本撤出而受傷。在這個泡沫階段，投
資資本流入相當強勁，平均約當 GDP
的 22%，這些資金流入使希臘得以維
持約當 GDP 之 13% 的經常帳赤字。在
債務與資本流入增加催化下，經濟強勁
成長（3%），且經濟活動水準相當高
（GDP 缺口最高達到 10%）。此外，

*　前兩張圖是顯示泡沫／蕭條情勢以及貨幣與信用
緊縮／寬鬆狀態的衡量指標。每一個指標和零之
間的差額，代表泡沫的程度，而向上或向下穿越
零，則代表逐漸泡沫化或脫離泡沫。

強勁的資產報酬（泡沫期間，股票平均年度報酬率達 19%）對貸款活動形成推波
助瀾的效果，並進一步提振經濟成長。在這個泡沫期間，政策制訂者啟動了一波溫
和的緊縮政策（短期利率大約上升 200 個基本點）。由於這些泡沫壓力，加上希臘
過於仰賴外國融資，且貨幣與信用緊縮及相關國家情勢轉趨弱勢，終使希臘走向無
以為繼的局面。

蕭條階段

　　最終，這個態勢逆轉，在 2008 年至 2017 年間製造了一個自我強化型不景氣階段和一個「險惡的去槓桿化歷程」。危機爆發前，償債負擔最高達到 GDP 的 42%，這導致希臘容易受意外衝擊所傷——而 2008 年全球金融危機就是那個意外的衝擊。苦於外國資金來源減少（資本流入減少幅度約當 GDP 的 34%），當局不得不採取緊縮政策（短期利率上升 86%），而緊縮政策又造成向下自我強化式的 GDP 衰退（衰退 27%）、股價下跌（重挫 91%）與房價下跌（下跌42%）。失業率增加 15%。希臘的金融機構也承受了極大壓力。如右邊的歸因圖所示，儘管希臘亟需一個去槓桿化歷程，這段期間它的債務約當

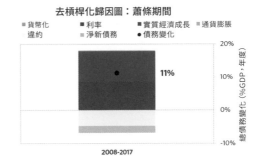

去槓桿化歸因圖：蕭條期間

■貨幣化　　■利率　　　　■實質經濟成長　■通貨膨脹
　違約　　　■淨新債務　　●債務變化

11%

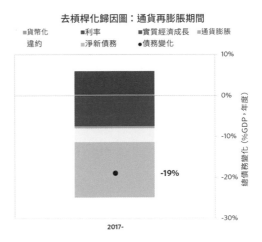

去槓桿化歸因圖：通貨再膨脹期間

■貨幣化　　■利率　　　　■實質經濟成長　■通貨膨脹
　違約　　　■淨新債務　　●債務變化

-19%

2017-

GDP 比重卻上升 101%（年化數字為 11%），主要原是因實質所得降低，其次則是因為必須舉借新債務來償還舊債務的利息支出。

通貨再膨脹階段

　　到目前為止，希臘尚未正式過渡到「美好」的去槓桿化歷程階段，因為它尚未藉由適足的貨幣寬鬆，將名目經濟成長推升到名目利率以上。

　　這場危機對希臘的政治造成顯著影響，促使很多人眼中的民粹主義者阿列希斯 • 齊普拉斯（Alexis Tsipras）得以嶄露頭角，最終掌權。

希臘2005年－2018年圖形集附錄

債務狀況

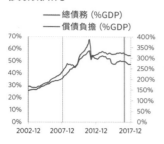

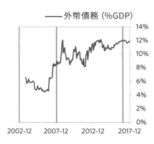

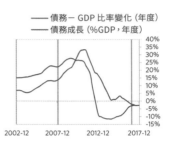

貨幣與財政政策

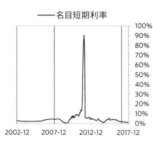

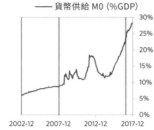

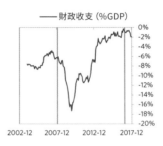

經濟情勢

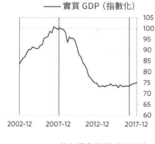

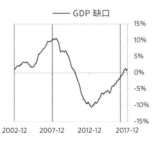

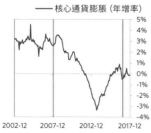

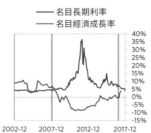

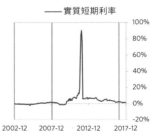

希臘2005年－2018年圖形集附錄（續）

市場

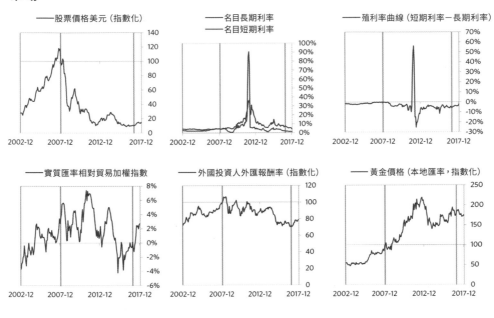

外部局勢

匈牙利2005年－2017年個案自動彙整

誠如右邊的幾個圖形所示，匈牙利在 2005 年至 2017 年間，經歷了一個典型的通貨緊縮型去槓桿化週期。

泡沫階段

2005 年至 2008 年間，匈牙利經歷了一個受自我強化型債務增加、強勁股票報酬與強勁經濟成長週期所驅動的泡沫。在這個泡沫時期，債務成長了約當 GDP 的 45%，危機爆發前的債務高峰達到 GDP 的 214%。以這個個案來說，債務是以匈牙利的本國通貨計價，不過有非常高比重的債權人為外國人，這讓匈牙利傾向於因外國資本撤出而受傷。在泡沫階段，投資資本流入堪稱強勁，平均大約是 GDP 的 6%，這讓匈牙利得以維持約當 GDP 之 8% 的經常帳赤字。在債務與資本流入增加催化下，經濟強勁成長（3%），經濟活動的水準也相當高（GDP 缺口為 5%）。此外，強勁的資產報酬（泡沫期間內，股票的平均年度報酬率達 14%）對貸款活動形成推波助瀾的效果，並進一步提振經濟成長。由於這些泡沫壓力，加上匈牙利過於仰賴外國融資，且相關國家情勢又轉趨弱勢，終使它陷入無以為繼的局面。

以下幾個衡量指標是由後續圖形集所示的概要統計數據彙編而成。請注意，這些都是粗略的衡量指標。

---

* 前兩張圖是顯示泡沫／蕭條情勢以及貨幣與信用緊縮／寬鬆狀態的衡量指標。每一個指標和零之間的差額，代表泡沫的程度，而向上或向下穿越零，則代表逐漸泡沫化或脫離泡沫。

蕭條階段

　　最終，這個態勢逆轉，在 2008 年至 2013 年間製造了一個自我強化的不景氣階段和一個「險惡的去槓桿化歷程」。危機爆發前，償債負擔最高達到 GDP 的 31%，這導致匈牙利容易受意外衝擊所傷——而 2008 年全球金融危機便是那個意外的衝擊。外國資金來源減少（投資組合流入降幅約當 GDP 的 12%）使匈牙利不得不採取緊縮政策（政策制訂者將短期利率提高 5%），這進而引發向下自我強化式 GDP 衰退（衰退 7%）、股價下跌（重挫 73%）與房價下跌（下跌 16%）。失業率增加 3%。匈牙利的金融機構也承受了極大壓力。如右邊的歸因圖所示，儘管匈牙利亟需一個去槓桿化歷程，這段期間它的債務約當 GDP 比重，卻因所得減少與政府必須舉借更多債務來回應危機情勢

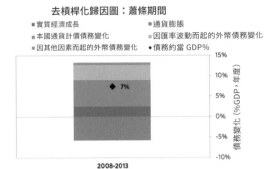

去槓桿化歸因圖：蕭條期間

2008-2013

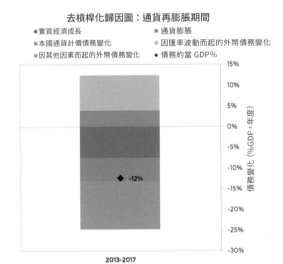

去槓桿化歸因圖：通貨再膨脹期間

2013-2017

（在險惡的去槓桿化階段，財政赤字最高達到 GDP 的 5%）而上升 37%（年化數字為 7%）。

通貨再膨脹階段

　　歷經相對漫長的不景氣階段後，政策制訂者終得以提供足夠的經濟提振措施，將險惡的去槓桿化歷程轉化為美好，並從 2013 年開始將經濟導向通貨再膨脹時期。在這個經濟提振階段，以貨幣政策的角度來說，M0 增加約當 GDP 的 4%，利率最終被壓低到 0%，實質匯率平均貶值 6%。在這整個週期，匈牙利還算積極管理其金融機構與呆帳，動用了九個典型政策手段中的四個。它也因 IMF 的援助計畫而受益。這些提振措施促使名目經濟成長回升到遠高於名目利率（這段期間的經

濟成長率平均為 5%，而主權長期利率則降至 2%）的水準。在這個階段，失業率
降低 7%，債務約當 GDP 比重降低 51%（年化數字為 12%），如右邊的歸因圖所
示。在這整個「美好」的去槓桿化期間內，債務－所得比率的降低多半導因於所得
增加，而所得的增加主要是拜實質成長上升所賜。經過六年，實質 GDP 才終於回
到先前的高峰，而以美元計之股票價格，則迄今尚未完全復原。

　　這場危機對匈牙利的政治造成顯著的影響，它促使很多人眼中的民粹主義領袖
維克多 · 奧班（Viktor Orban）得以嶄露頭角，最終掌權。

匈牙利2005年－2017年圖形集附錄

債務狀況

― 總債務 (%GDP)
― 償債負擔 (%GDP)

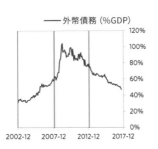

― 外幣債務 (%GDP)

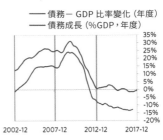

― 債務－ GDP 比率變化 (年度)
― 債務成長 (%GDP，年度)

貨幣與財政政策

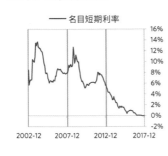

― 名目短期利率

― 貨幣供給 M0 (%GDP)

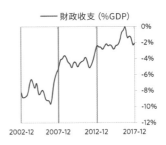

― 財政收支 (%GDP)

經濟情勢

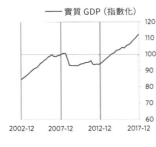

― 實質 GDP (指數化)

― 實質經濟成長 (年增率)

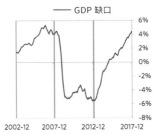

― GDP 缺口

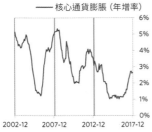

― 核心通貨膨脹 (年增率)

― 名目長期利率
― 名目經濟成長率

― 實質短期利率

匈牙利2005年－2017年圖形集附錄（續）

市場

外部局勢

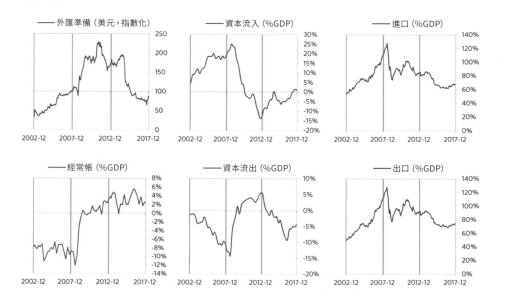

愛爾蘭2005年－2017年個案自動彙整

誠如右邊的幾個圖形所示，愛爾蘭在 2005 年至 2017 年間，經歷了一個典型的通貨緊縮型去槓桿化週期。

泡沫階段

2005 年至 2008 年間，愛爾蘭經歷了一個受自我強化型債務增加、強勁經濟成長與強勁住宅報酬週期所驅動的泡沫。在這個泡沫時期，債務成長了約當 GDP 的 94%，危機爆發前的債務高峰達到 GDP 的 271%。以這個個案來說，債務是以歐元計價，儘管嚴格來說，這是愛爾蘭的本國通貨，卻不是愛爾蘭能控制的通貨。此外，有非常高比重的債權人為外國人，這讓愛爾蘭傾向於因外國資本撤出而受傷。在泡沫階段，投資資本流入強勁，平均大約是 GDP 的 95%，這讓匈牙利得以維持約當 GDP 之 5% 的經常帳赤字。在債務與資本流入增加催化下，經濟強勁成長（5%），經濟活動的水準也相當高（GDP 缺口最高達 8%）。此外，穩健

以下幾個衡量指標是由後續圖形集所示的概要統計數據彙編而成。請注意，這些都是粗略的衡量指標。

泡沫與蕭條衡量指標

緊縮與寬鬆衡量指標

核心通貨膨脹（年增率）

* 前兩張圖是顯示泡沫／蕭條情勢以及貨幣與信用緊縮／寬鬆狀態的衡量指標。每一個指標和零之間的差額，代表泡沫的程度，而向上或向下穿越零，則代表逐漸泡沫化或脫離泡沫。

的資產報酬（泡沫期間內股票平均年度報酬率達 5%）對貸款活動形成推波助瀾的效果，經濟成長也獲得提振。在這個泡沫期間，政策制訂者啟動了一波溫和的緊縮政策（短期利率上升大約 220 個基本點）。競爭力降低的威脅也漸漸浮現，因為愛爾蘭的實質匯率最高升值了 17%。由於這些泡沫壓力，且愛爾蘭過於仰賴外國融資，加上貨幣與信用緊縮政策及相關國家情勢轉趨弱勢，終使它陷入無以為繼的局面。

蕭條階段

　　最終，這個態勢逆轉，在 2008 年
至 2013 年間製造了一個自我強化的不
景氣階段和一個「險惡的去槓桿化歷
程」。危機爆發前，償債負擔最高達到
GDP 的 77%，這導致愛爾蘭容易受意
外衝擊所傷——而歐洲債務危機就是那
個意外的衝擊。愛爾蘭因向下自我強化
的 GDP 衰退（衰退 9%）、股價下跌
（重挫 73%）與房價下跌（下跌 53%）
而吃盡苦頭。失業率增加 9%。愛爾蘭
的金融機構也承受了極大壓力。如右
邊的歸因圖所示，儘管愛爾蘭亟需一個
去槓桿化歷程，這段期間它的債務約
當 GDP 比重卻上升 35%（年化數字為
7%），主要原因是它必須舉借新債務
來償還舊債務的利息支出，其次則是通
貨緊縮的影響，不過，高債務問題部分
因債務違約而被抵銷。

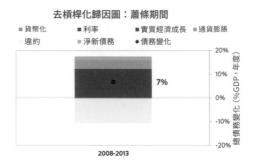

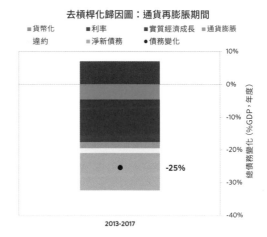

通貨再膨脹階段

　　歷經相對漫長的不景氣階段後，ECB 政策制訂者終得以提供足夠的經濟提振措
施，將險惡的去槓桿化歷程轉化為美好，並從 2013 年開始將經濟導向通貨再膨脹
時期。在這個經濟提振階段，以貨幣政策的角度來說，M0 增加約當 GDP 的 14%，
利率最終被壓低到 0%，實質匯率平均貶值 19%。在這整個週期，愛爾蘭非常積極
管理其金融機構與呆帳，動用了九個典型政策手段中的七個。特別值得一提的是，
它將銀行國有化、提供流動性，並直接收購不良資產。它也受惠於 IMF 的援助計
畫，並頒布旨在提高勞動市場性的多項結構性改革。這些提振措施促使名目經濟成
長回升到遠高於名目利率（這段期間的經濟成長率平均為 6%，而主權長期利率則降
至 0%）的水準。在這個階段，失業率降低 8%，債務約當 GDP 比重降低 116%（年

化數字為 25%），如右邊的歸因圖所示。在這整個「美好」的去槓桿化期間內，債務－所得比率的降低主要導因於實質所得增加與現有債務的清償。經過六年，實質 GDP 終於回到先前的高峰，但以美元計之股票價格，迄今尚未完全復原。

愛爾蘭2005年－2017年圖形集附錄

債務狀況

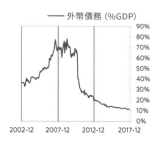

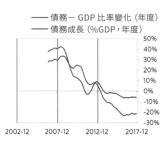

貨幣與財政政策

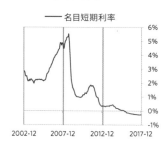

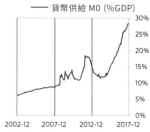

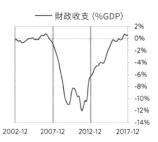

經濟情勢

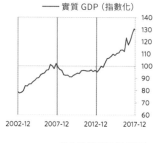

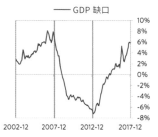

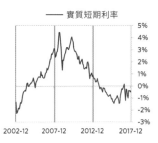

愛爾蘭2005年－2017年圖形集附錄（續）

市場

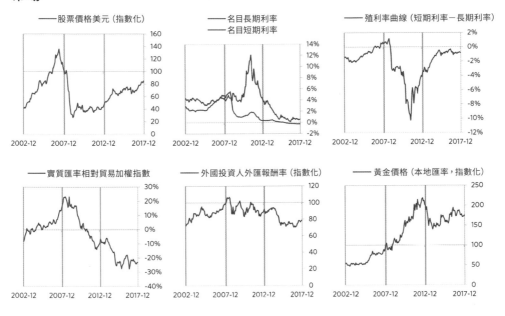

外部局勢

義大利2005年－2017年個案自動彙整

誠如右邊的幾個圖形所示，義大利在 2005 年至 2017 年間，經歷了一個典型的通貨緊縮型去槓桿化週期。

泡沫階段

2005 年至 2008 年間，義大利經歷了一個自我強化型債務增加與強勁經濟成長週期所驅動的泡沫。在這個泡沫時期，債務成長了約當 GDP 的 29%，危機爆發前的債務高峰達到 GDP 的 270%。以這個個案來說，債務是以歐元計價，儘管嚴格來說，這是義大利的本國通貨，卻不是義大利有能力控制的通貨。此外，有非常高比重的債權人為外國人，這讓義大利傾向於因外國資本撤出而受傷。在泡沫階段，投資資本流入強勁，平均大約是 GDP 的 7%，這讓義大利得以維持約當 GDP 之 1% 的經常帳赤字。在債務與資本流入增加催化下，經濟穩健成長（2%），經濟活動的水準也相當高（GDP 缺口最高達 4%）。此外，優異的資產報酬（泡沫

以下幾個衡量指標是由後續圖形集所示的概要統計數據彙編而成。請注意，這些都是粗略的衡量指標。

* 前兩張圖是顯示泡沫／蕭條情勢以及貨幣與信用緊縮／寬鬆狀態的衡量指標。每一個指標和零之間的差額，代表泡沫的程度，而向上或向下穿越零，則代表逐漸泡沫化或脫離泡沫。

期間內股票平均年度報酬率為 7%）對貸款活動形成推波助瀾的效果，經濟成長也獲得更大的提振。在這個泡沫期間，政策制訂者啟動了溫和的貨幣緊縮政策（短期利率上升大約 200 個基本點）。由於這些泡沫壓力，且義大利過於仰賴外國融資，加上貨幣與信用緊縮政策及相關國家情勢轉趨弱勢，終使它陷入無以為繼的局面。

蕭條階段

最終，這個態勢逆轉，在 2008 年至 2015 年間製造了一個自我強化的不景氣階段和一個「險惡的去槓桿化歷程」。危機爆發前，償債負擔最高達到 GDP 的 58%，這導致義大利容易受意外衝擊所傷——而歐洲債務危機就是那個意外的衝擊。義大利因向外國資金來源減少（投資組合流入降幅約當 GDP 的 14%）而受苦，這又進一步導致它陷入自我強化的 GDP 衰退（衰退 9%）、股價下跌（重挫 67%）與房價下跌（下跌 15%）的窘境。失業率增加 6%。義大利的金融機構也承受了極大壓力。如右邊的歸因圖所示，儘管義大利亟需一個去槓桿化歷程，這段期間它的債務約當 GDP 比重卻上升 48%（年化數字為 7%），主要原因是必須舉借新債務來償還舊債務的利息支出，其次則因為實質所得降低。

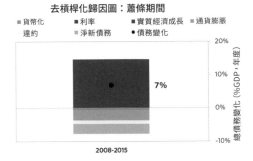

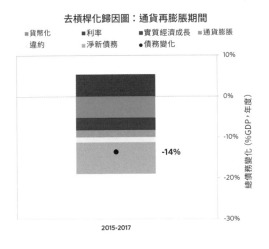

通貨再膨脹階段

歷經相對漫長的不景氣階段後，ECB 政策制訂者終得以提供足夠的經濟提振措施，將險惡的去槓桿化歷程轉化為美好，並從 2015 年開始將經濟導向通貨再膨脹時期。在這個經濟提振階段，以貨幣政策的角度來說，M0 增加約當 GDP 的 16%，利率最終被壓低到 0%，實質匯率平均貶值 1%。在這整個週期，義大利堪稱積極管理其金融機構與呆帳，動用了九個典型政策手段中的四個。它也頒布旨在提高勞動市場性的多項結構性改革。這些提振措施促使名目經濟成長回升到名目利率（這段期間的經濟成長率平均為 1.8%，而主權長期利率則降至 1.2%）以上。在這個階段，失業率降低 1%，債務約當 GDP 比重降低 36%（年化數字為 14%），如右邊的歸因圖所示。在這整個「美好」的去槓桿化期間內，債務－所得比率的降

低主要導因於貨幣化與現有債務的清償。目前實質 GDP 尚未回到先前的高峰，而以美元計之股票價格，也尚未完全復原。

這場危機對義大利的政治造成顯著影響，它促使很多人眼中的民粹主義領袖朱塞佩 · 孔帝（Giuseppe Conte）得以嶄露頭角，並在 2018 年掌權。

義大利2005年－2017年圖形集附錄

債務狀況

——總債務（%GDP）
——償債負擔（%GDP）

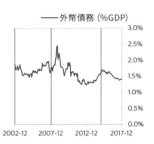
——外幣債務（%GDP）

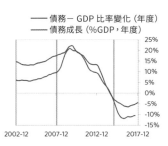
——債務－GDP比率變化（年度）
——債務成長（%GDP，年度）

貨幣與財政政策

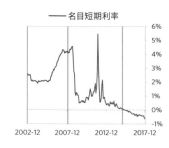
——名目短期利率

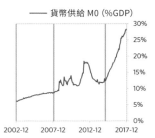
——貨幣供給 M0（%GDP）

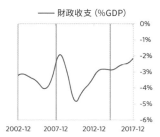
——財政收支（%GDP）

經濟情勢

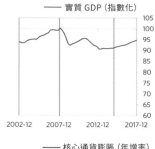
——實質 GDP（指數化）

——實質經濟成長（年增率）

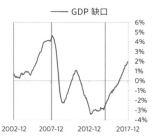
——GDP 缺口

——核心通貨膨脹（年增率）

——名目長期利率
——名目經濟成長率

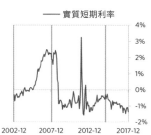
——實質短期利率

義大利2005年－2017年圖形集附錄（續）

市場

外部局勢

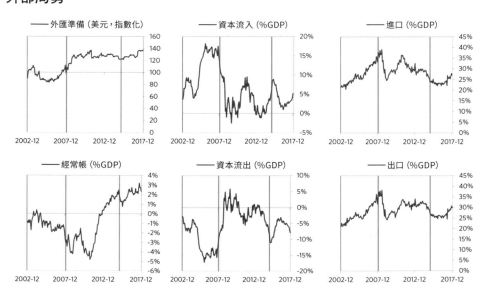

荷蘭2006年－2017年個案自動彙整

誠如右邊的幾個圖形所示，荷蘭在2006年至2017年間，經歷了一個典型的通貨緊縮型去槓桿化週期。

泡沫階段

2006年至2008年間，荷蘭經歷了一個受自我強化型債務增加、強勁股票報酬與強勁經濟成長週期所驅動的泡沫。在這個泡沫時期，債務成長了約當GDP的10%，危機爆發前的債務高峰達到GDP的355%。以這個個案來說，債務是以歐元計價，儘管嚴格來說，這是荷蘭的本國通貨，卻不是荷蘭有能力控制的通貨。此外，有非常高比重的債權人為外國人，這讓荷蘭傾向於因外國資本撤出而受傷。在泡沫階段，投資資本流入強勁，平均大約是GDP的14%。在債務與資本流入增加催化下，經濟強勁成長（3%），經濟活動的水準也相當高（GDP缺口最高達5%）。此外，強勁的資產報酬（泡沫期間內股票平均年度報酬率達11%）對貸款活動形成推波助瀾的效果，經濟成長也獲得

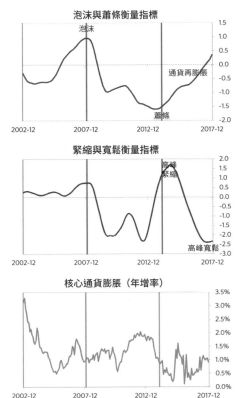

以下幾個衡量指標是由後續圖形集所示的概要統計數據彙編而成。請注意，這些都是粗略的衡量指標。

泡沫與蕭條衡量指標

緊縮與寬鬆衡量指標

核心通貨膨脹（年增率）

* 前兩張圖是顯示泡沫／蕭條情勢以及貨幣與信用緊縮／寬鬆狀態的衡量指標。每一個指標和零之間的差額，代表泡沫的程度，而向上或向下穿越零，則代表逐漸泡沫化或脫離泡沫。

更大的提振。在這個泡沫期間，政策制訂者啟動了溫和的貨幣緊縮政策（短期利率上升200個基本點）。由於這些泡沫壓力，且荷蘭過於仰賴外國融資，加上貨幣與信用緊縮政策及相關國家情勢轉趨弱勢，終使它陷入無以為繼的局面。

蕭條階段

　　最終，這個態勢逆轉，在 2008 年
至 2014 年間製造了一個自我強化的不
景氣階段和一個「險惡的去槓桿化歷
程」。危機爆發前，償債負擔最高達到
GDP 的 68%，這導致荷蘭格外容易受
意外衝擊所傷，而 2008 年金融危機就
是那個意外的衝擊。荷蘭因向下自我強
化的 GDP 衰退（衰退 4%）、股價下跌
（重挫 57%）與房價下跌（下跌 20%）
而吃盡苦頭。失業率增加 4%。荷蘭的
金融機構也承受了極大壓力。如右邊的
歸因圖所示，儘管荷蘭亟需一個去槓桿
化歷程，這段期間它的債務約當 GDP
比重卻因所得降低而上升 74%（年化數
字為 12%）。

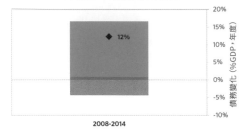

去槓桿化歸因圖：蕭條期間

■實質經濟成長　■通貨膨脹　■本國通貨計價債務變化　◆債務約當 GDP%

2008-2014

去槓桿化歸因圖：通貨再膨脹期間

■實質經濟成長　■通貨膨脹　■本國通貨計價債務變化　◆債務約當 GDP%

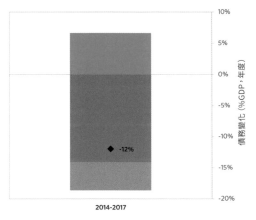

2014-2017

通貨再膨脹階段

　　歷經相對漫長的不景氣階段後，
ECB 政策制訂者終得以提供足夠的經濟提振措施，將險惡的去槓桿化歷程轉化為
美好，並從 2014 年開始將經濟導向通貨再膨脹時期。在這個經濟提振階段，以貨
幣政策的角度來說，M0 增加約當 GDP 的 16%，利率最終被壓低到 -1%，實質匯
率平均貶值 2%。在這整個週期，荷蘭積極管理其金融機構與呆帳，動用了九個典
型政策手段中的五個。特別值得一提的是，它將銀行國有化，並提供流動性。這些
提振措施促使名目經濟成長回升到遠高於名目利率（這段期間的經濟成長率平均為
3%，而主權長期利率則降至 0%）的水準。在這個階段，失業率降低 3%，債務約
當 GDP 比重降低 46%（年化數字為 12%），如右邊的歸因圖所示。在這整個「美
好」的去槓桿化期間內，債務－所得比率的降低多半導因於所得的增加，而所得的
增加主要拜實質經濟成長率上升所賜。經過七年，實質 GDP 才終於回到先前的高
峰，但以美元計之股票價格，則尚未完全復原。

荷蘭2006年－2017年圖形集附錄

債務狀況

貨幣與財政政策

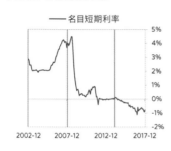

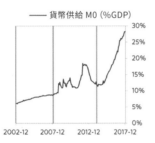

經濟情勢

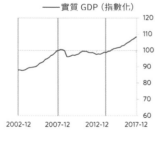

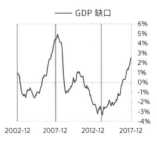

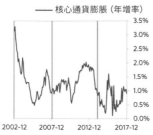

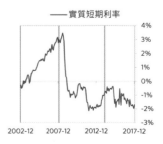

荷蘭2006年－2017年圖形集附錄（續）

市場

外部局勢

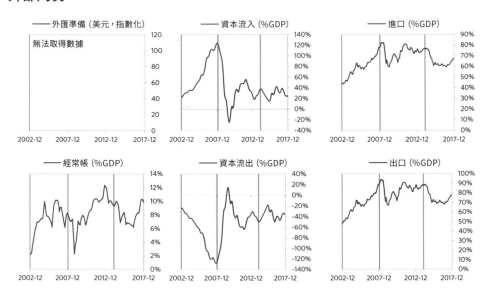

葡萄牙2007年－2017年個案自動彙整

誠如右邊的幾個圖形所示，葡萄牙在 2007 年至 2017 年間，經歷了一個典型的通貨緊縮型去槓桿化週期。

泡沫階段

2007 年至 2008 年間，葡萄牙經歷了一個受自我強化型債務增加、強勁股票報酬與強勁經濟成長週期所驅動的泡沫。在這個泡沫時期，債務成長了約當 GDP 的 36%，危機爆發前的債務高峰達到 GDP 的 273%。以這個個案來說，債務是以歐元計價，儘管嚴格來說，這是葡萄牙的本國通貨，卻不是葡萄牙有能力控制的通貨。此外，有非常高比重的債權人為外國人，這讓葡萄牙傾向於因外國資本撤出而受傷。在泡沫階段，投資資本流入強勁，平均大約是 GDP 的 10%，這讓葡萄牙得以維持約當 GDP 之 11% 的經常帳赤字。在債務與資本流入增加催化下，經濟穩健成長（2%），經濟活動的水準也頗高（GDP 缺口最高達 3%）。此外，強勁的資產報酬（泡沫期間內的股票平均

以下幾個衡量指標是由後續圖形集所示的概要統計數據彙編而成。請注意，這些都是粗略的衡量指標。

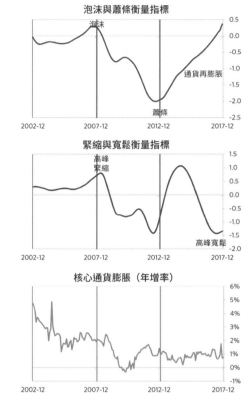

* 前兩張圖是顯示泡沫／蕭條情勢以及貨幣與信用緊縮／寬鬆狀態的衡量指標。每一個指標和零之間的差額，代表泡沫的程度，而向上或向下穿越零，則代表逐漸泡沫化或脫離泡沫。

年度報酬率達 16%）對貸款活動形成推波助瀾的效果，經濟成長也獲得更大的提振。在這個泡沫期間，政策制訂者啟動了溫和的貨幣緊縮政策（短期利率上升 220 個基本點）。由於這些泡沫壓力，且葡萄牙過於仰賴外國融資，加上貨幣與信用緊縮政策及相關國家情勢轉趨弱勢，終使它陷入無以為繼的局面。

蕭條階段

　　最終，這個態勢逆轉，在 2008 年至 2013 年間製造了一個自我強化的不景氣階段和一個「險惡的去槓桿化歷程」。危機爆發前，償債負擔最高達到 GDP 的 48%，這導致葡萄牙容易受意外衝擊所傷──而歐洲債務危機就是那個意外的衝擊。葡萄牙因向外國資金來源減少（投資組合流入降幅約當 GDP 的 40%）而受苦，這又進一步造成向下自我強化的 GDP 衰退（衰退 10%）、股價下跌（重挫 65%）與房價下跌（下跌 18%）。失業率增加 9%。葡萄牙的金融機構也承受了極大壓力。如右邊的歸因圖所示，儘管葡萄牙亟需一個去槓桿化歷程，這段期間它的債務約當 GDP 比重卻上升 105%（年化數字為

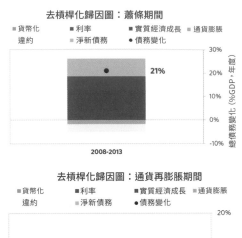

去槓桿化歸因圖：蕭條期間

■ 貨幣化違約　　■ 利率　　■ 實質經濟成長　　■ 通貨膨脹
■ 淨新債務　　● 債務變化

21%

總債務變化（%GDP，年度）

2008-2013

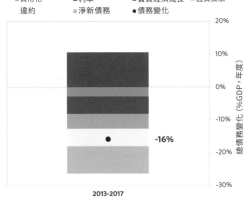

去槓桿化歸因圖：通貨再膨脹期間

■ 貨幣化違約　　■ 利率　　■ 實質經濟成長　　■ 通貨膨脹
■ 淨新債務　　● 債務變化

-16%

總債務變化（%GDP，年度）

2013-2017

21%），這導因於以下三項因素：實質所得降低、必須舉借新債務來償還舊債務的利息支出，以及淨債務增加。新債務部分導因於政府必須舉借更多債務來因應危機的傷害（在險惡的去槓桿化期間，財政赤字最高達 GDP 之 8%）

通貨再膨脹階段

　　歷經相對漫長的不景氣階段後，ECB 政策制訂者終得以提供足夠的經濟提振措施，將險惡的去槓桿化歷程轉化為美好，並從 2013 年開始將經濟導向通貨再膨脹時期。在這個經濟提振階段，以貨幣政策的角度來說，M0 增加約當 GDP 的 15%，利率最終被壓低到 0%，實質匯率平均貶值 1%。在這整個週期，葡萄牙積極管理其金融機構與呆帳，動用了九個典型政策手段中的四個。另外，它也受惠於 IMF 的援助計畫，同時頒布了旨在提高勞動市場性的多項結構性改革。這些提振措施促使名目經濟成長回升到名目利率（這段期間的經濟成長率平均為 2%，而主權長期利率則降至 1.7%）以上。在這個階段，失業率降低 9%，債務約當 GDP 比

重降低 77%（年化數字為 16%），如上頁的歸因圖所示。在這整個「美好」的去槓桿化期間內，債務－所得比率的降低主要導因於違約和現有債務的清償。經過九年，實質 GDP 終於回到先前的高峰，但以美元計之股票價格，則尚未完全復原。

葡萄牙2007年－2017年圖形集附錄

債務狀況

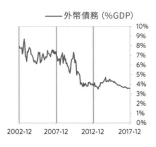

貨幣與財政政策

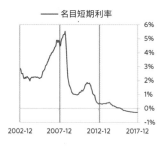

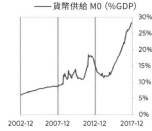

經濟情勢

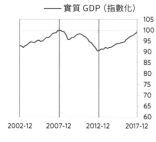

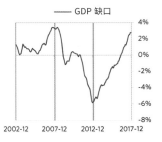

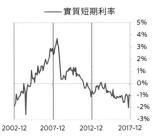

葡萄牙2007年－2017年圖形集附錄（續）

市場

外部局勢

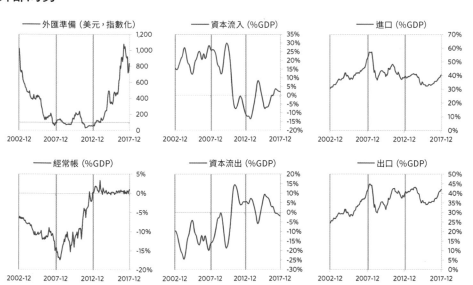

西班牙2005年－2017年個案自動彙整

誠如右邊的幾個圖形所示，西班牙在 2005 年至 2017 年間，經歷了一個典型的通貨緊縮型去槓桿化週期。

泡沫階段

2005 年至 2008 年間，西班牙經歷了一個受自我強化型債務增加、強勁經濟成長與強勁資產報酬週期所驅動的泡沫。在這個泡沫時期，債務成長了約當 GDP 的 93%，危機爆發前的債務高峰達到 GDP 的 313%。以這個個案來說，債務是以歐元計價，儘管嚴格來說，這是西班牙的本國通貨，卻不是西班牙有能力控制的通貨。此外，有非常高比重的債權人為外國人，這讓西班牙容易因外國資本撤出而受傷。在泡沫階段，投資資本流入強勁，平均大約是 GDP 的 27%，這讓西班牙得以維持約當 GDP 之 10% 的經常帳赤字。在債務與資本流入增加催化下，經濟強勁成長（4%），經濟活動的水準也相當高（GDP 缺口最高達 6%）。此外，強勁

以下幾個衡量指標是由後續圖形集所示的概要統計數據彙編而成。請注意，這些都是粗略的衡量指標。

* 前兩張圖是顯示泡沫／蕭條情勢以及貨幣與信用緊縮／寬鬆狀態的衡量指標。每一個指標和零之間的差額，代表泡沫的程度，而向上或向下穿越零，則代表逐漸泡沫化或脫離泡沫。

的資產報酬（泡沫期間內股票的平均年度報酬率達 17%）對貸款活動形成推波助瀾的效果，經濟成長也獲得更大的提振。在這個泡沫期間，政策制訂者啟動了溫和的貨幣緊縮政策（短期利率上升 200 個基本點）。由於這些泡沫壓力，且西班牙過於仰賴外國融資，加上貨幣與信用緊縮政策及相關國家情勢轉趨弱勢，終使它陷入無以為繼的局面。

蕭條階段

　　最終，這個態勢逆轉，在 2008 年至 2013 年間製造了一個自我強化的不景氣階段和一個「險惡的去槓桿化歷程」。危機爆發前，償債負擔最高達到 GDP 的 64%，這導致西班牙容易受意外衝擊所傷——而歐洲債務危機就是那個意外的衝擊。西班牙因向外國資金來源減少（資本流入降幅約當 GDP 的 16%）而受苦，這又進一步引發向下自我強化的 GDP 衰退（衰退 9%）、股價下跌（重挫 60%）與房價下跌（下跌 31%）。失業率增加 17%。西班牙的金融機構也承受了極大的壓力。如右邊的歸因圖所示，儘管西班牙亟需一個去槓桿化歷程，這段期間它的債務約當 GDP 比重卻上升 86%（年化數字為 17%），主要原因是必須舉借新債務來償還舊債務的利息支出，其次則因為實質所得降低。

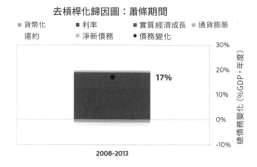

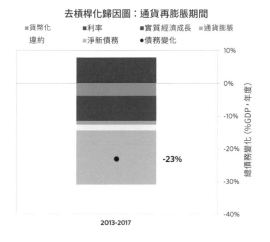

通貨再膨脹階段

　　歷經相對漫長的不景氣階段後，ECB 政策制訂者終得以提供足夠的經濟提振措施，將險惡的去槓桿化歷程轉化為美好，並從 2013 年開始將經濟導向通貨再膨脹時期。在這個經濟提振階段，以貨幣政策的角度來說，M0 增加約當 GDP 的 15%，利率最終被壓低至 -1%，實質匯率則沒有變動。在這整個週期，西班牙積極管理其金融機構與呆帳，動用了九個典型政策手段中的五個。特別值得一提的是，它提供流動性，並直接收購不良資產，而且也頒布了旨在提高勞動市場性的多項結構性改革。這些提振措施促使名目經濟成長回升到名目利率（這段期間的經濟成長率平均為 2%，而主權長期利率則降至 1%）以上。在這個階段，失業率降低 10%，債務約當 GDP 比重降低 112%（年化數字為 23%），如右邊的歸因圖所

示。在這整個「美好」的去槓桿化期間內，債務－所得比率的降低主要導因於現有債務的清償，其次則是因實質所得增加。經過九年，實質 GDP 終於回到先前的高峰，但以美元計之股票價格，則尚未完全復原。

西班牙2005年－2017年圖形集附錄

債務狀況

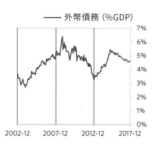

貨幣與財政政策

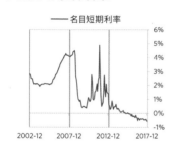

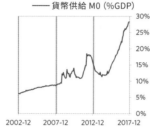

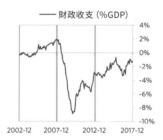

經濟情勢

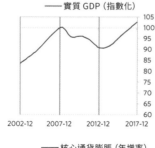

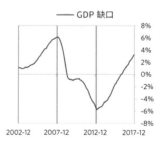

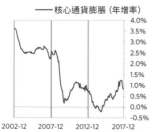

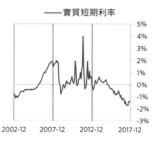

西班牙2005年－2017年圖形集附錄（續）

市場

外部局勢

英國2005年－2015年個案自動彙整

誠如右邊的幾個圖形所示，英國在 2005 年至 2015 年間，經歷了一個典型的通貨緊縮型去槓桿化週期。

泡沫階段

2005 年至 2008 年間，英國經歷了一個自我強化型債務增加與強勁經濟成長週期所驅動的泡沫。在這個泡沫時期，債務成長了約當 GDP 的 89%，危機爆發前的債務高峰達到 GDP 的 437%。以這個個案來說，債務是以英國的本國通貨計價，且絕大多數的債權人是本國人。在泡沫階段，投資資本流入強勁，平均大約是 GDP 的 14%，這讓英國得以維持約當 GDP 之 3% 的經常帳赤字。在債務與資本流入增加催化下，經濟強勁成長（3%），經濟活動的水準也相當高（GDP 缺口最高達 4%）。此外，強勁的資產報酬（泡沫期間內的股票平均年度報酬率達 8%）對貸款活動形成推波助瀾的效果，經濟成長也獲得更大的提振。由於這些泡沫壓力，加上貨幣及信用緊縮政策及相關國家情勢轉趨弱勢，終使英國陷入無以為繼的局面。

以下幾個衡量指標是由後續圖形集所示的概要統計數據彙編而成。請注意，這些都是粗略的衡量指標。

* 前兩張圖是顯示泡沫／蕭條情勢以及貨幣與信用緊縮／寬鬆狀態的衡量指標。每一個指標和零之間的差額，代表泡沫的程度，而向上或向下穿越零，則代表逐漸泡沫化或脫離泡沫。

蕭條階段

最終，這個態勢逆轉，在 2008 年至 2009 年間製造了一個自我強化的不景氣階段和一個「險惡的去槓桿化歷程」。危機爆發前，償債負擔最高達到 GDP 的

82%，這導致英國容易受意外衝擊所傷——而 2008 年全球金融危機就是那個意外的衝擊。英國因向下自我強化的 GDP 衰退（衰退 6%）、股價下跌（重挫 52%）與房價下跌（下跌 19%）而吃盡苦頭。失業率增加 3%。英國的金融機構也承受了極大壓力。如右邊的歸因圖所示，儘管英國亟需一個去槓桿化歷程，這段期間它的債務約當 GDP 比重卻上升 34%（年化數字為 24%），主要原因是必須舉借新債務來償還舊債務的利息支出，其次則因為實質所得降低。

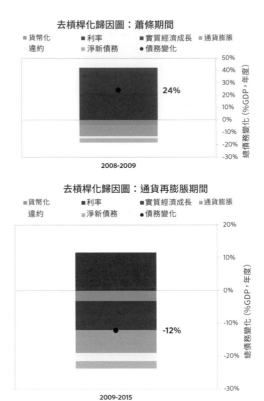

通貨再膨脹階段

歷經較平均狀況略短的不景氣階段後，政策制訂者終得以提供足夠的經濟提振措施，將險惡的去槓桿化歷程轉化為美好，並從 2009 年開始將經濟導向通貨再膨脹時期。在這個經濟提振階段，以貨幣政策的角度來說，M0 增加約當 GDP 的 10%，利率最終被壓低到 0%，實質匯率平均貶值 5%。在這整個週期，英國非常積極管理其金融機構與呆帳，動用了九個典型政策手段中的六個。特別值得一提的是，它國有化銀行業者、提供流動性，並直接收購不良資產。這些提振措施促使名目經濟成長回升到遠高於名目利率（這段期間的經濟成長率平均為 4%，而主權長期利率則降至 1%）的水準。在這個階段，失業率降低 2%，債務約當 GDP 比重降低 73%（年化數字為 12%），如右邊的歸因圖所示。在這整個「美好」的去槓桿化期間內，債務－所得比率的降低主要導因於實質所得增加與通貨膨脹，不過，為了償還舊債務利息支出而舉借的新債務，部分減緩了這項比率的降低速度。經過五年，實質 GDP 終於回到先前的高峰，但以美元計之股票價格則尚未完全復原。

英國2005年－2015年圖形集附錄

債務狀況

總債務 (%GDP)
償債負擔 (%GDP)

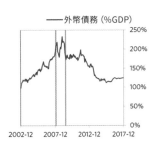

外幣債務 (%GDP)

債務 – GDP 比率變化 (年度)
債務成長 (%GDP，年度)

貨幣與財政政策

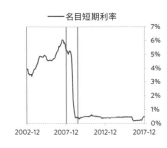

名目短期利率

貨幣供給 M0 (%GDP)

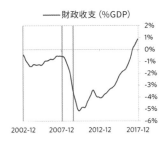

財政收支 (%GDP)

經濟情勢

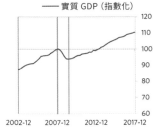

實質 GDP (指數化)

實質經濟成長 (年增率)

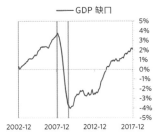

GDP 缺口

核心通貨膨脹 (年增率)

名目長期利率
名目經濟成長率

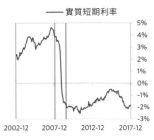

實質短期利率

英國2005年－2015年圖形集附錄（續）

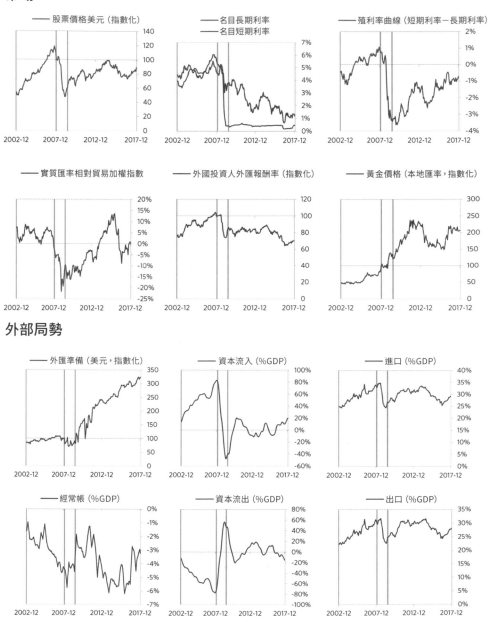

德國1918年－1925年個案自動彙整

誠如右邊的幾個圖形所示，德國在1918 年至 1925 年間，經歷了一個典型的戰時超級通貨膨脹去槓桿化週期。一如世界大戰戰敗國的典型情況，德國經歷了漫長的戰後經濟蕭條（因為它的工業基礎受到廣泛的損害），也經歷了較痛苦的去槓桿化歷程。

戰爭階段

這個債務危機和引起泡沫的典型個案不同，它導因於第一次世界大戰。在戰爭期間，德國借了非常多資金來支應鉅額的財政赤字，並將多數經濟活動轉向戰爭相關生產活動，同時將多數勞動力轉向兵役與戰爭生產活動。基於這些原因，當時的經濟統計數據無法反映典型的經濟關聯性。在戰爭期間，債務大幅上升至 GDP 的 158%，以這個個案來說，較高比重的債務是以外幣計價（約當 GDP 的 64%）。戰爭損失的拖累使這段期間的經濟成長非常疲弱（-6%）。

以下幾個衡量指標是由後續圖形集所示的概要統計數據彙編而成。請注意，這些都是粗略的衡量指標。

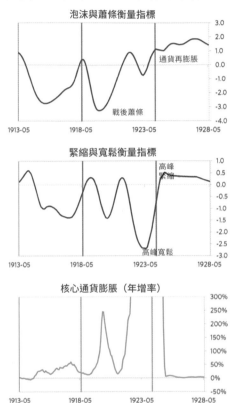

* 前兩張圖是顯示泡沫／蕭條情勢以及貨幣與信用緊縮／寬鬆狀態的衡量指標。每一個指標和零之間的差額，代表泡沫的程度，而向上或向下穿越零，則代表逐漸泡沫化或脫離泡沫。

戰後階段

戰爭結束後，德國在 1918 年至 1923 年間陷入一場戰後經濟蕭條與國際收支危機。因為德國是戰敗國，而且背負極龐大的外幣債務，因此，德國的戰後經濟蕭條遠比戰勝國嚴重。德國因向下自我強化的 GDP 衰退（衰退 5%）與股價下跌（重挫 97%）而嘗盡苦頭。失業率上升 16%。德國的金融機構也承受極大壓力。如右

邊的歸因圖所示，即使德國亟需一段去
槓桿化歷程，它的債務約當 GDP 比重
卻上升 165%（年化數字為 31%），原
因是所得降低，以及政府繼續承擔戰爭
相關的成本（在這個險惡的去槓桿化期
間，財政赤字最高達到 GDP 的 11%）

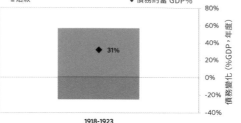

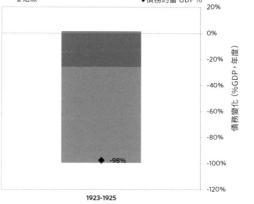

通貨再膨脹階段

　　決定國際收支／通貨危機發展歷程
的關鍵因素是政策制訂者如何回應逆資
本流動：是允許金融情勢趨向全面緊縮
（很痛苦，但通常是解決危機的必要手
段），或是印製鈔票來彌補資金外逃所
造成的缺口（有可能引發通貨膨脹）？
以這個個案來說，緊縮政策尚未創造必
要的調整，德國就陷入一個匯率貶值及
超級通貨膨脹的惡性循環。通貨膨脹最
高達到 10,000% 以上。這樣的狀況其
來有自，因為德國當時具備引發較嚴重

的通貨膨脹惡性循環的多數典型「風險因子」（最大的風險因子是該國的財政赤
字）。德國積極管理其金融機構與呆帳，動用了九個典型政策手段中的五個。不
過，一如典型情況，要阻止通貨膨脹惡性循環，最終還是需要德國進行較大手筆的
結構性變革，包括在 1924 年揚棄因超級通貨膨脹而受創的紙鈔馬克，並採納地租
馬克。經過十五年，實質 GDP 才終於回到先前的高峰。

德國1918年－1925年圖形集附錄

債務狀況

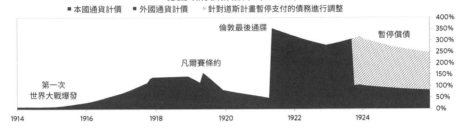

德國政府債務估計（%GDP）

■ 本國通貨計價　■ 外國通貨計價　⌁ 針對道斯計畫暫停支付的債務進行調整

貨幣與財政政策

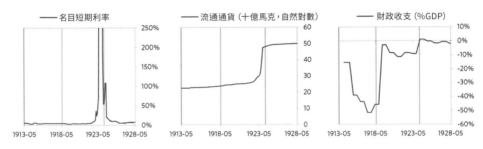

經濟情勢

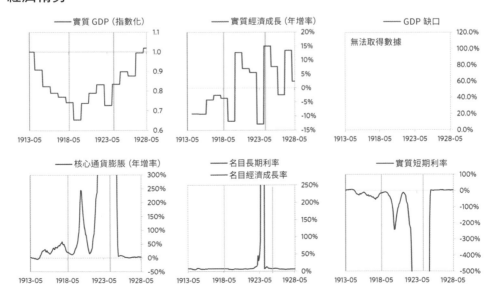

德國1918年－1925年圖形集附錄（續）

市場

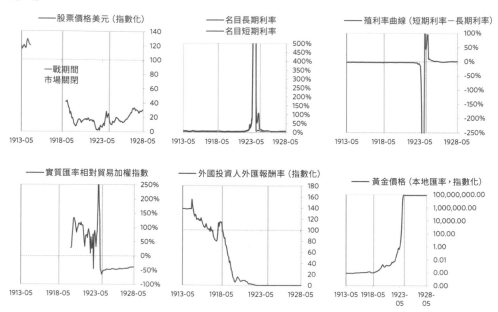

外部局勢

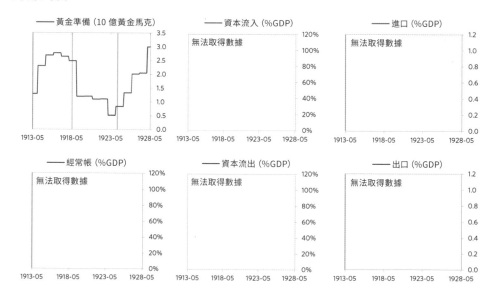

德國1918年－1925年圖形集附錄（續）

政府與軍隊

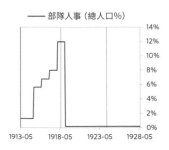

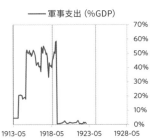

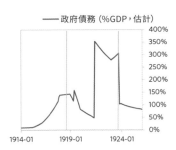

阿根廷1977年－1988年個案自動彙整

誠如右邊的幾個圖形所示，阿根廷在 1977 年至 1988 年間，經歷了一個典型的超級通貨膨脹去槓桿化週期。

泡沫階段

1977 年至 1980 年間，阿根廷經歷了一個受自我強化型債務增加、強勁股票報酬與強勁經濟成長週期驅動的泡沫。到泡沫結束時，債務約當 GDP 的比重達到危機爆發前的高峰，為 39%。以這個個案來說，相當高比重的債務是以外幣計價（約當 GDP 的 15%），這使阿根廷容易因外國資本撤出而受傷。在泡沫階段，投資資本流入雖不多，但屬正向，平均約當 GDP 的 2%。在債務及資本流入增加的催化下，經濟穩健成長（2%），且經濟活動的水準頗高（GDP 缺口最高達 8%）。此外，強勁的資產報酬率（在泡沫時期，股票平均年度報酬率達 52%）對貸款活動形成推波助瀾的效果，並進一步提振經濟成長。競爭力降低的威脅也漸漸浮現，因

以下幾個衡量指標是由後續圖形集所示的概要統計數據彙編而成。請注意，這些都是粗略的衡量指標。

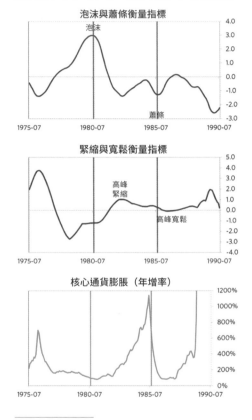

* 前兩張圖是顯示泡沫／蕭條情勢以及貨幣與信用緊縮／寬鬆狀態的衡量指標。每一個指標和零之間的差額，代表泡沫的程度，而向上或向下穿越零，則代表逐漸泡沫化或脫離泡沫。

為這段期間阿根廷的實質匯率最高曾升值 70%。基於這些泡沫壓力，且阿根廷又相當依賴外國融資，加上相關國家轉趨弱勢，終使它陷入無以為繼的窘境。

蕭條階段

最終，這個態勢逆轉，在 1980 年至 1985 年間製造了一個自我強化的不景氣階段和一場國際收支／通貨危機。高債務水準導致阿根廷容易受意外衝擊所傷──而

1980 年代的拉丁美洲債務危機就是那個意外的衝擊。因外國資金來源減少（資本流入降低幅度約當 GDP 的 9%），阿根廷開始採行緊縮政策（政策制訂者將短期利率提高超過 250%），本國通貨也大幅貶值（實質匯率貶值 93%），在此同時，它還因向下自我強化的 GDP 衰退（衰退 14%）與股價下跌（重挫 91%）而吃盡苦頭。失業率增加 3%，但弱勢的通貨使通貨膨脹持續上升並達到極高水準。阿根廷的金融機構也承受了極大壓力，在此同時，中央銀行動用外匯準備來捍衛本國通貨（外匯準備金因而降低 83%），但最後央行還是放棄捍衛匯率。如右邊的歸因圖所示，儘管阿根廷亟需一個去槓桿化歷程，這段期間它的債務約當 GDP 比重卻上升 33%（年化數字為 7%），部分原因是通貨貶值（導致外幣計價的債務負擔上升），部分則導因於政府為了因應危機而必須舉借更多債務（財政赤字最高達 GDP 的 5%）。

去槓桿化歸因圖：蕭條期間

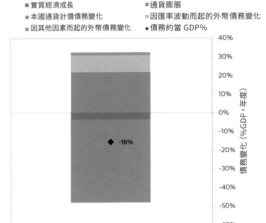

通貨再膨脹階段

　　決定國際收支／通貨危機發展歷程的關鍵因素是政策制訂者如何回應逆資本流動：是允許金融情勢趨向全面緊縮（很痛苦，但通常是解決危機的必要手段），或是印製鈔票來彌補資金外逃所造成的缺口（有可能引發通貨膨脹）？以這個個案來說，緊縮政策尚未創造必要的調整，阿根廷就陷入一個匯率貶值及超級通貨膨脹的惡性循環。實質匯率最多貶值 138%，而通貨膨脹率最高達到 1,000% 以上。這其來有自，因為阿根廷當時具備引發較嚴重通貨膨脹惡性循環的大約一半典型「風險

因子」（最大的風險因子是該國的低實質短期利率）。阿根廷還算積極管理其金融機構與呆帳，動用了九個典型政策手段中的三個。特別值得一提的是，它將銀行國有化，並提供流動性。它也受惠於 IMF 的援助計畫。不過，一如典型情況，要阻止通貨膨脹惡性循環，最終還是需要阿根廷進行較大手筆的結構性變革，包括在 1983 年放棄因超級通貨膨脹而受創的舊阿根廷披索，並採納新阿根廷披索。經過七年，實質 GDP 才終於回到先前的高峰。

阿根廷1977年－1988年圖形集附錄

債務狀況

— 總債務（%GDP）
— 償債負擔（%GDP）

— 外幣債務（%GDP）

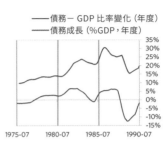
— 債務－GDP 比率變化（年度）
— 債務成長（%GDP，年度）

貨幣與財政政策

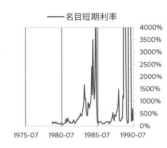
— 名目短期利率

— 貨幣供給 M0（%GDP）

— 財政收支（%GDP）

經濟情勢

— 實質 GDP（指數化）

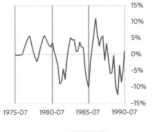
— 實質經濟成長（年增率）

— GDP 缺口

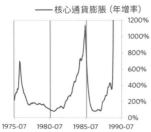
— 核心通貨膨脹（年增率）

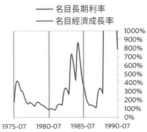
— 名目長期利率
— 名目經濟成長率

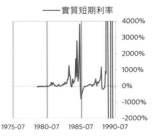
— 實質短期利率

阿根廷1977年－1988年圖形集附錄（續）

市場

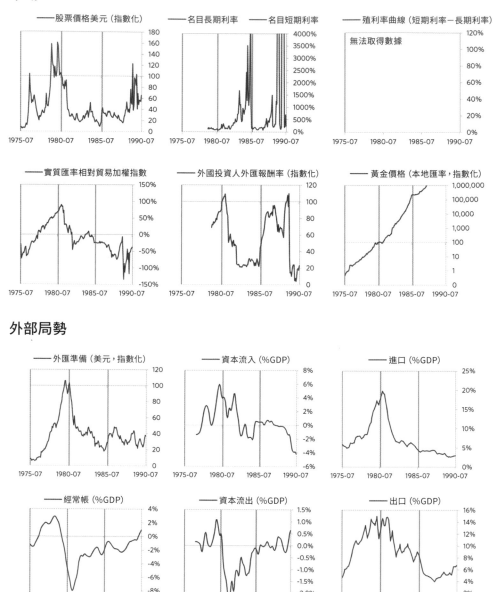

外部局勢

巴西1977年－1987年個案自動彙整

誠如右邊的幾個圖形所示，巴西在1977年至1987年間，經歷了一個典型的通貨膨脹型去槓桿化週期。

泡沫階段

和其他很多個案不同的是，在危機爆發前幾年，巴西並未經歷廣泛的泡沫，不過，它和發生泡沫情境的其他國家、經濟體與金融市場之間的關聯甚深。另外，由於強勁（但無以為繼）的資本流入，導致巴西累積了鉅額的債務存量，在危機爆發前，債務達到GDP的158%。以這個個案來說，相當高比重的債務是以外幣計價（約當GDP的70%），這使巴西很可能因外國資本撤出而受傷。另外，巴西也漸漸有點依賴源源不絕的外國融資，並因此維持大約GDP之5%的經常帳赤字（在危機爆發前，投資資本流入平均達GDP的6%）。最終，因債務過高且巴西太依賴外國融資，加上相關國家轉趨弱勢，終使它陷入無以為繼的窘境。

以下幾個衡量指標是由後續圖形集所示的概要統計數據彙編而成。請注意，這些都是粗略的衡量指標。

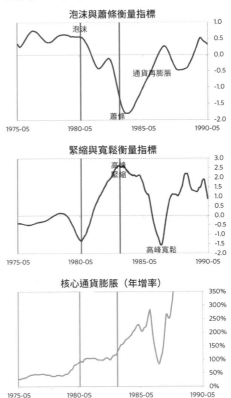

---

* 前兩張圖是顯示泡沫／蕭條情勢以及貨幣與信用緊縮／寬鬆狀態的衡量指標。每一個指標和零之間的差額，代表泡沫的程度，而向上或向下穿越零，則代表逐漸泡沫化或脫離泡沫。

蕭條階段

最終，這個態勢逆轉，在1980年至1983年間製造了一個自我強化的不景氣階段和一場國際收支／通貨危機。高債務水準導致巴西容易受意外衝擊所傷——而1980年代的拉丁美洲債務危機就是那個意外的衝擊。因外國資金來源減少（資本流入降低幅度約當GDP的5%），巴西開始採行緊縮政策（政策制訂者將短期利

率提高超過 234%），本國通貨也大幅
貶值（實質匯率貶值 20%）──在此同
時，它還因向下自我強化的 GDP 衰退
（衰退 6%）與股價下跌（重挫 51%）
而吃盡苦頭。此外，弱勢的通貨使通貨
膨脹持續上升並達到極高水準，在經濟
蕭條階段，通貨膨脹最高達 124%，比
其他類似個案更高。這其來有自，因為
巴西具備引發較嚴重通貨膨脹惡性循環
的多數典型「風險因子」（最大的風險
因子是該國的低實質短期利率）。巴西
的金融機構也承受了極大壓力，在此同
時，中央銀行動用外匯準備來捍衛本國
通貨（外匯準備金降低 70%），但最後
該國央行還是放棄捍衛匯率。如右邊的
歸因圖所示，儘管巴西亟需一段去槓桿
化歷程，這段期間它的債務約當 GDP
比重卻上升 54%（年化數字為 18%），
部分原因是通貨貶值（導致外幣計價的

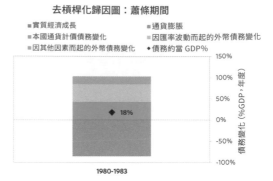

去槓桿化歸因圖：蕭條期間

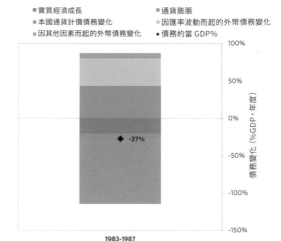

去槓桿化歸因圖：通貨再膨脹期間

債務負擔上升），部分則導因於政府為了因應危機而必須舉借更多債務（財政赤字
最高達 GDP 的 11%）。

通貨再膨脹階段

　　決定國際收支／通貨危機發展歷程的關鍵因素是政策制訂者如何回應逆資本流
動：是放手讓本國通貨貶值，並允許金融情勢趨向全面緊縮（很痛苦，但通常是解
決危機的必要手段），或是印製鈔票來彌補資金外逃所造成的缺口（有可能引發通
貨膨脹）？以這個個案來說，他們放棄通貨釘住政策，而政策制訂者在歷經比平均
狀況稍長的「險惡的去槓桿化」階段後，允許以足夠緊縮的政策來降低該國對進
口的支出（經常帳赤字改善程度約當 GDP 之 3%），並讓本國通貨變得更有吸引
力。巴西積極管理其金融機構與呆帳，動用了九個典型政策手段中的四個。特別

值得一提的是，它將銀行國有化，並提供流動性。它也受惠於 IMF 的援助計畫。
誠如上頁的歸因圖所示，在這整個調整期間，債務約當 GDP 的百分比降低 121%
（年化數字為 27%）。債務－所得比率的降低多半來自名目所得的增加。在此同
時，巴西此時較低的通貨（在美好的去槓桿化期間，實質匯率最多貶值 33%）使
這個國家的競爭力得以恢復。經過四年，實質 GDP 終於回到先前的高峰，以美元
計之股價則是在 1.9 年內就恢復。

巴西1977年－1987年圖形集附錄

債務狀況

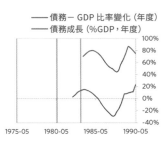

貨幣與財政政策

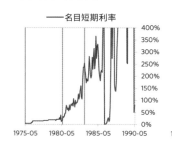

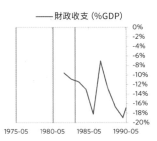

經濟情勢

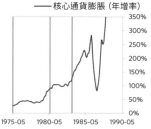

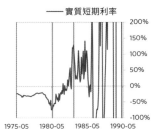

巴西1977年－1987年圖形集附錄（續）

市場

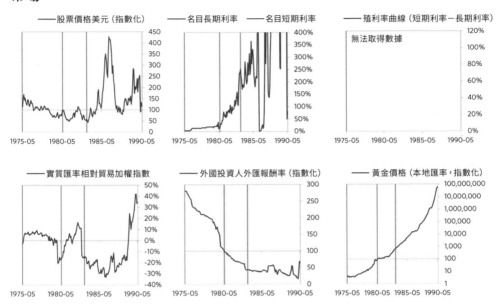

外部局勢

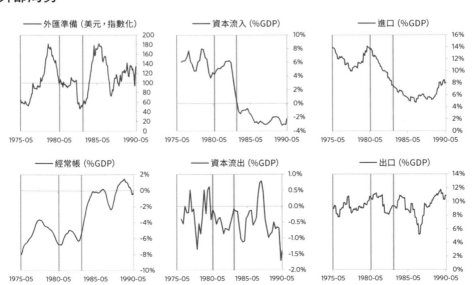

智利1978年－1995年個案自動彙整

誠如右邊的幾個圖形所示，智利在1978年至1995年間，經歷了一個典型的通貨膨脹型去槓桿化週期。

以下幾個衡量指標是由後續圖形集所示的概要統計數據彙編而成。請注意，這些都是粗略的衡量指標。

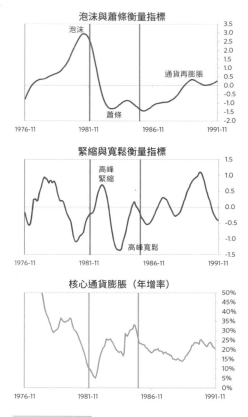

泡沫階段

1978年至1981年間，智利經歷了一個自我強化型的強勁（但無以為繼）資本流入、債務增加、強勁股票報酬率與強勁經濟成長週期驅動的泡沫。在泡沫期間，債務增加幅度約當GDP的86%，危機爆發前的債務高峰達GDP的145%。以這個個案來說，相當高比重的債務是以外幣計價（約當GDP的32%），這使智利可能因外國資本撤出而受傷。在泡沫階段，投資資本流入強勁，平均約當GDP的14%，智利因而得以維持約當GDP之11%的經常帳赤字。在債務及資本增加催化下，經濟強勁成長（7%），且經濟活動的水準也很高（GDP缺口最高達11%）。此外，強勁的資產報酬率（在泡沫期間，股票的平均年度報酬率達36%）對貸款

*　前兩張圖是顯示泡沫／蕭條情勢以及貨幣與信用緊縮／寬鬆狀態的衡量指標。每一個指標和零之間的差額，代表泡沫的程度，而向上或向下穿越零，則代表逐漸泡沫化或脫離泡沫。

活動形成推波助瀾的效果，並進一步提振經濟成長。競爭力降低的威脅也漸漸浮現，因為這段期間智利的實質匯率最高曾升值36%。基於這些泡沫壓力，加上智利又相當依賴外國融資，且相關國家轉趨弱勢，終使它陷入無以為繼的窘境。

蕭條階段

最終，這個態勢逆轉，在1981年至1985年間製造了一個自我強化的不景氣

階段和一場國際收支／通貨危機。在危機爆發前，償債負擔最高達到 GDP 的 45%，這使智利容易受意外衝擊所傷——而 1980 年代的拉丁美洲債務危機就是那個意外的衝擊。苦於外國資金來源減少（資本流入降低幅度約當 GDP 的 40%），智利開始採行緊縮政策（政策制訂者將短期利率提高超過 31%），本國通貨也大幅貶值（實質匯率貶值 50%）——在此同時，它還因向下自我強化的 GDP 衰退（衰退 14%）與股價下跌（重挫 74%）而吃盡苦頭。另外，弱勢的通貨使通貨膨脹持續上升並達到極高水準，在蕭條階段，通貨膨脹最高達到 33%，但相較其他類似個案，這算是正常水準。儘管智利具備引發較大通貨膨脹惡性循環的多數典型「風險因子」（最大的風險因子是該國長期以來控管不力的通貨膨脹），但它的通貨膨脹和其他類似個案相比，確實

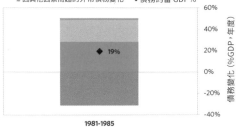

去槓桿化歸因圖：蕭條期間

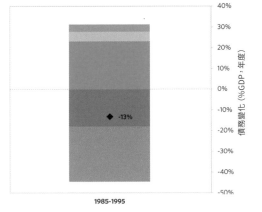

去槓桿化歸因圖：通貨再膨脹期間

比較正常。智利的金融機構也承受了極大壓力，在此同時，中央銀行動用外匯準備來捍衛本國通貨（外匯準備金降低 53%），但最後該國央行還是放棄捍衛匯率。如右邊的歸因圖所示，儘管智利亟需一個去槓桿化歷程，這段期間它的債務約當 GDP 比重卻上升 73%（年化數字為 19%），部分原因是通貨貶值（導致外幣計價的債務負擔上升），部分則導因於政府為了因應危機而必須舉借更多債務（財政赤字最高達 GDP 的 4%）。

通貨再膨脹階段

　　決定國際收支／通貨危機發展歷程的關鍵因素是政策制訂者如何回應逆資本流動：是放手讓本國通貨貶值，並允許金融情勢趨向全面緊縮（很痛苦，但通常是解

決危機的必要手段），或是印製鈔票來彌補資金外逃所造成的缺口（有可能引發通貨膨脹）？以這個個案來說，他們放棄通貨釘住政策，而政策制訂者在歷經比平均值稍長的「險惡」階段後，允許以足夠緊縮的政策來降低該國對進口的支出（經常帳赤字改善程度約當 GDP 之 11%），並讓本國通貨變得更有吸引力。智利積極管理其金融機構與呆帳，動用了九個典型政策手段中的五個。特別值得一提的是，它提供流動性，並直接收購不良資產。它也受惠於 IMF 的援助計畫，並頒布了旨在提高勞動市場彈性的多項結構性改革。誠如上頁的歸因圖所示，在這整個調整期間，債務約當 GDP 的百分比降低 129%（年化數字為 13%）。債務－所得比率的降低多半來自名目所得的增加。在此同時，智利此時較低的通貨（在美好的去槓桿化期間，實質匯率最多貶值 32%）使這個國家的競爭力得以恢復。經過五年，實質 GDP 終於回到先前的高峰，但以美元計之股價則到九年後才恢復。

智利1978年－1995年圖形集附錄

債務狀況

總債務（%GDP）
償債負擔（%GDP）

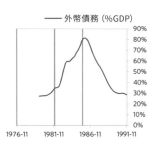

外幣債務（%GDP）

債務－GDP比率變化（年度）
債務成長（%GDP，年度）

貨幣與財政政策

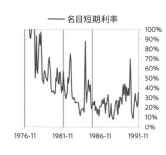

名目短期利率

貨幣供給 M0（%GDP）

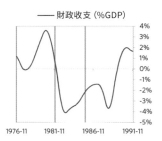

財政收支（%GDP）

經濟情勢

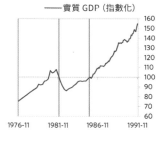

實質 GDP（指數化）

實質經濟成長（年增率）

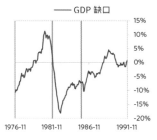

GDP 缺口

核心通貨膨脹（年增率）

名目長期利率
名目經濟成長率

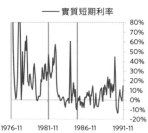

實質短期利率

智利1978年－1995年圖形集附錄（續）

市場

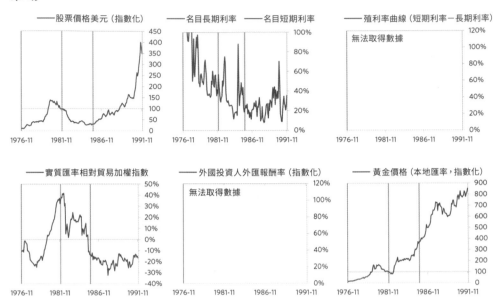

外部局勢

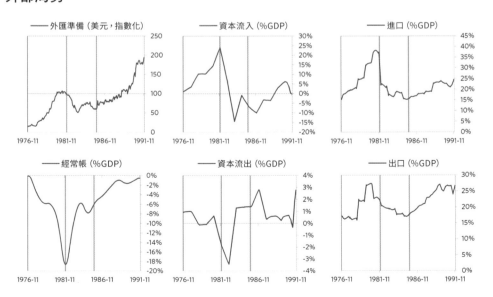

墨西哥1979年－1991年個案自動彙整

誠如右邊的幾個圖形所示，墨西哥在 1979 年至 1991 年間，經歷了一個典型的通貨膨脹型去槓桿化週期。

以下幾個衡量指標是由後續圖形集所示的概要統計數據彙編而成。請注意，這些都是粗略的衡量指標。

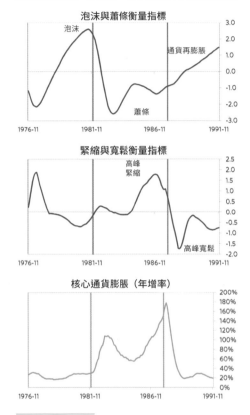

泡沫階段

1979 年至 1981 年間，墨西哥經歷了一個受自我強化型強勁（但無以為繼）資本流入、債務增加與強勁經濟成長週期驅動的泡沫。到泡沫結束時，債務約當 GDP 比重達到危機爆發前的高峰──65%。以這個個案來說，相當高比重的債務是以外幣計價（約當 GDP 的 26%），這使墨西哥有可能因外國資本撤出而受傷。在泡沫階段，投資資本流入強勁，平均約當 GDP 的 8%，墨西哥因而得以維持約當 GDP 之 6% 的經常帳赤字。在債務及資本流入增加催化下，經濟強勁成長（9%），且經濟活動的水準相當高（GDP 缺口最高達 9%）。競爭力降低的威脅也漸漸浮現，因為這段期間墨西哥的實質匯率最高升值 30%。基於這些泡沫壓力，加上

* 前兩張圖是顯示泡沫／蕭條情勢以及貨幣與信用緊縮／寬鬆狀態的衡量指標。每一個指標和零之間的差額，代表泡沫的程度，而向上或向下穿越零，則代表逐漸泡沫化或脫離泡沫。

墨西哥相當依賴外國融資，且相關國家又轉趨弱勢，終使它陷入無以為繼的窘境。

蕭條階段

最終，這個態勢逆轉，在 1981 年至 1987 年間製造了一個自我強化的不景氣階段和一場國際收支／通貨危機。在危機爆發前，償債負擔最高達到 GDP 的 31%，這使墨西哥容易受意外衝擊所傷──而 1980 年代的拉丁美洲債務危機與油價下

跌就是那個意外的衝擊。苦於外國資金來源減少（資本流入降低幅度約當GDP的17%），墨西哥開始採行緊縮政策（政策制訂者將短期利率提高超過128%），本國通貨也大幅貶值（實質匯率貶值74%）——在此同時，它還因向下自我強化的GDP衰退（衰退7%）與股價下跌（重挫86%）而吃盡苦頭。此外，弱勢的通貨使通貨膨脹持續上升並達到極高水準，在蕭條階段，通貨膨脹最高達到151%，較其他類似個案高。那其來有自，因為墨西哥具備引發較大通貨膨脹惡性循環的多數典型「風險因子」（最大的風險因子是該國的財政赤字）。墨西哥的金融機構也承受了極大壓力，在此同時，中央銀行動用外匯準備來捍衛本國通貨（外匯準備金降低66%），但最後央行還是放棄捍衛匯率。如右邊的歸因圖所示，儘管墨西哥

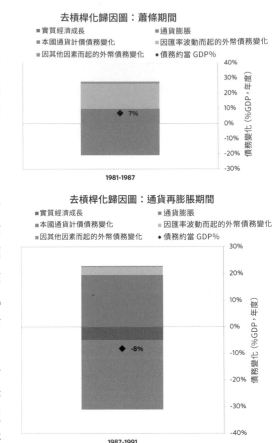

亟需一個去槓桿化歷程，這段期間它的債務約當GDP比重卻上升41%（年化數字為7%），部分原因是通貨貶值（導致外幣計價的債務負擔上升），部分則導因於政府為了因應危機而不得不舉借更多債務（財政赤字最高達GDP的13%）。

通貨再膨脹階段

　　決定國際收支／通貨危機發展歷程的關鍵因素是政策制訂者如何回應逆資本流動：是放手讓本國通貨貶值，並允許金融情勢趨向全面緊縮（很痛苦，但通常是解決危機的必要手段），或是印製鈔票來彌補資金外逃所造成的缺口（有可能引發通貨膨脹）？以這個個案來說，他們放棄通貨釘住政策，而政策制訂者在歷經相對漫長的「險惡」階段後，允許以足夠緊縮的政策來降低該國對進口的支出（經常帳赤字改善程度約當GDP之10%），並讓本國通貨變得更有吸引力。墨西哥並未積極

管理其金融機構與呆帳，只動用了九個典型政策手段中的兩個。它也受惠於 IMF 的援助計畫，並頒布了旨在提高勞動市場彈性的多項結構性改革。誠如上頁的歸因圖所示，在這整個調整期間，債務約當 GDP 的百分比降低 31%（年化數字為 8%）。債務－所得比率的降低多半來自名目所得的增加。在此同時，墨西哥較低的通貨（在美好的去槓桿化期間，實質匯率最多貶值 44%）使這個國家的競爭力得以恢復。經過七年，實質 GDP 終於回到先前的高峰，而以美元計之股價則是在六年內恢復。

墨西哥1979年－1991年圖形集附錄

債務狀況

貨幣與財政政策

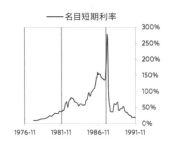

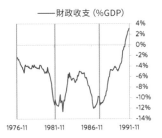

經濟情勢

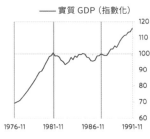

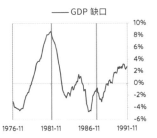

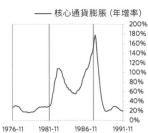

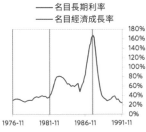

墨西哥1979年－1991年圖形集附錄（續）

市場

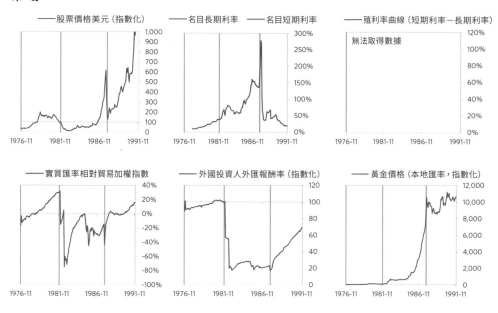

外部局勢

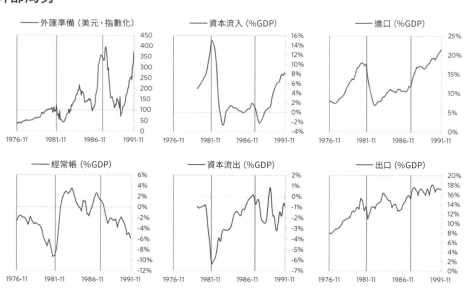

秘魯1980年－1986年個案自動彙整

誠如右邊的幾個圖形所示，秘魯在1980年至1986年間，經歷了一個典型的通貨膨脹型去槓桿化週期。

泡沫階段

和其他很多個案不同的是，在這場危機爆發前幾年，秘魯並未經歷廣泛的泡沫，不過，它和發生泡沫情境的其他國家、經濟體與金融市場之間的關聯甚深。另外，秘魯也累積了鉅額的債務存量，在危機爆發前，債務約當 GDP 比重達到 107%。以這個個案來說，相當高比重的債務是以外幣計價（約當 GDP 的 106%），這使秘魯極可能因外國資本撤出而受傷。另外，秘魯也漸漸有點依賴源源不絕的外國融資，並因此使經常帳赤字上升至 GDP 的 4%。最終，因高債務且秘魯依賴外國融資，加上相關國家轉趨弱勢，遂使它陷入無以為繼的窘境。

蕭條階段

以下幾個衡量指標是由後續圖形集所示的概要統計數據彙編而成。請注意，這些都是粗略的衡量指標。

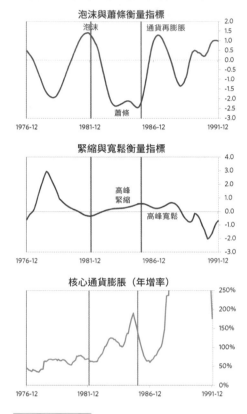

* 前兩張圖是顯示泡沫／蕭條情勢以及貨幣與信用緊縮／寬鬆狀態的衡量指標。每一個指標和零之間的差額，代表泡沫的程度，而向上或向下穿越零，則代表逐漸泡沫化或脫離泡沫。

最終，週期逆轉，在 1982 年至 1985 年間製造了一個自我強化的不景氣階段和一場國際收支／通貨危機。高債務水準導致秘魯容易受意外衝擊所傷——而 1980 年代的拉丁美洲債務危機就是那個意外的衝擊。秘魯因向下自我強化的 GDP 衰退（衰退 13%）與股價下跌（重挫 56%）而吃盡苦頭。失業率上升 5%，而弱勢的通貨更使通貨膨脹持續上升並達到極高水準，在經濟蕭條階段，通貨膨脹一度達到 190% 的高峰，比其他類似個案更高。這個情況其來有自，因為秘魯具備引發較大

橋水基金應對
債務危機的原則

瑞‧達利歐 RAY DALIO

橋水基金創辦人、《原則》作者———著

陳儀———譯

大債
危機

PRINCIPLES
FOR
NAVIGATING
BIG DEBT
CRISES

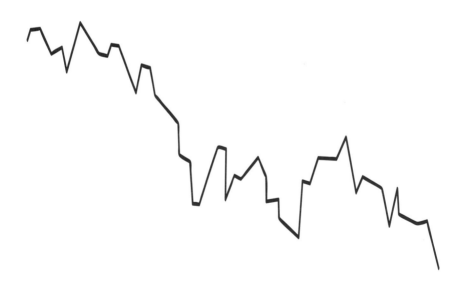

國際讚譽

「達利歐卓越的研究提供了一種思考債務危機和政策應對的創新方式。」

——班・柏南奇，前美國聯準會主席

「對於想要預防或安度下一次金融危機的人來說，達利歐的書必讀。」 ——勞倫斯・桑莫斯，前美國財政部部長

「來自全球頂尖投資家的偉大傑作，達利歐畢生致力於了解市場，他在 2008 年金融危機的表現，證明他對市場理解獨到。」

——漢克・鮑爾森，前美國財政部部長

「一部金融危機歷史的傑出作品，內容包含 2008 年的毀滅性危機；書中有一套非常有價值的分析架構，用以理解為什麼金融體系的引擎有時會熄火，以及央行和政府應採取何種政策行動來解決系統性金融危機。本書應該成為未來決策者的手冊，對該做什麼、不做什麼提供務實指導。」

——提姆・蓋特納，前美國財政部部長

推薦序
撥開債務循環的迷霧

梁國源（元大寶華綜合經濟研究院董事長、
國立清華大學科技管理學院榮譽教授）

當國家、民間部門或一般企業的債務累積過高時，必定引發公部門及金融市場的關注，尤以讓人措手不及、國家級大型債務危機最為震撼。其實，大型債務危機的發生並非是突如其來的，它往往如本書作者瑞・達利歐所提出的「大型債務週期模型」（The Template for the Archetypal Big Debt Cycle）一般，有著階段性的演進歷程。

在大型債務週期中，債務及債權人的行為模式自然是問題的核心。惟真正使信用貸放加速擴大，進而成為債務泡沫，且在泡沫破滅時，加重債務危機程度者，則是「自我強化」（self-reinforcing）作用所帶動的上升與下降波動，以及政策制訂者在債務週期每個階段的作為。但麻煩的是，從過往經驗看來，政策制訂者在危機成形與爆發後，太晚出手或調節失敗的機率頗高。

以通貨緊縮型的經濟蕭條與通貨危機為例，它的最大特徵便是大多數債務是以本國貨幣計價。因此，在經濟衰退剛出現時，政策制訂者會以調降利率打頭陣，但由於債務人所得降低速度多半快於債務重整速度，導致債務負擔上升，很多債務人不得不舉債來應付較高的利息成本，使債務問題更加惡化。倘若局勢愈發嚴峻，政府又未適時推出積極的貨幣化措施時，債務問題將演變為債務危機，並引發強迫出售、倒閉和違約等狀況，進而造成長期的通貨緊縮與經濟疲弱不振。唯一幸運的是，由於債務是以本國貨幣計價，尚不至於造成貨幣或國際收支問題。

相形之下，通貨膨脹型的經濟蕭條與通貨危機通常發生在仰賴外國資本流入的國家，且因外國資本的流入而累積非常大量的外幣計價債務（多

為強勢貨幣）。當外國資本流入趨緩或撤出時，放款活動和流動性遂趨於枯竭，並造成該國貨幣貶值。此時，由於外幣債務無法以本國貨幣政策處理，政策制訂者便採取寬鬆的貨幣政策，希望能延後本國人的債務壓力，不料卻助長了通貨膨脹，使國內面臨經濟衰退、通膨居高不下，以及貨幣大幅貶值的多重夢魘。

正因如此，更凸顯出本書問世的價值。《大債危機》以債務循環週期為核心，且佐以金融市場表現（含自我強化作用的反應）、政策制訂者的作法與後續效應，進行大型的債務危機個案研究與深度分析，兼顧了研究景氣循環所應具備的深度、廣度與長度等要件，亦為各界提供一種有別於慣常以經濟成長表現為主的景氣循環觀點。尤其是目前全球正值短週期的景氣循環與長週期的債務循環末升段之際，作者瑞‧達利歐以金融業者的視角與成功的實戰經驗，深入淺出地解析過往債務危機案例，對學者專家、金融從業人員及一般投資大眾而言，實乃思索當前全球經濟與金融市場情勢變化與因應策略的必備工具。

推薦序
了解危機、避開危機、在危機中尋找機會

鄭貞茂（國家發展委員會副主任委員）

2008 年的美國次貸風暴及所衍生的全球金融海嘯應該是人類近代金融史上的最大事件，當時我在外商銀行擔任總體經濟學家，親自驗證了全球金融海嘯對全球經濟、無論是先進國家或是新興經濟體、對金融業及其他產業、對跨國企業與中小企業、對政府決策官員、企業老闆、雇員，以及更廣泛的社會各個階層，都產生莫大的衝擊。風暴之後全球主要央行齊心

協力，祭出史上最為寬鬆的貨幣政策，讓全球經濟逐漸恢復成長動能，但至今除了印度等少數國家外，經濟成長動能仍無法回到海嘯前的水準，全球利率水準目前也仍在低檔徘徊，這顯示金融海嘯對全球經濟的影響仍未完全消除。

其中我特別注意到各國債務快速膨脹的現象。美國經濟雖然在聯準會實施三輪量化寬鬆政策下轉危為安，但在這段期間內聯邦政府大幅增加財政支出，並同步減稅，造成財政赤字激增，聯邦政府債務餘額頻頻破表，財政懸崖的陰影也讓政府關門次數變得更為頻繁，國會也被迫檢討是否訂定舉債上限問題。歐洲在金融海嘯過後在財政政策上採取與美國完全相反的方向，主要是因為 2012 年的歐債危機，從希臘債務危機蔓延至葡萄牙、義大利、愛爾蘭、西班牙（PIIGS，俗稱歐豬五國），讓歐盟國家不得不祭出財政撙節政策，重新檢討財政紀律問題。雖然歐洲經濟在 2014 年之後復甦，但債務問題仍持續惡化，加上民粹主義的興起，讓許多國家領導陣營改朝換代，適度鬆綁財政紀律的呼聲再起，例如義大利新政府意圖擴大財政赤字，就與歐盟現行政策產生扞格不入的情況，未來如何解決仍是一大難題。

中國大陸近年來經濟成長逐漸下滑，但債務問題卻急遽惡化。雖然中央政府債務仍在可控範圍，但地方政府債務以及民間債務問題卻十分嚴峻，這也使政府政策工具的選擇受到限制。目前中國大陸採取積極財政政策與穩健的貨幣政策，面對美中貿易衝突，預期短期內政府與民間債務仍將持續累積，看不出改善跡象。其他新興市場國家如土耳其、阿根廷等國，因為債務危機而屢屢引發金融市場動盪，更造成其資金斷鏈與經濟萎縮的窘境。由此可知，無論是先進國家或新興市場國家，公共債務與民間債務不斷攀升，已成為金融海嘯之後全球經濟所潛藏的重大不確定因素。

從個人的觀點來看，負債過多絕對不是一件好事，但從國家政策的觀點來看，負債增加代表信用擴張，如果將來對經濟產生的正面效應高過於所需支出的利息成本，那麼負債本身並不是一件壞事。然而，政府在評估

是否舉債從事公共計畫時，可能高估未來效益，結果導致債務增加卻無助於經濟成長的情況。而且一旦債務累積到龐大的數量，更會影響未來政策施行的彈性與空間。再者，為了解決債務問題，決策者可能的選項包括撙節開支、債務違約、多印鈔票以及資源重分配等作為，但每一項手段所帶來的經濟影響也不盡相同，對未來的經濟成長也將產生不同衝擊。作者從過去幾次大型的債務危機，搭配 48 個債務案例研究，全書深入淺出，相信可以讓讀者對債務危機的歷史與債務管理有更深切的啟發，在此願意鄭重推薦本書。投資人如果要研究金融市場的變化，了解這些危機的來龍去脈，避開未來可能產生的金融危機，或在危機中尋找未來的機會，本書將可提供一定的解答。

推薦序
看透經濟機器背後運行的法則

安納金（《一個投機者的告白實戰書》、
《高手的養成》、《散戶的 50 道難題》等暢銷書作者）

開啟我關注達利歐觀點的機緣，溯自他在 2013 年 9 月 22 日所發表的一段英文影片《How The Economic Machine Works》（經濟機器是怎樣運行的），短短 30 分鐘片長將經濟運作的原理詳盡且清楚完整的闡述，讓人留下深刻的印象，而該影片至今已被點閱近八百萬次（不含後來上架的其他語言字幕版本），對金融市場影響力之鉅不言而喻。幾年之後，我也成為他著作與文章的忠實愛好者之一。

2018 年 2 月懷著盡己所能協助國內投資人深入了解幾位國際投資大師思維的初心，我無償建立一個網路讀書會，名為〈讀書會：一個投機者

的告白、投資最重要的事、原則、高手的養成〉，亦將達利歐的經典巨作《原則》指定為其中一本，且深受讀書會成員喜愛。然而，2018 年底他的另一巨作《Big Debt Crises》英文版問世之後，兩萬多名讀書會成員中卻受限於語言障礙，僅嘉惠極少數人得以拜讀，許多夥伴們陸續表達深切渴望能有中譯版在台上市。很高興，這個等待並沒有拖得太久，此作的中譯版《大債危機：橋水基金應對債務危機的原則》終於在台問世，台灣讀者知悉無不滿心快意！

本書是達利歐為 2008 金融危機十週年推出的總結之作，公開了橋水基金應對債務危機時的獨特模型，以及危機處理原則，書中揭示其通古博今的長時間研究成果與獨特的視角，令人眼界大開，而其中最令我感到深深敬佩的是，他詳盡檢視探究歷史上所有的大型經濟與市場波動，以虛擬實境般體驗每一次的狀況。他說：「透過那個方式，我必須假裝對後來發生的歷史事件一無所知，並以這個假設前提來進行虛擬市場操作。在作法上，我依照時間順序，詳細探討各個歷史個案，並逐日與逐月地體驗每一個個案的事態發展。」要做到如此，除了蒐集建立非常完整的數據資料庫系統，也需要廣博的經驗相輔相成方能達成全面性的視角之外，更需要異於常人的耐性以及紀律，也因為他專注致力於這個幾乎沒人願意下的苦工，讓他獲得更宏觀且深入的眼界，如此累積而成的經驗絕非事後檢視電腦模擬或者歷史倒流測試結果所能比擬。透過此書，讓我們可以輕鬆獲得他的經驗，省去了面對一次又一次債務危機的煎熬，可說是與達利歐同處這世代的投資圈裡最幸福的相遇了！

達利歐認為，身為一個全球宏觀型（global macro）投資人，最痛苦與最快樂的事，分別是經由錯誤與正確的投資決策，為世人提供教科書上所欠缺的實務教誨。我深深認為，能夠和這樣的一位大師活在同一個時代而接受他的智慧薰陶，藉由他的眼界來看透經濟與金融市場背後運行的法則，是我們在投資學習之路上的三生有幸。

願善良、紀律、智慧與你我同在！

定價 600 元

原則：生活和工作

瑞・達利歐 Ray Dalio ⊙ 著

☆ 全球最大避險基金：橋水基金創始人

☆ 華爾街史上最成功基金經理人之一

☆ 《時代週刊》世界百大影響力人物

☆ 《富比士》世界百大富豪

☆ 《CIO》稱其為「投資界的賈伯斯」

☆ 最成功的金融危機預測者

全世界企業界、管理者、金融業者、渴望進化的人都在看──
最火紅、角度最全面的工作及人生原則，
一堂淬煉 40 年、1,500 億美元的課終於問世！

橋水基金創辦人達利歐將生活、管理、商業和投資系統化為一系列「原則」。原版《原則》公布在橋水官網，為助其屹立不搖的員工手冊，無數企業、管理者、職場人士下載捧讀，共計超過 300 萬次，因而付諸出版，以饗讀者。2017 年甫上市即空降美、中各大暢銷書榜首，堪稱年度最獨特、最暢銷、影響力最大的商管巨作。

達利歐認為，是原則造就他事業的成功，對工作與人際關係的價值更是彌足珍貴，全書總結他多年經歷和感悟，讀來彷彿與大師親身對話、臨場討論，任何讀者都能用以思考、實踐，進而改變。

比爾・蓋茲盛讚：「達利歐曾向我提供非常寶貴的指導和忠告，你在《原則》一書中都能找到。」

通貨膨脹惡性循環的多數典型「風險因子」（最大的風險因子是該國的低實質短期利率）。秘魯的金融機構也承受了極大的壓力，在此同時，中央銀行動用外匯準備來捍衛本國通貨（外匯準備金降低 44%），但最後該國央行還是放棄捍衛匯率，該國通貨貶值了 53%。如右邊的歸因圖所示，儘管秘魯亟需一個去槓桿化歷程，這段期間它的債務約當 GDP 比重卻上升 163%（年化數字為42%），部分原因是通貨貶值（導致外幣計價的債務負擔上升），部分則導因於政府為了因應危機而必須舉借更多債務（財政赤字最高達 GDP 的 5%）。

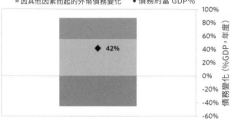

通貨再膨脹階段

　　決定國際收支／通貨危機發展歷程的關鍵因素是政策制訂者如何回應逆資本流動：是放手讓本國通貨貶值，並允

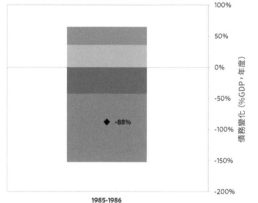

許金融情勢趨向全面緊縮（很痛苦，但通常是解決危機的必要手段），或是印製鈔票來彌補資金外逃所造成的缺口（有可能引發通貨膨脹）？以這個個案來說，他們放棄通貨釘住政策，而政策制訂者在歷經比平均狀況稍長的「險惡」階段後，允許以足夠緊縮的政策來降低該國對進口的支出（經常帳赤字改善程度約當 GDP 之13%），並讓本國通貨變得更有吸引力。秘魯還算積極管理其金融機構與呆帳，動用了九個典型政策手段中的三個。特別值得一提的是，它將銀行國有化，並提供流動性。它也受惠於 IMF 的援助計畫，並頒布了旨在提高勞動市場彈性的多項結構性改革。誠如右邊的歸因圖所示，在這整個調整期間，債務約當 GDP 的百分比降低 88%（年化數字為 88%）。債務－所得比率的降低多半來自名目所得的增加。在此同時，秘魯此時較低的通貨（在美好的去槓桿化期間，實質匯率最多貶值 46%）使這個國家的競爭力得以恢復。經過四年，實質 GDP 終於回到先前的高

峰，以美元計之股價則是在六年內恢復。

　　這場危機對秘魯的政治造成顯著影響，它促使很多人眼中的民粹主義領袖亞倫・賈西亞・培瑞茲（Alan Garcia Perez）得以嶄露頭角，最終掌權。

秘魯1980年－1986年圖形集附錄

債務狀況

貨幣與財政政策

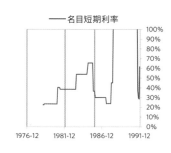

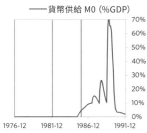

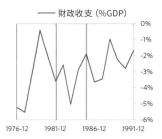

經濟情勢

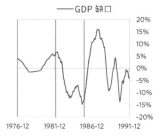

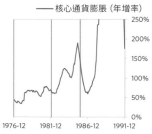

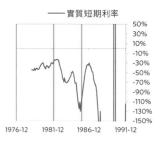

秘魯1980年－1986年圖形集附錄（續）

市場

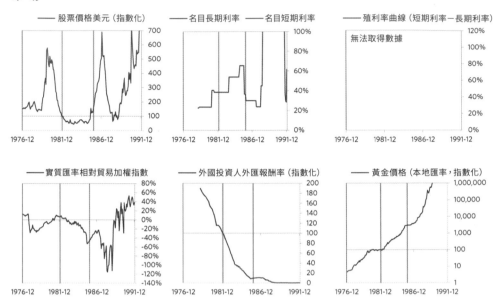

外部局勢

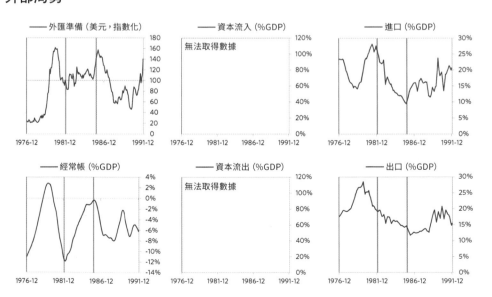

菲律賓1979年－1992年個案自動彙整

誠如右邊的幾個圖形所示，菲律賓在 1979 年至 1992 年間，經歷了一個過渡式通貨膨脹型去槓桿化週期。這也是一個國家面臨外部壓力時，「放手讓本國通貨貶值」的典型例子，放手讓本國通貨貶值引發了一些暫時性的通貨膨脹，但最終讓政策制訂者獲得了設定利率的更大彈性。

泡沫階段

1979 年至 1982 年間，菲律賓經歷了一個主要受強勁（但無以為繼）資本流入及強勁通貨報酬所驅動的泡沫。在這個泡沫時期，債務成長了約當 GDP 的 16%，危機爆發前的債務高峰達到 GDP 的 77%。以這個個案來說，極高比重的債務是以外幣計價（GDP 的 56%），這讓菲律賓容易因外國資本撤出而受傷。在這個泡沫階段，投資資本流入非常強勁，平均大約達 GDP 的 9%，這使菲律賓得以維持約當 GDP 之 7% 的經常帳赤字。拜債務及資本流

以下幾個衡量指標是由後續圖形集所示的概要統計數據彙編而成。請注意，這些都是粗略的衡量指標。

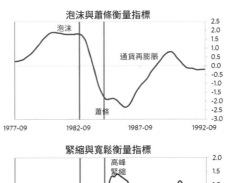

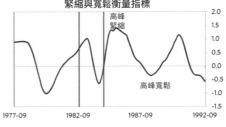

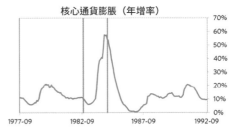

* 前兩張圖是顯示泡沫／蕭條情勢以及貨幣與信用緊縮／寬鬆狀態的衡量指標。每一個指標和零之間的差額，代表泡沫的程度，而向上或向下穿越零，則代表逐漸泡沫化或脫離泡沫。

入增加所賜，經濟強勁成長（4%），經濟活動的水準也相當高（GDP 缺口最高達 9%）。競爭力降低的威脅也漸漸浮現，因為這段期間菲律賓的實質匯率最高曾升值 18%。基於這些泡沫壓力，加上菲律賓又相當依賴外國融資，終使它陷入無以為繼的窘境。

蕭條階段

　　最終，這個態勢逆轉，在 1982 年
至 1984 年間製造了一個自我強化的不
景氣階段和一場國際收支／通貨危機。
高債務水準導致菲律賓容易受意外衝擊
所傷——而原物料商品價格快速跌價與
政治暴力就是那個意外的衝擊。苦於外
國資金來源減少（資本流入降低幅度
約當 GDP 的 9%），菲律賓開始採行
緊縮政策（政策制訂者將短期利率提高
34%），本國通貨也明顯貶值（實質匯
率貶值 16%）——在此同時，它還因向
下自我強化的 GDP 衰退（衰退 11%）
與股價下跌（重挫 71%）而吃盡苦頭。
此外，弱勢的通貨使通貨膨脹持續上升
並達到極高水準，在蕭條階段，通貨膨
脹最高達到 58%，大約落在其他類似個
案的常態值。這其來有自，因為菲律賓
只具備引發較大通貨膨脹惡性循環的大

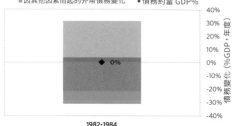

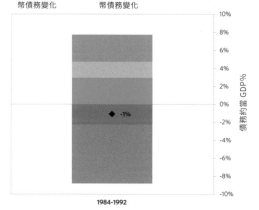

約半數典型「風險因子」（最大的風險因子是外幣計價的債務過高）。菲律賓的金
融機構也承受了極大壓力，在此同時，中央銀行動用外匯準備來捍衛本國通貨（外
匯準備金降低 100%），但最後該國央行還是放棄捍衛匯率。如右邊的歸因圖所
示，儘管菲律賓亟需一個去槓桿化歷程，這段期間它的債務約當 GDP 比重卻大約
僅持平。

通貨再膨脹階段

　　決定國際收支／通貨危機發展歷程的關鍵因素是政策制訂者如何回應逆資本流
動：是放手讓本國通貨貶值，並允許金融情勢趨向全面緊縮（很痛苦，但通常是解
決危機的必要手段），或是印製鈔票來彌補資金外逃所造成的缺口（有可能引發通
貨膨脹）？以這個個案來說，他們放棄通貨釘住政策，而政策制訂者在歷經比平均

狀況稍短的「險惡」階段後，允許以足夠緊縮的政策來降低該國對進口的支出（經常帳赤字改善程度約當 GDP 之 7%），並讓本國通貨變得更有吸引力。菲律賓非常積極管理其金融機構與呆帳，動用了九個典型政策手段中的七個。特別值得一提的是，它將銀行國有化、提供流動性，並直接收購不良資產。它也受惠於 IMF 的援助計畫，並頒布了旨在提高勞動市場彈性的多項結構性改革。誠如上頁的歸因圖所示，在這整個調整期間，債務約當 GDP 的百分比降低了 9%（年化數字為 1%）。債務－所得比率的降低多半來自名目所得的增加。在此同時，菲律賓此時較低的通貨（在美好的去槓桿化期間，實質匯率最多貶值 19%）讓這個國家的競爭力得以恢復。經過六年，實質 GDP 終於回到先前的高峰，以美元計之股價則是在五年內恢復。

菲律賓1979年－1992年圖形集附錄

債務狀況

貨幣與財政政策

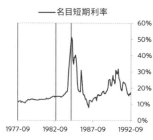

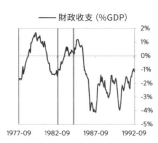

經濟情勢

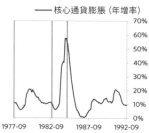

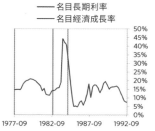

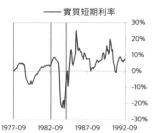

菲律賓1979年－1992年圖形集附錄（續）

市場

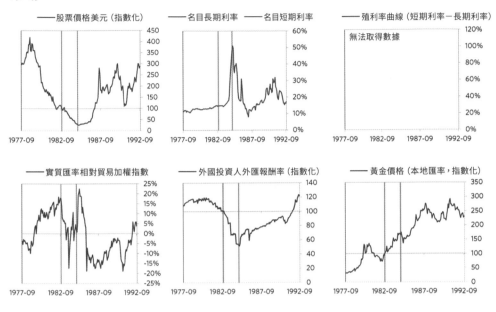

外部局勢

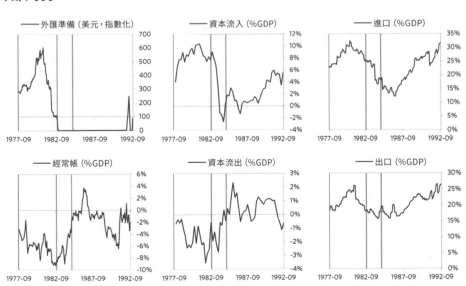

馬來西亞1981年－1990年個案自動彙整

誠如右邊的幾個圖形所示，馬來西亞在 1981 年至 1990 年間，經歷了一個過渡式通貨膨脹型去槓桿化週期。這也是一個國家面臨外部壓力時，「放手讓本國通貨貶值」的典型例子，放手讓本國通貨貶值引發了一些暫時性的通貨膨脹，但最終讓政策制訂者獲得了設定利率的更大彈性。

以下幾個衡量指標是由後續圖形集所示的概要統計數據彙編而成。請注意，這些都是粗略的衡量指標。

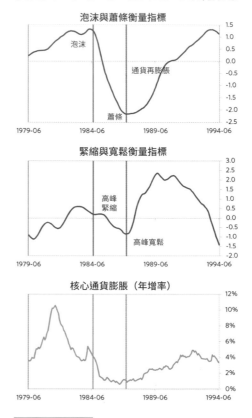

---

* 前兩張圖是顯示泡沫／蕭條情勢以及貨幣與信用緊縮／寬鬆狀態的衡量指標。每一個指標和零之間的差額，代表泡沫的程度，而向上或向下穿越零，則代表逐漸泡沫化或脫離泡沫。

泡沫階段

1981 年至 1984 年間，馬來西亞經歷了一個受自我強化型強勁（但無以為繼）資本流入、債務增加與強勁經濟成長週期所驅動的泡沫。在泡沫期間，債務增加幅度約當 GDP 的 40%，危機爆發前的債務高峰達到 GDP 的 153%。以這個個案來說，相當高比重的債務是以外幣計價（約當 GDP 的 42%），這使馬來西亞很可能因外國資本撤出而受傷。在泡沫階段，投資資本流入強勁，平均約當 GDP 的 14%，馬來西亞因而得以維持約當 GDP 之 10% 的經常帳赤字。在債務及資本增加催化下，經濟強勁成長（7%），且經濟活動的水準頗高（GDP 缺口最高達 3%）。競爭力降低的威脅也漸漸浮現，因為這段期間馬來西亞的實質匯率最高曾升值 20%。基於這些泡沫壓力，加上馬來西亞相當依賴外國融資，且相關國家又轉趨弱勢，終使它陷入無以為繼的窘境。

蕭條階段

最終，這個態勢逆轉，在 1984 年至 1987 年間製造了一個自我強化的不景氣階段和一場國際收支／通貨危機。高債務水準使馬來西亞容易受意外衝擊所傷——而原物料商品價格下跌重創出口，就是那個意外的衝擊。外國資金來源減少（資本流入降低幅度約當 GDP 的 11%）導致本國通貨也明顯貶值（實質匯率貶值 19%）——在此同時，它還因向下自我強化的股價下跌（重挫 56%）而受苦。失業率上升 2%。馬來西亞的金融機構也承受了極大壓力，在此同時，中央銀行動用外匯準備來捍衛本國通貨（外匯準備金降低 26%），但最後該國央行還是放棄捍衛匯率。如右邊的歸因圖所示，儘管馬來西亞亟需一個去槓桿化歷程，這段期間它的債務約當 GDP 比重卻上升 43%（年化數字為 17%），部分原因是通貨貶值（導致外

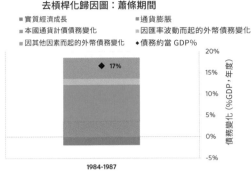

幣計價的債務負擔上升），部分則導因於政府為了因應危機而必須舉借更多債務（財政赤字最高達 GDP 的 10%）。

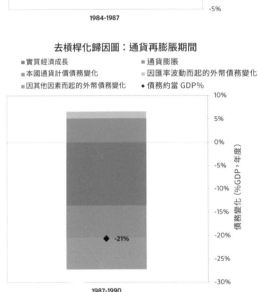

通貨再膨脹階段

決定國際收支／通貨危機發展歷程的關鍵因素是政策制訂者如何回應逆資本流動：是放手讓本國通貨貶值，並允許金融情勢趨向全面緊縮（很痛苦，但通常是解決危機的必要手段），或是印製鈔票來彌補資金外逃所造成的缺口（有可能引發通貨膨脹）？以這個個案來說，他們放棄通貨釘住政策，而政策制訂者在歷經比平均狀況稍短的「險惡」階段後，允許以足夠緊縮的政策來降低該國對進口的支出（經常帳赤字改善程度約當 GDP 之 9%），並讓本國通貨變得更有吸引力。馬來西亞

積極管理其金融機構與呆帳，動用了九個典型政策手段中的五個。特別值得一提的是，它將銀行國有化，並提供流動性。誠如上頁的歸因圖所示，在這整個調整期間，債務約當 GDP 的百分比降低了 74%（年化數字為 21%）。債務－所得比率的降低多半來自名目所得的增加，而名目所得增加主要是拜實質經濟成長上升所賜。在此同時，馬來西亞此時較低的通貨（在美好的去槓桿化期間，實質匯率最多貶值 12%）使這個國家的競爭力得以恢復。經過 1.8 年，實質 GDP 便回到先前的高峰，以美元計之股價則是六年後才恢復。

馬來西亞1981年－1990年圖形集附錄

債務狀況

總債務 (%GDP)
償債負擔 (%GDP)

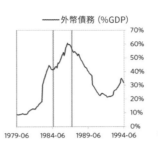

外幣債務 (%GDP)

債務－ GDP 比率變化 (年度)
債務成長 (%GDP，年度)

貨幣與財政政策

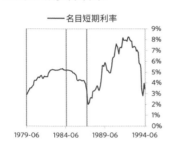

名目短期利率

貨幣供給 M0 (%GDP)

財政收支 (%GDP)

經濟情勢

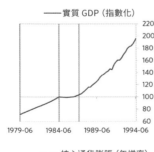

實質 GDP (指數化)

實質經濟成長 (年增率)

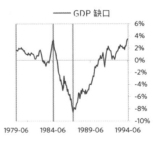

GDP 缺口

核心通貨膨脹 (年增率)

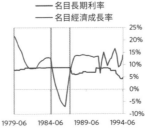

名目長期利率
名目經濟成長率

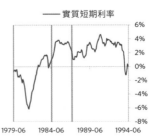

實質短期利率

馬來西亞1981年－1990年圖形集附錄（續）

市場

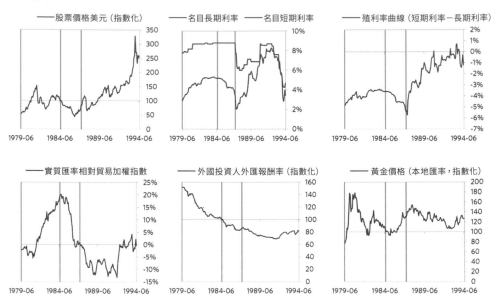

外部局勢

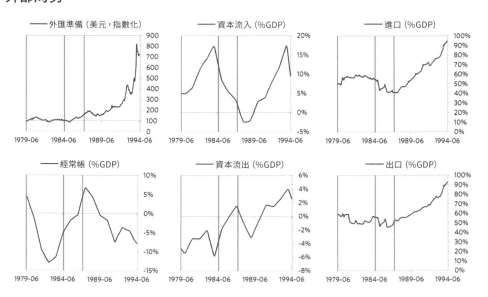

秘魯1986年－1995年個案自動彙整

誠如右邊的幾個圖形所示，秘魯在 1986 年至 1995 年間，經歷了一個典型的超級通貨膨脹型去槓桿化週期。

以下幾個衡量指標是由後續圖形集所示的概要統計數據彙編而成。請注意，這些都是粗略的衡量指標。

泡沫階段

1986 年至 1987 年間，秘魯經歷了一個受自我強化型債務增加、強勁股票報酬率與強勁經濟成長週期所驅動的泡沫。在泡沫期間，債務增加幅度約當 GDP 的 55%，危機爆發前的債務高峰達到 GDP 的 184%。以這個個案來說，相當高比重的債務是以外幣計價（約當 GDP 的 182%），這使秘魯極端可能因外國資本撤出而受傷。在泡沫階段，秘魯的經常帳赤字約當 GDP 的 3%。在債務增加催化下，經濟強勁成長（5%），且經濟活動的水準極高（GDP 缺口最高達 11%）。此外，強勁的資產報酬率（泡沫期間內，股票的平均年度報酬率達 124%）對貸款活動形成推波助瀾的效果，並進一步提振經濟成長。這些泡沫壓力加上秘魯相當依賴外國融資，終使它陷入無以為繼的窘境。

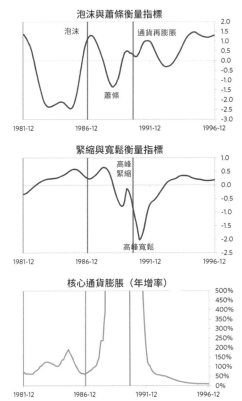

* 前兩張圖是顯示泡沫／蕭條情勢以及貨幣與信用緊縮／寬鬆狀態的衡量指標。每一個指標和零之間的差額，代表泡沫的程度，而向上或向下穿越零，則代表逐漸泡沫化或脫離泡沫。

蕭條階段

最終，這個態勢逆轉，在 1987 年至 1990 年間製造了一個自我強化的不景氣階段和一場國際收支／通貨危機。高債務水準使秘魯格外容易受意外衝擊所傷——而秘魯領袖不願與國際債權人合作，就是那個意外的衝擊。秘魯因向下自我強化

的 GDP 衰退（衰退 30%）與股價下跌（重挫 91%）而吃盡苦頭。秘魯的金融機構也承受了極大壓力。不過在這段期間（如右邊的歸因圖所示），儘管秘魯深陷險惡的去槓桿化歷程，卻終究得以將債務約當 GDP 的比重降低 106%（年化數字為 30%）。債務－所得比率的降低主要是導因於所得增加，而那主要是拜高通貨膨脹所賜。

通貨再膨脹階段

決定國際收支／通貨危機發展歷程的關鍵因素是政策制訂者如何回應逆資本流動：是允許金融情勢趨向全面緊縮（很痛苦，但通常是解決危機的必要手段），或是印製鈔票來彌補資金外逃所造成的缺口（有可能引發通貨膨脹）？以這個個案來說，緊縮政策尚未能製造必要的調整，整個國家便陷入一個匯

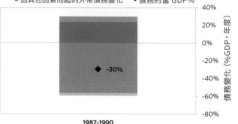

去槓桿化歸因圖：蕭條期間

- 實質經濟成長
- 通貨膨脹
- 本國通貨計價債務變化
- 因匯率波動而起的外幣債務變化
- 因其他因素而起的外幣債務變化
- ◆ 債務約當 GDP%

◆ -30%

1987-1990

去槓桿化歸因圖：通貨再膨脹期間

- 實質經濟成長
- 通貨膨脹
- 本國通貨計價債務變化
- 因匯率波動而起的外幣債務變化
- 因其他因素而起的外幣債務變化
- ◆ 債務約當 GDP%

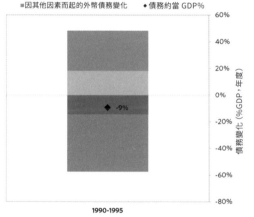

◆ -9%

1990-1995

率貶值及超級通貨膨脹的惡性循環。實質匯率最多貶值 115%，通貨膨脹最高超過 10,000%。那其來有自，因為秘魯具備引發較嚴重的通貨膨脹惡性循環的多數典型「風險因子」（最大的風險因子是低實質短期利率）。秘魯還算積極管理其金融機構與呆帳，動用了九個典型政策手段中的三個。特別值得一提的是，它將銀行國有化，並提供流動性，還頒布了旨在提高勞動市場彈性的多項結構性改革。不過，一如典型的情況，要阻止通貨膨脹惡性循環，最終還是需要秘魯採行更大手筆的結構性變革，包括在 1991 年放棄因超級通貨膨脹而受創的因蒂（inti），改採新通貨索爾（sol）。經過九年，實質 GDP 終於回到先前的高峰。

秘魯1986年－1995年圖形集附錄

債務狀況

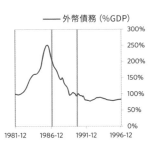

貨幣與財政政策

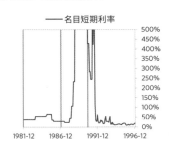

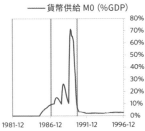

經濟情勢

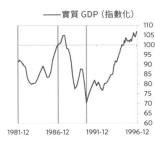

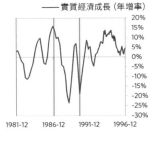

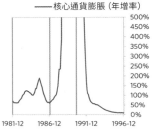

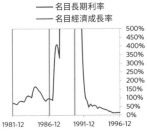

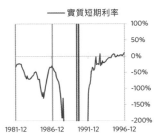

秘魯1986年－1995年圖形集附錄（續）

市場

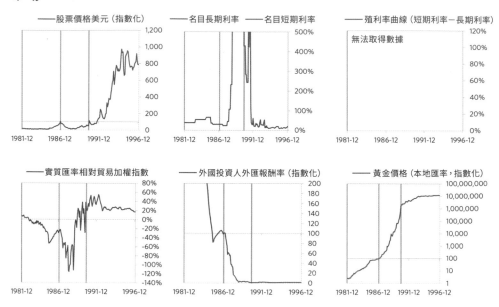

外部局勢

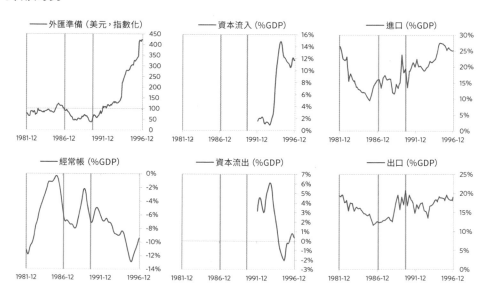

阿根廷1987年－1993年個案自動彙整

誠如右邊的幾個圖形所示，阿根廷在 1987 年至 1993 年間，經歷了一個典型的超級通貨膨脹型去槓桿化週期。

泡沫階段

和其他很多個案不同的是，在這場危機爆發前幾年，阿根廷並未發生廣泛的泡沫，不過，它和發生泡沫情境的其他國家、經濟體與金融市場之間的關聯甚深。另外，阿根廷也累積了鉅額的債務存量，在槓桿上升期間，債務成長幅度約當 GDP 的 15%，危機爆發前的債務高峰達到 GDP 的 70%。以這個個案來說，相當高比重的債務是以外幣計價（約當 GDP 的 39%），這使阿根廷可能因外國資本撤出而受傷。最終，因高債務加上經濟結構的很多弱點，終使它陷入無以為繼的窘境。

蕭條階段

最終，這個態勢逆轉，在 1987 年至 1990 年間製造了一個自我強化的

以下幾個衡量指標是由後續圖形集所示的概要統計數據彙編而成。請注意，這些都是粗略的衡量指標。

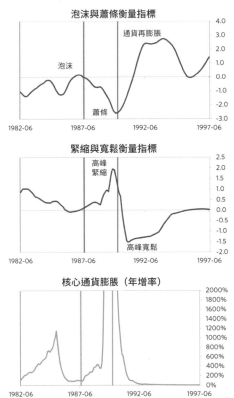

* 前兩張圖是顯示泡沫／蕭條情勢以及貨幣與信用緊縮／寬鬆狀態的衡量指標。每一個指標和零之間的差額，代表泡沫的程度，而向上或向下穿越零，則代表逐漸泡沫化或脫離泡沫。

不景氣階段和一場國際收支／通貨危機。高債務水準導致阿根廷容易受意外衝擊所傷——而原物料商品價格下跌重創出口，便是那個意外的衝擊。苦於外國資金來源減少（資本流入降低幅度約當 GDP 的 4%），阿根廷開始採行緊縮政策（政策制訂者將短期利率提高超過 250%），本國通貨也明顯貶值（實質匯率貶值60%）——在此同時，它還因向下自我強化的 GDP 衰退（降低 16%）與股價下跌（跌幅為 33%）而吃盡苦頭。失業率上升 3%。弱勢的通貨也導致通貨膨脹達到極

高水準，並持續上升。阿根廷的金融機
構也承受了極大壓力，在此同時，中央
銀行動用外匯準備來捍衛本國通貨（外
匯準備金降低 26%），但最後該國央行
還是放棄捍衛匯率。雖然這段期間阿根
廷深陷險惡的去槓桿化歷程，最終還是
成功將債務約當 GDP 比率降低了 30%
（年化數字為 11%）。債務－所得比率
的降低主要來自所得增加，而所得的增
加主要是拜較高通貨膨脹所賜。

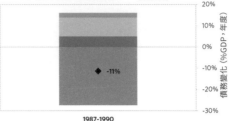

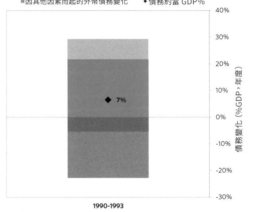

通貨再膨脹階段

　　決定國際收支／通貨危機發展歷程
的關鍵因素是政策制訂者如何回應逆資
本流動：是允許金融情勢趨向全面緊縮
（很痛苦，但通常是解決危機的必要手
段），或是印製鈔票來彌補資金外逃所
造成的缺口（有可能引發通貨膨脹）？
以這個個案來說，緊縮政策尚未製造必

要的調整，整個國家就陷入一個匯率貶值及超級通貨膨脹的惡性循環。實質匯率
最多貶值 135%，通貨膨脹最高超過 10,000%。那其來有自，因為阿根廷具備引發
較嚴重的通貨膨脹惡性循環的半數典型「風險因子」（最大的風險因子是長期以來
控制不力的通貨膨脹）。阿根廷還算積極管理其金融機構與呆帳，動用了九個典型
政策手段中的三個。它也受惠於 IMF 的援助計畫，並頒布了旨在提升勞動市場彈
性的多項結構性改革。不過，一如典型的情況，要阻止通貨膨脹惡性循環，最終還
是需要阿根廷採行更大手筆的結構性變革，包括放棄因超級通貨膨脹而受創的奧斯
特拉爾（austral），改採目前的通貨——阿根廷披索（peso），披索最初是釘住美
元。經過四年，實質 GDP 終於回到先前的高峰，而以美元計的股價則是在兩年內
就恢復。

　　這場危機對阿根廷的政治造成顯著影響，它促使很多人眼中的民粹主義領袖卡
洛斯・梅南（Carlos Menem）得以嶄露頭角，最終掌權。

阿根廷1987年－1993年圖形集附錄

債務狀況

貨幣與財政政策

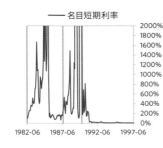

經濟情勢

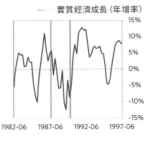

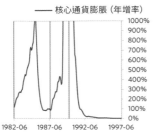

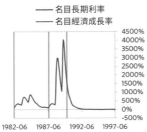

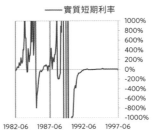

阿根廷1987年－1993年圖形集附錄（續）

市場

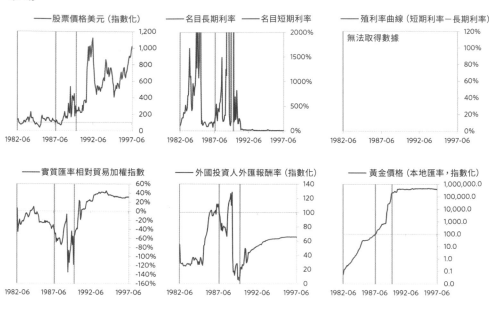

外部局勢

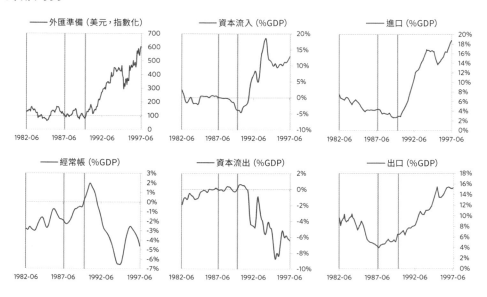

巴西1987年－1995年個案自動彙整

誠如右邊的幾個圖形所示，巴西在1987年至1995年間，經歷了一個典型的超級通貨膨脹型去槓桿化週期。

泡沫階段

　　1987年至1990年間，巴西經歷了一個受自我強化型債務增加、強勁股票報酬率與強勁經濟成長週期所驅動的泡沫。在泡沫期間，債務增加幅度約當GDP的69％，危機爆發前的債務高峰達到GDP的177%。以這個個案來說，相當高比重的債務是以外幣計價（約當GDP的26%），這使巴西可能因外國資本撤出而受傷。泡沫階段並無投資資本流入，平均約當GDP的-3%。在債務增加催化下，經濟強勁成長（3%），且經濟活動的水準頗高（GDP缺口最高達7%）。此外，強勁的資產報酬率（泡沫期間內，股票的平均年度報酬率達16%）對貸款活動形成推波助瀾的效果，並進一步提振經濟成長。競爭力降低的威脅也漸漸浮現，因為巴西的實質匯率最高升值35%。這些泡沫壓力加上相關國家的情勢轉弱，終使它陷入無以為繼的窘境。

以下幾個衡量指標是由後續圖形集所示的概要統計數據彙編而成。請注意，這些都是粗略的衡量指標。

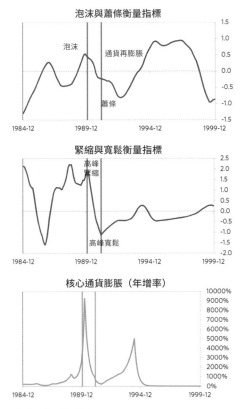

* 前兩張圖是顯示泡沫／蕭條情勢以及貨幣與信用緊縮／寬鬆狀態的衡量指標。每一個指標和零之間的差額，代表泡沫的程度，而向上或向下穿越零，則代表逐漸泡沫化或脫離泡沫。

蕭條階段

　　最終，這個態勢逆轉，在1990年至1991年間製造了一個自我強化的不景氣階段和一場國際收支／通貨危機。高債務水準使巴西格外容易受意外衝擊所傷——而物價控制法規的崩潰與通貨膨脹打擊就是那個意外衝擊。巴西因向下自我強化

的 GDP 衰退（降低 7%）與股價下跌（重挫 70%）而吃盡苦頭。失業率上升 4%，而本國通貨的弱勢是導致通貨膨脹大幅上升的主要因素。巴西的金融機構也承受了極大壓力。在此同時，中央銀行動用其外匯準備來捍衛本國通貨（外匯準備降低 28%），但最終政策制訂者還是放棄通貨捍衛政策，該國通貨最終貶值了 19%。儘管巴西亟需一個去槓桿化歷程，這段期間它的債務約當 GDP 比重卻上升 40%（年化數字為 37%），部分原因是通貨貶值（導致外幣計價的債務負擔上升），部分則導因於政府為了因應危機而必須舉借更多債務（財政赤字最高達 GDP 的 19%）。

通貨再膨脹階段

決定國際收支／通貨危機發展歷程的關鍵因素是政策制訂者如何回應

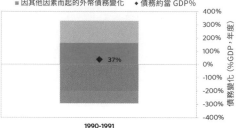

去槓桿化歸因圖：蕭條期間

1990-1991

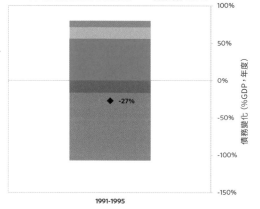

去槓桿化歸因圖：通貨再膨脹期間

1991-1995

逆資本流動：是允許金融情勢趨向全面緊縮（很痛苦，但通常是解決危機的必要手段），或是印製鈔票來彌補資金外逃所造成的缺口（有可能引發通貨膨脹）？以這個個案來說，緊縮政策尚未能製造足夠的必要調整，整個國家便陷入一個匯率貶值及超級通貨膨脹的惡性循環。實質匯率最多貶值 16%，通貨膨脹最高超過 5,000%。那其來有自，因為巴西具備引發較嚴重的通貨膨脹惡性循環的多數典型「風險因子」（最大的風險因子是長期以來控制不力的通貨膨脹）。巴西並未積極管理其金融機構與呆帳，只動用了九個典型政策手段中的兩個。但它受惠於 IMF 的援助計畫，並頒布了旨在提升勞動市場彈性的多項結構性改革。不過，一如典型的情況，要阻止通貨膨脹惡性循環，最終還是需要巴西採行更大手筆的結構性變革，包括在 1994 年放棄因超級通貨膨脹而受創的克魯薩多（cruzado），先是改採克魯賽羅（cruzeiro），接著又改採目前的通貨——里爾（real）。經過 1.4 年，實質 GDP 便回到先前的高峰，而以美元計的股價則是在三年內恢復。

巴西1987年－1995年圖形集附錄

債務狀況

總債務 (%GDP)
償債負擔 (%GDP)

外幣債務 (%GDP)

債務－ GDP 比率變化 (年度)
債務成長 (%GDP，年度)

貨幣與財政政策

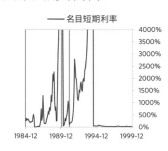

名目短期利率

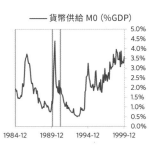

貨幣供給 M0 (%GDP)

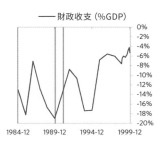

財政收支 (%GDP)

經濟情勢

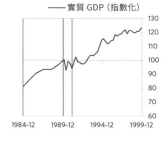

實質 GDP (指數化)

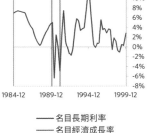

實質經濟成長 (年增率)

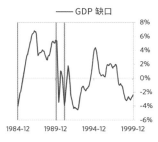

GDP 缺口

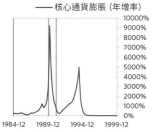

核心通貨膨脹 (年增率)

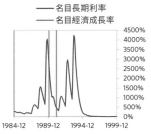

名目長期利率
名目經濟成長率

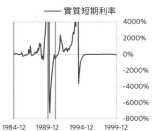

實質短期利率

巴西1987年－1995年圖形集附錄（續）

市場

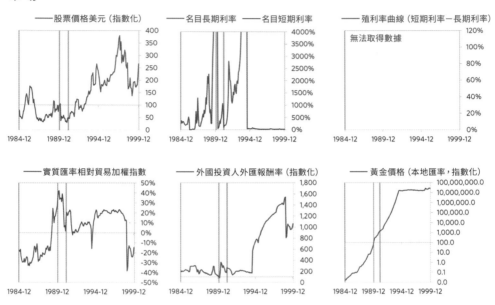

外部局勢

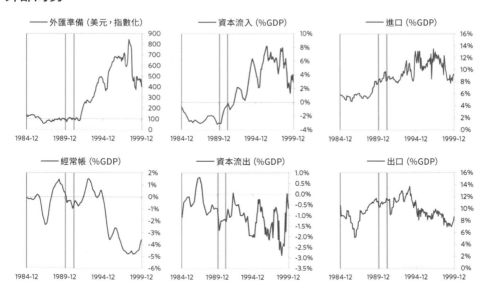

土耳其1990年－1995年個案自動彙整

誠如右邊的幾個圖形所示，土耳其在 1990 年至 1995 年間，經歷了一個典型的通貨膨脹型去槓桿化週期。

泡沫階段

和其他很多個案不同的是，在這場危機爆發前幾年，土耳其並未發生廣泛的泡沫，不過，它確實累積了鉅額的債務存量，在危機爆發前，債務達到 GDP 的 41%。以這個個案來說，相當高比重的債務是以外幣計價（約當 GDP 的 26%），這使土耳其可能因外國資本撤出而受傷。另外，土耳其也漸漸過於依賴源源不絕的外國融資，在危機爆發前兩年，投資資金流入平均達到 GDP 的 2%。最終，因高債務加上土耳其太依賴外國融資，使它陷入無以為繼的窘境。

蕭條階段

最終，這個態勢逆轉，在 1993 年至 1994 年間製造了一個自我強化的

以下幾個衡量指標是由後續圖形集所示的概要統計數據彙編而成。請注意，這些都是粗略的衡量指標。

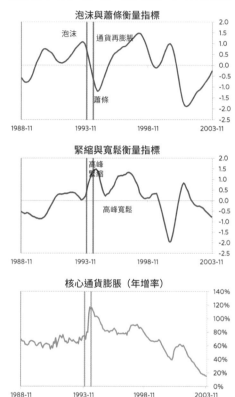

* 前兩張圖是顯示泡沫／蕭條情勢以及貨幣與信用緊縮／寬鬆狀態的衡量指標。每一個指標和零之間的差額，代表泡沫的程度，而向上或向下穿越零，則代表逐漸泡沫化或脫離泡沫。

不景氣階段和一場國際收支／通貨危機。高債務水準導致土耳其容易受意外衝擊所傷－而政府傷害中央銀行獨立性的種種作法，便是那個意外的衝擊。苦於外國資金來源減少（資本流入降低幅度約當 GDP 的 8%），土耳其開始採行緊縮政策（政策制訂者將短期利率提高超過 203%），本國通貨也明顯貶值（實質匯率貶值 26%）──在此同時，它還因向下自我強化的 GDP 衰退（降低 12%）與股價下跌（重挫 70%）而吃盡苦頭。此外，疲弱的通貨使通貨膨脹達到極高水準並持續上

升，在蕭條階段，通貨膨脹最高達到
117%，較其他類似個案高。雖然土耳
其只具備引發較嚴重的通貨膨脹惡性循
環的四分之一的典型「風險因子」（最
大的風險因子是長期以來控制不力的通
貨膨脹），但它的通貨膨脹確實高於其
他個案。土耳其的金融機構也承受了極
大壓力，在此同時，中央銀行還動用外
匯準備來捍衛本國通貨（外匯準備金降
低 99%），但最後該國央行還是放棄捍
衛匯率。誠如右邊的歸因圖所示，即使
土耳其亟需展開一段去槓桿化歷程，它
的債務約當 GDP 比率還是上升了 9%
（年化數字為 17%），部分原因是通
貨貶值（這導致外幣計價的債務負擔上
升）。

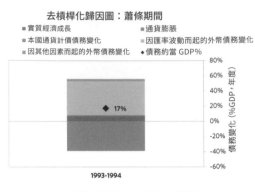

去槓桿化歸因圖：蕭條期間

■實質經濟成長　　　　　　　■通貨膨脹
■本國通貨計價債務變化　　　■因匯率波動而起的外幣債務變化
■因其他因素而起的外幣債務變化　◆債務約當 GDP%

◆ 17%

1993-1994

去槓桿化歸因圖：通貨再膨脹期間

■實質經濟成長　　　　　　　■通貨膨脹
■本國通貨計價債務變化　　　■因匯率波動而起的外幣債務變化
■因其他因素而起的外幣債務變化　◆債務約當 GDP%

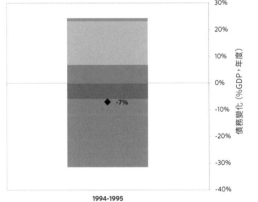

◆ -7%

1994-1995

通貨再膨脹階段

　　決定國際收支／通貨危機發展歷程
的關鍵因素是政策制訂者如何回應逆資本流動：是允許金融情勢趨向全面緊縮（很
痛苦，但通常是解決危機的必要手段），或是印製鈔票來彌補資金外逃所造成的缺
口（有可能引發通貨膨脹）？以這個個案來說，政策制訂者在歷經比平均狀況稍短
的「險惡」階段後，允許以足夠緊縮的政策來降低該國對進口的支出（經常帳赤
字改善程度約當 GDP 之 5%），並讓本國通貨變得更有吸引力。土耳其還算積極
管理其金融機構與呆帳，動用了九個典型政策手段中的三個。另外，它也受惠於
IMF 的援助計畫。誠如右邊的歸因圖所示，在這整個調整期間，債務約當 GDP 的
百分比降低了 11%（年化數字為 7%）。債務－所得比率的降低多半來自名目所得
的增加，在此同時，土耳其此時較低的通貨（在美好的去槓桿化期間，實質匯率最
多貶值 21%）使這個國家的競爭力得以恢復。經過 1.6 年，實質 GDP 便回到先前
的高峰，以美元計之股價則是在四年內恢復。

土耳其1990年－1995年圖形集附錄

債務狀況

貨幣與財政政策

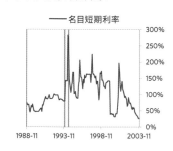

經濟情勢

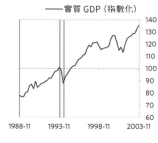

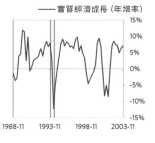

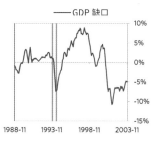

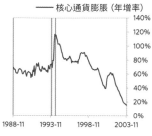

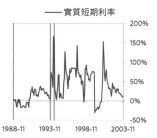

土耳其1990年－1995年圖形集附錄（續）

市場

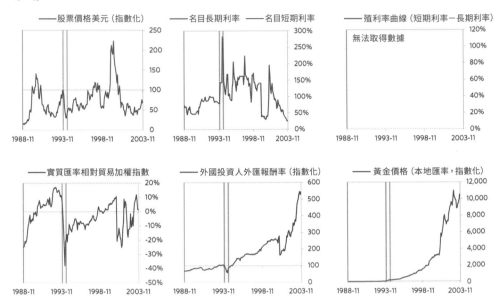

外部局勢

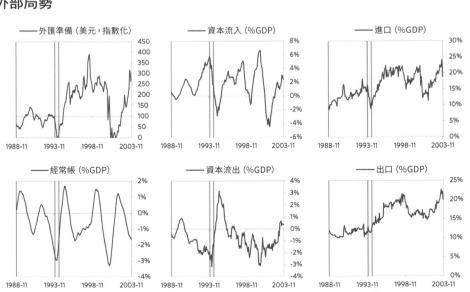

墨西哥1991年－2005年個案自動彙整

誠如右邊的幾個圖形所示，墨西哥在 1991 年至 2005 年間，經歷了一個典型的通貨膨脹型去槓桿化週期。

泡沫階段

1991 年至 1994 年間，墨西哥經歷了一個受自我強化型強勁（但無以為繼）資本流入、債務增加、強勁股票報酬率與強勁經濟成長週期所驅動的泡沫。在泡沫期間，債務增加幅度約當 GDP 的 10%，危機爆發前的債務高峰達到 GDP 的 85%。以這個個案來說，相當高比重的債務是以外幣計價（約當 GDP 的 25%），這使墨西哥可能因外國資本撤出而受傷。在泡沫階段，投資資本流入強勁，平均約當 GDP 的 8%，墨西哥因而得以維持約當 GDP 之 7% 的經常帳赤字。在債務及資本增加催化下，經濟強勁成長（4%），且經濟活動的水準頗高（GDP 缺口最高達 3%）。此外，強勁的資產報酬率（在泡沫期間，股票的平均年度報酬率達 25%）對貸款活動產生推波助瀾的效

以下幾個衡量指標是由後續圖形集所示的概要統計數據彙編而成。請注意，這些都是粗略的衡量指標。

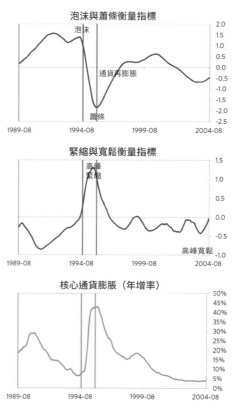

* 前兩張圖是顯示泡沫／蕭條情勢以及貨幣與信用緊縮／寬鬆狀態的衡量指標。每一個指標和零之間的差額，代表泡沫的程度，而向上或向下穿越零，則代表逐漸泡沫化或脫離泡沫。

果，並進一步提振經濟成長。基於這些泡沫壓力，加上墨西哥又相當依賴外國融資，終使它陷入無以為繼的窘境。

蕭條階段

最終，這個態勢逆轉，在 1994 年至 1995 年間製造了一個自我強化的不景氣階

段和一場國際收支／通貨危機。高債務
水準使墨西哥容易受意外衝擊所傷——
而政治動亂的爆發就是那個意外的衝
擊。墨西哥因向下自我強化的 GDP
衰退（降低 10%）與股價下跌（重挫
66%）而吃盡苦頭。失業率上升 3%，
而弱勢的通貨使通貨膨脹上升至極高水
準並持續上升，在蕭條階段，通貨膨脹
最高達 43%，與其他類似個案比較，大
約位於常態水準。這其來有自，因為墨
西哥只具備引發較嚴重的通貨膨脹惡性
循環的大約半數典型「風險因子」（最
大的風險因子是長期以來控制不力的通
貨膨脹）。墨西哥的金融機構也承受了
極大壓力，在此同時，中央銀行動用外
匯準備來捍衛本國通貨（外匯準備金降
低 100%），但最後該國央行還是放棄
捍衛匯率，且該國通貨貶值 37%。如右
邊的歸因圖所示，儘管墨西哥亟需一個

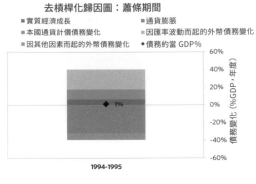

去槓桿化歸因圖：蕭條期間

1994-1995

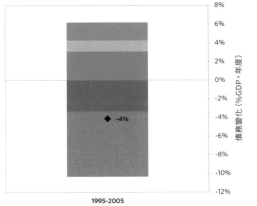

去槓桿化歸因圖：通貨再膨脹期間

1995-2005

去槓桿化歷程，但這段期間它的債務約當 GDP 比重卻大略持平。

通貨再膨脹階段

　　決定國際收支／通貨危機發展歷程的關鍵因素是政策制訂者如何回應逆資本流
動：是放手讓本國通貨貶值，並允許金融情勢趨向全面緊縮（很痛苦，但通常是解
決危機的必要手段），或是印製鈔票來彌補資金外逃所造成的缺口（有可能引發通
貨膨脹）？以這個個案來說，他們放棄通貨釘住政策，而政策制訂者在歷經比平均
狀況稍短的「險惡」階段後，允許以足夠緊縮的政策來降低該國對進口的支出（經
常帳赤字改善程度約當 GDP 之 7%），並讓本國通貨變得更有吸引力。墨西哥相
當積極管理其金融機構與呆帳，動用了九個典型政策手段中的六個。特別值得一提
的是，它將銀行國有化、提供流動性，並直接收購不良資產。另外，它也受惠於

IMF 的援助計畫，並頒布旨在提高勞動市場彈性的多項結構性改革。誠如上頁的歸因圖所示，在這整個調整期間，債務約當 GDP 的百分比降低了 41%（年化數字為 4%）。債務－所得比率的降低多半來自名目所得的增加，在此同時，墨西哥此時偏低的通貨（在美好的去槓桿化期間，實質匯率最多貶值 26%）使這個國家的競爭力得以恢復。經過一年，實質 GDP 便回到先前的高峰，但美元計之股價則是十年後才恢復。

墨西哥1991年－2005年圖形集附錄

債務狀況

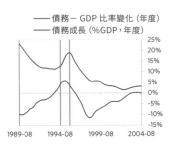

貨幣與財政政策

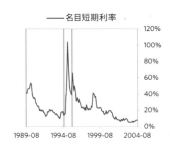

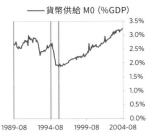

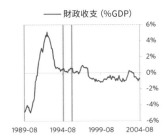

經濟情勢

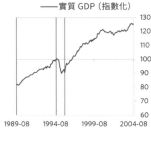

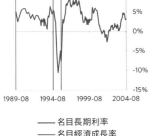

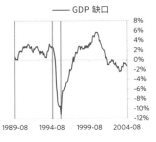

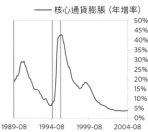

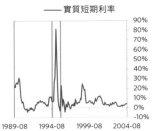

墨西哥1991年－2005年圖形集附錄（續）

市場

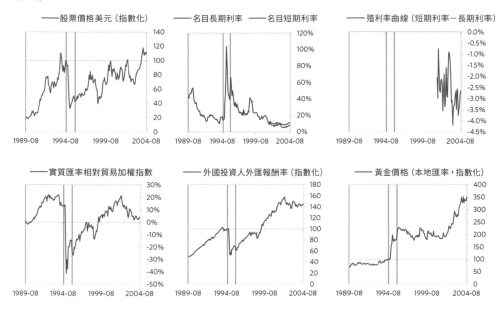

外部局勢

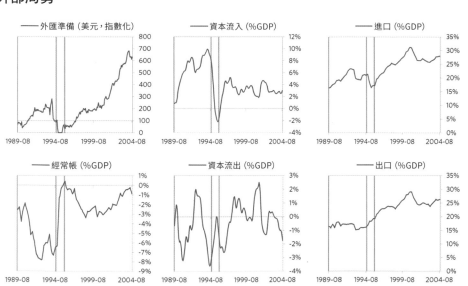

保加利亞1995年－2003年個案自動彙整

誠如右邊的幾個圖形所示,保加利亞在 1995 年至 2003 年間,經歷了一個典型的超級通貨膨脹型去槓桿化週期。

以下幾個衡量指標是由後續圖形集所示的概要統計數據彙編而成。請注意,這些都是粗略的衡量指標。

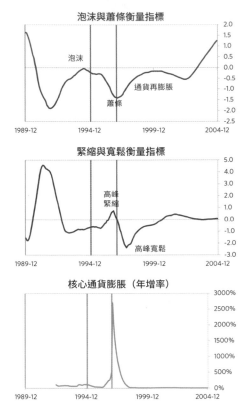

泡沫階段

和其他很多個案不同的是,在這場危機爆發前幾年,保加利亞並未發生廣泛的泡沫,不過,它確實累積了鉅額的債務存量。以這個個案來說,相當高比重的債務是以外幣計價(約當 GDP 的 82%),這使保加利亞極可能因外國資本撤出而受傷。另外,保加利亞也漸漸依賴源源不絕的外國融資來維持 4% 的經常帳赤字。因高債務加上保加利亞太依賴外國融資,終使它陷入無以為繼的窘境。

蕭條階段

最終,這個態勢逆轉,在 1995 年至 1997 年間製造了一個自我強化的不景氣階段和一場國際收支/通貨危機。高債務水準導致保加利亞容易受意外衝擊所傷——而負債過高的企業/銀行發

---

* 前兩張圖是顯示泡沫/蕭條情勢以及貨幣與信用緊縮/寬鬆狀態的衡量指標。每一個指標和零之間的差額,代表泡沫的程度,而向上或向下穿越零,則代表逐漸泡沫化或脫離泡沫。

生一波虧損,便是那個意外的衝擊。苦於外國資金來源減少(資本流入降低幅度約當 GDP 的 6%),保加利亞開始採行緊縮政策(政策制訂者將短期利率提高超過 228%),本國通貨也大幅貶值(實質匯率貶值 96%)——在此同時,它還因向下自我強化的 GDP 衰退(降低 13%)而吃盡苦頭。此外,疲弱的通貨使通貨膨脹達到極高水準,並持續上升。保加利亞的金融機構也承受了極大壓力,在此同時,

中央銀行動用外匯準備來捍衛本國通貨
（外匯準備金降低 75%），但最後該國
央行還是放棄捍衛匯率。

通貨再膨脹階段

　　決定國際收支／通貨危機發展歷程
的關鍵因素是政策制訂者如何回應逆資
本流動：是允許金融情勢趨向全面緊縮
（很痛苦，但通常是解決危機的必要手
段），或是印製鈔票來彌補資金外逃所
造成的缺口（有可能引發通貨膨脹）？
以這個個案來說，緊縮政策尚未能製造
足夠的必要調整，整個國家便陷入一個
匯率貶值及超級通貨膨脹的惡性循環。
實質匯率最多貶值 63%，通貨膨脹最
高超過 500%。那其來有自，因為保加
利亞具備引發較嚴重的通貨膨脹惡性循
環的多數典型「風險因子」（最大的風
險因子是長期以來控制不力的通貨膨
脹）。保加利亞積極管理其金融機構與

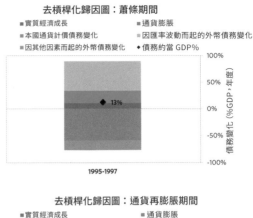

去槓桿化歸因圖：蕭條期間

■ 實質經濟成長　　　　　　　　■ 通貨膨脹
■ 本國通貨計債務變化　　　　　■ 因匯率波動而起的外幣債務變化
■ 因其他因素而起的外幣債務變化　◆ 債務約當 GDP%

◆ 13%

債務變化（%GDP，年度）

1995-1997

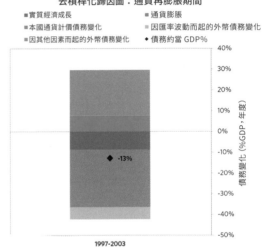

去槓桿化歸因圖：通貨再膨脹期間

■ 實質經濟成長　　　　　　　　■ 通貨膨脹
■ 本國通貨計價債務變化　　　　■ 因匯率波動而起的外幣債務變化
■ 因其他因素而起的外幣債務變化　◆ 債務約當 GDP%

◆ -13%

債務變化（%GDP，年度）

1997-2003

呆帳，動用了九個典型政策手段中的五個。特別值得一提的是，它將銀行國有化、
提供流動性，並直接收購不良資產。它也受惠於 IMF 的援助計畫。不過，一如典
型的情況，要阻止通貨膨脹惡性循環，最終還是需要保加利亞採行更大手筆的結構
性變革，包括重定保加利亞里夫（lev）的貨幣單位（redenominating），將它釘住
德國馬克，並以外匯準備來擔保本國通貨。經過八年，實質 GDP 才終於回到先前
的高峰。

保加利亞1995年－2003年圖形集附錄

債務狀況

——— 總債務 (%GDP)
——— 償債負擔 (%GDP)

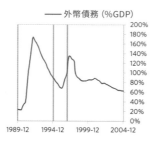
——— 外幣債務 (%GDP)

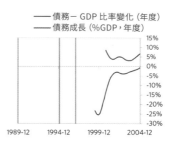
——— 債務－ GDP 比率變化 (年度)
——— 債務成長 (%GDP，年度)

貨幣與財政政策

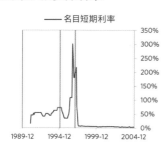
——— 名目短期利率

——— 貨幣供給 M0 (%GDP)

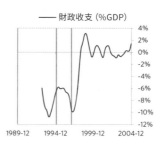
——— 財政收支 (%GDP)

經濟情勢

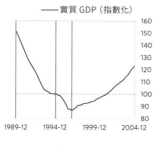
——— 實質 GDP (指數化)

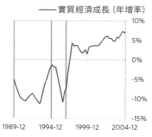
——— 實質經濟成長 (年增率)

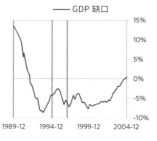
——— GDP 缺口

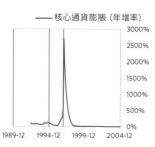
——— 核心通貨膨脹 (年增率)

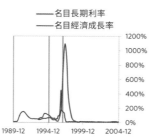
——— 名目長期利率
——— 名目經濟成長率

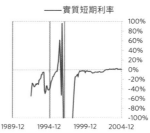
——— 實質短期利率

保加利亞1995年－2003年圖形集附錄（續）

市場

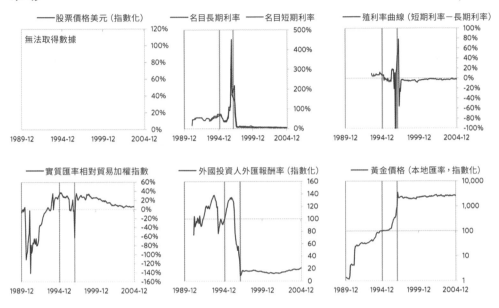

外部局勢

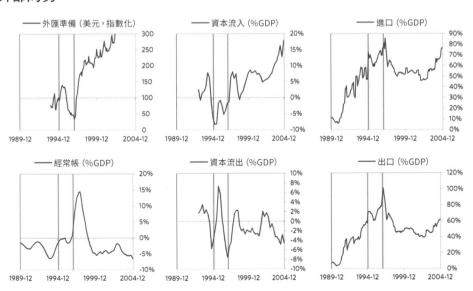

泰國1993年－2004年個案自動彙整

誠如右邊的幾個圖形所示，泰國在1993年至2004年間，經歷了一個過渡式通貨膨脹型去槓桿化週期。這也是一個國家面臨外部壓力時，「放手讓本國通貨貶值」的典型例子，放手讓本國通貨貶值引發了一些暫時性的通貨膨脹，但最終讓政策制訂者獲得了設定利率的更大彈性。

泡沫階段

1993年至1996年間，泰國經歷了一個受自我強化型強勁（但無以為繼）資本流入、債務增加、強勁股票報酬率與強勁經濟成長週期所驅動的泡沫。在泡沫期間，債務增加幅度約當GDP的44%，危機爆發前的債務高峰達到GDP的183%。以這個個案來說，相當高比重的債務是以外幣計價（約當GDP的51%），這使泰國極可能因外國資本撤出而受傷。在泡沫階段，投資資本流入強勁，平均約當GDP的15%，泰國因而得以維持約當GDP之9%的經常帳

以下幾個衡量指標是由後續圖形集所示的概要統計數據彙編而成。請注意，這些都是粗略的衡量指標。

* 前兩張圖是顯示泡沫／蕭條情勢以及貨幣與信用緊縮／寬鬆狀態的衡量指標。每一個指標和零之間的差額，代表泡沫的程度，而向上或向下穿越零，則代表逐漸泡沫化或脫離泡沫。

赤字。在債務及資本增加催化下，經濟強勁成長（8%），且經濟活動的水準也頗高（GDP缺口最高達8%）。此外，強勁的資產報酬率（在泡沫期間，股票的平均年度報酬率達12%）對貸款活動形成推波助瀾的效果，並進一步提振經濟成長。基於這些泡沫壓力，加上泰國又相當依賴外國融資，最終使它陷入無以為繼的窘境。

蕭條階段

最終，這個態勢逆轉，在 1996 年至 1998 年間製造了一個自我強化的不景氣階段和一場國際收支／通貨危機。償債負擔在危機爆發前的高峰達到 GDP 的 49%，這使泰國容易受意外衝擊所傷──而負債過高的企業／銀行發生一波虧損，便是那個意外的衝擊。苦於外國資金來源減少（資本流入降低幅度約當 GDP 的 34%），泰國開始採行緊縮政策（政策制訂者將短期利率提高 11%），本國通貨也大幅貶值（實質匯率貶值 19%）──在此同時，它還因向下自我強化的 GDP 衰退（降低 14%）與股價下跌（重挫 87%）而吃盡苦頭。此外，弱勢的通貨使通貨膨脹溫和上升，在蕭條階段，通貨膨脹最高達 8%，相對低於其他類似個案。這其來有自，因為泰國只具備引發較嚴重的通

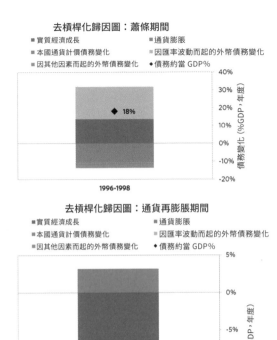

去槓桿化歸因圖：蕭條期間

■ 實質經濟成長　　　　　　　　■ 通貨膨脹
■ 本國通貨計價債務變化　　　　■ 因匯率波動而起的外幣債務變化
■ 因其他因素而起的外幣債務變化　◆ 債務約當 GDP%

◆ 18%

債務變化（%GDP・年度）

1996-1998

去槓桿化歸因圖：通貨再膨脹期間

■ 實質經濟成長　　　　　　　　■ 通貨膨脹
■ 本國通貨計價債務變化　　　　■ 因匯率波動而起的外幣債務變化
■ 因其他因素而起的外幣債務變化　◆ 債務約當 GDP%

◆ -15%

債務變化（%GDP・年度）

1998-2004

貨膨脹惡性循環的大約四分之一的典型「風險因子」（最大的風險因子是經常帳赤字）。泰國的金融機構也承受了極大壓力，在此同時，中央銀行動用外匯準備來捍衛本國通貨（外匯準備金降低 100%），但最後該國央行還是放棄捍衛匯率。如右邊的歸因圖所示，儘管泰國亟需一個去槓桿化歷程，這段期間它的債務約當 GDP 比重卻上升 36%（年化數字為 18%），部分原因是通貨貶值（那使外幣計價的債務負擔加重）。

通貨再膨脹階段

決定國際收支／通貨危機發展歷程的關鍵因素是政策制訂者如何回應逆資本流動：是放手讓本國通貨貶值，並允許金融情勢趨向全面緊縮（很痛苦，但通常是解決危機的必要手段），或是印製鈔票來彌補資金外逃所造成的缺口（有可能引發通

貨膨脹）？以這個個案來說，他們放棄通貨釘住政策，而政策制訂者在歷經比平均狀況稍短的「險惡」階段後，允許以足夠緊縮的政策來降低該國對進口的支出（經常帳赤字改善程度約當 GDP 之 21%），並讓本國通貨變得更有吸引力。泰國極端積極管理其金融機構與呆帳，動用了九個典型政策手段中的八個。特別值得一提的是，它將銀行國有化、提供流動性並直接收購不良資產。另外，它也受惠於 IMF 的援助計畫。誠如上頁的歸因圖所示，在這整個調整期間，債務約當 GDP 的百分比降低了 88%（年化數字為 15%）。債務－所得比率的降低多半來自名目所得的增加，而名目所得增加主要是拜實質經濟成長上升所賜。在此同時，泰國此時較低的通貨（在美好的去槓桿化期間，實質匯率最多貶值 16%）使這個國家的競爭力得以恢復。經過五年，實質 GDP 終於回到先前的高峰，而以美元計之股價則是二十三年後才恢復。

這場危機對泰國的政治帶來顯著影響，它讓人民眼中的民粹主義領袖塔克辛‧欽那瓦特拉（Thaksin Shinawatra）得以嶄露頭角，最終在 2001 年掌權。

泰國1993年－2004年圖形集附錄

債務狀況

—— 總債務（%GDP）
—— 償債負擔（%GDP）

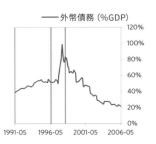

—— 外幣債務（%GDP）

—— 債務－ GDP 比率變化（年度）
—— 債務成長（%GDP，年度）

貨幣與財政政策

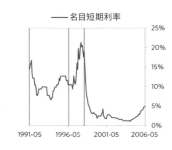

—— 名目短期利率

—— 貨幣供給 M0（%GDP）

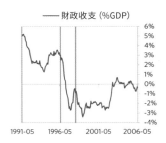

—— 財政收支（%GDP）

經濟情勢

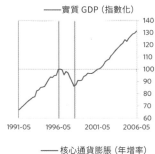

—— 實質 GDP（指數化）

—— 實質經濟成長（年增率）

—— GDP 缺口

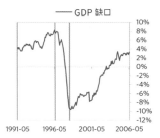

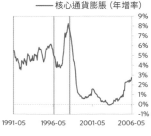

—— 核心通貨膨脹（年增率）

—— 名目長期利率
—— 名目經濟成長率

—— 實質短期利率

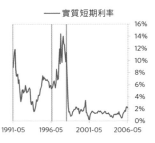

泰國1993年－2004年圖形集附錄（續）

市場

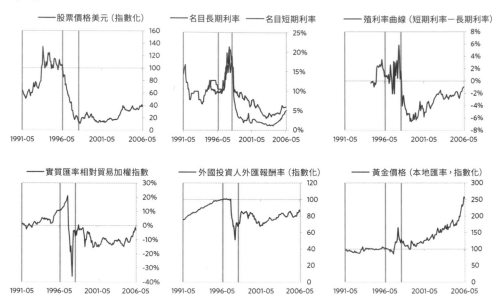

外部局勢

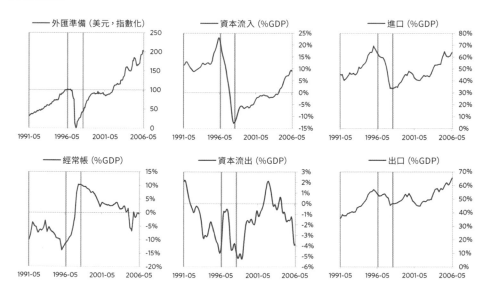

印尼1994年－2012年個案自動彙整

誠如右邊的幾個圖形所示，印尼在
1994 年至 2012 年間，經歷了一個過渡
式通貨膨脹型去槓桿化週期。這也是一
個國家面臨外部壓力時，「放手讓本國
通貨貶值」的典型例子，放手讓本國通
貨貶值引發了一些暫時性的通貨膨脹，
但最終讓政策制訂者獲得了設定利率的
更大彈性。

泡沫階段

1994 年至 1997 年間，印尼經歷了
一個受自我強化型強勁（但無以為繼）
資本流入、債務增加、強勁股票報酬率
與強勁經濟成長週期所驅動的泡沫。到
泡沫結束時，危機爆發前的債務高峰達
到 GDP 的 104%。以這個個案來說，
相當高比重的債務是以外幣計價（約
當 GDP 的 51%），這使印尼極可能因
外國資本撤出而受傷。在泡沫階段，投
資資本流入雖低，但仍屬正向，平均約
當 GDP 的 5%。這使印尼得以維持約當
GDP 之 3% 的經常帳赤字。在債務及

以下幾個衡量指標是由後續圖形集所示的概要統計
數據彙編而成。請注意，這些都是粗略的衡量指標。

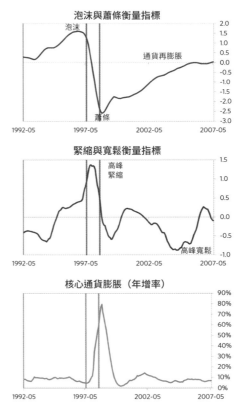

* 前兩張圖是顯示泡沫／蕭條情勢以及貨幣與信用
  緊縮／寬鬆狀態的衡量指標。每一個指標和零之
  間的差額，代表泡沫的程度，而向上或向下穿越
  零，則代表逐漸泡沫化或脫離泡沫。

資本增加催化下，經濟強勁成長（7%），且經濟活動的水準相當高（GDP 缺口最
高達 13%）。此外，強勁的資產報酬率（在泡沫期間，股票的平均年度報酬率達
12%）對貸款活動形成推波助瀾的效果，並進一步提振經濟成長。競爭力降低的威
脅也漸漸浮現，因為印尼的實質利率最高升值了 19%。基於這些泡沫壓力，加上
印尼相當依賴外國融資，且相關國家又轉趨弱勢，終使它陷入無以為繼的窘境。

蕭條階段

最終，這個態勢逆轉，在 1997 年至 1998 年間製造了一個自我強化的不景氣階段和一場國際收支／通貨危機。高債務水準使印尼容易受意外衝擊所傷——而 1997 年亞洲金融危機便是那個意外的衝擊。苦於外國資金來源減少（資本流入降低幅度約當 GDP 的 13%），印尼開始採行緊縮政策（政策制訂者將短期利率提高 43%），本國通貨也大幅貶值（實質匯率貶值 110%）——在此同時，它還因向下自我強化的 GDP 衰退（降低 14%）與股價下跌（重挫 89%）而吃盡苦頭。此外，弱勢的通貨使通貨膨脹上升到偏高水準並持續走高，在蕭條階段，通貨膨脹最高達 59%，與其他類似個案相比，屬於常態值。儘管印尼只具備引發較嚴重的通貨膨脹惡性循環的大約四分之一的典型「風險因子」（最大的風險因子

去槓桿化歸因圖：蕭條期間

■ 實質經濟成長　　　　　　　　■ 通貨膨脹
■ 本國通貨計價債務變化　　　　■ 因匯率波動而起的外幣債務變化
■ 因其他因素而起的外幣債務變化　◆ 債務約當 GDP%

◆ 132%

債務變化（%GDP，年度）

1997-1998

去槓桿化歸因圖：通貨再膨脹期間

■ 實質經濟成長　　　　　　　　■ 通貨膨脹
■ 本國通貨計價債務變化　　　　■ 因匯率波動而起的外幣債務變化
■ 因其他因素而起的外幣債務變化　◆ 債務約當 GDP%

◆ -13%

債務變化（%GDP，年度）

1998-2012

是外幣債務），它的通貨膨脹還是達到其他個案的常態水準。印尼的金融機構也承受了極大壓力，在此同時，中央銀行動用外匯準備來捍衛本國通貨（外匯準備金降低 23%），但最後該國央行還是放棄捍衛匯率。如右邊的歸因圖所示，儘管印尼亟需一個去槓桿化歷程，這段期間它的債務約當 GDP 比重卻上升 132%（年化數字為 132%），部分原因是通貨貶值（那使外幣計價的債務負擔加重）。

通貨再膨脹階段

決定國際收支／通貨危機發展歷程的關鍵因素是政策制訂者如何回應逆資本流動：是放手讓本國通貨貶值，並允許金融情勢趨向全面緊縮（很痛苦，但通常是解決危機的必要手段），或是印製鈔票來彌補資金外逃所造成的缺口（有可能引發通

貨膨脹）？以這個個案來說，他們放棄通貨釘住政策，而政策制訂者在歷經比平均狀況稍短的「險惡」階段後，允許以足夠緊縮的政策來降低該國對進口的支出（經常帳赤字改善程度約當 GDP 之 4%），並讓本國通貨變得更有吸引力。印尼非常積極管理其金融機構與呆帳，動用了九個典型政策手段中的七個。特別值得一提的是，它將銀行國有化、提供流動性並直接收購不良資產。另外，它也受惠於 IMF 的援助計畫。誠如上頁的歸因圖所示，在這整個調整期間，債務約當 GDP 的百分比降低了 178%（年化數字為 13%）。債務－所得比率的降低多半來自名目所得的增加，在此同時，印尼此時較低的通貨（在美好的去槓桿化期間，實質匯率最多貶值 90%）使這個國家的競爭力得以恢復。經過五年，實質 GDP 終於回到先前的高峰，而以美元計之股價則是十三年後才恢復。

印尼1994年－2012年圖形集附錄

債務狀況

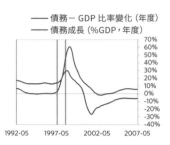

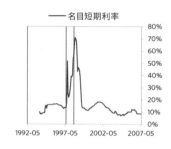

貨幣與財政政策

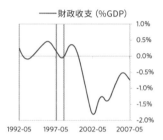

經濟情勢

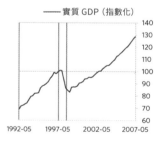

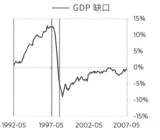

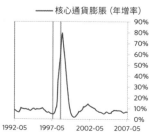

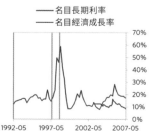

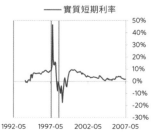

印尼1994年－2012年圖形集附錄（續）

市場

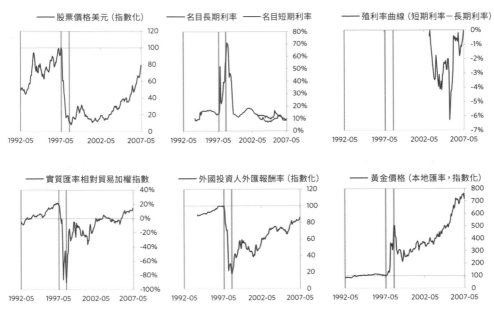

外部局勢

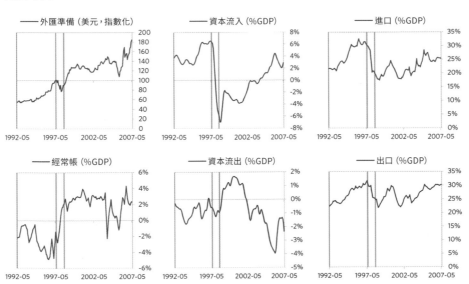

韓國1994年－2001年個案自動彙整

誠如右邊的幾個圖形所示，韓國在1994年至2001年間，經歷了一個過渡式通貨膨脹型去槓桿化週期。這也是一個國家面臨外部壓力時，「放手讓本國通貨貶值」的典型例子，放手讓本國通貨貶值引發了一些暫時性的通貨膨脹，但最終讓政策制訂者獲得了設定利率的更大彈性。

以下幾個衡量指標是由後續圖形集所示的概要統計數據彙編而成。請注意，這些都是粗略的衡量指標。

泡沫階段

1994年至1997年間，韓國經歷了一個受自我強化型強勁（但無以為繼）資本流入、債務增加與強勁經濟成長週期所驅動的泡沫。在泡沫期間，債務增加幅度約當GDP的23%，危機爆發前的債務高峰達到GDP的163%。以這個個案來說，相當高比重的債務是以外幣計價（約當GDP的27%），這使韓國可能因外國資本撤出而受傷。在泡沫階段，投資資本流入尚稱強勁，平均約當GDP的3%。在債務及資本流入增加催化下，經濟強勁成長（8%），且經濟

*　前兩張圖是顯示泡沫／蕭條情勢以及貨幣與信用緊縮／寬鬆狀態的衡量指標。每一個指標和零之間的差額，代表泡沫的程度，而向上或向下穿越零，則代表逐漸泡沫化或脫離泡沫。

活動的水準頗高（GDP缺口最高達5%）。基於這些泡沫壓力，加上韓國相當依賴外國融資，且相關國家又轉趨弱勢，遂使它陷入無以為繼的窘境。

蕭條階段

最終，這個態勢逆轉，在1997年至1998年間製造了一個自我強化的不景氣階段和一場國際收支／通貨危機。償債負擔在危機爆發前的高峰達到GDP的42%，

這使韓國容易受意外衝擊所傷——而 1997 年亞洲金融危機就是那個意外的衝擊。苦於外國資金來源減少（資本流入降低幅度約當 GDP 的 9%），韓國開始採行緊縮政策（政策制訂者將短期利率提高超過 14%），本國通貨也明顯貶值（實質匯率貶值 50%）——在此同時，它還因向下自我強化的 GDP 衰退（降低 8%）、股價下跌（重挫 75%）與房價下跌（下跌 13%）而吃盡苦頭。失業率上升 6%。弱勢的本國通貨也促使通貨膨脹溫和上升，在蕭條階段，通貨膨脹率高峰為 7%，相對低於其他類似個案。那其來有自，因為韓國只具備引發較嚴重的通貨膨脹惡性循環的大約四分之一的典型「風險因子」（最大的風險因子是中央銀行外匯準備偏低）。韓國的金融機構也承受了極大壓力，在此同時，中央銀行動用外匯準備來捍衛本國通貨（外匯準備金降低 24%），但

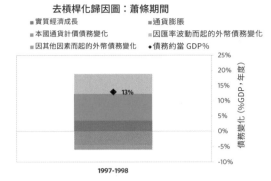

去槓桿化歸因圖：蕭條期間

1997-1998

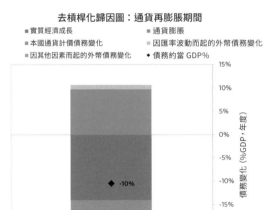

去槓桿化歸因圖：通貨再膨脹期間

1998-2001

最後該國央行還是放棄捍衛匯率。如右邊的歸因圖所示，儘管韓國亟需一個去槓桿化歷程，這段期間它的債務約當 GDP 比重卻上升 19%（年化數字為 13%），部分導因於通貨貶值（導致外幣計價的債務負擔上升）。

通貨再膨脹階段

　　決定國際收支／通貨危機發展歷程的關鍵因素是政策制訂者如何回應逆資本流動：是放手讓本國通貨貶值，並允許金融情勢趨向全面緊縮（很痛苦，但通常是解決危機的必要手段），或是印製鈔票來彌補資金外逃所造成的缺口（有可能引發通貨膨脹）？以這個個案來說，他們放棄通貨釘住政策，而政策制訂者在歷經比平均狀況稍短的「險惡」階段後，允許以足夠緊縮的政策來降低該國對進口的支出（經

常帳赤字改善程度約當 GDP 之 7%），並讓本國通貨變得更有吸引力。韓國非常
積極管理其金融機構與呆帳，動用了九個典型政策手段中的七個。特別值得一提的
是，它將銀行國有化、提供流動性並直接收購不良資產。另外，它也受惠於 IMF
的援助計畫，同時頒布了旨在提升勞動市場彈性的結構性改革。誠如上頁的歸因
圖所示，在這整個調整期間，債務約當 GDP 的百分比降低了 25%（年化數字為
10%）。債務－所得比率的降低多半來自名目所得的增加，而名目所得的增加導因
於較高的實質經濟成長。在此同時，韓國較低的通貨（在美好的去槓桿化期間，實
質匯率最多貶值 17%）使這個國家的競爭力得以恢復。經過 1.7 年，實質 GDP 便
回到先前的高峰，但以美元計之股價則是九年後才恢復。

韓國1994年－2001年圖形集附錄

債務狀況

—— 總債務（%GDP）
—— 償債負擔（%GDP）

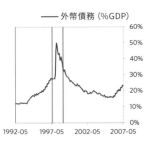

—— 外幣債務（%GDP）

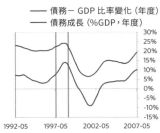

—— 債務－GDP 比率變化（年度）
—— 債務成長（%GDP，年度）

貨幣與財政政策

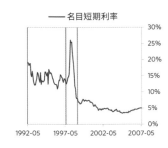

—— 名目短期利率

—— 貨幣供給 M0（%GDP）

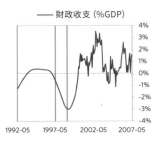

—— 財政收支（%GDP）

經濟情勢

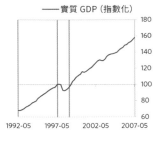

—— 實質 GDP（指數化）

—— 實質經濟成長（年增率）

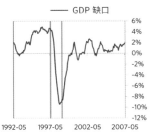

—— GDP 缺口

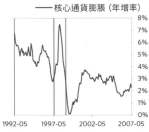

—— 核心通貨膨脹（年增率）

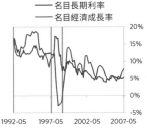

—— 名目長期利率
—— 名目經濟成長率

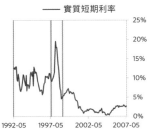

—— 實質短期利率

韓國1994年－2001年圖形集附錄（續）

市場

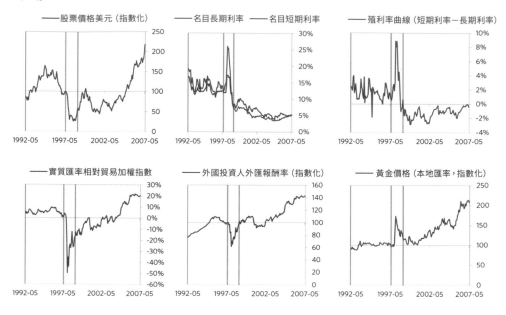

外部局勢

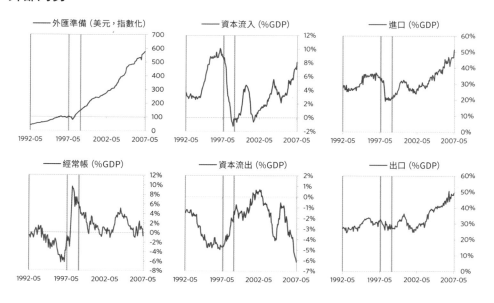

馬來西亞1994年－2001年個案自動彙整

誠如右邊的幾個圖形所示，馬來西亞在 1994 年至 2001 年間，經歷了一個過渡式通貨膨脹型去槓桿化週期。這也是一個國家面臨外部壓力時，「放手讓本國通貨貶值」的典型例子，放手讓本國通貨貶值引發了一些暫時性的通貨膨脹，但最終讓政策制訂者獲得了設定利率的更大彈性。

以下幾個衡量指標是由後續圖形集所示的概要統計數據彙編而成。請注意，這些都是粗略的衡量指標。

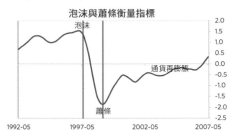

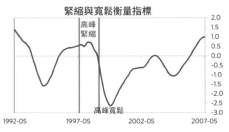

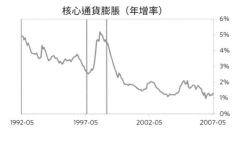

* 前兩張圖是顯示泡沫／蕭條情勢以及貨幣與信用緊縮／寬鬆狀態的衡量指標。每一個指標和零之間的差額，代表泡沫的程度，而向上或向下穿越零，則代表逐漸泡沫化或脫離泡沫。

泡沫階段

1994 年至 1997 年間，馬來西亞經歷了一個受自我強化型強勁（但無以為繼）資本流入、債務增加與強勁經濟成長週期所驅動的泡沫。在泡沫期間，債務增加幅度約當 GDP 的 53%，危機爆發前的債務高峰達到 GDP 的 212%。以這個個案來說，相當高比重的債務是以外幣計價（約當 GDP 的 39%），這使馬來西亞很可能因外國資本撤出而受傷。在泡沫階段，投資資本流入還算強勁，平均約當 GDP 的 6%，這使馬來西亞得以維持約當 GDP 之 8% 的經常帳赤字。在債務及資本增加催化下，經濟強勁成長（10%），且經濟活動的水準也相當高（GDP 缺口最高達 9%）。基於這些泡沫壓力，加上馬來西亞相當依賴外國融資，且相關國家又轉趨弱勢，遂使它陷入無以為繼的窘境。

蕭條階段

最終，這個態勢逆轉，在 1997 年至 1998 年間製造了一個自我強化的不景氣

階段和一場國際收支／通貨危機。償
債負擔在危機爆發前的高峰達到 GDP
的 45%，這使馬來西亞容易受意外衝
擊所傷——而 1997 年亞洲金融危機就
是那個意外的衝擊。苦於外國資金來
源減少（資本流入降低幅度約當 GDP
的 5%），馬來西亞開始採行緊縮政策
（政策制訂者將短期利率提高 4%），
本國通貨也明顯貶值（實質匯率貶值
24%）——在此同時，它還因向下自我
強化的 GDP 衰退（降低 9%）與股價下
跌（重挫 83%）而吃盡苦頭。此外，弱
勢的本國通貨也促使通貨膨脹上升，在
蕭條階段，通貨膨脹率高峰為 5%，相
對低於其他類似個案。那其來有自，因
為馬來西亞只具備引發較嚴重的通貨膨
脹惡性循環的大約四分之一的典型「風
險因子」（最大風險因子是其經常帳赤
字）。馬來西亞的金融機構也承受了

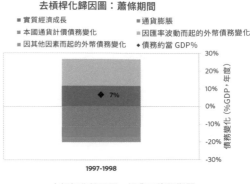

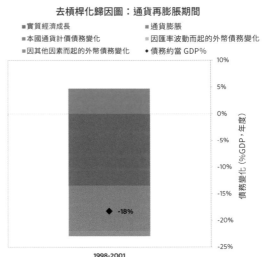

極大壓力，在此同時，中央銀行動用外匯準備來捍衛本國通貨（外匯準備金降低
27%），但最後該國央行還是放棄捍衛匯率。如右邊的歸因圖所示，儘管馬來西亞
亟需一個去槓桿化歷程，這段期間它的債務約當 GDP 比重卻上升 10%（年化數字
為 7%），這部分導因於通貨貶值（導致外幣計價的債務負擔上升）。

通貨再膨脹階段

　　決定國際收支／通貨危機發展歷程的關鍵因素是政策制訂者如何回應逆資本流
動：是放手讓本國通貨貶值，並允許金融情勢趨向全面緊縮（很痛苦，但通常是解
決危機的必要手段），或是印製鈔票來彌補資金外逃所造成的缺口（有可能引發通
貨膨脹）？以這個個案來說，他們放棄通貨釘住政策，而政策制訂者在歷經比平均
狀況稍短的「險惡」階段後，允許以足夠緊縮的政策來降低該國對進口的支出（經

常帳赤字改善程度約當 GDP 之 19%），並讓本國通貨變得更有吸引力。馬來西亞非常積極管理其金融機構與呆帳，動用了九個典型政策手段中的七個。特別值得一提的是，它將銀行國有化、提供流動性，並直接收購不良資產。誠如上頁的歸因圖所示，在這整個調整期間，債務約當 GDP 的百分比降低了 41%（年化數字為 18%）。債務－所得比率的降低多半來自名目所得的增加，而名目所得的增加導因於較高的實質經濟成長。在此同時，馬來西亞此時較低的通貨（在美好的去槓桿化期間，實質匯率最多貶值 9%）使這個國家的競爭力得以恢復。經過兩年，實質 GDP 便回到先前的高峰，但以美元計之股價則是十四年後才恢復。

馬來西亞1994年－2001年圖形集附錄

債務狀況

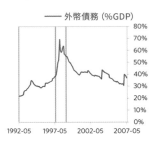

貨幣與財政政策

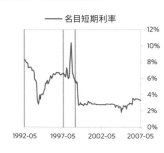

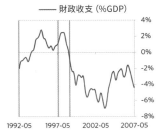

經濟情勢

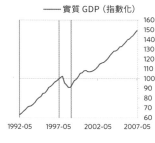

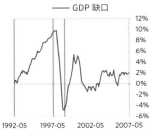

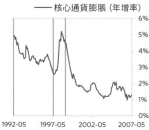

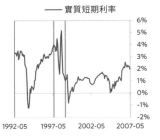

馬來西亞1994年－2001年圖形集附錄（續）

市場

外部局勢

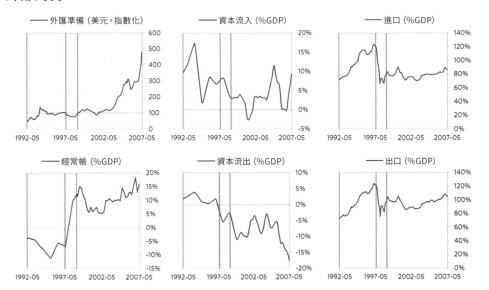

菲律賓1994年－2008年個案自動彙整

誠如右邊的幾個圖形所示，菲律賓在 1994 年至 2008 年間，經歷了一個過渡式通貨膨脹型去槓桿化週期。這也是一個國家面臨外部壓力時，「放手讓本國通貨貶值」的典型例子，放手讓本國通貨貶值引發了一些暫時性的通貨膨脹，但最終讓政策制訂者獲得了設定利率的更大彈性。

以下幾個衡量指標是由後續圖形集所示的概要統計數據彙編而成。請注意，這些都是粗略的衡量指標。

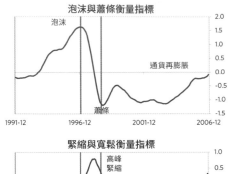

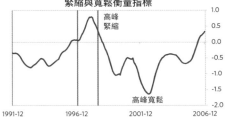

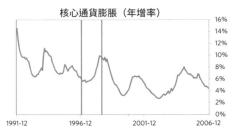

* 前兩張圖是顯示泡沫／蕭條情勢以及貨幣與信用緊縮／寬鬆狀態的衡量指標。每一個指標和零之間的差額，代表泡沫的程度，而向上或向下穿越零，則代表逐漸泡沫化或脫離泡沫。

泡沫階段

1994 年至 1997 年間，菲律賓經歷了一個受自我強化型強勁（但無以為繼）資本流入與強勁通貨報酬率週期所驅動的泡沫。在泡沫期間，債務增加幅度約當 GDP 的 12%，危機爆發前的債務高峰達到 GDP 的 95%。以這個個案來說，相當高比重的債務是以外幣計價（約當 GDP 的 51%），這使菲律賓很可能因外國資本撤出而受傷。在泡沫階段，投資資本流入強勁，平均約當 GDP 的 12%，這使菲律賓得以維持約當 GDP 之 5% 的經常帳赤字。在債務及資本增加催化下，經濟強勁成長（5%），經濟活動的水準堪稱溫和（GDP 缺口最高為 2%）。此外，強勁的資產報酬率（在泡沫期間，股票的平均年度報酬率為 8%）對貸款活動形成推波助瀾的效果，並進一步提振經濟成長。競爭力降低的威脅也漸漸浮現，因為菲律賓的實質匯率最高曾升值 23%。基於這些泡沫壓力，加上菲律賓相當依賴外國融資，且相關國家又轉趨弱勢，遂使它陷入無以為繼的窘境。

蕭條階段

最終，這個態勢逆轉，在 1997 年至 1998 年間製造了一個自我強化的不景氣階段和一場國際收支／通貨危機。償債負擔在危機爆發前的高峰達到 GDP 的 25%，這使菲律賓容易受意外衝擊所傷——而 1997 年亞洲金融危機就是那個意外的衝擊。苦於外國資金來源減少（資本流入降低幅度約當 GDP 的 19%），菲律賓開始採行緊縮政策（政策制訂者將短期利率提高 9%），本國通貨也明顯貶值（實質匯率貶值 29%）——在此同時，它還因向下自我強化的 GDP 衰退（降低 3%）與股價下跌（重挫 79%）而吃盡苦頭。此外，弱勢的本國通貨也促使通貨膨脹上升，在蕭條階段，通貨膨脹率高峰為 10%，相對低於其他類似個案。那其來有自，因為菲律賓只具備引發較嚴重的通貨膨脹

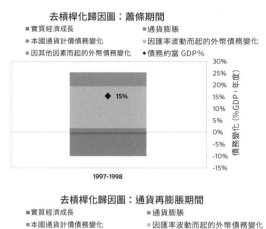

去槓桿化歸因圖：蕭條期間

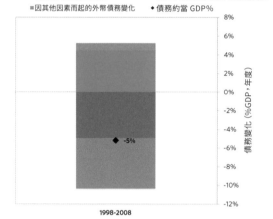

去槓桿化歸因圖：通貨再膨脹期間

惡性循環的大約四分之一的典型「風險因子」（最大風險因子是中央銀行外匯準備過低）。菲律賓的金融機構也承受了極大壓力，在此同時，中央銀行動用外匯準備來捍衛本國通貨（外匯準備金降低 60%），但最後該國央行還是放棄捍衛匯率。如右邊的歸因圖所示，儘管菲律賓亟需一個去槓桿化歷程，這段期間它的債務約當 GDP 比重卻上升 24%（年化數字為 15%），這部分導因於通貨貶值（導致外幣計價的債務負擔上升）。

通貨再膨脹階段

決定國際收支／通貨危機發展歷程的關鍵因素是政策制訂者如何回應逆資本流動：是放手讓本國通貨貶值，並允許金融情勢趨向全面緊縮（很痛苦，但通常是解決危機的必要手段），或是印製鈔票來彌補資金外逃所造成的缺口（有可能引發通

貨膨脹)?以這個個案來說,他們放棄通貨釘住政策,而政策制訂者在歷經比平均狀況稍短的「險惡」階段後,允許以足夠緊縮的政策來降低該國對進口的支出(經常帳赤字改善程度約當 GDP 之 11%),並讓本國通貨變得更有吸引力。菲律賓還算積極管理其金融機構與呆帳,動用了九個典型政策手段中的三個。它也受惠於 IMF 的援助計畫,並頒布了旨在提升勞動市場彈性的多項結構性改革。誠如上頁的歸因圖所示,在這整個調整期間,債務約當 GDP 的百分比降低了 51%(年化數字為 5%)。債務-所得比率的降低多半來自名目所得的增加,而名目所得的增加導因於較高的實質經濟成長。在此同時,菲律賓此時較低的通貨(在美好的去槓桿化期間,實質匯率最多貶值 24%)使這個國家的競爭力得以恢復。最後,GDP 只短暫衰退,但以美元計之股價則是十六年後才恢復。

　　這場危機對菲律賓的政治造成顯著的影響,它促使很多人眼中的民粹主義領袖約瑟夫 · 艾斯特拉達(Joseph Estrada)得以嶄露頭角,最終掌權。

菲律賓1994年－2008年圖形集附錄

債務狀況

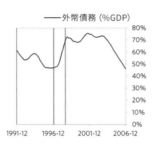

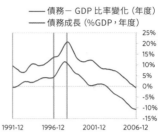

貨幣與財政政策

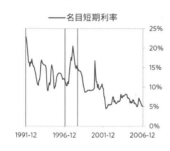

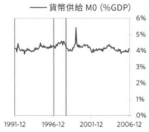

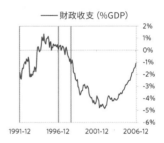

經濟情勢

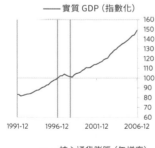

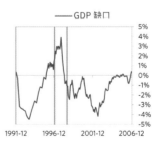

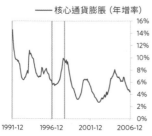

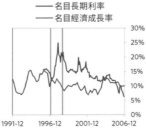

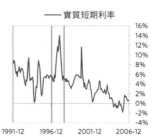

菲律賓1994年－2008年圖形集附錄（續）

市場

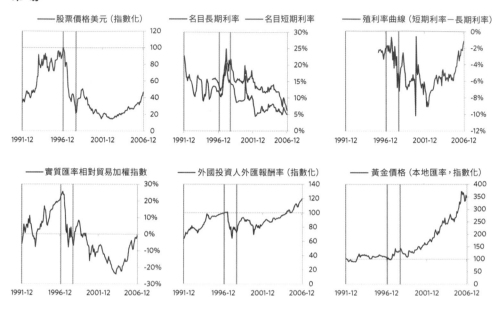

外部局勢

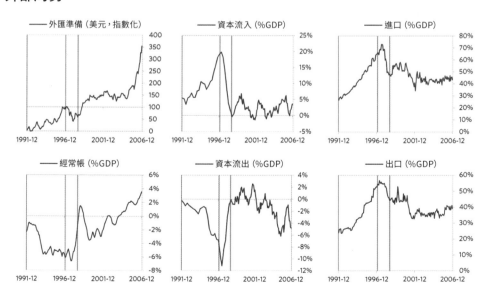

俄羅斯1996年－2006年個案自動彙整

　　誠如右邊的幾個圖形所示，俄羅斯在 1996 年至 2006 年間，經歷了一個過渡式通貨膨脹型去槓桿化週期。這也是一個國家面臨外部壓力時，「放手讓本國通貨貶值」的典型例子，放手讓本國通貨貶值引發了一些暫時性的通貨膨脹，但最終讓政策制訂者獲得了設定利率的更大彈性。

泡沫階段

　　和其他很多個案不同的是，在這場危機爆發前幾年，俄羅斯並未發生廣泛的泡沫，不過，它和發生泡沫情境的其他國家、經濟體與金融市場之間的關聯甚深。另外，由於強勁（但無以為繼）的資本流入，俄羅斯也累積了鉅額的債務存量，在危機爆發前，債務達到約當 GDP 的 112%。以這個個案來說，相當高比重的債務是以外幣計價（約當 GDP 的 38%），這使俄羅斯可能因外國資本撤出而受傷。另外，俄羅斯也愈來愈依賴源源不絕的外國融資，在危機

以下幾個衡量指標是由後續圖形集所示的概要統計數據彙編而成。請注意，這些都是粗略的衡量指標。

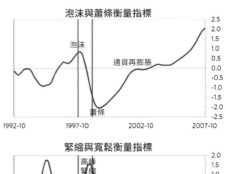

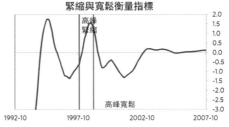

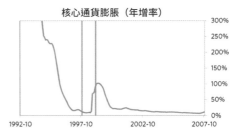

---

*　前兩張圖是顯示泡沫／蕭條情勢以及貨幣與信用緊縮／寬鬆狀態的衡量指標。每一個指標和零之間的差額，代表泡沫的程度，而向上或向下穿越零，則代表逐漸泡沫化或脫離泡沫。

爆發前，投資資本流入平均達到 GDP 的 5%。因高債務與俄羅斯過於依賴外國融資，加上相關國家的情勢轉弱，最終使它陷入無以為繼的窘境。

蕭條階段

　　最終，這個態勢逆轉，在 1997 年至 1998 年間製造了一個自我強化的不景氣階段和一場國際收支／通貨危機。償債負擔在危機爆發前的高峰達到 GDP 的

90%，這使俄羅斯格外容易受意外衝擊所傷——而 1997 年亞洲金融危機的餘波與油價下跌就是那個意外的衝擊。苦於外國資金來源減少（資本流入降低幅度約當 GDP 的 5%），俄羅斯開始採行緊縮政策（政策制訂者將短期利率提高 250%），本國通貨也明顯貶值（實質匯率貶值 72%）——在此同時，它還因向下自我強化的 GDP 衰退（降低 10%）與股價下跌（重挫 85%）而吃盡苦頭。此外，弱勢的本國通貨也促使通貨膨脹上升，在蕭條階段，通貨膨脹率高峰為 91%，相對高於其他類似個案。那其來有自，因為俄羅斯只具備引發較嚴重的通貨膨脹惡性循環的大約一半的典型「風險因子」（最大風險因子是長期以來控制不力的通貨膨脹）。俄羅斯的金融機構也承受了極大的壓力，在此同時，中央銀行動用外匯準備來捍衛本

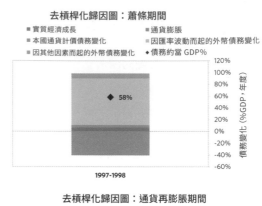

去槓桿化歸因圖：蕭條期間

1997-1998

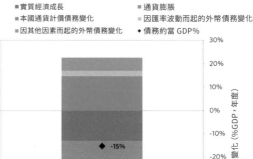

去槓桿化歸因圖：通貨再膨脹期間

1998-2006

國通貨（外匯準備金降低 55%），但最後該國央行還是放棄捍衛匯率。如右邊的歸因圖所示，儘管俄羅斯亟需一個去槓桿化歷程，這段期間它的債務約當 GDP 比重卻上升 63%（年化數字為 58%），這部分導因於通貨貶值（導致外幣計價的債務負擔上升），部分則是因為政府必須舉借更多債務來回應危機（財政赤字最高達到 GDP 的 5%）。

通貨再膨脹階段

決定國際收支／通貨危機發展歷程的關鍵因素是政策制訂者如何回應逆資本流動：是放手讓本國通貨貶值，並允許金融情勢趨向全面緊縮（很痛苦，但通常是解決危機的必要手段），或是印製鈔票來彌補資金外逃所造成的缺口（有可能引發通貨膨脹）？以這個個案來說，他們放棄通貨釘住政策，而政策制訂者在歷經比平均

狀況稍短的「險惡」階段後，允許以足夠緊縮的政策來降低該國對進口的支出（經常帳赤字改善程度約當 GDP 之 8%），並讓本國通貨變得更有吸引力。俄羅斯非常積極管理其金融機構與呆帳，動用了九個典型政策手段中的六個。特別值得一提的是，它將銀行國有化、提供流動性，並直接收購不良資產。另外，它也受惠於 IMF 的援助計畫，同時頒布了旨在提升勞動市場彈性的結構性改革。誠如上頁的歸因圖所示，在這整個調整期間，債務約當 GDP 的百分比降低了 119%（年化數字為 15%）。債務－所得比率的降低多半來自名目所得的增加。在此同時，俄羅斯此時較低的通貨（在美好的去槓桿化期間，實質匯率最多貶值 43%）使這個國家的競爭力得以恢復。經過 1.8 年，實質 GDP 便回到先前的高峰，但以美元計之股價則是六年後才恢復。

俄羅斯1996年－2006年圖形集附錄

債務狀況

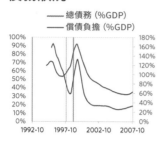

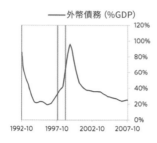

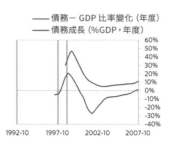

貨幣與財政政策

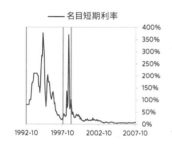

經濟情勢

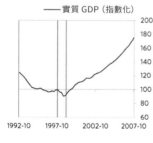

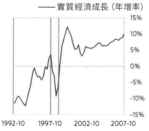

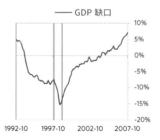

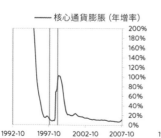

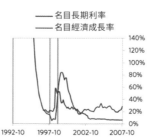

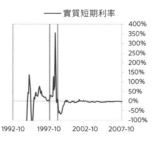

俄羅斯1996年－2006年圖形集附錄（續）

市場

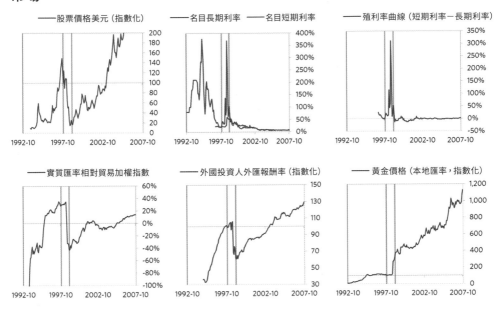

外部局勢

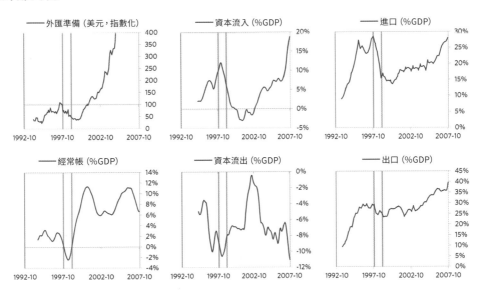

哥倫比亞1995年－2008年個案自動彙整

誠如右邊的幾個圖形所示,哥倫比亞在 1995 年至 2008 年間,經歷了一個過渡式通貨膨脹型去槓桿化週期。這也是一個國家面臨外部壓力時,「放手讓本國通貨貶值」的典型例子,放手讓本國通貨貶值引發了一些暫時性的通貨膨脹,但最終讓政策制訂者獲得了設定利率的更大彈性。

以下幾個衡量指標是由後續圖形集所示的概要統計數據彙編而成。請注意,這些都是粗略的衡量指標。

泡沫階段

1995 年至 1998 年間,哥倫比亞經歷了一個自我強化型強勁(但無以為繼)資本流入、債務增加、強勁經濟成長與強勁住宅報酬率週期所驅動的泡沫。在泡沫期間,債務增加約當 GDP 的 11%,危機爆發前的債務高峰達到 GDP 的 58%。以這個個案來說,相當高比重的債務是以外幣計價(約當 GDP 的 30%),這使哥倫比亞很可能因外國資本撤出而受傷。在泡沫階段,投資資本流入堪稱強勁,平均約當 GDP 的 8%。哥倫比亞因而得以維持約

* 前兩張圖是顯示泡沫／蕭條情勢以及貨幣與信用緊縮／寬鬆狀態的衡量指標。每一個指標和零之間的差額,代表泡沫的程度,而向上或向下穿越零,則代表逐漸泡沫化或脫離泡沫。

當 GDP 之 5% 的經常帳赤字。在債務及資本增加催化下,經濟強勁成長(3%),且經濟活動的水準頗高(GDP 缺口最高達 5%)。競爭力降低的威脅也漸漸浮現,因為哥倫比亞的實質匯率最高升值了 16%。基於這些泡沫壓力,加上哥倫比亞相當依賴外國融資,且相關國家情勢又轉弱,最終使它陷入無以為繼的窘境。

蕭條階段

最終，這個態勢逆轉，在 1998 年至 2003 年間製造了一個自我強化的不景氣階段和一場國際收支／通貨危機。高債務水準使哥倫比亞容易受意外衝擊所傷——而 1997 年亞洲金融危機的各項影響便是那個意外的衝擊。苦於外國資金來源減少（資本流入降低幅度約當 GDP 的 8%），哥倫比亞開始採行緊縮政策（政策制訂者將短期利率提高 20%），本國通貨也大幅貶值（實質匯率貶值 45%）——在此同時，它還因向下自我強化的 GDP 衰退（降低 7%）與股價下跌（重挫 66%）而吃盡苦頭。失業率上升 6%，而弱勢的通貨使通貨膨脹上升到偏高水準並持續走高，在蕭條階段，通貨膨脹最高達 20%，相對其他類似個案偏低。儘管哥倫比亞具備引發較嚴重的通貨膨脹惡性循環的大約一半

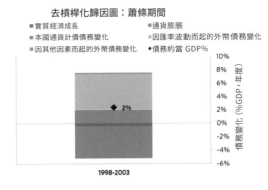

去槓桿化歸因圖：蕭條期間

1998-2003

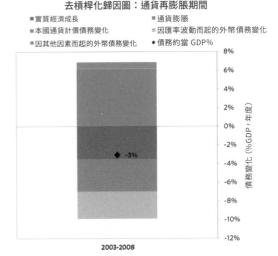

去槓桿化歸因圖：通貨再膨脹期間

2003-2008

典型「風險因子」（最大的風險因子是長期控制通膨不力），但它在這段期間的通貨膨脹確實低於其他類似個案。哥倫比亞的金融機構也承受了極大壓力，在此同時，中央銀行動用外匯準備來捍衛本國通貨（外匯準備金降低 37%），但最後該國央行還是放棄捍衛匯率。如右邊的歸因圖所示，儘管哥倫比亞亟需一個去槓桿化歷程，這段期間它的債務約當 GDP 比重卻上升 12%（年化數字為 2%），部分原因是通貨貶值（那使外幣計價的債務負擔加重），部分則是因為政府必須舉借更多債務來回應危機（財政赤字最高達到 GDP 的 5%）。

通貨再膨脹階段

決定國際收支／通貨危機發展歷程的關鍵因素是政策制訂者如何回應逆資本流動：是放手讓本國通貨貶值，並允許金融情勢趨向全面緊縮（很痛苦，但通常是解

決危機的必要手段），或是印製鈔票來彌補資金外逃所造成的缺口（有可能引發通貨膨脹）？以這個個案來說，他們放棄通貨釘住政策，而政策制訂者在歷經比平均狀況稍長的「險惡」階段後，允許以足夠緊縮的政策來降低該國對進口的支出（經常帳赤字改善程度約當 GDP 之 5%），並讓本國通貨變得更有吸引力。哥倫比亞非常積極管理其金融機構與呆帳，動用了九個典型政策手段中的六個。特別值得一提的是，它將銀行國有化，提供流動性，並直接收購不良資產。它也受惠於 IMF 的援助計畫，並頒布了旨在提升勞動市場彈性的多項結構性改革。誠如上頁的歸因圖所示，在這整個調整期間，債務約當 GDP 的百分比降低了 16%（年化數字為 3%）。債務－所得比率的降低多半來自名目所得的增加。在此同時，哥倫比亞較低的通貨（在美好的去槓桿化期間，實質匯率最多貶值 29%）使這個國家的競爭力得以恢復。最後，經過四年，GDP 終於回到先前的高峰，但以美元計之股價則是七年後才恢復。

哥倫比亞1995年－2008年圖形集附錄

債務狀況

總債務（%GDP）
償債負擔（%GDP）

外幣債務（%GDP）

債務－GDP比率變化（年度）
債務成長（%GDP，年度）

貨幣與財政政策

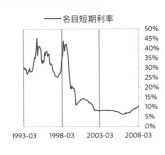

名目短期利率

貨幣供給 M0（%GDP）

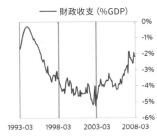

財政收支（%GDP）

經濟情勢

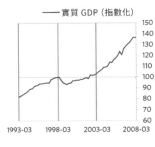

實質 GDP（指數化）

實質經濟成長（年增率）

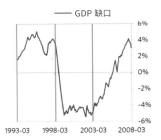

GDP 缺口

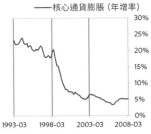

核心通貨膨脹（年增率）

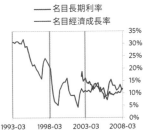

名目長期利率
名目經濟成長率

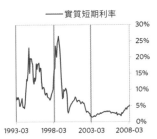

實質短期利率

哥倫比亞1995年－2008年圖形集附錄（續）

市場

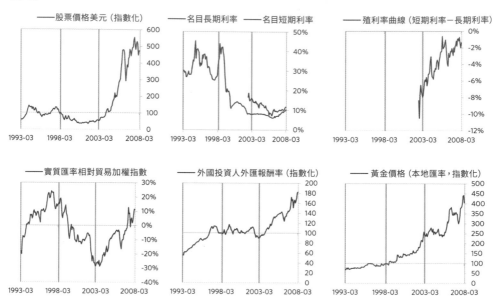

外部局勢

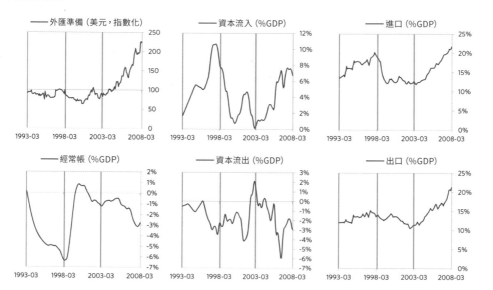

厄瓜多1995年－2009年個案自動彙整

誠如右邊的幾個圖形所示，厄瓜多在 1995 年至 2009 年間，經歷了一個典型的通貨膨脹型去槓桿化週期。

泡沫階段

和其他很多個案不同的是，在這場危機爆發前幾年，厄瓜多並未發生廣泛的泡沫，不過，它和發生泡沫情境的其他國家、經濟體與金融市場之間的關聯甚深。另外，厄瓜多也累積了鉅額的債務存量，在危機爆發前，債務達到約當 GDP 的 85%。以這個個案來說，相當高比重的債務是以外幣計價（約當 GDP 的 56%），這使厄瓜多很可能因外國資本撤出而受傷。另外，厄瓜多也愈來愈依賴源源不絕的外國融資，其經常帳赤字達到 GDP 的 4%（在危機爆發前，投資資本流入平均每年達到 GDP 的 3%）。因高債務與厄瓜多過於依賴外國融資，加上相關國家的情勢轉弱，最終使它陷入無以為繼的窘境。

以下幾個衡量指標是由後續圖形集所示的概要統計數據彙編而成。請注意，這些都是粗略的衡量指標。

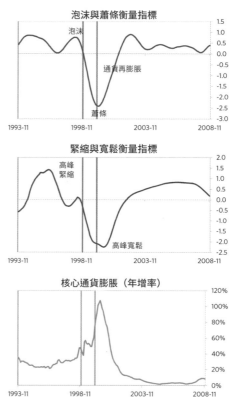

* 前兩張圖是顯示泡沫／蕭條情勢以及貨幣與信用緊縮／寬鬆狀態的衡量指標。每一個指標和零之間的差額，代表泡沫的程度，而向上或向下穿越零，則代表逐漸泡沫化或脫離泡沫。

蕭條階段

最終，這個態勢逆轉，在 1998 年至 2000 年間製造了一個自我強化的不景氣階段和一場國際收支／通貨危機。高債務使厄瓜多格外容易受意外衝擊所傷——而因 1997 年亞洲金融危機而起的感染作用就是那個意外的衝擊。外國資金來源減少（資本流入降低幅度約當 GDP 的 11%）導致本國通貨明顯貶值（實質匯率貶值 60%），在此同時，向下自我強化的 GDP 衰退（降低 6%）與股價下跌（重挫

62%），也使厄瓜多吃盡苦頭。失業率上升 2%，此外，弱勢的本國通貨也促使通貨膨脹高漲並持續上升，在蕭條階段，通貨膨脹率高峰為 76%，相對高於其他類似個案。那其來有自，因為厄瓜多具備引發較嚴重的通貨膨脹惡性循環的多數典型「風險因子」（最大風險因子是實質短期利率過低）。厄瓜多的金融機構也承受了極大壓力，在此同時，中央銀行動用外匯準備來捍衛本國通貨（外匯準備金減少 61%），但最後該國央行還是放棄捍衛匯率。如右邊的歸因圖所示，儘管厄瓜多亟需一個去槓桿化歷程，這段期間它的債務約當 GDP 比重卻上升 46%（年化數字為 42%），這部分導因於通貨貶值（導致外幣計價的債務負擔上升）。

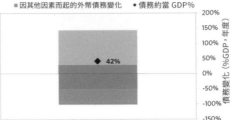

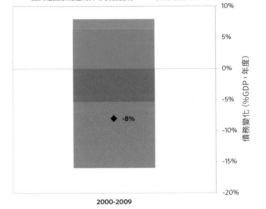

通貨再膨脹階段

決定國際收支／通貨危機發展歷程的關鍵因素是政策制訂者如何回應逆資本流動：是放手讓本國通貨貶值，並允許金融情勢趨向全面緊縮（很痛苦，但通常是解決危機的必要手段），或是印製鈔票來彌補資金外逃所造成的缺口（有可能引發通貨膨脹）？以這個個案來說，他們放棄通貨釘住政策，而政策制訂者在歷經相對短暫的「險惡」階段後，允許以足夠緊縮的政策來降低該國對進口的支出（經常帳赤字改善程度約當 GDP 之 11%），並讓本國通貨變得更有吸引力。厄瓜多極端積極管理其金融機構與呆帳，動用了九個典型政策手段中的九個。特別值得一提的是，它將銀行國有化，提供流動性，並直接收購不良資產。它也受惠於 IMF 的援助計畫，並頒布了旨在提升勞動市場彈性的多項結構性改革。誠如右邊的歸因圖所示，在這整個調整期間，債務約當 GDP 的百分比降低了 79%（年化數字為 8%）。債務－所得比率的降低多半來自名目所得的增加。在此同時，厄瓜多較低的通貨（在

美好的去槓桿化期間，實質匯率最多貶值 55%）使這個國家的競爭力得以恢復。最後，經過 1.8 年，GDP 便回到先前的高峰，但以美元計之股價則是五年後才恢復。

　　這場危機對厄瓜多的政治造成顯著的影響，它促使很多人眼中的民粹主義領袖魯西奧 · 古堤瑞茲（Lucio Gutierrez）得以嶄露頭角，最終在 2003 年掌權。

厄瓜多1995年－2009年圖形集附錄

債務狀況

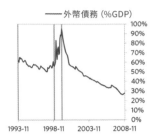

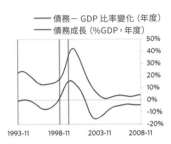

貨幣與財政政策

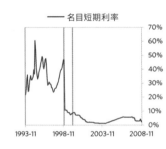

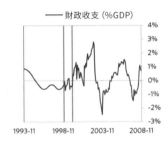

經濟情勢

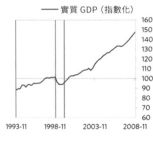

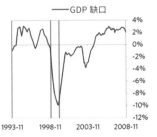

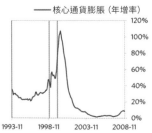

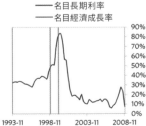

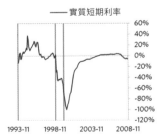

厄瓜多1995年－2009年圖形集附錄（續）

市場

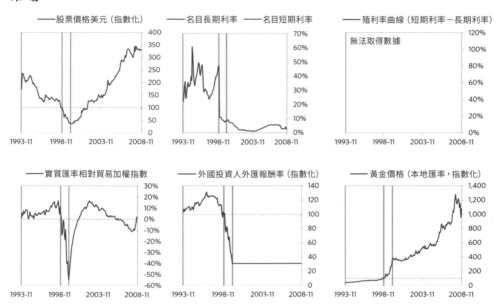

外部局勢

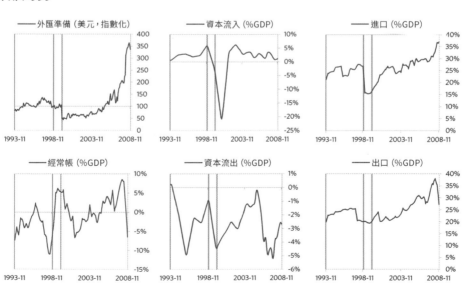

土耳其1997年－2003年個案自動彙整

誠如右邊的幾個圖形所示，土耳其在 1997 年至 2003 年間，經歷了一個典型的通貨膨脹型去槓桿化週期。

泡沫階段

1997 年至 2000 年間，土耳其經歷了一個受自我強化型債務增加、強勁股票報酬率與強勁經濟成長週期所驅動的泡沫。在泡沫期間，債務上升幅度約當 GDP 的 17%，危機爆發前的債務高峰達到 GDP 的 60%。以這個個案來說，相當高比重的債務是以外幣計價（約當 GDP 的 46%），這使土耳其很可能因外國資本撤出而受傷。在泡沫階段，投資資本流入雖低，但仍屬正向，平均約當 GDP 的 3%。在債務及資本增加的催化下，經濟溫和成長（2%），但經濟活動的水準非常高（GDP 缺口最高達 9%）。此外，強勁的資產報酬率（在泡沫期間，股票的平均年度報酬率達 22%）對貸款活動形成推波助瀾的效果，並進一步提振經濟成長。基於這些泡沫壓力，加上土耳其又相當依賴外國融資，遂使它陷入無以為繼的窘境。

以下幾個衡量指標是由後續圖形集所示的概要統計數據彙編而成。請注意，這些都是粗略的衡量指標。

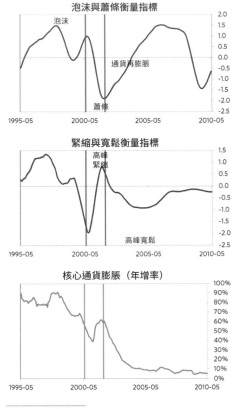

* 前兩張圖是顯示泡沫／蕭條情勢以及貨幣與信用緊縮／寬鬆狀態的衡量指標。每一個指標和零之間的差額，代表泡沫的程度，而向上或向下穿越零，則代表逐漸泡沫化或脫離泡沫。

蕭條階段

最終，這個態勢逆轉，在 2000 年至 2001 年間製造了一個自我強化的不景氣階段和一場國際收支／通貨危機。在危機爆發前，償債負擔最高達到 GDP 的 30%，這使土耳其容易受意外衝擊所傷——而本國政治動亂與暴力便是那個意外的衝擊。

苦於外國資金來源減少（資本流入降低幅度約當 GDP 的 10%），土耳其開始採行緊縮政策（政策制訂者將短期利率提高 157%），本國通貨也明顯貶值（實質匯率貶值 12%）──在此同時，它還因向下自我強化的 GDP 衰退（降低 10%）與股價下跌（重挫 78%）而吃盡苦頭。失業率上升 3%，此外，弱勢的通貨使通貨膨脹達到偏高水準並持續上升，在蕭條階段，通貨膨脹最高達 62%，相對高於其他類似個案。這其來有自，因為土耳其具備引發較嚴重的通貨膨脹惡性循環的多數典型「風險因子」（最大的風險因子是長期控制不力的通貨膨脹）。土耳其的金融機構也承受了極大壓力，在此同時，中央銀行動用外匯準備來捍衛本國通貨（外匯準備金降低 100%），但最後該國央行還是放棄捍衛匯率。如右邊的歸因圖所示，

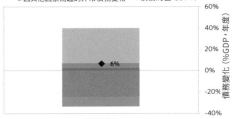

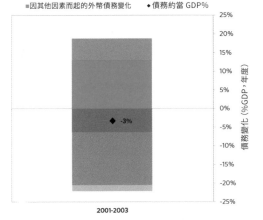

儘管土耳其亟需一個去槓桿化歷程，這段期間它的債務約當 GDP 比重卻上升 9%（年化數字為 6%），部分原因是通貨貶值（那使外幣計價的債務負擔加重），部分則是因為政府必須舉借更多債務來因應這場危機（財政赤字最高達 GDP 的 11%）。

通貨再膨脹階段

　　決定國際收支／通貨危機發展歷程的關鍵因素是政策制訂者如何回應逆資本流動：是放手讓本國通貨貶值，並允許金融情勢趨向全面緊縮（很痛苦，但通常是解決危機的必要手段），或是印製鈔票來彌補資金外逃所造成的缺口（有可能引發通貨膨脹）？以這個個案來說，他們放棄通貨釘住政策，而政策制訂者在歷經相對短暫的「險惡」階段後，允許以足夠緊縮的政策來降低該國對進口的支出（經常帳

赤字改善程度約當 GDP 之 5%），並讓本國通貨變得更有吸引力。土耳其非常積極管理其金融機構與呆帳，動用了九個典型政策手段中的七個。特別值得一提的是，它將銀行國有化，提供流動性，並直接收購不良資產。它也受惠於 IMF 的援助計畫，並頒布了旨在提升勞動市場彈性的多項結構性改革。誠如上頁的歸因圖所示，在這整個調整期間，債務約當 GDP 的百分比降低了 6%（年化數字為 3%）。債務－所得比率的降低多半來自名目所得的增加。在此同時，土耳其較低的通貨（在美好的去槓桿化期間，實質匯率最多貶值 18%）使這個國家的競爭力得以恢復。最後，經過兩年，GDP 便回到先前的高峰，但以美元計之股價則是六年後才恢復。

土耳其1997年－2003年圖形集附錄

債務狀況

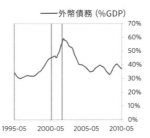

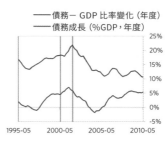

貨幣與財政政策

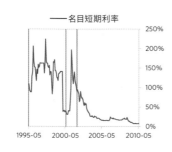

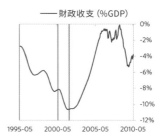

經濟情勢

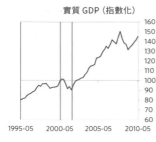

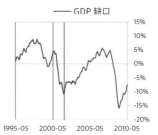

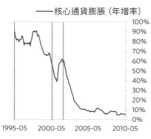

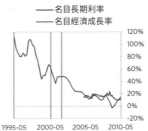

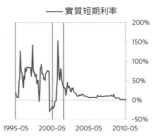

土耳其1997年－2003年圖形集附錄（續）

市場

外部局勢

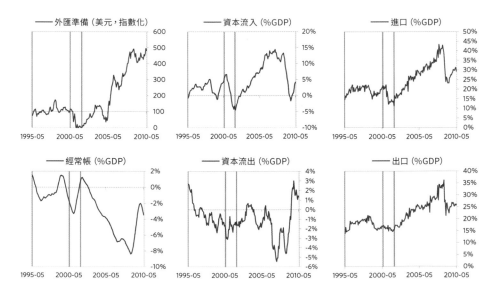

阿根廷1998年－2012年個案自動彙整

誠如右邊的幾個圖形所示，阿根廷在 1998 年至 2012 年間，經歷了一個過渡式通貨膨脹型去槓桿化週期。這也是一個國家面臨外部壓力時，「放手讓本國通貨貶值」的典型例子，放手讓本國通貨貶值引發了一些暫時性的通貨膨脹，但最終讓政策制訂者獲得了設定利率的更大彈性。

泡沫階段

1998 年至 2001 年間，阿根廷經歷了一個主要受強勁（但無以為繼）資本流入與強勁通貨報酬率所驅動的泡沫。到泡沫結束時，債務在危機爆發前的高峰約當 GDP 的 78%。以這個個案來說，相當高比重的債務是以外幣計價（約當 GDP 的 47%），這使阿根廷很可能因外國資本撤出而受傷。在泡沫階段，投資資本流入強勁，平均約當 GDP 的 11%。阿根廷因而得以維持約當 GDP 之 5% 的經常帳赤字。經濟成長疲弱（0%），不過，經濟活動的水準頗高（GDP 缺口最高達 9%）。競爭力降低的威脅漸漸浮現，因為阿根廷的實質匯率最高升值了 39%。基於這些泡沫壓力，加上阿根廷相當依賴外國融資，且相關國家情勢轉弱，最終使它陷入無以為繼的窘境。

以下幾個衡量指標是由後續圖形集所示的概要統計數據彙編而成。請注意，這些都是粗略的衡量指標。

前兩張圖是顯示泡沫／蕭條情勢以及貨幣與信用緊縮／寬鬆狀態的衡量指標。每一個指標和零之間的差額，代表泡沫的程度，而向上或向下穿越零，則代表逐漸泡沫化或脫離泡沫。

蕭條階段

最終，這個態勢逆轉，在 2001 年至 2002 年間製造了一個自我強化的不景氣

階段和一場國際收支／通貨危機。高
債務水準使阿根廷容易受意外衝擊所
傷──而 1990 年代其他新興國家的危
機所造成的漣漪效應，便是那個意外的
衝擊。苦於外國資金來源減少（資本流
入降低幅度約當 GDP 的 10%），阿根
廷開始採行緊縮政策（政策制訂者將短
期利率提高 173%），本國通貨也大幅
貶值（實質匯率貶值 77%）──在此同
時，它還因向下自我強化的 GDP 衰退
（降低 15%）與股價下跌（重挫 82%）
而吃盡苦頭。失業率上升 3%，而弱勢
的通貨使通貨膨脹上升到偏高水準並持
續上升，在蕭條階段，通貨膨脹最高達
32%，和其他類似個案比較屬於常態水
準。這其來有自，因為阿根廷只具備引
發較嚴重之通貨膨脹惡性循環的大約一
半典型「風險因子」（最大的風險因子
是長期控制不力的通貨膨脹）。阿根廷

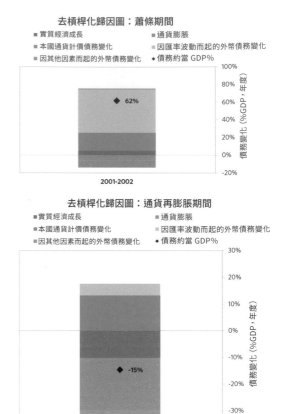

的金融機構也承受了極大壓力，在此同時，中央銀行動用外匯準備來捍衛本國通貨
（外匯準備金因此降低 66%），但最後該國央行還是放棄捍衛匯率。如右邊的歸
因圖所示，儘管阿根廷亟需一個去槓桿化歷程，這段期間它的債務約當 GDP 比重
卻上升 118%（年化數字為 62%），部分原因是通貨貶值（那使外幣計價的債務負
擔加重），部分則是因為政府必須舉借更多債務來回應危機（財政赤字最高達到
GDP 的 4%）。

通貨再膨脹階段

決定國際收支／通貨危機發展歷程的關鍵因素是政策制訂者如何回應逆資本流
動：是放手讓本國通貨貶值，並允許金融情勢趨向全面緊縮（很痛苦，但通常是解
決危機的必要手段），或是印製鈔票來彌補資金外逃所造成的缺口（有可能引發通

貨膨脹）？以這個個案來說，他們放棄通貨釘住政策，而政策制訂者在歷經相對短暫的「險惡」階段後，允許以足夠緊縮的政策來降低該國對進口的支出（經常帳赤字改善程度約當 GDP 之 7%），並讓本國通貨變得更有吸引力。阿根廷非常積極管理其金融機構與呆帳，動用了九個典型政策手段中的六個。特別值得一提的是，它將銀行國有化並提供流動性。它也受惠於 IMF 的援助計畫，並頒布了旨在提升勞動市場彈性的多項結構性改革。誠如上頁的歸因圖所示，在這整個調整期間，債務約當 GDP 的百分比降低了 140%（年化數字為 15%）。債務－所得比率的降低多半來自名目所得的增加。在此同時，阿根廷較低的通貨（在美好的去槓桿化期間，實質匯率最多貶值 42%）使這個國家的競爭力得以恢復。最後，經過五年，GDP 才回到先前的高峰，以美元計之股價則是七年後才恢復。

　　這場危機對阿根廷的政治造成顯著的影響，它促使很多人眼中的民粹主義領袖愛德華多 ・ 杜哈爾德（Eduardo Duhalde）得以嶄露頭角，最終掌權。

阿根廷1998年－2012年圖形集附錄

債務狀況

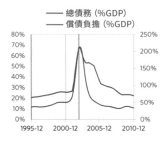

—— 總債務（%GDP）
—— 償債負擔（%GDP）

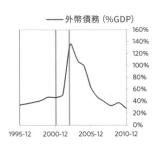

—— 外幣債務（%GDP）

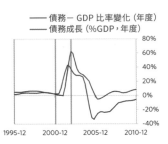

—— 債務－ GDP 比率變化（年度）
—— 債務成長（%GDP，年度）

貨幣與財政政策

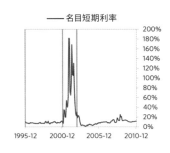

—— 名目短期利率

—— 貨幣供給 M0（%GDP）

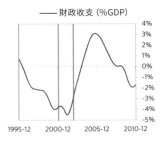

—— 財政收支（%GDP）

經濟情勢

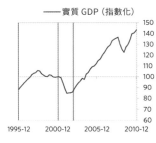

—— 實質 GDP（指數化）

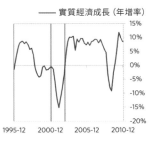

—— 實質經濟成長（年增率）

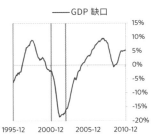

—— GDP 缺口

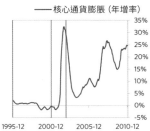

—— 核心通貨膨脹（年增率）

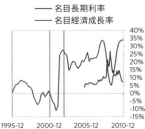

—— 名目長期利率
—— 名目經濟成長率

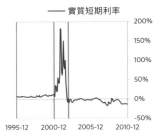

—— 實質短期利率

阿根廷1998年－2012年圖形集附錄（續）

市場

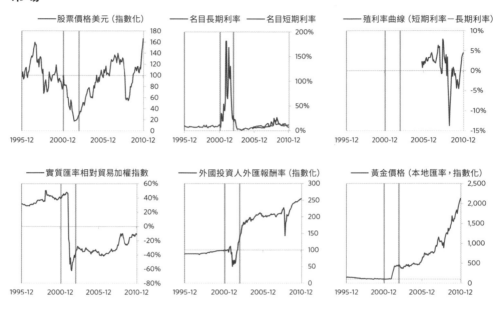

外部局勢

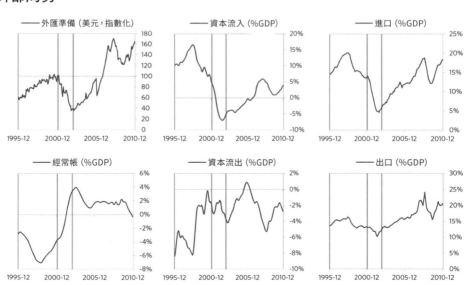

冰島2005年－2016年個案自動彙整

誠如右邊的幾個圖形所示，冰島在2005年至2016年間，經歷了一個過渡式通貨膨脹型去槓桿化週期。這也是一個國家面臨外部壓力時，「放手讓本國通貨貶值」的典型例子，放手讓本國通貨貶值引發了一些暫時性的通貨膨脹，但最終讓政策制訂者獲得了設定利率的更大彈性。

以下幾個衡量指標是由後續圖形集所示的概要統計數據彙編而成。請注意，這些都是粗略的衡量指標。

泡沫階段

2005年至2008年間，冰島經歷了一個受自我強化型強勁（但無以為繼）資本流入、債務增加、強勁股票報酬率與強勁住宅報酬率週期所驅動的泡沫。在泡沫期間，債務增加約當GDP的565%，危機爆發前的債務高峰達到GDP的1,173%。以這個個案來說，極高比重的債務是以外幣計價（約當GDP的691%），這使冰島極度可能因外國資本撤出而受傷。在泡沫階段，投資資本流入非常強勁，平均約當GDP的37%。冰島因而得以維持約當GDP

* 前兩張圖是顯示泡沫／蕭條情勢以及貨幣與信用緊縮／寬鬆狀態的衡量指標。每一個指標和零之間的差額，代表泡沫的程度，而向上或向下穿越零，則代表逐漸泡沫化或脫離泡沫。

之18%的經常帳赤字。在債務及資本增加催化下，經濟強勁成長（7%）。此外，強勁的資產報酬率（在泡沫期間，股票的平均年度報酬率為12%）對貸款活動形成推波助瀾的效果，並進一步提振經濟成長。基於這些泡沫壓力，加上冰島相當依賴外國融資，且相關國家情勢又轉弱，最終使它陷入無以為繼的窘境。

蕭條階段

最終，這個態勢逆轉，在 2008 年至 2010 年間製造了一個自我強化的不景氣階段和一場國際收支／通貨危機。高債務水準使冰島容易受意外衝擊所傷——而 2008 年全球金融危機便是那個意外的衝擊。苦於外國資金來源減少（資本流入降低幅度約當 GDP 的 49%），冰島開始採行緊縮政策（政策制訂者將短期利率提高 4%），本國通貨也大幅貶值（實質匯率貶值 29%）——在此同時，它還因向下自我強化的 GDP 衰退（降低 11%）、股價下跌（重挫 96%）與房價下跌（下跌 15%）而吃盡苦頭。失業率上升 5%，而弱勢的通貨使通貨膨脹顯著上升，在蕭條階段，通貨膨脹最高達 18%，但相對其他類似個案偏低。這其來有自，因為冰島只具備引發較嚴重的通貨膨脹

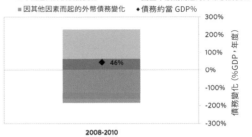

去槓桿化歸因圖：蕭條期間

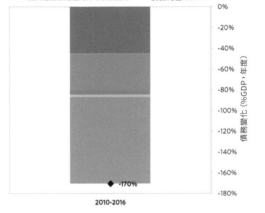

去槓桿化歸因圖：通貨再膨脹期間

惡性循環的大約四分之一的典型「風險因子」（最大的風險因子是高外幣計價債務）。冰島的金融機構也承受了極大壓力，在此同時，中央銀行動用外匯準備來捍衛本國通貨（外匯準備金降低 18%），但最後該國央行還是放棄捍衛匯率。如右邊的歸因圖所示，儘管冰島亟需一個去槓桿化歷程，這段期間它的債務約當 GDP 比重卻上升 122%（年化數字為 46%），部分原因是通貨貶值（那使外幣計價的債務負擔加重），部分則是因為政府必須舉借更多債務來回應危機（財政赤字最高達到 GDP 的 5%）。

通貨再膨脹階段

決定國際收支／通貨危機發展歷程的關鍵因素是政策制訂者如何回應逆資本流動：是允許金融情勢趨向全面緊縮（很痛苦，但通常是解決危機的必要手段），或

是印製鈔票來彌補資金外逃所造成的缺口（有可能引發通貨膨脹）？以這個個案來說，政策制訂者在歷經相對漫長的「險惡」階段後，終於允許以足夠緊縮的政策來降低該國對進口的支出（經常帳赤字改善程度約當 GDP 之 13%），並讓本國通貨變得更有吸引力。冰島非常積極管理其金融機構與呆帳，動用了九個典型政策手段中的六個。特別值得一提的是，它將銀行國有化並提供流動性。它也受惠於 IMF 的援助計畫。誠如上頁的歸因圖所示，在這整個調整期間，債務約當 GDP 的百分比降低了 1,037%（年化數字為 170%）。債務－所得比率的降低導因於債務的徹底降低以及所得的增加（所得的增加主要是拜實質經濟成長率上升所賜）。在此同時，冰島較低的通貨（在美好的去槓桿化期間，實質匯率最多貶值 22%）使這個國家的競爭力得以恢復。最後，經過八年，GDP 才回到先前的高峰，以美元計之股價則是迄今尚未完全恢復。

冰島2005年－2016年圖形集附錄

債務狀況

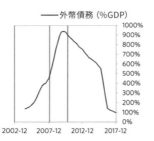

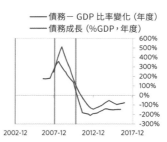

貨幣與財政政策

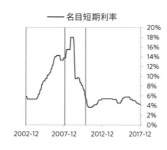

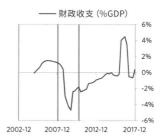

經濟情勢

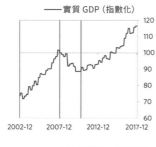

GDP 缺口

無法取得數據

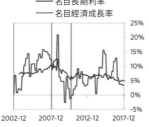

冰島2005年－2016年圖形集附錄（續）

市場

外部局勢

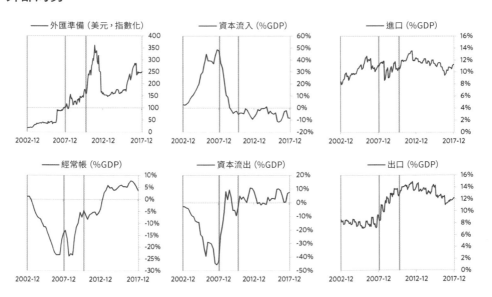

俄羅斯2005年－2011年個案自動彙整

誠如右邊的幾個圖形所示，俄羅斯在 2005 年至 2011 年間，經歷了一個過渡式通貨膨脹型去槓桿化週期。這也是一個國家面臨外部壓力時，「放手讓本國通貨貶值」的典型例子，放手讓本國通貨貶值引發了一些暫時性的通貨膨脹，但最終讓政策制訂者獲得了設定利率的更大彈性。

泡沫階段

2005 年至 2008 年間，俄羅斯經歷了一個受自我強化型強勁（但無以為繼）資本流入、債務增加、強勁經濟成長與強勁資產報酬率週期所驅動的泡沫。到泡沫結束之際，債務在危機爆發前的高峰達到 GDP 的 66%。以這個個案來說，相當高比重的債務是以外幣計價（約當 GDP 的 21%），這使俄羅斯有可能因外國資本撤出而受傷。在泡沫階段，投資資本流入強勁，平均約當 GDP 的 10%。在債務及資本增加催化下，經濟強勁成長（8%），經濟活動

以下幾個衡量指標是由後續圖形集所示的概要統計數據彙編而成。請注意，這些都是粗略的衡量指標。

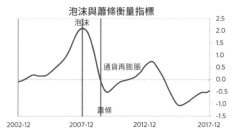

泡沫與蕭條衡量指標

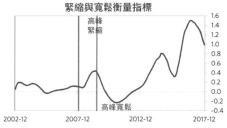

緊縮與寬鬆衡量指標

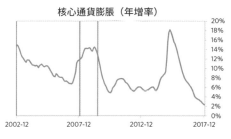

核心通貨膨脹（年增率）

＊　前兩張圖是顯示泡沫／蕭條情勢以及貨幣與信用緊縮／寬鬆狀態的衡量指標。每一個指標和零之間的差額，代表泡沫的程度，而向上或向下穿越零，則代表逐漸泡沫化或脫離泡沫。

的水準也很高（GDP 缺口最高達 8%）。此外，強勁的資產報酬率（在泡沫期間，股票的平均年度報酬率為 46%）對貸款活動形成推波助瀾的效果，並進一步提振經濟成長。基於這些泡沫壓力，加上俄羅斯相當依賴外國融資，且相關國家情勢又轉弱，最終使俄羅斯陷入無以為繼的窘境。

蕭條階段

　　最終，這個態勢逆轉，在 2008 年至 2009 年間製造了一個自我強化的不景氣階段和一場國際收支／通貨危機。高債務水準使俄羅斯容易受意外衝擊所傷——而 2008 年全球金融危機與油價的隨之崩盤便是那個意外的衝擊。苦於外國資金來源減少（資本流入降低幅度約當 GDP 的 21%），俄羅斯開始採行緊縮政策（政策制訂者將短期利率提高 19%），本國通貨也大幅貶值（實質匯率貶值 21%）——在此同時，它還因向下自我強化的 GDP 衰退（降低 8%）與股價下跌（重挫 71%）而吃盡苦頭。失業率上升 3%，而弱勢的通貨使通貨膨脹溫和上升，在蕭條階段，通貨膨脹最高達 15%，但相對其他類似個案偏低。這其來有自，因為俄羅斯只具備引發較嚴重的通貨膨脹惡性循環的大約四分之一的典型「風險因子」（最大的風險因

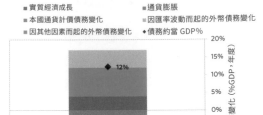

去槓桿化歸因圖：蕭條期間

■ 實質經濟成長　　　　　　　■ 通貨膨脹
■ 本國通貨計價債務變化　　　■ 因匯率波動而起的外幣債務變化
■ 因其他因素而起的外幣債務變化　◆ 債務約當 GDP%

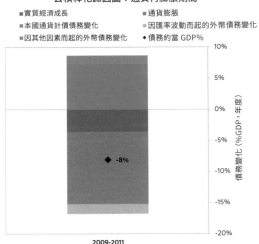

去槓桿化歸因圖：通貨再膨脹期間

■ 實質經濟成長　　　　　　　■ 通貨膨脹
■ 本國通貨計價債務變化　　　■ 因匯率波動而起的外幣債務變化
■ 因其他因素而起的外幣債務變化　◆ 債務約當 GDP%

2009-2011

子是長期控制不力的通貨膨脹）。俄羅斯的金融機構也承受了極大壓力，在此同時，中央銀行動用外匯準備來捍衛本國通貨（外匯準備金降低 44%），但最後該國央行還是放棄捍衛匯率。如右邊的歸因圖所示，儘管俄羅斯亟需一個去槓桿化歷程，這段期間它的債務約當 GDP 比重卻上升 17%（年化數字為 12%），部分原因是通貨貶值（那使外幣計價的債務負擔加重）。

通貨再膨脹階段

　　決定國際收支／通貨危機發展歷程的關鍵因素是政策制訂者如何回應逆資本流動：是允許金融情勢趨向全面緊縮（很痛苦，但通常是解決危機的必要手段），或是印製鈔票來彌補資金外逃所造成的缺口（有可能引發通貨膨脹）？以這個個案來

說，政策制訂者在歷經稍短的「險惡」階段後，便採用足夠緊縮的政策，讓本國通貨變得更有吸引力。俄羅斯積極管理其金融機構與呆帳，動用了九個典型政策手段中的四個。誠如上頁右邊的歸因圖所示，在這整個調整期間，債務約當 GDP 的百分比降低了 14%（年化數字為 8%）。債務－所得比率的降低導因於名目所得的增加。在此同時，俄羅斯較低的通貨（在美好的去槓桿化期間，實質匯率最多貶值 11%）使這個國家的競爭力得以恢復。最後，經過三年，GDP 終於回到先前的高峰，但以美元計之股價則是迄今尚未完全恢復。

俄羅斯2005年－2011年圖形集附錄

債務狀況

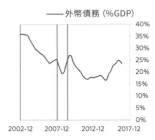

貨幣與財政政策

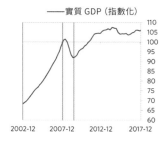

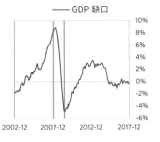

經濟情勢

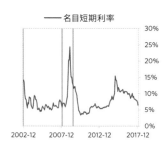

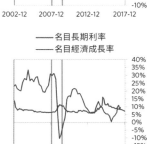

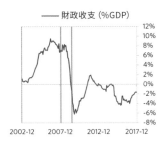

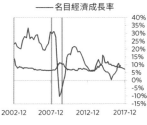

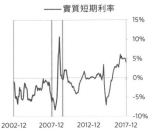

俄羅斯2005年－2011年圖形集附錄（續）

市場

外部局勢

俄羅斯2012年－2016年個案自動彙整

誠如右邊的幾個圖形所示，俄羅斯在 2012 年至 2016 年間，經歷了一個過渡式通貨膨脹型去槓桿化週期。這也是一個國家面臨外部壓力時，「放手讓本國通貨貶值」的典型例子，放手讓本國通貨貶值引發了一些暫時性的通貨膨脹，但最終讓政策制訂者獲得了設定利率的更大彈性。

以下幾個衡量指標是由後續圖形集所示的概要統計數據彙編而成。請注意，這些都是粗略的衡量指標。

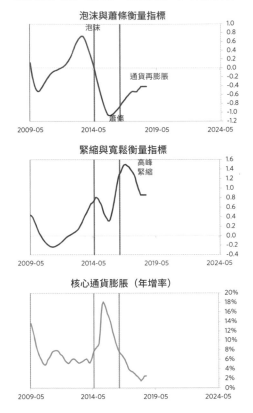

* 前兩張圖是顯示泡沫／蕭條情勢以及貨幣與信用緊縮／寬鬆狀態的衡量指標。每一個指標和零之間的差額，代表泡沫的程度，而向上或向下穿越零，則代表逐漸泡沫化或脫離泡沫。

泡沫階段

和其他很多個案不同的是，在這場危機爆發前幾年，俄羅斯並未發生廣泛的泡沫，不過，強勁但無以為繼的資本流入，導致它累積了巨大的債務存量，在槓桿上升階段，債務增加幅度約當 GDP 的 19%，危機前的債務高峰達到 GDP 的 89%。以這個個案來說，相當高比重的債務是以外幣計價（約當 GDP 的 15%），這使俄羅斯可能因外國資本撤出而受傷。另外，俄羅斯也愈來愈依賴源源不絕的外國融資，在危機爆發前，投資資本流入平均每年達到 GDP 的 6%。高債務與過於依賴外國融資，最終使俄羅斯陷入無以為繼的窘境。

蕭條階段

最終，這個態勢逆轉，在 2014 年至 2016 年間製造了一個自我強化的不景氣階段和一場國際收支／通貨危機。危機爆發前的償債負擔達到 GDP 的 32%，這使俄羅斯容易受意外衝擊所傷——而油價的下跌就是那個意外的衝擊。苦於外國資金來

源減少（資本流入降低幅度約當 GDP
的 8%），政策制訂者遂採取緊縮政策
（短期利率提高 7%），本國通貨也大
幅貶值（實質匯率貶值約 30%）——
在此同時，向下自我強化的 GDP 衰退
（降低 4%）與股價下跌（重挫 46%）
使俄羅斯吃盡苦頭。此外，弱勢的本國
通貨也促使通貨膨脹上升，在蕭條階
段，通貨膨脹率高峰為 18%，但相對
低於其他類似個案。那其來有自，因為
俄羅斯只具備引發較嚴重的通貨膨脹惡
性循環的四分之一的典型「風險因子」
（最大風險因子是長期控制不力的通貨
膨脹）。俄羅斯的金融機構也承受了極
大壓力，在此同時，中央銀行動用外匯
準備來捍衛本國通貨（外匯準備金降
低 26%），但最後該國央行還是放棄捍
衛匯率。如右邊的歸因圖所示，儘管俄
羅斯亟需一個去槓桿化歷程，這段期間

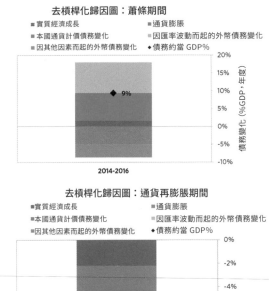

它的債務約當 GDP 比重卻上升 19%（年化數字為 9%），這部分導因於通貨貶值
（導致外幣計價的債務負擔上升），部分則是因為政府需要舉借更多債務來回應這
一場危機（財政赤字最高達 GDP 的 4%）。

通貨再膨脹階段

決定國際收支／通貨危機發展歷程的關鍵因素是政策制訂者如何回應逆資本流
動：是允許金融情勢趨向全面緊縮（很痛苦，但通常是解決危機的必要手段），或
是印製鈔票來彌補資金外逃所造成的缺口（有可能引發通貨膨脹）？以這個個案來
說，在歷經較平均狀況略短的「險惡」階段後，政策制訂者採用足夠緊縮的政策，
並使本國通貨變得更有吸引力。俄羅斯積極管理其金融機構與呆帳，動用了九個
典型政策手段中的四個。誠如右邊的歸因圖所示，在這整個調整期間，債務約當

GDP 的百分比降低了 7%（年化數字為 14%）。債務－所得比率的降低導因於債務的徹底減少與所得的增加。在此同時，俄羅斯較低的通貨（在美好的去槓桿化期間，實質匯率最多貶值 17%）使這個國家的競爭力得以恢復。但截至目前為止，GDP 尚未回到先前的高峰，以美元計之股價也迄今尚未恢復。

俄羅斯2012年－2016年圖形集附錄

債務狀況

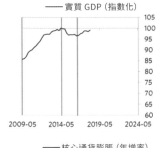

—— 總債務 (%GDP)
—— 償債負擔 (%GDP)

—— 外幣債務 (%GDP)

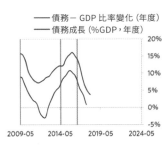

—— 債務－GDP 比率變化 (年度)
—— 債務成長 (%GDP，年度)

貨幣與財政政策

—— 名目短期利率

—— 貨幣供給 M0 (%GDP)

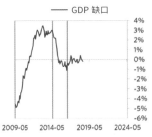

—— 財政收支 (%GDP)

經濟情勢

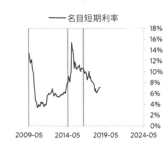

—— 實質 GDP (指數化)

—— 實質經濟成長 (年增率)

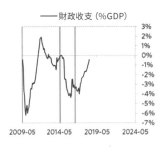

—— GDP 缺口

—— 核心通貨膨脹 (年增率)

—— 名目長期利率
—— 名目經濟成長率

—— 實質短期利率

俄羅斯2012年－2016年圖形集附錄（續）

市場

外部局勢

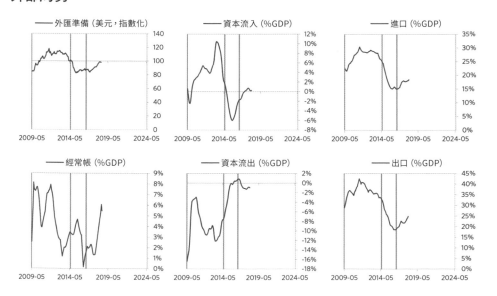

附錄
宏觀審慎政策

　　中央銀行通常是採用一體適用的貨幣政策（讓貨幣與信用能廣泛透過銀行業取得，而不決定由誰取得這些貨幣與信用），財政政策制訂者則通常是負責確保財政支出的適當分配，相較之下，**宏觀審慎政策是透過中央銀行的監理權限，將信用導向某些特定領域的工具**。當各領域的發展隨著信用成長而出現差異——即某個領域可能已形成泡沫，但另一個領域卻極缺乏信用——就有必要採取宏觀審慎貨幣政策。如果政策制訂者想減緩發生泡沫的領域的信用成長，並將信用重新導向其他領域，就可以利用宏觀審慎政策來達到目的。舉個例子，典型的抗週期（countercyclical）宏觀審慎政策，就是要讓人更容易在房市泡沫破滅後買房（例如，藉由強迫降低信用審核標準，或是准許調降頭期款金額），或是在房市泡沫階段讓人較難以買房（採取與前述相反的作法）。

　　宏觀審慎政策是透過監理權限來引導信用，所以有時候這種政策會變得有點像財政政策，意思就是，這種政策可能在讓某些人受益的同時，導致其他人付出代價。當然，政策制訂者通常會避免這樣的情況發生，無論如何，在以去槓桿化歷程來管理經濟時可能遭遇到的挑戰，使得宏觀審慎政策成為和貨幣政策互補的有用工具。舉個例子，QE 政策經常會在經濟體系的特定領域製造一些泡沫現象，尤其是在資產市場，即使此時較廣泛的經濟體系才剛處於復甦階段。在大蕭條時期與第二次世界大戰期間，各國央行為了較廣泛的經濟體系而將整體貨幣政策維持在充分寬鬆的狀態，但同時利用宏觀審慎政策來壓抑某些領域的泡沫。

　　宏觀審慎政策並不是新潮的貨幣政策工具。事實上，打從各國開始實施現代貨幣政策以來，這種政策就一向是各國央行與監理機關常用的基本工具。舉例來說，聯準會成立迄今，共調整股票融資保證金成數規定 23 次——它通常是在股票大漲／股票市場充斥超額信用時緊縮這項規定，並在空頭市場／信用數量低迷時予以寬鬆。[1] 雖然 1990 年代初至 2000 年代中期，政策當局鮮少使用宏觀審慎措施，[2] 但那段期間其實是歷史上的例外。近幾年，全球央行和監理機關又重新將宏觀審慎工具視為重要的經濟管理工具之一。

　　典型的個案（依美國的宏觀審慎工具運用史）像是……

利率的調整作為貨幣政策工具之效率江河日下時。

- 經濟體系需要進一步提振,但因利率已降至零,所以進一步寬鬆的空間有限。
- 一個或多個領域有必要緊縮,但整體經濟體系又不宜全面採用緊縮政策時。此時提高利率不符要求,因為會產生拖累經濟成長的後果。

想把信用導向極度缺乏信用的部門,同時將信用導離泡沫資產/放款活動時。

參與的政策制訂者會一次採用不同類政策的組合。

- 這些政策包括旨在改變信用需求的對策:
  — 調整貸款成數規定。
  — 調整償債負擔-所得比率之規定。
  — 調整貸款期限相關規定。
  — 調整購買金融資產的融資保證金成數規定。
  — 透過利率補貼/稅賦政策/其他監理規定來調整貸款的成本。
- 以及旨在改變信用供給的對策:
  — 調整特定型態放款之資本/存款準備率。
  — 調整金融機構依法可持有之資產組合。
  — 調整不同資產適用的會計準則。
  — 金融機構的監督者對特定放款行為施壓。
  — 存款利率/放款利率上限與其他限制。

聯準會、國會、行政機關與監理實體之間會彼此協同。

- 以最成功的個案來說,不同政府單位協同彼此的行動。立法機關成員和行政機關通常會設法讓不同的政府實體——包括聯準會——得以擁有管理政策所需的工具和迴旋空間。
- 會成立新的機構來落實監理規定並監督其進展。

不同政策的成敗不一,有些比較有效率,有些則產生不良的間接影響。最成功的個案都牽涉到非常大量的實驗與彈性。

- 以成功的個案來說，當一項政策的成效不錯，當局通常會長期採用或甚至擴大使用這項政策，而如果一項政策不成功，當局就會在幾個月內結束這項政策。
- 但政策制訂者並不一定能迅速停止實施會衍生扭曲性第二級影響的政策。有不少政策制訂者允許那樣的政策行之多年（例如 Q 條例）。
- 政策制訂者採用的工具組合會隨著時間不同而改變，因為不同工具的成本效益與利弊得失，會隨著金融體系的演化而改變。
- 當一般人因金融創新而更容易規避特定政策時（例如投資人可用來提高財務槓桿的新方法、新金融工具大量問世等），當局就會調整或摒棄那些政策。

在採用宏觀審慎政策時應考慮的疑問

一一觀察不同的個案後，我們陸續觀察到政策制訂者在落實宏觀審慎政策時必須解決的不同問題與疑問。我們將這些疑問條列如下，並接著提出一些在歷史上曾引發爭論的案例。

經濟體系的什麼領域正開始生成泡沫？你有多確信那會是泡沫？

- 在歷史上的不同時間點，政策制訂者分採不同的方法來因應泡沫。
  - —1935 年至 1936 年間，美國重複採用 1920 年代末期的緊縮政策，部分原因是為了回應股價的快速上漲及因此而衍生的泡沫恐懼。但事後證明，對當時正處於去槓桿化歷程的經濟體系來說，那一波緊縮政策著實緊縮過頭了，那導致經濟返回嚴重衰退的狀態，股價則在 1937 年至 1938 年間重挫 60%。
  - —過去幾十年間，美國的貨幣政策制訂者向來採用一種「收拾殘局」（mopping up）法，他們秉持的概念是，中央銀行不應該直接參與戳破泡沫的行動，而是應該負責處理泡沫對經濟體系造成的影響。[3] 他們秉持這種概念的主要原因之一是，我們很難知道市場對特定資產的訂價何時是錯誤的。所以，舉個例子，儘管房市存在一些疑慮，但在 2006 年以前，監理者並未積極鎖定這個目標，故未壓抑日益泡沫化的房貸放款成長。

哪些部門迫切需要信用？是否有必要採用差異化的信用政策？

- 1950 年代的政策制訂者解決這個疑問的方法是，試圖擬定一個正式的框架來評估何時需要採用差異化政策。[4] 他們研擬了四項基本的測試作業：

  —一般貨幣政策平衡經濟體系信用供給量的效率是高還是低？

  —特定部門的信用成長有多大的可能性會引發動盪？

  —信用對這個特定部門的成長有多重要？

  —實施選擇性信用管制的效率將有多高？

當你打算引導信用，你能否自在地選擇要將信用分別導入或倒出哪些部門？重新引導信用會衍生什麼政治代價？

你將選擇什麼政策工具來重新引導信用？你將鎖定信用的需求端還是供給端？或兩者皆鎖定？

你要如何衡量這項政策的效率？

這個政策的間接與再間接影響將是什麼？你要如何處理這些影響？通常這些影響要多年後才會浮現。

- 大蕭條時期，當局為了幫助較小型的銀行渡過難關而實施 Q 條例，這項條例對存款利率設定上限。但到 1950 年代時，這項法規開始衍生嚴重的扭曲，促使存款流向影子銀行體系。[5]
- 1980 年代初期，當局解除對存款與貸款協會（Savings & Loan Associates，小型的銀行）的管制，這項政策部分是為了幫助那些機構因應緊縮的貨幣政策，但最終卻成了引爆存貸機構危機（自 1980 年代中期開始）的因素之一。[6]

要如何確保立法機關成員、行政機關與中央銀行之間的政策協同？要如何授權監理者進行變革？

- 關於不同政府機關之間的廣泛協同，最具代表性的個案是美國的幾個最成功的個案。美國政府在第二次世界大戰期間的作為是一個好例子——國會

修訂幾項法律，賦予聯準會必要的權限，羅斯福總統則利用行政命令來補強 Fed 的作為等。[7]

- 以最成功的個案來說（例如伏克爾執掌 Fed 期間），政策制訂者被賦予在環境轉變時迅速調整政策的權力。某些最嚴重的問題導因於缺乏彈性——利率上限無法彈性調整，所以產生了負面的第二級影響。

- 如今，政府機關能否協同，仍是關鍵疑問之一，而且不同政府賦予各機關的法律權力也不盡相同。舉個例子，英國的多數監理權與宏觀審慎政策權隸屬英格蘭銀行以及該行的金融政策委員會（Financial Policy Committee，以下簡稱 FPC）。而以美國來說，相關權力分屬很多不同的機關，所以，金融危機爆發後，美國成立了一個旨在協同的委員會——金融穩定監督委員會（Financial Stability Oversight Council，以下簡稱 FSOC）。[8]

美國宏觀審慎政策的一些歷史個案

我們將在接下來幾頁逐一說明美國在上個世紀推行過的宏觀審慎政策歷史個案。相關的個案非常多，所以，我們將那些政策分為七個類別，接著再就每一個類別，依照政策實施的時間順序一一加以闡述。以下框架與詳細歷史資訊，是以艾略特（Elliott）、菲爾德伯格（Feldberg）與雷諾特（Lehnert）合著的傑出權威研究報告〈美國週期性宏觀審慎政策歷史〉（The History of Cyclical Macroprudential Policy in the United States）為基礎。

旨在調控信用需求面的宏觀審慎措施：融資保證金成數規定

融資保證金成數規定是指投資人為了以信用購買一項投資標的，而必須提供的擔保品金額——通常是現金。提高保證金成數規定會導致用於購買金融資產的信用金額遭到壓抑。

Fed 經由 1934 年證券交易法案而取得設定融資保證金成數規定的權力後，便多次使用這項權力來對抗週期。[9]在實務上，Fed 會在資產價格表現極為熱絡且以信用購買資產的情況持續加溫時，提高融資保證金成數，並在相反的局面下降低這項成數。

- 具體來說，T 條例是規定證券經紀商的融資保證金成數，而 U 條例則是規

定銀行的融資保證金成數。

- Fed 對融資保證金成數的所有調整，請見下圖。
- 1974 年以來，聯準會大致上已停止採用這項工具，因為市場上已發展出很多其他以信用購買資產的方法（例如衍生性金融商品），投資人因而很容易規避這項規定。

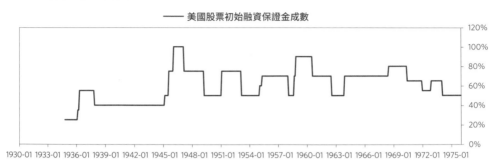

—— 美國股票初始融資保證金成數

旨在調控信用需求面的宏觀審慎對策：放款承作標準

大蕭條

國會在 1932 年成立聯邦住宅貸款銀行系統（Federal Home Loan Bank System，以下簡稱 FHLB），[10] 這個機構的設計是要作為存貸機構的類中央銀行（quasi-central bank），它能透過借貸或擔保放款的方式提供流動性。FHLB 也負責設定放款承作標準和擔保品限制。

1934 年，國會又成立聯邦住房管理局（Federal Housing Administration，以下簡稱 FHA）來承作房貸保險。[11] 從此，符合保險資格的貸款的承作標準變得較寬鬆（貸款成數 80%，二十年到期）。

- 1934 年成立電氣住宅與農場局（Electric Home and Farm Authority），目的是為家用電器提供便宜的貸款。這些貸款的利率低於 10%，且只要 5% 的頭期款，貸款期限最長三十六個月。這個計畫施行至 1942 年。[12]
- 1935 年，國會提高全國性銀行的貸款成數規定（由 50% 提高到 60%）與貸款期限限制（從最高五年延長到十年）。[13]
- 1934 年 1934 年至 1937 年間，FHA 為改善住宅房地產狀況，最高可為 20% 的貸款（五年內到期）保險。[14]

- 1938 年，FHA 降低房貸保險標準。從此，貸款成數最高 90% 且期限二十五年的房貸開始符合保險資格。[15]

第二次世界大戰

- 1941 年，羅斯福總統命令聯準會針對購買消費性耐久財的分期付款型信用額度設限，因為羅斯福希望將生產活動導向國防用途，而非國內消費用途。他在一份行政命令中表示：「對於那類信用的條件太過大方，傾向於提振消費性耐久財的需求，而消費性耐久財的生產需要使用到國防生產活動所需的材料、技術和設備。」[16]

　—聯準會對此的回應是，緊縮各式各樣的消費性分期付款貸款的承作標準（也就是一般所知的 W 條例）。[17]

戰後期間

- 1950 年 10 月，聯準會對房貸債務上升的現象憂心忡忡，於是希望緊縮住宅信用。X 條例就是他們的回應。[18]

　—X 條例是針對住宅用房地產貸款設定的一系列貸款成數與貸款期限上限，這些上限隨著貸款規模成長而日益緊縮。

　—Fed 在 1951 年設定縮減住宅生產量的目標——縮減數量為 1950 年生產量的三分之一。

- 為回應杜魯門總統的要求，聯邦住房管理局和退休軍人管理局（Veterans Administration，以下簡稱 VA）在 1950 年提高頭期款規定 5%，並將 FHA 對小家庭式住宅的最大貸款額度從 1 萬 6,000 美元降低到 1 萬 4,000 美元，同時設定最長貸款期限為二十五年。那是 FHA 與 VA 成立近二十年後首度採行的限制行動。[19]

　—為回應 1953 年年中起的經濟衰退與政治壓力，這些對策均被取消。

　—1954 年 8 月，國會採取 FHA 和 VA 完全相反的作法，降低 FHA 貸款的最高頭期款規定，並提高 FHA 的貸款額度上限。

- 但到 1954 年年底，住宅市場看起來愈來愈有泡沫化疑慮。然而，Fed 並不想緊縮貨幣政策，因為經濟才剛從衰退狀態慢慢復甦。於是，取而代之的，政府實施了幾項宏觀審慎政策[20]（條列如下）：

—首先，FHA 與 VA 提高頭期款規定，並降低貸款的最長期限，由三十年降為二十五年（接下來幾年，這些規定又稍作調整，最終反轉）。

—第二，成立駐地辦公室「深化地方住宅市場調查，並採取協同行動，限制住宅供給明顯過剩之地區的聯邦房貸承作規模」。

—第三：聯邦住宅貸款銀行局（Federal Home Loan Bank Board，以下簡稱 FHLBB）要求聯邦住宅貸款承作銀行限制對存貸機構的貸款承諾。1954 年 9 月，他們還正式針對存貸銀行的放款業務實施限制。

—最後，紐約聯邦準備銀行出手限制倉單抵押放款（mortgage warehouse lending）。倉單抵押放款是指商業銀行以過渡型貸款（interim loans，譯注：俗稱過橋貸款）的形式，為承作房貸的非銀行放款機構提供之資金。在 1954 年 8 月至 1955 年 8 月間，這種過渡型貸款金額增加一倍以上。

• 1969 年通過的信用控制法案（Credit Control Act）賦予聯準會針對特定部門實施信用控管的權力。掌握這個可鎖定特定部門的權力後，Fed 便得以一邊維持整體貨幣政策寬鬆，一邊對發生通貨膨脹的部門採取緊縮對策。[21]

—Fed 的手段包括：詳細規定「最高利率、最長期限、最低每期付款金額、每次付款的最長時間間隔，以及其他與授信條款與條件有關之具體規定或限制。」

—但直到伏克爾時代，Fed 才開始使用信用控制法案。

• 1982 年，國會廢除全國性銀行的貸款成數與貸款期限限制。[22]

旨在調控信用供給面的宏觀審慎對策：壓抑投機／不具生產力之放款的自願性指導原則

接下來幾個例子的政策制訂者為壓抑投機性放款或不具生產力之放款，對銀行業者實施自願式限制或指導原則。

• 1947 年，國會鼓勵銀行「自願限制其放款與投資計畫」。[23] 這個指導原則是在 Fed 的消費性分期付款貸款限制措施到期後開始實施。

• 韓戰期間，國會頒布 1950 年國防製造法案（Defense Production Act of 1950），這項法案賦予聯準會設定「自願式」信用限制的權限。[24]

—聯準會要求放款機構「除了進行平日的信用等級測試，還必須根據（貸

款的）目的來篩檢貸款申請案件」。這項計畫大約實施一年。

• 1965 年，內閣級的國際收支委員會（Committee on the Balance of Payments）建議實施「自願式」放款限制，並建議由聯準會監督這項政策的執行。[25]

—這項政策旨在使淨資本流出較前一年度減少 15% 以上。

—這個計畫要求設定 5% 的外國貸款成長率上限，這是史上首度實施那種量化信用目標。

—1968 年，詹森總統通過一項行政命令，允許聯準會強制執行這項計畫。然而，Fed 選擇不這麼做，理由是當時自願參與意願很高。這些計畫一直沿用到 1974 年。

• 1966 年，Fed 敦促銀行減緩企業貸款的承作。當時，企業信用創造非常高，通貨膨脹也持續上升。對於不合作的銀行，Fed 採取貼現窗口貸款額度設限的方式加以反制。後來經濟情勢趨緩，這項政策也停止實施。[26]

• 1980 年 3 月至 7 月間，卡特總統訂定「自願式」特殊信用限制計畫（Special Credit Restraint Program）。這項計畫要求銀行、銀行控股公司、金融公司和外國銀行的分行將貸款成長率限制在 6% 至 9%。[27]

—這項計畫旨在限制特定型態的投機性放款，或可能引發通貨膨脹的放款（此時這類放款已偏高），但同時鼓勵銀行業「讓小型企業、農夫、住宅買方及其他人得以在不經由其他融資形式的情況下，繼續順利取得資金」，並確保「鑑於整體市場情勢，應以正常標準處置汽車、房貸與住宅改良貸款相關信用」。

—相反的，當局也鼓勵銀行約束信用卡放款行為，並對其他無擔保消費貸款設限。這個計畫也要求銀行對使用到以下用途的信用設限：「對經濟效能或生產力沒有貢獻，或可透過其他資金來源取得，且實質流向投機用途的資金，包括用於企業自願囤積超出營業需求之存貨，或是用於有可能延宕之收購或購併等交易的資金」。投機性放款也涵蓋「純粹為持有原物料商品或貴金屬投機部位等行為而提供的融資」。

—特殊信用限制計畫要求就放款活動提出定期報告。

• 歐洲也採用相似的工具。法國和義大利的全國性信用委員會分別公告了它們認定需要較多信用或信用負擔已過於沈重的部門，尤其是在戰後期間。[28]

旨在調控信用供給面的宏觀審慎政策：存款準備率

- 早在 1800 年代，各州政府為確保州立銀行擁有足夠的準備金（通常是黃金或其他貴金屬）可充分履行其責任（以流通銀行券〔bank notes〕的形式存在）及應付存款的提領，就設定了史上第一批的存款準備率。1863 年通過的全國銀行法案（National Bank Act）導入了史上第一波的全國性銀行存款準備規定。[29]

- 國會在 1913 年聯邦準備法案（Federal Reserve Act of 1913）中放寬了存款準備規定。[30]原因是國會認定既然聯準會已成了全國性銀行的最後放款人，存款準備的關鍵影響性自然也降低。

- 1930 年代以後，存款準備率再度被視為較有效的抗週期政策工具。1935 年，國會賦予聯準會設定存款準備率的權力。[31]羅斯福在 1938 年春天提出經濟復甦計畫的同時，中央銀行也調降存款準備率。1940 年代，聯準會的一系列存款準備率調整包括：1942 年調降存款準備率三次。在戰爭期間，聯準會維持穩定的存款準備率，但到戰後（1948 年），又緊縮存款準備率三次——回歸到法定上限。在 1949 年至 1951 年間，存款準備率被調整九次；聯準會在 1949 年降低存款準備率，又在 1951 年提高。

- 在緊縮利率的期間，聯準會也分別在 1966 年至 1969 年、1979 至 1980 年提高存款準備率。[32]

- 最終，新集資工具問世，放款活動得以規避存款準備規定而繼續進行。這些工具包括商業本票、歐洲美元（eurodollar）、附買回協議，以及大面額的定存單等。[33]

- 1969 年，聯準會企圖修補讓銀行得以迴避存款準備率規定的漏洞。它設定了銀行向海外分行取得新貸款的上限：10%；設定這個上限的目的是要阻止銀行透過其海外分行舉借歐洲美元貸款（這種貸款不會受存款準備規定約束）。此外，Fed 還規定銀行業者向其海外分行出售的資產，最高不得超過其總資產的 10%。[34]

    —1970 年，向海外分行貸款與出售資產的上限雙雙提高到 20%。然而，1973 年，這兩項規定又雙雙調降到 8%。大面額定存單也採相同規定。[35]

- 1960 年代末期，聯邦住宅貸款銀行委員會（FHLBB）利用存款準備率來影響房貸放款。FHLBB 在儲蓄減少時降低存款準備率，從而提高房貸放款的

流動性，並在放款偏高或流動性已很充沛時提高存款準備率。[36]

- 聯準會在 1979 年 10 月提高利率與存款準備率，這是保羅・伏克爾控制通貨膨脹的多項作為之一。躉批負債（wholesale liabilities）的存款準備率提高到 8%（躉批負債包括大額定存、歐洲美元貸款、受政府或機關擔保的附買回協議，以及聯邦資金貸款）。[37]

   —1980 年 3 月，存款準備率提高至 10%。一個月後，中央銀行又將這項準備率降至 5%，最終在 7 月將之降至零。

- FHLBB 在 1968 年至 1969 年與 1973 年至 1974 年間放寬存款準備率，因為這些時期的房貸放款流動性緊縮。但那「只對房貸放款產生相當有限的正面影響。」[38]

- 1980 年，聯準會為降低通貨膨脹而實施前所未見的資產相關存款準備率。Fed 取得這項權限的法源是 1969 年信用控制法（1969 Credit Control Act）。[39] 明確的規定如下：

   —所有放款機構依規定必須針對特定類型的消費者信用，持有 15% 特殊存款。貨幣市場基金也適用相同的存款準備規定。這兩者事後都降到 7.5%。

   —貨幣市場基金依規定必須提出每個月份的報告。

   —到 8 月時，Fed 徹底解除所有限制，而到 1980 年年底，國會終止了信用控制法的實施。

- 聯準會為促進信用的可取得性，分別在 1990 年與 1992 年降低存款準備率。[40]

- 概述一下歐洲的狀況——當時歐洲各地也利用流動性比率與存款準備率作為宏觀審慎工具。法國和義大利尤其常利用不同的存款準備率來引導信用——例如，給予公立銀行較寬大的準備率，或是排除長期或出口貸款。[41]

- 監理機關較常對貸款金額實施某種類型的上限，也較常就銀行取得中央銀行融資或放款的能力設限——這些工具的淨影響和壓抑信用供給的影響相同。舉個例子，直到 1972 年，法國都還實施某種「重貼現上限」（rediscount ceiling），這是指金融機構向中央銀行貸款的上限。[42]

- 這個上限通常因部門或貸款型態而異，目的是為了鼓勵或壓抑特定型態的放款。舉個例子，特定農產品產量過多促使法蘭西銀行對那些部門設定放款配額。[43] 有時候，放款上限的涵蓋範圍較廣，鎖定所有企業或家庭放款。[44]

旨在調控信用供給的宏觀審慎對策：利率上限

- 1900 年代初期，各州對銀行存款帳戶的利率設限。這項規定屬於州存款保險計畫的一環。[45]

- 根據修訂後的 1927 年聯邦準備法案，全國性銀行對州立銀行支付的利息金額不得超過規定的上限。[46]

- 在 1933 年銀行法案通過後，聯準會得以規範最高定存及儲蓄存款利率。[47]

  —1933 年 11 月，Fed 實施 Q 條例：利率上限為 3%。在市場利率降低後，Fed 又將之降至 2.5%，以達降低銀行成本的目的。

  —根據 Q 條例，Fed 得針對聯邦存款保險公司（FDIC）支付給投保的非會員銀行的利率設定上限。

  —Fed 並不想限制銀行的資產負債表，所以，它事後又將這項利率上限提高到原本的 3%（六個月以上期限的所有儲蓄存款和定期存款）。銀行業者因此得以用更高的利率吸引更多存款人。

  —隨著市場利率在 1960 年至 1961 年間再次上升，聯準會又提高 Q 條例的利率上限。

- 從 1934 年至 1989 年，聯邦住宅貸款銀行局（FHLBB）負責監督存貸機構。FHLBB 對存貸機構的股利發放，設定了非正式上限，這個上限大致上比 Fed 資金利率高 25 至 50 個基本點。[48]

- 根據 1966 年利率監理法案（Interest Rate Regulation Act of 1966），FDIC 和 FHLBB 得設定合作儲蓄銀行與存貸機構的存款利率上限。這項法案也允許聯準會為特定類別的存款設定利率。[49]

  —Fed 利用這項權限，針對單一到期日的定存單設定 5.5% 的利率上限。它也調降定期存款的最高利率。

  —然而，1973 年時，這項定存單利率上限被取消。

- 1978 年，Fed 允許銀行業者發行浮動利率的貨幣市場憑證，其利率上限釘住六個月期的國庫券。從此，銀行業者得以發行和貨幣市場基金競爭的工具。這等於是放寬了先前的 Q 條例上限。[50]

- 1980 年 3 月的存款機構自由化與貨幣管制法（Depository Institutions Deregulation and Monetary Control Act）廢除了 Q 條例。到最後，很多人認為 Q 條例並沒有成功達到目的，因為有太多方法可迴避這項規範。[51]

- 到 1986 年，這些上限逐步淘汰。[52]

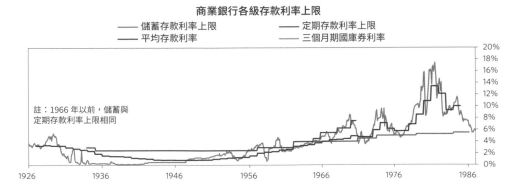

商業銀行各級存款利率上限

―― 儲蓄存款利率上限　　　　　―― 定期存款利率上限
―― 平均存款利率　　　　　　　―― 三個月期國庫券利率

註：1966 年以前，儲蓄與
定期存款利率上限相同

旨在調控信用供給的宏觀審慎對策：為遏止榮景時期的放款而採納的監督指導原則與「直接施壓」

減少繁榮的措施

- 第一次世界大戰後，聯準會希望將信用引導到它認為有生產力的用途，遠離它認為投機的用途，故利用監督機關對銀行「直接施壓」。[53]

- 1927 年年中，股票市場投機熱潮令政策制訂者緊張不已，因為此前一年，股票上漲幾近 100%，信用創造活動極為熱絡。1929 年 2 月，中央銀行發表一份聲討投機行為的聲明；Fed 表明將不會放款給為投機活動提供信用的銀行。但 Fed 的聲明大致上並未能有效壓抑投機行為。[54]

- 1947 年 11 月 24 日，監督放款標準的機關發表一份聲明，敦促銀行提高警覺。它們擔心經濟體系的信用創造流於不節制，也擔心授信標準持續降低。這份聲明指稱，銀行業者「應該降低所有旨在從事房地產、原物料商品或證券投機的貸款，包括對個人或企業」。[55]

- 1990 年代與 2000 年代，監督機關再次發表幾項闡述授信標準淪喪的聲明。[56]
  —具體而言，1995 年，Fed 警告審查人員應留意信用承作標準過於寬鬆的現象。Fed 也對區域房地產市場的週期性下跌風險表達憂心。它的憂慮導因於 1980 年代的存貸危機經驗。
  —1999 年，監督機關發表一份闡述次貸放款風險的聲明。它們也暗示將提高次貸融資機構的資本標準。發表這份聲明前一年，有數家銀行因次貸放款虧損而破產。

—兩年後，監督機關具體量化最新的資本標準。這份聲明建議，銀行應針對其次貸及相似類型的資產，對應持有 1.5 倍至三倍的資本。

—2000 年代初期與中期，聯邦官員提出幾份對信用成長泡沫化表達疑慮的聲明。

—2005 年，監督機關採取進一步行動，針對住宅權益與商用不動產放款乃至非傳統房貸發布指導原則。

—2013 年，Fed 與 OCC 緊縮槓桿貸款（leveraged loan）的規範，採納六倍槓桿的上限，並威脅不遵從者將被處以罰金。

經濟衰退期的信用可取得性

- 為了促進信用創造，羅斯福總統在 1938 年 4 月要求監理機關「同意實施更開明的銀行審查政策」。[57]

- 財政部與三個聯邦監督機關回應總統的要求，發表一份聯合聲明，條列貸款與證券的統一處置方式。這些程序是當局揚棄證券市價計值會計法的具體作為。他們也區隔「投資」與「投機」性證券的定義。投資性證券被賦予信用評等機關前四高信用評等之一。

- 1980 年代的存貸機構危機結束時，政府轉採寬鬆政策，以紓解信用緊縮的壓力。[58]

  —首先，1990 年 5 月，OCC、Fed 與 FDIC 領袖共同敦促高階銀行主管向貸款人授信。

  —監督機關在 1991 年 3 月為了「澄清監理政策」而發表一份報告。監督機關並未放寬監督標準，不過它們聲明：「然而，某些存款機構有可能在放款作業上變得過度謹慎。」

- 柯林頓總統當選後不久，便推行一項信用可取得性的新創議。監督機關發表一份迎合這項創議的聯合聲明，意在鼓勵銀行放款。[59]

- 柯林頓的創議希望藉由降低「評鑑負擔」，同時強化審查人員之決策對銀行業者的吸引力，從而使小型企業更容易申請到貸款。

- 從 2007 年至 2009 年間，監督機關在不傷害審查標準的前提下，鼓勵銀行放款，並與陷入困境的貸款人合作。[60]

附註

1   Douglas J. Elliott, Greg Feldberg, and Andreas Lehnert, "The History of Cyclical Macroprudential Policy in the United States," *Finance and Economics Discussion Series, Board of Governors of the Federal Reserve System (U.S.)* 2013-29 (May 2013): 19.

2   Elliott, Feldberg, and Lehnert, 3.

3   Fischer, Stanley, "Financial Sector Reform: How Far Are We?" *At the Martin Feldstein Lecture, National Bureau of Economic Research, Board of Governors of the Federal Reserve System (U.S.)* Speech 813 (July 2014).

4   Elliott, Feldberg, and Lehnert, 13.

5   Elliott, Feldberg, and Lehnert, 30-31.

6   Elliott, Feldberg, and Lehnert, 34.

7   Elliott, Feldberg, and Lehnert, 10.

8   Wilson, Dominic, Kamakshya Trivedi, Noah Weisberger, Aleksandar Timcenko, Jose Ursua, George Cole, Hui Shan, and Julian Richers, "Beyond interest rates: Macro-prudential policies in housing markets," *Global Economics Weekly Goldman Sachs*, no. 14/16 (April 2014).

9   Elliott, Feldberg, and Lehnert, 19.

10 Elliott, Feldberg, and Lehnert, 9-10.

11 Elliott, Feldberg, and Lehnert, 10.

12 Elliott, Feldberg, and Lehnert, 10.

13 Elliott, Feldberg, and Lehnert, 9.

14 Elliott, Feldberg, and Lehnert, 9.

15 Elliott, Feldberg, and Lehnert, 9.

16 Elliott, Feldberg, and Lehnert, 10.

17 Elliott, Feldberg, and Lehnert, 11.

18 Elliott, Feldberg, and Lehnert, 13.

19 Elliott, Feldberg, and Lehnert, 13.

20 Elliott, Feldberg, and Lehnert, 14-15.

21 Elliott, Feldberg, and Lehnert, 15-16.

22 Elliott, Feldberg, and Lehnert, 17.

23 Elliott, Feldberg, and Lehnert, 21.

24 Elliott, Feldberg, and Lehnert, 21.

25 Elliott, Feldberg, and Lehnert, 22.

26 Elliott, Feldberg, and Lehnert, 23.

27 Elliott, Feldberg, and Lehnert, 23.

28 Kelber, Anna and Eric Monnet, "Macroprudential policy and quantitative instruments: a European historical perspective," *Financial Stability Review, Banque de France*, no. 18 (April 2014): 157.

29 Elliott, Feldberg, and Lehnert, 24.

30 Elliott, Feldberg, and Lehnert, 25.

31 Elliott, Feldberg, and Lehnert, 25.

32 Elliott, Feldberg, and Lehnert, 26-27.

33 Elliott, Feldberg, and Lehnert, 26.

34 Elliott, Feldberg, and Lehnert, 27.

35 Elliott, Feldberg, and Lehnert, 27.

36 Elliott, Feldberg, and Lehnert, 28.

37 Elliott, Feldberg, and Lehnert, 27.

38 Elliott, Feldberg, and Lehnert, 28.

39 Elliott, Feldberg, and Lehnert, 29.

40 Elliott, Feldberg, and Lehnert, 24.

41 Kelber and Monnet, 158.

42 Kelber and Monnet, 155.

43 Kelber and Monnet, 156.

44 Kelber and Monnet, 156.

45 Elliott, Feldberg, and Lehnert, 30.

46 Elliott, Feldberg, and Lehnert, 30.

47 Elliott, Feldberg, and Lehnert, 30.

48 Elliott, Feldberg, and Lehnert, 32.

49 Elliott, Feldberg, and Lehnert, 32.

50 Elliott, Feldberg, and Lehnert, 33.

51 Elliott, Feldberg, and Lehnert, 34.

52 Elliott, Feldberg, and Lehnert, 34.

53 Elliott, Feldberg, and Lehnert, 36.

54 Elliott, Feldberg, and Lehnert, 36.

55 Elliott, Feldberg, and Lehnert, 37.

56 Elliott, Feldberg, and Lehnert, 37-38.

57 Elliott, Feldberg, and Lehnert, 38.

58 Elliott, Feldberg, and Lehnert, 39.

59 Elliott, Feldberg, and Lehnert, 39.

60 Elliott, Feldberg, and Lehnert, 40.

國家圖書館出版品預行編目資料

大債危機：橋水基金應對債務危機的原則／瑞．達利歐（Ray
Dalio）著；陳儀譯. -- 初版. -- 臺北市：城邦商業周刊, 2019.06
　面；　公分
譯自：Principles for navigating big debt crises
ISBN 978-986-7778-66-6（平裝）

1.金融危機 2.國濟經濟

561.78　　　　　　　　　　　　　　　108007238

大債危機

作者	瑞·達利歐 Ray Dalio
譯者	陳 儀
商周集團執行長	郭奕伶
視覺顧問	陳栩椿
商業周刊出版部	
總編輯	余幸娟
責任編輯	林 雲
封面設計	Bert
內頁排版	邱介惠
英文原版設計	Andrew Grief（封面）、Creative Kong（內文）
出版發行	城邦文化事業股份有限公司-商業周刊
地址	115020 台北市南港區昆陽街16號6樓
	電話（02）2505-6789 傳真（02）2503-6399
讀者服務專線	（02）2510-8888
商周集團網站服務信箱	mailbox@bwnet.com.tw
劃撥帳號	50003033
戶名	英屬蓋曼群島商家庭傳媒股份有限公司城邦分公司
網站	www.businessweekly.com.tw
香港發行所	城邦（香港）出版集團有限公司
	香港灣仔駱克道193號東超商業中心1樓
	電話：（852）25086231傳真：（852）25789337
	E-mail：hkcite@biznetvigator.com
製版印刷	中原造像股份有限公司
總經銷	聯合發行股份有限公司 電話：（02）2917-8022
初版 1 刷	2019年 6 月
初版 18.5 刷	2024年 4 月
定價	750元
ISBN	978-986-7778-66-6（平裝）

BIG DEBT CRISES by Ray Dalio
Copyright © 2018 by Ray Dalio
Complex Chinese translation copyright © 2019 by Business Weekly, a Division of Cite Publishing Ltd.
Published by arrangement with author c/o Levine Greenberg Rostan Literary Agency
through Bardon-Chinese Media Agency
ALL RIGHTS RESERVED